König, Technikwissenschaften

Die Schriftenreihe

Technik interdisziplinär

wird herausgegeben von

Meinolf Dierkes, Wissenschaftszentrum Berlin für Sozialforschung
Wolfgang König, Technische Universität Berlin
Günter Ropohl, Johann Wolfgang Goethe-Universität Frankfurt am Main

Band 1
Technikwissenschaften. Die Entstehung der Elektrotechnik aus Industrie und Wissenschaft zwischen 1880 und 1914
Wolfgang König

Mit Unterstützung des Zentrums Technik und Gesellschaft an der Technischen Universität Berlin

Wolfgang König

Technikwissenschaften

Die Entstehung der Elektrotechnik aus Industrie und Wissenschaft zwischen 1880 und 1914

G+B Verlag Fakultas

G+B Verlag Fakultas
Poststrasse 22
CH-7000 Chur, Schweiz

ISBN: 3-7186-5791-0 (Hardcover)
3-7186-5755-4 (Softcover)
ISSN: 1024-5340

Inhalt

Über die Reihe

Technik als wirkmächtige Kraft wird in allen Bereichen von Kultur und Gesellschaft eine zunehmend wichtige und umstrittene Rolle spielen. Die Technikdiskussion wird darum in Zukunft zunehmen.

Die thematisch breit und disziplinübergreifend angelegte Reihe "Technik interdisziplinär" soll mithelfen, diese Diskussion zusammenzubinden, und einem weiten wissenschaftlichen Interesse dienen.

Sie soll allgemeinere Themen behandeln, die von überfachlichem Interesse sind und nicht durch den Gebrauch einer spezialisierten Fachsprache auf eine Disziplin reduziert werden. In die Reihe aufzunehmende Titel sollen sich entweder unter bestimmten Aspekten auf die gesamte Technik beziehen oder unter möglichst allgemeinen Gesichtspunkten auf wichtige technische Teilgebiete.

Hat die Gesellschaft ein technisches Bedürfnis, so hilft das der Wissenschaft mehr voran als zehn Universitäten.

Friedrich Engels

25.1.1894 – Brief an W. Borgius
Marx-Engels-Werke Bd. 39, 1968, S. 205

Vorwort

Die ersten Vorüberlegungen, Entwürfe und Materialsammlungen zu diesem Buch liegen über ein Dutzend Jahre zurück. Andere Publikationen sowie berufliche Verpflichtungen und Veränderungen führten immer wieder zu Unterbrechungen oder ließen die Arbeit über längere Zeit ruhen. Dieser langwierige Entstehungsprozeß brachte nicht nur eine quantitative Vermehrung mit sich, sondern veränderte das Buch auch inhaltlich. Er fügte der Betrachtung weitere Perspektiven hinzu und verschob die Gewichte von der narrativen Deskription zu systematischen Fragestellungen und theoretischen Reflexionen.

Für eine Arbeit, die den Verfasser einen so langen Zeitraum begleitete und die auf einer Fülle gedruckten Materials und Ungedrucktem aus mehr als zwanzig Archiven beruht, ist viel Dank abzustatten. Zahlreiche Bibliotheken halfen bei der Literaturbeschaffung, viele Archivare förderten Unterlagen herbei und stellten sich insistierenden Nachfragen, eine Reihe von Kollegen opferte ihre Zeit für Gespräche über Konzeptionelles und Inhaltliches. Mögen sie Verständnis dafür aufbringen, daß sie hier nur pauschal Erwähnung finden; eine namentliche Nennung trüge die Gefahr in sich, den einen oder anderen zu vergessen. Namentlich nennen möchten wir dagegen die, welche in der dichten Endphase der Abfassung unmittelbar am Manuskript arbeiteten: vor allem Frau Hannelore Martin und auch Frau Eva Wolff, die meine Vorlagen mit unermüdlicher Geduld ins reine schrieben, sowie Frau Katharina Zeitz, die nicht nur Berge von Literatur herbeischleppte, sondern die Arbeit auch mit biographischen und statistischen Recherchen bereicherte, und Herrn Dirk Maier, der für das Register sorgte. Ihnen allen herzlichen Dank.

Wolfgang König
Berlin, im Januar 1995

Einleitung

Die vorliegende Arbeit geht der Entstehung der Elektrotechnik als wissenschaftlicher Disziplin nach. Dabei reicht das Erkenntnisinteresse jedoch über das behandelte Fallbeispiel hinaus. Zunächst zielt es allgemeiner auf die Entwicklung der Technikwissenschaften, die sich im 19. Jahrhundert als eine neue Gruppe wissenschaftlicher Disziplinen institutionell und methodisch etablierten. Im Unterschied zu anderen wissenschaftlichen Disziplinen in dieser Zeit lassen sich die Technikwissenschaften nicht durch Einschränkung auf den akademischen Bereich behandeln, sondern ragen über diesen hinaus und umfassen auch Teile der Industrie und anderer Praxisfelder. Die Technikwissenschaften bieten somit – und dies ist die zweite allgemeinere Fragestellung dieser Arbeit – den besten Zugang, um den in der Literatur allgemein postulierten Verwissenschaftlichungsprozeß der Technik im 19. und 20. Jahrhundert zu untersuchen. Speziell der Elektrotechnik hat man in diesem Prozeß als Prototyp einer "Science-based Industry" eine besondere Qualität attestiert. Schließlich und drittens interessiert sich diese Arbeit generell für die Entstehung von Wissenschaften. Da die Technikwissenschaften wie keine anderen Disziplinen theoretische und praktische Intentionen sowie Hochschule und Industrie verbinden, ist ihre Behandlung in besonderem Maße geeignet, kognitive und soziale Faktoren, welche bei der Entstehung von Wissenschaften eine Rolle spielen, zusammenzuführen und die Dichotomie sich auf das Kognitive beschränkender Wissenschaftstheorie einerseits und sich auf das Soziale konzentrierender Wissenschaftssoziologie andererseits zu überwinden.

Unsere historische Fallstudie bezieht sich auf die Elektrotechnik in Deutschland im Zeitraum zwischen 1880 und 1914. Für diese Eingrenzung waren nicht allein arbeitsökonomische Gründe verantwortlich. In Deutschland setzte die Institutionalisierung der akademischen Elektrotechnik früher ein als in anderen Ländern und wurde schneller und weiter vorangetrieben. Der Beginn unserer Untersuchung um 1880 liegt auf der Hand. Anfang der 1880er Jahre richteten die Hochschulen erste Vorlesungen und kurz danach Professuren und Laboratorien für Elektrotechnik ein. Der Institutionalisierungsschub stand in Zusammenhang mit einem Aufschwung der praktischen Elektrotechnik, insbesondere mit der Errichtung von Lichtstromnetzen in den großen Städten. Nach der Jahrhundertwende kam die Disziplingenese, die man an der Einrichtung von Instituten und Studiengängen, der Abfassung von Lehrbüchern, der Etablierung allgemein anerkannter Theorien usw. festmachen kann, zu einem gewissen Abschluß. Als äußeres Zeichen hierfür mag dienen, daß die deutschen Elektrotechnikprofessoren nach dem Ersten Weltkrieg begannen, regelmäßige Treffen abzuhalten. Wenn wir die historische Fallstudie mit Ausbruch des Weltkrieges abschließen, so besitzt dies den Vorteil, daß wir uns auf einen Zeitraum beschränken, in dem sich die wissenschaftliche Elektrotechnik ohne größere Störungen von außen entwickeln konnte – wenn man einmal von der Krise der elektrotechnischen Industrie nach der Jahrhundertwende absieht. Dagegen veränderten sich durch den Krieg und in der Zwischenkriegszeit durch Inflation und Weltwirtschaftskrise die Rahmenbedingungen für die Wissenschaftsentwicklung gravierend, was eine Darstellung des disziplinären Entwicklungsprozesses unter systematischen Gesichtspunkten erschwert hätte. Schließlich erweiterte sich in der Zwischenkriegszeit das fachliche Spektrum der Elektrotechnik, indem mit der Schwachstrom- oder Nachrichtentechnik ein Komplex an Bedeutung gewann, der in der Vorkriegszeit kaum eine Rolle spielte.

Unter methodischen Gesichtspunkten gliedert sich unsere Arbeit in drei Teile:

- einen historisch-narrativen ersten Teil,
- einen historisch-systematischen zweiten und
- einen theoretisch-systematischen dritten Teil.

Im ersten Teil wird nach einer knappen Skizze der Vorgeschichte der praktischen und theoretischen Elektrotechnik der Institutionalierungsprozeß an den einzelnen Technischen Hochschulen nachgezeichnet. Wir leisten damit Beiträge zur Geschichte der einzelnen Hochschulen, welche zudem eine vergleichende Betrachtung ihres jeweiligen Stellenwerts im Gesamtprozeß der Institutionalisierung der Elektrotechnik ermöglichen. Darüber hinaus erfolgt unsere Vorgehensweise nach einzelnen Hochschulen auch unter methodologischen Gesichtspunkten. Indem wir unser empirisches Material ausbreiten, machen wir die späteren systematischen Teile transparent und sorgen für Nachprüfbarkeit. Wir lassen erkennen, wie wir aus der Vielfalt des historisch Individuellen zu zusammenfassenden Urteilen gelangt sind. Zweitens erschließt sich aus der Darstellung der individuellen Entwicklungen die Offenheit des historischen Prozesses mit ihren zahlreichen Alternativen. Bis in die 1890er Jahre hinein rivalisierten in der akademischen Elektrotechnik verschiedene Konzeptionen zur Institutionalisierung der Disziplin und zur Organisation des Studiums sowie mehrere Wissenschaftsverständnisse, ehe sich allmählich ein Grundkonsens der Fachvertreter herausbildete.

Ein eigener Abschnitt ist dem Beitrag von Werner Siemens zur Institutionalisierung gewidmet. Siemens gab eine erste Anregung für die Einrichtung elektrotechnischer Lehrstühle, wobei der Stellenwert dieser Anregung für die tatsächlichen Institutionalisierungen bislang in der Literatur überschätzt wurde. Über Siemens hinaus geht es in diesem Kapitel allgemeiner um die Einflußnahme der elektrotechnischen Industrie auf den Institutionalisierungsprozeß. Unsere Arbeit konzentriert sich zwar auf die Technischen Hochschulen, doch wird auch ein Blick auf die darunter liegende Ebene der technischen Bildung geworfen, auf die technischen Mittelschulen, welche ebenfalls elektrotechnisches Wissen vermittelten. Wir kommen zu dem Ergebnis, daß die Bedeutung der technischen Mittelschulen für die Ausbildung der Elektrotechniker erheblich geringer war als für die der Maschinenbauer.

Im zweiten Teil der Arbeit fassen wir unser Material unter systematischen Gesichtspunkten zusammen und beginnen mit dem Disziplinbildungsprozeß. Im Unterschied zu den meisten Naturwissenschaften erwuchs die akademische Disziplin Elektrotechnik nicht aus bestehenden Wissenschaften, sondern aus der industriellen Entwicklung. Allerdings fanden die ersten Institutionalisierungen der Elektrotechnik im Rahmen bestehender Wissenschaften und in Auseinandersetzungen zwischen diesen statt, und zwar der Physik und dem Maschinenbau. Die Elektrotechnik entstand damit im Spannungsfeld zwischen naturwissenschaftlichen und technikwissenschaftlichen Disziplinen, wobei die letzteren erst in der Zeit um die Jahrhundertwende ihre methodologische Eigenständigkeit erreichten. In dem Prozeß der Verselbständigung der Elektrotechnik bildete der Maschinenbau die treibende und unterstützende, die Physik die bremsende Kraft. Um die Jahrhundertwende hatte dieser Prozeß einen gewissen Abschluß gefunden und sich die Elektrotechnik in drei Subdisziplinen aufgegliedert: theoretische Elektrotechnik, Elektromaschinenbau und Projektierung elektrischer Anlagen.

Mit einer Kombination von qualitativen und quantitativen Methoden untersuchen wir die Professoren. Die fachliche Herkunft der Elektrotechnikprofessoren wandelte sich in den 1890er Jahren radikal. Die Gründergeneration des Faches entstammte in erster Linie der Hochschulphysik. Nach der Jahrhundertwende vertraten solche Professoren allenfalls noch die theoretische Elektrotechnik, während die für Elektromaschinenbau und Anlagenprojektion zuständigen Fachvertreter jetzt Elektrotechnik und Maschinenbau studiert hatten und über in der Industrie gewonnene praktische Erfahrungen verfügten. Besonders der Siemens-Konzern bildete geradezu eine Professorenschmiede. Mit der Ausdifferenzierung der Elektrotechnik in die genannten Subdisziplinen löste in der Leitung der elektrotechnischen Institute das Kollegialprinzip das Direktorialprinzip ab.

An den Hochschulen herrschte anfangs große Unsicherheit bezüglich der Gestaltung des elektrotechnischen Studiums. Die rivalisierenden Konzeptionen bewegten sich zwischen den Polen Theorieorientierung und Praxisorientierung sowie – damit nicht ganz deckungsgleich – Physik und

Maschinenbau. In den 1890er Jahren setzte sich die Konzeption eines eigenständigen praxisorientierten elektrotechnischen Studiengangs durch. Unsere quantitative Studiengangsanalyse zeigt, daß es sich dabei um einen Kombinationsstudiengang handelte, der mathematisch-naturwissenschaftliche, maschinenbauliche und elektrotechnische Veranstaltungen umfaßte. Am Vorabend des Ersten Weltkrieges besaßen in den elektrotechnischen Studiengängen der führenden Hochschulen Maschinenbau und Elektrotechnik in etwa gleiche Stundenanteile. In der Elektrotechnik übertraf der Umfang der Übungen den der Vorlesungen. Erreicht hatten die Hochschulen dieses spezifische Profil ihrer elektrotechnischen Studiengänge durch eine Reduzierung der mathematischen und naturwissenschaftlichen Studienanteile und einen Ausbau der maschinen- und vor allem der elektrotechnischen.

In unserem Untersuchungszeitraum verlief die von uns erstmals rekonstruierte Besuchsfrequenz des Faches Elektrotechnik ähnlich wie die allgemeine der Technischen Hochschulen, wies aber deutlichere Extreme auf. Bis kurz nach der Jahrhundertwende erlebte sie einen rasanten Anstieg, brach dann empfindlich ein und erholte sich nach 1909 wieder langsam. Wir können mit Hilfe unserer Zahlen zeigen, daß die allgemeine quantitative Entwicklung der akademischen Ingenieurausbildung zu einem wesentlichen Teil von der Elektrotechnik bestimmt wurde. Nach unserer Schätzung kamen etwa die Hälfte der Elektrotechnikstudenten aus dem Ausland, vor allem aus Ost- und Südosteuropa. Wie das Beispiel Finnlands verdeutlicht, leisteten die deutschen Technischen Hochschulen damit einen erheblichen Beitrag für die Elektrifizierung dieser Länder.

Anschließend diskutieren wir die relative Bedeutung der einzelnen Hochschulen innerhalb der deutschen akademischen Elektrotechnik und die Gründe für ihren Erfolg oder Mißerfolg. Wir versuchen uns sogar an einer Rangliste der Hochschulen, der vor allem folgende Kriterien zugrunde liegen: die Zahl der Studenten und Absolventen, die Zahl und die Qualität der Professoren sowie die Ausstattung der Laboratorien und Versuchsfelder. Die Ergebnisse in knappster Form zusammengefaßt: Vor der Jahrhundertwende bildeten an erster Stelle Darmstadt und an zweiter Hannover Hochburgen der Elektrotechnik. Danach verloren sie an Boden, Hannover in geradezu dramatischer Weise. An ihnen vorbei zogen zunächst Karlsruhe und später München. Unsere Untersuchung zeigt, daß es vor dem Ersten Weltkrieg einer Hochschule noch zu jedem Zeitpunkt möglich war, sich im Vorderfeld der deutschen Elektrotechnik zu plazieren, dies mit der Zeit aber immer schwerer wurde. Die Qualität der Elektrotechniken hing vor allem davon ab, ob die Hochschulen ihnen früh eine weitgehende institutionelle Selbständigkeit einräumten, ob es ihnen gelang, für ein umfangreiches Lehrangebot zu sorgen, gut ausgestattete Übungseinrichtungen zu bieten und qualifizierte und praktisch erfahrene Professoren zu berufen.

Im nächsten – und für die Wirtschafts- und Wissenschaftsgeschichte vielleicht zentralen – Kapitel dieser Arbeit befragen wir kritisch die Etikettierung der Elektrotechnik als "Science-based Industry". Hierfür untersuchen wir den gesamten Komplex der Austauschbeziehungen zwischen Hochschule und Industrie. Wir fragen nach der Zahl, dem Arbeitsmarkt, dem Berufsbild und den Karrieren der in der Industrie arbeitenden Elektrotechniker. Wir werten mehr als 400 in der Elektrotechnischen Zeitschrift erschienene Nachrufe aus, um der Herkunft der elektrotechnischen Elite auf die Spur zu kommen. Indem wir dabei mit Berufseintrittskohorten als Untersuchungsaggregaten arbeiten, betrachten wir genau die Nahtstelle zwischen Ausbildungs- und Beschäftigungssystem. Eines der Ergebnisse dieser Untersuchung lautet, daß der Staat seine elektrotechnische Elite aus den Universitäten und den Technischen Hochschulen bezog, die Industrie dagegen zunächst zunehmend und dann nahezu ausschließlich aus den Technischen Hochschulen.

Einen weiteren Gegenstand unserer Analyse bilden die Forschungskontakte der Professoren zur Industrie und ihr Beitrag für die Elektrifizierung. Das Bewußtsein einer Forschungsaufgabe der Technischen Hochschulen begann sich gegen Ende des 19. Jahrhunderts durchzusetzen. Seit dieser Zeit verbesserten die Technischen Hochschulen zudem ihre Voraussetzungen für Forschungsarbeiten, indem sie gut ausgestattete Maschinenlaboratorien erhielten und kompetente Professoren mit Industrieerfahrung beriefen. Trotzdem blieb im Untersuchungszeitraum die Zahl der an den Hochschulen durchgeführten elektrotechnischen Forschungsarbeiten gering. Als Indiz kann die Promotionsquote dienen, die nicht wesentlich über der des Maschinenbaus lag. Nur einige wenige Professoren, die längere Zeit in der Industrie gearbeitet hatten, wirkten beratend bei industriellen Konstruktions- und Entwicklungsprojekten mit. Noch die meisten Kontakte zur elektrotechnischen Praxis entfalteten die Professoren vor der Jahrhundertwende als Elektrifizierungsberater. Sie füllten damit eine anfänglich bestehende Kompetenzlücke bei den Kommunen und der Industrie aus, denen sie als neutrale Mittler bei Verhandlungen mit den elektrotechnischen Firmen dienten. Schließlich förderte die elektrotechnische Industrie die Hochschulinstitute durch Sach- und Geldspenden, aber die ganz überwiegende Hauptlast der Wissenschaftsfinanzierung lag beim Staat.

Diese Kapitel über die Austauschbeziehungen zwischen Hochschule und Industrie zusammenfassend, betrachten wir im folgenden die Qualität und Quantität der Wissensflüsse zwischen den Sozialsystemen Wissenschaft und Industrie. Wir kommen dabei zu dem Ergebnis, daß die Hochschulwissenschaft in größerem Umfang von der Industrie profitierte als die Industrie von der Hochschulwissenschaft. Genauer ausgedrückt: Der von der Industrie zur Hochschule verlaufende Wissensfluß war bedeutender als der in umgekehrter Richtung. Zwar lieferte die Hochschule über die Ausbildung von Elektrotechnikstudenten Wissen an die Industrie, aber die Inhalte dieses Wissens stammten letztendlich aus der Industrie selbst; an die Hochschule berufene Industrieingenieure wirkten als Wissensvermittler. Die Hochschule war also eher eine Instanz der Wissensvermittlung als der Wissenserzeugung.

Dies führt uns dazu, für die Elektrotechnik den Begriff der "Science-based Industry" abzulehnen und stattdessen, die Verhältnisse vom Kopf auf die Füße stellend, von "Industry-based Science" zu sprechen. Wenn wir diesem Buch ein Zitat von Friedrich Engels vorangestellt haben, ging es uns darum, diese Umkehrung der Zusammenhänge pointiert herauszustellen. Wenn schon ein exponierter Vertreter des wissenschaftsgläubigen Marxismus sich zu einer solchen Präzisierung des Verhältnisses von Technik, Industrie und Gesellschaft einerseits und Wissenschaft andererseits durchrang, dann dürfte die Hoffnung nicht ganz unbegründet sein, daß auch Wissenschafts- und Wirtschaftsgeschichte, Wissenschaftssoziologie und -theorie ihre Vorstellungen von "Science-based Industry" einer kritischen Revision unterziehen werden. In einem vergleichenden Exkurs zeigen wir, daß in der Chemie die Beziehungen zwischen Hochschule und Industrie einen anderen Charakter besaßen, so daß es nicht begründet erscheint, diese mit der Elektrotechnik über einen Kamm zu scheren. Da der Forschungsstand für die Chemie darüber Hinausgehendes nicht zuläßt, entwickeln wir einige vorsichtige Thesen zu den Unterschieden zwischen wissenschaftlicher und industrieller Chemie auf der einen Seite und Elektrotechnik auf der anderen.

Haben wir bislang die Wissenschaft als kognitives Wissen erzeugendes und vermittelndes soziales System betrachtet, so wenden wir uns im folgenden einer Betrachtung der kognitiven Inhalte der Elektrotechnik zu. Dafür bedarf es einer Explikation, was der Begriff "Verwissenschaftlichung" in der Technik heißt. Wir bestimmen "Verwissenschaftlichung" als Dominanz antizipativer Theorie in Erfindungs-, Entwicklungs- und Konstruktionsprozessen. Mehrere von uns präsentierte Fallbeispiele zeigen, daß eine Verwissenschaftlichung in diesem Sinne in der Elektrotechnik in großem Umfang seit den 1890er Jahren einsetzte. Die – soziale – akademische Institutionalisierung der Elektrotechnik ging also der – kognitiven – Verwissenschaftlichung voraus. Damit verhielt es sich in der Elektrotechnik ähnlich wie in anderen Bereichen der Technik, wie z.B. dem Maschinenbau; eine Sonderstellung der Elektrotechnik, wie sie in der Literatur behauptet worden ist, läßt sich nicht erkennen.

Wir verzichten in diesem Buch auf eine abschließende Zusammenfassung der historischen Teile. Wer zusammenfassende Kurzinformationen sucht, wird sie in den Einführungsbemerkungen zu den einzelnen Kapiteln und – in knappster Form – in dieser Einleitung finden. Stattdessen begeben wir uns zum Schluß auf eine höhere Abstraktionsebene und versuchen in einem dritten theoretisch-systematischen Teil, die Ergebnisse der historischen Arbeit für eine Theorie der Technikwissenschaften und allgemeiner für eine historische Theorie der Wissenschaftsentwicklung fruchtbar zu machen. Dabei untersuchen wir zunächst in eher konventioneller Weise Gegenstand, Methoden und Ziele der Technikwissenschaften, immer einen Blick auf Unterschiede zu den Naturwissenschaften werfend. Danach empfehlen wir den Begriff der Disziplin, um Soziales und Kognitives in der Wissenschaftsentwicklung zusammenzubringen. Und schließlich diskutieren wir, inwieweit die wissenschaftstheoretische und soziologische Diskussion durch Einbeziehung der bislang ausgesparten Technikwissenschaften neue Anstöße erhalten könnte. Wir fordern, bei der Aufstellung von Theorien der Wissenschaftsentwicklung in einer "zweiten historischen Wende" auch historische Veränderungen des Wissenschaftsbegriffs zu berücksichtigen und skizzieren am Beispiel der Technikwissenschaften eine Möglichkeit, Wissenschaft als kognitiven *und* sozialen Problemlösungsprozeß zu beschreiben.

In unserem Buch wird nicht nur erstmals die Entstehung der akademischen Elektrotechnik einer genaueren Betrachtung unterzogen, sondern darüber hinaus überhaupt erstmals die Entstehung einer Technikwissenschaft genauer untersucht. Unser Selbstverständnis, eine Pionierstudie anzufertigen, schlägt sich darin nieder, daß wir in weit größerem Umfang auf Primärquellen denn auf Sekundärliteratur zurückgreifen und darauf verzichten, uns in extenso mit den wenigen auf schwacher Quellenbasis beruhenden und begrenzte theoretische Perspektiven verfolgenden Versuchen zu unserem Thema auseinanderzusetzen. Trotzdem profitieren einzelne Kapitel dieses Buches natürlich von jüngeren Forschungsarbeiten, von denen wir jedenfalls die wichtigsten pars pro toto nennen möchten.

Zum Institutionalisierungsprozeß der Elektrotechnik an einzelnen Hochschulen liegen gründliche Arbeiten von Gerhard Zweckbronner für die TH Stuttgart und von Helmuth Albrecht für Braunschweig vor. Für die Elektrotechniker in der Industrie stellt Jürgen Kockas Siemens-Studie, wenn auch unter anderen Fragestellungen geschrieben, eine Fülle von Material und konzeptionellen Anregungen bereit. Kees Gispens Berufsgeschichte der Maschinenbauingenieure im 19. Jahrhundert eröffnet zahlreiche Möglichkeiten für vergleichende Überlegungen. Für die Verwissenschaftlichung der Elektrotechnik enthält Peter Schuberts Dresdner Habilitationsschrift einen reichen Schatz an Informationen und hat Ronald Kline eine ausgezeichnete Fallstudie verfaßt. Unsere Überlegungen zur Theorie der Technikwissenschaften verdanken viel den Arbeiten von Helge Wendt, Johannes Müller und Hubert Laitko. Ihre noch in der ehemaligen DDR geschriebenen Bücher und Aufsätze übertreffen an Quantität und Qualität das in der alten Bundesrepubik und in den angelsächsischen Ländern über die Technikwissenschaften Geschriebene deutlich. Leider ist den aus luftiger Höhe das Wissenschaftserbe der DDR betrachtenden Evaluatoren diese kleine Oase in der Einöde der philosophischen und historischen Wissenschaftslandschaft der DDR entgangen und hat diese die Abwicklung nicht überlebt. Unsere Arbeit führt Anregungen der genannten Autoren mit wissenschaftstheoretischen Diskussionen in der westlichen Welt zusammen.

Die Institutionalisierung der Elektrotechnik

Die Elektrotechnik bis zum Beginn der akademischen Institutionalisierung

Mit der Elektrizität experimentierten schon im 18. Jahrhundert zahlreiche Forscher.[1] An den Höfen entdeckte man den Unterhaltungswert elektrischer Ladungs- und Entladungserscheinungen. Man ließ Funken zwischen Kondensatoren überspringen, benutzte eine Menschenkette als Leiter oder entlockte auch einem menschlichen Demonstrationsobjekt einen elektrischen Kuß. Wegen der geringen zur Verfügung stehenden elektrischen Arbeit blieb das Repertoire solcher elektrischer Experimentier- und Unterhaltungskünste aber begrenzt. Als dann Alessandro Volta 1799 mit seiner "Säule" den Prototyp einer Batterie der Öffentlichkeit präsentierte, stand eine konstante Stromquelle zur Verfügung, die systematisches Experimentieren mit der neuen Naturkraft der Elektrizität erlaubte. Nachdem erstmals Christian Oersted 1820 den Zusammenhang zwischen Magnetismus und Elektrizität experimentell nachgewiesen hatte, fand Michael Faraday 1831 die Prinziplösung für einen Generator, eine stromerzeugende Maschine.

Seit den 1830er Jahren dienten verbesserte Generatoren und Batterien nicht mehr nur wissenschaftlichem Experimentieren, sondern auch industriellen Anwendungen. Galvanisierungsanstalten wie Elkington in Birmingham und Christofle in Paris versilberten und vergoldeten Bestecke, Geschirr, Pokale und Plastiken. Um die dafür notwendigen hohen Stromdichten zu erzielen, konstruierten Ingenieure zentnerschwere Großgeneratoren. Solche Maschinen lieferten auch den Strom für mit Bogenlampen ausgerüstete Leuchttürme. Zum industriell bedeutendsten Bereich der Elektrotechnik wurde die Telegrafie.[2] In den 1840er Jahren begann man mit dem Bau elektrischer Nachrichtenverbindungen über größere Entfernungen. Nachdem um 1850 erstmals Telegrafiekabel durch Meeresarme gelegt wurden, gelang es im Jahre 1866 einem britisch-amerikanischen Konsortium, ein transatlantisches Kabel zu verlegen und damit die technische Basis für eine zeitgleiche Kommunikation zwischen Alter und Neuer Welt zu schaffen.[3] Die tele-

---

[1] Für das Folgende s. z.B. Lindner, Strom; Hughes, Networks u. König, Massenproduktion, S. 314–59.

[2] Vgl. Oberliesen.

[3] Vgl. König, Retrospective Technology Assessment.

grafischen Verbindungen dienten der Kommunikation der Staatsbehörden, dem Betrieb der Eisenbahnen, dem Handel und dem wachsenden Neuigkeitsbedürfnis der Öffentlichkeit, für dessen Befriedigung in den großen Industriestaaten Nachrichtenagenturen entstanden. Die Firma Siemens & Halske, die in Deutschland bis in die 1860er Jahre hinein das dominierende elektrotechnische Unternehmen blieb, wurde 1847 in erster Linie für den Telegrafenbau gegründet. Über lange Zeit machte Siemens & Halske den bei weitem überwiegenden Teil seines Umsatzes mit schwachstromtechnischen Produkten. Um die Mitte der 1870er Jahre waren dies etwa 90%, davon wiederum entfiel der Löwenanteil auf die Telegrafie. Im Laufe zweier Jahrzehnte kehrten sich die Verhältnisse völlig um. Um die Mitte der 1890er Jahre lagen die Starkstromprodukte bei 90, der Schwachstrom rangierte bei 10%.

Diese radikale Verschiebung vom Schwachstrom zum Starkstrom basierte auf technischen Innovationen der späten 1870er und frühen 1880er Jahre, auf verbesserten elektrischen Maschinen und Bogenlampen, vor allem aber auf einer gebrauchsfähigen Glühlampe, die es erlaubte, auch kleinere Räume elektrisch zu beleuchten. 1882 baute Thomas Alva Edison die ersten Elektrizitätswerke in New York und London, welche ein größeres städtisches Areal mit Lichtstrom versorgten. Zu Beginn der 1880er Jahre fühlten die Fachleute und das breite Publikum, das die Presse in marktschreierischen Artikeln über die Fortschritte auf dem Gebiet der Elektrotechnik auf dem laufenden hielt, daß man sich an der Schwelle eines neuen Zeitalters der technischen Entwicklung, dem der Elektrizität, befand. Eine flächendeckende Versorgung mit elektrischem Licht, die Elektrifizierung der Pferdestraßenbahnen und Eisenbahnen sowie der Antrieb der industriellen Arbeitsmaschinen mit elektrischer Energie schienen in den Bereich des Möglichen gerückt.[4] Viele sahen in der Elektrizität eine konkurrenzlos billige Energieform, da die umzuwandelnden Wasserkräfte umsonst zur Verfügung stünden. Die Elektrifizierungsprojektionen füllten ein breites Spektrum aus, das von Utopien, die die wirtschaftlichen und technischen Bedingungen ignorierten, bis zu nüchternen Abschätzungen der technischen Entwicklungspotentiale und Marktchancen reichte. Einig waren sich aber alle, daß eine neue Industrie und neue Anwendungsgebiete im Entstehen begriffen seien und eine Nachfrage nach speziellen elektrotechnischen Qualifikationen entstand, wenn man sich auch über deren Art und Umfang durchaus im unklaren war. Es ist anzunehmen, daß diese Frage unter den sich mit der Elektrotechnik Beschäftigenden ein Gesprächsthema bildete. Der erste, der dieses Thema mit seiner gewichtigen Stimme in die Fachöffentlichkeit trug, war Werner Siemens.[5]

---

[4] Vgl. König, Friedrich Engels.

[5] S. u. S. 87–96.

Um 1880 begann sich eine Fachgemeinschaft der sich der neuen Wissenschaft und den entstehenden industriellen Anwendungen Widmenden herauszubilden. Auf Initiative von Werner Siemens und dem obersten Post- und Telegrafenbeamten des Reiches, Heinrich von Stephan, gründete sich 1879 in Berlin der Elektrotechnische Verein.[6] Diesem gehörten zwar vor allem Telegrafeningenieure und Staatsbeamte an, aber der neue Begriff der Elektrotechnik deutete schon an, daß der Verein sich dem Gebiet der Starkstromtechnik öffnete. Um die gleiche Zeit erschienen eine Reihe von Spezialzeitschriften für Elektrotechnik, die am meisten Ansehen gewinnende, die Elektrotechnische Zeitschrift, seit dem Jahre 1880. Pioniere des Fachgebiets bemühten sich, das noch ganz unfertige elektrotechnische Wissen in Handbüchern[7] oder in Reihenwerken[8] zusammenzustellen. Schon längere Zeit wurden elektrische Apparate auf Weltausstellungen und nationalen oder regionalen Industrieausstellungen gezeigt. Aber 1881 in Paris konzentrierte sich erstmals eine internationale Ausstellung allein auf die Elektrotechnik. Die Pariser Ausstellung und ihr Erfolg bereiteten den Weg für eine ganze Reihe von elektrotechnischen Ausstellungen in den folgenden Jahren in den verschiedenen Industrieländern. Die Ausstellungen forcierten die Rezeption und Akzeptanz der neuen Technik bei der gesellschaftlichen Elite wie bei der breiten Bevölkerung. Außerdem bildeten sie eine Informations- und Meinungsbörse für die elektrotechnischen Fachleute, die die ausgestellten Produkte taxierten, die Zukunftsaussichten der Elektrotechnik diskutierten und ihr elektrotechnisches Wissen den Fachkollegen präsentierten.

Nachdem Paris und London vorausgegangen waren, fand bereits im Herbst 1882 eine internationale elektrotechnische Ausstellung in Deutschland, und zwar in München, statt. Das Glanzlicht setzte eine Übertragung elektrischer Energie über eine Entfernung von 57 Kilometern, die nicht zuletzt die Nutzbarkeit der bayerischen Wasserkräfte demonstrieren sollte. Für die akademische Institutionalisierung der Elektrotechnik in Deutschland gewann die Münchener Ausstellung eine besondere Bedeutung. Die TH Darmstadt und die hessische Regierung, die als erste die Einrichtung eines elektrotechnischen Lehrstuhls beschlossen hatten, fanden in München mit dem Physiker Erasmus Kittler, der auf der Ausstellung eine zentrale Rolle spielte, den geeigneten Kandidaten.[9] Den anderen deutschen Regierungen, die Deputierte nach München entsandt hatten, blieben diese Geschehnisse nicht verborgen. So ist es jedenfalls für Preußen dokumentiert, daß die Berichte,

---

[6] Vgl. Kasserra.

[7] Z.B. Schellen.

[8] Vgl. die Bände der seit 1883 erscheinenden Elektrotechnischen Bibliothek.

[9] S. u. S. 15–17.

welche die Regierung über die Münchener Ausstellung erhielt, diese veranlaßten, eine Institutionalisierung der Elektrotechnik in die Wege zu leiten.[10]

Es ist nicht so, daß die Elektrotechnik an den Hochschulen vor dem Jahr des akademischen Durchbruchs 1882 keinerlei Berücksichtigung gefunden hätte. Grundlagen und Anwendungen der Elektrizität behandelten die Physiker in ihren Veranstaltungen, wobei das Schwergewicht eindeutig im Schwachstrombereich, und zwar bei der Telegrafie, lag. Doch fanden auch elektrische Maschinen und elektrisches Licht Erwähnung. Möglicherweise die erste elektrotechnische Vorlesung an einer deutschen Hochschule hielt der Karlsruher Naturwissenschaftler und Technologe Heinrich Meidinger 1857 an der Universität Heidelberg über "Die Elektrizität in ihren technischen Anwendungen".[11] Jedoch verließ die akademische Elektrotechnik vor 1880 kaum den Rahmen der Physik und gelangte nicht zu einer Verselbständigung durch Gründung von Lehrstühlen, Laboratorien, Instituten und Studiengängen.

Die Frage liegt nahe, warum für die Elektrotechnik nicht im Zusammenhang mit der Einführung und Verbreitung der Telegrafie, immerhin eine Industrie und ein technischer Anwendungsbereich von beträchtlicher Potenz, ein Institutionalisierungsprozeß einsetzte. Die Antwort liegt einerseits in dem geringen Bedarf der Telegrafie an akademisch gebildetem Personal und andererseits an ihrer Organisation in Deutschland als Staatstechnik. Für Forschungs- und Entwicklungsarbeiten benötigte die telegrafische Industrie – wenn überhaupt – nur ganz wenige Akademiker, die dann meist aus der Physik kamen. Für die Produktion telegrafischer Apparate bewährte sich lange Zeit die Organisationsform des Meisterbetriebs, da es hier auf feinmechanische Erfahrung und handwerkliches Geschick ankam. In Teilbereichen entwickelten sich durchaus schon Ansätze für eine Massenproduktion, wie bei der Kabelfertigung. Die Fabriken benötigten aber auch hier nur wenige Ingenieure für Funktionsprüfungen und Qualitätskontrollen und rekrutierten diese am liebsten aus der eigenen Facharbeiterschaft. Die Projektierung und der Bau telegrafischer Verbindungen stellten in erster Linie bautechnische und weniger elektrotechnische Aufgaben. Der Bedarf an Technikern war also in der telegrafischen Industrie klein und ließ sich ohne weiteres durch innerbetrieblichen Aufstieg qualifizierter Arbeiter befriedigen.

In Deutschland bildete die Telegrafie ein Staatsmonopol, was nach der Verstaatlichung der Eisenbahnen auch für die Eisenbahntelegrafie galt. In einzelnen deutschen Staaten hörten die Telegrafenbeamten auch Vorlesungen an den bautechnischen Abteilungen der Polytechnischen Schulen. In Preußen

---

[10] S. u. S. 25.

[11] S. u. S. 48.

allerdings ging man bereits 1859 zur Ausbildung von Telegrafenbeamten auf einer eigenen Telegrafenschule über. Parallel dazu begann sich die gesamte Ausbildung an den Polytechnischen Schulen mehr an den Bedürfnissen der Industrie zu orientieren und von der Bindung an die Anforderungen der technischen Staatslaufbahnen zu lösen. Nachdem die meisten Staatstelegrafien nach der Gründung des Deutschen Reiches zur Reichssache wurden, kam es zu einem Ausbau und einer stärkeren wissenschaftlichen Durchdringung der Berliner Telegrafenschule, die man bald auch als "technische Hochschule" bezeichnete. Auf diese Weise stand das staatliche Post- und Telegrafenmonopol einem Ausbau der Telegrafie an den Technischen Hochschulen im Wege.

Noch zu Beginn der 1880er Jahre dachten die Zeitgenossen, wenn die Rede auf das Schulwesen und die Ausbildung auf dem Gebiet der Elektrotechnik kam, in erster Linie an die Telegrafie.[12] Dies änderte sich seit dem Jahr 1882 in einem dramatischen Tempo. Elektrotechnik identifizierte man jetzt mehr und mehr mit den starkstromtechnischen Anwendungen, mit elektrischem Licht und elektrischer Kraft. Man war sich darüber im klaren, daß man für diesen Bereich wesentlich mehr Ingenieure benötigen werde als für die Telegrafie, wenn auch noch Uneinigkeit über den genauen Umfang des Bedarfs herrschte.[13] Aus diesen Erwartungen erwuchsen die Bestrebungen zur akademischen Institutionalisierung der Elektrotechnik, die in einer bemerkenswerten Geschwindigkeit in die Tat umgesetzt wurden. Die akademische Institutionalisierung war eine Option auf die Zukunft – auf die Zukunft der noch ganz in den Anfängen stehenden industriellen Starkstromtechnik.

Die Institutionalisierung an den einzelnen Technischen Hochschulen

Darmstadt: Hochburg der Elektrotechnik

Es lag an der besonderen Situation der Darmstädter Hochschule, daß die bestehenden Tendenzen zur akademischen Institutionalisierung der Elektrotechnik gerade hier einen fruchtbaren Boden fanden.[1] Die Hochschule befand sich um 1880 in einer Existenzkrise. Wie an den anderen deutschen

---

[12] S. u. S. 118f.

[13] S. u. S. 229–49.

[1] Die Darmstädter Gründungsgeschichte wird schon knapp skizziert bei König, Erasmus Kittler, S. XXX-XXXII; vgl. außerdem Dettmar, S. 280; Viefhaus, S. 95–101.

Technischen Hochschulen war auch in Darmstadt als Folge der Gründerkrise die Besuchsfrequenz, die im Kaiserreich immer mit einer gewissen Phasenverschiebung dem Wirtschaftsverlauf folgte,[2] stark zurückgegangen. So waren im Wintersemester 1881/82 gerade noch 98 Studenten eingeschrieben. Die Kosten der Hochschule belasteten das kleine Land sehr, und der für den Etat zuständige Landtag forderte mehr als einmal deren Schließung. 1882 scheiterte diese – diesmal in Verkehrung der üblichen Fronten – von der Zweiten Kammer erhobene Forderung am Widerstand der Ersten. Die Hochschule stand also unter einem außergewöhnlichen politischen und wirtschaftlichen Druck, ihre Studentenzahlen zu vergrößern und damit ihre Existenzberechtigung und Lebensfähigkeit unter Beweis zu stellen. Hierfür bot sich vor allem ein Mittel an: die Einrichtung neuer Fächer, denen man große Zukunftsaussichten und die Fähigkeit zumaß, zusätzliche Studenten anzulocken. Zu diesen Fachgebieten gehörte auch die Elektrotechnik.

Vieles spricht dafür, daß der Hinweis auf die Elektrotechnik von dem Darmstädter Physikprofessor Ernst Dorn (1848–1916)[3] kam.[4] Als Physiker verfolgte Dorn die Entwicklungen auf dem Gebiet der Elektrotechnik aufmerksam und besuchte im Mai 1882 die elektrotechnische Ausstellung in London und im Herbst des gleichen Jahres die Münchner Ausstellung. Die Hochschule und die Regierung erzielten schnell Einigung, einen elektrotechnischen Lehrstuhl einzurichten und damit eines unter anderen Mitteln zu erproben, welche die Hochschule aus der Krise führen sollten. Probleme warf die Frage der Finanzierung des neuen Lehrstuhls auf, die unter das Etatrecht des Landtags fiel. Es bleibt unklar, ob die Regierung eine Ablehnung dieses Etatpostens befürchtete oder ob ein großzügiges Angebot der Stadt Darmstadt die Regierung veranlaßte, von der normalen parlamentarischen Behandlung dieser Angelegenheit abzusehen. Jedenfalls lief die Errichtung und Finanzierung des elektrotechnischen Lehrstuhls bis 1885 völlig am Landtag vorbei. Die Stadt, die die Hochschule ohnehin subventionierte, indem sie ihr günstig Grundstücke und Gebäude überließ, stellte unbefristet einen jährlichen Zuschuß von 6000 Mark für den elektrotech-

---

[2] Vgl. zu diesem Problem Lundgreen, Natur- und Technikwissenschaften, S. 211–13.

[3] Über Dorn Angaben bei Wolf/Viefhaus, S. 42.

[4] So Berndt (Die feierliche Übergabe, S. 18) in seiner Rektoratsrede, bei der Kittler unter den Zuhörern war. Nach der von Kittler autorisierten Broschüre: Die feierliche übergabe, S. 5, kam die erste Anregung von Staatsminister Starck, wobei der Gedanke naheliegt, daß man mit dieser Verdienstzuweisung der Regierung schmeicheln wollte. In der später erschienenen Literatur tauchen widersprüchliche Schilderungen zum Anteil der Beteiligten an der Gründung des Darmstädter Lehrstuhls auf, ohne daß sich diese auf neue Quellen stützen.

nischen Lehrstuhl bereit, ein Betrag, der immerhin ausreichte, um das Gehalt des Professors und die notwendigsten Umbauten zu finanzieren.[5] Offenbar waren die Stadtväter überzeugt, daß der Lehrstuhl für Elektrotechnik, den man gut und gern als einen städtischen Stiftungslehrstuhl bezeichnen kann, einen wichtigen Beitrag zur Sicherung der Hochschule leisten werde. Und die Hochschule mit ihren Lehrern, Angestellten und Studenten bildete für die Stadt einen wichtigen Wirtschaftsfaktor[6] und vermehrte überdies als Stätte der Wissenschaft das Prestige der Kommune. Schließlich mögen auch Überlegungen eine Rolle gespielt haben, daß der Lehrstuhlinhaber die Kommune bei der späteren Elektrifizierung unterstützen könne. Die Ausschaltung des Landtags führte im Jahre 1885 zu Vorwürfen von Abgeordneten an die Regierung, daß sie den Lehrstuhl quasi illegal errichtet habe.[7] Doch war die Mehrheit in der Zweiten Kammer bereit, hinsichtlich der formalen Zweifelhaftigkeit der Lehrstuhlerrichtung ein Auge zuzudrücken, und erteilte nachträglich ihre Zustimmung: "Bei der außerordentlichen Bedeutung und voraussichtlich großen Zukunft der Elektrotechnik erscheint uns die Begründung eines elektrotechnischen Lehrstuhls als eine Neuerung, welche den Bedürfnissen der Zeit entspricht und darum auch gutzuheißen ist." Aufgrund dieser parlamentarischen Sanktionierung des Stiftungslehrstuhls konnte der Inhaber, der in den Vorlesungsverzeichnissen bislang als Professor auftauchte, jetzt zum ordentlichen Professor gemacht werden.

Als man in Darmstadt im Sommer 1882 die Einrichtung des elektrotechnischen Lehrstuhls beschloß, hatte man noch keinen festen Kandidaten. Die Personalentscheidung erfolgte erst während der internationalen elektrotechnischen Ausstellung, die von Mitte September bis Mitte Oktober 1882 in München stattfand. An dieser Ausstellung und in ihren Gremien wirkte auch Ernst Dorn als offizieller von der Darmstädter Regierung bestellter Vertreter mit[8] – ob diese Delegation auch unter dem Aspekt erfolgte, geeignete Kandidaten für den Darmstädter Lehrstuhl in Augenschein zu nehmen, geht aus den Quellen nicht hervor. Jedenfalls lernte Dorn auf der Ausstellung den jungen Assistenten und Privatdozenten für Physik an der Münchner Technischen Hochschule Erasmus Kittler (1852–1929) kennen und empfahl ihn nach Darmstadt. Noch während der Ausstellung traf der Ruf aus Hessen ein, den Kittler, ohne allzulange zu überlegen, annahm. Zum 1. November

---

[5] Darmstadt, Sitzungsprotokolle der Stadtverordneten-Versammlung v. 28.9.1882 u. 19.10.1882; Verwaltungsbericht, S. 29.

[6] Vgl. Albrecht, S. 581ff.

[7] Verhandlungen der zweiten Kammer . . . Hessen . . . 1885/88. 25. Landtag, S. 54–69 u. Beilage Nr. 69, S. 69.

[8] DM, Archiv des Polytechnischen Vereins, Mappe VII, 192, 934.

1882 schied er aus bayerischen Diensten aus und trat sein neues Amt an, den weltweit ersten elektrotechnischen Lehrstuhl.[9]

Nach Studien an der Technischen Hochschule München und an der Universität Würzburg hatte Kittler[10] 1879 das Lehramtsexamen für Mathematik und Physik abgelegt. Wahrscheinlich auf Empfehlung seines Würzburger Lehrers Friedrich Kohlrausch erhielt er eine Stelle als Assistent am Physikalischen Kabinett der Technischen Hochschule München, das damals unter der Leitung von Wilhelm v. Beetz (1822–1886) stand. Seine Promotion legte er 1880 noch in Würzburg ab – mit dem Thema "Spannungsdifferenzen zwischen sich berührenden Flüssigkeiten". In München habilitierte er sich 1881 mit der Arbeit "Spannungsdifferenzen zwischen einem Metall und Flüssigkeiten verschiedener Concentration".

Sein akademischer Vorgesetzter v. Beetz wie auch der junge Oskar v. Miller (1855–1934), damals Praktikant im bayerischen Staatsdienst, besuchten 1881 die erste internationale elektrotechnische Ausstellung in Paris. Beeindruckt von den dort gezeigten Beleuchtungssystemen und Kraftübertragungen, taten sie sich für die Durchführung eines ähnlichen Unternehmens in der bayerischen Landeshauptstadt zusammen. Nachdem sie zahlreiche organisatorische Schwierigkeiten erfolgreich überwunden hatten, wurde v. Beetz Präsident, v. Miller Vizepräsident des Ausstellungskomitees. Eine der geplanten Neuerungen der Ausstellung lag darin, die technischen Kennwerte der präsentierten Maschinen und Produkte exakt zu messen und zu verzeichnen.[11] Damit ging man über den Usus anderer Ausstellungen hinaus, bei denen verliehene Preise und Auszeichnungen häufig nur auf einer mehr intuitiven technischen und ästhetischen Einschätzung der Produkte beruhten. Die Schwierigkeiten des Münchener Vorhabens lagen darin, daß sich die üblichen Laborgeräte nur bedingt für Messungen an größeren Maschinen eigneten und damit Meßanordnungen und Meßgeräte erst für die Ausstellung entwickelt werden mußten. Es war Erasmus Kittler, den die Ausstellungsleitung mit dieser Aufgabe betraute.[12] Damit bekleidete er eine

---

[9] TU München, Personalakte Kittler. Vgl. zu Kittlers Berufung auch Miller, S. 27f. u. Voigt, S. 82. Nach Voigt soll ein Darmstädter Landtagsabgeordneter, der die Münchner Ausstellung besucht hatte, in einer Debatte um die Aufhebung der Hochschule den Vorschlag für die Errichtung eines elektrotechnischen Lehrstuhls gemacht haben. Schon von der Chronologie her ist diese Version äußerst unwahrscheinlich.

[10] Zur Biographie Kittlers s. König, Erasmus Kittler und die dort angegebene Literatur.

[11] Vgl. hierzu Miller, S. 170–75.

[12] In seinen nicht sehr zuverlässigen Erinnerungen mißt sich Oskar v. Miller das Verdienst zu, Kittler für die Durchführung der elektrotechnischen Versuche gewonnen zu haben. Miller, S. 27f.

zentrale Funktion, die ihn mit den Ausstellern aus der Industrie wie mit den Mitgliedern der Prüfungskommissionen, unter denen sich die angesehensten deutschen Physiker und Elektrotechniker befanden, in engen Kontakt brachte. In den offiziellen Gremien der Ausstellung tauchte sein Name dagegen nur an untergeordneter Stelle auf, nämlich als Stellvertreter des Vorsitzenden v. Beetz in der Prüfungskommission für die erste Abteilung "Elektrische Maschinen, Akkumulatoren, Kabel". Tatsächlich liefen aber, was die Messungen anbelangt, alle Fäden bei ihm zusammen, während v. Beetz, mit den Pflichten der Präsidentschaft ausgelastet, hier kaum in Erscheinung trat. Zu den Kommissionsmitgliedern der zentralen Abteilung I gehörte auch Ernst Dorn. Im offiziellen Ausstellungsbericht faßte er gemeinsam mit Kittler die Ergebnisse der elektrischen Messungen zusammen.[13]

Als der 30jährige Kittler am 13. Januar 1883 in Darmstadt mit seiner Vorlesung über "Den heutigen Stand der Elektrotechnik mit besonderer Berücksichtigung der elektrischen Beleuchtung" begann, stellte dies ein gesellschaftliches Ereignis dar.[14] Unter den 194 Hörern befanden sich, da es noch kein ordentliches Studium der Elektrotechnik gab, Studenten aus verschiedenen Abteilungen der Hochschule; doch ließen sich darüber hinaus auch Darmstädter Beamte, Gymnasiallehrer, Offiziere, Mitglieder der Stadtverordnetenversammlung, Professorenkollegen Kittlers und weitere interessierte Bürger eine Einführung in die junge Wissenschaft und Technik geben. So vielversprechend sich dieser Beginn der Lehrtätigkeit Kittlers auch anließ, die für die weitere Entwicklung des Faches entscheidende Frage lag darin, wie man die Elektrotechnik in das Fächerspektrum der Hochschule eingliedern solle. Hierfür boten sich einerseits die Physik, andererseits der Maschinenbau an.[15] Wie Kittler selbst kamen die meisten Elektrotechniker aus der Physik. Mit einem gewissen Recht konnte man die Elektrotechnik als eine Anwendung physikalischer Erkenntnisse begreifen. Die ersten elektrotechnischen Laboratorien, die man an den Technischen Hochschulen einrichtete, lehnten sich an die Vorläufer der physikalischen Versuchseinrichtungen an. Auf der anderen Seite bildete die Entwicklung elektrischer Maschinen ein Schlüsselproblem der Elektrotechnik, und die

---

[13] Offizieller Bericht . . . München, S. 9–75. Vgl. zur Beteiligung Dorns an der Münchener Ausstellung Bay HStA MH 9266, 22.10.1882.

[14] Programm TH Darmstadt 1883/84, S. IV f.; vgl. auch Zeitschrift für angewandte Elektricitätslehre 4 (1882), S. 579; ETZ (1882), S. 427; Wochenschrift des VDI (1882), S. 404; Mitschriften zweier Vorlesungen Kittlers aus dem Wintersemester 1883/84 von Hermann Görz, der später Leiter der Petersburger Niederlassung von Siemens & Halske wurde, in SAA 36/Lc 174.

[15] S. u. S. 104–11.

elektrischen Maschinen waren in ein System einzupassen, in dem traditionelle Kraftmaschinen wie Dampfmaschinen und Gasmotoren wichtige Bestandteile darstellten. In beruflichen Einsatzfeldern, die von Maschinenbauern besetzt waren, wurden zunehmend auch elektrotechnische Kenntnisse benötigt.

In diesem Spannungsverhältnis zwischen Physik und Maschinenbau, zwischen wissenschaftlicher Tradition und Praxisorientierung peilte Kittler zunächst die Eingliederung der Elektrotechnik in das Maschinenbaustudium und in die Maschinenbauabteilung an.[16] Die Realisierung dieser Absicht stieß jedoch auf Schwierigkeiten. In einer Zeit, als die Studienpläne ohnehin überlastet waren und der technische Fortschritt und der Differenzierungsprozeß im Maschinenbau ständig neue Disziplinen gebar, gelang es offensichtlich nicht, eine befriedigende Regelung für die Eingliederung der Elektrotechnik zu erreichen. Kittler trat quasi die Flucht nach vorne an und setzte die Institutionalisierung der Elektrotechnik als eigenständiges Studium und als selbständige sechste Abteilung der Hochschule bis Juni 1883 durch.[17] Wie ungewöhnlich die Einrichtung einer elektrotechnischen Abteilung in dieser Zeit war, geht schon daraus hervor, daß als zweite Hochschule Karlsruhe erst 1895, 12 Jahre später, folgte.

Die Abteilungsgründung hatte weitreichende Konsequenzen. In der kontrovers diskutierten Frage, ob Elektrotechnik ein eigenständiges Studium oder nur eine Zusatzqualifikation für Maschinenbauer sein sollte,[18] hatte man sich eindeutig für das erstere entschieden. Außerdem hatte man die Weichen dafür gestellt, daß in dem vor allem aus Elementen des Maschinenbaus und der Elektrotechnik zusammengestellten Studium der Anteil der Elektrotechnik außergewöhnlich groß war, zumindest bis nach der Jahrhundertwende größer als an anderen Hochschulen.[19] Der frühe Zeitpunkt der Institutionalisierung und das von vornherein betretene hohe Institutionali-

---

[16] Das Elektrotechnische Institut, S. 7 – in dieser Frage die einzige, aber auch zeitlich relativ nahe und zuverlässige Quelle; zur Einschätzung der Verselbständigung der Elektrotechnik durch Kittler s. 50 Jahre AEG, S. 81.

[17] Das genaue Datum der Einrichtung einer eigenständigen elektrotechnischen Abteilung (Entschließung des Großherzogs vom 6. Juni; ministerielle Bekanntmachung vom 12. Juni; Publikation am 19. Juni 1883) nach: Großherzoglich Hessisches Regierungsblatt Nr. 16 v. 19.6.1883. Im gleichen Jahrgang des Regierungsblatts ist im "Verzeichniß der Vorlesungen, Uebungen und Praktika, welche im Sommer- Semester 1883 (an) . . . der Großherzoglichen technischen Hochschule zu Darmstadt gehalten werden" noch von fünf (!) Abteilungen die Rede. Die gesamte Literatur ging bislang davon aus, daß die Abteilung für Elektrotechnik unmittelbar nach Kittlers Berufung gegründet wurde.

[18] S. u. S. 111–14.

[19] S. u. S. 174 u. passim.

sierungsniveau trugen wesentlich dazu bei, daß Darmstadt bis nach der Jahrhundertwende das unbestrittene Zentrum der Elektrotechnik unter den deutschen Hochschulen blieb mit hohen relativen und absoluten Studentenzahlen und einem großen Anteil von Studenten, die aus anderen deutschen Ländern bzw. dem Ausland kamen. Die Institutionalisierungsform als Abteilung erleichterte einen schnellen Ausbau mit Räumen und Experimentiereinrichtungen. Schließlich trug zum Erfolg Darmstadts bei, daß Kittler seine Lehre und seine sonstigen Aktivitäten in idealer Weise auf die immer mehr Schwung gewinnende Elektrifizierung ausrichtete und damit auf einen Bereich, der zum wichtigsten Berufsfeld für die Absolventen wurde.[20] Der Erfolg Darmstadts beruhte auf der Person Kittlers, der frühen zukunftsweisenden Institutionalisierung und den im Vergleich zu anderen Hochschulen erheblichen für den Auf- und Ausbau der Übungseinrichtungen zur Verfügung stehenden Mitteln. Mit der Ausstattung der Übungslaboratorien – und natürlich der elektrotechnischen Kompetenz der Lehrenden – stand und fiel nämlich die Qualität und der Praxisbezug der Ausbildung. Als Kittler seine Professur antrat, gehörte es zu seinen ersten Handlungen, daß er für fast 10.000 Mark ein Laboratorium einrichtete.[21] Das war nicht viel Geld, doch ließen sich damit ein Gasmotor, eine Dynamomaschine, Batterien, Meß- und Demonstrationsgeräte und Verbrauchsmaterial anschaffen. 1888/89 bezog man einen besser ausgestatteten Barackenraum. Der Aufschwung der Elektrotechnik hatte den entscheidenden Anteil daran, daß man in Darmstadt 1892 einen Neubau für die gesamte Hochschule in Angriff nahm. Insgesamt wurden für die Elektrotechnik zwischen 1892 und 1903 – wobei mehrere Erweiterungen des Instituts stattfanden – etwa 850.000 Mark ausgegeben. Im Ausbaustadium 1903 umfaßte das Institut einen großen Hörsaal für über 300 Zuhörer, 20 Übungsräume für das Praktikum I, darunter 2 Fotometersäle und 2 Eichzimmer, 5 Übungsräume für das Praktikum II, 2 Hochspannungslaboratorien, 6 Akkumulatorräume, 1 Gasmotorraum, einen Turm mit einem elektrischen Scheinwerfer und Einrichtungen für drahtlose Telegrafie, eine große Werkstatt sowie Verwaltungs-, Arbeits-, Bibliotheksräume und einen Aufenthaltsraum für das Institutspersonal. Insgesamt standen 250 Plätze für die Praktika zur Verfügung. Zu dieser Zeit gehörten dem Institut 3 Professoren an, 1 Privatdozent, 6 Assistenten, 1 Institutsinspektor, 1 Werkmeister, 1 Feinmechaniker, 2 Schlosser und 1 Wärter.

Die Jahrhundertwende bildete die Glanzzeit des Darmstädter Instituts. Danach stagnierte seine Personalausstattung, wobei allerdings die Studen-

---

[20] S. u. S. 236f.

[21] Zum Laboratorium s. vor allem Das Elektrotechnische Institut sowie Lexis, S. 284f.

tenzahlen stark zurückgingen. Einen schweren Schlag erlitt die Darmstädter Elektrotechnik durch einen physischen Zusammenbruch Kittlers, der sich in der beschleunigten Ausbauphase der Elektrotechnik in den 1890er Jahren überarbeitet hatte und sich nie mehr richtig erholte.[22] Er zog sich mehr und mehr aus der Leitung des Instituts zurück, beschränkte sich auf eine Vorlesung über allgemeine Elektrotechnik und behielt die nominelle Oberleitung über die Praktika. Die Arbeitslast ruhte nun auf den Schultern seiner Schüler, dem bereits in den 1890er Jahren zu ordentlichen Professoren ernannten Karl Wirtz (1861–1928) und besonders auf Adolf Sengel (1869–1944).[23] Wirtz teilte sich mit Kittler die Einführungsvorlesung und vertrat daneben Meßkunde und Schwachstromtechnik.[24] Die zentralen Gebiete der Maschinenkonstruktion und der Anlagenprojektion fielen Sengel zu. Sengel hatte nach seinen elektrotechnischen Studien in Berlin und Darmstadt etwa 5 Jahre in Konstruktions- und Projektierungsabteilungen in der Industrie gearbeitet, besaß also ausgezeichnete Voraussetzungen für die Vertretung seiner Fächer. Doch auch er stand in Gefahr, sich zu verschleißen. Kurz vor dem Kriegsausbruch 1914 zog die Abteilung die Konsequenzen aus diesen problematischen Zuständen und verlangte die Einrichtung einer weiteren ordentlichen Professur.[25] Die Begründung zeigt, daß man mit Kittler, der dann schließlich 1915 formell sein Lehramt aufgab, nicht mehr rechnete.

Nach der Jahrhundertwende stand Darmstadt in der Elektrotechnik nicht mehr einzig unter den deutschen Hochschulen da. Andere, wie Karlsruhe, Berlin und München, hatten inzwischen aufgeholt, gleichgezogen oder auch Darmstadt in mancher Hinsicht überholt. Der Ausfall Kittlers trug erheblich dazu bei, daß die Mauern der einstigen unumstrittenen Hochburg der Elektrotechnik zu bröckeln begannen. Doch noch immer besaß die Hochschule die meisten Studenten und entließ die meisten Absolventen, wenn auch ihr Vorsprung schrumpfte.[26] Dem dramatischen Rückgang der Studentenzahlen nach 1910 lagen dann zudem Erschwerungen für das Studium von Ausländern zugrunde, die in Darmstadt immer das Gros gestellt hatten.

---

[22] HA Darmstadt, 17.4.1914 – Denkschrift Kittler.

[23] Lebenslauf Sengels (von 1909) in GStA Merseburg, MK, Rep. 76 V b Sekt 4 Tit III Nr 8 Bd X Bl 213f.

[24] Dies und das folgende nach den Programmen TH Darmstadt.

[25] HA Darmstadt, 29.6.1914 – Elektrotechnische Abteilung an Rektorat.

[26] S. u. S. 221f.

Stuttgart: Frühe Institutionalisierung im Rahmen des Maschinenbaus

Werner Siemens' Anregung, an den Technischen Hochschulen Lehrstühle für Elektrotechnik einzurichten,[1] scheint in Stuttgart[2] eine größere Rolle gespielt zu haben als an anderen Hochschulen. Anläßlich einer vom Württembergischen Ingenieurverein, der lokalen Gliederung des Vereins Deutscher Ingenieure, abgehaltenen elektrotechnischen Vortragsreihe fand sie 1882 Erwähnung,[3] und nach dem Zeugnis des späteren Stuttgarter Lehrstuhlinhabers Wilhelm Dietrich[4] veranlaßte sie das zuständige Ministerium, im Sommersemester 1882 eine Vorlesung über Elektrotechnik einzurichten. Die Vorlesung hielt Wilhelm Dietrich, damals Assistent und außerordentlicher Professor – "Hilfslehrer" nach der damaligen Stuttgarter Terminologie – für Physik am Stuttgarter Polytechnikum. Wilhelm Dietrich (1852–1930)[5] hatte in Stuttgart Maschinenbau studiert und später – da eine Promotion an den Technischen Hochschulen noch nicht möglich war – an der Universität Tübingen in Physik promoviert. Mit dieser Doppelqualifikation konnte er für die Vertretung des Faches Elektrotechnik, das sich aus Physik und Maschinenbau herausbildete, mit Fug und Recht als besonders geeignet erscheinen. Mit seinem Lehrauftrag für Elektrotechnik hatte sich Dietrich – wie sich bald zeigen sollte – eine überaus günstige Ausgangsposition für eine akademische Karriere geschaffen. Als er aus Berlin ein Stellenangebot von Siemens & Halske vorweisen konnte und als in Stuttgart eine Professur für die humanistischen Fächer frei wurde, erreichte er, daß diese Professur in ein Ordinariat – in Stuttgart damals: "Hauptlehrer" – für Elektrotechnik umgewandelt und im Juni 1883 mit ihm besetzt wurde. Da Kittlers älterer Darmstädter Stiftungslehrstuhl nicht ordnungsgemäß in den Etat eingestellt war,[6] figuriert diese Stelle in der Stuttgarter Tradition mit einem gewissen Recht als erste ordentliche Professur für Elektrotechnik in Deutschland.[7] Auch die württembergische Elektroindustrie begrüßte die Einrichtung des Lehrstuhls, der – so die Regierung – auch den Beratungsbedarf der heimischen Industrie befriedigen sollte.

---

[1] S. u. S. 87–89.

[2] Sofern nichts anderes vermerkt ist, stützt sich das folgende auf die bis 1900 reichende, außerordentlich genaue Darstellung von Zweckbronner, S. 158–64. Vgl. außerdem Bach, S. 443ff. u. Bader, Elektrotechnik, S. 330ff.

[3] Wochenschrift des VDI 1882, S. 113.

[4] Dietrich, S. 875.

[5] Zu Dietrich s. UA Stuttgart AA 398 u. Bader, Elektrotechnik, S. 330.

[6] S. o. S. 15.

[7] So schon Bach, S. 443 u. Veesenmeyer, S. 16.

Dietrich gehörte als Person weiterhin auch der mathematisch-naturwissenschaftlichen Fachschule an, die elektrotechnische Professur bildete jedoch einen integralen Bestandteil der Fachschule für Maschinenbau. Im gesamten Zeitraum bis zum Ersten Weltkrieg blieb man in Stuttgart bei dieser engen Verbindung von Maschinenbau und Elektrotechnik und lehnte eine Verselbständigung des neuen Faches explizit ab.[8] Wenn man auch seit 1886 Abschlußprüfungen für Elektrotechniker abnahm, so bot man doch zunächst – Werner Siemens folgend – mit den elektrotechnischen Veranstaltungen in erster Linie Studenten des Maschinenbaus und anderer technischer Fächer eine Möglichkeit, auf diesem neuen technischen Gebiet Zusatzqualifikationen zu erwerben. Dies zeigt sich auch daran, daß ein spezieller Studienplan für Studierende der "elektrotechnischen Richtung des Maschinen-Ingenieurwesens" erstmals 1895/96 angeboten wurde. Der Studienplan fügte in das damals in Stuttgart noch siebensemestrige Maschinenbaustudium einige elektrotechnische Veranstaltungen ein und schloß vor allem ein zusätzliches achtes, ausschließlich der Elektrotechnik gewidmetes Semester ein.[9] In der Folge trug man der zunehmenden Bedeutung der Elektrotechnik im Rahmen des Maschinenbaus Rechnung, indem die Abteilung 1898/99 in ihren Namen den Zusatz "einschließlich Elektrotechnik" aufnahm und man 1901/02 schlicht den Studienplan mit ". . . für Ingenieure der Elektrotechnik" überschrieb.

Die erstmalige Festlegung eines elektrotechnischen Studienplans 1895 hing zusammen mit dem Bezug eines Neubaus für das elektrotechnische Institut zur gleichen Zeit. Jetzt erst verfügte man über die räumlichen und apparativen Möglichkeiten, um die für das Studium zentralen praktisch-experimentellen Laboratoriumsübungen angemessen durchzuführen. Die Dietrich anläßlich seines Lehrauftrags und seiner Berufung gewährten Mittel und Räumlichkeiten genügten noch nicht einmal den mindesten Ansprüchen.[10] Selbst wenn man unterstellt, daß der 1890 von der Hochschule an das Ministerium gestellte Antrag auf einen Neubau die Verhältnisse in düsteren Farben malte, so kann an der Authentizität des Bildes doch kein Zweifel bestehen. Das Institut verfügte lange Zeit nur über feuchte Kellerräume mit einer Grundfläche von kaum 80 m^2 und war damit von allen elektrotech-

---

[8] So Bach in einem Schreiben an Rittershaus vom 27.2.1888; StAD, Min. f. Volksbildung, 15 547:7.

[9] Vgl. Dietrich, S. 875.

[10] S. zum Stuttgarter elektrotechnischen Laboratorium Jahres-Bericht 1882/83, S. 9 u. 12, 1895/96, S. 33–40; Dietrich, S. 875ff.; Bach, S. 443f.; Veesenmeyer, S. 16; Verhandlungen der Württembergischen Kammer der Abgeordneten, Beil.-Bd. 2, 7. Abt., 26.2.1891, S. 5313–15; StAD, Min. f. Volksbildung, 15 547:7, 27.2.1888 – Bach an Rittershaus.

nischen Instituten an den Hochschulen des deutschsprachigen Raums am schlechtesten für die Übungsveranstaltungen ausgestattet. Die raumklimatischen Bedingungen wirkten nicht nur gesundheitsschädlich, sondern beeinträchtigten zusammen mit durch die Maschinen benachbarter Institute hervorgerufenen Erschütterungen die meßtechnischen Übungen. Sicher nicht zu Unrecht führte die Hochschule den geringen Besuch der Elektrotechnik auf die schlechten Studienbedingungen zurück. Zumindest eine Zeitlang schuf Dietrich Abhilfe, als er seine guten Verbindungen zur Elektrotechnischen Fabrik Cannstatt nutzte und die Studenten dort Versuche durchführen ließ.[11] Zwischen April 1885 und März 1886 hatte Dietrich seinen Stuttgarter Lehrstuhl aufgegeben und war in das Cannstatter Unternehmen eingetreten. Den Lehrbetrieb am Polytechnikum erhielt er mit Lehraufträgen aufrecht. Als sich kein Nachfolger fand, kehrte er wieder an die Technische Hochschule zurück, blieb aber der Firma weiter verbunden und führte dort Untersuchungen durch. Überhaupt unterhielt Dietrich enge Beziehungen zur elektrotechnischen Praxis und wirkte z.B. als Gutachter an der Errichtung eines Elektrizitätswerks in Stuttgart mit.[12]

Die Verhältnisse besserten sich mit dem 1891 vom Landtag beschlossenen und 1895 bezogenen Neubau des elektrotechnischen Instituts. Das Land wandte für das 1460 m^2 Nutzfläche besitzende Institut insgesamt etwa 500.000 Mark auf, davon die Hälfte für die Inneneinrichtung. Jetzt verfügte die Stuttgarter Hochschule über alle damals üblichen elektrotechnischen Laboreinrichtungen. Obwohl das Institut normalerweise seinen Strom vom städtischen Elektrizitätswerk bezog, besaß es eine Maschinen- und Schaltanlage, mit der sich das Arbeiten in einem Elektrizitätswerk simulieren ließ.

Seit dem Studienjahr 1888/89 konnte Dietrich auf die Unterstützung eines ersten Assistenten zurückgreifen.[13] Der nach der Eröffnung des Neubaus zusätzlich eingestellte Oberassistent und später zum Professor ernannte Hermann Rupp (geb. 1868) entlastete ihn in noch größerem Umfang in der Lehre.[14] Als Rupp 1900 zu BBC nach Baden ging, gewann Dietrich seinen früheren Schüler und Assistenten Immanuel Hermann (1870–1945) als Extraordinarius, der jetzt von den Verpflichtungen eines Assistenten befreit wurde.[15] Hermann, vorher in der Zentralstelle für wissenschaftliche Untersuchungen in Neubabelsberg bei Berlin beschäftigt, tat sich mit der

---

[11] ETZ (1886), S. 179.

[12] Vgl. Leiner, S. 200ff.

[13] Jahres-Bericht 1888/89, S. 15.

[14] HStA S E 14 Bü 1611, 5.6.1900 u. 3.8.1912.

[15] Nachlaß Hermann im HStA S Q1/38, s. bes. Bü 1.

Annahme des an ihn ergangenen Rufs sehr schwer, da er eigenem Bekunden nach nie in der elektrotechnischen Praxis gearbeitet hatte. In Stuttgart las er dann auch vor allem über Meßtechnik und Nachrichtentechnik, das heißt über Gebiete, die geringere praktisch-industrielle Erfahrungen erforderten.

Bei den Verhandlungen mit Hermann bezeichnete es Dietrich als sein Ziel, das Stuttgarter Institut nach dem Vorbild von München mit drei ordentlichen elektrotechnischen Professuren auszustatten.[16] Eine wichtige Etappe hierfür bildete die Berufung von Emil Veesenmeyer (1874–1950) zum ordentlichen Professor für Elektrotechnik und Konstruktionsübungen zum 1.9.1901. Veesenmeyer kam von Siemens & Halske, wo er die erste Drehstromlokomotive für den Grubenbetrieb gebaut hatte. Mit Hermann als Extraordinarius war damit die in München von Friese propagierte Dreigliederung des Faches[17] ansatzweise verwirklicht. Dietrich und Hermann vertraten die theoretische Elektrotechnik, Veesenmeyer den Elektromaschinenbau und Dietrich und Veesenmeyer den Anlagenbau. Als Dietrich 1912 pensioniert wurde, trat Fritz Emde (1873–1951)[18] seine Nachfolge an. Emde verfügte über reiche Erfahrungen in der Industrie, zunächst im Maschinenlaboratorium der AEG in Berlin, dann bei Siemens & Halske im Charlottenburger Versuchsfeld, im Hochspannungslaboratorium und als stellvertretender Leiter des Berechnungsbüros der Bahnabteilung der Siemens-Schuckertwerke. Vor der Annahme des Rufs nach Stuttgart hatte er die elektrotechnische Professur an der Bergakademie Clausthal inne. Die Stuttgarter hatten Emde zuletzt mit dem Argument an die Spitze der Liste gesetzt, daß er die physikalische und mathematische Seite der Elektrotechnik vollständig beherrsche. In Stuttgart wandte er sich auch eher theoretischen Fragen zu, was seinen Ausdruck in der Umbenennung der Veesenmeyerschen Professur in Elektrotechnische Konstruktionen und Anlagen fand. Veesenmeyer vereinigte in seiner Person also zwei Fachgebiete, die an besser ausgestatteten Hochschulen von zwei Professoren vertreten wurden, während in Stuttgart die theoretische Elektrotechnik mit in erster Linie Emde und in zweiter Linie Hermann überproportional vertreten war.

Die preußischen Hochschulen

Das preußische Kultusministerium und dort besonders der für die Technischen Hochschulen zuständige Dezernent Wilhelm Wehrenpfennig beobachteten

---

[16] HStA S Q1/18, Bü 1, 3.8.1900.

[17] S. u. S. 61f.

[18] UA Stuttgart AA 220; HStA S E 14 Bü 1611, 3.8.1912.

die Entwicklung auf dem Gebiet der Elektrotechnik mit großer Aufmerksamkeit. Gleich mehrere Ereignisse bereiteten den Boden für die Institutionalisierung des Faches an den preußischen Hochschulen. Wehrenpfennig selbst nannte an erster Stelle die in Paris, London und München stattgefundenen elektrotechnischen Ausstellungen und die Aktivitäten an den Hochschulen in München, Stuttgart, Darmstadt und der Guild-Hall in London.[1] Ein gut unterrichteter, offiziöser Zeitungsartikel erwähnte auch Werner Siemens' Vorschlag zur Einrichtung elektrotechnischer Lehrstühle.[2] Dazu kamen Anregungen aus den preußischen Hochschulen selbst. Den Stein endgültig ins Rollen brachten die Nachrichten, die das Ministerium von der Münchener elektrotechnischen Ausstellung erhielt. Als Beobachter und Vertreter hatte das Ministerium den Aachener Physiker Adolf Wüllner und den Berliner Maschinenbauer Adolf Slaby nach München entsandt.[3] Wüllner, der ältere und damals ranghöhere und angesehenere von beiden, regte in seinem am 4. November 1882 erstatteten Ausstellungsbericht an, auch an den preußischen Technischen Hochschulen Lehrstellen und Laboratorien für Elektrotechnik einzurichten.[4]

Das Ministerium reagierte sofort. Bereits wenige Tage später erhielten die Hochschulen ein Schreiben, in dem die Behörde die Grundlinien ihrer Institutionalisierungsstrategie erläuterte. Sie kündigte die Einrichtung elektrotechnischer Dozenturen und Laboratorien an allen drei preußischen Hochschulen an. Da aber der Haushalt schon verabschiedet sei, stünden die Mittel erst mit dem Etatjahr 1884/85 zur Verfügung. Bis dahin solle man so weit wie möglich vorhandene Mittel und Personen nutzen, um nicht den Anschluß zu verlieren. Während man dafür in Aachen und Berlin mit Otto Grotrian und Adolf Slaby auf schon vorhandene Dozenten zurückgreifen konnte, gab es in Hannover niemanden, der in Frage kam. Grotrian und Slaby profitierten also von der Eile, mit der das Ministerium die Institutionalisierung vorantrieb. Sie nutzten die außerordentlich günstige Gelegenheit, denn bald stand fest, daß die Dozenturen in etatmäßige Professuren, wie man in Preußen damals die ordentlichen Lehrstühle an den Technischen Hochschulen nannte, umgewandelt werden würden.

[1] GStA Merseburg, MK, Rep 76 Vb Sekt 6 Tit II Nr 5, 23.6.1883 – MK an Staats- und Finanzministerium.

[2] Deutscher Reichs- und Preußischer Staats-Anzeiger, Nr. 272 v. 18.11.1882.

[3] GStA Merseburg, MK, Rep 76 Vb Sekt 4 Tit III Nr 8 Bd II Bl 137.

[4] HA Aachen 887, 177f., 15.11.1882 – MK an TH Aachen.

Aachen: Von einem Ausgangspunkt zum Rande der Disziplinentwicklung

Eine der zentralen Anregungen für die Institutionalisierung der Elektrotechnik in Preußen kam also von dem Aachener Physiker Adolf Wüllner (1835–1908). Es kann kaum verwundern, daß der hohes Ansehen genießende langjährige Inhaber des Lehrstuhls für Physik, der überdies noch in den Jahren 1883 bis 1886 das Rektorat bekleidete, auch an seiner Heimathochschule eine zentrale Rolle bei der Ansiedlung des neuen Faches[5] spielte. Mit seinem Eintreten für die Elektrotechnik vertrat Wüllner nicht zuletzt Interessen der Physik. Er wollte die Elektrotechnik als Teil der Physik in der – mathematisch-naturwissenschaftlichen – Allgemeinen Abteilung ansiedeln und seinen Assistenten Otto Grotrian auf den neuen Lehrstuhl hieven. Als damaliger Vorstand der Allgemeinen Abteilung entwarf er deren Gutachten, welches das Ministerium zusammen mit einem weiteren von der Maschinenbauabteilung angefordert hatte.[6]

Wüllner empfahl die sofortige Einrichtung eines neuen Lehrstuhls, dem er die Bezeichnung "für technische Physik, speciell Electrotechnik" zu geben wünschte. Er betonte die Bedeutung des Laboratoriumsunterrichts für die Studenten und machte auf die Notwendigkeit aufmerksam, bald einen Neubau für Elektrotechnik und Physik zu errichten. Die Elektrotechnik sollte als Unterabteilung vorerst unter der Verwaltung des Physikalischen Instituts stehen. Aus dieser fachsystematischen Zuordnung ergab sich für Wüllner als Selbstverständlichkeit, daß die Elektrotechnik an der Allgemeinen Abteilung anzusiedeln sei. Daß der elektrotechnische Unterricht das Maschinenbaustudium ergänzen solle, wie das Ministerium vorgegeben hatte, stehe dem nicht entgegen. Seine Ansprüche zugunsten der Physik untermauerte Wüllner mit Ausführungen über den Stellenwert physikalischen und maschinenbautechnischen Wissens für die Konstruktion elektrischer Maschinen, welche seinem elektrotechnischen Problembewußtsein ein denkbar schlechtes Zeugnis ausstellen.[7] Für die Berufung seines Assistenten Grotrian setzte er sich mit dem Argument ein, daß man in Darmstadt mit Kittler auch einen Physiker berufen habe. Außerdem verwies er auf ein dem Physikstudium vorausgegangenes Maschinenbaustudium Grotrians in

---

[5] Die älteren Skizzen zur Elektrotechnik in Aachen bei Gast, S. 270–73 u. 285f. sowie Klinkenberg, S. 196 sind fehlerhaft und unbefriedigend.

[6] HA Aachen 887, 177f., 15.11.1882 – MK an TH Aachen; 189–200, 15.11.1882 – Gutachten Wüllner, 18.12.1882 – Gutachen Allgemeine Abteilung, 11.12. u. 22.12.1882 – Gutachten Maschinenbauabteilung, 2.1.1883 – TH an MK, 21.3.1883 – MK an TH.

[7] S. u. S. 106f.

Braunschweig. – Allerdings hatte Grotrian dieses Studium zu einer Zeit absolviert, als sich das Braunschweiger Collegium Carolinum gerade von einer allgemeinbildenden zu einer technischen Schule umgewandelt hatte und qualitativ den anderen deutschen Polytechnika deutlich nachstand.

In ihrem Gutachten akzeptierte die Maschinenbauabteilung die von Wüllner und Grotrian ausgearbeiteten Vorschläge für die apparative Einrichtung des elektrotechnischen Laboratoriums und einen Studienplan für Maschineningenieure elektrotechnischer Richtung. Auch die Berufung Grotrians unterstützte sie, nachdem dieser versichert hatte, sich ganz auf die Elektrotechnik konzentrieren zu wollen und auf die Pflege der allgemeinen Physik zu verzichten. Der Lehrstuhlinhaber – so das Credo der Maschinenbauabteilung – solle sich in erster Linie mit praktischen und nur in zweiter mit theoretischen Problemen beschäftigen. Folgten die Maschinenbauer Wüllner somit ein gutes Stück Weges, so vertraten sie gegen diesen energisch den Standpunkt, daß die Elektrotechnik an die Maschinenbauabteilung gehöre. Ihre Forderung stützte die Abteilung argumentativ ab, indem sie eine Skizze der zukünftigen beruflichen Möglichkeiten der Absolventen entwarf. Für reine Elektrotechniker, worunter man physikalisch-mathematisch ausgebildete verstand, sah man nur geringe Beschäftigungsmöglichkeiten. Günstigere Aussichten erwartete man für Maschinenbauer mit elektrotechnischen Zusatzkenntnissen. Man hielt es für möglich, daß sich die Elektrotechnik zu einem Zweig des Großmaschinenbaus entwickeln werde. Außerdem müßten die Anstellung Suchenden über Kenntnisse des gesamten Maschinensystems verfügen, also auch der nicht-elektrischen Kraft- und Arbeitsmaschinen. Wenn Absolventen bei Stadtverwaltungen einträten, dann wären sie dort eventuell auch für Gas, Wasser, Kanalisation und Straßenbau zuständig. Wenn die Maschinenbauabteilung also auch noch in Details ihrer Berufsfeldprojektion unsicher war, so überzeugt vertrat sie ein praxisorientiertes Großprofil der neuen Studienrichtung. Der Senat der Hochschule und das Ministerium folgten diesen Argumenten und siedelten die Elektrotechnik an der Maschinenbauabteilung an.

Die Hochschule sah in den elektrotechnischen Veranstaltungen ein ergänzendes Angebot für alle technischen Studienrichtungen, aber auch eine Vertiefungsmöglichkeit für einen Teil der Maschinenbauer, für "Maschineningenieure elektrotechnischer Richtung." Für diese Gruppe fertigte die Abteilung 1883 einen eigenen dreijährigen Studienplan aus.[8] Dem Ministerium ging dies jedoch zu weit. Es wollte Elektrotechnik nur als Zusatz-

[8] HA Aachen 887, 228, 233 u. 237; GStA Merseburg, MK, Rep 76 Vb Sekt 6 Tit X Nr 5, 13.4.1883 – MK an TH, 11.5.1883 – TH an MK, 6.6.1883 – MK an TH; Tit VI Nr 1 Bd I Bl 93–96, 26.4.1883 – TH Aachen, Abt III an MK.

qualifikation für alle Maschinenbauer gelten lassen und lehnte jegliche Spezialisierung ab. Die außerpreußischen Hochschulen – das Ministerium dachte bei diesen Formulierungen wohl vor allem an Darmstadt – benutzten solche Bezeichnungen nur als billige Reklame, bildeten aber tatsächlich am Bedarf vorbei aus. Die Aachener Hochschule wies die Unterstellung einer solchen Intention von sich. Sie verglich den neuen Studienplan mit dem der Maschinenbauer und wies auf einige Unterschiede hin. Mit der neuen Bezeichnung habe man diese Unterschiede zum Ausdruck bringen wollen. Das Ministerium ließ sich damit überzeugen und genehmigte den Entwurf.

Als im Wintersemester 1882/83 die Verhältnisse noch ungeklärt waren und die Angliederung an die Allgemeine Abteilung noch zur Debatte stand, teilten sich Wüllner und Grotrian die Elektrotechnik.[9] Wüllner behandelte in Elektrotechnik I die Lehre vom Magnetismus und der Elektrizität, also den theoretischen Teil, Grotrian übernahm die Elektrotechnik II, die Konstruktion, Theorie und Anwendung der magnet- und dynamoelektrischen Maschinen. Nach der Eingliederung der Elektrotechnik in den Maschinenbau zog sich Wüllner zurück, und Grotrian vertrat das Fach allein. Otto Grotrian (1847–1921)[10] hatte bis zum Alter von 22 Jahren mit dem Berufsziel Techniker das Braunschweiger Collegium Carolinum besucht. Nach einem Studium der Physik wirkte er als Assistent und dann Privatdozent an den Physikalischen Instituten der Polytechnika in Darmstadt und seit 1877 in Aachen. Ab 1880 renumerierter Dozent und 1881 mit dem Titel Professor versehen, las er über Angewandte Physik, Experimentalphysik und Physikalische Grundlagen der elektrischen Telegrafie. Mit dem 1.4.1883 wechselte er offiziell als Dozent für Elektrotechnik an die Maschinenbauabteilung, um dann am 1.4.1886 zum etatmäßigen Professor für Elektrotechnik ernannt zu werden.

Mit seiner Vorbildung besaß Grotrian auch keine schlechteren Voraussetzungen für die Elektrotechnik als die meisten aus der ersten Generation der Hochschullehrer. Es lag am Willen und Vermögen der einzelnen, inwieweit sie sich in das neue Gebiet einarbeiteten, seinen rapiden Fortschritten folgten und Kontakte zur Industrie fanden. An gutem Willen mangelte es Grotrian jedenfalls nicht. Gegenüber dem die deutschen Hochschulen bereisenden Adalbert von Waltenhofen, der den ersten Lehrstuhl für Elektrotechnik an der TH Wien erhielt, äußerte er sich 1883 zuversichtlich, daß ein Aachener Absolvent "sofort als Constructeur in einer Dynamomaschinen-Fabrik oder

---

[9] Dies nach den Programmen Aachen.

[10] Lebenslauf Grotrians (v. 2.4.1886) in GStA Merseburg, MK, Rep 76 Vb Sekt 6 Tit III Nr 4 Bd I Bl 140f.; vgl. ebenda, Bl 149f. u. passim; HA Aachen 887, 162–64, 166 u. 170f.; Klinkenberg, S. 241.

als Beleuchtungs-Techniker verwendbar sei." Einen ähnlichen Anspruch erhob ansonsten nur Kittler in Darmstadt.[11] Auch die institutionellen Bedingungen waren in Aachen mit der Angliederung an die Maschinenbauabteilung und einem durch die Elektrotechnik modifizierten Maschinenbaustudiengang eher günstig. Die Ausstattung des provisorisch in Räumen des Hauptgebäudes untergebrachten elektrotechnischen Laboratoriums, in dem Grotrian seit dem Wintersemester 1884/85 Übungen abhielt, ließ viele Wünsche offen, was aber den anfänglichen Arbeitsmöglichkeiten an anderen Hochschulen weitgehend entsprach. Wenn in Aachen die Studentenzahlen immer klein blieben, sich kaum jemand habilitierte und der personelle Ausbau des Instituts auf sich warten ließ, so lag dies wohl vor allem an der Person Grotrians, der weder durch wissenschaftliche Arbeiten noch durch Kooperationen mit der Industrie oder als Elektrifizierungsberater groß in Erscheinung trat. Auch einzelne Bemerkungen in den Akten zeichnen kein günstiges Bild von seinen Fähigkeiten und seinem Durchsetzungsvermögen. Man hatte in Aachen unter dem Einfluß von Wüllner aufs falsche Pferd gesetzt und bezahlte dies mit weitgehender Bedeutungslosigkeit im Konzert der Elektrotechnik an den deutschen Technischen Hochschulen in der Zeit vor dem Ersten Weltkrieg.

Die räumlichen Verhältnisse besserten sich schlagartig, als die Elektrotechnik 1897 einen gemeinsam für den Bergbau und die Naturwissenschaften errichteten Neubau bezog.[12] Die Aachener Wirtschaft hatte dazu die Hälfte der Baukosten, die Stadt den Bauplatz und die Erschließungskosten beigesteuert. Die personellen Probleme blieben dagegen bestehen. Grotrian selbst breitete sie 1896 vor dem Ministerium aus, wobei es um die Frage ging, wie die Bestimmungen, daß Aspiranten für die 2. Staatsprüfung über "Bau, Betrieb und Unterhaltung der Anlagen zur Erzeugung elektrischer Ströme" geprüft werden müßten, in die Lehre umzusetzen seien.[13] Der Aachener Fachvertreter führte aus, daß er zwar fertige Anlagen beurteilen, aber deren Entwurf nicht lehren könne, da er nie praktisch gearbeitet habe. Dabei verwies er auf ähnliche Verhältnisse in Hannover (Kohlrausch), Dresden (Hallwachs) und Wien (Waltenhofen). Neuerdings sei er auch zusammen mit Maschinenbaukollegen auf die Konstruktion und Vorausberechnung elektrischer Maschinen eingegangen, "die auf rein physikalischen Principien" beruhe. Sein ernüchterndes Fazit lautete, die Staatsdienstkandidaten müßten sich die in der Prüfungsordnung vorgeschriebenen

---

[11] ÖStA AVA, MK, F 1248, fol. 30ff., 22.6.1883 – Reisebericht Waltenhofen.

[12] Feier zur Einweihung, bes. S. 27f.

[13] GStA Merseburg, MK, Rep 76 Vb Sekt 6 Tit VI Nr 1 Bd 1 Bl 302f., 30.1.1896 – Grotrian an MK.

Kenntnisse entweder in der Praxis aneignen, oder man müsse nach Aachen zusätzlich einen Praktiker berufen.

Im Ministerium hatte man die Probleme in Aachen längst erkannt, doch standen für eine schnelle Lösung keine Mittel zur Verfügung. Die schließlich 1899 für eine Dozentur bereitgestellten Gelder waren so knapp bemessen, daß man in erster Linie an einen Praktiker dachte, der die Stelle im Nebenamt bekleiden sollte.[14] Immerhin fand man zwei qualifizierte Kandidaten mit reicher praktischer Erfahrung. Der erste, Friedrich Niethammer (1874–1947), damals "Chefelektriker" der Deutschen Elektrizitätswerke in Aachen, zog seine vorläufige Zusage wieder zurück, da angeblich seine Firma Schwierigkeiten machte.[15] Der zweite, Gustav Rasch (1863–1939), hatte in der Elektroindustrie als Konstrukteur und Anlagenprojekteur gearbeitet, als Beratender Ingenieur mehrere Elektrizitätswerke geplant und in Gera die Zentralstation geleitet. Er brachte also besonders für den Anlagenbau alle Erfahrungen mit, die man in Aachen so schmerzlich vermißte. Seine derzeitige Stellung als Privatdozent an der TH Karlsruhe und städtischer Elektrotechniker war prekär geworden, da er mit dem dortigen Ordinarius, Engelbert Arnold, in gerichtlichen Auseinandersetzungen lag.[16] Dies mag ihn veranlaßt haben, das wenig attraktive Angebot aus Aachen zum 1.10.1899 anzunehmen, in der Hoffnung auf Aufbesserung seines Gehalts durch Nebentätigkeiten und eine baldige Verbesserung seiner Aachener Position. Die zweite Hoffnung jedenfalls trog nicht, denn die Regierung verlieh ihm, da man in Aachen mit ihm zufrieden war und ihn halten wollte, 1902 die Bezeichnung Professor und ernannte ihn zum 1.4.1905 zum zweiten etatmäßigen Professor für Elektrotechnik. Rasch vertrat in Aachen die bislang zu kurz gekommenen Gebiete des Elektromaschinenbaus und der Anlagenprojektion, während sich Grotrian weitgehend auf die theoretische Elektrotechnik zurückzog. Durch jahrelanges hartnäckiges Drängen erreichte Rasch 1909 die Einrichtung eines elektrotechnischen Prüffelds unter seiner Leitung, wo auch mit Hochspannungen gearbeitet werden konnte, was in dem alten Laboratorium nicht möglich war.[17]

Mit der Berufung Raschs hatten sich die Verhältnisse in der Aachener Elektrotechnik schon sehr gebessert, was man im Briefkopf der Abteilung durch Hinzufügen der Elektrotechnik zum Maschinenbau zum Ausdruck

---

[14] HA Aachen 886 B, Mai 1899, 3.6.1899, 12. u. 15.8.1899; 864, 24.11. u. 12.12.1904; GStA Merseburg, MK, Rep 76 Vb Sekt 6 Tit III Nr 9 Bd I Bl 119ff., 138 u. 199ff.; Nr. 4 Bd III Bl 42ff., 66, 78ff., 84 u. 106ff.

[15] S. u. S. 134.

[16] S. u. S. 272f.

[17] GStA Merseburg, MK, Rep 76 Vb Sekt 6 Tit VI Nr 1 Bd II Bl 160.

brachte, ohne daß schon eine offizielle Umbenennung erfolgt war.[18] Vor allem aber erweiterte man den elektrotechnischen Studiengang von 3 auf 4 Jahre. Die Hochschule wollte das Fach weiter stärken, indem sie sich seit 1906 um eine Dozentur für den 1905 eingestellten Assistenten Leo Finzi (1874–1936)[19] bemühte.[20] Der Lebenslauf des Italieners Finzi führt eine üppige Sammlung von Qualifikationen auf: Promotion in Physik, Promotion in Mathematik, Ergänzungsstudien des Maschinenbaus an der TH München und der Elektrotechnik bei Arnold an der TH Karlsruhe, praktische Tätigkeit in der Elektroindustrie und in einem Elektrizitätswerk. Bevor Finzi an die Hochschule kam, leitete er das Laboratorium und das Prüffeld der Deutschen Elektrizitätswerke Aachen. Die Hochschule begründete ihre Anträge zugunsten Finzis damit, daß dieser unbedingt gehalten werden müsse. Grotrian, der "niemals in der Praxis gewesen" sei, sei für den Übungsbetrieb voll von Finzi abhängig. Finzi könne die Maschinenkonstruktion übernehmen, da Rasch mehr in der Anlagenprojektion zuhause sei. Außerdem, so fügte der Aachener Rektor vertraulich hinzu, könne Finzi die Entscheidungskraft der Abteilung stärken, Grotrian und Rasch seien nicht gerade entschlußfreudig. Nach geraumer Zeit kam die Regierung den Wünschen der Hochschule nach, verlieh Finzi 1908 die Bezeichnung Professor und zum 1.4.1909 eine elektrotechnische Dozentur. Finzi las sowohl über elektrische Maschinen wie über Anlagen; den Studenten des Berg- und Hüttenwesens bot er eine besondere Vorlesung über die Elektrotechnik in ihrem Berufsfeld an. Auch außerhalb der Hochschule entfaltete Finzi eine rege Tätigkeit. Er beriet die elektrotechnische Fabrik Max Schorch & Co in Rheydt und die Hochspannungs-Gesellschaft Köln und wirkte bei Elektrifizierungsprojekten in Frankreich, Italien und Spanien mit.

Mit Rasch und Finzi konnte die Aachener Elektrotechnik ein befriedigendes Studienangebot machen. Doch fiel der späte Ausbau des Faches in eine Zeit, als die in Aachen ohnehin niedrigen Studentenzahlen weiter deutlich zurückgingen und die Bereitschaft der Regierung, größere Mittel in die Elektrotechnik zu investieren, schon deutlich zurückgegangen war. Die Geschichte der Aachener Elektrotechnik zeigt, welch große Bedeutung die richtige – und die falsche – Wahl des ersten Vertreters für die weitere Entwicklung des Faches haben konnte.

---

[18] HA Aachen 864, 26.6.1905.

[19] Lebenslauf Finzis (von 1903) in GStA Merseburg, MK, Rep 76 Vb Sekt 6 Tit III Nr 14 Bd I Bl 52f.; vgl. auch ETZ 58 (1937), S. 88.

[20] GStA Merseburg, MK, Rep 76 Vb Sekt 6 Tit III Nr 9 Bd I Bl. 250ff., 271ff. u. 317f.; Nr 14 Bl. 39 ff. u. 69 ff.

Berlin: Hierarchisch geführter Großbetrieb im Schatten der Industrie

Die Berliner Hochschule besaß für eine akademische Institutionalisierung der Elektrotechnik[1] ein ausgesprochen günstiges Umfeld. Der Elektrotechnische Verein, der erste größere Zusammenschluß der Elektrotechniker in Deutschland, gründete sich hier 1879. Berlin war der Sitz der Reichspostverwaltung. Hier erschien die Elektrotechnische Zeitschrift. Vor allem aber saß in Berlin mit Siemens & Halske die bei weitem größte elektrotechnische Firma in Deutschland neben einer Reihe kleinerer Unternehmen. Im Laufe der 1880er Jahre gestalteten sich die Verhältnisse mit dem Aufstieg der AEG und der hier ihren Ausgang nehmenden Elektrifizierung noch günstiger. Berlin wurde zur "Elektropolis", dem Prototyp einer durch die Elektrotechnik geprägten Stadt.[2]

Wo, wenn nicht hier, konnte man mit großen Aussichten auf Erfolg eine akademische Institutionalisierung der Elektrotechnik in Angriff nehmen? Das preußische Unterrichtsministerium maß der Berliner Hochschule jedoch zunächst keine Sonderrolle zu und setzte für sie die gleichen Planungen in Gang wie für die preußischen Schwesterhochschulen in Aachen und Hannover. Der Unterricht in der Elektrotechnik sollte so schnell wie möglich mit den vorhandenen Mitteln und Kräften aufgenommen werden; die Gelder für die Einrichtung eines Unterrichtslaboratoriums stellte die Regierung in den nächsten Staatshaushalt ein.

Die personellen Überlegungen konzentrierten sich in Berlin von vornherein auf Adolf Slaby (1849–1913).[3] Slaby hatte Maschinenbau und Mathematik studiert, als Gewerbelehrer gearbeitet und sich in Berlin 1877 als Schüler von Franz Reuleaux, dem Begründer der Kinematik, für theoretische Maschinenlehre habilitiert. Von Hause aus also Maschinenbauer und Spezialist für theoretische Maschinenlehre und Gasmaschinen, erkannte Slaby nach 1880 die Gunst der Stunde und begann sich in die Elektrotechnik einzuarbeiten. Zur Münchener elektrotechnischen Ausstellung im Herbst 1882 fuhr er schon im offiziellen Auftrag des Ministeriums. Slaby selbst führte später in einem Rückblick die Aufnahme elektrotechnischer Vorlesungen an der Berliner Hochschule auf die durch Werner Siemens gegebene Anregung

---

[1] Als Überblick über die Elektrotechnik an der TH Berlin König/Petzold.

[2] Weiher, Berlins Weg.

[3] Zu Slaby s. Bericht TH Berlin 1912/13, S. 6f.; Krause; Frankfurter Zeitung v. 21.4.1913; Matschoß, Männer der Technik, S. 254; Manegold, Adolf Slaby; ein Lebenslauf (v. 15.3.1886) in GStA Merseburg, MK, Rep 76 Vb Sekt 4 Tit III Nr 8 Bd III.

zurück.[4] Siemens kannte Slaby vor allem aus dem Verein zur Förderung des Gewerbfleißes. Doch ist es unwahrscheinlich, daß er ihn dem Ministerium für das zu begründende Fach empfahl, denn die elektrotechnische Kompetenz Slabys schätzte Siemens als ziemlich gering ein.[5]

Seine ersten elektrotechnischen Vorlesungen hielt Slaby im Wintersemester 1882/83 über "Elektrische Kraftmaschinen."[6] Später übernahm er auch das Kolleg über elektrische Telegrafie, das ein Telegrafeningenieur durch sein Ausscheiden freigemacht hatte.[7] Seit April 1884 leitete Slaby als Prädikatsprofessor das elektrotechnische Laboratorium, um dann zum 1.4.1886 zum etatmäßigen Professor für theoretische Maschinenlehre und Elektrotechnik ernannt zu werden.[8] Mit dieser Kombination sparte die Regierung eine Menge Geld, denn die freigewordene Professur für theoretische Maschinenlehre und Mechanik von Großmann wurde nicht wieder besetzt. Außer über Elektrotechnik las Slaby auch weiterhin über Maschinenbauthemen. Daß er sich auf diesem Gebiet einen guten Ruf bewahrte, zeigt der von ihm 1892 abgelehnte Ruf nach Karlsruhe als Nachfolger von Franz Grashof, dem Nestor der analytischen Maschinentheorie.

In der Elektrotechnik konzentrierte sich Slaby, dem das Ministerium das Zeugnis ausstellte, zu den beliebtesten Dozenten an der Hochschule zu gehören, auf die "Theoretische Elektrizitätslehre" und auf "Elektromechanik", wobei er mit der letzteren Bezeichnung den Zusammenhang mit dem Maschinenbau betonen wollte. Beide Veranstaltungen besaßen eher theoretischen Charakter. Auf den wissenschaftlich wie industriell wichtigsten und in einem dynamischen Wandel begriffenen Gebieten der jungen Elektrotechnik, dem Elektromaschinenbau und der Konzeption elektrischer Versorgungssysteme, engagierte sich Slaby, der nie in der technischen Praxis gewesen war, innerhalb wie außerhalb der Hochschule kaum. Nach der Jahrhundertwende wandte er sich vor allem der Funkentelegrafie zu, deren theoretische Probleme eher physikalischer Natur waren. Damit stellt sich die Frage, auf welchem Wege die Berliner Maschinenbau- und Elektrotechnikstudenten sich das Wissen aneigneten, das sie zum Eintritt in eine Berufslaufbahn im Maschinen- und Anlagenbau befähigte.

---

[4] Chronik TH Berlin, S. 188.

[5] SAA 2/Li 552, 26.1.1883 – Siemens an Wiedemann.

[6] Chronik TH Berlin, S. 188.

[7] GStA Merseburg, MK, Rep 76 Vb Sekt 1 Tit VI Nr 1 Bd I Bl 7ff.; Sekt 4 Tit III Nr 8 Bd II Bl 143.

[8] GStA Merseburg, MK, Rep 76 Vb Sekt 4 Tit III Nr 8 Bd 2 Bl 279; Bd 3, 5.4.1886 – MK an TH; Geheimes Zivilkabinett, 2.2.1 Nr 21706 Bl 114f.

Bis gegen Ende des Jahrhunderts vertrat Slaby als einziger fest angestellter Dozent die Elektrotechnik an der Hochschule. Doch profitierte die Disziplin von der "Elektropolis" insofern, als seit Ende der 1880er Jahre immer einige Privatdozenten aus der Industrie oder aus Behörden das Vorlesungsangebot ergänzten und in dieses ihre praktischen Erfahrungen einbrachten.[9] Diesen Ingenieuren ging es wohl in erster Linie darum, ihre Chancen für einen eventuellen Eintritt in das akademische Lehramt durch die Habilitation zu verbessern. Daß sie die Lehrverpflichtungen wegen ihrer starken beruflichen Inanspruchnahme häufig als Last empfanden, belegen die zahlreichen Gesuche um einen temporären Dispens. In den späten 1890er Jahren widmeten sich auch Professorenkollegen Slabys aus der Maschinenbauabteilung den Anwendungen der Elektrizität in ihrem Fachgebiet.

Seit dem Sommersemester 1892 entlastete der Physiker Karl Strecker (1858–1934), der sich 1886 in Berlin habilitiert hatte, Slaby, indem er von diesem die Telegrafie übernahm.[10] Strecker hatte als Leiter des Laboratoriums zwei Jahre bei der Deutschen Edison-Gesellschaft gearbeitet. Slabys Schüler Wilhelm Wedding (1861–1932) übernahm 1897 Vorlesungen über Meßkunde und Anlagenbau, der spätere Danziger Lehrstuhlinhaber Gustav Rößler (1869–1928) 1899 ein Kolleg über elektrische Bahnen. Der Elektromaschinenbau ruhte seit 1894 auf den Schultern von Gisbert Kapp (1852–1922)[11], einem erstrangigen Fachmann. Kapp, von der Ausbildung her Maschinenbauer wie Slaby, hatte sich seine elektrotechnischen Kenntnisse als Industrieangestellter und als Beratender Ingenieur in England erworben. Während seiner Berliner Zeit bekleidete er das Amt des Generalsekretärs des 1892 gegründeten Verbands Deutscher Elektrotechniker. Ein Schlüsselproblem des Elektromaschinenbaus bildete die Berechnung des magnetischen Kreises. Kapp legte hierzu 1886 eine der Methode von John Hopkinson analoge einfache Formel vor, die die Maxwellschen Gleichungen für den Elektromaschinenbau anwendbar machte. Damit leistete er einen wichtigen Beitrag für den Weg von der Empirie beim Bau elektrischer Maschinen zur Berechnung und theoretischen Durchdringung. Später entwickelte Kapp Berechnungsmethoden für Transformatoren, die teilweise auch heute noch Verwendung finden. Daneben wirkte er als Berater an einer Vielzahl von Elektrifizierungsprojekten mit. 1905 verließ er Deutschland und ging als Professor für Elektrotechnik nach Birmingham.

---

[9] Nach den Berliner Programmen.

[10] Zu Strecker s. GStA Merseburg, MK, Rep 76 Vb Sekt 4 Tit III Nr 8 Bd III, verschiedene Aktenstücke zwischen dem 8. u. 26.11.1886.

[11] GStA Merseburg, MK, Rep 76 Vb Sekt 6 Tit VI Nr 1 Bd 1 Bl 304, 27.2.1896 – Slaby an MK; vgl. zu Kapp Tucker u. Todd, S. 48ff.

Um die Jahrhundertwende bemühten sich die Technischen Hochschulen zunehmend, in ihren Lehrveranstaltungen technische und wirtschaftliche Gesichtspunkte miteinander zu verbinden. Für das Gebiet der Kraftwerkswirtschaft brachte die TH Berlin mit Georg Klingenberg (1870–1925)[12] eine Kapazität als Eigengewächs hervor. Klingenberg habilitierte sich 1896 und las bis 1910 über Elektrizitätserzeugung und -verteilung. Als Beratender Ingenieur erwarb er sich ein solches Ansehen, daß ihn die AEG 1902 als Vorstandsmitglied berief. Martin Kallmann (1867–1911), als Elektrotechniker in den Diensten der Stadt Berlin, bot als Privatdozent ab 1905 Vorlesungen über "Betriebstechnik der elektrischen Beleuchtungs-, Kraft- und Bahnanlagen" an. Die Bemühungen der Hochschule blieben vergeblich, diese in eine feste Dozentur umzuwandeln.

Die hochqualifizierten Privatdozenten aus der Industrie glichen also in Berlin die wichtigsten Defizite aus, die Slabys Lehrtätigkeit hinterließ. Dies war auch wegen der Vielfalt seiner fachlichen Interessen und seinem umfangreichen gesellschaftlichen und hochschulpolitischen Engagement bitter nötig. 1893 erhielt Slaby erstmals persönlichen Zugang zu Wilhelm II. Den Kaiser störten die tiefhängenden Kronleuchter im Weißen Saal des Schlosses, weil sie – wie Slaby rückblickend schreibt[13] – "eine außerordentliche Wärme verbreiteten und den freien Ausblick vom Thron behinderten." Der Lehrstuhlinhaber für Elektrotechnik schaffte Abhilfe und beeindruckte den Kaiser offenbar so sehr, daß er für ihn zum Ratgeber in allen Fragen der Technik wurde. Wilhelm II., der sich nicht nur für Autorennen und Schlachtschiffe, sondern für viele Fragen der Technik interessierte, ließ sich von Slaby technische Berichte fertigen, befahl ihn zum mündlichen Vortrag und besuchte von Slaby eigens gehaltene Experimentalvorlesungen an der Berliner Hochschule. Als der Kaiser den Technischen Hochschulen 1898 Sitz und Stimme im Preußischen Herrenhaus verlieh, ernannte er Slaby aus "besonderem Vertrauen" zum Berliner Vertreter auf Lebenszeit. Slabys Einfluß trug dazu bei, daß Wilhelm II. den preußischen Technischen Hochschulen 1899 das Promotionsrecht gewährte. In der Hochschule selbst bekleidete Slaby die Ämter des Rektors und des Abteilungsvorstands und wirkte in zahlreichen Kommissionen mit. All dies machte ihn in der Berliner Elektrotechnik zu einer Art Übervater, der im Tagesbetrieb wenig in Erscheinung trat, gegen dessen Willen – wie noch zu zeigen sein wird – aber kaum Veränderungen durchzusetzen waren.

Sein Berliner Elektrotechnik-Reich baute sich Slaby aus kleinsten Anfängen heraus auf. Seine erste Vorlesung im Wintersemester 1882/83 würzte er mit

[12] Lindner, Klingenberg; GStA Merseburg, MK, Rep 76 Vb Sekt 4 Tit III Nr 8 Bd X Bl 19.

[13] Zitiert nach Manegold, Adolf Slaby, S. 312.

Demonstrationsversuchen in den Fabriken von Siemens & Halske und Schwartzkopff; die Kontakte zu letzterem stammten aus Slabys Tätigkeit als Hauslehrer.[14] Mit den vom Landtag bewilligten Mitteln, Hochschulgeldern und Sachspenden der Industrie richtete er die Übungslaboratorien im gerade fertiggestellten neuen imposanten Hauptgebäude der Hochschule ein, wobei ihn von vornherein ein fest angestellter Assistent unterstützte. Die größte Erweiterung fand 1896 auf eine Grundfläche von 2160 m^2 statt; 1899 bestand das Laboratorium aus 4 Assistenten, 2 Mechanikern und 4 Dienern. De facto leitete zu dieser Zeit schon Slabys Schüler Wilhelm Wedding[15] den Laboratoriumsbetrieb, wobei dieser aber nominell Slaby unterstellt blieb, selbst nachdem man Wedding 1908 zum etatmäßigen Professor für Elektrotechnik befördert hatte. Die im Vergleich zu den anderen Technischen Hochschulen in Preußen überdurchschnittliche personelle Besetzung des Laboratoriums in Berlin war wegen der großen Studentenzahlen nur zu nötig. Allein schon die Nähe zur Elektroindustrie, wo es Praktikantenplätze gab und zu der man z.B. über die Dozenten Kontakte knüpfen konnte, zog viele Studenten an. Der Besuch ging zwar nach der Jahrhundertwende drastisch zurück, jedoch ließen jetzt die gewachsenen Ansprüche an die Ausstattung das Laboratorium als zu klein erscheinen. Im Zusammenhang mit Berufungen entwickelte man Pläne für einen Aus- und Neubau, die aber in der Vorkriegszeit nicht zur Realisierung gelangten.[16] Gemessen an manchen nichtpreußischen Hochschulen und den Studentenzahlen stand der Übungsbetrieb in Berlin nicht sehr günstig da, besonders wenn man die fehlende praktische Erfahrung der Leiter Slaby und Wedding in Anschlag bringt.

Bei der Etablierung der Elektrotechnik an der TH Berlin gab es keinerlei Zweifel und Diskussionen, daß das neue Fach in der Maschinenbauabteilung anzusiedeln sei. Alle wichtigen Akteure, das Ministerium, die Hochschule und der ins Auge gefaßte Kandidat Slaby, stimmten in dieser Frage überein. Wie an kaum einer anderen Hochschule hielt man in Berlin lange Zeit daran fest, daß ein eigenständiger Elektrotechnikstudiengang abzulehnen und Elektrotechnik einen integralen Bestandteil des Maschinenbaus bilde.[17] Erst seit 1897 konnten sich die an der Abteilung Studierenden im 4. Studienjahr zwischen in allgemeinen Maschinenbau, Eisenbahnmaschinenbau und

---

[14] Deutscher Reichs- und Preußischer Staats-Anzeiger Nr 272 v. 18.11.1882; Wochenschrift des VDI 1882, S. 454.

[15] Lebenslauf in GStA Merseburg, MK, Rep 76 Vb Sekt 4 Tit III Nr 8 Bd IX Bl 150f.

[16] GStA Merseburg, MK, Rep Vb Sekt 4 Tit III Nr 8 Bd VIII Bl 196; Tit XV Nr 28 Bd I Bl 15.

[17] Vgl. Chronik TH Berlin, S. 187; Wedding, Das elektrotechnische Laboratorium, S. 89 u. Riedler, Wirklichkeitsblinde, S. 148. Zu dieser Frage S. u. S. 141–50.

Elektrotechnik differenzierte Angebote entscheiden.[18] Nach 1905, als der Einfluß des durch Krankheit geschwächten Slaby allmählich zurückging, verlegte man die Abzweigung der Elektrotechnik von den anderen Maschinenbaustudiengängen auf einen immer früheren Zeitpunkt, wobei sich aber weiterhin ein größerer Teil der Lehrpläne überschnitt. Das Festhalten an der Integration der Elektrotechnik in den Maschinenbau beruhte sicherlich zum Teil auf Slabys persönlicher Bildungsgeschichte. Außerdem lehnte Slaby die sich durchsetzende Tendenz ab, die Ingenieurausbildung den beruflichen Anforderungen entsprechend zu spezialisieren. Verkürzt könnte man die Fronten als die zwischen einem praxisorientierten Berufsstudium und der Entwicklung spezialistischer Wissenschaft auf der einen Seite und theorieorientiertem technischem Bildungsstudium auf der anderen Seite beschreiben.[19]

Zum Austrag kamen diese Differenzen nach der Berufung von Walter Reichel (1867–1937)[20] als etatmäßiger Professor für elektrische Konstruktionslehre zum 1.7.1904. Reichel, ausgebildeter Maschinenbauer, konnte auf 15 Jahre Berufserfahrung in der elektrotechnischen Industrie zurückblicken und galt als erstrangiger Fachmann für das Gebiet der elektrischen Bahnen. Er hatte die ersten Bügelstromabnehmer für Straßenbahnen konstruiert, zahlreiche Bahnnetze projektiert und in Betrieb genommen, darunter die Berliner Hoch- und Untergrundbahn, und in leitender Position in der Studiengesellschaft für elektrische Schnellbahnen gearbeitet, deren Lokomotiv-Prototypen schon damals Geschwindigkeiten von über 200 km/h erreichten. Vor seiner Berufung bekleidete er die Stelle eines stellvertretenden Direktors der Abteilung für elektrische Bahnen von Siemens & Halske und der Siemens-Schuckertwerke. Vielleicht glaubte das Ministerium, eine solche Persönlichkeit könne noch am ehesten Slaby, dessen Schwächen man sich bewußt war, wissenschaftlich ergänzen und hochschulpolitisch Paroli bieten. Will man dem Maschinenbauprofessor Alois Riedler folgen, so sah Slaby die Gefahr und sprach sich schon gegen Reichels Berufung aus.[21]

Reichel trat an der Hochschule mit umfangreichen Reformvorhaben an.[22] Den Studiengang der Elektroingenieure wollte er von den anderen

---

[18] Chronik TH Berlin, S. 183 u. 187–89.

[19] S. hierzu u. S. 141–50.

[20] Lebenslauf (v. 13.2.1904) in GStA Merseburg, MK, Rep 76 Vb Sekt 4 Tit III Nr 8 Bd VIII Bl 52–56; außerdem Bl 76–79 u. passim; Bd IX Bl 53ff. u. 207; vgl. Dominik, S. 103f.

[21] Riedler, Wirklichkeitsblinde, S. 132f. u. 148.

[22] GStA Merseburg, MK, Rep 76Vb Sekt 4 Tit III Nr 8 Bd VIII Bl 190f. Tit VI Nr 16 Bd VI Bl 203ff., Tit X Nr 54 Bl 100, Tit XV Nr 28 Bd I Bl 83–89.

Studienrichtungen der Maschinenbauabteilung trennen. In Slabys Laboratorium, dessen Praxisnähe er wohl zu Recht in Zweifel zog, sollten die Studenten eine Einführung in elektrotechnisches Arbeiten erfahren, die Übungen an Maschinen sollten in dem von ihm neu einzurichtenden Versuchsfeld stattfinden. Eine solche Trennung in ein elektrotechnisches Praktikum I und II war an anderen Hochschulen längst gang und gäbe. Die bestehenden Studienpläne für die Maschinenbauer und die Elektrotechniker litten darunter, daß die Vorlesung über Experimentalphysik und Slabys Elektromechanik Überschneidungen aufwiesen und überdies Themen behandelten, die schon zum Unterrichtsstoff der vorbereitenden Schulen gehörten. Reichel wollte dieses Dilemma lösen: durch Streichen der Experimentalphysik, durch Beschränkung von Slabys Elektromechanik auf den Studiengang der Elektrotechniker und durch eine neue Veranstaltung "Einführung in die Elektrotechnik". Die Maschinenbauabteilung stimmte seinen Plänen zu.

Widerstand kam – wie nicht anders zu erwarten – von dem Experimentalphysiker: Heinrich Rubens (1865–1922), der seine Allgemeine Abteilung und den Senat hinter sich brachte.[23] Rubens bestritt die Durchführbarkeit von Reichels und Weddings Programm einer physikalische und technische Themen zusammenfassenden "Einführung in die Elektrotechnik". Dann zog er die Frage ins Grundsätzliche, wies darauf hin, daß rein wissenschaftliche Kenntnisse zeitbeständiger seien als anwendungsbezogene und zitierte Henri Poincaré, daß "das theoretische Interesse von heute das praktische Interesse von morgen" darstelle. Und schließlich fuhr er mit von ihm eingeholten Stellungnahmen des Hannoveraner Fachvertreters Wilhelm Kohlrausch und des Dresdener Wilhelm Hallwachs schweres Geschütz auf. Kohlrausch warnte davor, "Fachtechniker mit ganz begrenztem Horizont, aber nicht Ingenieure mit weitem Blick" zu erziehen und zog das Fazit: "Die Physik ist in allen ihren Teilen die notwendigste Grundlage der Ingenieurwissenschaft." Hallwachs machte sich über Reichels "Einführung" lustig, ein "Kaulquappenkolleg mit dickem physikalischem Kopf und dünnem technischen Schwänzchen", das dennoch der Techniker geben wolle. Nachdem die Fronten standen, einigten sich Rubens und Reichel auf einen Kompromiß – auf dem Rücken der Studenten: die Experimentalphysik beizubehalten und Reichels neues Kolleg einzuführen. Dafür erklärte sich der Physikvertreter mit einer Reduzierung der physikalischen Übungsstunden einverstanden. Der Waffenstillstand hielt jedoch nicht lange, da die Allgemeine Abteilung die angepeilte Einschränkung der Übungsstunden bald wieder rückgängig zu machen suchte.

---

[23] Ebenda, Tit VI Nr 16 Bd VI Bl 272ff.

Im Jahre 1908 stand in der Maschinenbauabteilung das Problem der Überlastung der Studiengänge für Maschinenbau- und Verkehrsingenieure wieder auf der Tagesordnung.[24] Die Abteilung wollte mit Reichel die einführenden Elektrotechnikvorlesungen verkürzen und rief damit den Widerstand Slabys hervor, gegen dessen "Elektromechanik" die Initiative zielte, sowie Weddings, der sich bemüßigt sah, sich mit seinem Mentor zu solidarisieren. Slaby schlug eine Entlastung der Studienpläne durch mehr Wahlmöglichkeiten vor, was die Abteilung jedenfalls für das Grundstudium ablehnte. Gegen Reichel versuchte Slaby den Spies umzudrehen, sprach von dem "Niedergang unserer Hochschule", einem "unbegrenzten Fachschulunterricht" durch zu viele Protokolle und Übungsarbeiten und pries seine Alternative einer "wissenschaftliche(n) Vertiefung" des Unterrichts. Die Suche nach einem Kompromiß lief darauf hinaus, daß die Maschinenbaustudenten im Grundstudium zwischen Reichels und Slabys Vorlesungen und den dazugehörigen Übungen sollten wählen können. In der Konsequenz hieß dies nichts anderes als einen vertikalen Schnitt durch den Studiengang und eine Zweiteilung der Elektrotechnik. Die damit in Aussicht genommene Abstimmung mit den Füßen fand nicht statt, da sich Reichel bald für eine Fortführung seiner Arbeiten zur Elektrifizierung der Eisenbahnen beurlauben ließ und schließlich die Hochschule wieder verließ. Slaby versuchte die Auseinandersetzungen dadurch zu lösen, indem er Reichel – ohne dessen Wissen! – für einen Posten in der Industrie ins Gespräch brachte und das Ministerium schon auf einen geeigneten Nachfolger hinwies. Über die konzeptionellen Differenzen hinsichtlich der Ziele und des Aufbaus eines Ingenieurstudiums hinaus zeigen die hier skizzierten Episoden, vor welchen Problemen Bemühungen um eine Reform des Studiums und der fachlichen Differenzierung der Elektrotechnik standen, solange noch die Begründer der Disziplin ihren Einfluß zur Geltung bringen konnten.

Scheiterten Reichels Bemühungen um eine Studienreform weitgehend, hatte er mit einer anderen Initiative mehr Erfolg. Mit seinem "Elektrotechnischen Versuchsfeld" richtete er eine ausgesprochen innovative Forschungs- und Ausbildungsstätte ein.[25] Vom vorgesehenen Umfang her mußte er jedoch auch hier Abstriche machen, weil er es versäumt hatte, bei den Berufungsverhandlungen seine Pläne genau festschreiben zu lassen. Während die Hochschule von nur geringen finanziellen Aufwendungen für die Einrichtung der Professur gesprochen hatte, meldete Reichel nach Antritt seiner Stelle allein für die innere Ausstattung einen Bedarf von 215 000

---

[24] Ebenda, Bd VII Bl 215ff., 226f., 244–46, 255f. u. 297f.

[25] Ebenda, Tit X Nr 54, 15.9.1904 – Bericht Reichel; Tit III Nr 8 Bd VIII Bl 50f.; vgl. Reichel/Gerstmeyer.

Mark an. Für das "Elektrotechnische Versuchsfeld" erstellte die Hochschule einen Neubau, den es sich mit dem Versuchsfeld Georg Schlesingers für Werkzeugmaschinen teilte, so daß die beiden damals modernsten technischen Versuchseinrichtungen an der TH Berlin sich unter einem Dach befanden. Das Ministerium, auf die umfänglichen Wünsche des neuen Lehrstuhlinhabers offensichtlich nicht vorbereitet, genehmigte nur einen Teil der Gelder und diesen noch in mehreren Jahresraten. 1907 konnte Reichel dennoch den Übungsbetrieb aufnehmen.

Reichels Versuchsfeld unterschied sich deutlich von Slabys Laboratorium. Während das Versuchsfeld der Forschung und Lehre diente, ging es im Laboratorium ausschließlich um elektrotechnischen Unterricht. Das Laboratorium führte die Studenten in die Meßtechnik und in die theoretischen Grundlagen der Elektrotechnik ein, indem es sie an unter didaktischen Zielsetzungen erstellten Versuchsaufbauten arbeiten ließ. Das Versuchsfeld strebte Arbeiten unter Bedingungen an, die denen in der industriellen Praxis möglichst nahekamen. Schon die räumliche Gliederung der beiden Einrichtungen trug diesen Unterschieden Rechnung. Das Laboratorium bestand aus zahlreichen kleineren Übungsräumen. Das Zentrum des Versuchsfelds bildete dagegen eine große Halle mit elektrischen Maschinen und Schalttafeln zur Betriebsüberwachung. Für Präzisionsmessungen standen spezielle Instrumente zur Verfügung. Ein Straßenbahnwagen und ein elektrischer Aufzug repräsentierten wichtige Anwendungsbereiche der Elektrotechnik. Im Versuchsfeld ließen sich die Vorlesungen illustrierende Experimente zeigen, Abnahmeversuche für elektrische Anlagen simulieren und Konstanten für Maschinenberechnungen ermitteln. Nach Reichels Auffassung sollten alle Elektrotechnik- und Maschinenbaustudenten das Versuchsfeld kennenlernen. Forschungsarbeiten führten vor allem die Doktoranden durch.

Mit dem Versuchsfeld schuf Reichel eine moderne Ausbildungs- und Forschungseinrichtung, die der Hochschule auf Dauer zugute kam, wenn der Gründer sich auch bald wieder in Etappen aus der TH Berlin zurückzog.[26] Im Jahre 1908 ließ sich Reichel beurlauben, um bei den Siemens-Schuckertwerken seine Arbeiten zur elektrischen Eisenbahntraktion weiterzuführen. Zum 1.10.1910 schied er dann endgültig aus dem Hochschuldienst aus. Der Hochschule blieb er aber weiterhin als Ratgeber verbunden und hielt auch nach seinem Ausscheiden weiter Vorlesungen über "Elektrische Anlagen und Bahnen". Eine ganze Reihe von Gründen mögen Reichel bewogen haben, sein Lehramt aufzugeben. Mit Slaby, der an der Hochschule wegen gesundheitlicher Probleme zwar immer weniger in Erscheinung trat, aber durchaus noch über genügend Einfluß verfügte, um jede Studienreform zu

---

[26] GStA Merseburg, MK, Rep 76 Vb Sekt 4 Tit III Nr 8 Bd IX Bl 207; Bd X Bl 35ff.

blockieren, lag er über Kreuz. Der Auf- und Ausbau des Versuchsfelds gestaltete sich schwieriger als erwartet. Reichel hatte Einkommensverluste im Vergleich zu seiner Position bei Siemens in Kauf genommen und erlebte jetzt, daß er die Differenz durch Nebeneinnahmen nicht zu schließen vermochte. Und last not least reizte auch die interessante technische Entwicklungsaufgabe in der Industrie.

Vor seinem Ausscheiden stellte Reichel an der Hochschule noch die Weichen für die weitere Entwicklung der Elektrotechnik, indem er eine Dreigliederung der Ordinariate in theoretische Elektrotechnik, Elektromaschinenbau und Anlagenprojektion vorschlug, wie sie andere Hochschulen bereits durchgeführt hatten.[27] Die theoretische Elektrotechnik vertrat Wilhelm Wedding, den man zum 1.4.1908 in Anbetracht seiner langjährigen Dienste zum etatmäßigen Professor gemacht hatte.[28] Reichel erklärte sich bereit, bis auf weiteres die Anlagenprojektion zu übernehmen. Zur Vervollständigung benötigte die Hochschule noch einen Elektromaschinenbauer, doch scheiterten die Bemühungen um die hochangesehenen Wunschkandidaten, Carl Pichelmayer in Wien und Giovanni Ossanna in München.[29] Man gewann schließlich Max Kloß (1873–1961),[30] der sein Amt zum 1.10.1911 antrat. Wie alle nach der Jahrhundertwende berufenen Elektromaschinenbauer hatte Kloß mit Maschinenbau und Elektrotechnik einschlägige Fächer studiert und besaß eine langjährige Industrieerfahrung. Zuletzt war er als technischer Leiter bei den Siemens Bros. Dynamo Works in Stafford in England tätig.

Die Versetzung Slabys in den Ruhestand im Jahre 1912 machte den Weg frei für eine grundlegende Studienreform, die Reichel in ihren Grundzügen schon 1905 intendiert hatte.[31] Die einführenden theoretischen Vorlesungen fanden nun getrennt für die Elektrotechnik- und die Maschinenbaustudenten statt; Wedding trug für die Maschinenbauer, Slabys Nachfolger für die Elektrotechniker vor. Die Aufgabenbereiche des Laboratoriums und des Versuchsfelds wurden aufeinander abgestimmt, indem das Laboratorium das Einführungspraktikum übernahm und alle Übungsarbeiten an Maschinen an das Versuchsfeld abgab. Nachdem Johannes Görges aus Dresden abgelehnt hatte, erging der Ruf zum 1.10.1912 an Ernst Orlich (1868–1935).[32] Der ausgebildete Physiker Orlich übernahm zwar Slabys Lehrstuhl, vertrat aber

---

[27] GStA Merseburg, MK, Rep 76 Vb Sekt 4 Tit III Nr 8 Bd X Bl 35ff.

[28] Ebenda, Bd IX Bl. 150ff. (Lebenslauf Bl 150f.).

[29] Ebenda, Bd X Bl 60–62, 66f., 198f. u. 215.

[30] Ebenda, Bl 216ff. (Lebenslauf zwischen Bl 216 u. 217).

[31] Ebenda, Tit III Bd XI Bl 52ff. u. 64f.; Tit XV Nr 28 Bd 1 Bl 19.

[32] Ebenda, Tit III Nr 8 Bd XI Bl 68f. (Lebenslauf) u. 72f.

nur noch die theoretische Elektrotechnik. Orlich kam von der Physikalisch-Technischen Reichsanstalt, wo er verschiedene elektrotechnische Laboratorien geleitet hatte. Zu seinen ersten Aufgaben gehörte es, das von Slaby vernachlässigte Laboratorium wieder auf Vordermann zu bringen.

Erst nach Beendigung der Ära Slaby konnte die Berliner Elektrotechnik somit Entwicklungen nachholen, die einzelne andere Hochschulen bereits seit längerer Zeit in die Wege geleitet und abgeschlossen hatten: den Übergang vom Direktorial- zum Kollegial- prinzip in der Institutsverwaltung, eine Differenzierung der Vertretung des Faches sowie der Studienrichtungen, eine konsekutive Organisation der Praktika und schließlich eine praxisorientierte, auf dem neuesten Stand befindliche Ausgestaltung des Studiums.

Hannover: Einführung theorieorientierter Lehre gegen den Widerstand des Maschinenbaus

An der TH Hannover[1] las seit 1880 der Telegrafendirektor August Merling (1825–1884) über "Elektrotechnik".[2] Die sich auf die Telegrafie konzentrierende Veranstaltung richtete sich an die Maschinenbaustudenten, vor allem aber an die Bautechniker, deren Abteilung Merling angehörte. Als 1882 die Nachfrage zunahm und einige Studenten den Wunsch äußerten, sich ganz der Elektrotechnik zu widmen, begann die Hochschule, grundsätzlicher über das neue Fach nachzudenken.[3] Diese Überlegungen fielen zeitlich zusammen mit der Entscheidung der preußischen Regierung, die Elektrotechnik an allen Technischen Hochschulen des Landes zu institutionalisieren. Die Hochschule und das Ministerium stimmten darin überein, daß die Elektrotechnik an die Maschinenbauabteilung gehöre und daß in Hannover kein Dozent vorhanden sei, der das neue Fach vertreten könne.

Die wichtigste Aufgabe in Hannover bestand also darin, einen Fachvertreter für Elektrotechnik zu finden.[4] Vier Kandidaten zog die Hochschule in

---

[1] Zur Elektrotechnik an der TH Hannover vgl. Kohlrausch, Entwicklung; NHStA 146A Acc 62/81 Nr 3, 6.12.1894 – Bericht Kohlrausch; Seidel, Von der elektrischen Telegraphie.

[2] Nach den Programmen TH Hannover; vgl. Seidel, Festschrift, Bd. 2, S. 194 u. Wochenschrift des VDI 1882, S. 332.

[3] GStA Merseburg, MK, Rep 76 Vb Sekt 12 Tit VI Nr 1 Bd I, 27.10.1882 – TH an MK, 4.11.1882 – MK an TH, 21.12.1882 – Abt. III an MK, 8.2.1883 – TH an MK.

[4] Ebenda Tit III Nr 5 Bd I, 8.2.1884 – Gutachten Abt. III, 16.2.1884 – Minderheitenvotum, 20.2.1884 – TH an MK, 27.5.1884 – MK an TH, 27.5.1884 – MK an Kohlrausch; vgl. UA Dresden, Nachlaß Toepler, 14.1.1884 – Kiepert an Toepler.

Betracht: Wilhelm Kohlrausch (1855–1936), Eilhard Wiedemann (1852–1928), Richard Rühlmann (1846–1908) und Ernst Gerland (1838–1910). Damit stand eine Entscheidung zwischen zwei gegensätzlichen Qualifikationstypen an. Bei Wilhelm Kohlrausch und Eilhard Wiedemann handelte es sich um junge, hochqualifizierte Physiker, die eine typische Universitätskarriere durchlaufen und auch auf dem Gebiet der physikalischen Elektrizitätslehre gearbeitet hatten. Die älteren Richard Rühlmann und Ernst Gerland, Lehrer an einem Gymnasium bzw. einer Gewerbeschule, besaßen eine Doppelqualifikation in Mathematik und Physik sowie auf dem Gebiet der Technik. Rühlmann hatte – allerdings im Alter von 14 bis 19 Jahren! – das Dresdner Polytechnikum besucht und kurze Zeit bei Siemens & Halske hospitiert. Gerland hatte bei Redtenbacher in Karlsruhe Maschinenbau gehört und konnte auf seine Mitgliedschaft in der Prüfungskommission der Münchener elektrotechnischen Ausstellung und weitere Kontakte zur Technik als Vorstandsmitglied der Kasseler Bezirksgliederung des Vereins Deutscher Ingenieure verweisen. 1888 erhielt Gerland übrigens an der Bergakademie Clausthal eine Professur für Physik und Elektrotechnik.

Die zuständige Maschinenbauabteilung und mit ihr eine knappe Senatsmehrheit entschieden sich für die technische Zusatzqualifikation und votierten für die Reihenfolge Rühlmann, Gerland, Wiedemann, Kohlrausch. Wegen seines Alters zog man den jüngeren Rühlmann Gerland vor. Die Senatsminderheit – die Fronten verliefen, abgesehen von dem Rektor Launhardt, der die Minderheit unterstützte, genau zwischen den Ingenieuren und den Naturwissenschaftlern – unterbreitete eine Gegenliste: Kohlrausch, Wiedemann, Rühlmann, Gerland. Das vom Ministerium vorgegebene und von der Maschinenbauabteilung aufgegriffene Kriterium der Bewährung in der Praxis interpretierten die dissentierenden Votanten zugunsten ihrer Kandidaten um. Die für die Stelle erforderliche praktische Kompetenz sei: "Uebung und Geschicklichkeit im Experimentiren, die vollständige Vertrautheit mit den anzuschaffenden und zu verwendenden Apparaten und ausreichende Erfahrung in der Anleitung der Studierenden bei ihren praktischen Arbeiten im Laboratorium." Praktische Erfahrung in der Industrie hätten weder Rühlmann noch Gerland vorzuweisen, und als Gymnasial- und Gewerbelehrer hätten sie auch keine Gelegenheit zu experimentellen Arbeiten besessen. Zur Unterstützung von Wiedemann beriefen sie sich auf Äußerungen von Helmholtz, Siemens, Kundt, Quincke, Warburg und Toepler, eine wahrhaft erlesene Sammlung von Namen aus der Welt der Physik, setzten dann aber doch Kohlrausch an die erste Stelle, da man befürchtete, Wiedemann werde wohl wieder in die Physik abwandern. Das Ministerium ließ sich von den Argumenten der Minderheit überzeugen und berief Kohlrausch, nachdem es vor allem bei Berliner Physikern Erkundigungen eingeholt hatte, zum 1.10.1884 als Dozent für Elektrotechnik mit der Bezeichnung Professor.

Nach der formalen Bewilligung der Stelle wurde er am 1.4.1886 etatmäßiger Professor.

Die Maschinenbauer erwiesen sich als schlechte Verlierer. Als der gerade 30jährige Kohlrausch im Sommer 1884 seine zukünftige Wirkungsstätte besuchte, schlug ihm aus der Maschinenbauabteilung, der er zugeteilt war, ein eisiger Wind entgegen.[5] Einige der Kollegen machten ihm, wie der Rektor nach Berlin berichtete, "in einer für den neu berufenen Dozenten beinahe verletzenden Weise" klar, "daß ein Lehrer der Elektrotechnik, welcher keine Vorbildung als Maschinen-Ingenieur durchgemacht habe und" – wie sie sich ausdrückten – "lediglich Physiker sei, für seine Wirksamkeit keinen geeigneten Boden innerhalb der Maschinen-Abtheilung finden könne". Man kann es Kohlrausch nicht verübeln, daß er nach diesem Empfang um Zuweisung zu einer anderen Abteilung bat. Der Rektor empfahl die Abteilung für "chemisch-technische Wissenschaften". Wiewohl diese Zuordnung der entschiedenen Politik des Kultusministeriums zuwiderlief, die Elektrotechnik in Verbindung mit dem Maschinenbau zu institutionalisieren, tat es das Klügste, was es in dieser verfahrenen Situation tun konnte, und erteilte seine Genehmigung.[6]

Noch vor der Berufung Kohlrauschs hatte die Maschinenbauabteilung in Berlin den Entwurf eines Studienplans für Elektrotechnik eingereicht.[7] An diesem bemängelte das Ministerium, daß der elektrotechnische im Vergleich zum Maschinenbauanteil ausgeprägter als bei den von Aachen und Berlin vorgelegten Studienplänen sei. Die Angelegenheit ruhte dann, da man erst die Berufung des Fachvertreters für Elektrotechnik abwarten wollte. Die von der Maschinenbauabteilung erzwungene Ansiedlung Kohlrauschs an der chemisch-technischen Abteilung hatte gravierende Folgen für die Studieninhalte. Der 1886 eingeführte Studienplan für Elektrotechniker enthielt wesentlich mehr elektrotechnisch-theoretische Anteile und weniger maschinentechnische als die Curricula anderer Hochschulen.[8] Und im Studienplan der Maschinenbauer wirkten sich die frostigen Beziehungen zwischen Kohlrausch und der Abteilung in Form einer Unterrepräsentation der Elektrotechnik aus. Wenn Kohlrausch in der unter den deutschen Elektrotechnikern geführten Diskussion um das Elektrotechnikstudium immer

---

[5] GStA Merseburg, MK, Rep 76 Vb Sekt 12 Tit III Nr 5 Bd I, 11.7.1884 – TH an MK.

[6] NHStA 146 A Acc 88/81:216, 27.6.1884 – MK an TH. Die Abteilungszuordnung von Kohlrausch wird bei Dettmar/Humburg, S. 282 falsch interpretiert.

[7] GStA Merseburg, MK, Rep 76 Vb Sekt 12 Tit VI Nr 1 Bd I, 8.2.1883 – TH an MK, 12.4.1883 – MK an TH.

[8] Vgl. u. S. 164 u. passim.

den hohen Stellenwert der Grundlagenfächer hervorhob und seine Meinung kundtat, daß die Hochschule keine fertigen Elektroingenieure ausbilden könne,[9] so spiegelt diese Haltung nicht zuletzt die spezifischen Probleme der Hannoveraner Elektrotechnik in den 1880er und frühen 1890er Jahren wider.

Hatte die Maschinenbauabteilung auch ihre Gründe für die Ablehnung Kohlrauschs, so war dieser tatsächlich für die Hochschule ein Glückstreffer. Das ihm vom Ministerium attestierte "seltene Lehrtalent"[10] zog viele Studenten an und machte Hannover in der Zeit vor der Jahrhundertwende nach Darmstadt zur meistbesuchten elektrotechnischen Ausbildungsstätte. Mit seinem theorieorientierten Unterricht an der durch naturwissenschaftliche Fächer geprägten Abteilung, die sich seit 1889 "chemisch-technische und elektrotechnische Wissenschaften" nannte, entwickelte Kohlrausch ein durchaus attraktives Gegenmodell zu Hochburgen des praxisorientierten Studiums wie Darmstadt und Karlsruhe nach der Berufung Arnolds. Die großen Hörerzahlen nahmen ihn allerdings so in Anspruch, daß er kaum zu wissenschaftlichen Arbeiten kam und das von ihm anfangs in begrenztem Umfang ausgeübte Begutachtungsgeschäft immer mehr einschlief.[11]

Kohlrauschs einnehmendes und ausgleichendes Wesen verhalf ihm zu Beliebtheit und Ansehen an der Hochschule, die ihn für die Jahre 1892 bis 1895 zum Rektor wählte. Auch die meisten Mitglieder der Maschinenbauabteilung machten ihren Frieden mit dem einst unwillkommenen Physiker. In der ersten Hälfte der 1890er Jahre war die Zeit reif für eine intensivere Kooperation und eine Revision der Studienpläne. In zwei Schritten reduzierte man im Studienplan der Elektrotechniker die naturwissenschaftlichen Fächer, und zwar vor allem die Chemie, und erweiterte den Maschinenbauanteil.[12] Damit näherte sich Hannover dem an anderen Hochschulen üblichen. Auch das Ministerium konnte zufrieden sein, entsprach dies tendenziell doch seiner Auffassung vom elektrotechnischen Studium als einer Zusatzqualifikation für Maschinenbauer. Welch große Bedeutung das Ministerium der intendierten Einheit von Maschinenbau und Elektrotechnik beimaß, zeigte

---

[9] S. u. S. 144f.

[10] GStA Merseburg, MK, Rep 76 Vb Sekt 12 Tit III Nr 5 Bd III Bl 205.

[11] Ebenda Bl 182–84; Todd, S. 35ff. Dettmar/Humburg, S. 103 behaupten, Kohlrausch sei einer der begehrtesten Elektrifizierungsberater in Deutschland gewesen, eine Aussage, an der Zweifel angebracht erscheinen.

[12] GStA Merseburg, MK, Rep 76 Vb Sekt 12 Tit VI Nr 1 Bd I, 20.6.1894 – TH an MK; NHStA 146 A Acc 62/81 Nr 3, 6.12.1894, S. 41ff. Das Verdienst an diesen Reformen schrieb sich der Dozent Carl Heim zu, ohne daß er seine Rolle dabei konkretisiert. GStA Merseburg, MK, Rep 76 Vb Sekt 12 Tit III Nr. 5 Bd III Bl 62.

sich, als die Maschinenbauabteilung 1895 Anstalten machte, das aus dem Dissens über die Berufung Kohlrauschs herrührende elektrotechnische Defizit im Maschinenbaustudium zu beseitigen.[13] Die Bestrebungen der Abteilung gingen dahin, neu zu konzipierende elektrotechnische Veranstaltungen in den Studienplan aufzunehmen, da die für Elektrotechniker gehaltenen Vorlesungen zu umfangreich seien. Der zuständige Ministerialdezernent Wilhelm Wehrenpfennig beharrte dagegen auf seinem Standpunkt, daß die Maschinenbauer die gleichen Veranstaltungen wie die Elektrotechniker hören sollten, mit dem Ziel, eine dauernde Trennung der beiden Studien- und Berufsrichtungen hintanzuhalten. Als sich die Abteilung auf schriftlichem Wege nicht überzeugen ließ, berief er eigens eine Konferenz zur Besprechung dieser Frage ein und setzte seine Vorstellungen weitgehend durch. Im Vordergrund stand dabei das Prinzipielle, wenn auch darüber hinaus zu fragen wäre, wie die in der Elektrotechnik personell schlecht ausgestattete Hochschule das zusätzliche Lehrangebot hätte bereitstellen sollen.

Als Kohlrausch seine Stelle antrat, begann er gleich mit den Planungen für das elektrotechnische Laboratorium. Auf einer Rundreise informierte er sich über die Einrichtungen anderer Hochschulen. 1886 konnte er das Institut im Erdgeschoß des Hauptgebäudes mit immerhin 14 Räumen in Betrieb nehmen. Einer seiner Kollegen zollte der experimentellen Ausstattung hohes Lob.[14] Mit den gleichen zur Verfügung stehenden Mitteln habe Kohlrausch wesentlich mehr zustande gebracht als Slaby in Berlin. Während jener einfach alles bei Siemens & Halske eingekauft habe, habe Kohlrausch viele Maschinen gemietet oder sich schenken lassen und damit Geld gespart. Der große Lehrerfolg Kohlrauschs machte bald einen Neubau notwendig, den man 1895 beziehen konnte.[15] Damit verfügte die Elektrotechnik in Hannover über eine räumliche Ausstattung, die sich mit der Darmstadts zu dieser Zeit messen konnte. Die weiter steigenden Studentenzahlen und die wachsenden Ansprüche an die Experimentiereinrichtungen führten nach der Jahrhundertwende zu zunehmenden Klagen, daß das Institut nicht mehr auf der Höhe der Zeit sei.[16] Kohlrausch wies auf Raummangel hin, auf schlechte Licht- und raumklimatische Verhältnisse und daß man nicht mit hohen Spannungen arbeiten könne. Die für einen Neubau erstellten Pläne kamen aber vor Ausbruch des Krieges nicht mehr zur Ausführung.

---

[13] GStA Merseburg, MK, Rep 76 Vb Sekt 12 Tit VI Nr 1 Bd II Bl 27ff., 31ff., 36–40, 44ff. u. 93ff.

[14] StAD, Min. f. Volksbildung, 15 547:7, 10.2. u. 25.2.1888 – Briefe Kiepert.

[15] Kohlrausch, Entwicklung; NHStA 146 A Acc 62/81 Nr 3, 6.12.1894, Anlage 11.

[16] NHStA 146 A Acc 65/81 Nr 9 u. 11.

Seit Oktober 1885 entlastete Carl Heim (1858–1924)[17] Kohlrausch, und zwar zunächst vor allem in der Durchführung des elektrotechnischen Praktikums, das er weitgehend selbständig leitete. Heim, ein studierter Physiker, hatte durch eine halbjährige Tätigkeit bei der Deutschen Edison-Gesellschaft, während der Kohlrausch ihn kennenlernte, wenigstens Einblicke in die elektrotechnische Praxis gewonnen. 1892 ernannte ihn die Hochschule zum Dozenten und Professor, 1898 zum etatmäßigen Professor für Elektrochemie und Elektrotechnik. Während er zunächst schwachstromtechnische Veranstaltungen anbot, las er seit der zweiten Hälfte der 1890er Jahre auch über elektrische Anlagen und nach der Jahrhundertwende über elektrische Maschinen. Die Elektrochemie gab er 1908 an einen neu berufenen Fachvertreter ab. Trotz aller Bemühungen mußten bei dieser personellen Besetzung die zentralen Gebiete einer praxisorientierten Elektrotechnik, nämlich der Elektromaschinenbau und die Anlagenprojektierung, in Hannover unterbelichtet bleiben. Im Übungsbetrieb stand Hannover auf diesen Gebieten weit hinter anderen deutschen Hochschulen zurück. Dies mag zumindest zum Teil erklären, weswegen Hannover nach der Jahrhundertwende relativ zu anderen aufstrebenden Hochschulen wie Karlsruhe, Berlin und München in seiner Bedeutung zurückfiel. An den genannten Defiziten konnten auch die seit den 1890er Jahren an der Hochschule lesenden Privatdozenten, die zudem meist dem eigenen Nachwuchs entstammten, wenig ändern. Im Unterschied zu Berlin gab es in Hannover keine bedeutende elektrotechnische Industrie, aus der ambitionierte Ingenieure an die Hochschule drängten und die Lehre bereicherten.

Karlsruhe: Vom Anhängsel der Physik zum Zentrum des Elektromaschinenbaus

Die zunehmende industrielle Bedeutung der Elektrotechnik, die Einrichtung elektrotechnischer Professuren in Darmstadt und Stuttgart sowie die öffentliche Diskussion um die Zukunft der neuen technischen Teildisziplin mußte auch in Karlsruhe zu Überlegungen zur Institutionalisierung der Elektrotechnik führen. Dabei gab es in Karlsruhe – wie auch an anderen Technischen Hochschulen – durchaus schon vielversprechende Ansätze, vor

[17] GStA Merseburg, MK, Rep 76 Vb Sekt 12 Tit III Nr 5 Bd I, 15.3.1896 – TH an MK, Bd III Bl 60ff. (Bl 61f. Lebenslauf Heims v. 20.4.1898); NHStA 146 A Acc 62/81 Nr 3, 6.12.1894 – Bericht Kohlrausch, Acc 88/81:162; Kohlrausch, Entwicklung, S. 327; Seidel, Festschrift, Bd. 2, S. 106.

allem in dem Ordinariat von Heinrich Meidinger für technische Physik.[1] Heinrich Meidinger (1831–1905) hatte in Gießen, unter anderem bei Justus v. Liebig, Chemie und Physik studiert und sich danach auf Reisen nach England und Frankreich technische Kenntnisse erworben. An der Universität Heidelberg habilitierte er sich 1857 für Technologie und hielt dort Vorlesungen über verschiedene Gebiete der Technik, so seit dem Sommersemester 1857 auch eine Vorlesung über "Die Elektrizität in ihren technischen Anwendungen", die in der biographischen Literatur als die erste elektrotechnische Vorlesung an einer deutschen Hochschule bezeichnet wird.[2] In der Elektrotechnik bekannt wurde Meidinger durch die Entwicklung eines beständigeren galvanischen Elements, von dem in den folgenden Jahrzehnten für Anwendungen in der Telegrafie mehr als 100.000 Exemplare gefertigt wurden. 1865 übernahm er die ihm von der badischen Regierung angetragene Leitung der Karlsruher Gewerbehalle, ein Instrument der staatlichen Gewerbeförderung und des Technologietransfers, das dem badischen Gewerbe durch Lehrveranstaltungen, Ausstellungen und die Bereitstellung von Literatur auf die Sprünge helfen sollte. Seit 1869 las er am Polytechnikum über technische Anwendungen der Elektrizität und über andere Themen, Vorlesungen, die er bis kurz vor seinen Tod 1905 fortführte.

Es verwundert schon, daß die Regierung und die Hochschule in ihrem zu Beginn der 1880er Jahre ersichtlichen Bemühen, die Pflege der Elektrizitätslehre am Polytechnikum zu fördern, nicht in größerem Umfang auf Meidinger zurückgriffen. Verantwortlich dürften dafür in erster Linie seine vielfältigen Verpflichtungen außerhalb der Hochschule gewesen sein, jedenfalls nahmen er und sein Institut immer nur eine Außenseiterposition im akademischen Betrieb ein. Zudem verlor er – wovon sein 1882 erschienenes Werk "Die magnetelektrischen Maschinen und ihre Anwendungen"[3] Zeugnis ablegt – in den 1880er Jahren den Anschluß an die Entwicklung der Starkstromtechnik, wobei allerdings seine Karlsruher Physikkollegen wohl kaum die Kompetenz besaßen, dies zu beurteilen. Seit den 1890er Jahren konzentrierten sich seine Vorlesungen denn auch mehr auf ältere Anwendungen der Elektrotechnik, wie die Telegrafie.

Auf die zunehmende Bedeutung der Elektrizitätslehre und der Elektrotechnik reagierten die Regierung und die Hochschule, indem sie 1882, als

[1] Zur Biographie von Meidinger s. an neuerer Literatur vor allem Körting, Geschichte, S. 41–109; Körting, Heinrich Meidinger; Goldschmid; sowie an Aktenmaterial GLA 9543; 10 007; 233–31110; 448–2355, 22.7.1892.

[2] Die Angabe bei Dettmar, S. 278, Meidinger habe am Polytechnikum in Karlsruhe seit 1855 über "Angewandte Elektrizität" gelesen, ist falsch.

[3] Vgl. Körting, Geschichte, S. 45f.

es um die Nachfolge des wegberufenen Physikers Leonhard Sohncke ging, besonders die Arbeiten der Kandidaten auf dem Gebiet der Elektrizitätslehre berücksichtigten.[4] Den Ruf erhielt schließlich nach längerem Hin und Her Ferdinand Braun (1850–1918), der bis zum März 1885 in Karlsruhe blieb. Braun richtete ein kleines Laboratorium für die Elektrizitätslehre ein, wobei er mit den ihm zur Verfügung gestellten 2000 Mark keine großen Sprünge machen konnte,[5] und arbeitete vor allem über Zusammenhänge zwischen Temperatur und Elektrizität. Nur wenige seiner Studenten konzentrierten sich auf die Physik, die meisten Hörer kamen aus technischen Studiengängen, die Physik als Pflichtvorlesung enthielten. Für besonders an der Elektrotechnik Interessierte las Braun über "Elektrotechnik auf mathematischer Grundlage."[6] Meidinger bot weitere elektrotechnische Lehrveranstaltungen an.

An der offensichtlich jetzt auch in Karlsruhe aufgeflammten Diskussion um die Einrichtung selbständiger elektrotechnischer Professuren und Studiengänge beteiligte sich Braun mit seiner am 23. April 1883 gehaltenen akademischen Antrittsrede.[7] Entschieden wandte er sich gegen einen besonderen elektrotechnischen Studiengang. Solange die Entwicklung der Wissenschaft noch sehr im Fluß sei und diese keine zeitbeständigen Grundlagen für das ganze Berufsleben vermitteln könne, solle man auf eine Verselbständigung der Elektrotechnik verzichten und diese – wie in Karlsruhe – innerhalb der allgemeinen Physik lehren. Noch seien die physikalischen Grundlagen der Elektrizitätslehre nicht gesichert und "auf ein paar Axiome zurückgeführt, . . . , von denen man alles deduktiv ableiten könne." Zur Stützung seiner Auffassung zitierte er die angesehenste technikwissenschaftliche Autorität, die Karlsruhe zu bieten hatte: Franz Grashof (1826–1893), den Direktor der Hochschule und Vollender der analytischen Maschinentheorie: "Die polytechnische Schule soll nicht im Schlepptau des praktischen Bedürfnisses, sondern umgekehrt demselben möglichst voraus sein; die von ihr gewährte wissenschaftliche Ausbildung soll nicht nur den Anforderungen der Technik und ihrer augenblicklichen Entwicklungsphase, sondern möglichst bis zu dem Augenblicke noch genügen, in welchem die von ihr gebildeten Techniker

[4] GLA 448–2355, 19.11.1882. Die Schilderung des Berufungsverfahrens durch Kurylo, S. 84–91 stützt sich zwar auf die Akten, interpretiert diese aber durch phantasievolle, teilweise als wörtliche Zitate getarnte Spekulationen und kann deswegen wissenschaftlichen Darstellungen nicht zugrundegelegt werden. Susskind kürzt die Kurylosche Darstellung, fußt aber ansonsten ganz auf dessen Angaben (Kurylo/Susskind, S. 45 f.)

[5] Festgabe, S. XXIX f. u. 261.

[6] Programm Karlsruhe 1884/85, S. 25f.

[7] Braun, Ueber Ziel.

nach einem Menschenalter von der Bühne ihrer Thätigkeit abtreten." Braun empfahl einen aus mathematisch-naturwissenschaftlichen und maschinentechnischen Veranstaltungen additiv zusammengesetzten Studiengang. Ein guter Elektrotechniker benötige dreierlei: durch eigene wissenschaftliche Arbeit nachvollziehbar gemachte theoretische Kenntnisse, deren Anwendung Zeit spare und vor Irrwegen schütze; mathematische Vorkenntnisse, ohne die man nicht zur Theorie gelange; und schließlich Anschauungsvermögen, das man aber nur in der Praxis erwerben könne. Die naheliegende Frage, warum man dann die Elektrotechniker nicht gleich an der Universität ausbilde, beantwortete Braun, indem er auf die unterschiedliche theoretische bzw. praktische Motivation von TH- und Universitätsstudenten hinwies. Später, als Braun wieder an der Universität lehrte, ging er noch weiter und sprach sich für die Einrichtung technischer Fakultäten an Universitäten aus zur Pflege der "praktisch angewendete(n) Wissenschaft."[8]

Hatte sich also Braun – wie sich in der Folgezeit herausstellte: ganz im Sinne seiner Kollegen – gegen eine Verselbständigung der Elektrotechnik als wissenschaftliche Disziplin zum gegenwärtigen Zeitpunkt ausgesprochen, so blieb die Frage, wie man den sich in der Industrie abzeichnenden Bedarf an elektrotechnischen Zusatzqualifikationen im einzelnen befriedigen könne. Eine zur Beantwortung 1884 am Karlsruher Polytechnikum eingesetzte Kommission entwarf ein Modell, das konsequent von dem Grundgedanken ausging, bestehende Studiengänge durch elektrotechnische und andere Veranstaltungen so zu variieren, daß sie späteren beruflichen Anforderungen gerecht würden.[9] Im Zentrum dieser Überlegungen standen die Maschinenbaustudenten, deren Kenntnisse man in einem Studienjahr durch elektrotechnische, physikalische und chemische Veranstaltungen erweitern wollte. Man sah darin den Vorteil, daß die Absolventen, wenn sich die in den Arbeitsmarkt für Elektrotechniker gesetzten Hoffnungen nicht erfüllten, ohne weiteres im Maschinenbau unterkommen könnten. In der Folgezeit bereitete die Umsetzung dieses Studienplans Schwierigkeiten, da die personellen Ressourcen nicht ausreichten, um das Vertiefungsfach auszufüllen. Des weiteren führte man in Karlsruhe einen Elektrotechnikkurs für Physiker und Chemiker ein, um diese für Positionen in der Industrie zu qualifizieren. Während sich dies in der Chemie bewährte, meldete man für die Physik Mißerfolge.

Erfolg oder Mißerfolg dieses Karlsruher Modells, das auf elektrotechnische Zusatzqualifikationen für etablierte Studiengänge setzte, hingen nicht zuletzt von der Kompetenz des die Elektrotechnik Lehrenden ab; die Frage lautete,

---

[8] Braun, Über physikalische Forschungsart.

[9] GLA 235–4117, 13.3.1884; 9.6.1885; 9.6.1886.

ob dieser imstande war, Kenntnisse zu vermitteln, die für den Bau oder das Betreiben elektrischer Maschinen und Anlagen tatsächlich von Wert waren. Als Ferdinand Braun 1885 nach Tübingen ging, standen diese Probleme bei der Wahl eines Nachfolgers erneut an.[10] Die Hochschule bekräftigte ihre Auffassung, daß eine vom Physikalischen Institut getrennte Abteilung für Elektrotechnik nicht notwendig sei und man einen Physiker brauche, der sich besonders mit der Elektrizitätslehre beschäftigt habe und die Vorlesungen über Elektrotechnik auf physikalischer Grundlage halten könne. Falls der Physiker mit der Elektrotechnik zeitlich überfordert sei, müsse eben ein Assistent elektrotechnische Veranstaltungen übernehmen.

Den Ruf erhielt schließlich der auf der Dreierliste an zweiter Stelle stehende Heinrich Hertz (1857–1894), damals Privatdozent an der Kieler Universität. Im Berufungsvorschlag hatte das Polytechnikum nicht nur seine Arbeiten zur Elektrizitätslehre herausgestrichen, sondern auch sein zweijähriges Ingenieurstudium (an den Polytechniken Dresden und München, W.K.). Tatsächlich arbeitete sich Hertz in Karlsruhe in die Theorie der Dynamomaschinen ein und zeichnete Diagramme und Tafeln für seine elektrotechnische Vorlesung, die er aber nicht regelmäßig hielt, sei es wegen fehlender Nachfrage oder aus Mangel an Eigeninteresse.[11] Generell wurden ihm die Vorlesungen zunehmend lästig, brauchte er den Hörsaal doch für seine Experimente, die 1887 zum experimentellen Nachweis der Existenz elektromagnetischer Wellen führten. Dadurch bekannt geworden, verließ er 1889 die beengten Karlsruher Verhältnisse zugunsten eines Rufs an die Bonner Universität, die seinen ausgeprägten Forschungsinteressen weit mehr entgegenkommen konnte.

Auch jetzt hielt die Hochschule noch an ihrer Haltung fest, daß die Vorlesungen des Professors für Physik genügten, um Maschinenbaustudenten zu Elektrotechnikern zu spezialisieren, man gegebenenfalls noch einem Privatdozenten einen Lehrauftrag für Elektrotechnik erteilen könne und wies ergänzend auf die Begrenztheit der Mittel hin, die einem Ausbau der Elektrotechnik entgegenstanden.[12] Den Forderungen nach Ausbau des elektrotechnischen Unterrichts suchte man dadurch gerecht zu werden, daß man den Physiker Otto Lehmann (1855–1922) an die erste Stelle der Berufungsliste setzte. Lehmann wurde später als Entdecker des flüssigkristallinen Zustands bekannt.[13] Der neue Fachvertreter hatte an der TH

---

[10] GLA 448–2355, 30.11.1884.

[11] Hertz, S. 212 u. 222.

[12] GLA 448–2355, 25.1.1889 u.a. Aktenstücke.

[13] Weiner; Knoll; Knoll/Kelker; Lebenslauf Lehmanns v. 22.7.1888 in StAD, Min. f. Volksbildung, 15419, 12.

Aachen als Assistent von Wüllner und Dozent für Physik gearbeitet und war 1888 einem Ruf an die Dresdener Technische Hochschule auf die Professur für Elektrotechnik gefolgt, ohne – wie er selbst rückblickend schreibt[14] – die Absicht zu haben, sich in dieses Gebiet näher einzuarbeiten, das, "in lebhafter Entwicklung nach der Seite des Großmaschinenbaus begriffen, sich immer weiter von der reinen Physik, die ja nur die Grundgesetze der Natur erforscht – wenn auch in der Absicht nützlicher Verwertung -, entfernte und sich zu einem großen neuen Zweig der Ingenieurwissenschaften ausbildete." Die Karlsruher Berufungskommission ließ sich jedoch von Lehmanns Dresdener Position blenden und hob hervor, daß Lehmann auch – wie man heute sagen würde – Arbeiten zur technischen Physik veröffentlicht habe und – in den Worten der Zeit – Verständnis für die "Physik im Leben" besitze. Das nach Dresden ergangene Berufungsschreiben spiegelte die Prioriäten in Karlsruhe wider, indem nur von Physik die Rede war und Elektrotechnik keine Erwähnung fand.[15]

Lehmann, der dem Ruf zum 1. April 1889 folgte, und andere Karlsruher Dozenten boten in den folgenden Jahren zumindest ein Minimum an elektrotechnischer Ausbildung, wenn dabei auch die theoretische, physikalische Betrachtung der Elektrizität, die Elektrizitätslehre, dominierte. Von Heinrich Meidingers Veranstaltungen kann man annehmen, daß sie, zumindest was Telegrafie, Elektrochemie und Beleuchtung anbelangt, sehr praxisorientiert waren. Der Extraordinarius für Physik, August Schleiermacher (geb. 1857), arbeitete sich vor allem in die theoretische Elektrotechnik ein, den Bereich, der einem Physiker noch am leichtesten zugänglich war.[16] Er führte aber auch für Lehmann die Laboratoriumsübungen durch, der sich befriedigt zeigte, daß ihm in Karlsruhe die Elektrotechnik entgegen seinen Befürchtungen kaum Arbeit mache.[17] Schleiermacher hatte in München und in Würzburg bei Friedrich Kohlrausch studiert und legte in den Fächern Physik und Mathematik das bayerische Lehramtsexamen ab, ehe er 1881 eine Assistentenstelle am Physikalischen Institut des Karlsruher Polytechnikums antrat. Damit durchlief er genau die gleiche Ausbildung wie der Darmstädter Professor für Elektrotechnik Erasmus Kittler, konzentrierte sich aber wesentlich später auf die Elektrotechnik zu einem Zeitpunkt, als das Fach schon weiter entwickelt war und damit größere Schwierigkeiten aufwarf. Als ihn die badische Regierung 1892 zum Extraordinarius für Elektrotechnik

---

[14] Lehmann, Geschichte, S. 72.

[15] StAD, Min. f. Volksbildung, 15419, 36f.

[16] GLA 235–4117, 20.6.1892; 31.5.1894, Anlage; 448–2355, 21.6.1892.

[17] UA Dresden, Nachlaß Toepler, 28.7.1891 – Lehmann an Toepler.

ernannte, gab es auch schon eine ausreichende Zahl an anderen Hochschulen ausgebildeter Elektrotechniker. Einer der ersten Kittler-Schüler, Gustav Rasch, habilitierte sich 1893 in Karlsruhe und las über verschiedene Anwendungsgebiete der Elektrotechnik.[18] Wenn sich auch Lehmann, Meidinger, Schleiermacher und später Rasch mit ihren Veranstaltungen noch so sehr bemühten, das Problem der Elektrotechnik in Karlsruhe bestand darin, daß einerseits die elektrischen Maschinen, das Schlüsselgebiet der sich entwickelnden Elektrotechnik, kaum vertreten waren und andererseits sich die praktischen Laboratoriumsübungen auf elektrophysikalische Messungen beschränkten.[19]

Eine allmähliche Abwendung von der Karlsruher Haltung, die wissenschaftliche Elektrotechnik als ein Teilgebiet der Physik zu begreifen und die elektrotechnische Ausbildung als eine Addition maschinentechnischer und physikalischer Veranstaltungen zu konzipieren, zeichnete sich erstmals im Jahre 1892 ab. Noch den bisherigen Auffassungen verhaftet, setzte sich Lehmann für einen Ausbau der Physik ein und forderte die Einrichtung zahlreicher weiterer Lehrstühle, neben Elektrotechnik im übrigen auch für Geschichte der Physik.[20] Während der Landtagsverhandlungen bedauerte der Vertreter des Polytechnikums, der Chemiker Carl Engler, daß die Karlsruher Hochschule als einzige in Deutschland die Elektrotechnik noch nicht institutionalisiert habe.[21]

Entwickelte sich also ein grundsätzlicher Konsens über eine Institutionalisierung der Elektrotechnik, so ergaben sich in der Frage ihrer organisatorischen Einordnung und der Konzeption des elektrotechnischen Studiums erhebliche Differenzen zwischen dem Physiker Lehmann und den Karlsruher Maschinenbauern.[22] Einig war man sich noch, daß der zu Berufende ein Maschinenbauer mit mehrjähriger elektrotechnischer Praxis sein müsse. An sich liebäugelte Lehmann mit einer Angliederung der Elektrotechnik an die Physik wie in Zürich. Da dies in Karlsruhe aber offensichtlich nicht durchzusetzen war, wollte er die Elektrotechnik an einer neu zu bildenden "physikalischen Abteilung" ansiedeln, die außerdem noch die Mathematik

---

[18] GLA 235–4117, 31.5.1894.

[19] So die rückblickende Bewertung des späteren Lehrstuhlinhabers Engelbert Arnold, Abteilung, S. 43f.

[20] GLA 448–2355. 22.7.1892.

[21] Verhandlungen Stände-Versammlung Baden. Erste Kammer. Sitzung v. 20.5.1892, S. 208.

[22] GLA 448–2363, 30.1.1893 – Lehmann an Direktion; dies teilweise abgedruckt bei Knoll/Kelker, S. 111–16; o.D. Bericht Brauer.

enthalten solle; die Maschinenbauer gingen dagegen von einer Eingliederung in ihre Abteilung aus. Nach Lehmann sollte sich das Studium der Elektrotechniker sowohl im auszubauenden physikalischen wie im elektrotechnischen Institut abspielen. Die Arbeitsteilung zwischen beiden stellte er sich so vor, daß alle praktisch-experimentellen Arbeiten in der Physik stattfinden sollten, ein elektrotechnisches Laboratorium bezeichnete er als überflüssig. Das elektrotechnische Institut solle in erster Linie aus einer Modellsammlung und einem Zeichensaal für die Konstruktionsübungen bestehen, in denen großmaßstäbliche Zeichnungen anzufertigen seien, die als "Wandtafeln" Verwendung finden könnten. Zusätzlich könne das Institut auch eine oder mehrere Maschinen zu Demonstrationszwecken enthalten, doch sei es besser, die Funktionsweise von Maschinen bei Betriebsbesichtigungen zu vermitteln. Für Lehmann war die Elektrotechnik nichts als angewandte Physik,[23] wobei das Merkwürdige seiner Vorschläge darin lag, daß er die als grundlegend bezeichnete Physik praktisch-experimentell, die als Anwendung apostrophierte Technik vor allem theoretisch-abstrakt vermitteln wollte. Offensichtlich gingen hier die Interessen des physikalischen Laboratoriums und grundsätzliche Anschauungen vom Verhältnis von Technik und Naturwissenschaft eine wenig konsistente Synthese ein. Da Karlsruhe kaum Physikstudenten besaß und nahezu ausschließlich Chemiker und Maschinenbauer, welche sich zusätzlich auf dem Gebiet der Elektrotechnik qualifizieren wollten, das physikalische Laboratorium besuchten, mußte Lehmann bei Einrichtung eines elektrotechnischen Laboratoriums den Verlust eines Großteils seiner Studenten befürchten.[24]

Mit der Ablehnung eines Laboratoriums für die Elektrotechnik ignorierte Lehmann die im vergangenen Jahrzehnt stattgefundene Entwicklung. Dem Gegengutachter Ernst Brauer, Professor für theoretische Maschinenlehre, fiel es leicht, Lehmanns Ansinnen zurückzuweisen. Im physikalischen Laboratorium gehe es um die höchste erreichbare Genauigkeit, im elektrotechnischen um die Lösung von Aufgaben unter ungünstigen Bedingungen, mit den einfachsten Mitteln und mit hinreichender Genauigkeit. Versuche in Industriebetrieben könne man nicht zur Grundlage eines Studiengangs machen, da ihre Durchführung nicht von der Hochschule zu garantieren sei. Lehmanns wenig kompetente Ausführungen zum Konstruktionsunterricht versah er mit dem Kommentar, daß man dessen Organisation dem zu berufenden Fachmann überlassen solle. Der neue Fachvertreter solle für alle Ingenieurstudenten vortragen, aber auch nach dem Vorbild von Darmstadt einen eigenständigen Studiengang für Elektrotechniker aufbauen.

---

[23] S. u. S. 105f. u. 109.

[24] GLA 448–2363, 20.1.1893 – Lehmann an Direktion.

Als die Hochschule und das Ministerium in der Folgezeit dem von den Maschinenbauern gewiesenen Weg folgten,[25] bombardierte Lehmann die Direktion der Hochschule mit einem wahren Hagel von Eingaben, die schon Resignation hinsichtlich der sich abspielenden Entwicklung und der befürchteten Schädigung der Physik erkennen lassen.[26] Lehmanns Argumente lagen so abseits der Realität und liefen in einem solchen Maß dem Zeitgeist zuwider, daß sie den Gang der Ereignisse nicht mehr zu beeinflussen vermochten. Die Hochschule nahm die Schreiben kommentarlos zu den Akten. Da meinte Lehmann mitten im Elektrifizierungsboom und in einer Zeit explodierender Nachfrage nach Elektrotechnikern, daß die Elektrotechnik "unmöglich eine Berufswissenschaft sein kann, im Stande einen Mann zu ernähren." Das Studienfach selbst sei eine vorübergehende Modeerscheinung, die bald vergehen werde. In einer Zeit, als elektrotechnische Laboratorien an anderen Hochschulen ihr zehnjähriges Bestehen feierten und eine intensive Diskussion um die Einrichtung von Maschinenbaulaboratorien anhob, vertrat er den Standpunkt, technische Versuchseinrichtungen gehörten in die Industrie, der Staat solle vor allem die reine Wissenschaft fördern.

Im Jahre 1893 stand also die Einrichtung einer elektrotechnischen Professur vor der Tür. Eine tiefere Bedeutung kann man dabei dem Umstand zuschreiben, daß man für die neue Stelle den durch den Tod von Franz Grashof freigewordenen Maschinenbaulehrstuhl benutzte. Grashof, nicht nur in Karlsruhe, sondern im gesamten deutschen Ingenieurwesen ungeheuer einflußreich, hatte in extremer Weise Bestrebungen vertreten, den Maschinenbau durch Mathematisierung und Anlehnung an die Naturwissenschaften, insbesondere an die Physik, zu "verwissenschaftlichen".[27] Seiner Position dürfte die bisherige Karlsruher Strategie, Elektrotechnik "wissenschaftlich" im Rahmen der Physik zu behandeln, entsprochen haben. Zwar finden sich in den Akten keine unmittelbaren Belege, daß er sich argumentativ in diesem Sinne einsetzte, aber mehrere in dieser Sache ergangene Schreiben der Hochschule an die Regierung tragen seine Unterschrift. Bei Carl Engler weisen schon dessen Engagement für die Karlsruher Gewerbehalle und seine Zusammenarbeit mit der BASF darauf hin, daß er der technischen Praxis aufgeschlossener gegenüberstand.[28] Vor dem Landtag begründete er die Einrichtung eines elektrotechnischen Instituts auch damit, daß die badische Industrie auf diese Weise eine "Auskunfts- und Versuchsstation" erhalte

[25] GLA 448–2401, 28.12.1893.

[26] Ebenda, 2.1., 30.4., 2.5., 3.5.1894, 9.2.1895 – Lehmann an Direktion.

[27] Vgl. hierzu als neueste Zusammenfassung König, Theorie und die dort angegebene Literatur.

[28] Goldschmit, S. 15; Wetzel, S. 200ff.

und verwies auf die Kooperation zwischen Industrie und Wissenschaft in der Chemie sowie auf den amerikanischen Vorsprung in der Elektrotechnik.[29]

Der entscheidende Anstoß für die Kehrtwendung in Karlsruhe lag jedoch wohl darin, daß die Zahl der Elektrotechnikstudenten an anderen Hochschulen, besonders in Darmstadt, geradezu explodierte, während man sich in Karlsruhe auf der Stelle bewegte. In ihren Beratungen unterzogen die Karlsruher Hochschulgremien die bisherige Organisation des Elektrotechnikstudiums einer deutlichen Kritik.[30] Die Einrichtung von vier verschiedenen, teilweise provisorischen Studiengängen für Elektrophysiker, Elektrochemiker, Elektroingenieure sowie Elektrotechniker habe sich nicht bewährt. Der Studiengang Elektrophysik bot Studenten der Mathematik und der Naturwissenschaften, die in das Lehrfach gehen wollten, Zusatzqualifikationen an. Ebenfalls in das Lehrfach, aber zusätzlich auch in den gewerblichen Bereich zielte der Studiengang der Elektrochemiker. Unter dem Etikett Elektroingenieure wollte man in erster Linie staatliche Baubeamte, z.B. für Telegrafie und Telefonie, ausbilden, doch erwiesen sich diese als zu spezialisiert. Einzig weiter ausarbeiten, so die Hochschule, wolle man die Ausbildung zum "Elektromechaniker" oder "Elektrotechniker" – die Bezeichnungen wiesen in Abgrenzung zum "Elektroingenieur" darauf hin, daß man dabei in erster Linie an industrielle Berufsfelder dachte, an Entwurf und Bau elektrischer Maschinen und Anlagen.

Dieses Ziel glaubte man aber nur erreichen zu können, wenn es gelänge, einen erfahrenen Praktiker zu gewinnen, womit von den ins Auge gefaßten Bewerbern nur wenige übrigblieben. Weitere Kriterien bildeten deren wissenschaftliche Ausbildung, ihre Publikationen und Patente. Die Liste nannte schließlich den damals bei Crompton in England arbeitenden Gisbert Kapp an erster Stelle, Engelbert Arnold an zweiter und verwies als Interimslösung, falls beide ablehnen sollten, auf den eigenen Privatdozenten Gustav Rasch. Der studierte Maschinenbauer Engelbert Arnold (1856–1911), den man durch ein außerordentlich großzügiges Angebot gewann, besaß sowohl Industrieerfahrung, unter anderem bei Lahmeyer, als auch Lehrpraxis, als Dozent für Elektrotechnik und Maschinenelemente am Polytechnikum in Riga.[31] Als der Ruf an ihn erging, arbeitete er als Oberingenieur bei der Maschinenfabrik Oerlikon, damals eine der führenden

---

[29] Verhandlungen. Erste Kammer. Sitzung v. 27.4.1894, S. 211f. Vgl. Borscheid, S. 166f.

[30] GLA 235–4117, 31.5.1894 und Anlage.

[31] GLA 235–4117, 20.6.1894; 235–4152, 6.11.1894. Die Angabe von Körting, Heinrich Meidinger, S. 33, Arnold sei aufgrund von Meidingers Kontakten nach Karlsruhe berufen worden, findet in den Quellen keine Bestätigung. Vgl. zu Arnold Stier.

Herstellerfirmen elektrischer Maschinen. Arnold hatte sich bereits mit Arbeiten über Gleich- und Wechselstrommotoren einen guten Namen gemacht. Sein Karlsruher Institut für Elektrotechnik entwickelte sich in den folgenden Jahren unter den deutschen Hochschulen zur führenden Lehr- und Forschungsstätte auf dem Gebiet des Elektromaschinenbaus.

Als Arnold Anfang Oktober 1894 seine Stelle antrat, hatte man in Karlsruhe bereits einige Weichen gestellt. Nach dem Vorbild anderer deutscher Hochschulen hatte man das Institut für Elektrotechnik in der Maschinenbauabteilung verankert und diese in zwei Unterabteilungen gegliedert, eine für Maschinenbau und eine für Elektrotechnik. Gegen anfänglichen Widerstand der Maschinenbauer, die die Elektrotechnik als einen Anhang ihres Fachs betrachteten, entschloß man sich jedoch bald, eine eigenständige elektrotechnische Abteilung einzurichten, nach Darmstadt die zweite an einer deutschen Hochschule, was ausdrückt, wie radikal man in Karlsruhe die Kehrtwendung von einer Vernachlässigung zu einer intensiven Pflege der Elektrotechnik vollzog.[32] Die Maschinenbauer ließen sich durch das Argument umstimmen, daß die noch im Wandel befindliche Elektrotechnik freie Entfaltungsmöglichkeiten brauche, es nicht ausgeschlossen sei, daß sie sich wieder in Richtung Physik entwickeln werde und die Abteilung durch einen die theoretische Elektrizitätslehre vortragenden Physiker und eventuell durch die Elektrochemie ergänzt werden müsse. Als die Verselbständigung 1895 vollzogen wurde, gehörte zur elektrotechnischen Abteilung nicht nur das Institut für Elektrotechnik, sondern auch das Institut für Physik. Auch hier war der Wandel radikal: Bildete in Karlsruhe vor 1895 die Elektrotechnik ein Anhängsel der Physik, so die Physik danach ein Anhängsel der Elektrotechnik. Der neuernannte Ordinarius für theoretische Physik, Friedrich Schleiermacher, übernahm die Vorlesungen über theoretische Elektrizitätslehre.[33] Der andere Physiker, Lehmann, scheint diese Entwicklung mit Mißtrauen betrachtet, aber keine Gegenstrategie mit Hartnäckigkeit verfolgt zu haben.[34] Zunächst weigerte er sich entschieden, Apparate an das neue elektrotechnische Institut abzugeben. Im April 1896 beantragte er die Überführung der Physik von der Elektrotechnischen in die Allgemeine Abteilung, insistierte aber nicht auf diesem Begehren.

Zunächst mußte sich Arnold für seine Vorlesungen und Übungen noch mit Provisorien behelfen. Doch war man sich vor seiner Berufung in Karlsruhe

---

[32] GLA 235–4152, 6.2. u. 9.2.1895. Vgl. auch Arnold, Das Elektrotechnische Institut, S. 53.

[33] GLA 235–4117, 25.4.1895.

[34] GLA 448–2363, 9.2.1895 u. 23.4.1896 – Lehmann an Direktion bzw. Rektor und Senat.

darüber im klaren, daß ein Aufschwung der Elektrotechnik nicht ohne umfangreiche Experimentaleinrichtungen für Zwecke der Lehre und Forschung einzuleiten sei, und stellte 600.000 Mark für den Neubau des elektrotechnischen Instituts in den Hochschuletat ein.[35] Arnolds Assistent unternahm Besichtigungsreisen zu den bestehenden Instituten in Darmstadt und Hannover, die damals als vorbildlich galten. Als man den Karlsruher Neubau 1898 und 1899 bezog, enthielt dieser alles, was sich Studenten und Dozenten der Elektrotechnik in dieser Zeit wünschen konnten: einen Maschinensaal, einen Eichraum, zwei Laboratorien für elektrische Messungen, eines für Untersuchungen an elektrischen Leitungen und Isolationsmaterialien, eines für Photometrie, – die Einrichtung eines Hochspannungslaboratoriums war für später vorgesehen –, außerdem Hörsäle, einen Konstruktionssaal und eine Telefonanlage, die alle Räume miteinander verband.

Die hervorragende Ausstattung des Instituts und die Kompetenz Arnolds auf dem an den Technischen Hochschulen bislang vernachlässigten Gebiet des Elektromaschinenbaus ließ die Zahl der Karlsruher Elektrotechnikstudenten in die Höhe schnellen. Da es keine befriedigenden Lehrmittel gab, mußte Arnold diese selbst für die Übungen der fortgeschrittenen Studenten erarbeiten.[36] Als er 1911 starb, stellte einer seiner Kollegen fest, daß alle führenden Berechnungsingenieure der deutschen Elektroindustrie aus der Arnoldschen Schule stammten.[37] Die Hochschule stand vor der Frage, ob sie die Schwerpunktsetzung auf die elektrischen Maschinen beibehalten oder mehr in Richtung elektrische Anlagen verschieben solle, und entschied sich für eine Fortsetzung der Tradition. Mit Rudolf Richter (1877–1957), vorher Oberingenieur bei Maffei-Schwartzkopff in Berlin, der sich bislang vorwiegend mit Wechselstrom-Kommutatormaschinen beschäftigt hatte, auf der Liste hinter dem Münchner Ordinarius Giovanni Ossanna auf Platz zwei stehend, trat zum Oktober 1912 ein Elektrotechniker sein Amt an, der den von Arnold beschrittenen Weg weitergehen konnte.

Die auch in der Elektrotechnik stattgefundene Spezialisierung mußte dazu führen, daß der zu Berufende nicht mehr wie Arnold neben seinem Spezialgebiet einen größeren Teil des gesamten Faches vertrat, sondern sich mehr auf den Elektromaschinenbau konzentrierte. Inzwischen hatte sich an den Technischen Hochschulen eine Aufgliederung der Elektrotechnik, jeweils von einzelnen Dozenten vertreten, in:

---

[35]Arnold, Das Elektrotechnische Institut; Arnold, Abteilung; GLA 235–4152, 16.12.1895.

[36]GLA 235–4152, 6.3.1902.

[37]GLA 448–2401, o.D. (Notizen Lehmanns), Stellungnahme v. Waldemar Petersen. Vgl. zum folgenden auch 19.2.1912; 29.2.1912; März 1912; 235–4152, 27.5.1912.

- Grundlagen und Meßtechnik (hervorgegangen aus der theoretischen Elektrizitätslehre),
- Konstruktion und Berechnung (das Arbeitsgebiet Richters) und
- Projektierung von Anlagen herausgebildet.[38] Die angeführte Reihenfolge galt auch für die Lehre, die damit den Weg von der Theorie in Richtung Praxis nahm. Diese Aufteilung der Elektrotechnik in gleichberechtigte Fachgebiete legte die Frage nahe, ob man deren Vertreter nicht auch gleichstellen und damit das Direktorialprinzip zugunsten einer Kollegialverfassung beseitigen solle.[39] Arnold hatte dieses Prinzip auf recht autoritäre Weise verkörpert und gehandhabt, was zu heftigen Auseinandersetzungen mit Kollegen und ständiger Unruhe im elektrotechnischen Institut führte. Die Hochschule favorisierte eine Gewaltenteilung, die vorerst wohl nur deshalb unterblieb, weil die Mittel nicht ausreichten, um alle drei Fachgebiete angemessen auszustatten.

Inhaltlich bahnte sich die Aufteilung des Faches schon zu Arnolds Zeiten an. Arnold legte einen Schwerpunkt auf sein Spezialgebiet, den Elektromaschinenbau, das nach seinem Tod Rudolf Richter übernahm.[40] Der 1896 zum ordentlichen Professor für theoretische Physik ernannte August Schleiermacher vertrat die theoretischen Grundlagen der Elektrotechnik. Für die Anlagenprojektion standen auch nach dem Ausscheiden von Gustav Rasch 1899 eine Reihe kompetenter Extraordinarien zur Verfügung: Joachim Teichmüller (1866–1938), seit 1900 außerordentlicher Professor, seit 1905 Ole Sivert Bragstad (geb. 1868) und seit 1913 Anton Schwaiger (1879–1954). Eine Besonderheit in Karlsruhe bestand darin, daß die Hochschule 1897 einen etwas modifizierten Studiengang für Beleuchtungstechniker einrichtete. Sie kam damit den Wünschen Teichmüllers nach, der sich auf dieses Gebiet spezialisiert hatte, und zog gleichzeitig die Konsequenzen aus einem nicht mehr reparierbaren Zerwürfnis zwischen Teichmüller und dem autoritären Arnold.

Lehmann nahm die Beratungen über die Nachfolge Arnolds zum Anlaß, um noch einmal das Verhältnis zwischen Elektrotechnik und Physik an der Karlsruher Hochschule zu thematisieren und seine Unzufriedenheit mit der stattgefundenen Entwicklung auszudrücken.[41] Er wies darauf hin, daß die Physik die "Quelle der Elektrotechnik" sei und "noch vor wenigen Jahren die ganze Elektrotechnik in sich" enthalten habe. In den letzten Jahren sei

---

[38] S. u. S. 115–18.

[39] S. u. S. 138–40.

[40] Nach den Programmen Karlsruhe.

[41] Wie Anm. 28.

dann die Elektrotechnik ausgebaut, die Physik dagegen vernachlässigt worden. Tief resigniert deutete Lehmann als letzte Konsequenz an, daß man ja gleich die Physik minimieren und zur bloßen Hilfswissenschaft der Elektrotechnik machen könne. Lehmanns Frustration rührte auch daher, daß er mit ansehen mußte, daß die Hochschule einen jungen Elektrotechniker mit Industrieerfahrung nur gewinnen konnte, indem sie ihm ein Gehalt bezahlte und Arbeitsbedingungen einräumte, von denen der im Dienst alt gewordene Physiker nur träumen konnte. Nicht nur vom Alter her, sondern auch was die Qualität der schulischen Ausbildung – Richter z.B. hatte noch nicht einmal Abitur – und die Zahl der Publikationen und Patente anbelangt, die in einer Zeit der "Massenfabrikation" und der Kollegialerfindungen ohnehin nur schwer einer Person zuzuordnen seien, erschien Lehmann die Ausstattung des elektrotechnischen Lehrstuhls als völlig unangemessen. Auf diese Weise werde die Hochschule von einem wissenschaftlichen zu einem industriellen Unternehmen herabgewürdigt.

München: Von Personalquerelen und Studentenprotesten begleiteter Umbruch

Die im Herbst 1882 stattfindende elektrotechnische Ausstellung hatte die Elektrotechnik in der Stadt zu einem öffentlichen Ereignis gemacht, das Themen für Biertischgespräche bot und die Spalten der Tagespresse füllte.[1] Der Ruf ihres Assistenten Erasmus Kittler auf einen Lehrstuhl für Elektrotechnik nach Darmstadt konfrontierte die Hochschule mit der Frage, wie sie es selbst mit der Elektrotechnik halten wolle. Dabei erklärte sich Kittler angeblich bereit, in München zu bleiben, wenn er hier zum Titularprofessor ernannt werde, wofür die Hochschule aber keine Möglichkeit sah.[2] Beratungen an der Hochschule führten zu dem Ergebnis, weder einen Lehrstuhl für Elektrotechnik einzurichten noch einen Studienplan für dieses Fach aufzustellen.[3] Man war der Meinung, daß ein Studium ausschließlich der Elektrotechnik zu einem "sehr einseitigen Berufe" führen werde und daß stattdessen Bauingenieurstudenten und vor allem Maschinenbauer zusätzlich

---

[1] Vgl. als Beispiel die Rezeption der Elektrotechnik in der sozialdemokratischen Süddeutschen Post: König, Friedrich Engels.

[2] Bay HStA MK 9266, 20.10.1882.

[3] Bericht München 1882/83, S. 42f.; Bay HStA MK 19616, 2.7. u. 19.12.1883. Vgl. auch den Vortrag des Münchener Privatdozenten Max Edelmann zu diesem Thema im Polytechnischen Verein, der genau in die gleiche Richtung argumentiert (Centralblatt für Elektrotechnik 7, 1885, S. 191).

elektrotechnische Veranstaltungen hören sollten. Und für diese glaubten die Münchener Physiker und Maschinenbauer selbst die nötige Kompetenz zu besitzen. Seit dem Sommersemester 1883 enthielt das Vorlesungsverzeichnis eine relativ breite Palette an elektrotechnischen Veranstaltungen, und 1885 stellte man voller Zufriedenheit fest, daß diese "ein so vollständiges und organisch geordnetes Unterrichtsprogramm für Studierende der Elektrotechnik (enthalten), daß wir den Vergleich mit den diesbezüglichen Einrichtungen keiner anderen Hochschule zu scheuen brauchen."[4] In einigen Teilbereichen mag das Münchener Lehrangebot durchaus höheren Ansprüchen gerecht geworden sein. Man denke z.B. an die Meßtechnik und den Apparatebau, über die der Privatdozent und Fabrikbesitzer Thomas Max Edelmann (1845–1913)[5] vortrug. Das entscheidende Defizit lag aber darin, daß die zentralen Gebiete der sich entwickelnden industriellen Elektrotechnik, die elektrischen Maschinen und Anlagen, keine angemessene Vertretung fanden. So urteilte Erasmus Kittler noch geraume Zeit später über den in München den Elektromaschinenbau behandelnden Maschinenbauer P. v. Lossow (1865–1936), daß dieser der Elektrotechnik fernstehe.[6]

In den Jahren 1885 und 1886 erhielt man in München eine weitere Gelegenheit, die Elektrotechnik auszubauen, als durch den Ruf von Wilhelm v. Bezold an die Universität Berlin dessen Lehrstuhl für mathematische und angewandte Physik und durch den Tod von Wilhelm v. Beetz, einem der Organisatoren der Münchener elektrotechnischen Ausstellung, dessen Lehrstuhl für Experimentalphysik neu zu besetzen war. Bei den Beratungen über die Nachfolge von Beetz erwähnte man zwar Kittler, zog ihn aber nicht näher in Betracht, weil er sich ganz auf die Elektrotechnik konzentriert habe.[7] Dagegen bestimmte die als Teilgebiet der angewandten Physik betrachtete Elektrotechnik die Überlegungen zur Nachfolge von Bezold.[8] Man war sich darüber im klaren, daß der bisherige thematische Umfang der Professur nicht mehr aufrechtzuerhalten sei und verteilte die mathematische Physik, das heißt Veranstaltungen zur mechanischen Wärmetheorie, Elastizitätslehre und Potentialtheorie, auf andere Professoren. Der neue Ordinarius für angewandte Physik sollte sich ganz auf zwei Gebiete konzentrieren, nämlich Elektrotechnik und Heizung und Ventilation. Dies

---

[4] Bay HStA MK 19616, 1.7.1885; Programm München 1882/83 u. Zeitschrift für angewandte Elektricitätslehre 4 (1882), S. 611.

[5] Über Edelmann s. Fischer/Günther.

[6] ÖStA AVA MK F1242, 19.6.1898, Anlage M.

[7] Bay HStA MK 15559, 11.3.1886.

[8] Bay HStA MK 19558, 14.6. u. 13.7.1885.

waren Arbeitsgebiete des schon ins Auge gefaßten Kandidaten, des Privatdozenten der Hochschule und Professor an der Münchener Industrieschule Ernst Voit (1838–1921).[9] Voit hatte auf den elektrotechnischen Ausstellungen in München und Wien die Lichtmessungen durchgeführt, sich an den Arbeiten der im Anschluß an die Ausstellung in München gegründeten elektrotechnischen Versuchsanstalt beteiligt und las an der Hochschule bereits seit zwei Jahren über Dynamomaschinen und elektrische Beleuchtung. Im Oktober 1885 trat Voit seine Professur für angewandte Physik an, die in den 1890er Jahren auch als Professur für Elektrotechnik bezeichnet wurde. Voits Spezialgebiet blieb die technische Optik, doch bekleidete er auf elektrotechnischen Ausstellungen und als Vorsitzender des 1893 gegründeten Münchener Elektrotechnischen Vereins bedeutende Ämter in der Scientific Community der Elektrotechniker.

Die bekundete Selbstzufriedenheit der Hochschule mit dem elektrotechnischen Lehrangebot stand unter dem Vorbehalt, daß das Ministerium Mittel bereitstellen werde, um ein elektrotechnisches Laboratorium einzurichten, damit München – wie man in auffallendem Kontrast zum Lob des eigenen Vorlesungsangebots hinzufügte – von anderen Hochschulen "nicht noch mehr überflügelt werde(n), als es leider schon der Fall sein dürfte."[10] Der Hochschule war offensichtlich bewußt, daß elektrotechnische Studienanteile ohne die Möglichkeit experimenteller Arbeiten wenig Wert besaßen. Das physikalische Laboratorium hatte zwar von der Elektrizitätsausstellung eine Reihe von Meßinstrumenten geerbt, doch dies war noch nicht einmal ein Notbehelf. Im Anschluß an die Ausstellung hatte der als Hauptorganisator auftretende Polytechnische Verein eine elektrotechnische Versuchsstation gegründet, die sich der Industrie und den Konsumenten zur Prüfung elektrischer Apparate und Maschinen sowie zur Beratung bei Elektrifizierungsvorhaben anbot. Der immer auf Einsparungen bedachte Finanzausschuß der Abgeordnetenkammer regte an, die Versuchsstation mit der Hochschule zu verbinden, was von beiden Seiten heftigen Widerspruch erfuhr.[11] Die überzeugenden Argumente lauteten, daß die Ziele der beiden Institutionen zu unterschiedlich seien, die Versuchsstation diene der Industrieförderung, die Hochschule brauche ein elektrotechnisches Laboratorium für Lehrzwecke. Immerhin sorgten diese Diskussionen für eine zeitliche

---

[9] Vgl. Nachruf in Bayerisches Industrie- und Gewerbeblatt N.F. 53 (1921), H 17/18, S. 81–83; StAD, Min. für Volksbildung, 15547:7, 15.2.1888 – Voß an Harnack.

[10] Bay HStA MK 19916, 2.7. u. 19.12.1883, 1.7.1885; vgl. Bericht München 1882/83, S. 9, 31 u. 43.

[11] Bay HStA MK 14757, 20.1., 8.2. u. 26.4.1884; zur Münchener elektrotechnischen Versuchsstation vgl. ETZ (1885), S. 524 u. ETZ (1886), S. 179.

Verschiebung der Realisierung der Hochschulforderungen bis 1887.[12] Mit den endlich vom Landtag bewilligten 75.000 Mark konnte die Hochschule zudem keine großen Sprünge machen. Eine weitere Restriktion für das elektrotechnische Laboratorium lag darin, daß es wegen des niedrigen Assistentengehalts und wegen der günstigen Verdienstmöglichkeiten in der Industrie zuerst nicht gelang, einen Elektrotechniker als Assistenten einzustellen. Immerhin gewann man im Jahre 1890 mit Kurt Heinke (1864–1942) einen Maschinenbauer, der auch elektrotechnische Veranstaltungen gehört hatte und der später in München zum Fachvertreter für theoretische Elektrotechnik aufstieg.

Damit hatte in München die Elektrotechnik im Rahmen der angewandten Physik eine nicht gerade üppige Repräsentation gefunden, und das Lehrangebot richtete sich in Form eines Ergänzungsfaches an verschiedene technische Studiengänge. In seiner Rede zum Beginn des Studienjahres 1890/91 wies der Direktor der Hochschule, der Mineraloge Karl v. Haushofer (1839–1895), besonders auf die Studiengänge Maschinenbau, Bauingenieurwesen und technische Chemie hin.[13] Als schlecht informiert zeigte er sich allerdings, wenn er die Münchener Entscheidung, keine elektrotechnische Abteilung einzurichten, damit begründete, daß speziell ausgebildete Elektrotechniker in der Industrie nicht gefragt seien. Daß in München einem Ausbau der Elektrotechnik außer finanziellen noch weitere Hindernisse entgegenstanden, gab Haushofer in einer weiteren, 1893 gehaltenen Rede zu erkennen, in der er sich gegen eine zu enge Verbindung der Hochschule mit der Praxis wandte und diese stattdessen als "Hochschule der exakten Wissenschaften" bezeichnete.[14]

In den 1890er Jahren ließen der Aufstieg der elektrotechnischen Industrie, der Aufbau von Elektrizitätsnetzen in den Städten und die Erfolge anderer Hochschulen in München das Thema der Elektrotechnik nicht mehr von der Tagesordnung verschwinden. An der Hochschule trat man die Flucht nach vorn an, indem man 1895 erstmals einen Studiengang und eine Prüfung für Elektrotechniker einrichtete.[15] In der dafür eingesetzten Kommission scheint es dabei zu Differenzen zwischen den Maschinenbauern und den Physikern gekommen zu sein, denn der Kommissionsbericht referierte, daß man die Elektrotechnik grundsätzlich nach der praktisch-konstruktiven wie nach der

---

[12] Centralblatt für Elektrotechnik 8 (1886), S. 131; Bay HStA MK 19569, 22.12.1886, 13.8.1887 u. 8.3.1890; vgl. StAD, Min. f. Volksbildung, 15547:7, 25.2.1888 – Schröter an Rittershaus.

[13] ETZ (1890), S. 653.

[14] Haushofer, S. 6.

[15] Bay HStA MK 19617, 13.7. u. 4.8.1895.

theoretischen Seite ausbauen könne, ein Studiengang für die "rein wissenschaftlichen Elektrotechniker" aber noch nirgendwo realisiert sei und man die Überlegungen hierzu nicht abwarten wolle. Nach dem Vorbild der meisten anderen Hochschulen siedelte man den neuen Studiengang an der Maschinenbauabteilung an. Die ersten beiden Studienjahre waren mit dem Maschinenbaustudium weitgehend identisch, so daß die Studenten die Entscheidung, in welche Richtung sie sich spezialisieren wollten, spät treffen konnten.

Das Problem des Münchener Studiengangs lag darin, daß für die elektrotechnischen Veranstaltungen nur die schon vorhandenen Hochschullehrer zur Verfügung standen, wenn man davon absieht, daß sich der Assistent am elektrotechnischen Laboratorium, Kurt Heinke, inzwischen habilitiert hatte und als Privatdozent mit einem Lehrauftrag betraut wurde. Daß die Kommission gut daran tat, ihr Urteil über die Elektrotechnik an der Münchener Hochschule, diese sei durch die Reformen "wieder mit in die erste Reihe" gerückt, "auf den Umfang" zu beschränken, zeigt ein Leserbrief eines Ingenieurs und ehemaligen Studenten, der dem einzigen Ordinarius Ernst Voit bescheinigte, daß seine Vorlesungen "technisch und rhetorisch werthlos" seien.[16] In den Landtagsverhandlungen des Jahres 1896 richteten einige Abgeordnete kritische Fragen an das Ministerium über den Zustand der Münchener Elektrotechnik, wobei sie auf die Erfolge Darmstadts verwiesen und einer vorrechnete, daß keine deutsche Hochschule bislang so wenig Geld für das neue Fach ausgegeben habe wie die bayerische.[17] Der Kultusminister versuchte zwar abzuwiegeln, gab aber letztlich zu, daß die Münchner Elektrotechnik sich "nicht mehr ganz auf der Höhe der Zeit" befinde. Der "massenhafte Zugang" zu diesem "besonderen Berufszweig" besitze "etwas geradezu Krankhaftes", und es sei fraglich, ob die Absolventen alle Arbeit finden würden. Er deutete mit vorsichtigen Worten einen Ausbau des Faches an, wobei er in Übereinstimmung mit dem Finanzausschuß notwendige Investitionen in einer Größenordnung von 100 000 Mark für den Ausbau des elektrotechnischen Laboratoriums nannte.

Es dauerte bis zum Jahre 1898, bis Hochschule und Regierung energische Schritte einleiteten, um die Misere der Elektrotechnik zu beheben.[18] Im Mittelpunkt stand die Berufung eines zweiten Fachvertreters, jetzt als "eine Lebensfrage" für die Elektrotechnik bezeichnet, und man stellte Mittel für den Ausbau des Laboratoriums bereit. Schließlich wies man darauf hin, daß

---

[16] Bayerisches Vaterland v. 26.6.1895.

[17] Bay HStA MK 19618, 21.2.1896; Verhandlungen der Kammer 1895/96, Sitzung v. 7.3.1896, S. 372 u. 376.

[18] Bay HStA MK 19562, 20.12.1898, 6.1.1899 und weitere Akten.

sogar eine dritte Professur, wie an anderen Hochschulen üblich, erforderlich sei. Als Wunschkandidaten für die zweite Professur, der die konstruktive Seite der Elektrotechnik vertreten sollte, dachte man an einen Maschinenbauer mit reichen praktischen Erfahrungen. An die erste Stelle der Liste setzte man Engelbert Arnold, den schon zu Renommee gelangten Karlsruher Ordinarius, auf die weiteren Plätze Praktiker aus der Elektrizitätswirtschaft bzw. aus der Elektroindustrie. Als die Angesprochenen der Hochschule die kalte Schulter zeigten, griff man bei Beibehaltung der Kriterien zu dem damals ungewöhnlichen Mittel einer öffentlichen Ausschreibung und hatte schließlich Erfolg.[19] Der neue Ordinarius für Elektrotechnik Robert M. Friese (1868–1925), der im Oktober 1899 sein Amt antrat, hatte von der Pike auf in der Industrie praktische Erfahrungen gesammelt, bei Kittler in Darmstadt Elektrotechnik studiert und als dessen Assistent gearbeitet. Zum Zeitpunkt seiner Berufung leitete er bei Schuckert in Nürnberg die Berechnungsabteilung für Wechselstrommaschinen. Mit Friese erhielt die Münchener Hochschule erstmals – 1899! – einen Professor, der die Bezeichnung Elektrotechniker verdiente.

In München trat Friese ein schweres Amt an. Es galt, das mehr auf physikalische Elektrizitätslehre denn auf Elektrotechnik ausgerichtete Laboratorium mit beschränkten Mitteln umzugestalten, einen ganz neuen Studienplan aufzustellen und durchzusetzen und schließlich auf wesentlich ältere Kollegen Rücksicht zu nehmen, deren fachliche Kompetenz teilweise, wie bei seinem Elektrotechnik-Kollegen, Ernst Voit, fraglich war. Für die Umgestaltung des Laboratoriums standen dem zu dessen Leiter ernannten Friese 94,000 Mark zur Verfügung, die er in außerordentlich effizienter Weise nutzte.[20] Die ihm zugesagten Assistenten und Hilfsassistenten für das Laboratorium nahm er aus den Reihen der Münchener elektrotechnischen Absolventen.

Bei der Realisierung des weitgehend nach seinen Vorstellungen entworfenen neuen Studienplans stand Friese vor den Problemen, daß die Zahl der Dozenten nicht ausreichte und daß er auf die vorhandenen Lehrkräfte zurückgreifen mußte. Wie er in seinem späteren Vermächtnis an das Ministerium ausführte,[21] setzte er sich das Ziel, das Studium so umzugestalten, daß die Absolventen unmittelbar in der Industrie zu verwenden wären. Dafür seien aber mindestens drei Hochschullehrer notwendig: ein Elektrophysiker, der die theoretische Elektrotechnik vertrete, sowie zwei Ingenieure mit langjährigen praktischen Erfahrungen, einer für die Konstruktion

---

[19] Bay HStA MK 19562, 8.7., 23.7. u. 25.7.1899; zu dem Berufenen, Robert M. Friese, s. außerdem Schmidt sowie SAA 10/Lp 423 (Friese) u. 13/Lt 135, 14.8.1925.

[20] BayHStA MK 19618, 2.3.1901; Bericht München 1898/99, S. 7 u. 12, 1899/1900, S. 7.

[21] Bay HStA MK 19618, 2.3.1901.

elektrischer Maschinen und einer für die Projektion elektrischer Anlagen. In München übernahm Friese die konstruktiven Veranstaltungen und zunächst einen Teil der projektiven, ehe er durch einen von ihm vorgeschlagenen, aus der Praxis kommenden Privatdozenten entlastet wurde.[22]

Am meisten Probleme bereiteten Friese die Veranstaltungen seines Kollegen Ernst Voit, der unter anderem über elektrische Beleuchtung, Telegrafie und Telefonie las, vor allem aber das elektrotechnische Praktikum I übernommen hatte – das darauf aufbauende Praktikum II gab Friese selbst. Die durch diese Arbeitsteilung entstehenden Schwierigkeiten wurden offenbar durch eine an das Ministerium gerichtete Beschwerde der Studenten, in der sie unter anderem Voit – wenn auch in verklausulierter Form – der Inkompetenz ziehen und im besonderen klagten, daß ihnen im Praktikum I keine Kenntnisse vermittelt würden, die sie in die Lage versetzten, am Praktikum II teilzunehmen.[23] Die Hochschule behandelte einerseits zunächst einmal die formale Seite der Angelegenheit, indem sie den Beschwerdeführern einen Verweis erteilte, weil sie den Dienstweg nicht eingehalten und darüber hinaus mit dem Gang in die Öffentlichkeit gedroht hatten. Eine Untersuchung gegen einen Laboratoriumsassistenten, der in Verdacht geraten war, die Beschwerde angestiftet und unterstützt zu haben, verlief ergebnislos, da dieser überzeugend eine Mitwirkung in Abrede stellte. Jedenfalls zeigt diese Episode, daß die Studenten über die Studienreformdiskussionen informiert waren und Frieses Position voll unterstützten. Ein bayrisches patriotisches Blatt fühlte sich durch die Beschwerde der Studenten zu einem bissigen Kommentar veranlaßt über "Schüler, die gescheidter sein wollen als ihre Lehrer" – natürlich Preußen, deren Sinn nach preußischen Lehrern stünde.[24]

Wenn die Hochschule die Beschwerde auch zunächst formal behandelte, so machten sich zumindest einige Professoren und das Ministerium über deren inhaltliche Berechtigung keine Illusionen. Eine Lösung fand man, indem Voit aus gesundheitlichen Gründen die Leitung des Praktikums niederlegte, was das Ministerium zu dem trockenen Kommentar veranlaßte, daß damit die Beschwerden der Studenten erledigt seien.[25] Die Leitung des Praktikums übernahm provisorisch der Privatdozent und frühere Assistent Heinke. Als dieser einen Ruf an die Technische Hochschule Stuttgart erhielt, bot man ihm eine dritte neu einzurichtende elektrotechnische Professur an.[26] Friese, der einen Praktiker aus der Industrie vorgezogen hätte, stellte seine

---

[22] Bay HStA MK 19618, 26.10.1900.

[23] Bay HStA MK 19618, 6.2. u. 13.5.1900.

[24] Bayerisches Vaterland v. 8.2.1900.

[25] Bay HStA MK 19562, 17.2.1900; MK 19618, 1.5.1900.

[26] Bay HStA MK 19562, 25.7.1900; vgl. zu Heinke MK 19569, 8.3.1890.

Bedenken zurück, um Heinke der Hochschule zu erhalten. Heinke übernahm großenteils Lehraufgaben von Voit: Grundzüge der Elektrotechnik, elektrische Meßkunde und das Praktikum I – also die Aufgaben, die in Frieses Modell eigentlich dem "Elektrophysiker" zugedacht waren. Trotzdem war Frieses Modell damit zumindest in Umrissen verwirklicht: Heinke vertrat die theoretische Elektrotechnik, Friese die Maschinenkonstruktion; die Anlagenprojektion teilten sich Heinke, Friese, Voit und als Privatdozent und später Honorarprofessor Bernhard Gleichmann (1869–1938), der als leitender Elektrotechniker bei der Bayerischen Staatseisenbahn arbeitete.

Bei den in außerordentlich kurzer Zeit erreichten Erfolgen Frieses, dem Ausbau des Laboratoriums und des Lehrkörpers sowie der Umgestaltung des Studienplans, mußte es an der Hochschule wie eine Bombe einschlagen, als dieser am 15. August 1900, nach noch nicht einmal einem Jahr in München, um seine Entlassung bat.[27] Friese weigerte sich, die Gründe für seine Entscheidung namhaft zu machen, eine Haltung, die er in der Öffentlichkeit und gegenüber der Hochschule eisern durchhielt, deutete aber an, daß sie innerhalb der Hochschule zu suchen seien. In einem vertraulichen Gespräch im Kultusministerium wurde er konkreter: Zwar verwies er allgemein auf die Schwierigkeiten, die er beim Aufbau der Elektrotechnik an der Hochschule zu überwinden hatte, doch der eigentliche Grund liege in Differenzen mit dem amtierenden Direktor, dem Technologen Egbert v. Hoyer (geb. 1836). Die Differenzen bestanden darin, daß v. Hoyer sein eigenes fünfstündiges Kolleg "Mechanische Technologie II", in dem er die Spinnerei und Weberei behandelte, in den Studienplan der Elektrotechniker eingebracht hatte.[28] Hoyer, der damit schon vor Frieses Zeit, 1895, auf Widerstand gestoßen war und den die Elektrotechnikstudenten in ihrer Beschwerde deswegen erneut angriffen, fühlte sich gegenüber dem Ministerium zu einer Rechtfertigung veranlaßt: Einerseits gebe es auch in der Textilindustrie Tendenzen zum elektromotorischen Antrieb, andererseits sei die Hochschule keine "Abrichtungsanstalt" für nur ein Fach, und eine große und wichtige Industrie wie die Textilindustrie müsse einfach behandelt werden. Friese hielt Hoyers Kolleg bei der Überfüllung des Stundenplans schlicht für überflüssig, insbesondere im Vergleich zu der von ihm vorgeschlagenen und zugunsten der mechanischen Technologie entfallenen "Chemischen Technologie", in der die für die Elektrotechnik wichtigen Materialien und ihre Eigenschaften behandelt werden sollten: Stahl, Eisen, Kupfer, Bronze, Kautschuk und Guttapercha. In der Auseinandersetzung um diese Positionen kam es zwischen Hoyer und Friese offenbar zu häßlichen

---

[27] Bay HStA MK 19562, 15.8., 19.8., 1.10., 28.12.1900; MK 19563, 17.3.1901; MK 19618, 6.2.1900.

[28] Bay HStA MK 19617, 21.6.1895; MK 19618, 6.2.1900 u. 2.3.1901.

persönlichen Konfrontationen. Wahrte man in der Hochschule noch die Form, so sprach man in der Öffentlichkeit ungeniert aus, daß einzig die damit verbundenen Kollegiengelder einzelne Professoren veranlaßten, auf die Aufnahme ihrer Veranstaltungen in Studienpläne zu insistieren.

Frieses überraschender Rücktritt sorgte in der bayerischen und außerbayerischen Presse für beträchtlichen Wirbel und rief exzessive Spekulationen über dessen Hintergründe hervor.[29] Als besonders gut informiert erwies sich dabei ein Artikel in den "Hochschul-Nachrichten", der den Fall Friese zum Anlaß nahm, um die Verhältnisse an der Münchener Technischen Hochschule einer kritischen Betrachtung zu unterziehen. Der Berichterstatter sah in München eine "unbeschränkte Kollegiengeldwirtschaft, eine Interessenpolitik" am Werk, der "es ganz gleichgültig ist, ob der Studierende ein praktisch brauchbarer Ingenieur wird oder nicht." An der Hochschule bestehe immer noch ein Übergewicht der Theoretiker, insbesondere der Mathematiker, über die Praktiker. Besonders scharf griff die Zeitung die Direktorialverfassung der Hochschule an, die es durch ein Wahlrektorat zu ersetzen gelte – eine alte Forderung der Technischen Hochschulen. So habe der Direktor v. Hoyer einmal einen der Professoren als Untergebenen bezeichnet.

Trotz seiner Verbitterung und Resignation bemühte sich Friese, das von ihm in München Erreichte zu bewahren. Er erklärte sich bereit, sein Lehramt auch noch im Wintersemester 1900/01 auszuüben, und, da sich die Berufung eines Nachfolgers als schwierig erwies, auch noch in Form von Lehraufträgen im Sommersemester 1901, als Friese schon wieder an seine alte Wirkungsstätte, zu Schuckert, zurückgekehrt war. Als ihn vorher die Berufungskommission und die Maschinenbauabteilung erneut an die erste Stelle der Liste setzte, schien er zunächst erneuten Verhandlungen gegenüber nicht abgeneigt.[30] Doch zerschlugen sich Versuche, ihn zu halten – nicht zuletzt wohl, weil das Direktorium der Hochschule unter Hinweis auf Frieses Verhalten bei seinem Rücktritt energisch widersprach. Auch die Unterstützung seiner Studenten, die sich zu seinen Gunsten an die zuständigen Stellen wandten und auch den Gang an die Öffentlichkeit nicht scheuten, half da wenig.[31] Die Studenten hoben hervor, daß vor Friese die Münchener

---

[29] U.a. in der Augsburger Abendzeitung v. 11.2. u. 21.2.1901; Münchener Neueste Nachrichten v. 11.2., 2.3. u. 14.3.1901; Offenbacher Zeitung v. 14.2.1901; Münchener Post v. 20.2.1901; Hochschul-Nachrichten Nr. 5 v. Februar 1901.

[30] Bay HStA MK 19562, 9.12., 18.12. u. 26.12.1900.

[31] Augsburger Abendzeitung v. 11.2.1901; Frieses gutes Verhältnis zu seinen Studenten geht auch daraus hervor, daß sie ihm eine Abschiedsadresse mit 110 Unterschriften überreichten (Münchener Neueste Nachrichten v. 12.3.1901) und ihn zum Ehrenmitglied ihres Akademischen Elektro-Ingenieur Vereins ernannten (SAA 13/ Lt 135, Lebenslauf Friese).

Elektrotechnik nichts wert gewesen sei, und äußerten die Befürchtung, daß sich durch seinen Weggang die Aufnahme eines Studiums in München – die Studentenzahlen waren tatsächlich in der kurzen Zeit Frieses schon beträchtlich gestiegen – als Fehlentscheidung erweisen könne. Ihre Mahnung lautete, daß das “Ingenieurdiplom . . . an sich ein werthloses Stück Papier (sei). Es erhält seinen Werth erst durch die Namen der Lehrkräfte und gleich einer Aktie steigt und fällt es im Werth je nach dem Ruf der Dozenten”.

Die Bedeutung des Berufungsverfahrens für die Nachfolge Frieses hätte man kaum besser charakterisieren können. Nachdem sich die erste Liste mit Friese an der Spitze als nicht zu realisieren erwies, hatte man – Friese nahm als Mitglied der Kommission an dem Verfahren teil – mit der zweiten mehr Glück.[32] Der an erster Stelle stehende Giovanni Ossanna (1870–1952) folgte zum Oktober 1901 dem Ruf nach München und erwies sich in der Folge für die Hochschule als Volltreffer. Von seinem Renommee zeugen eine Reihe später erhaltener Rufe, die er alle zugunsten von München ablehnte. Ossanna, Maschinenbauer mit einem elektrotechnischen Zusatzstudium, kam von der Wiener Niederlassung von Siemens & Halske, wo er als Oberingenieur das Konstruktions- und Berechnungsbüro für elektrische Maschinen geleitet hatte. Mit Ossanna, der die Vorarbeiten Frieses fortsetzte und zum Abschluß brachte, lenkte die Münchener Elektrotechnik in ruhigeres und sicheres Fahrwasser. Allerdings machte es erst der Rückzug Voits von seinem Lehrstuhl möglich, die von Friese eingeleiteten Reformen zum Abschluß zu bringen.[33] Auf der Berufungsliste für diesen dritten elektrotechnischen Lehrstuhl standen nur Praktiker aus der Industrie. Es gelang, den an die zweite Stelle gesetzten Leo Kadrnozka (1872–1922)[34], bislang Oberingenieur bei Siemens & Halske in Wien, zu gewinnen. Kadrnozka übernahm die elektrischen Anlagen mit einem Schwerpunkt auf den elektrischen Bahnen, die bislang durch einen Lehrauftrag vertreten wurden. Die von Friese angestrebte Dreigliederung des Fachgebiets in Theoretische Elektrotechnik (Heinke), Konstruktion (Ossanna) und Projektion (Kadrnozka) war damit in München endgültig 1909 realisiert. Die Studentenzahlen hatten sich – im Grunde seit Frieses Berufung – sehr günstig entwickelt. Eine Besonderheit des Münchener Studiums lag in dem Abschluß eines Maschinen-Elektroingenieurs.[35] Seit 1908 konnten Studenten diesen Abschluß erwerben, wenn sie sich sowohl in allen Pflichtfächern des Maschinenbaus wie der

---

[32] Bay HStA MK 19563, 10.5. u. 2.7.1901.

[33] Bay HStA MK 19565, 2.8., 20.8., 9.10., 12.12. u. 14.12.1907; MK 19620, 9.10.1902, 20.4.1909; Bericht 1908/09, S. 2 u. 10.

[34] Vgl. Sequenz, S. 384.

[35] Bay HStA MK 19645, 16.8.1908.

Elektrotechnik prüfen ließen, was wegen des großen Überschneidungsbereichs zwischen beiden Studienrichtungen nur eine unwesentliche Verlängerung des Studiums erforderte. Im Durchschnitt machten in den nächsten Jahren etwa 20% aller Münchener Elektrotechnikstudenten von dieser Möglichkeit Gebrauch.

Dresden: Physik und Maschinenbau verzögern gemeinsam die Institutionalisierung

Das Dresdener Polytechnikum nahm ähnlich früh wie andere Hochschulen die Elektrotechnik in ihr Lehrangebot auf.[1] Im Wintersemester 1882/83 bot der gerade zum ordentlichen Professor beförderte Trajan Rittershaus (1843–1899)[2] ein Kolleg über "Elektrotechnische Maschinen" an. Rittershaus, Maschinenbauer und Reuleaux-Schüler mit mehrjähriger Industrieerfahrung, vertrat in Dresden seit 1874 die Kinematik und Maschinenkunde. Die Kinematik, aus der fast alle seine Veröffentlichungen stammen, blieb sein Hauptfach, wenn er auch später die Elektrotechnik in die Bezeichnung seiner Professur "Kinematik und Elektromaschinen" aufnehmen ließ. Bis zu seiner Beurlaubung nach einem Unfall im Jahre 1898 vertrat Rittershaus, seit 1894 von einem Assistenten unterstützt, das gesamte Gebiet der Starkstromtechnik und las über elektrische Beleuchtung, Arbeitsübertragung und Zentralstationen.

Als der die Geschicke des Polytechnikums weitgehend bestimmende Direktor Gustav Zeuner (1828–1907), der Begründer der technischen Thermodynamik, im Jahre 1883 der Regierung Überlegungen für einen Ausbau der Elektrotechnik präsentierte, wies er auf die Vorlesungen Rittershaus' hin und die Veranstaltungen des Ingenieurs bei den Sächsischen Staatsbahnen Richard Ulbricht (1849–1923), der die Telegrafie und das Signalwesen vertrat.[3] Was noch fehle, so Zeuner – sei eine "Erweiterung des Unterrichts in der Physik nach der elektrotechnischen Seite hin". Dafür präsentierte er, was das Personal anbelangt, einen kostenneutralen Vorschlag, da die erforderlichen Ausgaben Einsparungen in der theoretischen Physik und der Telegrafie ausglichen. Allerdings müsse man ein Laboratorium einrichten, wofür Zeuner eine ähnliche Summe veranschlagte wie die

---

[1] Zur Elektrotechnik in Dresden vgl. Klaus, Technische Hochschule Dresden, Bd. 1, S. 43–46 u. Bd. 2, S. 127; diese Darstellung ist weitgehend übernommen in Sonnemann u.a., S. 75f. u. 107f.; ferner: Klaus, Zu den Ursachen, S. 1015f.; Vogt, Übersicht u. Vogt/Schubert, S. 185f.

[2] UA Dresden, Professorenkatalog; StAD, Min. f. Volksbildung, 15461 a u. 15462; Z.VDI 43 (1899), S. 539f.; vgl. UA Dresden, Nachlaß Toepler, 30.11.1882 – Toepler an Frölich.

preußische Regierung für Berlin, Aachen oder Hannover. An der in seinen Vorschlägen schon anklingenden Auffassung, daß die Elektrotechnik eine Addition von Teilen der Physik und des Maschinenbaus, aber kein selbständiges Fach sei, hielt Zeuner in den folgenden Jahren eisern fest.[4]

Im Berufungsverfahren tauchten zwar auch die Namen von Wilhelm Kohlrausch und Richard Rühlmann auf, die Überlegungen spitzten sich aber schnell auf Ernst Hagen (1851–1923) zu – oder Bessel-Hagen, wie sich dieser, den Namen eines berühmten Familienmitglieds einbeziehend, nannte.[5] Hagens Berufung betrieb vor allem der einflußreiche Physiker August Toepler (1836–1912), der auch im folgenden bei mehreren elektrotechnischen Berufungsverfahren sich einzuschalten suchte. Der studierte Physiker Hagen hatte Toepler als Assistent gedient, ehe er zu Hermann v. Helmholtz an die Universität Berlin ging, wo ihn, der sich gerade 1883 habilitiert hatte, der Ruf aus Dresden erreichte. An elektrotechnischen Qualifikationen konnte Hagen vor allem vorweisen, daß er im Auftrag des Berliner Magistrats Beleuchtungsanlagen in den USA besucht hatte. Doch spielte die Elektrotechnik bei der Berufung ohnehin nur eine zweitrangige Rolle. Die von Hagen am 1.10.1884 angetretene außerordentliche Professur für "Angewandte Physik" siedelte die Hochschule in der Allgemeinen Abteilung an. Hagen trug über elektrische Beleuchtung vor, vor allem aber über Meßtechnik. Zeitweise übte er die Funktion eines Assistenten an Toeplers physikalischem Laboratorium aus und leitete die seit 1886 stattfindenden Übungen im neu eingerichteten elektrotechnischen Laboratorium. Dabei ergaben sich schnell Spannungen mit Toepler, der ein selbständiges elektrotechnisches Praktikum ablehnte, während Hagen in dieser Frage auf die Unterstützung Zeuners rechnen konnte.[6] Im Juni 1887 ließ sich Hagen für eine Stelle bei der kaiserlichen Marine beurlauben und verließ die Hochschule dann endgültig 1888. Mit wenig Nachdruck unternommene Versuche, Hagen zu halten, mußten erfolglos bleiben, da Zeuner diesem mitteilte, ein Ordinariat für Elektrotechnik komme nicht in Frage, "da dieser Wissenschaftszweig nichts Selbständiges und Abgeschlossenes bildet, vielmehr als Zusammenfassung einzelner Verzweigungen der Physik, Mechanik und Maschinenbaukunde zu betrachten ist."[7]

---

[3] UA Dresden, 15116, 178–207, bes. 13.6.1883 – Zeuner an MK.

[4] StAD, Min. f. Volksbildung, 15371, 19.

[5] StAD, Min. f. Volksbildung, 15370 u. 15371, 1 u. 18ff.; UA Dresden, Professorenkolleg u. Nachlaß Toepler, 4.8.1884 – Hagen an Toepler.

[6] StAD, Min. f. Volksbildung, 15371, 19, 29 u. 48; vgl. auch UA Dresden, Nachlaß Toepler, 27.9.1893 – Hagen an Toepler.

[7] StAD, Min. f. Volksbildung, 15371, 19.

Für die Nachfolge Hagens stellte man in Dresden die Weichen insofern etwas anders, als man die Stelle von der Allgemeinen an die Maschinenbauabteilung verlagerte und sie von der Aufgabe der Vertretung einer Assistentur am physikalischen Institut befreite.[8] Der Auftrag der Berufungskommission und des Senats blieb schwer genug. Galt es doch nicht nur für die Elektrotechnik, sondern auch für eine zumindest zeitweise Vertretung des herzkranken Toepler Sorge zu tragen. Toepler, der wohl einen Einflußverlust während seines Krankseins befürchtete, sprach sich überhaupt gegen die Berufung eines Auswärtigen aus, doch liefen diesmal die Verhandlungen an ihm vorbei. Die von Maschinenbauern dominierte Berufungskommission war sich einig, daß man – ganz im Sinne Zeuners – keine selbständige Abteilung und keinen selbständigen Studiengang für Elektrotechnik wollte. Wie in Berlin, Karlsruhe, München und Stuttgart sollten die Studenten voll Maschinenbau studieren und, nach der Empfehlung von Werner Siemens, zusätzlich elektrotechnische Veranstaltungen belegen. Eine schwankende Haltung nahm man dagegen in der Frage ein, ob man eher einen Elektrotechniker oder eher einen technischen Physiker berufen solle. Man zog in Betracht, daß die Berufung eines bekannten Elektrotechnikers – dabei fielen die Namen von Wilhelm Kohlrausch, Wilhelm Dietrich und Erasmus Kittler und später auch von Richard Rühlmann – eine Sogkraft auf Studienwillige ausüben werde. Später neigte sich die Waage mehr zugunsten eines Physikers. Zu diesem Meinungsumschwung trugen die Krankheit Toeplers bei, die von Rittershaus erhobenen Ansprüche auf die Vertretung der "mechanischen Seite" der Elektrotechnik und die Aussichtslosigkeit, einen der bekannten Elektrotechniker nach Dresden zu holen.

Zeuner, der von vornherein eher einem Physiker zuneigte, hatte sich mittlerweile Rat bei dem Berliner Physikordinarius und Nachfolger von Hermann Helmholtz, August Kundt (1839–1894), geholt. Kundt nannte eine Reihe von Namen, darunter den von Heinrich Hertz, machte Zeuner aber auch auf den damals in Aachen lehrenden Otto Lehmann aufmerksam, den er als "technisch-praktisch" rühmte. Zeuner zeigte sich angetan, brachte die Dresdener Gremien hinter diesen Vorschlag und verhandelte erfolgreich über die Mittelsperson Kundt mit Lehmann. Otto Lehmann (1855–1921)[9], der das jetzt für "Elektrotechnik" ausgewiesene Extraordinariat zum 1.10.1888 antrat, sollte jedoch in Dresden nur ein kurzes Gastspiel geben.[10] Nach

[8] Ebenda, 15419, 4 u. 11 u. 15420, 2–4; vgl. auch UA Dresden, Nachlaß Toepler, Briefe v. 29.1. u. 30.3.1888, in denen Kandidaten für die Nachfolge Hagens angeboten werden.

[9] UA Dresden, Professorenkatalog; StAD, Min. f. Volksbildung, 15419 u. 15420.

[10] Lehmann, Geschichte, S. 72; StAD, Min. f. Volksbildung, 15419, 27–29; vgl. auch GLA 448–2363, 30.1.1893 – Lehmann an Direktion TH Karlsruhe.

eigenem Zeugnis ohnehin nicht gewillt, sich intensiver in die Elektrotechnik einzuarbeiten, betrachtete er die Dresdener Stelle nur als Sprungbrett auf eine Physikprofessur. Möglicherweise hatte ihn die Hoffnung auf Toeplers Stelle nach Dresden geführt, als ihn aber zum 1.4.1889 ein Ruf auf die durch den Weggang von Heinrich Hertz verwaiste ordentliche Professur für Physik an der TH Karlsruhe erreichte, verließ er Sachsen wieder. Auch Zeuners Angebot, die Dresdener Professur in ein Ordinariat umzuwandeln, konnte ihn nicht halten. In Dresden war Lehmann angetreten, ohne das Laboratorium in Augenschein genommen zu haben. Was er dort antraf, stellte ihn wenig zufrieden. Hatte man in Dresden Hagen noch für die Laboratoriumseinrichtung gelobt, so bezeichnete Lehmann die Räumlichkeiten als unzureichend und das Praktikum als undurchführbar, da fast alle nötigen Apparate fehlten. Zeuner zeigte sich zu Entgegenkommen bereit, doch kam dies erst Lehmanns Nachfolger zugute.

In der Frage der Nachfolge verließ sich Zeuner erneut auf Kundt, der ihm diesmal seinen Assistenten Franz Stenger empfahl.[11] Toepler versuchte seine eigenen Assistenten ins Spiel zu bringen, stieß damit aber auf wenig Gegenliebe; Zeuner setzte in den Hochschulgremien seinen Vorschlag durch. Der seine Stelle zum 1.4.1889 antretende Franz Stenger (1859–1893) hatte kurzzeitig bei der Deutschen Edison-Gesellschaft gearbeitet und an der TH Berlin über Telegrafie gelesen. Seine Dresdener Antrittsvorlesung "Über den Molekularzustand gelöster Körper" ließ nicht gerade großes elektrotechnisches Engagement erwarten. Doch baute er mit zusätzlich bewilligten Geldern das Laboratorium aus, das erstmals in der Geschichte der Dresdener Elektrotechnik einen kontinuierlichen Übungsbetrieb bot und den Studenten wenigstens eine praktische Einführung in die Grundlagen der Elektrotechnik und die elektrische Meßtechnik gab.

Als Stenger 1893 als Abteilungsleiter an die Physikalisch-Technische Reichsanstalt ging, blieb die Hochschule bei der Nachfolgeregelung dem bislang eingeschlagenen Weg treu. Sie berief zum 1.4.1893 auf die jetzt zum Ordinariat aufgewertete Stelle den Straßburger Privatdozenten für Physik Wilhelm Hallwachs (1859–1922).[12] Hallwachs vertrat die Starkstromtechnik mit größerem Nachdruck als seine Vorgänger und las auch über Elektromaschinenbau und elektrische Anlagen, ohne daß man ihm als Physiker ohne Industrieerfahrung einen praxisorientierten Unterricht zutrauen könnte.[13]

---

[11] StAD, Min. f. Volksbildung, 15492, 1–6, 9 u. 17f.; UA Dresden, Professorenkatalog u. Nachlaß Toepler, Briefwechsel Toepler/Schmitt; NStAW 12A Neu Fb 5, 6579, Bd 3, 147f.

[12] UA Dresden, Professorenkatalog; Schultrich/Tietz.

[13] Vgl. hierzu Grotrians Einschätzung von Hallwachs. S. o. S. 29.

Die Einschätzung Toeplers, daß sich Hallwachs zwar der Elektrotechnik angenommen habe, "aber doch mit Leib und Seele Physiker" sei, trifft sicher ins Schwarze.[14] Toepler empfahl Hallwachs für zwei freigewordene Physikprofessuren und gab seiner Vermutung Ausdruck, daß dieser einem Ruf an eine Universität Folge leisten werde. Immerhin gelang es Hallwachs, die Hochschule und die Regierung von der Notwendigkeit eines Neubaus für das Elektrotechnische Institut zu überzeugen. Im Oktober 1896 unternahm ein hoher sächsischer Ministerialbeamter eine Rundreise an deutsche und schweizer Technische Hochschulen und besichtigte deren Laboratorien.[15] Für die Elektrotechnik kam er zu dem Ergebnis, daß Dresden weit hinter anderen Hochschulen zurückgeblieben und ein Neubau nach dem Vorbild von Darmstadt und den Karlsruher Plänen erforderlich sei. Die Stände entsprachen den von der Regierung ausgearbeiteten Anträgen und bewilligten 826 000 Mark; die Stadt stellte unentgeltlich ein Grundstück zur Verfügung.[16]

Die Neubaupläne setzte jedoch nicht mehr Hallwachs um. Das Ausscheiden von Rittershaus und Toepler aus ihren Lehrämtern in den Jahren 1899 und 1900 machte den Weg frei für einen radikalen Neubeginn in der Dresdener Elektrotechnik. Hallwachs verließ das ungeliebte Fach und wechselte zum 1.10.1900 auf Toeplers Lehrstuhl für theoretische Experimentalphysik. Damit nahm in Dresden eine fast zwei Jahrzehnte währende Zeit ein Ende, in der die Elektrotechnik keine überzeugende Vertretung gefunden hatte und zwischen fachlichen und persönlichen Interessen, die aus der Physik und dem Maschinenbau kamen, ein Mauerblümchendasein fristete. Rittershaus usurpierte die maschinentechnische Seite im Unterricht der Elektrotechnik, ohne auf diesem Gebiet praktisch oder theoretisch in größerem Umfang zu arbeiten. Toepler bemühte sich – allerdings nur mit kurzzeitigem Erfolg – die Elektrotechnik an das physikalische Institut zu binden. Der Direktor des Polytechnikums Gustav Zeuner betonte die theoretische Seite der Elektrotechnik und arbeitete einer Verselbständigung entgegen. Und die berufenen Physiker, ob sie die theoretische Elektrotechnik nun besser oder schlechter vertraten, benutzten den Lehrstuhl in erster Linie, um sich für eine Rückkehr in die Physik zu profilieren. Wen sollte es bei dieser Situation wundern, daß die Dresdener Elektrotechnik vor den anstehenden Neuberufungen unter den Technischen Hochschulen weit hinten rangierte.

Als es im Jahre 1899 um die Nachfolge von Rittershaus ging, gab es für die Maschinenbauabteilung keine Zweifel, daß die Verbindung von Kinematik

---

[14] UA Dresden, Nachlaß Toepler, 22.2.1895 – Toepler an Hüfner, 26.5.1895 – Toepler an Overbeck.

[15] StAD, Min. f. Volksbildung, 15902.

[16] Bericht Dresden 1897/98, S. 9f.

und Elektromaschinenbau aufzulösen sei.[17] Die fachlich mittlerweile umstrittene Kinematik ließ man fallen und konzentrierte die Besetzungsvorschläge ganz auf den Elektromaschinenbau. Für die Übergangszeit gewann man einen renommierten Elektrotechniker der in Dresden ansässigen Firma Kummer für die Konstruktionsübungen. Alle der für das Extraordinariat in Erwägung Gezogenen arbeiteten als Konstrukteure in der Industrie oder vertraten an Hochschulen dieses Fachgebiet. An die Spitze der Liste setzte man schließlich den von Slaby empfohlenen 26jährigen Wilhelm Kübler (1873–1919)[18], einen ausgebildeten Elektroingenieur, der als Leiter des Berechnungsbüros für Wechselstrommaschinen bei Siemens & Halske auf eine erfolgreiche, wenn auch kurze Praxis verweisen konnte. Jedenfalls machte man mit Kübler, der sein Amt zum 1.7.1900 antrat, keinen schlechten Fang. Bereits 1904 ernannte die Hochschule den jungen Kübler, der sich rühmte, in Dresden Konstruktions- und Berechnungsübungen eingeführt zu haben, zum ordentlichen Professor. Später übernahm er auch Veranstaltungen über elektrische Anlagen. Kübler schrieb ein Lehrbuch über elektrische Maschinen, führte Untersuchungen über Drehstrommotoren im Bahnbetrieb durch, entwarf den technischen Teil des hochschuleigenen Heiz- und Elektrizitätswerks und redigierte die Zeitschrift "Elektrische Bahnen".

Noch größere Bedeutung kam der Besetzung des Elektrotechnikordinariats in der Nachfolge von Hallwachs zu, sollte der zu Berufende doch nicht nur das elektrotechnische Institut leiten, sondern auch die allgemeine Elektrotechnik vertreten.[19] Bei den Verhandlungen verliefen die Fronten zwischen den Maschinenbauern und den Physikern. Während die Maschinenbauer auf berufliche Erfahrungen in der Elektroindustrie Wert legten, fragten die Physiker zusätzlich nach Lehrpraxis und nannten auch Kandidaten, die nie in der Industrie gearbeitet hatten. Die Differenzen spitzten sich zu, als die Maschinenbauabteilung in Erfahrung brachte, daß sich die Physiker hinter ihrem Rücken darum bemühten, das geplante moderne elektrotechnische Institut mit der Physik zusammenzulegen. Die Abteilung richtete einen scharfen Protest gegen diese Bestrebungen und forderte den Senat auf, diesen an das Ministerium weiterzuleiten. Den Protest veranlaßte übrigens der Thermodynamiker Richard Mollier (1863–1935), der die Elektrotechnik jetzt ganz anders als sein fachlicher Vorgänger Zeuner bewertete und einordnete. Vorne auf der Liste der Berufungskommission und der Maschinenbauabteilung standen zwei leitende Mitarbeiter von Siemens & Halske: an

[17] UA Dresden, A 367/1, Sitzungen v. 11.3., 19.4., 25.4., 21.6. u. 29.6.1899.

[18] UA Dresden, Professorenkatalog.

[19] StAD, Min. f. Volksbildung, 15359, 14.6.1900; UA Dresden A 367/1, Sitzungen v. 26.4., 1.5., 21.5. u. 28.5.1900.

erster Stelle Johannes Görges und an zweiter der Helmholtz- und Kundt-Schüler August Raps. Mit dieser Reihung hatten sich die Maschinenbauer über die von den Physikern Toepler und Hallwachs vorgetragenen Bedenken hinweggesetzt, daß Görges über keine Lehrerfahrung verfüge. Die Senatsmehrheit dagegen ließ sich überzeugen. Sie setzte beide an die erste Stelle, gab aber Raps eine Präferenz, da er schon an einer Hochschule gelehrt und ein Laboratorium geleitet habe und Görges' Arbeitsgebiet dem von Kübler ähnlich sei. Görges kam nur zum Zug, weil Raps lieber in der Industrie bleiben wollte und die Anfrage aus Dresden abschlägig beschied.

Jedenfalls erwies sich Görges als Glücksgriff. Johannes Görges (1859–1946)[20] hatte Physik und Mathematik studiert und begann 1884, zu Beginn der Aufschwungphase der Elektrotechnik, im Konstruktionsbüro von Siemens & Halske unter Hefner-Alteneck. Maschinenbaukenntnisse eignete er sich durch die Arbeit und im Selbststudium an. Während seiner siebzehnjährigen Siemens-Zeit durchlief er eine Reihe von Abteilungen und Positionen, die ihm zu einem umfassenden Einblick in die Elektrotechnik verhalfen: Versuchsingenieur in der Entwicklungsabteilung für Meßinstrumente, leitender Ingenieur für die Ausarbeitung des Drehstromsystems, Vorstand des Patentbüros, "Chefelektriker" des Werks Charlottenburg, stellvertretendes Vorstandsmitglied. Um 1890 entwickelte er einen Drehstrom-Kommutatormotor, eine Bauweise, die wegen ihrer Regelungsvorteile besonders nach der Jahrhundertwende weite Verbreitung fand.

An der Dresdener Hochschule[21] entstand nach Görges' Plänen bis 1905 ein vorbildlich eingerichtetes elektrotechnisches Institut. Der zum 1.4.1901 zum ordentlichen Professor ernannte Görges, der aber bereits seit Oktober 1900 einen Lehrauftrag übernommen hatte, vertrat mit großem Erfolg die allgemeine Elektrotechnik, während er die elektrischen Anlagen mit der Zeit an Kübler abgab. Sein 1913 erschienenes Lehrbuch "Grundzüge der Elektrotechnik" gewann weite Anerkennung. Seine wissenschaftlichen Arbeiten konzentrierten sich vor allem auf die Wechselstromtechnik. Unter seiner Leitung führten Mitarbeiter und Doktoranden zahlreiche experimentelle Arbeiten durch. Im Jahre 1911 betrieb er erfolgreich die Einrichtung einer dritten ordentlichen Professur für Schwachstromtechnik, mit der Dresden ein Gebiet institutionalisierte, für das sich inzwischen neue wissenschaftliche und technische Perspektiven eröffnet hatten.[22] Erst mit den späten Berufungen

[20] Görges, Abschiedsvorlesung; Schubert, Johannes Görges.

[21] StAD, Min. f. Volksbildung, 15646, 40f. u. 148–56, 15359, 46–50; Brendler/Mosch; Schubert, Johannes Görges.

[22] Barkhausen, S. 152; UA Dresden A 367/5, Sitzungen v. 10.11. u. 15.11.1910 u. 21.1.1911; StAD, Min. f. Volksbildung, 15686 a u. 15359, 50.

von Kübler und Görges und dem Institutsneubau gewann die TH Dresden Anschluß an die Entwicklung der akademischen Elektrotechnik. Für die weitere Zukunft war sie besser gerüstet.

Braunschweig: Disziplingenese im Zeichen des Mangels[1]

Seit den 1870er Jahren brachten Braunschweiger Landtagsabgeordnete Anträge ein, welche die Schließung des Polytechnikums bezweckten, das in dieser Zeit von allen deutschen den geringsten Besuch aufwies.[2] Im Sommersemester 1881 erreichte die Frequenz mit 121 Studenten einen Tiefpunkt, was die Diskussion um eine Schließung erneut belebte. Die Hochschule befand sich also in einer ähnlichen Situation wie Darmstadt, wo die Einrichtung eines Lehrstuhls und einer Abteilung für Elektrotechnik dieser Entwicklung gegensteuern sollte.

Angeregt durch das Vorbild Darmstadts und anderer Technischer Hochschulen setzte sich die Braunschweiger Hochschule seit 1883 bei der Regierung für einen Auf- und Ausbau der Elektrotechnik ein.[3] Zudem hatten Studenten um die Abhaltung einer elektrotechnischen Vorlesung ersucht. Die Begründung der Hochschule legte den Schwerpunkt auf die günstigen Berufsaussichten, die die Entwicklung der elektrotechnischen Industrie Absolventen eines elektrotechnischen Studiums eröffnen werde. Man setzte eine Kommission zur grundsätzlichen Beratung dieser Frage ein und stellte die Einrichtung eines elektrotechnischen Studiengangs in Aussicht. Kurze Zeit später widerrief die Hochschule in diesem Punkt ihre Darlegungen. Man hatte inzwischen die Diskussion in Technikerkreisen um den Stellenwert der Elektrotechnik in der Ingenieurausbildung rezipiert und machte sich die mit der Person von Werner Siemens verbundene Auffassung zu eigen,[4] daß Elektrotechnik kein eigenständiger Studiengang, sondern eine Zusatzqualifikation für Maschinenbauer sein solle. Siemens riet dem Physikvertreter

[1] Die Entwicklung der Elektrotechnik in Braunschweig hat eine gründliche Darstellung erfahren durch Albrecht, S. 394-400. Unserer Darstellung liegt eine nochmalige Überprüfung der einschlägigen Akten zugrunde, die Albrechts Arbeit weitgehend bestätigt. Wenn wir trotzdem zu einigen differenzierenden und divergierenden Bewertungen kommen, dann in erster Linie durch den vergleichenden Blick auf die Entwicklung der Elektrotechnik an anderen Hochschulen.

[2] Albrecht, S. 141ff. u. 301ff.

[3] NStAW 12 A Neu Fb. 5, 6579, Bd.2, 15-17, 19, 84, 90-92, 147-50, 192-94.

[4] Auf Siemens wird in der Stellungnahme ausdrücklich verwiesen. NStAW 12 A Neu Fb. 5, 6579, 149. Zur Position von Siemens s. u. S. 142f.

Weber, der ihn um seine Meinung gefragt hatte, sogar von der Einrichtung einer elektrotechnischen Professur in dem kleinen Braunschweig ab und empfahl, die Elektrotechnik im Rahmen der Physik zu behandeln.

An der Braunschweiger Hochschule behalf man sich zunächst damit, daß einzelne Professoren seit 1884/85 in ihr Lehrangebot die Elektrotechnik aufnahmen. Der Maschinenbauer las auch über elektrische Maschinen, und der Physiker Heinrich Weber (1839–1928), in den Akten zeitweise als Fachvertreter für Physik und Elektrotechnik bezeichnet, bot eine Vorlesung Elektrotechnik I an, die sich weitgehend auf die Telegrafie konzentrierte, eine Vorlesung Elektrotechnik II, die die theoretische Elektrizitätslehre beinhaltete, und berücksichtigte darüber hinaus die Elektrotechnik stärker im physikalischen Praktikum. Darüber hinaus beantragte die Hochschule in richtiger Einschätzung der nicht zur Verfügung stehenden fachlichen Kompetenz, daß das Ministerium eine zusätzliche Lehrkraft genehmigen solle, die den eigentlich technischen Teil der Elektrotechnik vertreten könne.

Die vom Ministerium genehmigte Lösung unterschritt noch dieses von der Hochschule angepeilte Minimum. Die elektrotechnische Vorlesung und Übung übernahm ein Weber zugeordneter Assistent,[5] zunächst David Kämpfer, seit 1887 Friedrich Vogel[6], der sich 1887 habilitierte und 1889 zum außerordentlichen Professor ernannt wurde. Doch steht zu bezweifeln, ob diese beiden jungen Physiker ohne Industrieerfahrung elektrotechnische Kenntnisse vermitteln konnten, die für die industrielle Praxis Wert besaßen. Zudem ließ das im Kellergeschoß des Hauptgebäudes untergebrachte Laboratorium zwar die physikalische Elektrizitätslehre begleitende Übungen, aber wohl kaum eine praxisnahe elektrotechnische Ausbildung zu. Trotz aller Mängel bot die Hochschule seit dem Studienjahr 1887/88 im Rahmen der Maschinenbauabteilung einen Studiengang für Elektrotechnik an – sie vollzog damit in der Frage eines eigenständigen Studiengangs eine erneute Kehrtwendung. Der Studiengang umfaßte außer den wenigen elektrotechnischen Veranstaltungen vor allem naturwissenschaftliche und maschinentechnische.[7] Im Gegensatz zu anderen Hochschulen erstreckte sich dieser Studiengang in Braunschweig bis 1914 nur über sieben und nicht über acht Semester.

Einige Hochschulvertreter waren sich wohl darüber im klaren, daß man mit diesem Studiengang in gewisser Weise Etikettenschwindel betrieb, denn die Bemühungen, eine Elektrotechnikprofessur einzurichten, wurden bald

---

[5] NStAW 12 A Neu Fb. 9, 4598, 1ff.

[6] Albrecht, S. 395, 538 u. 550 spricht fälschlich von Ernst Vogel.

[7] Programm Braunschweig Studienjahr 1887/88, S. 59f.

wieder aufgenommen.[8] Doch stimmte die Regierung erst einer kostenneutralen Lösung zu, die in einer Umwandlung der freigewordenen Professur für französische und italienische Sprache und Literatur bestand sowie in der Kündigung des Assistenten und Fachvertreters Friedrich Vogel. Zwischen Vogel und Weber war es zu Spannungen gekommen, die daraus resultierten, daß sich der selbstbewußte Vogel auf dem Gebiet der Elektrotechnik nicht nur für kompetenter hielt, sondern dies wohl auch war als der ihm übergeordete Weber. Mit einer gewissen Übertreibung argumentierte die Hochschule gegenüber dem Ministerium, daß Braunschweig die einzige deutsche Technische Hochschule ohne eine Elektrotechnikprofessur sei, weiter, daß die Zahl der in Braunschweig studierenden Elektrotechniker – 1890 etwa 24 – noch ausbaufähig sei und daß die Professur auch Elektrifizierungsvorhaben in Stadt und Land Braunschweig befördern könne.

Bei der Suche nach einem geeigneten Kandidaten klammerte man, der Entwicklung des Fachgebiets Rechnung tragend und die Braunschweiger Situation richtig einschätzend, alle reinen Hochschulphysiker ohne Erfahrungen in der Industrie aus. Weber und der Direktor unternahmen eine Informationsreise an andere Hochschulen, die sie an die TH Darmstadt, welcher sie in der Elektrotechnik "unstreitig den ersten Rang" unter den deutschsprachigen Technischen Hochschulen attestierten,[9] sowie nach Stuttgart, München, Wien und Dresden führte. Am liebsten hätte man aus Darmstadt Erasmus Kittler berufen, gab sich aber keinen Illusionen hin, daß für diesen die beengten Braunschweiger Verhältnisse attraktiv sein könnten. An zweiter Stelle plazierte man Wilhelm Peukert (1855–1932)[10], der zusagte und die Professur für Elektrotechnik zum 1. Oktober 1890 antrat. Peukert hatte Mathematik und Physik studiert und bekleidete zum Zeitpunkt des Rufs eine Stelle als Konstrukteur am elektrotechnischen Institut der TH Wien. Peukerts Industrieerfahrung war allerdings nicht gerade üppig. Da es bei der Einrichtung des Wiener elektrotechnischen Laboratoriums nicht gelungen war, einen Konstrukteur aus der Industrie zu gewinnen, hatte man den Hochschulassistenten Peukert mit einem Regierungsstipendium ein Jahr auf Reisen geschickt, damit er sich elektrotechnische Kenntnisse erwarb. Peukert hospitierte in mehreren Fabriken und hörte Vorlesungen in Berlin und Hannover. In Wien hatte er sich immerhin praktische Erfahrungen als Inspizient der Beleuchtungsanlagen der Hoftheater erworben. Bei der Begrenztheit des zur Verfügung stehenden Kandidatenkreises konnte man

---

[8] NStAW 12 A Neu Fb. 5, 6579, Bd. 3, 68, 72-74, 85-88, 115-69.

[9] NStAW 12 A Neu Fb. 5, 6579, Bd. 3, 144.

[10] ÖStA AVA MK F 1242, 31.5.1899 – TH Wien an MK, Beilage F; F 1242 Nr 5658, 1327 u. 24482.

in Braunschweig mit der getroffenen Wahl noch zufrieden sein. Der durch die Berufung Peukerts gewachsenen Bedeutung der Elektrotechnik trug die Braunschweiger Hochschule Rechnung, indem sie der Maschinenbauabteilung den Klammerzusatz gab "einschließlich Elektrotechnik und Textilindustrie". Peukert stellte das Elektrotechnikstudium in Braunschweig auf eine etwas solidere Basis, indem er das räumlich weiter beschränkte Laboratorium apparativ besser ausstattete und das elektrotechnische Praktikum für Anfänger und Fortgeschrittene zweiteilte. Schließlich brachte er 1892 in den Bezeichnungswirrwarr der Braunschweiger elektrotechnischen Veranstaltungen Ordnung durch die Umbenennung von Webers Vorlesung Elektrotechnik I in "Telegraphie und Telephonie", womit der mit der neueren starkstromtechnischen Entwicklung nicht in Zusammenhang stehende Inhalt wohl genau wiedergegeben war, und von Webers Vorlesung Elektrotechnik III in "Mathematische Elektrizitätslehre" bzw. später einfach in "Elektrizitätslehre".[11] Die Braunschweiger Physiker, Weber, seine Kollegen und Nachfolger, vertraten im Studienplan für Elektrotechnik die Fächer, die man am besten mit den Begriffen der "physikalischen Elektrizitätslehre" und der "angewandten Physik" charakterisiert. Die gesamte Elektrotechnik im engeren Sinne ruhte auf den Schultern Peukerts und seines Assistenten, wenn nicht, was in Braunschweig eher selten der Fall war, Privatdozenten elektrotechnische Veranstaltungen anboten.

Mit der Vertretung der gesamten Elektrotechnik war Peukert, selbst wenn man die kleinen Studentenzahlen in Braunschweig in Rechnung stellt, zunehmend überlastet. Nach der Jahrhundertwende bildete sich an den Technischen Hochschulen allmählich eine Aufteilung des Faches in Theoretische Elektrotechnik (nicht zu verwechseln mit der physikalischen Elektrizitätslehre), Maschinenkonstruktion und Anlagenprojektion heraus. Im günstigsten Falle vertraten drei Professoren diese Gebiete, woran jedoch in Braunschweig nicht zu denken war. Deutlich entlastet wurde Peukert seit 1907, als Oskar Brünig, damals Chefingenieur an der Braunschweigischen Maschinenbauanstalt, als Lehrbeauftragter Veranstaltungen zur Maschinenkonstruktion übernahm.[12] Brünig gab 1910 seine Stellung in dem Braunschweiger Unternehmen auf und ging als Lehrer ans Hamburger Technikum, was der Hochschule drastisch die Gefahr vor Augen führte, den Elektrotechnikunterricht wieder reduzieren zu müssen, selbst wenn sich Brünig vorerst bereit erklärte, an einem Tag in der Woche je eine konstruktive Vorlesung und Übung abzuhalten.

Für die Hochschule jedenfalls bildete die Gefahr, Brünig zu verlieren, das

---

[11] NStAW 12 A Neu Fb. 5, 6579, Bd. 4, 466-69; Bd. 5, 80.

[12] NStAW 12 A Neu Fb. 5, 6579, Bd. 6, 180-82, 185, 191f.

Signal, um mit der Forderung nach der Einrichtung einer zweiten Professur für Elektrotechnik nicht mehr lockerzulassen.[13] Eine 1910 veranlaßte Denkschrift präzisierte, daß man einen aus der industriellen Praxis kommenden Ordinarius für die Vertretung der konstruktiven Fächer benötige. Das Ministerium lehnte zunächst ab und genehmigte, um Brünig zu halten, die Übernahme der Kosten für dessen Reisen zwischen Hamburg und Braunschweig. Die Hochschule erneuerte 1912 ihre Forderung und sprach von "schreiende(n) Mißständen", die dadurch entstünden, daß statt der notwendigen 8 bis 10 Stunden elektrotechnischer Konstruktionsübungen nur 2 stattfänden.[14] Entgegen den Wünschen der Hochschule genehmigten Regierung und Landesversammlung zunächst nur ein Extraordinariat, und erst, als 1913 Bemühungen, eine erstrangige Kraft zu gewinnen, gescheitert waren, wurde die Stelle heraufgestuft. Zum 1. April 1914 trat der an die erste Position der Liste gesetzte Karl Czeija (1876–1916)[15] die neue Professur für Elektromaschinenbau an. Czeija hatte in Darmstadt und Karlsruhe, beides anerkannte Hochburgen der Elektrotechnik, studiert, bei den Siemens-Schuckertwerken in Berlin gearbeitet und auch kurze Zeit Erfahrungen in der amerikanischen Elektroindustrie gesammelt.

Bei den Gesprächen, die mit Czeija und anderen Kandidaten geführt wurden, ergab sich, daß Peukert in erster Linie die Theoretische Elektrotechnik, der zu Berufende den Elektromaschinenbau und den Großteil der Anlagenprojektion übernehmen sollte. Diese von Peukert angestrebte Arbeitsteilung mag zunächst überraschen, sollte man doch annehmen, daß dieser ausreichende Voraussetzungen für die mehr praxisbezogenen Teile der Elektrotechnik besaß. Doch war es für einen Hochschullehrer viel leichter, in der Theorie auf dem laufenden zu bleiben, als den rapiden Fortschritten in den industriellen Entwicklungs- und Konstruktionsabteilungen zu folgen.

Mit dieser Aufgabenteilung lastete auf Czeijas Schultern ein Bereich, der an anderen Hochschulen von zwei oder mehr Lehrkräften wahrgenommen wurde.[16] Den geringen finanziellen Möglichkeiten der Braunschweiger Hochschule trug Czeija schon insofern Rechnung, als er sich erfolgreich bei der Industrie um Schenkungen von Maschinen bemühte. Nun zeigte sich,

---

[13] UABS A I:5, 12ff., 21f., 23f., 25, 26, 27, 32, 34, 36-45, 46f., 48-54, 55f., 57-59; A I:63, 2-30, 37-47; Verhandlungen der Landesversammlung des Herzogtums Braunschweig 1912/13, Drucksache 202; Verhandlungen 1914/15, Drucksache 16, S. 65f.

[14] UABS A I:63, 9-11.

[15] Personalakte Czeija in UA Wien 363.

[16] Vgl. zur Aufgabenteilung zwischen Peukert und Czeija NStAW 12 A Neu Fb. 5, 6579, Bd. 7, 14-16.

daß die Räumlichkeiten des elektrotechnischen Laboratoriums nicht ausreichten, um diese Maschinen aufzustellen und die Praktika ordnungsgemäß durchzuführen. Das Ministerium und die Hochschule kamen Czeijas Klagen und Wünschen entgegen, indem sie den Beschluß faßten, eine an die Hochschule gegangene Spende von 10000 Mark für den Ausbau des elektrotechnischen Laboratoriums einzusetzen, sicher nicht mehr als ein Tropfen auf den heißen Stein. Das Entgegenkommen hielt Czeija nicht davon ab, Braunschweig schon nach einem halben Jahr zugunsten eines an die TH Wien ergangenen Rufs wieder zu verlassen, wobei aus den Akten nicht hervorgeht, ob das Wiener Angebot besonders attraktiv war oder Czeija die Schwierigkeiten in Braunschweig unterschätzt hatte und die erstbeste Gelegenheit zur Flucht ergriff. Für die Hochschule bedeutete sein Weggang jedenfalls eine Katastrophe. Der inzwischen ausgebrochene Weltkrieg verzögerte die Wiederbesetzung der Professur bis in die Zwanziger Jahre. Der schon vor dem Krieg erhebliche Rückstand der Braunschweiger Elektrotechnik im Vergleich zu anderen Technischen Hochschulen wurde um eine Reihe von Jahren verlängert.

Danzig und Breslau: Elektrotechnik als selbstverständlicher Bestandteil einer Technischen Hochschule

Um die Jahrhundertwende erreichten die Besuchszahlen der Technischen Hochschulen ein Maximum. Befürchtungen wurden laut, daß der Arbeitsmarkt die große Zahl der Absolventen nicht mehr werde aufnehmen können und auf den Hochschulen ein "akademisches Proletariat" heranwachse. In dieser Situation erteilten die maßgeblichen Kreise der deutschen Ingenieurwelt allen gehandelten Plänen zur Gründung weiterer Technischer Hochschulen eine Absage. Eine Ausnahme bildeten nur die 1904 und 1910 eröffneten Hochschulen in Danzig und Breslau. Diese akzeptierte man, da man der TH Berlin einen Entlastungsbedarf und dem preußischen Osten einen Anspruch auf eine Versorgung mit höherer technischer Bildung zugestand. Bei beiden Gründungen kamen national- und wirtschaftspolitische Bestrebungen zusammen. Die neuen Technischen Hochschulen sollten einerseits das deutsche gegen das polnische Bevölkerungselement stärken und die preußische Germanisierungspolitik unterstützen. Andererseits besaß Danzig eine große Werftindustrie, was einen überproportionalen Ausbau der Schiffbauabteilung veranlaßte, und Bergbau, Hüttenwesen und Maschinenbau prägten das oberschlesische Industrierevier.

Wenn die Industriestruktur und die Zeitumstände auch zu einem unterschiedlichen Fächerspektrum an beiden Hochschulen führten, sah man jedenfalls an beiden Hochschulen in der Elektrotechnik einen selbstverständlichen und unverzichtbaren, mit dem Maschinenbau verbundenen Bestandteil der Ingenieurwissenschaften. Die Hochschule in Danzig, als "Schutz- und Trutzburg deutscher Kultur im Osten"[1] ein nationales Symbol, plante die Regierung von vornherein mit allen üblichen technischen Fächern und Abteilungen, darunter die dritte Abteilung "Maschineningenieurwesen und Elektrotechnik".[2] Aus finanziellen Gründen und als Reaktion auf die heftiger gewordene Diskussion um eine Überfüllung des Ingenieurberufs sah die preußische Regierung für Breslau nur ein eingeschränktes Fächerspektrum vor.[3] Die ersten ausführlichen Planungen aus dem Jahre 1902 gingen von drei Abteilungen aus:[4] der Abteilung für allgemeine Wissenschaften; der für Chemie und Hüttenkunde, ein Tribut an die Industriestruktur; sowie als drittes die Abteilung für "Elektrotechnik nebst Maschinenbau". Die Bezeichnung deutete es an: Während an anderen Hochschulen die Elektrotechnik einen Appendix des Maschinenbaus bildete, dachte man für Breslau nur an einen Rumpf-Maschinenbau, aber an eine relativ gut ausgebaute Elektrotechnik. Es steht zu vermuten – die Akten schweigen sich darüber aus –, daß die Regierung mit diesen Plänen industrie- und technologiepolitische Ziele verfolgte, nämlich eine Intensivierung der noch in den Anfängen befindlichen Elektrifizierung des schlesischen Berg- und Hüttenwesens und der gesamten Region. Hiergegen hatte die schlesische Industrie nichts einzuwenden, doch die Reduzierung des Maschinenbaus rief heftige Proteste hervor. Die zahlreichen Eingaben in dieser Sache, insbesondere die des "Schlesischen Central-Gewerbevereins",[5] führten dazu, daß die staatlichen Stellen um das Jahr 1906 ihre Haltung revidierten und einen stärkeren Ausbau des Maschinenbaus sowie des Hüttenwesens zugestanden. Als die Hochschule 1910 eröffnete, nannte sich die Abteilung, die Bezeichnungen und damit die Prioritäten wieder umkehrend, "Maschineningenieurwesen und Elektrotechnik".

Beiden Gründungen gingen jahrelange Vorbereitungen voraus, mit Gutachten, Kommissionen, Besichtigungsreisen zu anderen Hochschulen, der Erstellung von Plänen und deren Fortschreibung. Intensive konzeptionelle Überlegungen setzten für Danzig 1898, für Breslau 1902 ein. In der Zeit der

---

[1] Bei der Eröffnungsfeier benutzter Begriff. Zitiert nach Beiträge und Dokumente, S. 19.

[2] Zur Elektrotechnik in Danzig Rößler, Technische Hochschule u. Rößler, Das Elektrotechnische Institut.

[3] Technische Hochschule in Breslau.

[4] GStA Merseburg, MK, Sekt 8 Tit I Nr 1 Bd II, Entwurf v. Dezember 1902; vgl. ETZ 1903, S. 103.

[5] Ebenda, 28.11.1903.

Gründungsberatungen für Danzig war der Umbruch der Elektrotechnik von einem theorieorientierten, kompakten zu einem praxisorientierten, ausdifferenzierten Fach noch in vollem Gange, in der Zeit der Breslauer Gründung war dieser Prozeß schon ziemlich abgeschlossen. Konzeptionelle Differenzen traten denn auch vor allem bei den Beratungen über Danzig zutage, auf denen die Elektrotechnik durch den Berliner Lehrstuhlinhaber Adolf Slaby und durch den für die Danziger Professur ausersehenen Slaby-Schüler Gustav Rößler vertreten wurde.[6] Auf einer am 17. Januar 1898 mit der Crème de la crème des preußischen Hochschulwesens abgehaltenen Konferenz fühlte sich der einflußreiche Göttinger Mathematiker Felix Klein bemüßigt, sein Lieblingsprojekt, nämlich technische Fakultäten an Universitäten, zur Sprache zu bringen. Bei der Mehrzahl der Techniker stieß er damit auf entschiedenen Widerspruch. Unter anderem führte Slaby aus, daß die Elektrotechnik an die Technische Hochschule und nicht an die Universität gehöre, da diese Forscher, jene "Berufsleute" ausbilde.[7] Klein und Slaby traten im folgenden bei den Beratungen allerdings nicht mehr in Erscheinung.

Die Frage der wissenschaftlichen Gliederung der Elektrotechnik brachte dann der Berliner Maschinenbauer Ernst Reichel zur Debatte, der zusammen mit einem Kollegen im ministeriellen Auftrag die deutschen Hochburgen der Elektrotechnik bereist hatte.[8] Die an der Berliner Maschinenbauabteilung bestehenden Differenzen zwischen "Theoretikern" und "Praktikern" sowie die Auseinandersetzungen um die fachliche Vertretung der Elektrotechnik durch Slaby standen im Hintergrund von Reichels Ausführungen. Reichel wagte die Prognose, daß es der "theoretischen Elektrizitätslehre" ebenso ergehen werde wie der theoretischen Maschinenlehre – beides in Berlin Fächer Slabys –, welche aufgelöst und den einzelnen Maschinenbaufächern zugeschlagen worden sei. Diesen extremen Weg wollte Reichel für die Danziger Elektrotechnik zwar noch nicht gehen, setzte sich aber entschieden dafür ein, neben der "allgemeinen" Professur noch eine zweite konstruktive mit eigenem Laboratorium einzurichten. Für die erste käme der Theoretiker Rößler in Frage, für die zweite dagegen benötige man einen Praktiker.

Reichels Wünsche gingen nicht in Erfüllung, es blieb bei Rößlers Professur. Ob dafür finanzielle Gründe verantwortlich waren oder andere hinter den Kulissen erfolgreich Fäden zogen, bleibt unersichtlich. Gustav Rößler (1869–1928)[9], schon 1898 für die Danziger Professur ausersehen, arbeitete seit

[6] GStA Merseburg, MK, Sekt 10 Tit I Nr 1 Bd I Bl 25 u. passim, 185ff. Bd II Bl 1ff.

[7] Ebenda, Bd I Bl 200 v.

[8] Ebenda, Bd II Bl 4f., 9ff. u. 28ff.

[9] GStA Merseburg, MK, Rep 76 Vb Sekt 10 Tit III Nr 4 Bd I Bl 14-27, Lebenslauf v. 26.3.1904 Bl 16f.

dieser Zeit Pläne für das zu errichtende Institut aus. Damals vertrat er noch die Assistentenstelle bei Slaby und las als Privatdozent mit der Bezeichnung Professor vor allem über elektrische Bahnen. Industrieerfahrung besaß der sein Amt zum 1.4.1904 antretende Rößler nicht. Als Assistent unterstützte ihn Konrad Simons (1873–1918),[10] dessen praktische Erfahrungen sich ebenfalls sehr in Grenzen hielten. Zusätzlich vertrat Simons als Dozent die Meßkunde sowie die Konstruktion und Berechnung elektrischer Maschinen, ein Gebiet, das Ernst Reichel einer zweiten Professur zugedacht hatte. Als Simons 1909 an die Universität Jena ging, holte Rößler als dessen Nachfolger Heinrich Roth (1880–1945).[11] Roth, Absolvent der Aachener Hochschule, brachte als erster der Danziger Dozenten mehrjährige Praxiserfahrungen mit. 1911 empfahl Rößler, Roths Dozentur in die schon vor der Gründung diskutierte zweite konstruktive Professur umzuwandeln.[12] Bald ergaben sich jedoch Differenzen innerhalb der Abteilung, ob Roth Versuchseinrichtungen des elektrotechnischen Instituts mitbenutzen könne, was Rößler als nicht möglich erklärte. Eine Entscheidung fiel vor Ausbruch des Krieges nicht mehr. Für die 1908 eingerichtete zweite Dozentur, für elektrische Leitungsnetze, elektrische Bahnen und Schwachstromtechnik, fand man keinen Praktiker und griff mit Waldemar Grix (geb. 1876) auf einen Assistenten von der TH Berlin zurück.[13]

Erwuchs die Danziger Elektrotechnik noch aus Slabys theorieorientierter Berliner Schule, so spiegelten die personellen Entscheidungen für Breslau den inzwischen erfolgten Einflußverlust Slabys zugunsten der konstruktiven Richtung des Elektrotechnikers Walter Reichel wider.[14] Im Jahre 1908 entschied sich das Ministerium für Reichels Schüler Georg Hilpert (1873–1947).[15] Reichel hatte Hilpert, einen studierten Maschinenbauer, der auch ein Jahr in Carl v. Lindes Münchener Laboratorium gearbeitet hatte, von den Siemens-Schuckertwerken mit an die TH Berlin gebracht. Bei Siemens hatte Hilpert in Prüffeldern sowie im Konstruktions- und Berechnungsbüro für

---

[10] Ebenda, Nr 10, 2.8.1904 – MK an Rößler, 19.4.1909 – Simons an MK; ETZ (1918), S. 491.

[11] Ebenda, 12.8.1909, MK an TH (Lebenslauf v. 1909 in Anlage); ETZ (1948), S. 315.

[12] Ebenda, Nr 10, 27.3.1911 – Rößler an MK; Nr 4 Bd II, 17.7. u. 20.7.1912 TH an MK.

[13] Ebenda, Nr 10, 2.5.1908 – MK an TH; Lebenslauf Grix v. 2.5.1908 als Anlage.

[14] S. o. S. 37–39.

[15] GStA Merseburg, MK, Rep 76 Vb Sekt 8 Tit III Nr 4 Bd I Bl 1ff. sowie Sekt 4 Tit III Nr 8 Bd VIII Bl 271f.; ETZ (1948), S. 216.

elektrische Maschinen reiche Erfahrungen gesammelt. Hilperts Berufung bildete ein Programm: Erstmals besetzte eine deutsche Technische Hochschule ihre erste Elektrotechnikprofessur und die Direktorenstelle eines elektrotechnischen Instituts nicht mit einem Vertreter der theoretischen, allgemeinen Richtung, sondern mit einem der konstruktiven. 1910 zog Hilpert seinen Kollegen und Nachfolger als Assistent und Konstrukteur bei Reichel an der TH Berlin, Karl Euler (1878–1940), als Dozent für Elektrische Meßkunde und Elektrische Kraftanlagen nach Danzig nach.[16] Eulers Industrieerfahrung beschränkte sich auf einige Monate. Von den persönlichen Verbindungen der beiden Reichel-Schüler abgesehen, stellt sich bei Hilperts Entscheidung die Frage, ob die praxiserfahrenen Professoren jetzt in einem solchen Maß praxisnahes Wissen vermittelten, daß dies bei ihrer Schülergeneration Abstriche an der Forderung zuließ, mehrere Jahre in der Industrie zugebracht zu haben. Als dritte Dozentur – man beachte die Parallele zu Danzig – beanspruchte Hilpert eine vor dem Krieg nicht mehr genehmigte für Schwachstromtechnik, was den Bedeutungszuwachs dieses Faches zeigt.

Das Studium und die baulichen Einrichtungen in Danzig und Breslau entsprachen den Standards, die sich mittlerweile an den Technischen Hochschulen herausgebildet hatten. Beide Institute besaßen eigene Gebäude,[17] wobei die Institutsleiter schon bald über Platzprobleme klagten. Beide Hochschulen boten ein Elektrotechnikstudium an, die meisten Hörer kamen jedoch aus dem allgemeinen Maschinenbau. In Danzig gab man einen elektrotechnischen Einführungskurs für alle Studenten der Hochschule, sogar die der Allgemeinen Abteilung, das Breslauer Programm enthielt Spezialvorlesungen für Hütteningenieure.

[16] Ebenda, Sekt 8 Tit III Nr 9 Bl 1ff. u. 36ff.; Lebenslauf Euler (v. 14.3.1910) Bl 3f.; ETZ 62 (1941), S. 186.

[17] Für Danzig: Rößler, Das Elektrotechnische Institut, bes. S. 1066. Für Breslau: Technische Hochschule in Breslau, S. 19-25; Hilpert; GStA Merseburg, MK, Rep 76 Vb Sekt 8 Tit IV Nr 3, bes. 15.1.1912 – Hilpert an MK.

Werner Siemens und die Institutionalisierung der Elektrotechnik

Im Jahre 1882 begann eine intensive Diskussion über die Institutionalisierung der Elektrotechnik an den Technischen Hochschulen; einige Hochschulen und Regierungen bereiteten spezielle elektrotechnische Veranstaltungen oder schon die Einrichtung von Laboratorien und Lehrstühlen vor. Wie in kaum einem anderen Industriezweig dominierte zu dieser Zeit in der deutschen elektrotechnischen Industrie ein einziges Unternehmen: die Firma Siemens & Halske. Siemens & Halske war das einzige elektrotechnische Großunternehmen in Deutschland. Die Firma stand nicht nur bei der Produktion von telegrafischem Material an der Spitze, damals der ertragsstärkste Teil der Elektrotechnik, sondern besaß durch ihre Innovationen bei elektrischen Maschinen, Bogenlampen und Straßenbahnen auch eine hervorragende Ausgangsposition im zukunftsträchtigen Geschäftsbereich der Starkstromtechnik. Über seinen Einfluß als Industrieller hinaus genoß der Firmengründer Werner Siemens hohes Ansehen als Wissenschaftler und Techniker. Allein schon diese Kombination von Ansehen und Marktmacht legt es nahe, nach dem Einfluß zu fragen, den Werner Siemens und sein Unternehmen auf den Institutionalisierungsprozeß der Elektrotechnik nahmen. Diese Frage läßt sich differenzieren hinsichtlich der Einrichtung elektrotechnischer Lehrstühle, ihrer Besetzung, der Konzeption elektrotechnischer Studiengänge und – damit zusammenhängend – der Herausbildung des Berufs des Elektrotechnikers.[1]

Tatsächlich stammt die erste nachweisbare Anregung für die Einrichtung elektrotechnischer Lehrstühle von Werner Siemens.[2] In einem am 27. Dezember 1881 vor dem Elektrotechnischen Verein in Berlin gehaltenen Vortrag diskutierte Siemens die durch die Elektrizität gegebenen Möglichkeiten zur Reduzierung der Gefahr von Bränden. Besonders für Theater, wo in den letzten Jahren Brandkatastrophen mehrere Hundert Tote gefordert hatten, empfahl er aus Sicherheitsgründen elektrisches Licht. Um dessen

---

[1] Allgemeiner geht auf diese Frage ein: Kocka, Unternehmensverwaltung, S. 274–77; vgl. auch Weiher, Werner Siemens. S. auch unten S. 141–50 u. 229–49.

[2] ETZ 3 (1882), S. 7–12, Zitat S. 11f.

Einführung zu beschleunigen, so fügte er an dieser Stelle in seinen Vortrag ein, "wäre es sehr zu wünschen, daß die elektrotechnischen Kenntnisse bald eine größere Ausdehnung erhielten. Es sollten auf allen technischen Schulen, mindestens auf den technischen Hochschulen, Lehrstühle der Elektrotechnik gegründet werden, um wenigstens unsere technische Jugend mehr vertraut mit der Elektrizitätslehre und ihrer technischen Anwendung zu machen. (bis hierher gesperrt gedruckt, W.K.) Mit der wachsenden Kenntniß wird sich dann auch die noch herrschende Scheu vor der Anwendung elektrischer Einrichtungen legen und werden eine Menge allgemein verbreiteter Vorurtheile gegen dieselben schwinden." Mit dem Abdruck in der Elektrotechnischen Zeitschrift im Januar 1882 geriet Siemens' Bemerkung in die breitere Fachöffentlichkeit. Wie es so üblich war, druckten andere technische Zeitschriften den Vortrag nach[3] – eine bezeichnenderweise allerdings ohne den Passus über die Gründung elektrotechnischer Lehrstühle.[4] Welche Intentionen verband nun Siemens mit seinem Vorschlag? Und welchen Stellenwert gewann seine Anregung für die bald danach eingeleitete Einrichtung elektrotechnischer Lehrstühle?

Viel spricht dafür, daß es sich bei der fraglichen Passage um eine Nebenbemerkung handelte, hinter der keine durchdachte oder ausgearbeitete Institutionalisierungsstrategie stand. Zu unspezifisch war Siemens' Vorschlag, der "mindestens" die Technischen Hochschulen berücksichtigt sehen wollte, aber auf "alle" technischen Schulen zielte und andeutete, daß auch der nichttechnischen Jugend elektrotechnische Kenntnisse nicht schaden würden. Siemens' Initiative bezweckte anscheinend eine Verbesserung der Akzeptanz der Elektrotechnik durch Abbau der "herrschende(n) Scheu" und der "allgemein verbreitete(n) Vorurtheile" vor allem innerhalb, aber auch außerhalb der technischen Welt. Gegen den Charakter einer bloßen Nebenbemerkung spricht, daß der Druck die Passage durch Sperrung hervorhebt. Jedoch ist nicht zu klären, ob diese Hervorhebung von Siemens oder von der Redaktion der Elektrotechnischen Zeitschrift stammt.

Ob Nebenbemerkung oder nicht – Siemens' Stimme besaß ein kaum zu überschätzendes Gewicht, und es lag nahe, daß interessierte Kreise auf seinen Vorschlag zurückgriffen. Um so verwunderlicher ist es, daß in den Akten der Hochschulen und Ministerien, die sich mit der Einrichtung von Lehrstühlen beschäftigten, kaum darauf Bezug genommen wird. Einzig in Stuttgart wird ausdrücklich auf Siemens' Vortrag verwiesen.[5] Anscheinend

---

[3] Dingler's Polytechnisches Journal 243 (1882), S. 256–61. Das Polytechnische Journal erwähnte eine der Siemensschen ähnliche, in England gegebene Anregung zur Institutionalisierung der Elektrotechnik – auch dies ein Indiz dafür, wie sehr dieser Gedanke in der Luft lag.

[4] Friedrich Georg Wieck's Deutsche Illustrirte Gewerbe-Zeitung 47 (1882), S. 59.

war für die Zuständigen und Interessierten der Handlungsbedarf auf dem Gebiet der Elektrotechnik so offensichtlich und unbestritten, daß man es nicht als notwendig erachtete, die Autorität von Siemens vor seinen Karren zu spannen. Die Elektrotechnik und die Diskussionen um ihre Zukunft hatten längst eine Dynamik entwickelt, die die akademische Institutionalisierung als zwingend notwendig erscheinen ließ. Die Innovation elektrotechnischer Schlüsselkomponenten wie Glüh- und Bogenlampen sowie Motoren und Generatoren war so weit gediehen, daß an die Errichtung von Verkehrs- und Versorgungsnetzen für Kraft und Licht gedacht werden konnte. Die Zeitgenossen waren sich einig, daß nicht nur ein neuer, bedeutender Industriezweig entstehen werde, sondern auch die alten Industrien, der Verkehr und die Beleuchtungswirtschaft einer Umgestaltung entgegengingen. Für die Bewältigung dieser Zukunftsaufgaben werde man elektrotechnisch qualifizierte Fachleute benötigen, wenn auch noch weitgehende Unklarheit herrschte, wie diese Qualifikationen und die neuen Berufsbilder genau auszusehen hätten. Für die Diskussion all dieser Fragen bestand Gelegenheit bei den Treffen der Fachleute, wie beim Elektrotechnischen Verein oder auf den elektrotechnischen Ausstellungen. So wurden auf der Münchener Ausstellung im Herbst 1882 die Weichen für die Besetzung des Darmstädter Lehrstuhls und die Einrichtung elektrotechnischer Laboratorien an den preußischen Hochschulen gestellt. Zur gleichen Zeit schritt man auch an amerikanischen und englischen Universitäten zu ersten Institutionalisierungsmaßnahmen, wenn diese auch zurückhaltender und zögerlicher verliefen als in Deutschland, wo die Auffassung, eine Institutionalisierung und Verwissenschaftlichung der Technik sei für das Gedeihen der Industrie notwendig, unumstrittener war als in der praxisbezogeneren angloamerikanischen Technikkultur.

Die – kontrafaktische – Schlußfolgerung lautet: Auch wenn Werner Siemens als erster eine unspezifische Anregung für die Institutionalisierung der Elektrotechnik und die Einrichtung elektrotechnischer Lehrstühle gab, diese wäre auch ohne sein Zutun erfolgt. Darüber hinaus läßt es der Quellenbefund sogar als sehr fraglich erscheinen, daß Siemens den Institutionalisierungsprozeß in irgendeiner Weise auch nur beschleunigte. Werner Siemens selbst interpretierte dagegen den temporalen Zusammenhang zwischen seinem Vorschlag und der bald erfolgten Einrichtung von Lehrstühlen als einen kausalen:[6] Auf seine Anregung hin habe man

[5] S. o. S. 21. Die Verbindung der Diskussionen in Karlsruhe über die Institutionalisierung der Elektrotechnik mit Siemens' Anregung durch Kurylo, S. 85 findet in den Akten keine Bestätigung; s. o. S. 49.

[6] ETZ 5 (1884), S. 55; Briefe v. 4.4.1883 u. 21.3.1888 (Matschoß, Werner Siemens, Bd. 2, S. 777f. u. 919f.).

elektrotechnische Lehrstühle eingerichtet. Im verklärten Rückblick der "Lebenserinnerungen" und unter den Händen des zuständigen Ghostwriters wurde schließlich aus Siemens' eher beiläufiger Bemerkung eine Resolution, die der Elektrotechnische Verein angenommen und der man "fast überall Folge geleistet" habe.[7] So sorgte schon Siemens zu seinen Lebzeiten für eine legendenhafte Überhöhung seiner Rolle bei der akademischen Institutionalisierung der Elektrotechnik, die Zeitgenossen[8] und dann ein Großteil der historischen Forschung[9] übernahmen.

Als es um die Besetzung der elektrotechnischen Lehrstühle ging, baten einige Hochschulen Werner Siemens um die Benennung geeigneter Kandidaten und einige Aspiranten auf eine Elektrotechnikprofessur um seine Unterstützung. Dabei ist bei den aus den Hochschulen kommenden Anfragen nicht festzustellen, ob diese einer privaten Initiative von Mitgliedern der Berufungskommissionen entsprangen oder ob diese im Auftrag der Hochschule handelten. Auf die Anfrage aus Hannover hin nannte Siemens Eilhard Wiedemann, Richard Rühlmann und Behringer.[10] Dabei wies er allerdings auf seine mangelnde Kompetenz hin und vermied es, Prioritäten zu setzen, obwohl er Rühlmann von einem Praktikum bei seiner Firma her kannte und er mit dem Vater Eilhard Wiedemanns, dem Leipziger Physiker und Chemiker Gustav Wiedemann, befreundet war. Wiedemanns Vater zog bei Siemens Erkundigungen über den Stand der Lehrstuhlbesetzungen ein.[11] Rühlmann bat Siemens direkter um Unterstützung, was dieser aber als wenig hilfreich zurückwies.[12] Es spricht nicht gerade für Siemens' Einfluß, daß nach langen Querelen nach Hannover keiner der von Siemens genannten, sondern Wilhelm Kohlrausch berufen wurde.[13]

Als Wilhelm Dietrich 1885 in Stuttgart sein Lehramt aufgab, nannte Siemens dem Stuttgarter Maschinenbauer Carl Bach die Kandidaten, die in Hannover nicht zum Zug gekommen waren, Wiedemann, Rühlmann und Gerland, und zusätzlich den Berliner Physiker Hermann Aron, Dolinar, der

---

[7] Werner Siemens, Lebenserinnerungen, S. 262f.

[8] Z.B. Centralblatt für Eisenbahnen und Dampfschiffahrt der Oesterreichisch-ungarischen Monarchie 23 (1884), S. 549–52 (Nr. 32 v. 13.3.1884).

[9] Matschoß, Werner Siemens, Bd. 1, S. 176; Görges, Abschiedsvorlesung, S. 61; 60 Jahre; Weiher, Werner Siemens; Mohr, S. 43f.; Pieper, S. 296f.; Klaus, Zu den Ursachen, S. 1015; Bader, 100 Jahre, S. 9.

[10] SAA 2 / Li 550; 4.12.1883 – Siemens an Riehn.

[11] SAA 2 / Li 552; 25.11.1882 u. 26.1.1883 – Wiedemann an Siemens.

[12] SAA 2 /Li 550; 22.2.1884 – Siemens an Rühlmann.

[13] S. o. S. 41–44.

die Wiener elektrische Vorortbahn gebaut hatte, sowie den Kittler-Schüler und Helios-Mitarbeiter Ernst Heinrich Geist und den Zürcher Privatdozenten für angewandte Elektrizität Gustav Adolf Tobler.[14] Die Angelegenheit erledigte sich von selbst, da sich Dietrich zu einer Rückkehr auf seinen Lehrstuhl überreden ließ. Als 1884 der Braunschweiger Physiker Heinrich Weber ihn wegen der Institutionalisierung der Elektrotechnik anschrieb, riet Siemens sogar von der Einrichtung eines Lehrstuhls zum jetzigen Zeitpunkt ab und zog damit seine frühere Empfehlung teilweise wieder zurück.[15] Siemens tat seine Unzufriedenheit mit den Bestrebungen kund, die Elektrotechnik zu verselbständigen. Außerdem gab er zu bedenken, daß für die verschiedenen Neuberufungen nicht ausreichend Kandidaten zur Verfügung stünden, die auf längere praktische Erfahrungen zurückblicken konnten. Stattdessen empfahl er gerade für die kleineren Hochschulen wie Braunschweig, die physikalischen Laboratorien so auszubauen, daß sie die Studierenden aller Fächer in die Elektrizitätslehre einführen könnten. Unter dem Einfluß dieser Stellungnahme und der in der Fachöffentlichkeit geführten Diskussion, ob Elektrotechnik ein eigenständiges Fach oder ein Ergänzungsfach sei,[16] verzichtete die Braunschweiger Hochschule vorerst auf die Einrichtung eines Elektrotechniklehrstuhls.[17] Zumindest in diesem Fall wandelte sich Werner Siemens vom Paulus zum Saulus: vom Promotor zum Verhinderer der akademischen Institutionalisierung der Elektrotechnik.

Insgesamt gewinnt man den Eindruck, daß anläßlich von Lehrstuhlbesetzungen der Rat von Siemens zwar gefragt, sein Interesse und Engagement aber sehr begrenzt war. Von Wilhelm Wehrenpfennig, der bis zu seinem Tod im Jahre 1902 im preußischen Kultusministerium für die Technischen Hochschulen zuständig war und für diese eine Bedeutung ähnlich der Friedrich Althoffs für die Universitäten gewann, erhielt er zwar Informationen über den Stand der Berufungsangelegenheiten, vergaß Einzelheiten aber schnell wieder.[18] Siemens besaß klare Vorstellungen hinsichtlich einer Schlüsselqualifikation der zu Berufenden, sie sollten längere Zeit in verschiedenen Praxisfeldern gearbeitet haben,[19] aber er wies auch ausdrücklich auf seine fehlende Kompetenz hin, die Lehrbefähigung der Kandidaten zu beurteilen.

---

[14] SAA 2/Li 546; 9.2.1885 Siemens an Bach. Vgl. o. S. 23.

[15] Brief v. 26.3.1884 (Matschoß, Werner Siemens, Bd. 2, S. 813f.)

[16] S. o. S. 142–47.

[17] S. o. S. 77f.

[18] SAA 2/Li 552; 25.11.1882 u. 26.1.1883 – Siemens an Wiedemann.

[19] Briefe v. 22.2.1884 u. 26.3.1884 (Matschoß, Werner Siemens, Bd. 2, S. 811 u. 813f.)

Schließlich rührte sein geringes Interesse auch daher, daß er der Auffassung war, Elektrotechniker werde man erst in der industriellen Praxis und nicht auf der Hochschule. All dies veranlaßte ihn, auf die Anfragen hin zwar Namen von möglichen Kandidaten zu nennen, die ihm auf verschiedenen Wegen zu Ohren gekommen waren, sich für keinen aber besonders einzusetzen. Das Ergebnis spricht eine deutliche Sprache: Auch nicht einer der von Siemens genannten erhielt einen Ruf.

Die Einrichtung eines elektrotechnischen Studiengangs durch Erasmus Kittler in Darmstadt und ähnliche Bestrebungen in Aachen machten es bald nötig, daß Siemens seine Empfehlung zugunsten elektrotechnischer Lehrstühle verdeutlichte.[20] Keineswegs habe er damit den Aufbau eines besonderen Studiengangs für Elektrotechniker gemeint, sondern die Studenten aller an der Technischen Hochschule vertretenen Fächer sollten die Gelegenheit erhalten, elektrotechnische Zusatzqualifikationen zu erwerben. Seine Auffassung, daß Elektrotechnik kein selbständiges Fach sei, tat Werner Siemens in dieser standardisierten Formulierung in zahlreichen Briefen kund, mit denen er Ratsuchenden Ausbildungswege beschrieb, die in Ingenieurpositionen der elektrotechnischen Industrie führen konnten.[21] Er riet, zunächst eine Lehre bei einem Schlosser oder Mechaniker zu absolvieren, aber nicht in einer Fabrik, auch nicht bei Siemens & Halske. Denn: "Können ist überall mehr wert wie steriles Wissen allein".[22] Nachdem so eine Grundlage an praktischem Know-how geschaffen sei, solle sich abhängig von der Begabung des Ratsuchenden – der Besuch traditioneller Fächer einer Technischen Hochschule oder technischen Mittelschule – am häufigsten nennt Siemens den Maschinenbau – anschließen. In einigen Briefen erwähnt er dann noch, daß man sich während des Studiums auch elektrotechnische Kenntnisse verschaffen könne.

Siemens' Haltung zusammengefaßt: Elektrotechnik – das seien wichtige Wissenselemente für jeden angehenden Ingenieur, aber stelle kein selbständiges Fach dar; und Elektrotechniker – das seien Angestellte der elektrotechnischen Industrie, die sich in langen Berufsjahren umfangreiche Erfahrungen über verschiedenartige Anwendungen der Elektrizität erworben hätten, aber jedenfalls keine Absolventen eines spezifischen Bildungsgangs. Siemens' Auffassungen in dieser Frage trugen wesentlich dazu bei, daß

---

[20] ETZ 5 (1884), S. 55.

[21] Briefe v. 29.11.1882, 28.9.1883, 29.5.1885 u. 30.9.1885 (Matschoß, Werner Siemens, Bd. 2, S. 750f., 801f., 848f. u. 860f.); SAA 2/Li 546, 24.6.1886; 548, 12.5.1886; 549, 13.1.1886; 550, 30.6.1886; StAD, Min. f. Volksbildung, 15547:7, 5.3.1885.

[22] Brief v. 28.9.1883 (Matschoß, Werner Siemens, Bd. 2, S. 801f.).

einige Hochschulen die Einrichtung elektrotechnischer Studiengänge aufschoben, in einigen Extremfällen bis zur Jahrhundertwende. Doch ließ sich die Entwicklung zum selbständigen Elektrotechnikstudium nur verzögern, nicht aufhalten. Gerade die Hochschulen, die früh eigene Studiengänge einrichteten, erlebten den größten Zulauf. Diese Abstimmung mit den Füßen – und mit den Kollegiengeldern! – konnten auch die anderen Hochschulen nur eine begrenzte Zeit ignorieren.

Der Agitation von Werner Siemens gegen einen selbständigen Studiengang Elektrotechnik lagen zwei gravierende Fehleinschätzungen zugrunde. Einerseits schätzte er die Inhalte des sich herausbildenden Elektrotechnikstudiums falsch ein, und andererseits die Berufsfelder für die Absolventen und den sich dort entwickelnden Bedarf. Siemens sah nicht, daß sich das Elektrotechnikstudium als ein erweitertes und modifiziertes Maschinenbaustudium entwickelte, das gar nicht so weit von seinen Vorstellungen entfernt war, Maschinenbaustudenten sollten elektrotechnisches Zusatzwissen erwerben.[23] Wenn seine Äußerungen in dieser Hinsicht auch nicht eindeutig sind, richteten sich seine Einwände doch wohl gegen die Möglichkeit, die physikalische Elektrizitätslehre zu einer eigenständigen Studiendisziplin auszuweiten. Man kann Siemens' Rolle im Institutionalisierungsprozeß auch positiver ausdrücken und ihm einen – wenn auch sicher nur kleinen – Verdienst zuschreiben, daß sich die Elektrotechnik von der anfänglichen Bindung an die Physik löste und in engere Beziehungen zum Maschinenbau eintrat.

Ganz falsch antizipierte Siemens die beruflichen Einsatzfelder der Elektrotechniker und die Größe des Bedarfs. Schon in der ersten Hälfte der 1880er Jahre, als nur wenige Elektrotechnik studierten, ging er von einer Überproduktion von Akademikern aus, die in der Industrie keine Anstellung finden würden.[24] Tatsächlich trafen schon in dieser Zeit und auch später die Hunderte und Tausende ausgebildeter Elektrotechniker auf einen recht günstigen Arbeitsmarkt, wenn man von einigen Jahren nach der Jahrhundertwende absieht, als die elektrotechnische Industrie eine Krise durchlief.[25] Einerseits unterschätzte Siemens die Zahl der Elektrotechniker, die die Firmen benötigten, welche elektrische Maschinen, Apparate und Anlagen produzierten. 1883 glaubte er, daß kaum 1% der Berufsaspiranten hier ein Unterkommen finden könnte. Andererseits übersah Siemens ganz, daß der Maschinen-, Anlagen- und Apparatebau ein kleineres Berufsfeld unter

[23] S. o. S. 155 u. passim.

[24] SAA 2 / Li 546, 28.9.1883 u. 24.6.1886; Brief v. 29.5.1885 (Matschoß, Werner Siemens, Bd. 2, S. 848f.).

[25] S. u. S. 245–49.

anderen war; die Mehrzahl der Elektrotechniker arbeitete bei der Projektierung, Montage und beim Betrieb elektrischer Anlagen.[26] Siemens' Einschätzungen entsprangen ganz der Perspektive des Fabrikanten. Diese eingeschränkte Sichtweise, die sich in den 1880er Jahren unternehmenspolitisch im Verzicht niederschlug, Elektrizitätswerke zu planen und zu errichten – Siemens wollte nur als Zulieferer in Erscheinung treten –, führte die Firma in eine zeitweilige Krise und ermöglichte den außergewöhnlichen Aufstieg der AEG.[27]

Siemens' komplexe und quellenmäßig nicht gerade dicht belegte Haltung gegenüber der akademischen Institutionalisierung der Elektrotechnik hat bislang nur in Jürgen Kockas großartiger Siemens-Studie eine in die Tiefe gehende Interpretation erfahren.[28] Jedoch bedürfen gerade die Thesen, mit denen Kocka Siemens' Ablehnung eines eigenständigen Studienfachs Elektrotechnik erklärt, einer kritischen Revision. Kocka meint, Werner Siemens habe "keinen Begriff von spezialisierter Wissenschaft" gehabt. In dieser Allgemeinheit läßt sich dieses Diktum schwerlich halten. Auch in seinen Briefen zur Institutionalisierung der Elektrotechnik – von anderen Belegen sei ganz abgesehen – diskutierte Siemens die spezifischen Kenntnisse von Maschinenbauern, Physikern, Chemikern und Absolventen anderer Fachrichtungen, die diese in die elektrotechnische Industrie mitbrachten. Allerdings waren in der damaligen Zeit die Anforderungen an einen wissenschaftlich vorgebildeten Angestellten so vielfältig, daß viele Kenntnisse erst in der Praxis erworben wurden und ein Wechsel des Arbeitsgebiets durchaus keine Seltenheit darstellte. Siemens hatte dagegen Schwierigkeiten – dies sieht Kocka richtig –, für die Elektrotechnik eine ähnliche Spezialisierung und Disziplinbildung anzunehmen, wie er sie in anderen technischen und naturwissenschaftlichen Fächern erlebt und begrüßt hatte. In jeglicher Hinsicht schien ihm das Gebiet der Elektrotechnik zumindest vorerst dafür zu eng: hinsichtlich ihrer wissenschaftlichen Substanz, der den Studenten zu vermittelnden Kenntnisse sowie der Aufnahmefähigkeit des Arbeitsmarktes. Siemens' Arbeitsmarktprojektion erwies sich schnell als Irrtum, die Entwicklung der wissenschaftlichen Substanz benötigte tatsächlich eine gewisse Zeit, und die Studieninhalte bildeten in der Zeit bis zum Ersten Weltkrieg eine Addition von naturwissenschaftlichen, maschinenbautechnischen und elektrotechnischen Kenntnissen.

Schließlich unterstellt Kocka Siemens' Eintreten gegen eine Verselbständigung der Elektrotechnik die Befürchtung, die Ausbildung qualifizierter

---

[26] S. u. S. 236f.

[27] Kocka, Siemens.

[28] Kocka, Unternehmensverwaltung, S. 275–77.

Elektrotechniker könnte "die Monopolstellung seiner Firma brechen und die Konkurrenz begünstigen."[29] Kockas Argument läuft also darauf hinaus, Siemens habe mit seiner Anregung, elektrotechnische Lehrstühle einzurichten, Geister gerufen, habe diese aber, nachdem er ihre Schädlichkeit erkannt habe, nicht mehr loswerden können und sich deswegen hinfort um Schadensbegrenzung bemüht. Auf den ersten Blick erscheint eine solche Interpretation plausibel, wenn auch etwas weit hergeholt. Als Quellenbeleg für seine Auffassung führt Kocka lediglich eine Briefstelle vom Dezember 1884 an, in der Siemens die zunehmende Konkurrenz unter anderem mit der Zahl der ausgebildeten Elektrotechniker in Zusammenhang bringt. Zieht man dagegen weitere Quellen heran und betrachtet Siemens' Stellungnahmen zum elektrotechnischen Studium und Beruf in ihrer Gesamtheit, dann verlieren die Kockaschen Interpretationen an Überzeugungskraft. In seinen Antworten an Berufssuchende, die privaten Charakter haben und an deren Redlichkeit zu zweifeln kein Anlaß besteht, rät er von einem reinen Elektrotechnikstudium ab, da die Industrie für solcherart Ausgebildete keine Verwendung habe. Stattdessen empfiehlt er zunächst eine handwerklich-praktische Ausbildung, an die sich eine theoretische in traditionellen technischen Fächern wie Maschinenbau anschließen solle, und verzichtet sogar häufiger darauf, den Erwerb elektrotechnischer Zusatzkenntnisse anzuraten. Hinter Siemens' Studien- und Berufsberatung steht seine Überzeugung, Elektrotechniker werde man letztendlich erst durch Arbeit in der Industrie. Wieso – so ist jetzt kritisch gegen Kocka zu fragen – sollte Werner Siemens durch die Ausbildung von Elektroingenieuren, von deren geringem Wert für die elektrotechnische Industrie er überzeugt war, eine Beeinträchtigung der wirtschaftlichen Führungsstellung seines Unternehmens befürchten. Keinen Zweifel ließ Siemens dagegen an seinem Engagement für Einrichtungen an den Technischen Hochschulen, an denen Maschinenbaustudenten und Studenten anderer Fachrichtungen elektrotechnische Zusatzkenntnisse erwerben konnten. Nach Siemens' Meinung brauchte die elektrotechnische Industrie genau diese Absolventen, sofern sie auch eine Lehre durchlaufen hatten. Sie hätten also als Angestellte einer Konkurrenzfirma eine weit größere Gefahr für Siemens & Halske bedeutet. Das Fazit: Kockas Versuch, Siemens' bildungspolitische Position mit unternehmenspolitischen Motiven in Zusammenhang zu bringen, hält einer sorgfältigen Überprüfung nicht stand.

Werner Siemens wie andere Industrielle hegten die Überzeugung, daß die Industrie selbst der entscheidende Ort für den Erwerb elektrotechnischer Qualifikationen sei – nicht die Hochschule. Als sich 1884 der junge Hermann

---

[29] Auch Sonnemann, Wissenschaftlich-technischer Fortschritt, S. 69 vertritt die These, hinter Siemens' Warnung vor einem eigenständigen Elektrotechnikstudium habe das Interesse des "Monopols" gestanden.

Görz, der später zum Personalchef des Siemens-Konzerns aufstieg, an seinen Verwandten, den Direktor bei der Deutschen Bank, Georg Siemens, wegen seiner beruflichen Zukunft wandte, riet ihm dieser von einem Hochschulstudium ab.[30] Stattdessen empfahl er ihm einen Amerikaaufenthalt und dann unmittelbar in der elektrotechnischen Industrie anzufangen. Theoretische Lücken solle er durch Selbststudium schließen. In diesem Zusammenhang erwähnte er auch den derzeitigen Ingenieurmangel bei der Deutschen Edison-Gesellschaft und wagte die Prophezeiung: "In nicht allzu langer Zeit wird der Markt gefüllt sein: denn Leute bilden sich im Geschäft."

[30] SAA 5/Lh 594, 2.3.1884.

Elektrotechnik an den technischen Mittelschulen

Als Werner Siemens 1881 den Aufbau eines elektrotechnischen Unterrichts anregte, sprach er zunächst allgemein von technischen Schulen, ehe er seinen Vorschlag für die Technischen Hochschulen konkretisierte. Zu dieser Zeit ging man von zwei oder drei Ebenen der technischen Ausbildung aus. Bei dem sich schließlich durchsetzenden Drei-Ebenen-Modell unterschied man zwischen Technischen Hochschulen, technischen Mittelschulen und niederen technischen Schulen für die Ausbildung von Handwerkern und Facharbeitern. Die Technischen Hochschulen und die technischen Mittelschulen bildeten dagegen Ingenieure aus, stellten also Teile des zweigliedrigen Systems der Ingenieurausbildung in Deutschland dar.

Die technischen Mittelschulen und das Bewußtsein, daß es sich bei diesen um eine eigenständige Gattung des technischen Schulwesens handele, bildeten sich seit den 1870er Jahren heraus.[1] Die Gründung technischer Mittelschulen füllte eine Lücke im technischen Ausbildungssystem, die sich durch die Entwicklung der Polytechnika zu Technischen Hochschulen auftat. In dem Maß, wie die Polytechnika und Technischen Hochschulen ihre Eingangsvoraussetzungen erhöhten und ihren Unterricht theoretisierten, empfand die Industrie ein Defizit an mehr praxisorientierten Ingenieuren. Der entstehenden Nachfrage kamen Gründungen technischer Schulen durch Private, aber auch durch die Kommunen nach, welche zudem häufig die Unterstützung der lokalen und regionalen Industrie fanden. Der Staat folgte später. Besonders die nach 1890 ins Leben gerufenen staatlichen technischen Mittelschulen in Preußen dienten in der Folgezeit anderen Ländern als Vorbild für eigene Gründungen. In Preußen war eine deutlich fühlbare Qualifikationslücke in den 1870er Jahren entstanden, als sich als Folge verfehlter Bildungsreformen technische Schulen eines mittleren Niveaus in allgemeinbildende Schulen verwandelten. Dies trug wesentlich dazu bei, daß sich in den Preußen benachbarten Kleinstaaten ein blühendes technisches Mittelschulwesen entfaltete, das die preußische Industrie mit praxisorientierten Ingenieuren versorgte. Wegen der starken Nachfrage taten die preußischen staatlichen Gründungen dieser Blüte nur wenig Abbruch.

[1] S. zur Geschichte der technischen Mittelschulen Grüner; Jost; Suhling; Sodan; Gispen, New Profession; Weber.

Die privaten technischen Mittelschulen strebten eine möglichst hohe Auslastung an; die durch die Schüler zu zahlenden Gebühren bildeten ihre wichtigste Einnahmequelle. Sie warben deshalb mit einem attraktiven Fächerangebot, das auch die neuesten Entwicklungen auf dem Gebiet der Technik umfaßte. Es kann deshalb nicht verwundern, daß sie bei der Institutionalisierung der Elektrotechnik den Technischen Hochschulen in nur kurzem zeitlichem Abstand folgten.[2] Zuerst kamen die privaten, dann die staatlichen technischen Mittelschulen. Diese boten elektrotechnische Lehrveranstaltungen an, richteten elektrotechnische Professuren oder gar Abteilungen ein und stellten Studiengänge für Elektrotechnik zusammen. Einige Schulen nahmen die Elektrotechnik in ihre Namensbezeichnungen auf. Auch unterhalb der Ebene der Mittelschulingenieure bestand ein Bedarf an elektrotechnischen Qualifikationen. Ein Beispiel dafür bildet die 1889 durch den Frankfurter Physikalischen Verein auf Anregung von Eugen Hartmann von der Firma Hartmann & Braun gegründete Elektrotechnische Lehr- und Unterrichtsanstalt.[3] Die Schule vermittelte Handwerkern und Facharbeitern in einem einsemestrigen Kurs elektrotechnische Zusatzqualifikationen, so daß sie vor allem als Monteure und Laboratoriumsmechaniker Arbeit in der Elektrotechnik fanden.

Die recht unterschiedlich strukturierten Studiengänge an den technischen Mittelschulen dauerten zwei bis fünf Semester. Wie die Technischen Hochschulen boten sie die Elektrotechnik entweder als eigenständigen Studiengang oder im Kontext anderer Studiengänge, und zwar in erster Linie des Maschinenbaus, an. Das Ziel der Schulen, Ingenieure praxisnah auszubilden, ließ sich nur verwirklichen, wenn sie über Laboratorien und Versuchseinrichtungen verfügten. Besonders die staatlichen entsprachen diesen Anforderungen in hohem Maß. Die Staaten ließen sich – auch für die Elektrotechnik – die Einrichtung ihrer technischen Mittelschulen einiges kosten.[4] Nach der Jahrhundertwende führten jedenfalls einzelne Hochschulprofessoren Klage darüber, daß die Mittelschulen besser ausgestattet seien als die Technischen Hochschulen. So bemühte sich 1911 der Elektrotechniker an der TH Brünn beim Ministerium um eine kleine Zentralanlage mit

[2] Vgl. hierzu Zeitschrift für Elektrotechnik 3 (1885), S. 467–70 u. 4 (1886), S. 548; ETZ (1894), S. 171 u. 553f., (1895), S. 159f. u. 309; Abhandlungen und Berichte, Bd. 2, S. 3 u. 111; Report on Technical Instruction, S. 45, 53–59, 66–73 u. 78–83; Grüner, S. 51, 53 u. 99; Suhling, S. 54f. u. 67; Haverkamp, S. 331ff.; Sonnemann, Wissenschaftlich-technischer Fortschritt, S. 70f.

[3] ETZ (1888), S. 302, (1889), S. 457f. u. (1892), S. 336–38.

[4] Vgl. z.B. Geschäftsübersicht 9.1.-18.6.1900, I, S. 116 u. 16.1.1904–1.7.1905, I, S. 225.

Schaltwarte, die er für den Unterricht im Anlagenbau und Anlagenbetrieb als unerläßlich bezeichnete.[5] Seine Ausführungen stützte er durch den Hinweis, daß sogar die gerade erst gegründete Berliner technische Mittelschule bereits im Besitz solcher Einrichtungen sei.

All dies spricht dafür, daß die technischen Mittelschulen die Ausbildung von Elektrotechnikern an den Technischen Hochschulen in sinnvoller Weise ergänzten. Sie boten einen weniger lang dauernden, praxisorientierten Unterricht an mit geringeren Anforderungen in Mathematik und den naturwissenschaftlichen Fächern. Es bleibt die Frage, welche quantitative Bedeutung die an technischen Mittelschulen ausgebildeten Elektrotechniker in der Industrie besaßen. In der Zeit vor dem Ersten Weltkrieg arbeiteten in der deutschen Industrie wesentlich mehr Mittelschul- als Hochschulingenieure. Schätzungen für den Maschinenbau besagen, daß auf einen Hochschulingenieur mindestens drei Mittelschulingenieure kamen, in der gesamten Industrie eine noch größere Zahl.[6] Dagegen weisen für die Elektrotechniker einige Indizien darauf hin, daß sich hier das Verhältnis zugunsten der Hochschulingenieure verschob. So finden sich 1907 unter den Ingenieuren der Berliner Elektroindustrie[7] wie auch 1910 unter den Angestellten von Siemens & Halske[8] nur etwa 50% mehr Mittelschulabsolventen als Hochschulabsolventen, das Verhältnis ist also viel ausgeglichener. Berücksichtigt man darüber hinaus, daß in der Elektroindustrie wahrscheinlich mehr Maschinenbauer als Elektrotechniker arbeiteten und sich unter den Maschinenbauern ein weit höherer Anteil an Mittelschulingenieuren befand, dann kann man vermuten, daß sich unter den Elektrotechnikern die Hochschul- und die Mittelschulabsolventen zumindest die Waage hielten oder sogar eher die von den Technischen Hochschulen kommenden Ingenieure überwogen. In diese Richtung weist auch das Ergebnis einer von uns vorgenommenen Analyse der Elite der elektrotechnischen Industrie.[9] Diese Gruppe enthielt etwa zehnmal so viele Hochschüler wie Mittelschüler. Es liegt auf der Hand, daß dieses Ergebnis der Eliteuntersuchung nicht für die Gesamtheit der Elektrotechniker Geltung beanspruchen kann, weil die Hochschulabsolventen bessere kognitive und soziale Ausgangsbedingungen für eine Karriere besaßen.

Unsere wohlbegründete Vermutung lautet also, daß unter den Elektrotechnikern die Zahl der Absolventen der Technischen Hochschule die der

[5] ÖStA AVA MK F 1459 Nr 9243; vgl. auch ETZ (1894), S. 553f.

[6] Gispen, New Profession, S. 161f.; König, Technical Education, S. 82–84.

[7] Jaeckel, S. 1, 4 u. 36.

[8] Kocka, Unternehmensverwaltung, S. 470.

[9] S. u. S. 249–56.

Absolventen der technischen Mittelschulen übertraf. Dieses Ergebnis entspricht den unterschiedlichen Inhalten und Zielen der Studiengänge an den beiden Ausbildungsstätten. Das Studium an der Technischen Hochschule und das Studium der Elektrotechnik besaß größere theoretische Anteile als das an der technischen Mittelschule und das des Maschinenbaus. Die Technischen Hochschulen bildeten mehr mit der beruflichen Zielrichtung technisches Büro aus, die Mittelschulen mehr mit Zielrichtung Werkstatt; und ein Großteil der Elektrotechniker fand in den Berechnungs- und Projektierungsbüros Anstellung, während sie seltener in die Fertigung gingen. Für unsere Arbeit, die sich in erster Linie auf die Technischen Hochschulen konzentriert, stützen diese Überlegungen die Auffassung, daß wir mit dieser Selbstbeschränkung nicht nur qualitativ die wissenschaftliche Disziplin Elektrotechnik erfassen, sondern auch quantitativ den größeren Teil der Berufsgruppe der Elektrotechniker.

Strukturen des Institutionalisierungsprozesses

Die Disziplin

Die Institutionalisierung der akademischen Elektrotechnik war Reaktion und Antizipation zugleich. Mit der Einrichtung elektrotechnischer Veranstaltungen und Professuren reagierten die Kultusministerien und die Hochschulen auf starkstromtechnische Innovationen wie elektrische Maschinen und Straßenbahnen, Bogen- und Glühlampen sowie Beleuchtungssysteme für Straßen und Plätze, Fabriken, Geschäfte und Verwaltungsgebäude. Zugleich antizipierten sie mit ihren Institutionalisierungsmaßnahmen die erwartete industrielle Zukunft des neuen Zweiges der Technik mit städtischen und regionalen elektrischen Versorgungssystemen für Licht und Kraft. In der elektrotechnischen Industrie sowie für die neuen Anwendungsfelder rechnete man mit einer steigenden Nachfrage nach Ingenieuren mit elektrotechnischen Kenntnissen. Da sich der Einsatz von Großmaschinen abzeichnete, glaubte man, wie sich herausstellte zu Recht, handwerklich-feinmechanisches Know-how wie beim Bau wissenschaftlicher und telegrafischer Apparate werde in Zukunft nicht mehr ausreichen. Da auf den sich entwickelnden Anwendungsfeldern private Unternehmungen tätig waren, ging man davon aus, daß hier nicht der Staat mit speziellen Ausbildungsstätten wie für Telegrafiebeamte die Nachfrage befriedigen werde. Wie plausibel diese Überlegungen – von heute aus gesehen – auch immer anmuten mögen, zu Beginn der 1880er Jahre waren sie mit vielen Unwägbarkeiten verbunden. Die akademische Institutionalisierung der Elektrotechnik stellte eine mit Risiken behaftete Option auf die Zukunft dar, welche aber unter günstigen Bedingungen reiche Gewinne abzuwerfen versprach.

Die stattgefundene und erwartete technische und industrielle Entwicklung bildete auch den Hintergrund für mehr oder weniger konkrete Institutionalisierungsanregungen, wie sie von Werner Siemens Ende 1881 kamen oder im Zusammenhang mit der internationalen elektrotechnischen Ausstellung in München im Herbst 1882 entstanden. Trotzdem konzentrierten sich die Bemühungen um eine akademische Institutionalisierung der Elektrotechnik nicht auf die Hochschulorte, wo es schon eine bedeutende elektrotechnische Industrie gab. 1882 war dies eigentlich nur Berlin mit Siemens & Halske und Nürnberg mit Schuckert, letzteres kein Hochschulstandort. Tatsächlich verfolgte aber die preußische Regierung den Grundsatz der gleichgewichtigen

Behandlung der drei Technischen Hochschulen des Landes, Aachen, Berlin und Hannover, und präferierte Berlin in keiner Weise. Auch die Münchener elektrotechnische Ausstellung führte außerhalb Bayerns zu schnelleren und weitreichenderen Institutionalisierungsmaßnahmen als am Ausstellungsort. Zu dieser Zeit besaß der Arbeitsmarkt für Ingenieure bereits einen nationalen Charakter, so daß auch die Hochschulen kleinerer Staaten wie Darmstadt hoffen konnten, mit neuen Fächern Studienanfänger aus anderen deutschen Ländern anzuziehen, und nicht mit Schwierigkeiten rechneten, die fertigen Ingenieure in weit entfernten Industriestandorten unterzubringen. Dominierte unter den Ingenieuren und in der Industrie ein auf den Gesamtstaat ausgerichtetes Denken, so war dies bei den einzelstaatlichen Regierungen, die schließlich die neuen Lehrstühle und Institute finanzieren mußten, naturgemäß etwas anders. Für sie standen die Vorteile für das eigene Land im Vordergrund. Doch auch in dieser Perspektive konnte eine Institutionalisierung der Elektrotechnik abseits der industriellen Zentren lohnend erscheinen. Man versprach sich davon Anstöße für die Elektrifizierung des Landes und seiner Industrie. Die Vorstellung, daß technische Bildung eine wichtige Produktivkraft sei, gehörte längst zum nicht mehr hinterfragten Bestandteil bildungspolitischer Ideologie.

Die Bedeutung der technisch-industriellen Ursachen der Institutionalisierung übertraf die der wissenschaftlich-kognitiven bei weitem. Weder gab es um 1880 entscheidende Durchbrüche bei der theoretischen Erklärung elektrischer Maschinen, dem Schlüsselelement der sich entwickelnden Starkstromtechnik, noch nahm die Institutionalisierungsdiskussion auf Ergebnisse der theoretischen Elektrizitätslehre überhaupt Bezug. Die Institutionalisierungsmaßnahmen zielten auf die Ausbildung von Elektrotechnikern, nicht auf die Produktion theoretischen Wissens. Doch gingen die Protagonisten der akademischen Elektrotechnik wie selbstverständlich davon aus, daß das zu vermittelnde physikalische und maschinenbautechnische Wissen beruflichen Nutzen stiften werde und offensichtliche wissenschaftliche Lücken in der Elektrotechnik zu schließen seien. Auch dies eine – wenn auch weniger thematisierte – risikoreiche Option, diesmal auf die Zukunft der Elektrotechnik als Wissenschaft. Die Prioritäten jedoch lagen anders. Plakativ ausgedrückt: Die akademische Elektrotechnik erwuchs nicht aus Wissenschaft, sondern aus Technik und Industrie. Nicht alte Wissenschaft generierte neue Wissenschaft – ein für die Naturwissenschaften entwickeltes Erklärungsmodell –, sondern in Entstehung begriffene Technik trieb die Keime einer neuen Wissenschaft hervor.

Die akademische Elektrotechnik entstand zwar aus Technik und Industrie, doch wurde sie zunächst im Rahmen bestehender wissenschaftlicher Disziplinen institutionalisiert, nämlich der Physik oder dem Maschinenbau. Die sich aus der Alternative Physik oder Maschinenbau ergebenden Konfrontationen besaßen pragmatische und konzeptionelle Dimensionen. Physiker und Maschinenbauer bemühten sich um das neue Fach, weil es zusätzliche Studenten und Kollegiengelder sowie einen Aus- und Aufbau von Instituten und Laboratorien versprach. Darüber hinaus ging es aber auch grundsätzlich um das Verhältnis von Naturwissenschaften und Ingenieurwissenschaften und von Theorie und Praxis. Für viele Physiker war die Technik schlechthin angewandte Naturwissenschaft und die Elektrotechnik angewandte Physik, während einzelne Ingenieurprofessoren die besondere wissenschaftliche Qualität der technischen Fächer zu entdecken begannen. In der physikalischen Theorie sahen manche Physiker die einzigen zeitbeständigen Grundlagen für eine elektrotechnische Berufspraxis, während manche Maschinenbauer einzig Erkenntnissen, die im experimentellen Umgang mit Maschinen gewonnen wurden, Praxisrelevanz zugestanden.

Den größeren Erfolg errang die Elektrotechnik an den Hochschulen, an denen sie sich früh verselbständigte: durch die Einrichtung von Lehrstellen, Professuren, Instituten, Abteilungen, Laboratorien und Studiengängen. Dies schloß nicht aus, daß die Elektrotechnik weiterhin in mehr oder weniger engen Beziehungen zum Maschinenbau und in geringerem Maß zur Physik stand. Aber allein die Signalwirkung des Wortes "Elektrotechnik" als Bezeichnung von Professuren und Studiengängen zog Studenten an und intensivierte die Bemühungen, den Begriff mit berufsrelevanten Lehrinhalten zu füllen. Allerdings galt es, die durch eine frühe Institutionalisierung gewonnenen Startvorteile in solider Arbeit kompetenter Fachvertreter in einen dauernden Vorsprung umzusetzen.

Die Anstöße für eine Institutionalisierung der Elektrotechnik fielen in eine Zeit, als die Technischen Hochschulen eine Krise durchzumachen hatten. Sie durchschritten eine Talsohle der Besuchsfrequenz, deren tiefster Punkt 1883/84 lag. Die Existenzfrage stellte sich besonders für die kleineren Hochschulen, wie Darmstadt und Braunschweig, deren Studentenzahlen nur noch etwa einhundert betrugen. Über beiden Hochschulen schwebte das Damoklesschwert einer von Teilen der Ständeversammlung vertretenen Schließungsforderung. Aber auch die an anderen Hochschulen geführten Diskussionen zeigen, daß die Hoffnung auf zusätzliche Studenten keine geringe Rolle beim Aufbau eines elektrotechnischen Lehrangebots spielte. Die Bereitschaft zu einer frühen Institutionalisierung war bei den gefährdetsten Hochschulen Darmstadt und Braunschweig besonders groß. Braunschweig ließ sich jedoch durch Werner Siemens zu einem Sinneswandel verleiten, und die Regierung zeigte sich nicht gerade freigebig hinsichtlich der Bewilligung zusätzlicher Mittel. In Darmstadt dagegen ermöglichten erst städtische Gelder die schnelle und weitreichende Institutionalisierung, die die Hochschule für etwa zwei Jahrzehnte zur Hochburg der deutschen Elektrotechnik machte. Für die Stadt bildete die Hochschule mit ihren

Einrichtungen und Studenten ein wichtiger Wirtschaftsfaktor, den man auf diese Weise zu erhalten und zu stärken hoffte. Industriepolitische Überlegungen, die auf eine Förderung der örtlichen Industrie zielten, blieben dagegen sekundär. Bildete die Krise der Technischen Hochschulen zu Beginn der 1880er Jahre einen fruchtbaren Boden für Experimente mit der Institutionalisierung neuer Fächer wie der Elektrotechnik, so lag es doch an lokalen Gegebenheiten und den handelnden Personen, ob, wann und in welchem Umfang dieser Boden auch tatsächlich Früchte trug.

Entstand die Elektrotechnik unter sehr spezifischen Zeitumständen, so entwickelte sich das neue Fach in den Jahrzehnten vor dem Ersten Weltkrieg nach gewohnten Expansions- und Differenzierungsmustern wissenschaftlicher Disziplinen. Dem zunächst nur auf sich allein gestellten Fachvertreter wurden Assistenten, Mechaniker, Labordiener und weitere Kräfte zugeordnet, die die Laboratoriumseinrichtungen warteten und ihn in der Lehre unterstützten. Das zunächst als Einheit verstandene und vertretene Fach spaltete sich in Teildisziplinen auf, zunächst in Form eigener Veranstaltungen, dann von Dozenturen, Professuren und selbständigen Versuchseinrichtungen. Die Differenzierung folgte den Trennungslinien zwischen Theorie und Praxis sowie zwischen verschiedenen Anwendungsfeldern der Elektrotechnik.

Zwischen Physik und Maschinenbau

Das aus der Industrie kommende Fach Elektrotechnik reklamierten zwei etablierte akademische Disziplinen für sich: die Physik und der Maschinenbau. Vordergründig ging es dabei um die Fragen, ob die neuen elektrotechnischen Lehrstühle mit Physikern oder Maschinenbauern zu besetzen seien[1] oder ob die Elektrotechnik an die Physikalischen Institute und Allgemeinen Abteilungen oder an die Maschinenbauabteilung gehöre. Dahinter jedoch standen unterschiedliche Wissenschaftsbegriffe: ein auf Theorie bezogener, nach grundlegenden Prinzipien suchender der Physiker und ein auf praktische Anwendungen bezogener der Maschinenbauer. Zwar gab es auch vermittelnde Positionen, doch insgesamt verliefen die Fronten genau zwischen den beiden Fächern. Es ist zu vermuten, daß an einigen Hochschulen Differenzen nicht an die Öffentlichkeit oder in akademische Gremien gelangten oder sich nicht in den Akten niederschlugen. An anderen wurden sie schnell beigelegt. An dritten schließlich bestimmten die Auseinandersetzungen zwischen Physik und Maschinenbau das Fach Elektrotechnik über zwei Jahrzehnte. Erst um die Jahrhundertwende hatte die Elektrotechnik die Entwicklung ihres eigenen

---

[1] S. u. S. 120–38. Allgemein zum Verhältnis Physik-Elektrotechnik: Stichweh, S. 469–71.

Selbstverständnisses weitgehend abgeschlossen und ihren Platz im Orchester der wissenschaftlichen Disziplinen an den Technischen Hochschulen gefunden.

Für viele Physiker waren die Technik und die Technikwissenschaften nichts weiter als angewandte Physik. Während der Auseinandersetzungen um die fachliche Zuordnung der Elektrotechnik an der TH Karlsruhe im Jahre 1893 konkretisierte der physikalische Fachvertreter Otto Lehmann diesen generellen Anspruch, indem er als Teilgebiete der technischen Physik aufzählte: Instrumentenkunde, Optik und Fotografie, Heizung und Ventilation, Telegrafie und Telefonie, Elektrotechnik, Maschinenbau und Ingenieurwissenschaft.[2] Lehmann oder auch sein Vorgänger Ferdinand Braun[3] identifizierten Wissenschaft mit Theorie, als deren Zentrum und Inbegriff sie die Physik nannten. Technik dagegen sei bloße Anwendung und deswegen einer außerhalb der Naturwissenschaften stattfindenden wissenschaftlichen Behandlung unzugänglich. Aus dieser Betrachtungsweise heraus erschien die an den Technischen Hochschulen zu lehrende Elektrotechnik als Addition von physikalischer Wissenschaft und technischer Anwendung. Wenn dann Lehmann und Braun noch die Aussage hinzufügten, Anwendungskenntnisse seien besser in der Industrie als an der Hochschule zu erwerben, dann war es nur noch ein Schritt, um der Technischen Hochschule generell ihre Existenzberechtigung abzusprechen. Bei Braun jedenfalls läßt sich eine deutliche Tendenz in diese Richtung feststellen. Als Antwort auf die selbst gestellte Frage, ob Elektrotechniker nicht besser von vornherhein an der Universität auszubilden seien, fiel ihm nur der Hinweis auf die unterschiedliche Motivation von Universitäts- und TH-Studenten ein. Später, selbst wieder an die Universität zurückgekehrt, sprach er sich für die Einrichtung technischer Fakultäten an den Universitäten aus.

Wenn auch die an den Technischen Hochschulen lehrenden Physiker aus naheliegenden Gründen die extreme Folgerung aus ihrem Wissenschaftsverständnis nicht zogen, nämlich die Existenzberechtigung der Technischen Hochschulen in Frage zu stellen, so steht doch dahin, welche Aufgabe sie den technischen Fächern überhaupt zumaßen. Da sie ihnen wissenschaftlichen Charakter absprachen, liegt es auf der Hand, daß sie dabei nicht an Forschung, sondern nur an Unterricht dachten. Experimentiereinrichtungen – Otto Lehmann drückte dies offen aus – schienen ihnen für die Ingenieurfächer überflüssig. Als Handwerkszeug des Technikunterrichts nannte Lehmann Tafel und Kreide, Papier und Zeichengerät sowie Funktionsmodelle. Mit der eigentlichen Technik sollte der Ingenieurstudent, wenn man von vor allem auf Exkursionen stattfindenden Maschinenvorführungen absieht, gar nicht

[2] GLA 448–2363, 30.1.1893 – Lehmann an Direktion.

[3] Braun, Ueber Ziel; s. o. S. 49–55.

in Berührung kommen. Lehmanns Vorstellung lief darauf hinaus, den Studenten durch die zeichnerische Darstellung von Maschinen – keine Werkstattzeichnungen! – sowie mit Hilfe von Erläuterungen und Erklärungen der Hochschullehrer einen allgemeinen Eindruck von Struktur und Funktion der Maschinen zu vermitteln. Vertiefte und konkretere Anschauungen seien ohnehin nur in der Industrie zu gewinnen. So abstrus uns Lehmanns Überlegungen aus heutiger Sicht auch anmuten mögen, allzuweit waren sie in seiner Zeit von der Realität nicht entfernt. Was Lehmann aber entweder übersah oder nicht billigte: Die Ingenieurwissenschaften waren dabei, sich Versuchseinrichtungen zu geben und einen praxisorientierten Konstruktionsunterricht einzuführen.

Ein besonders von Ferdinand Braun betontes Argument, bei dem er sich auch auf eine technikwissenschaftliche Autorität wie Franz Grashof berufen konnte, lautete, daß theoretische Kenntnisse zeitbeständiger seien als anwendungsorientierte. Dies ließ sich nicht so einfach von der Hand weisen, war die Technik doch einem dynamischen Veränderungsprozeß unterworfen, wurden doch Produkte und Verfahren ständig verbessert und lösten neue alte Produkte ab. Die Frage war nur, ob die referierte zeitbeständige Theorie, die von Braun angemahnten "Axiome" sich auf die Technik und die technischen Probleme selbst oder auf abstrakte physikalische Zusammenhänge bezogen. Tatsächlich waren – das Urteil aus heutiger Kenntnis heraus gesprochen – die Anfang der 1880er Jahre gehandelten Theorien der Elektrotechniker über elektrische Maschinen außerordentlich mangelhaft. Die Aussagen der physikalischen Elektrizitätslehre hingegen waren für die Lösung von Konstruktionsaufgaben gänzlich irrelevant.

Das Unverständnis der Physiker für beim Bau elektrischer Maschinen auftretende Probleme zeigt ein Gutachten des Aachener Fachvertreters Adolf Wüllner, mit dem dieser 1882 die wissenschaftliche und organisatorische Zugehörigkeit der Elektrotechnik zur Physik zu begründen suchte.[4] Wüllner führte aus: "Die electrischen Maschinen sind sammt und sonders Specialfälle der magnetelectrischen Induction; nach den Gesetzen der Induction muß in jedem Falle die Wickelung der Trommeln oder Ringe und der Magnete bestimmt werden, um die erforderlichen electromagnetischen Kräfte zu erhalten; das Ohm'sche Gesetz liefert in jedem Falle die erforderlichen Leitungen, je nachdem Bogenlichter oder Glühlichter angewandt werden sollen oder durch den Strom eine Kraftübertragung zu bewirken ist. . . . . Das speciell maschinentechnische an den Maschinen ist der Natur der Maschinen nach von der denkbar einfachsten Art; es handelt sich immer um die rotirende Bewegung eines Ankers, der Trommel oder des Ringes. Die Dynamomaschinen bleiben eben immer ziemlich einfache nur in großen

[4] HA Aachen 887, 25.11.1882 – Gutachten Wüllner.

Dimensionen ausgeführte physikalische Apparate." Man mag davon absehen, daß es Wüllner schwergefallen wäre, mit den Induktionsgesetzen den elektrischen Teil der Maschine zu bestimmen oder mit dem Ohm'schen Gesetz die technisch-wirtschaftliche Aufgabe der Leitungsdimensionierung zu bewältigen. Die Beschränkung der maschinentechnischen Probleme auf das Rotationsprinzip und die Ignorierung von Fragen der Dimensionierung, der Festigkeit, der Materialien, der Lagerung und der Schmierung spricht für sich. Über solche allgemeinste physikalische Prinzipien gewannen die Studenten höchstens ein rudimentäres Verständnis von Funktionsweisen, für Berechnungs- und Konstruktionsaufgaben waren sie wertlos.

Die Physiker identifizierten Wissenschaft mit Theorie und sahen in der Technik und in den Ingenieurfächern eine Anwendung der Physik. Diese Vorstellungen finden eine Parallele in den Auseinandersetzungen zwischen Professoren der Mathematik an den Technischen Hochschulen und Vertretern des Maschinenbaus in der zweiten Hälfte der 1890er Jahre.[5] Bei diesen Auseinandersetzungen ging es um den Stellenwert der Mathematik in der Ingenieurausbildung und um die Frage der fachlichen Herkunft der den Mathematikunterricht erteilenden Lehrkräfte. Die Mathematiker wandten sich gegen eine quantitative und – nach mathematischen Kriterien – qualitative Reduzierung des Unterrichts und gegen die Forderung, in Zukunft müsse er durch Lehrer erteilt werden, die ein technisches Fach studiert hätten.[6] Die Mathematiker bezeichneten ihre Disziplin als eine "grundlegende Wissenschaft" für die Ingenieurausbildung. Wenn an Technischen Hochschulen eine anspruchsvolle reine Mathematik keinen Platz finde, bestehe die Gefahr, "daß die höhere theoretische Ausbildung der Techniker von den Universitäten übernommen wird wodurch die Technischen Hochschulen zu Mittelschulen herabgedrückt würden." Die Resolution der Mathematiker schloß: "Nur in der Vereinigung technischer und theoretischer Interessen in dem Lehrkörper der Hochschule liegt die Gewähr dafür, daß die Hochschule den von Seiten der Technik an sie gestellten Forderungen zu genügen vermag, wie auch den Anforderungen, welche die Hochschule, in ihrem wohlverstandenen gemeinsamen Interesse mit der Universität, als Pflegestätte der technischen und der Natur-Wissenschaften erfüllen muss." Die Aussage lief darauf hinaus, daß in der Ingenieurausbildung die Ingenieurprofessoren die Technik, die Mathematiker aber die Theorie und damit das Wissenschaftliche lieferten. Eine Entgegnung der Maschinenbauer ließ nicht lange auf sich warten. Sie sahen in der Mathematik ein "Hilfsmittel" der Ingenieurausbildung. Gegen die Gegenüberstellung der Mathematiker von technisch und theoretisch

[5] Manegold, Universität; König, Wissenschaft; vor allem aber Hensel u.a.

[6] Abdruck der zentralen Resolutionen bei Hensel u.a., S. 284–87.

legten sie entschieden Widerspruch ein und reklamierten eine spezifische theoretisch-wissenschaftliche Qualität der technischen Fächer. Wenn dieser Krieg der Resolutionen auch bald ein Ende nahm, so kamen in ihm doch tiefreichende Gegensätze zum Ausdruck im Technik- und Wissenschaftsverständnis von Mathematik und Naturwissenschaften auf der einen und Ingenieurwissenschaft auf der anderen Seite.

Kamen die differierenden Wissenschaftsbegriffe von Mathematikern und Ingenieuren in der Diskussion um den Mathematikunterricht an den Technischen Hochschulen zum Vorschein, dann die von Physikern und Maschinenbauern bei der Institutionalisierung der Elektrotechnik. Haben wir das Verständnis der Physiker von elektrotechnischer Wissenschaft und seine Schwächen bereits skizziert, so bleibt die Frage, ob und wie die Maschinenbauer die spezifische theoretisch-wissenschaftliche Qualität der Elektrotechnik aus ihrer Sicht bestimmten. Gegen die Betonung der Theorie durch die Physiker, verlangten die Maschinenbauer Praxisnähe und Praxisrelevanz des Wissens. Von der Forderung der Praxisnähe ausgehend, wäre es nun leicht möglich gewesen, auf den Zusammenhang zwischen Objekten und wissenschaftlichen Aussagen über diese Objekte einzugehen und daraus Spezifika der Technikwissenschaften abzuleiten. Doch ließen sich die Maschinenbauprofessoren auf solche theoretischen Höhenflüge kaum ein. Sie operationalisierten Praxisnähe und Praxisrelevanz schlicht in der Frage, ob das Wissen der Absolventen diese zu einer Arbeit in der Industrie befähige. Noch am nächsten kam der Karlsruher Maschinenbauer Ernst Brauer theoretischen Aussagen über die Technikwissenschaften, als er gegen seinen Karlsruher Physikkollegen Lehmann die Aufgaben des elektrotechnischen von denen des physikalischen Laboratoriums absetzte.[7] In der Technik – so Brauer – gehe es um die Lösung von Aufgaben unter ungünstigen Bedingungen, mit den einfachsten Mitteln und mit hinreichender Genauigkeit. In dieser Bestimmung klangen gleich mehrere Prinzipien technischer und technikwissenschaftlicher Arbeit an:

- das Ökonomieprinzip: Technik steht in wirtschaftlichen Zusammenhängen. Diese Zusammenhänge haben technische und technikwissenschaftliche Lösungen zu beachten.
- das Ziel- Mittel-Prinzip: Technische Lösungen sind nur unter Bezugnahme auf Ziele zu beurteilen. Eine Veränderung der Ziele führt zu einer Veränderung der Mittel.
- das Prinzip der Offenheit technischer Systeme: Auf technische Systeme wirken immer zahlreiche Einflußfaktoren ein. Während es in den Naturwissenschaften darum geht, das zu untersuchende System von Störgrößen

---

[7] S. o. S. 53f.

zu isolieren, geht es in den Technikwissenschaften darum, diese einzubeziehen. Aus diesem Grund legten die Elektrotechniker auch keinen Wert darauf, ihre Laboratorien von Außeneinflüssen, wie durch Straßenbahnen herrührende Erdströme oder Erschütterungen abzuschirmen. Im Gegenteil: Diese waren erwünscht, denn so ließen sich praxisnähere Meßmethoden und Erklärungsmodelle entwickeln.

Es gab also durchaus Ansätze für theoretische Aussagen zu den Spezifika von Technikwissenschaften sowie der Elektrotechnik im Unterschied zur physikalischen Elektrizitätslehre. Daß die Ingenieure diese Ansätze nicht weiter ausarbeiteten, hing mit ihrer Praxisorientierung und Theorieabstinenz zusammen. Die Ministerien und die Öffentlichkeit beurteilten die Hochschulen zudem noch in erster Linie unter der Perspektive der Ausbildung und des Unterrichts und erst in zweiter unter der der Forschung. Allein schon der Nachweis größerer beruflicher Relevanz technischer Wissenselemente im Vergleich zu physikalischen brachte deshalb die Maschinenbauer in der Auseinandersetzung mit den Physikern über die Elektrotechnik in eine günstige Position.

In einer durch den Historismus geprägten Zeit bemühten sich Physiker wie Maschinenbauer, ihre Ansprüche auf die Elektrotechnik durch Aussagen über die Beziehungen zwischen Physik und Technik in der Geschichte zu stützen. Rektoratsreden der beiden Karlsruher Kontrahenten Otto Lehmann und Engelbert Arnold aus den Jahren 1901 und 1906 lassen sich wie ein Streitgespräch zu diesem Thema interpretieren.[8] Lehmann bot einen recht anspruchsvollen Überblick über die Entwicklung der Technik vom Altertum bis zur Gegenwart, die er in allgemeine geistesgeschichtliche Zusammenhänge stellte. Seine Betonung der überragenden Rolle der Physik für die Technikentwicklung gipfelte in der Behauptung, daß "alle prinzipiellen Neuerungen auf dem Gebiete der Technik in innigstem Zusammenhang stehen mit der physikalischen Forschung, daß alle diese neuen Errungenschaften ihren Ausgang genommen haben in physikalischen Laboratorien und nirgendwo anders entstehen konnten." Arnold dagegen wandte sich in seinem Vortrag "Forschen, Erfinden und Gestalten" gegen die Auffassung, "dass naturwissenschaftliche Erkenntnis die einzige Quelle technischer Fortschritte sei und dass die Technik in bedingungsloser Abhängigkeit von den theoretischen Naturwissenschaften stehe." Häufig eile "das mechanische Erfinden und Gestalten" dem wissenschaftlichen Forschen voraus. Die historische Abfolge müsse in diesen Fällen also Gestalten, Erfinden, Forschen heißen. Schließlich

[8] Lehmann, Physik (Zitat S. 48); Arnold, Forschen (Zitat, S. 14); vgl. auch Arnold, Entwickelung sowie StAD, Min. f. Volksbildung, 15547:7, 28.2.1888 – Zech an Schmitt u. Lexis, S. 137.

wies Arnold darauf hin, daß Erfindungen nur erfolgreich seien, wenn sie Bedürfnissen entsprächen oder neue Bedürfnisse schafften.

Wie immer auch die theoretischen, pragmatischen und historischen Argumente lauteten, bei der organisatorischen Zuordnung der Elektrotechnik zur Physik oder zum Maschinenbau handelte es sich nicht zuletzt auch um eine Machtfrage, die an den einzelnen Hochschulen unterschiedlich beantwortet wurde. In Berlin und Stuttgart, wo die Fachvertreter aus dem Maschinenbau kamen und die Maschinenbauabteilung eine starke Position besaß, stand die Zuordnung zum Maschinenbau außer Zweifel. In Aachen scheiterten Adolf Wüllners Bestrebungen, die Elektrotechnik an das Physikalische Institut zu binden, am Widerstand der Maschinenbauer und der eindeutigen Haltung des preußischen Kultusministeriums. In Braunschweig dagegen bildete die Elektrotechnik bis zur Berufung Wilhelm Peukerts im Jahre 1890 ein Anhängsel des Physikalischen Instituts ohne eigenen Fachvertreter. In Dresden wechselte der Fachvertreter zwar 1889 von der Allgemeinen in die Maschinenbauabteilung, vertrat aber bis zur Berufung von Görges im Jahre 1901 immer auch Interessen der Physik. In München fand der Übergang von der Physik zur Maschinenbauabteilung mit Robert M. Frieses Berufung 1899 statt. In Karlsruhe markierte die Berufung von Engelbert Arnold 1894 das Ende der Elektrotechnik als Teil der Physik. Die Radikalität der Veränderung zeigt die Gründung einer eigenständigen elektrotechnischen Abteilung im folgenden Jahr, durch welche die Physik ein Anhängsel der Elektrotechnik wurde. Was die Organisation des Studiums anbelangt, blieb die Elektrotechnik weiter in enger Bindung zum Maschinenbau. In Darmstadt hatte Erasmus Kittler das Experiment einer eigenen elektrotechnischen Abteilung bereits 1883 gewagt. Ein Sonderfall stellte Hannover dar. Zusammen mit der Physik bildete hier die Elektrotechnik einen Bestandteil der "chemisch-technischen" Abteilung. Zu dieser Ausnahmeregelung kam es nur, weil die Maschinenbauer den aus der Physik kommenden Fachvertreter Wilhelm Kohlrausch ablehnten. Kohlrausch, eigentlich wider Willen zu dieser Sonderstellung gekommen, empfand sie eher als Vor- denn als Nachteil. Wie kaum ein anderer seiner Fachkollegen betonte er die Bedeutung der Naturwissenschaften im Studium der Elektrotechnik und entwickelte ein eigenes, zunächst erfolgreiches Studiengangsmodell.[9]

Sieht man von Hannover als Ausnahme ab, so hemmte eine Anlehnung an die Physik, wie in Karlsruhe, München und Dresden, die Entwicklung des Faches. Qualitativ und – auf die Studentenzahlen bezogen – quantitativ fielen diese Hochschulen weit hinter ihre Schwesteranstalten zurück, welche die Elektrotechnik in enger Verbindung mit dem Maschinenbau oder wie

---

[9] S. u. S. 144f.

in Darmstadt in größerer Selbständigkeit etabliert hatten. Bis zur Jahrhundertwende zogen sie dann die Konsequenzen aus ihrem offensichtlichen Rückstand und revidierten ihre Fehlentscheidung. Wie die Beispiele Karlsruhe und München zeigen, war es zu dieser Zeit noch nicht zu spät, um mit einer radikalen Kehrtwendung und neuen Fachvertretern nicht nur Anschluß zu gewinnen, sondern sich sogar an die Spitze zu arbeiten.

Die Physiker konnten ihren Anspruch auf die Elektrotechnik daraus ableiten, daß sie schon seit Jahren die physikalische Elektrizitätslehre vertraten. Wenn Physikprofessoren wie Adolf Wüllner, August Toepler und Otto Lehmann eine Institutionalisierung der Elektrotechnik im Rahmen der Physik forderten, so erwuchs diese Forderung darüber hinaus aus ihrem Wissenschaftsbegriff, und schließlich verfolgten sie materielle Interessen ihres Faches. Das der Elektrotechnik von Seiten der Regierung entgegengebrachte Wohlwollen ließ sich vielleicht zugunsten von Neubauplänen für das Physikalische Institut nutzen. Die zusätzlichen Gelder konnten auch der Ausstattung des Physikalischen Instituts zugutekommen. Durch die für die Elektrotechnik vorgesehenen Stellen ergaben sich gegebenenfalls Versorgungspositionen für die eigenen Schüler. Schließlich wollte man keine das physikalische Laboratorium und die Physikvorlesungen besuchenden Ingenieurstudenden an die Elektrotechnik verlieren. Über Laboratoriumsgebühren und Kollegiengelder betraf dies auch die eigene Tasche. Im Endeffekt erfüllten sich weder die Hoffnungen, noch traten die Befürchtungen ein. Das Fach Physik an den Technischen Hochschulen bewahrte im großen und ganzen seine Stellung. Allerdings hieß dies in der Zeit vor dem Ersten Weltkrieg, daß die Physik an den meisten Hochschulen ein auf die Lehre konzentriertes Schattendasein führte. In der Elektrotechnik dagegen entstanden materiell ausgezeichnet ausgestattete Großinstitute. Es ist verständlich, daß eine solche Bedeutungsverschiebung zwischen beiden Fächern zu Frustrationen bei manchen Physikern führte. Aus einem Randbereich des Fächerspektrums der Technischen Hochschule war die Elektrotechnik in das Zentrum der Ingenieurfächer gerückt. Früher ein Teilgebiet der Physik, nutzte sie jetzt diese als Hilfswissenschaft.

Verselbständigung, Expansion und Differenzierung

Die meisten Technischen Hochschulen richteten in den 1880er Jahren selbständige Lehrstühle für Elektrotechnik ein. Aus der Reihe fielen nur Dresden, Braunschweig (bis 1890), Karlsruhe (bis 1893) und München (bis 1899), welche die Elektrotechnik einem auch für die Physik oder Teile der Physik zuständigen Fachvertreter anvertrauten. Während dies in Braunschweig finanzielle Gründe hatte, spielten an den anderen drei Hochschulen konzeptionelle Gesichtspunkte eine maßgebliche Rolle. Man betrachtete die Elektrotechnik als einen Teil der Physik, den es vor allem theoretisch zu entwickeln gelte. An allen drei Hochschulen wirkten Direktoren, die der theoretischen Richtung innerhalb der Technikwissenschaften anhingen. Der Mineraloge Karl v. Haushofer in München wollte die Technische Hochschule zu einer "Hochschule der exakten Wissenschaften" machen. Gustav Zeuner in Dresden, einer der Begründer der technischen Thermodynamik, arbeitete zwar auch schon technisch-experimentell, entwickelte seine Lehre aber doch in erster Linie aus der Thermodynamik als Teil der Physik. Franz Grashof in Karlsruhe trieb die theoretische Maschinenlehre zu einem Höhepunkt, der aber auch gleichzeitig ihr Ende darstellte. Bis zur Einführung eines Wahlrektorats besaßen die unbefristet von der Regierung ernannten Direktoren, zu dieser Zeit im allgemeinen aus dem Kreis der Hochschullehrer kommend, einen kaum zu überschätzenden Einfluß. Sie bildeten eine Schaltstelle zwischen Hochschule und Ministerium, über die alle Mitteilungen und Forderungen liefen, konnten also auch Informationen filtern und verstärken. Franz Grashof bekleidete in Karlsruhe in den Jahren 1882/83 und 1885/86 das Direktorat, wobei es sich allerdings im Unterschied zu München und Dresden um ein Wahldirektorat handelte. Zusätzlich vertrat er die Hochschule bis Anfang der 1890er Jahre in der Ersten Kammer des Landtags. Aber auch unabhängig von diesen Ämtern ließen sich in Karlsruhe hochschulpolitische Entscheidungen gegen den ausdrücklichen Willen Grashofs wohl nur schwer treffen. Bei Zeuner geht aus den Akten eindeutig hervor, daß er der Verselbständigung der Elektrotechnik massiv entgegenwirkte und sie stattdessen bei der Physik halten wollte, bei Haushofer und Grashof weisen Indizien in die gleiche Richtung. Erst Grashofs Rücktritt vom Lehramt machte den Weg für die Einrichtung einer Elektrotechnikprofessur in Karlsruhe frei, für die man auch noch seinen Lehrstuhl benutzte.

Die wissenschaftlichen Eigeninteressen der Physikprofessoren, welche die Elektrotechnik mit vertraten, hemmten die Entwicklung des Faches. Teilweise hatten die Physiker Schwierigkeiten, sich in das neue Fach einzuarbeiten, teilweise sahen sie in der Elektrotechnik nur eine lästige Aufgabe, die sie von ihren eigentlichen wissenschaftlichen Interessen abhielt. Für manche bildeten die Technische Hochschule und die Elektrotechnik ohnehin nur Zwischenstationen auf dem Weg zu dem erhofften Physikordinariat an einer Universität. Übertrug die Hochschule die Elektrotechnik in den 1880er Jahren einem Physikprofessor, so traf sie damit eine Entscheidung, die länger nachwirkte. Meist gelang es den Physikern, die Verselbständigung der Elektrotechnik längere Zeit zu verhindern, selbst wenn sie das Fach inhaltlich vernachlässigten. Diese scheinbar paradoxe Haltung hing mit den materiellen Ressourcen zusammen, welche die Elektrotechnik der Physik zusätzlich erschloß. Und selbst wenn der

Fachvertreter der Physik wechselte, fiel es schwer, die Pfründe der Elektrotechnik an eine andere Stelle innerhalb der Hochschule zu verlagern.

Eine Verknüpfung der Elektrotechnik mit der Physik dominierte; Verknüpfungen mit dem Maschinenbau gab es nur in Dresden und Berlin. In Dresden vertrat Trajan Rittershaus den Elektromaschinenbau zusammen mit der Kinematik, in Berlin Adolf Slaby die Elektrotechnik zusammen mit der theoretischen Maschinenlehre. In Berlin wirkte sich dies auf die Entwicklung der Elektrotechnik wenig negativ aus, da die theoretische Maschinenlehre an Bedeutung verlor und schließlich aus dem Lehrangebot verschwand. Dagegen verzögerte Rittershaus in einer unheiligen Allianz mit den Physikern die Verselbständigung der Dresdener Elektrotechnik. Das Fazit dieses Überblicks lautet, daß es der Elektrotechnik immer schadete, wenn man sie mit einem anderen Fach zusammenband, im Falle einer Verbindung mit der Physik die Schadenssumme aber höher lag.

Band man an einigen Hochschulen die Elektrotechnik personell mit der Physik zusammen, so an den meisten die Studieninhalte mit dem Maschinenbau.[10] Entweder reicherten elektrotechnische Anteile die Studienpläne des Maschinenbaus an, oder die Hochschulen richteten eigenständige elektrotechnische Studienpläne ein, welche hohe Maschinenbauanteile enthielten. In manchen Ländern und an manchen Hochschulen, so in Preußen für Berlin und Aachen sowie in Württemberg für Stuttgart, hielt man längere Zeit mit dogmatischer Strenge an der Ablehnung eines eigenständigen elektrotechnischen Studienplans fest, ehe man sich gegen Ende des Jahrhunderts dem allgemeinen Trend anschloß. Es hatte sich gezeigt, daß die Hochschulen, die früh einen elektrotechnischen Studienplan verabschiedeten, damit eine erhöhte Anziehungskraft auf Studenten ausübten. Eine solche Strategie bot jedoch nicht nur Reklamevorteile, wie die Kritiker bissig behaupteten. Sie eröffnete auch einen größeren Freiraum für die Weiterentwicklung des Studienplans in seiner Gesamtheit wie hinsichtlich der in ihm enthaltenen elektrotechnischen Anteile. Bei Veränderungen mußte man weniger Rücksicht auf den Maschinenbau nehmen. In einer Zeit, in der alle Fächer expandierten, die Studienpläne unter Überlast litten und die Elektrotechnik selbst in einem dynamischen Wandlungsprozeß begriffen war, bedeutete dies viel. Ein eigenständiges Elektrotechnikstudium, das Darmstadt als erste Hochschule bereits 1883 einführte, bot damit prinzipiell die besseren Möglichkeiten, sowohl inhaltliche wie didaktisch-methodische Veränderungen der Elektrotechnik im Studiengang umzusetzen.

Günstige Bedingungen für eine gedeihliche Entwicklung des Faches ergaben sich also vor allem da, wo sich die Elektrotechnik möglichst früh verselbständigte. An die Spitze setzte sich in dieser Hinsicht Darmstadt, mit

---

[10] S. u. S. 141ff.

einem 1882 eingerichteten elektrotechnischen Lehrstuhl, mit einem 1883 eröffneten Studiengang und einer 1883 gegründeten eigenen elektrotechnischen Abteilung. In der Zeit des Kaiserreichs blieb Karlsruhe die einzige Hochschule, die Darmstadt 1895 mit der Einrichtung einer elektrotechnischen Abteilung folgte. Ein solcher Grad der Verselbständigung bot zwar günstige Bedingungen für den Aufbau einer auf hohem Niveau stehenden, attraktiven Disziplin, doch stellte er hierfür keine unbedingt notwendige Voraussetzung dar. Andere Hochschulen, wie München nach der Jahrhundertwende, zeigten, daß die Elektrotechnik auch im Schoße des Maschinenbaus aufblühen konnte.

An den meisten Hochschulen begann die Elektrotechnik mit einem Professor oder Dozenten, der mit ungenügenden Mitteln ein kleines Übungslaboratorium für die wenigen Fachstudenten einrichtete. Die Zahl der Elektrotechnikstudenten stieg zunächst nur langsam, in den 1890er Jahren dann steil an. Dazu kamen Studenten anderer Fachrichtungen, vor allem des Maschinenbaus, die einzelne elektrotechnische Veranstaltungen besuchten. Die Professoren sahen sich bald gezwungen, einzelne Veranstaltungen in doppelter Ausführung anzubieten. Eine Entlastung brachten seit den späten 1880er Jahren Privatdozenten, vor allem an der TH Berlin mit ihrem für die Elektrotechnik günstigen Umfeld. Den eigentlichen Engpaß für ein qualitativ hochstehendes Elektrotechnikstudium bildeten aber die Zahl und die Ausstattung der Übungsplätze im Laboratorium. Die Hochschulen vergrößerten die Laboratorien schrittweise oder machten mit dem Neubau eines elektrotechnischen Instituts einen großen Sprung vorwärts. Trotz aller Anstrengungen kamen sie mit dem rapiden Anstieg der Studentenzahlen kaum nach – zumindest bis in die Jahre nach der Jahrhundertwende, als die Besuchszahlen zurückgingen und stagnierten, was den Hochschulen etwas Luft verschaffte. Den Übungsbetrieb führten Assistenten nach den Anweisungen der überlasteten und deswegen wenig in Erscheinung tretenden Professoren durch. Die größeren Laboratorien und Institute benötigten nicht nur Assistenten, sondern auch Mechaniker, Diener und Hausmeister sowie Schreibkräfte. Dazu kamen Mitarbeiter, die der Institutsdirektor für seine wissenschaftlichen Arbeiten und seine privaten Nebentätigkeiten als Elektrifizierungsberater und Gutachter einsetzte. So beschäftigte – nach dem Zeugnis von Otto Lehmann – Engelbert Arnold in Karlsruhe allein zwei Assistenten, einen Zeichner und einen Schreiber für die Fertigstellung seiner Bücher über Elektromotoren.[11] In Kittlers oder Arnolds nebenher geführten privaten Ingenieurbüros gingen ihnen immer ein Privatassistent oder auch mehrere zur Hand. Die Elektrotechnik erlebte an den Hochschulen eine kräftige personelle Expansion – allerdings im Rahmen eines hierarchischen

[11] GLA 448–2401, 19.2.1912 u. o. D. – Aufzeichnungen Lehmann.

Systems, an dessen Spitze der einzige ordentliche Professor und Institutsdirektor stand.

Der Lehrauftrag der ersten Professoren der Elektrotechnik lautete, das Fach in seiner Gesamtheit zu vertreten. Blieb dieser Lehrauftrag und der daraus abgeleitete Anspruch der Professoren auch über längere Zeit bestehen, so übernahmen doch de facto zunehmend Privatdozenten, Assistenten und besoldete Dozenten, die bei Bewährung eine gute Chance besaßen, zum außerordentlichen Professor ernannt zu werden, Teile der elektrotechnischen Lehre. Für die Professoren bedeutete dies nicht nur eine zeitliche, sondern auch eine inhaltliche Entlastung. Schließlich erlebte die Elektrotechnik nicht nur eine personelle Expansion, sondern auch einen enormen Wissenszuwachs. Den Professoren mußte es immer schwerer fallen, sich auf allen Teilgebieten auf dem Stand des Wissens zu halten. Dazu kam, daß sie von ihrer eigenen Ausbildung her nicht immer der wissenschaftlichen Entwicklung der Disziplin entsprechende günstige Voraussetzungen mitbrachten. In dieser Situation lag es nahe, über eine Differenzierung der Elektrotechnik in Teilgebiete nachzudenken.

Die fachliche Differenzierung der Elektrotechnik stieß an einigen Hochschulen auf Widerstände, hinter denen zwei Motivkonstellationen standen. Einerseits verteidigten manche Professoren ihre Alleinherrschaft. Sie fürchteten zu Recht, daß eine inhaltliche Aufteilung des Faches eine Aufteilung ihrer Macht nach sich ziehen werde.[12] Andererseits ging es auch um die grundsätzliche Frage, wie sich die Ingenieurwissenschaften weiter entwickeln sollten. Einige Professoren, wie der Maschinenbauer Alois Riedler[13] und wie Adolf Slaby[14] an der TH Berlin, wollten der zunehmenden Spezialisierung und Ausdifferenzierung der Ingenieurfächer Einhalt gebieten. Sie fürchteten, daß inhaltliche Zusammenhänge der Technikwissenschaften bei dem sich ankündigenden Spezialisierungsprozeß auf der Strecke bleiben könnten. Diese Bastion eines allgemeinen Maschinenbaus oder einer allgemeinen Elektrotechnik verteidigten ein “Theoretiker” wie Slaby und ein “Praktiker” wie Riedler Seite an Seite. Sie trafen sich in ihrem Abwehrkampf gegen die Spezialisierung, wenn sie auch das Allgemeine der Technik in ganz unterschiedlichen Richtungen suchten.

Die Gegner einer Differenzierung und Spezialisierung der Elektrotechnik standen auf verlorenem Posten. Zuerst bahnte sich dieser Prozeß in Form von thematischen Lehrveranstaltungen an; nach der Jahrhundertwende nahm er durch die Einrichtung spezieller Professuren seinen Lauf. Zu dieser Zeit

---

[12] S. u. S. 138–40.

[13] Riedler, Wirklichkeitsblinde, S. 128ff.

[14] S. o. S. 37.

ging die Scientific Community der Elektrotechniker zumindest von einer Dreigliederung des Faches aus: in theoretische Elektrotechnik, Elektromaschinenbau und Anlagenprojektion. Hinter diesem Strukturvorschlag standen mehrere Überlegungen. Die theoretische Elektrotechnik sollte die Grundlagen des Faches vermitteln. Elektromaschinenbau und Anlagenprojektion stellten die wichtigsten Anwendungs- und Berufsfelder dar. Während die erstberufenen Professoren sich noch in die theoretische Elektrotechnik einarbeiten konnten, hielt man für die beiden Anwendungsfächer in der industriellen Praxis erworbene Erfahrungen für unabdingbar. Damit lösten die Dreigliederung und die erforderlichen Neuberufungen auch die an den Hochschulen bestehenden Kompetenzprobleme.[15]

Eine Dreiteilung der Elektrotechnik oder auch andere Ausdifferenzierungen hatten sich längst de facto Bahn gebrochen, ehe einzelne Professoren sie zum Programm erhoben und bei den Kultusministerien durchzusetzen suchten. Meist kamen solche Vorschläge auf den Tisch, wenn ein personeller Wechsel anstand. So war es auch bei der ersten systematischen Reflexion über eine fachliche Aufgliederung der Elektrotechnik, die sich in den Akten niedergeschlagen hat. 1898 gab der die Elektrotechnik an der TH Wien seit 1883 vertretende Adalbert v. Waltenhofen (1828–1914) ein Gutachten über die Regelung seiner Nachfolge ab, in dem er vier Teilgebiete innerhalb der Elektrotechnik unterschied:[16] elektrische Meßkunde, theoretische Elektrotechnik, konstruktive Elektrotechnik und "Installationstechnik", worunter Waltenhofen wohl die Projektierung und den Bau elektrischer Anlagen verstand.

Da sich Waltenhofen dafür aussprach, die elektrische Meßkunde und die theoretische Elektrotechnik durch einen Hochschullehrer vertreten zu lassen, enthielt dieser Vorschlag schon die sich später durchsetzende Dreigliederung. Die Hochschule sah die Vorteile der Waltenhofenschen Gliederung, verlangte aber, wohl die finanziellen Möglichkeiten antizipierend, nur die Einrichtung zweier Lehrkanzeln, einer für theoretische und einer für praktische Elektrotechnik. Die Regierung ging noch dahinter zurück und berief nur einen Praktiker, dem man zutraute, auch die theoretische Elektrotechnik mit vertreten zu können.

Mit dem auserkorenen Karl Hochenegg (1860–1942)[17], der seine Stelle formell zum 1.1.1900 antrat, tat die Hochschule einen seltenen Glücksgriff.

---

[15] S. u. S. 125–28.

[16] ÖStA AVA MK F 1242, 17.8.1899 – Vortrag MK, 31.5.1899 – TH an MK, o.D. – Bericht Berufungskommission, 19.6.1898 – Gutachten v. Waltenhofen.

[17] Über Hochenegg s. Hochenegg/Reithoffer, S. 482; Wist; Sequenz, S. 390f.; UA Wien 378; ÖStA AVA MK F 1242, bes. 31.5.1899 – TH an MK, Beilage N.

Der studierte Maschinenbauer hatte 17 Jahre lang bei Siemens & Halske in Wien gearbeitet und zahlreiche bedeutende elektrische Anlagen wie die Budapester Straßen- und Untergrundbahn projektiert. Hochenegg kam mit großen Plänen an die Hochschule und setzte sie gegenüber dem Ministerium weitgehend durch. Die Hochschule erhielt ein großes, vorbildliches elektrotechnisches Institut, das im Jahre 1903 seinen Unterrichtsbetrieb aufnahm.[18] Angeblich konzipierte Hochenegg das Institut von vornherein für fünf Lehrgebiete: theoretische Elektrotechnik, Bau elektrischer Maschinen und Apparate, Bau und Betrieb elektrischer Anlagen, Wechselstromtechnik und Schwachstromtechnik. Bis 1906 setzte er diese fachliche Differenzierung personell um. Hocheneggs eigenes Spezialgebiet bildeten die elektrischen Anlagen. Ein Ministerialbeamter vertrat schon als Dozent die Schwachstromtechnik. Für Wechselstrom besaß die Hochschule mit Max Reithoffer (1864–1945) einen Privatdozenten, den sie 1906 zum außerordentlichen und 1908 zum ordentlichen Professor machte. Für die theoretische Elektrotechnik berief sie 1903 mit Johann Sahulka (1857–1927) und für die elektrischen Maschinen 1905/06 mit Carl Pichelmayer (1868–1914) zwei neue ordentliche Professoren. Mit dem neuen Institut und diesen Berufungen trat an der TH Wien die Elektrotechnik aus ihrem bisherigen Schattendasein und gesellte sich zu den besten deutschen Hochschulen. Im folgenden geschah es häufiger, daß Technische Hochschulen in Deutschland ihren Regierungen die Wiener Elektrotechnik vor Augen stellten, wenn sie Ausbauwünsche durchzusetzen suchten.

Sprach Hochenegg auch von einer fachlichen Gliederung der Elektrotechnik in fünf Teile, so dokumentierten doch die Namen der Berufenen und ihre dienstliche Position ein höheres Gewicht der theoretischen Elektrotechnik, des Elektromaschinenbaus und der Anlagenprojektion. In Deutschland besaß der 1899 nach München berufene Robert M. Friese das größte Verdienst, daß sich diese Dreigliederung nach der Jahrhundertwende zur Norm entwickelte.[19] Als Friese nach relativ kurzer Zeit die Hochschule wieder verließ, verlangte er in einer Art Vermächtnis die fachliche und personelle Dreiteilung der Münchener Elektrotechnik, was Ministerium und Hochschule in den folgenden Jahren auch in die Tat umsetzten. Im Zeitraum zwischen Jahrhundertwende und Weltkrieg wurde das Niveau der Elektrotechnik an den einzelnen Hochschulen nicht zuletzt daran gemessen, ob die drei Teile je ein kompetenter Dozent, am besten ein ordentlicher Professor, vertrat. Am ehesten traf dies am Vorabend des Krieges noch für München und Karlsruhe und mit Einschränkungen für Darmstadt, Berlin und Aachen zu.

---

[18] Hochenegg; Hochenegg/Reithoffer, S. 482f.

[19] S. o. S. 61f.

Die um die Jahrhundertwende einsetzende Differenzierung des Faches zog auch eine neuartige Differenzierung des elektrotechnischen Praktikums nach sich. Das Praktikum I führte die Studenten durch die Arbeit an Versuchsapparaturen in die Grundlagen der Elektrotechnik ein. Das Praktikum II ermöglichte ihnen praxisnahe Untersuchungen an Maschinen und Anlagen. An manchen Hochschulen fanden die beiden durch unterschiedliche Dozenten und Assistenten gegebenen Praktika in räumlich voneinander geschiedenen Einrichtungen statt, so an der TH Berlin das Praktikum I im Elektrotechnischen Laboratorium und das Praktikum II im Elektrotechnischen Versuchsfeld.

Starkstrom und Schwachstrom – Die Dominanz der Starkstromtechnik

Wenn in der Zeit vor 1880 von Anwendungen der Elektrizität die Rede war, dachte man in erster Linie an die Telegrafie. Der um 1880 aufkommende Begriff Elektrotechnik – z.B. im Namen des 1879 in Berlin gegründeten Elektrotechnischen Vereins – sollte schon andeuten, daß sich jetzt weitere Anwendungsfelder eröffneten: elektrische Beleuchtung, elektrische Kraftübertragung und Elektrochemie. Stand die Gegenwart noch ganz im Zeichen der Schwachstromtechnik, das heißt der Telegrafie, so konzentrierten sich die Zukunftserwartungen weitgehend auf die Starkstromtechnik. Von den Mitgliedern der 1881 gegründeten Frankfurter Elektrotechnischen Gesellschaft waren noch zwei Drittel Postbeamte. Zur Pariser Elektrotechnischen Ausstellung 1881, die die Sensation der Glühlampenbeleuchtung vorführte, lud der französische Minister für Post und Telegrafie ein. Ein 1882 in der Elektrotechnischen Zeitschrift erschienener Bericht über einen Teilaspekt der Ausstellung, nämlich "Das Schulwesen für Elektrotechnik", konnte sich noch ausschließlich auf Telegrafenschulen beziehen.[20]

Dagegen erfolgte die Institutionalisierung der Elektrotechnik an den Technischen Hochschulen ganz als Option auf die Zukunft der industriellen Starkstromtechnik. Bei den anläßlich von Lehrstuhleinrichtungen an den einzelnen Technischen Hochschulen geführten Diskussionen war viel von Industrie, elektrischen Maschinen und Beleuchtungsanlagen die Rede, aber kaum etwas von Telegrafie und Staatsdienst.[21] Dies kam daher, weil die Postverwaltung ihren telegrafentechnischen Nachwuchs an eigenen Schulen ausbildete. Die Konzentration der Technischen Hochschulen auf die

[20] ETZ (1882), S. 108–13.

[21] Deswegen erscheint uns die Betonung des Zusammenhangs zwischen der Institutionalisierung der Schwachstrom- und der Starkstromtechnik durch Seidel, Von der elektrischen Telegraphie, als irreführend.

Starkstromtechnik verstärkte sich noch, als sich der Produktionsschwerpunkt in der Industrie wie erwartet verschob. Hatte die elektrotechnische Industrie Mitte der 1870er Jahre noch 90% ihres Umsatzes mit schwachstromtechnischen Produkten getätigt und nur 10% mit starkstromtechnischen, so kehrte sich dieses Verhältnis bis Mitte der 1890er Jahre um. Zu dieser Zeit identifizierte man den Begriff Elektrotechnik weitgehend mit der Starkstromtechnik.[22]

Die Dominanz der Starkstromtechnik an den Technischen Hochschulen hieß jedoch nicht, daß Telegrafie und Telefonie nicht im Lehrangebot auftauchten.[23] Diese Fächer wurden gelesen, und zwar meistens von Telegrafenbeamten. An die Einrichtung besonderer Professuren dachte man zu dieser Zeit noch nicht. Nach der Jahrhundertwende kam als neues Anwendungsfeld der Elektrizität die drahtlose Telegrafie dazu, welche eine Fülle neuer theoretischer Probleme aufwarf. Bald zeichnete sich ab, daß die etablierten Gebiete der Nachrichtentechnik, Telefonie, drahtgebundene und drahtlose Telegrafie, eine Ausdehnung erfahren und im Zusammenhang mit der Entwicklung der Elektronenröhren neue hinzukommen würden. All dies veranlaßte die Technischen Hochschulen, seit etwa 1910 über eine forcierte Institutionalisierung der Nachrichtentechnik nachzudenken: über die Einrichtung spezieller Lehrstühle, Institute und Studiengänge. Jedoch gelangte man nur an wenigen Hochschulen zu ersten Konkretisierungen. Eine allgemeine akademische Institutionalisierung der Schwachstrom- oder Nachrichtentechnik fand erst in der Zwischenkriegszeit statt.

Die Professoren

Als die Technischen Hochschulen 1882 mit der Einrichtung elektrotechnischer Lehrstühle begannen, stellte sich die Frage, welche Kompetenz die zu Berufenden mitbringen sollten. Tatsächlich waren die Hochschulen kaum in der Lage, die kognitiven Inhalte des neuen Faches zu bestimmen. Konnte man sich noch darauf einigen, daß Ingenieure für die elektrotechnische Industrie auszubilden seien, so ergaben sich bezüglich der organisatorischen und inhaltlichen Gestaltung des Studiums schnell tiefreichende Differenzen zwischen Physikern, die das Fach mehr theoretisch, und Ingenieuren, die die Elektrotechnik mehr praxisorientiert entwickeln wollten. Da studierte Elektrotechniker natürlich noch nicht zur Verfügung standen, ging es bei den Lehrstuhlbesetzungen um die Vorbildung des zu Berufenden, ob er

---

[22] Vgl. hierzu z.B. Georg Siemens, Erziehendes Leben, S. 71.

[23] Vgl. hierzu König, Elektrotechnik, S. 85.

Physiker oder Maschinenbauer sein solle, sowie darum, ob er Industrieerfahrungen mitzubringen habe. Da Kandidaten aus der Industrie nicht zu gewinnen waren und die Physiker auf ihre Lehrerfahrungen in der theoretischen Elektrizitätslehre verweisen konnten, kamen die ersten Elektrotechnikprofessoren meist aus dem Kreis der Hochschulphysiker. In den 1890er Jahren wandelten sich die Ansprüche, die man an einen Hochschullehrer der Elektrotechnik stellte. Die meisten der neu Berufenen hatten jetzt Elektrotechnik oder Maschinenbau studiert und eine Reihe von Jahren in der Industrie gearbeitet. Physiker berief man höchstens noch für das Teilgebiet der theoretischen Elektrotechnik.

Die ersten Elektrotechnikprofessoren, ob sie nun in den 1880er Jahren aus der Hochschulphysik oder in den 1890er Jahren und später aus der industriellen Praxis kamen, vertraten das Fach in seiner Gesamtheit. Als Institutsdirektoren standen sie einer Anzahl von Mitarbeitern vor, und als ordentliche Professoren besaßen sie maßgebenden Einfluß auf die Festlegung der Studieninhalte und Prüfungsordnungen. Aus dieser autokratischen Struktur konnten sich leicht Auseinandersetzungen mit anderen Dozenten und außerordentlichen Professoren der Elektrotechnik ergeben, welche immer größere fachliche Bereiche in Lehre und Forschung vertraten. Die Institutsdirektoren waren kaum mehr in der Lage, sich auf allen Gebieten der in einer rapiden Entwicklung begriffenen Elektrotechnik auf dem laufenden zu halten. Dazu kam, daß die jüngeren Dozenten von ihrer Vorbildung und ihrer Berufserfahrung her häufig bessere Voraussetzungen für die Rezeption der fachlichen Fortschritte mit sich brachten als die Lehrstuhlinhaber. Auf diese Weise begann die kognitive Expansion und Differenzierung des Faches das autokratische Direktorialprinzip zu unterminieren. Eine ernsthafte Gefährdung erfuhr es aber erst, als sich seit der Jahrhundertwende die Überzeugung durchsetzte, daß die Elektrotechnik in die durch selbständige Professuren zu vertretenden drei Subdisziplinen theoretische Elektrotechnik, Elektromaschinenbau und Anlagenprojektion aufzuteilen sei. In der Folgezeit begann das Kollegialprinzip das Direktorialprinzip abzulösen – an einigen Hochschulen unter heftigen Auseinandersetzungen. Im Zuge dieser Entwicklung konnten mehrere elektrotechnische Hochschuleinrichtungen nebeneinander entstehen, oder die ordentlichen Professoren lösten sich in der Leitung des elektrotechnischen Instituts ab. Bis Kriegsausbruch war dies weit gediehen, aber noch nicht abgeschlossen.

Berufungen: Vom Hochschulphysiker zum Industrietechniker

Mit den zwischen 1882 und 1884 stattfindenden Berufungen der ersten Elektrotechniker trafen die Hochschulen und Kultusministerien Entscheidungen mit weitreichenden Konsequenzen. Die Entwicklung des Faches hing in hohem Maß von der Person des ersten Fachvertreters ab. Ihm fiel die Aufgabe zu, das elektrotechnische Laboratorium einzurichten, Lehrveranstaltungen zu konzipieren und diese in bestehende oder neue Studiengänge einzufügen. Wenn er sich einen guten Namen erwarb, konnte dies eine beträchtliche Anzahl von Studenten anziehen. Im Falle von Darmstadt leistete die Elektrotechnik unter Erasmus Kittler sogar einen wesentlichen Beitrag zur Sicherung der Existenz der Hochschule. Wenn sich die Erstberufung eines Professors als Fehlgriff erwies und dieser der Hochschule auf längere Zeit erhalten blieb, dann konnte die Elektrotechnik auf Jahrzehnte den Anschluß an die fachliche Entwicklung verlieren, was sich in niedrigen Studentenzahlen niederschlug. Es weist wenig darauf hin, daß sich die Hochschulen und Ministerien der Tragweite der zu treffenden Entscheidungen bewußt waren. Wie hätten sie auch die gewaltige Expansion der Elektrotechnik mit beträchtlichen Studentenzahlen und der Einrichtung von selbständigen Studiengängen und Abteilungen antizipieren können? Im allgemeinen sahen sie in der Elektrotechnik eine Ergänzung für verschiedene Ingenieurstudiengänge, insbesondere den Maschinenbau, und erwarteten nicht, daß schon ein, zwei Jahrzehnte später die Berufung weiterer Professoren ins Haus stehen würde, womit man der Nachfrage und der zunehmenden Bedeutung des neuen Faches gerecht zu werden versuchte.

Die Hochschulen und die Ministerien betrachteten also die Elektrotechnik als ein Fach unter vielen, für dessen Vertretung man zwar sorgen müsse, aber – in einer Zeit knapper Mittel – mit möglichst geringem Aufwand. Da lag es nahe, sich zunächst einmal unter den eigenen Lehrkräften umzusehen. Einige Hochschulen, wie Karlsruhe, München, Dresden und Braunschweig, beschlossen ohnehin, die Elektrotechnik im Rahmen der Physik zu entwickeln. Dies erwies sich zwar als eine Fehlentscheidung, da die Physiker die Elektrotechnik als fünftes Rad am Wagen behandelten und sich kaum Kompetenz auf dem ihren Interessen fernliegenden Gebiet erarbeiteten. Doch verbaute diese vorläufige Lösung jedenfalls nicht die Möglichkeit, später, als der Fehlschlag dieser Strategie offenbar wurde, einen kompetenten Elektrotechniker zu berufen. Ja, es war sogar so, daß man jetzt auf Bewerber mit höheren Qualifikationen zurückgreifen konnte, so daß sich der anfängliche Rückstand gegenüber anderen Hochschulen aufholen und sogar, wie im Falle von Karlsruhe und München, in einen Vorsprung verwandeln ließ.

Andere Hochschulen, wie Stuttgart, Aachen und Berlin, griffen mit Wilhelm Dietrich, Otto Grotrian und Adolf Slaby auf den eigenen Nachwuchs zurück. Dabei handelte es sich zu dieser Zeit um keinen ungewöhnlichen Vorgang.[1]

---

[1] Zur Frage der Hausberufungen vgl. Scholl, S. 238-52. Die Untersuchung der Karriereverläufe von Hochschullehrern von Schröder, Lehrkörperstruktur, ist für

Die Praxis von Hausberufungen war gang und gäbe. Eine akademische Karriere spielte sich häufig in einem Land oder sogar an einer Hochschule ab. Die Tendenz herrschte vor, erst einmal zu prüfen, ob keiner der eigenen Dozenten für einen zu besetzenden Lehrstuhl in Frage kam, ehe man den Blick nach außen richtete. In Preußen stand die Regierung zudem vor der Schwierigkeit, daß man so schnell wie möglich ein elektrotechnisches Lehrangebot initiieren wollte, zusätzliche Mittel sich aber erst geraume Zeit später in den Landeshaushalt einstellen ließen. Der Rückgriff auf den eigenen Nachwuchs bedeutete in jedem Fall ein Vabanquespiel, da die Berufenen an der Hochschule bislang kaum Gelegenheit besessen hatten, ihre Befähigung für die Elektrotechnik unter Beweis zu stellen. Während sich die Berufung von Otto Grotrian in Aachen eher als Fehlgriff erwies, errangen Wilhelm Dietrich in Stuttgart und Adolf Slaby in Berlin fachliches Ansehen. Bei den Hausberufungen lag ein Problem darin, daß die Dozenten bereits in die Physik oder den Maschinenbau eingebunden waren, was sie zur Rücksichtnahme nötigte. Das machte es ihnen schwer, für das Fach Elektrotechnik einen Neuanfang zu setzen. Die enge Einbindung der Elektrotechnik in den Maschinenbau in Stuttgart und Berlin, die sich bald als Hemmnis erwies, läßt sich jedenfalls teilweise auf solche Rücksichtnahme zurückführen.

Einen Auswärtigen berief man nur, wenn sich unter den eigenen Dozenten niemand empfahl. Zu dieser Kategorie gehörten Erasmus Kittler in Darmstadt und Wilhelm Kohlrausch in Hannover. Ein Ruf nach außen bot Gelegenheit, besondere elektrotechnische Qualifikationen zu berücksichtigen, wie bei Kittler dessen Tätigkeit auf der Münchener elektrotechnischen Ausstellung. Die von außen Berufenen besaßen mehr Freiraum, um die Elektrotechnik in ihnen geeignet erscheinender Weise an der Hochschule zu institutionalisieren. Alte Bindungen oder Abhängigkeitsverhältnisse wie bei den Hausberufenen bildeten für sie kein Hindernis. Kittler nutzte diesen Freiraum, um bereits 1883 eine selbständige elektrotechnische Abteilung einzurichten. Kohlrausch etablierte sich an der chemisch-technischen Abteilung, hierzu allerdings durch die ablehnende Haltung der Hannoveraner Maschinenbauer veranlaßt. Natürlich konnten auch bei der Berufung Auswärtiger Fehlbesetzungen vorkommen. Doch sollte es zu denken geben, daß gerade Kittler und Kohlrausch Darmstadt und Hannover zu Hochburgen der Elektrotechnik

---

uns nicht unmittelbar relevant, da Schröder die zwischen 1879 und 1945 Lehrenden überwiegend als Einheit untersucht und damit über unseren Untersuchungszeitraum hinausgreift. Die beiden zentralen Fragen unseres Berufungs-Kapitels, nämlich Industrieerfahrung und fachliche Vorbildung, behandelt Schröder entweder nur oberflächlich oder klammert sie ganz aus. Die pauschalen, von Ferber übernommenen Zahlenangaben über die Elektrotechnikprofessoren und -dozenten bei Lundgreen, Organization, S. 319 sind unvollständig.

ausbauten – und zwar mit ganz unterschiedlichen Konzeptionen: Kittler mit einem praxisorientierten Ansatz, Kohlrausch mit einem theorieorientierten.

Neben der Frage Hausberufung oder Ruf nach außen ging es um eine Entscheidung hinsichtlich der wissenschaftlichen Herkunft der Kandidaten. Zur Debatte stand, ob der zu Berufende besser Maschinenbauer oder besser Physiker sei. Mit dieser Entscheidung verknüpften sich unterschiedliche Wissenschaftsbegriffe sowie fachliche und persönliche Interessen. Während an einigen Hochschulen die Interessenskonstellationen und die Person des Kandidaten die differierenden Auffassungen unter der Decke hielten, drängten sie an anderen ans Tageslicht, am heftigsten in Hannover. In Hannover verlief die Front der Auseinandersetzungen genau zwischen den Physikern und Naturwissenschaftlern auf der einen Seite und den Maschinenbauern und Ingenieuren auf der anderen. Alle vier zur Diskussion stehenden Kandidaten waren zwar Physiker, aber zwei besaßen darüber hinaus auch maschinentechnische Qualifikationen. Gegen die Ingenieure drang die Minorität der Naturwissenschaftler beim Ministerium mit dem Argument durch, daß die experimentelle Laborpraxis der beiden Hochschulphysiker höher zu bewerten sei als das lange zurückliegende Technikstudium der beiden anderen. Das Ministerium berief schließlich den Hochschulphysiker Wilhelm Kohlrausch. Insgesamt ergaben die zwischen 1882 und 1884 erfolgten Berufungen für Elektrotechnik ein buntes Bild. Mit Kohlrausch (Hannover) und Kittler (Darmstadt) traten zwei Physiker eine Elektrotechnikprofessur an, mit Slaby (Berlin) ein Maschinenbauer. Dietrich (Stuttgart) war Maschinenbauer und besaß eine Zusatzqualifikation in Physik, Grotrian (Aachen) war Physiker, hatte sich aber auch eine technische Basisqualifikation erworben.

Arbeitet man dieses bunte Bild weiter aus, indem man nach dem fachlichen Erfolg der ersten Elektrotechnikprofessoren fragt, dann wird schnell deutlich, daß die Art ihrer fachlichen Grundqualifikation diesen Erfolg in keiner Weise bestimmte. Der fachliche Erfolg hing nicht davon ab, ob die Elektrotechniker Physik oder Maschinenbau oder beides studiert hatten, sondern davon, ob es ihnen gelang, sich in die durch die Industrie geschaffene Elektrotechnik einzuarbeiten und mit ihrer Entwicklung Schritt zu halten. Nicht die formale kognitive Qualifikation machte den erfolgreichen Elektrotechnikprofessor, sondern dessen überfachliche wissenschaftliche Kompetenz und seine Fähigkeit, sich Neues anzueignen. Die damit konstatierte Irrelevanz der Primärqualifikation dürfte für jede Disziplin zutreffen, die in der Herausbildungsphase begriffen ist. In der Elektrotechnik als Wissenschaft wie als Technik konnten in der Zeit vor dem Ersten Weltkrieg grundsätzlich auch Empiriker, das heißt Techniker, die sich ohne schulische Ausbildung in der Industrie hochgearbeitet hatten, ihren Weg machen. Das gleiche traf auch für Absolventen anderer technischer Fachrichtungen zu, wie man am

Beispiel der Bauingenieure Oskar v. Miller und Coerper, dem Direktor des Kölner Helios, sehen kann. Um so verwunderlicher ist es, wie hoch an manchen Hochschulen die Wogen gingen, wenn die Frage anstand, ob man einen Physiker oder einen Maschinenbauer berufen solle. Erklären läßt sich dies nur – personale und materielle Interessen einmal beiseite gelassen – aus dem gegen die Universitäten gerichteten Emanzipationskampf der Technischen Hochschulen und aus der in der Schwebe befindlichen Diskussion, wo die Technikwissenschaften im Spannungsfeld zwischen Theorie und Praxis ihren Platz finden sollten. In diesen Auseinandersetzungen symbolisierte die Physik meist die Universitäten und die Theorie, der Maschinenbau und die Technischen Hochschulen die Praxis.[2] Doch paßten die frühen Elektrotechniker und ihre Arbeiten nicht immer in dieses Schema. So vertrat der Maschinenbauer Adolf Slaby in der Elektrotechnik einen sehr theoretischen, der Physiker Erasmus Kittler einen sehr praktischen Ansatz. Als man in Karlsruhe 1893 die Berufung eines Elektrotechnikers vorbereitete, äußerte der dortige Fachvertreter der Physik voller Ver- und Bewunderung über Kittler: "Einen zweiten derartigen Mann (gemeint ist ein Physiker, W.K.), der von Anfang an seine volle Kraft und seine ganze Arbeitszeit der Elektrotechnik zuwenden und die Erfahrungen aller Firmen sich zu Nutzen machen konnte, wird man in der ganzen Welt nicht wieder finden."[3]

Während die Hochschulen vor allem in disziplinären Kategorien dachten, betonten die wenigen aus der Industrie kommenden Stimmen, daß die zu berufenden Elektrotechniker vor allem praktische Erfahrungen mitbringen sollten. Werner Siemens konkretisierte in dieser Weise seine Anregung zur Einrichtung elektrotechnischer Lehrstühle.[4] Der Niederösterreichische Gewerbeverein sprach sich darüber hinaus explizit dagegen aus, das an der TH Wien geplante elektrotechnische Laboratorium der Leitung eines Physikers zu unterstellen und plädierte für einen Maschinenbauer.[5] Zwar zeigten sich die Ministerien in Wien wie in Berlin diesen Argumenten und Forderungen gegenüber durchaus aufgeschlossen, beriefen aber dennoch sowohl nach Wien wie nach Hannover Physiker ohne Industrieerfahrung. Zweifellos hatten die Ministerialbeamten und die Hochschulvertreter recht, wenn sie darauf hinwiesen, daß Elektrotechniker aus der Industrie kaum zu gewinnen seien. In der Elektroindustrie arbeiteten zu Beginn der 1880er Jahre nur relativ wenige akademisch gebildete Kräfte, und diese wenigen bekamen Gehälter, mit denen die Hochschule schwerlich konkurrieren konnte.

---

[2] S. o. S. 104–11.

[3] GLA 448-2363, 30.1.1893 – Lehmann an Direktion.

[4] S. o. S. 90–92.

[5] ÖStA AVA MK F 1248 fol. 120-27, 2.5.1883 – Eingabe Gewerbeverein.

Auf der anderen Seite gewinnt man aber auch den Eindruck, daß die Ministerien und Hochschulen nur begrenzte Anstrengungen unternahmen, um einen Kandidaten aus der Industrie zu finden. Zu sehr dachte man noch in Kategorien eines theoretischen Unterrichts, und zu ungewohnt mutete die Aufgabe an, ein Studium zu etablieren, das ausschließlich auf industrielle Einsatzfelder zielte. Jedenfalls hatte letztendlich auch nicht einer der zwischen 1882 und 1884 berufenen Elektrotechniker in der Industrie gearbeitet.

Mit der Expansion der elektrotechnischen Industrie und dem Aufbau von Elektrizitätsversorgungssystemen drangen in den 1880er und 1890er Jahren immer mehr akademisch Gebildete in diese Praxisfelder ein, vor allem Elektrotechniker und Maschinenbauer, aber auch in geringerem Umfang Physiker und Chemiker. Die Aussichten der Hochschulen, freiwerdende oder neugeschaffene Stellen mit praktisch erfahrenen Elektrotechnikern zu besetzen, besserten sich zunehmend. An den Hochschulen hatte man die Erfahrung gemacht, daß die erstberufenen Elektrotechniker zwar die theoretischen Grundlagen des Faches vertreten und sich in die Projektierung und den Betrieb elektrischer Anlagen einarbeiten konnten, der Bau elektrischer Anlagen und Maschinen ihnen aber erhebliche Schwierigkeiten bereitete. Diese Kompetenzdefizite der akademischen Elektrotechnik glaubte man nur durch die Berufung von Elektrotechnikern und Maschinenbauern mit praktischer Erfahrung beheben zu können.

Die grundsätzliche Einsicht, daß man an die Technischen Hochschulen Industrietechniker berufen müsse, ließ sich nur langsam in die Tat umsetzen. Bei manchen aus der zweiten Generation der akademischen Elektrotechnik hielten sich die praktischen Erfahrungen noch sehr in Grenzen. Als man 1890 den Wiener Wilhelm Peukert, einen studierten Physiker, nach Braunschweig holte, genügte es der Hochschule, daß Peukert mit einem einjährigen Reisestipendium der Wiener Regierung Maschinenbauvorlesungen gehört und als Volontär in Industriebetrieben gearbeitet sowie in Wien eine elektrische Beleuchtungsanlage betreut hatte. An anderen Hochschulen mußte man die Berufung eines Industriepraktikers gegen die Physiker und gegen die aus der Physik kommenden Elektrotechniker durchsetzen. Ein instruktives Beispiel hierfür bietet die Bestellung von Roman Dzieslewski (geb. 1863) zum ersten (außerordentlichen) Professor für Elektrotechnik an der TH Lemberg im Jahre 1891.[6] Dzieslewski, ein studierter Maschinenbauer, kam aus den Salzbergwerken von Wieliczka und hatte überhaupt nur einen elektrotechnischen Aufsatz vorzuweisen. Bei seinem einzigen Konkurrenten – die polnische Unterrichtssprache an der Hochschule hielt die Bewerberzahl klein – handelte es sich um einen Lemberger Physikdozenten. Die Lemberger Maschinenbauer demontierten

[6] ÖStA AVA MK F 1467 A u. F 1467 c Nr. 39841.

regelrecht die Bewerbung dieses Physikers, indem sie die Praxisrelevanz seiner Veröffentlichungen einer detaillierten kritischen Untersuchung unterzogen, die mit einem negativen Ergebnis endete. Dem vom Ministerium befragten Gutacher Adalbert v. Waltenhofen, Elektrotechnikprofessor in Wien und selbst Physiker, blieb nichts anderes übrig, als dem Vorschlag der Hochschule beizutreten. Waltenhofen ließ es sich allerdings nicht nehmen, der Lemberger Hochschule bezüglich der an Elektrotechniker zu stellenden Vorbildungsanforderungen zu widersprechen: Ein Elektrotechniker müsse nicht Maschinenbau studiert haben; Maschinenbaukenntnisse genügten; physikalisches Wissen sei das Entscheidende. Anderen Hochschulen gelang es schon in den 1890er Jahren, gestandene Industrietechniker zu berufen, die auch einiges an wissenschaftlichen Veröffentlichungen vorzuweisen hatten, wie im Falle von Engelbert Arnold und Karlsruhe 1894 und von Robert M. Friese und München 1899. An der Berliner Technischen Hochschule machte es sich nicht so bemerkbar, daß Slaby praktische Erfahrung fehlte, weil in der Industrie arbeitende hochqualifizierte Privatdozenten wie Gisbert Kapp und Georg Klingenberg die Lücken ausfüllten. Überdies besaß diese besondere Situation in Berlin, der Stadt der deutschen Elektroindustrie, den Vorteil, daß sich die Dozenten immer in Kontakt mit der aktuellen elektrotechnischen Entwicklung befanden.

Im Laufe der 1880er und 1890er Jahre setzte sich die Überzeugung durch, daß ein Elektrotechnikprofessor praktische Erfahrungen besitzen müsse und daß den Erstberufenen ein Kollege mit entsprechenden Qualifikationen an die Seite zu stellen sei. Eine Konkretisierung erfuhren diese Auffassungen um die Jahrhundertwende, als die Elektrotechniker eine Dreigliederung ihres Faches in theoretische Elektrotechnik, Maschinenkonstruktion sowie Anlagenprojektion als wünschenswerte Binnendifferenzierung postulierten.[7] Für die Elektrotechnikern und Maschinenbauern vorbehaltenen Teildisziplinen Maschinenkonstruktion und Anlagenprojektion hielt man mehrjährige praktische Erfahrungen für unabdingbar. Wenn sich auch die Lage gegenüber den 1880er und 1890er Jahren gebessert hatte, so bereitete es doch weiter Schwierigkeiten, hierfür Kandidaten aus der Industrie zu gewinnen.[8] Wesentlich einfacher stellte sich die Situation in der theoretischen Elektrotechnik dar. Bei einer Erweiterung des Lehrkörpers gaben die Fachvertreter der ersten Stunde – und zwar auch die praktisch beschlagenen wie Kittler und Dietrich – anwendungsbezogene Teile der Elektrotechnik auf und konzentrierten sich auf die Theorie. Offensichtlich fiel es den Begründern der akademischen Disziplin leichter, in der Theorie auf dem laufenden zu

---

[7] S. o. S. 115–18.

[8] Vgl. z.B. UABS A I: 5,63,71.

bleiben als in der praktischen Technik. Auf die Lehrstühle für theoretische Elektrotechnik beriefen die Hochschulen auch noch Physiker, die keine Industrieerfahrung besaßen, wie die TH Berlin 1912 den von der Physikalisch-Technischen Reichsanstalt kommenden Ernst Orlich. Die theoretische Elektrotechnik bildete sozusagen das letzte Revier, das den Physikern innerhalb des Faches geblieben war. Gegen Ende der 1920er Jahre regten sich dann aber Bestrebungen, sie auch daraus zu vertreiben. Während der in Karlsruhe in den Jahren 1927/28 geführten Diskussion um die Besetzung des theoretischen Lehrstuhls sprachen sich der Fachvertreter Rudolf Richter und ihm folgend der Senat energisch dafür aus, einen Elektrotechniker und keinen Physiker mehr zu berufen.[9]

Um die Jahrhundertwende lagen die Prioritäten zwischen der theoretischen Elektrotechnik und den anwendungsorientierten Fächern eindeutig auf der Anwendungsseite. Deutlich zum Ausdruck kam dies an der TH Wien im Jahre 1899, als es um die Nachfolge für Adalbert v. Waltenhofen ging.[10] An sich strebte die Hochschule eine Zweiteilung des Waltenhofenschen Lehrstuhls in theoretische und praktische Elektrotechnik an, die sich aber zu diesem Zeitpunkt aus finanziellen Gründen nicht realisieren ließ. Hochschule und Ministerium sprachen sich schließlich einhellig für die Berufung des Praktikers Karl Hochenegg aus, mit dessen Berufung man jetzt das "Wol (!) und Wehe" der Hochschule verbunden sah. Auf jeden Fall war es für einen Praktiker leichter, die theoretische Seite mit zu vertreten, als umgekehrt. Um Hochenegg zu gewinnen, nahm man auch dessen "exorbitante" Gehaltsforderungen in Kauf, welche in etwa seinem Einkommen in der Industrie entsprachen. Das Argument des Ministeriums lautete, daß es sich dabei um produktive Ausgaben handele, die der österreichischen Industrie zugute kommen und über diese wieder in die Staatskasse zurück fließen würden.

Sieht man von der Differenzierung zwischen theoretischer und praktischer Elektrotechnik ab, so kann man verschiedene Karrieretypen bei den Elektrotechnikprofessoren unterscheiden, die sich im Zeitraum zwischen 1882 und 1914 ablösten bzw. überlagerten.

- In den 1880er Jahren beriefen die Hochschulen Physiker und seltener Maschinenbauer, die die Hochschule entweder nie verlassen oder höchstens als Schullehrer gearbeitet hatten. Industrieerfahrungen besaßen sie keine. Zu dieser Gruppe gehörten z.B. Kittler in Darmstadt, Kohlrausch in Hannover und Slaby in Berlin.

---

[9] GLA 448 – 2401, o.D. – Referat Richter; 448 – 2355, 26.1.1928.

[10] ÖStA AVA F 1242, 31.5.1899 – TH an MK; 17.8.1899 – Bericht MK.

- Seit den 1890er Jahren kamen zunehmend Praktiker an die Hochschule, die zwar langjährige Industrietätigkeit, aber keinerlei Lehrerfahrung vorzuweisen hatten. Für diese Gruppe stehen z.B. Hochenegg in Wien und Friese in München. Studiert hatten sie entweder Elektrotechnik oder Maschinenbau.
- Daneben gab es Hochschullehrer mit elektro- oder maschinen-technischer Vorbildung, die einige Zeit als Hochschulassistent und einige Jahre in der Industrie gearbeitet hatten. In die Hochschule stiegen sie auf unterschiedlichen Ebenen ein: als Assistent, Dozent, außerordentlicher oder gleich als ordentlicher Professor. Hierzu zählten z.B. Finzi in Aachen, Ossanna in München und Hilpert in Breslau.
- Wir finden aber auch eine ganze Reihe von Hochschullehrern, die keinem dieser Typen zuzuordnen sind, wie Arnold in Karlsruhe, der sowohl mehrjährige Lehr- wie Praxiserfahrung besaß, oder Görges in Dresden, der Mathematik und Physik studiert und sich die Elektrotechnik in der Industrie angeeignet hatte. Eine Standardkarriere des Hochschullehrers für Elektrotechnik hatte sich noch nicht endgültig herausgebildet.

Im folgenden wollen wir diese aus den Akten gewonnenen qualitativen Aussagen über die Hochschullehrer der Elektrotechnik durch eine quantitative Untersuchung überprüfen und ergänzen. Die Untersuchungsgruppe besteht aus den Hochschullehrern, die das Fach in der Zeit vor dem Ersten Weltkrieg an deutschen Technischen Hochschulen vertraten. Nicht aufgenommen wurden die an den beiden Bergakademien Freiberg und Clausthal und die an der Universität Göttingen lehrenden sowie die Vertreter der Schwachstromtechnik, d.h. die Dozenten der Telegrafie und Telefonie. Die Einschränkung resultiert aus dem thematischen Anliegen dieser Arbeit. Überdies sind beide Gruppen klein, und die Schwachstromdozenten lehrten teilweise nicht im Rahmen der Elektrotechnik, sondern an den Abteilungen für Bauwesen und Architektur. Bei den ordentlichen und den außerordentlichen Professoren handelt es sich um eine Vollerhebung. Aufgrund der Quellenlage ist die Dozentenerhebung unvollständig, dürfte aber deren Majorität umfassen. Unter Dozenten werden diejenigen verstanden, welche mit einem renumerierten Lehrauftrag ein Fach vertraten, das im Studienplan enthalten war. Dagegen sind die Privatdozenten ausgeklammert. Wenn Hochschullehrer im Laufe ihrer Karriere verschiedenen Statusgruppen angehörten, tauchen sie in der Untersuchung mehrfach auf. Die ausgewerteten Angaben stammen teilweise aus der biographischen Literatur, teilweise aus ungedruckten Quellen, vor allem aus in den Akten enthaltenen Lebensläufen. In den folgenden Tabellen (Tabellen 1–3) werden die einbezogenen Hochschullehrer namentlich genannt und den einzelnen Statusgruppen zugeordnet:

Da es uns in dieser Untersuchung nicht nur um Gruppenspezifika geht, sondern um historischen Wandel, in diesem Fall um eine Veränderung des Berufungswesens, haben wir die Untersuchung als Kohorten-Untersuchung angelegt. Unter Kohorte versteht man in der empirischen Sozialforschung ein Aggregat von Individuen, das ein bestimmtes Ereignis, in unserem Fall: die Berufung als Hochschullehrer, in einem bestimmten Zeitraum erfährt. Gewählt haben wir die drei Zeiträume 1882–1891, 1892–1901 und 1902–14. Diese Zeiträume sind nicht nur etwa gleich lang, sie entsprechen auch spezifischen Phasen bei der Entwicklung der Elektrotechnik als wissenschaftliche Disziplin. Den Zeitraum zwischen 1882 und 1891 kann man als die Gründungsphase der akademischen Elektrotechnik bezeichnen, während der das Fach an allen Hochschulen eine mehr oder weniger umfangreiche

Tabelle 1
Ordentliche Professoren der Elektrotechnik 1882–1914

Engelbert Arnold	(Karlsruhe)	Ernst Orlich	(Berlin)
Karl Czeija	(Braunschweig)	Giovanni Ossanna	(München)
Wilhelm Dietrich	(Stuttgart)	Wilhelm Peukert	(Braunschweig)
Fritz Emde	(Stuttgart)	Gustav Rasch	(Aachen)
Robert M. Friese	(München)	Walter Reichel	(Berlin)
Johannes Görges	(Dresden)	Rudolf Richter	(Karlsruhe)
Otto Grotrian	(Aachen)	Trajan Rittershaus	(Dresden)
Wilhelm Hallwachs	(Dresden)	Gustav Rößler	(Danzig)
Carl Heim	(Hannover)	Adolf Sengel	(Darmstadt)
Kurt Heinke	(München)	Adolf Slaby	(Berlin)
Georg Hilpert	(Breslau)	August Teichmüller	(Karlsruhe)
Leo Kadrnozka	(München)	Emil Veesenmeyer	(Stuttgart)
Erasmus Kittler	(Darmstadt)	Ernst Voit	(München)
Max Kloß	(Berlin)	Wilhelm Wedding	(Berlin)
Wilhelm Kohlrausch	(Hannover)	Karl Wirtz	(Darmstadt)
Wilhelm Kübler	(Dresden)		

Tabelle 2
Extraordinarien der Elektrotechnik 1882–1914

Ole Sivert Bragstad	(Karlsruhe)	Friedrich Schleiermacher	(Karlsruhe)
Immanuel Hermann	(Stuttgart)	Anton Schwaiger	(Karlsruhe)
Wilhelm Kübler	(Dresden)	Adolf Sengel	(Darmstadt)
Otto Lehmann	(Dresden)	Franz Stenger	(Dresden)
Trajan Rittershaus	(Dresden)	August Teichmüller	(Karlsruhe)
Hermann Rupp	(Stuttgart)	Friedrich Vogel	(Braunschweig)

Tabelle 3
Dozenten der Elektrotechnik 1882–1914

Erich Beckmann	(Hannover)	Gisbert Kapp	(Berlin)
Wilhelm Dietrich	(Stuttgart)	Georg Klingenberg	(Berlin)
Karl Euler	(Breslau)	Wilhelm Kohlrausch	(Hannover)
Leo Finzi	(Aachen)	Gustav Rasch	(Aachen)
Waldemar Grix	(Danzig)	Gustav Rößler	(Berlin)
Otto Grotrian	(Aachen)	Heinrich Roth	(Danzig)
Carl Heim	(Hannover)	Adolf Slaby	(Berlin)
Kurt Heinke	(München)	Wilhelm Wedding	(Berlin)
Leo Kadrnozka	(München)		

Institionalisierung erfuhr. Den Zeitraum zwischen 1892 und 1901 kann man als eine Übergangsphase im Institutionalisierungsprozeß ansehen, während der sich das Fach noch auf der Suche nach seinem Profil zwischen Theorie und Praxis sowie zwischen Physik und Maschinenbau befand. Im Zeitraum zwischen 1902 und 1914 hatten sich die Verhältnisse weitgehend geklärt. In dieser Phase der entwickelten wissenschaftlichen Disziplin hatte die Elektrotechnik die Bestimmung ihres Aufgabenbereichs, ihrer Methoden und ihrer Binnendifferenzierung weitgehend abgeschlossen.

Tabelle 4 gibt die Verteilung der Hochschullehrer auf die Statusgruppen sowie auf die Berufungs-Kohorten an. Sie zeigt, daß die Berufungs-Kohorten in etwa gleich groß sind und die Zahl der Ordinarien in etwa der Zahl der Extraordinarien und der Dozenten zusammengenommen entspricht.

Tabelle 5 zeigt die Ausbildungsstätten und die Studienfächer der drei Berufungs-Kohorten. Da sich hier keine signifikanten Unterschiede zwischen den Statusgruppen Ordinarien, Extraordinarien und Dozenten ergaben, wurde auf die Darstellung dieser Differenzierung verzichtet. Wenn einzelne

Tabelle 4
Hochschullehrer für Elektrotechnik 1882–1914. Verteilung auf Berufungs-Kohorten und Statusgruppen (in absoluten Zahlen)

Statusgruppen	1882–1891	1892–1901	1902–1914	zusammen
Ordinarien	8	11	11	30
Extraordinarien	3	7	2	12
Dozenten	4	7	5	16
Gesamt	15	25	18	58

Tabelle 5
Hochschullehrer für Elektrotechnik 1882–1914. Ausbildungsstätten und Studienfächer von Berufungs-Kohorten (in absoluten Zahlen)

Ausbildungsstätten	1882–1891	1892–1901	1902–1914
Praxis	–	–	1
Technische Mittelschule	–	–	1
Technische Hochschule	9	21	16
Universität	12	7	3
Studienfächer	1882–1891	1892–1901	1902–1914
Elektrotechnik	–	19	11
Maschinenbau	6	9	12
Physik	12	7	1

Hochschullehrer mehrere Ausbildungsstätten besucht oder mehrere Fächer studiert hatten, fand dies auch unter mehreren Rubriken Aufnahme. Die Merkmaladdition ergibt also eine höhere Zahl als die der Hochschullehrer. Eine Ausbildung in der Praxis wurde hier nur rubriziert, wenn der Hochschullehrer weder eine technische Mittelschule noch eine Technische Hochschule besucht, sich sein technisches Wissen also ausschließlich in der Industrie angeeignet hatte. Für alle Hochschullehrer liegen Angaben vor, so daß eine Rubrik "ohne Angaben" entfällt.

Die Hochschullehrer für Elektrotechnik hatten an der Universität und/ oder an der Technischen Hochschule studiert. Während aber in unserem Untersuchungszeitraum die Bedeutung der Universität als Vorbildungsstätte ständig abnahm, nahm die der Technischen Hochschule zu, und dies schon seit den 1890er Jahren. Nichtstudierte erreichten nur selten die Position eines Hochschullehrers, in diesen Ausnahmefällen allerdings sogar noch in der Zeit nach der Jahrhundertwende. Wie sich die Ausbildungsstätte des Hochschullehrers für Elektrotechnik von der Universität zur Technischen Hochschule verlagerte, so das Studienfach von der Physik zur Elektrotechnik und zum Maschinenbau. Die Elektrotechnik begann selbstverständlich erst eine Rolle zu spielen, als seit den 1890er Jahren ausgebildete Elektrotechniker zur Verfügung standen. Verlor die Physik ihre Bedeutung nahezu vollständig, so konnte der Maschinenbau seine nicht nur halten, sondern sogar ausbauen. Diese markante Verschiebung bei den Berufungen spiegelt eine radikale Veränderung im Selbstverständnis der Elektrotechnik wider: von einer Anwendung der Naturwissenschaften zu einer praxisorientierten Technikwissenschaft.

Tabelle 6
Durchschnittliche Industrietätigkeit (in Jahren) von Hochschullehrern der Elektrotechnik 1882–1914. Berufungs-Kohorten, Ordinarien sowie Extraordinarien und Dozenten

	1882–1891	1892–1901	1902–1914
Ordinarien	1,1	6,0	9,4
Extraordinarien und Dozenten	0	3,6	5,4
Gesamt	0,6	4,6	7,8

Das veränderte Selbstverständnis der Elektrotechnik schlug sich auch in den erhöhten Anforderungen nieder, die die Hochschulen an die in der Industrie gewonnene Praxiserfahrung der Hochschullehrer richteten. Besaß von den in den 1880er Jahren berufenen Hochschullehrern kaum einer Industrieerfahrung, so änderte sich dies seit den 1890er Jahren. Jetzt gehörten Berufungen von Elektrotechnikern, die nicht einige Jahre in der Industrie zugebracht hatten, zur Ausnahme. In der Statistik (Tabelle 6) zeigt sich dies in einem dramatischen Anstieg der durchschnittlichen Industrietätigkeit der Hochschullehrer während unseres gesamten Untersuchungszeitraums. Schließlich fällt auf, daß die Ordinarien wesentlich länger in der Industrie gearbeitet hatten als die Extraordinarien und Dozenten. Da sich diese beiden Gruppen nicht hinsichtlich der Ausbildungsstätte und des Studienfachs unterscheiden, liegt die Vermutung nahe, daß die Ordinarien ihre höhere Position wegen ihrer längeren Industrietätigkeit erreichten. Die Ergebnisse der qualitativen Untersuchung, daß die Hochschulen zunehmend Maschinenbauer und Elektrotechniker zu berufen suchten, die umfangreiche Industrieerfahrungen mitbrachten, finden demnach durch die quantitative Analyse eine Bestätigung.

Schließlich haben wir die Frage gestellt, aus welchen Industrieunternehmen die Hochschullehrer kamen. Dabei haben wir uns auf die Ordinarien beschränkt und diese dem Unternehmen zugeordnet, dem sie über die längste Zeit und nicht in zu großer zeitlicher Entfernung vor ihrem Ruf angehörten. Das Ergebnis birgt eine Überraschung: Von den 14 ordentlichen Professoren, die diese Kriterien erfüllen, kamen 10 aus dem Siemens-Konzern, von Siemens & Halske und den Siemens-Schuckertwerken, aus Konzernunternehmen in Berlin, Wien und Stafford.[11] Bei diesen 10 handelte es sich

[11] Einige Namen – bei weitem nicht alle – nennt Kocka, Unternehmensverwaltung, S. 474f.

um Karl Czeija (TH Braunschweig), Fritz Emde (Stuttgart), Johannes Görges (Dresden), Georg Hilpert (Breslau), Leo Kadrnozka (München), Max Kloß (Berlin), Wilhelm Kübler (Dresden), Giovanni Ossanna (München), Walter Reichel (Berlin) und Emil Veesenmeyer (Stuttgart). Die 4 verbleibenden waren Engelbert Arnold (Karlsruhe), von der Maschinenfabrik Oerlikon kommend, Robert M. Friese (München) von Schuckert (vor der Fusion mit Siemens), Rudolf Richter (Karlsruhe) von Maffei-Schwartzkopff und Adolf Sengel (Darmstadt) von der AEG.

Wieso diese Dominanz des Siemens-Konzerns? Die schiere Größe des Unternehmens reicht zur Erklärung nicht aus, denn dann hätten aus der etwa gleich großen AEG mehr Professoren hervorgehen müssen. Auch die Vermutung, früh berufene Siemensianer hätten ehemalige Kollegen auf Professorenstellen nachgezogen, hält einer näheren Nachprüfung nicht stand. Dies trifft nur im Falle von Walter Reichel zu, der erfolgreich die Berufung von Georg Hilpert nach Breslau betrieb, und Giovanni Ossanna, der seinen früheren Kollegen Leo Kadrnozka nach München holte. Und schließlich erhielten die Siemensianer relativ spät ihre Rufe, nämlich alle nach der Jahrhundertwende. Arnold, Friese und Sengel dagegen traten ihre Professur früher an, ohne daß dies in eine firmenbezogene Seilschaftsbildung mündete. Hier können nur einige erklärende Hypothesen gegeben werden, die einer näheren Überprüfung im Rahmen einer Industriegeschichte der Elektrotechnik vorbehalten bleiben müssen. Die eine Hypothese besagt, daß im "Technologiekonzern" Siemens Forschung und Entwicklung einen größeren Stellenwert besaßen als bei anderen Firmen, so daß sich die Mitarbeiter in diesem Bereich besonders qualifizieren konnten. Und die andere Hypothese, die die erste gegebenenfalls ergänzt, geht dahin, daß der Siemens-Konzern seinen Mitarbeitern größere Freiräume ließ, um Forschungs- und Entwicklungsergebnisse in der Fachöffentlichkeit vorzustellen sowie Patente zu erwerben und sich dadurch für einen Lehrstuhl zu qualifizieren.

Für ein elektrotechnisches Unternehmen bedeutete die Berufung eines ihrer Mitarbeiter an die Technische Hochschule Gewinn und Verlust gleichermaßen. In kurz- und mittelfristiger Perspektive überwog der Verlust bei weitem. Die Firma verlor einen Mitarbeiter, den es zu ersetzen galt. Dieser hatte sich das für seine Funktion im Unternehmen notwendige Wissen in häufig jahrelanger Arbeit, durch Learning by doing erworben. Viele dieser Wissenselemente besaßen impliziten Charakter, waren also nicht formulierbar und konnten an einen Nachfolger nur bedingt weitergegeben werden, vor allem aber nicht in der meist nur kurzen zur Verfügung stehenden Zeit. Für das Unternehmen hieß es also nicht nur, einen geeigneten Nachfolger zu finden. Der die Firma verlassende Mitarbeiter nahm auch immer explizites und implizites Wissen mit sich, dessen Verlust laufende Projekte und Entwicklungen behindern oder verzögern konnte. Da wundert es nicht, daß das Unternehmen häufig Anstrengungen unternahm, um den Mitarbeiter zu halten, indem es ihm eine Gehaltserhöhung oder auch eine Beförderung anbot.[12] Als die TH Aachen 1899 einen praktisch erfahrenen Elektrotechniker suchte, offerierte das Ministerium die Dozentur zunächst dem leitenden Mitarbeiter der Deutschen Elektrizitätswerke in Aachen, Friedrich Niethammer, der sie neben seiner Industrietätigkeit bekleiden sollte.[13] Niethammer zog seine vorläufige Zusage später jedoch wieder zurück, da seine Firma angeblich Schwierigkeiten machte. Wenn man Niethammer folgt, standen hinter diesen Widerständen eine "in industriellen Kreisen zu entdeckende Antipathie gegen die Hochschulen" sowie Befürchtungen wegen einer "Verletzung des Geschäftsgeheimnisses".

Mittel- und langfristig konnten die Unternehmen durchaus davon profitieren, wenn einer ihrer früheren Mitarbeiter an der Hochschule lehrte. Sie konnten über ihn qualifizierte Nachwuchskräfte gewinnen und Anregungen für die Bearbeitung von Dissertationen plazieren. Dagegen konnte sich die Hoffnung, ein früherer Mitarbeiter und jetziger Professor könne als Gutachter bei Elektrifizierungsprojekten seine ehemalige Firma begünstigen, leicht als trügerisch erweisen. Gerade in solchen Fällen stand der Gutachter unter besonderem Druck, seine Unabhängigkeit unter Beweis zu stellen. Umgekehrt fiel es einem Professor sicher leichter, Sach- und Geldspenden sowie Forschungsaufträge von seinem früheren Unternehmen zu erhalten als von Dritten. Brachte eine Berufung eines Mitarbeiters an eine Hochschule somit beiden Seiten Vorteile, so spricht nichts dafür, daß die elektrotechnischen Unternehmen dies erkannten und bewußt in ihr Kalkül einbezogen. Die kurzfristigen tatsächlichen Nachteile überwogen für das Unternehmen allemal die langfristigen potentiellen Vorteile.

Es war jedenfalls nicht das Gehalt, das einen Elektrotechniker aus der Industrie an eine Technische Hochschule lockte. In der Regel konnte ihnen die Hochschule gerade ein Äquivalent ihres Verdienstes in der Industrie bieten. Damit ging sie bis an die Grenzen des Möglichen. Das Gehaltsniveau der Elektrotechniker lag denn auch über dem anderer Professoren.[14] Manche Elektrotechniker nahmen für einen Ruf an die Hochschule sogar eine

---

[12] Dokumentiert z.B. im Fall der Berufungen von Carl Hochenegg und Carl Pichelmayer von Siemens an die TH Wien. Zur Berufung Hocheneggs s. ÖStA AVA MK F 1242, 17.8.1899 – Bericht MK; Anlage o.D. – Bericht Berufungskommission; zur Berufung Pichelmayers s. ÖStA AVA MK F 1245 u. F 1278, Elektrotechnik, Nr 18 881 u. 35 744; UA Wien 360.

[13] GStA Merseburg, MK, Rep 76 V b Sekt 6 Tit III Nr 9 Bd I Bl 138, 28.7.1899 – Niethammer an MK.

[14] Vgl. Badische Schulstatistik, S. 51.

erhebliche Minderung ihres Einkommens in Kauf. So erhielt Walter Reichel 1904 bei Siemens ein Jahreseinkommen von 25000 Mark, an der TH Berlin dagegen nur 18000 Mark,[15] womit er schon weit über dem Durchschnitt seiner Professorenkollegen lag. Seine vom Ministerium genährten Hoffnungen, die Differenz durch Nebentätigkeiten ausgleichen zu können, erfüllten sich nicht – mit ein Grund, daß er die Hochschule nach einigen Jahren wieder verließ.

Wenn es nicht das Einkommen war, worin lagen dann die Motive, die einen leitenden Mitarbeiter aus der Industrie veranlaßten, an die Hochschule zu gehen? Einige dieser Motive lassen die Akten durchschimmern. Die Tätigkeit als Hochschullehrer bot ein weit höheres Maß an Selbständigkeit als eine Stellung in der Industrie. Besonders in der Zeit, als das Ordinariat noch mit dem alleinigen Direktorat des elektrotechnischen Instituts verbunden war, aber auch noch später übte der Professor eine Art unumschränkte Herrschaft über eine kleinere oder größere Zahl von Mitarbeitern aus. Zwar hatte er sich für die Festlegung der Studienpläne und der Mittelanforderungen mit seinen engeren und weiteren Fachkollegen auseinanderzusetzen, aber, wenn dieser Rahmen einmal feststand, besaß er weitgehende Gestaltungsmöglichkeiten. Im Vergleich zur Industrie standen ihm für Forschungs- und Entwicklungsarbeiten geringere Mittel zur Verfügung, die er sich zudem durch die jahrelange Wiederholung von Anträgen beim Ministerium erarbeiten mußte, aber dies ließ sich durch eine Reduzierung des Umfangs der technikwissenschaftlichen Fragestellungen kompensieren. Ein weiterer Anreiz für die Annahme eines Rufs lag darin, daß sich Forschung und Lehre an der Hochschule eng an der Technik bewegten. Die Verwaltungstätigkeit hielt sich an den Hochschulen damals noch in Grenzen. In der Industrie dagegen bedeutete ab einer gewissen Position ein beruflicher Aufstieg auch eine Entfernung von der Technik und eine Zunahme der Verwaltungsarbeit.[16] Bei einem eingefleischten Techniker konnte somit eine erfolgreiche Industriekarriere mit zunehmender Unzufriedenheit einhergehen.

An den Berufungen der ersten Elektrotechniker in den 1880er Jahren hatten die Kultusministerien einen erheblichen Anteil. In einem Extremfall, dem der Berufung Waltenhofens an die Wiener Hochschule, wählte das Ministerium den Kandidaten aus und zog die Hochschule erst hinzu, als die Entscheidung schon feststand. Als es später darum ging, Nachfolger für Ausgeschiedene zu finden oder den Lehrkörper zu ergänzen, und sich bereits eine Scientific Community der Elektrotechniker gebildet hatte, trat

---

[15] GStA Merseburg, MK, Rep 76 V b Sekt 4 Tit III Nr 8 Bd IX Bl 53ff.

[16] Dies klingt z.B. bei Carl Pichelmayer an, der Rufe nach München und Berlin ablehnte, ehe er schließlich an die TH Wien ging. S. o. Anm. 12.

das Ministerium mehr in den Hintergrund, wenn es auch die letzte Auswahl unter den auf der Liste der Hochschule genannten traf. Das Problem für die Hochschule bestand jetzt darin, in der Industrie geeignete und einem Ruf nicht abgeneigte Kandidaten zu finden.

Der übliche Weg der Kandidatensuche soll im folgenden skizziert werden, wobei diese Skizze auf Informationen aus zahlreichen Berufungsverfahren beruht, insbesondere aber auf die reich dokumentierten Verfahren zurückgreift, die in München 1898 zur Berufung Robert M. Frieses, 1901 zur Berufung von dessen Nachfolger Ossanna sowie 1912 in Karlsruhe zur Berufung von Rudolf Richter als Nachfolger Arnolds führten.[17] Zunächst suchten der Vorsitzende der Berufungskommission oder auch andere Mitglieder nach geeigneten Kandidaten, indem sie sich schriftlich oder per Besuch an Elektrotechnikprofessoren anderer Hochschulen sowie an elektrotechnische Unternehmen wandten. Die von anderen Hochschulen kommenden Hinweise konzentrierten sich häufig auf den Kreis der Hochschule selbst, womit den Anfragenden, die einen Industrietechniker wollten, wenig gedient war. Größere Bedeutung gewannnen deshalb die Erkundigungen in der Industrie, die man insbesondere bei älteren Direktoren und Abteilungsleitern der großen Firmen plazierte, von denen man annahm, daß sie keine eigenen Ambitionen besaßen. Bei diesem Verfahren bestand die Gefahr darin, daß die Firmenmanager die Namen der besten Mitarbeiter, die sie nicht verlieren wollten, zurückhielten und andere wegzuloben versuchten. Immerhin ließ sich dies durch Befragung weiterer Experten einer kritischen Überprüfung unterziehen. Bei der Arnold-Nachfolge 1912 wertete der besonders fleißig und systematisch vorgehende Physiker Otto Lehmann die in den letzten sechs Jahren in der Elektrotechnischen Zeitschrift erschienenen Artikel über Dynamomaschinen aus und gelangte dadurch sowie durch Anfragen bei Fachleuten zu einer Liste von 92 Namen. Im günstigen Fall konzentrierten sich die von verschiedener Seite kommenden Empfehlungen auf einige Kandidaten, bei denen man anfragte, ob sie geneigt seien, einen Ruf anzunehmen. Die positiv Antwortenden wurden noch einmal einem Begutachtungsverfahren unterzogen, auf dessen Grundlage man zu einer Liste von zwei bis vier Personen gelangte. Als in München 1899 die erste Liste scheiterte, griff man zu einem damals ungewöhnlichen Mittel und schrieb die Stelle in der Zeitschrift des VDI und in der Elektrotechnischen Zeitschrift aus. Nur vier Bewerbungen gingen ein, von denen drei Physiker unter den Tisch fielen und Friese übrig blieb, ein deutlicher Hinweis auf die Enge des Marktes.

Zu dieser Zeit bildete Industrieerfahrung das alles entscheidende Kriterium

[17] Bay HStA MK 19 562, 20.12.1898; MK 19 563, 9.12.1900 u. 10.5.1901; GLA 448-2401, 19.2.1912 u. Aufzeichnungen Lehmann.

für die Berufung eines Elektrotechnikers. Die Suche zielte auf jüngere Elektrotechniker auf mittlerer Leitungsebene, da ältere Kräfte der höheren Leitungsebene in aller Regel nicht zu bekommen waren. Auch bei den jüngeren warf die Gehaltsfrage noch genügend Probleme auf. Probleme bereitete den Berufungskommissionen auch die hohe Spezialisierung der Industrieingenieure. Manche hatten z.B. bislang nur an einem Motorentyp gearbeitet, während sie an der Hochschule das gesamte Gebiet der elektrischen Maschinen vertreten sollten. Schließlich stellte die Berufung eines Industrieingenieurs schon deswegen ein Risiko dar, weil man über seine Lehrbefähigung nichts oder nur wenig wußte. Man behalf sich damit, daß man sich nach der Qualität von im Verband Deutscher Elektrotechniker oder an anderer Stelle gehaltener Vorträge erkundigte. Den Hochschulen blieb nichts anderes übrig, als diese Risiken in Kauf zu nehmen, denn nur ein Industrieingenieur war in der Lage, den Elektrotechnikstudenten praxisrelevantes Wissen zu vermitteln. Häufiger tauchte der Wunsch nach einem großen Namen auf, der in der Lage sei, Studenten anzuziehen, wie der des Beratenden Ingenieurs Gisbert Kapp oder des AEG-Mitarbeiters Michael v. Dolivo-Dobrowolsky, aber man erkannte schnell, daß es eine Illusion war, diese gewinnen zu wollen.

Gegenüber der Industrieerfahrung standen alle anderen Kriterien zurück. Man zog zwar auch die Veröffentlichungen und Patente der Kandidaten ins Kalkül, war aber bereit, hier Abstriche zu machen. Bei den Patenten ergab sich in einer Zeit der Kollektiverfindung ohnehin die Frage der persönlichen Zurechenbarkeit. 1899, bei der ersten Münchener Ausschreibung, setzte man einen Elektrotechniker auf den zweiten Listenplatz, der reiche Industrie- und Lehrerfahrung, aber keinerlei wissenschaftliche Veröffentlichungen vorzuweisen hatte. Auch daß einer der Kandidaten keine Technische Hochschule besucht und ein anderer, der schließlich nach Karlsruhe berufene Rudolf Richter, kein Abitur besaß, bildete kein unbedingtes Hindernis – und dies in einer Zeit, als die Technischen Hochschulen dazu tendierten, von ihren Studienanfängern aus Gründen des Sozialprestiges das Abitur zu verlangen. Schließlich legten die Hochschulen noch Wert auf die Kollegialität und Umgänglichkeit der Kandidaten sowie auf das Einhalten gesellschaftlicher Umgangsformen und Regeln. Beim ersten Münchener Berufungsverfahren nahm man einen Kandidaten wieder von der Liste, nachdem man Informationen über ungünstige Charaktereigenschaften erhalten hatte sowie über dessen Heirat mit einer bei seiner Firma angestellten Telegrafistin.[18] Man führte dieses "Fehlverhalten" und diese "Charaktermängel" zurück auf seine Arbeit als Monteur und seinen "Mangel an allgemeiner beziehungsweise akademischer Bildung."

[18] Bay HStA MK 19 562, 6.5.1899.

Hierarchien: Vom Direktorial- zum Kollegialsystem

Die erstberufenen Elektrotechniker vertraten zunächst das gesamte Fach. Als Vorstände der elektrotechnischen Laboratorien und Direktoren der elektrotechnischen Institute hatten sie eine ganze Reihe von Mitarbeitern unter sich, welche ihnen bei der Durchführung ihrer Aufgaben zur Hand gingen. Dieses autokratische System mußte in die Diskussion geraten, als andere Dozenten Teile der Elektrotechnik übernahmen und selbständig in Forschung und Lehre vertraten. Vollends wurden seine fachlichen Grundfesten erschüttert, als sich die Auffassung von einer Dreigliederung der Elektrotechnik in theoretische Elektrotechnik, Maschinenkonstruktion und Anlagenprojektion durchsetzte. Während die erstberufenen Professoren und Institutsdirektoren sich auf die theoretische Elektrotechnik konzentrierten, übernahmen andere Dozenten oder Professoren die als wichtiger eingeschätzten praxisorientierten Fächer. Wenn diese aus der Schülerschar des Institutsdirektors kamen, blieben die hierarchischen Strukturen gegebenenfalls noch eine Zeitlang intakt; wenn die neuen Professoren aus leitenden Stellen der Industrie stammten, erhoben sie eher Ansprüche auf eine gleichberechtigte Leitung des Instituts und Nutzung seiner Einrichtungen.

Selbst wenn die alten Institutsdirektoren eine kollegiale Einstellung besaßen, mußten die verschiedenartigen Nutzungsinteressen in den häufig beengten Instituten zu Konflikten führen, wie in Wien, Danzig und Dresden. Einerseits ging es um Räume, Maschinen und Apparate sowie um Stellen. Andererseits dienten die Einrichtungen des Instituts sowohl der Lehre wie der Forschung. Aufteilungsschwierigkeiten traten manchmal allein schon wegen der kompakten baulichen Anlage der Institute auf. Theoretisch ergaben sich zwei Lösungen: Man baute für jeden der neuen Professoren, der eines der drei Hauptfachgebiete vertrat, ein eigenes Institut. Dies kam meist schon aus finanziellen Gründen nicht in Frage. Oder die Professoren mußten sich zu und dann innerhalb einer kollegialen Struktur zusammenraufen. An fast allen Hochschulen löste das Kollegialsystem das Direktorialsystem noch in der Zeit vor dem Ersten Weltkrieg ab.[19] Ob sich dieser Übergang friedlich oder nach schweren Auseinandersetzungen vollzog, hing in erster Linie von der Persönlichkeit der erstberufenen Institutsdirektoren ab, aber auch von spezifischen Umständen. So trugen Kittlers Krankheit und Überarbeitung dazu bei, daß sich in Darmstadt nach der Jahrhundertwende eine kollegiale Leitung des Instituts etablierte. In München enthielt schon Frieses bei

---

[19] Einen instruktiven Überblick, auf den sich das folgende weitgehend stützt, gibt der Karlsruher Physiker Otto Lehmann. In Dresden gab es zwischen Görges und Kübler 1910 Differenzen um die Nutzung und Leitung des Laboratoriums. UA Dresden A 367/5, Sitzungen v. 10. u. 15.11.1910.

seinem Ausscheiden hinterlassenes Vermächtnis die Dreigliederung des Faches und das Prinzip der Kollegialität, und sein Nachfolger Ossanna setzte diese Struktur, von ihrer Angemessenheit überzeugt, in die Tat um. Im folgenden sollen die friedliche Reform am Beispiel von Wien und die heftigen Revolutionswirren beim Übergang zum neuen System an den Beispielen von Berlin und Karlsruhe skizziert werden.

Mit der Berufung von Carl Hochenegg 1899 stellte die Wiener Regierung die Weichen für einen Ausbau der bislang vernachlässigten Elektrotechnik. Hochenegg leitete in den folgenden Jahren nicht nur den Bau eines modernen elektrotechnischen Instituts, sondern setzte auch die Berufung einer Reihe weiterer Elektrotechniker durch. Das Ordinariat für Elektromaschinenbau erhielt 1905/06 Carl Pichelmayer, wie Hochenegg ein erstrangiger Fachmann aus der Industrie. Den Anlaß für eine Reform der Institutsverfassung bildeten Klagen von Pichelmayer im Jahre 1909, daß die maschinentechnische Ausstattung des elektrotechnischen Instituts für seine Forschungsinteressen ungenügend sei und diese ihm zudem wegen der Belastung durch den Studienbetrieb nicht in ausreichendem Maß zur Verfügung stehe.[20] Es gelang, den aufdämmernden Konflikt beizulegen, indem Hochenegg und seine Kollegen Wünschen Pichelmayers im Rahmen des Möglichen nachkamen. Hochenegg nahm diese im elektrotechnischen Institut geführten Diskussionen zum Anlaß, um sein de facto ausgeübtes Amt als Institutsdirektor niederzulegen und Beratungen über eine Verwaltungsreform einzuleiten. Diese endeten mit der Annahme einer kollegialen Verfassung. Die Leitung des Instituts wechselte in einem Turnus zwischen den vier ordentlichen Professoren. Die Regelung bezog auch Max Reithoffer mit ein, obwohl dieser kein Fach-, sondern nur ein persönliches Ordinariat bekleidete. Die in diesem Vorgang zum Ausdruck kommende Großzügigkeit und Kollegialität Hocheneggs fand wenig später eine Bestätigung, als dieser eine der ihm zugeordneten Assistentenstellen freiwillig an Reithoffer abgab.

Was in Wien in unauffälliger und kollegialer Weise über die Bühne ging, führte an anderen Hochschulen zu jahrelangen heftigen Auseinandersetzungen. Eine Reihe von Professoren sträubte sich mit allen Mitteln dagegen, die Leitung des Instituts und des Laboratoriums, die sie aus dem Nichts aufgebaut hatten, mit jüngeren, später berufenen Lehrkräften zu teilen. Zu den Kämpfern für das Direktorialprinzip gehörte Adolf Slaby in Berlin, der sich energisch gegen eine Teilung des elektrotechnischen Instituts aussprach. Dies hatte die Konsequenz, daß man in Berlin Wilhelm Wedding zwar 1908 zum ordentlichen Professor machte, dieser im elektrotechnischen Laboratorium aber weiter Slabys Assistent blieb. Die starre Haltung Slabys trug

---

[20] ÖStA AVA MK F 1340 Nr 26 161 u. 9062; UA Wien 2404 – 1908/09 Prot. Nr. IX, 8; 555 – 1916/17.

sicher einiges dazu bei, daß Walter Reichel, der neue etatmäßige Professor für elektrische Maschinen, bei seiner Berufung im Jahre 1904 mit dem Elektrotechnischen Versuchsfeld eine eigene Lehr- und Forschungseinrichtung erhielt. Dies verhinderte jedoch nicht, daß es in der Folgezeit zwischen Slaby und Reichel zu grundsätzlichen konzeptionellen Auseinandersetzungen über das Elektrotechnikstudium kam, die in eine radikale Zweiteilung der Berliner Elektrotechnik zu münden drohten, bevor sie der Rückzug Reichels vom Lehramt beendete.[21] Erst die Pensionierung Slabys im Jahre 1912 machte schließlich den Weg für eine Reform frei.

Mindestens ebenso heftige Auseinandersetzungen gab es in Karlsruhe, wo seit 1894 Engelbert Arnold ein autokratisches Regiment ausübte.[22] Über Jahre hinweg lag Arnold mit dem Karlsruher Privatdozenten Gustav Rasch[23] wie mit dem 1900 zum Extraordinarius ernannten Joachim Teichmüller in Fehde, wobei es um private Nebentätigkeiten, die Benutzung der Institutseinrichtungen und die Gestaltung des Studienplans ging. Arnold brachte die von Teichmüller angezettelte – so der Karlsruher Physiker Otto Lehmann – "Palastrevolution" jedesmal zu Fall. Arnolds Widerstand verhinderte die Berufung eines zweiten ordentlichen Professors für Elektrotechnik. Seine Kontroversen mit Teichmüller bildeten auch den Anlaß, die Extraordinarien aus dem Großen Rat der Hochschule und aus den Abteilungsversammlungen auszuschließen, in Karlsruhe also eine reine Ordinarienverfassung durchzusetzen. Teichmüllers Ansprüchen kam man nur insofern entgegen, als man einen eigenständigen Studiengang für Beleuchtungstechnik, das Spezialgebiet Teichmüllers, einrichtete, der an den deutschen Technischen Hochschulen ein Unikat bildete. Grundlegende Reformen fanden erst nach Arnolds Tod 1912 statt. Auch in Karlsruhe unterlag das autokratische Direktorialprinzip der fachlichen Spezialisierung und wich einer Kollegialverfassung.

Die Studenten und das Studium

Als die Technischen Hochschulen in den 1880er Jahren elektrotechnische Lehrstühle einrichteten, standen sie vor der Entscheidung, einen eigenständigen elektrotechnischen Studiengang anzubieten oder nur elektrotechnische Lehrveranstaltungen im Rahmen bestehender Studiengänge – vor allem dem Maschinenbau. Am günstigsten erwies es sich für die Hochschulen, wenn

---

[21] S. o. S. 37–42.

[22] GLA 448 – 2401, 24.1. u. 4.2.1908; 19.2.1912 u. o.D. – Aufzeichnungen Lehmann; 448 – 2402, 11.2.1908; vgl. auch Riese, S. 190-192.

[23] S. u. S. 272f.

sie möglichst früh das eine taten, ohne das andere zu lassen. Tatsächlich bildeten die überall entstehenden elektrotechnischen Studiengänge eine Kombination von Elektrotechnik und Maschinenbau. Zwischen den zur Diskussion stehenden Konzeptionen, einem praxisorientierten Berufsstudium und einem theorieorientierten Wissenschaftsstudium, setzte sich das erstere durch.

In unserer Arbeit ergänzen und überprüfen wir die didaktischen und curricularen Diskussionen durch eine empirisch-quantitative Analyse der Studiengänge. Dabei zeigt es sich, daß nach einer Zeit rivalisierender Konzeptionen in den 1880er Jahren sich in den 1890er Jahren der Standardtyp eines Elektrotechnikstudiums herausbildete, indem die Hochschulen den Stundenanteil der Mathematik und der Naturwissenschaften reduzierten und den der elektrotechnischen Veranstaltungen erhöhten. Um 1910 besaßen gerade die erfolgreichsten und angesehendsten Hochschulen, Darmstadt, Karlsruhe und München, einen ähnlich aufgebauten Studiengang, der über 20% Mathematik und Naturwissenschaften und je zwischen 35 und 40% Elektrotechnik sowie Maschinenbau umfaßte.

Zu Beginn der 1880er Jahre, als die akademische Institutionalisierung der Elektrotechnik begann, war der Besuch der Technischen Hochschulen auf einen Tiefpunkt gesunken. Bis 1902/03 stiegen die Besuchszahlen dann deutlich an, wobei die Elektrotechnik für diesen Frequenzanstieg zunehmend einen Beitrag leistete. Nach 1902/03 stagnierte die Frequenz bzw. erfuhr sie eine leichte Absenkung. Die von uns erhobenen Zahlen zeigen, daß Stagnation und Absenkung in erster Linie von der Elektrotechnik herrührten, die unter der in den Jahren 1901/02 voll zum Ausbruch kommenden Krise der Elektroindustrie litt. Erst 1909 erhöhten sich die elektrotechnischen Frequenzzahlen wieder. Die Elektrotechnik war deutlich konjunkturabhängiger, und ihre Besuchsfrequenz wies markantere Maxima und Minima auf als andere Disziplinen. Wenn man von einigen Krisenjahren zwischen der Jahrhundertwende und 1906 absieht, fanden die akademischen Elektrotechniker entgegen anfänglich anders lautender Prognosen einen günstigen Arbeitsmarkt vor. Die Technischen Hochschulen bildeten jedoch nicht nur für die deutsche Industrie aus, sondern schätzungsweise die Hälfte der Elektrotechnikstudenten kam aus dem Ausland, vor allem aus Ost- und Südosteuropa. An deutschen Technischen Hochschulen ausgebildete Elektrotechniker leisteten für die Elektrifizierung dieser Staaten einen erheblichen Beitrag.

Konzeptionen: Auseinandersetzungen um das Elektrotechnikstudium

Die Einrichtung elektrotechnischer Lehrstühle sagte noch nichts darüber aus, welche Lehrinhalte im Rahmen welcher Studiengänge angeboten werden sollten. Differenzen ergaben sich zunächst in der Frage, ob Elektrotechnik ein eigenständiges Studium oder eine Zusatzqualifikation für bestehende Studiengänge bilden solle. Werner Siemens interpretierte seine Anregung zur Institutionalisierung der Elektrotechnik dahingehend, daß diese kein eigenständiges Fach, sondern als "Zweig der Mechanik" "in allen Spezialfächern gelehrt werden" müsse.[1] Von dieser Auffassung wich er zeit seines Lebens nicht mehr ab, auch nicht, als im Laufe der 1880er Jahre immer mehr Hochschulen selbständige elektrotechnische Studiengänge einrichteten.[2] Von seinen Zeitgenossen erhielt Siemens zunächst viel Beifall für diese Klarstellung.[3] Ihre Wirkung in mittel- und langfristiger Perspektive bedarf allerdings einer differenzierten Analyse.

Tatsächlich integrierten die Hochschulen die Elektrotechnik – ganz im Sinne von Siemens – in zahlreiche bestehende Studiengänge: in die Bautechnik, die chemische Technologie, teilweise in das Berg- und Hüttenwesen und vor allem in den Maschinenbau. Es waren also ausschließlich technische Studiengänge; Versuche einer Integration in naturwissenschaftliche verliefen nicht sehr erfolgreich. Daneben gingen aber bis in die späten 1890er Jahre alle Hochschulen dazu über, eigenständige Studiengänge für Elektrotechnik einzurichten. Unter rein formalen Gesichtspunkten wandten sie sich also von Siemens' Vorstellungen ab und gingen ihre eigenen Wege. Betrachtet man aber die Inhalte dieser Studiengänge, so besaßen alle einen beträchtlichen Maschinenbauanteil, so daß man sie durchaus als Maschinenbaustudiengänge mit elektrotechnischen Zusatzqualifikationen interpretieren kann.

Es fällt deswegen so schwer, Siemens' Position zum Elektrotechnikstudium Erfolg oder Mißerfolg zuzuschreiben, weil sie außerordentlich unklar blieb. Deutlich wird nur, daß Siemens für einen ausschließlich elektrotechnisch ausgebildeten Industrieangestellten, der kein umfangreicheres Wissen im Maschinenbau oder der Physik mitbrachte, keine Verwendung sah. Ein solches Ausbildungsprofil stand an den Hochschulen aber auch gar nicht zur Diskussion. Solange Siemens keine Hinweise auf die seines Erachtens zweckmäßigen Anteile naturwissenschaftlicher, maschinenbautechnischer

---

[1] ETZ 5 (1884), S. 55.

[2] Offizieller Bericht . . . Frankfurt, S. 100f.

[3] Elektrotechnische Revolution, S. 81–83; Stenographische Berichte Bd. 304, S. 1319 (Sitzung v. 8.2.1884); ETZ 4 (1883), S. 146f. u. 7 (1886), S. 197ff.; Zeitschrift des Elektrotechnischen Vereins in Wien 1 (1883), S. 167–71; vgl. hierzu Sonnemann, Wissenschaftlich-technischer Fortschritt, S. 68–70. Sonnemann spricht in diesem Zusammenhang allerdings fälschlich von M. Rühlmann statt von Richard Rühlmann.

und elektrotechnischer Fächer im Studium gab, konnten seine Bemerkungen keinerlei konstruktiven Einfluß auf die Konzeption von Studiengängen ausüben, sondern höchstens den formalen Akt der Aufstellung eines selbständigen elektrotechnischen Studiengangs verhindern oder verzögern. So weit ging aber Siemens' Interesse an der Elektrotechnik an den Hochschulen nicht, als daß er sich auf solche Konkretisierungen eingelassen hätte. Elektrotechniker – so seine Überzeugung – werde man letzten Endes doch erst durch eine jahrelange Tätigkeit in der Elektroindustrie. Die Unbestimmtheit von Siemens' Äußerungen zum Studium der Elektrotechnik machte es möglich, daß man sich auch für ganz andere Zwecke auf ihn berief. So polemisierte ein aus der Habsburgermonarchie kommender Verfasser, an Siemens' Worte anknüpfend, gegen spezielle Telegrafenschulen und forderte stattdessen, an den Technischen Hochschulen auch schwachstromtechnische Lehrstühle einzurichten.[4]

Was für Werner Siemens galt, galt für die gesamte Elektroindustrie: Die Industrie mischte sich nicht in Details des Elektrotechnikstudiums ein. Einerseits billigte sie den Hochschulen prinzipiell das Recht zu, Studiengänge unabhängig von äußeren Einflüssen zu konzipieren. Andererseits zeigte man sich wie Siemens überzeugt, daß erst die industrielle Tätigkeit aus den Hochschulabsolventen richtige Elektrotechniker machen werde, relativierte also die Bedeutung der Studieninhalte. Die Industrie beschränkte sich darauf, unverbindliche Empfehlungen zu den Rahmenbedingungen zu geben, innerhalb derer sich das Hochschulstudium abspielen sollte. Eine festere Institutionalisierung gewann die Beschäftigung der Industrie mit Fragen der Ingenieurausbildung erst 1908 mit der Gründung des Deutsches Ausschusses für das technische Schulwesen (DAtSch).[5] Dem DAtSch gehörten nicht nur Industrievertreter, sondern auch Hochschulprofessoren und Ministerialbeamte an. Die wichtigsten Forderungen des DAtSch für das Maschinenbaustudium, die gleichermaßen auch für das Elektrotechnikstudium galten, bezogen sich auf ein Industriepraktikum der Studenten von mindestens einjähriger Dauer und auf die Ablehnung einer Verlängerung des Studiums über vier Jahre hinaus. Die Frage der Studiengestaltung überließ der DAtSch weitgehend den Hochschulen.

Siemens beließ es auch im unklaren, gegen welche der beiden in den 1880er Jahren rivalisierenden Konzeptionen einer selbständigen Elektrotechnik sich seine Bedenken richteten: gegen einen neuen Ingenieur-

[4] Centralblatt für Eisenbahnen und Dampfschiffahrt der Oesterreichisch-Ungarischen Monarchie 23 (1884), S. 549–52 (Nr. 32 v. 13.3.1884); abgedruckt auch in Technische Blätter. Vierteljahresschrift des deutschen Polytechnischen Vereins in Böhmen 16 (1884), S. 51–56.

[5] König, Ingenieure, S. 239f.; Gispen, New Profession, S. 210–19.

studiengang Elektrotechnik, analog zur Bau- oder Maschinentechnik, oder gegen ein Studium der Elektrotechnik als Spezialisierung und Anwendung der Naturwissenschaften. Die Auffassung, daß Elektrotechnik in ihrem Kern ein Teilgebiet der Physik sei, das man um die Anwendungsperspektive erweitern müsse, vertraten eine Reihe von Physikern sowie Elektrotechnikern, die aus der Physik kamen.[6] Einen Versuch, diese Vorstellung in einen Studiengang, den des Elektrophysikers, umzugießen, unternahm man in Karlsruhe, gab ihn aber bald wieder auf.[7] In München brachten die dortigen Physiker einen derart theorieorientierten Studiengang noch Mitte der 1890er Jahre ins Gespräch, ohne daß dies in eine Konkretisierung mündete.[8] Zu ihrer Unterstützung konnten die Physiker durchaus auch Stimmen aus der Industrie ins Feld führen. Als der Physiker und spätere Wiener Professor für Elektrotechnik Adalbert v. Waltenhofen Anfang 1883 eine Rundreise zu deutschen Technischen Hochschulen unternahm, besuchte er auch die leitenden Mitarbeiter Oskar Frölich von Siemens & Halske und Friedrich Uppenborn von Schuckert.[9] Folgt man Waltenhofen, dann hielten diese es im Gegensatz zu einigen Hochschullehrern für unmöglich, an der Hochschule Elektrotechniker so auszubilden, daß sie unmittelbar in der Industrie einzusetzen seien. Ihre an die Absolventen der Technischen Hochschulen zu richtenden Qualifikationswünsche lauteten: "Sie sollen ... *messen* können und sollen über die *Principien* klar sein . . ."; alles weitere werde die Praxis lehren. Zumindest an zwei Hochschulen, nämlich in Darmstadt und Aachen, erhoben die dortigen Fachvertreter Kittler und Grotrian einen wesentlich weitergehenden Anspruch. Die Absolventen sollten sofort als Maschinenkonstrukteure oder Beleuchtungstechniker Verwendung finden können.

In Deutschland gewann die Konzeption eines theoretisch-naturwissenschaftsorientierten Studiengangs Elektrotechnik nur an der TH Hannover unter Wilhelm Kohlrausch Konturen.[10] Paradoxerweise leisteten die Hannoveraner Maschinenbauer hierzu Geburtshilfe, indem sie sich dem neuberufenen Elektrotechnikprofessor verweigerten und ihn an die "chemisch-technische Abteilung" und damit in den Kontext der Naturwissenschaften drängten. Der in Hannover 1886 aufgestellte elektrotechnische

---

[6] S. o. S. 104–11.

[7] S. o. S. 50–56.

[8] S. o. S. 63f.

[9] ÖStA AVA MK F 1248, fol 30ff., 22.6.1883 – Reisebericht Waltenhofen. Ein Artikel in der Zeitschrift des Elektrotechnischen Vereins in Wien 1 (1883), S. 167–71 beruht entweder auf Waltenhofens Gutachten oder ist sogar von diesem verfaßt. Jedenfalls übernimmt er aus dem Gutachten wörtlich einige Passagen.

[10] S. o. S. 44–47.

Studienplan enthielt weit mehr Studienanteile aus der physikalischen Elektrizitätslehre und weniger maschinentechnische als die anderer Hochschulen.[11] Dieses aus besonderen Umständen erwachsende Ergebnis entsprach durchaus Kohlrauschs konzeptionellen Vorstellungen.[12] Er hielt es allein schon aus finanziellen Gründen nicht für möglich, die Hochschulen so mit Maschinen auszustatten, daß sie eine unmittelbare Vorbereitung für die Industriearbeit geben könnten. Im Laboratorium könne man die Studenten höchstens an praktische Probleme heranführen, aber keine sofort einsetzbaren Elektrotechniker ausbilden. Kohlrausch legte besonderen Wert auf solide naturwissenschaftliche Grundlagen und theoretisch-elektrotechnische Studienanteile, einen Großteil der Technik müßten sich die Elektrotechniker dann in der Industrie aneignen.

Auf der 1891 in Frankfurt am Main stattfindenden elektrotechnischen Ausstellung prallte Kohlrauschs physikzentrierte Konzeption mit einer vor allem von dem Berliner Adolf Slaby vertretenen maschinentechnischen zusammen.[13] Kohlrausch hob für die erste Studienhälfte besonders den Stellenwert von Physik und Mathematik hervor. In der zweiten Studienhälfte müsse man sich zwischen Elektrotechnik und Maschinenbau entscheiden, beides zu studieren sei nicht möglich. Die elektrotechnischen Übungen könnten nicht bis zum selbständigen Konstruieren führen. Slaby entwickelte dagegen die schroffe Gegenposition, "diejenigen Elektrotechniker, welche das Fach theoretisch und als reine Wissenschaft studiren wollen, der Universität zuweisen zu müssen, während auf der technischen Hochschule das Studium der Elektrotechnik lediglich als ein Zweig des Maschineningenieurfaches zu behandeln sei." Tatsächlich fand nach Kohlrauschs Frankfurter Vortrag eine Revision der theoriezentrierten Hannoveraner Konzeption statt. In zwei Reformschritten reicherte die Hochschule den elektrotechnischen Studiengang um maschinentechnische Fächer an – auf Kosten der Naturwissenschaften. Ermöglicht wurde dies durch eine Verbesserung der Beziehungen zwischen Kohlrausch und den Maschinenbauern. Doch auch noch in der Folgezeit stellte das Studium der Elektrotechnik in Hannover ein Extrem innerhalb eines Spektrums von mehr oder weniger differenzierten Modellvarianten dar.[14]

---

[11] S. u. S. 164 u. passim.

[12] Kohlrausch, Das Elektrotechnische Institut.

[13] Leider liegen die dort gehaltenen Vorträge nicht im Wortlaut vor. Schärfer zum Ausdruck kommen die Differenzen in den in der Z.VDI 35 (1891), S. 1083 angeführten Kurzfassungen (von dort auch die Zitate). Dagegen sind jene in Offizieller Bericht . . . Frankfurt, S. 99f. weniger prägnant.

[14] S. u. S. 164 u. passim.

Seit den 1890er Jahren herrschte also unter den Elektrotechnikern Übereinstimmung, daß ein Studium der Elektrotechnik größere Maschinenbauanteile enthalten müsse. Differenzen blieben bestehen hinsichtlich des Umfangs der maschinentechnischen Veranstaltungen sowie der Eigenständigkeit des elektrotechnischen Studiengangs. An manchen Hochschulen, wie in Darmstadt, hatten sich bald nach Einrichtung des elektrotechnischen Lehrstuhls Schwierigkeiten mit der Einfügung der Elektrotechnik in den Studiengang des Maschinenbaus ergeben. Ohnehin litten die maschinentechnischen Studiengänge unter Überfüllung, und es konnte bei der Frage, in welchen Studienjahren Elektrotechnik in welchem Umfang zu lehren sei, zu Meinungsverschiedenheiten kommen. In dieser Situation traten Hochschulen wie Darmstadt die Flucht nach vorn an und richteten einen eigenständigen Studiengang für Elektrotechnik ein. Dabei kam es den Hochschulen sicher zupaß, daß ein elektrotechnischer Studiengang eine größere Anziehung auf Studienanfänger ausübte als einige zusätzliche elektrotechnische Veranstaltungen in einem schon länger bestehenden maschinentechnischen Studiengang. Hochschulen, die diese Entwicklung mit Mißtrauen beobachteten und den Zusammenhang der Elektrotechnik mit dem Maschinenbau betonen wollten, versahen den neuen Studiengang mit relativierenden Bezeichnungen, wie "Maschineningenieure elektrotechnischer Richtung" in Aachen seit 1883 oder "elektrotechnische Richtung des Maschinen-Ingenieurwesens" in Stuttgart zwischen 1895/96 und 1901/02.

Besonders in Stuttgart und in Berlin hielt man lange Zeit mit dogmatischer Strenge an der Auffassung fest, daß Elektrotechnik kein eigenständiges Studium, sondern eine notwendige integrale oder eine zusätzliche Qualifikation für Maschinenbauer sei. Gegen die Wünsche der Hannoveraner Maschinenbauer setzte es der preußische Ministerialdezernent für die Technischen Hochschulen, Wilhelm Wehrenpfennig, 1895 durch, daß die Maschinenbaustudenten die gleichen elektrotechnischen Veranstaltungen hören mußten wie die Elektrotechniker, eine Trennung beider Studienrichtungen also unterblieb.[15] Für Stuttgart verdeutlichte Wilhelm Dietrich 1897, daß das Studium der Elektrotechniker und Maschinenbauer über sieben Semester identisch sei und das der Elektrotechniker nur noch in einem achten eine Vertiefung erfahre.[16] Einen analogen additiven Abschluß zum "Maschinen-Elektroingenieur", der sämtliche Anforderungen des Maschinenbau- wie des Elektrotechnikstudiums enthielt, führte die TH München 1908 ein. Als letzte Technische Hochschule richtete Berlin 1897 einen elektrotechnischen Studiengang ein, der aber nur im vierten und letzten

[15] S. o. S. 45f.

[16] Dietrich, S. 875.

Studienjahr von dem des Maschinenbaus abwich. Über lange Jahre zogen hier alle für die Elektrotechnik wichtigen Kräfte am gleichen Strang, so daß es schwer fällt, eine Person als gegen die Verselbständigung der Elektrotechnik wirkendes Kraftzentrum auszumachen. Werner Siemens als maßgebender Industrieller, Adolf Slaby als Lehrstuhlinhaber Elektrotechnik, Wilhelm Wehrenpfennig als zuständiger Ministerialbeamter, aber auch einflußreiche Maschinenbauer wie Franz Reuleaux und Alois Riedler wandten sich prinzipiell gegen die Tendenz der Spezialisierung in den Ingenieurwissenschaften und damit auch gegen die Loslösung der Elektrotechnik vom Maschinenbau.

Der Ausbau und die Ausdifferenzierung der Elektrotechnik nach der Jahrhundertwende machte jedoch zunehmend alle Integrations- und Additionsmodelle von Elektrotechnik und Maschinenbau obsolet, wollte man sie nicht mit einer deutlichen Verlängerung des Studiums erkaufen. Auch das Berliner Bollwerk einer in den Maschinenbau integrierten Elektrotechnik fiel – gegen den energischen Widerstand von Slaby. Unter dem Einfluß des neuen Fachvertreters für elektrische Maschinen, Walter Reichel, trennten sich seit 1905 die beiden Studiengänge nicht mehr nach dem dritten, sondern bereits nach dem ersten Semester.[17] Als Slaby 1910 in den Ruhestand ging, war der Weg für eine grundlegende Reform frei. Zentrale elektrotechnische Veranstaltungen wie die Einführungsvorlesungen und der Elektromaschinenbau fanden jetzt für die Maschinenbauer und die Elektrotechniker getrennt statt. Die Verselbständigung des Studiums der Elektrotechnik kam damit zu einem gewissen Abschluß, wenn es sich auch die fachliche Nähe zum Maschinenbau bewahrte.

Zwar kann man die physikalische Richtung in der Elektrotechnik gut und gern mit einem theorieorientierten Ansatz gleichsetzen, aber die maschinenbauliche nicht unbedingt mit einem praxisorientierten. Auch innerhalb des Maschinenbaus fanden in den letzten Jahrzehnten des Jahrhunderts mit einem Höhepunkt in den 1890er Jahren Auseinandersetzungen um Theorie und Praxis statt.[18] Die Theoretiker suchten, dem durch Logik, Mathematik und Naturwissenschaften gesetzten Methodenideal folgend, nach einer konsistenten Maschinenwissenschaft. Zu ihren Aussagen gelangten sie durch deduktives Schließen, ausgehend von naturgesetzlichen Formulierungen. Während sich Maschinentheoretiker wie Franz Reuleaux vor allem um eine qualitative, systematische Darstellung des Maschinenwesens bemühten,

---

[17] Chronik TH Berlin, S. 183 u. 187–89. Die beste qualitative Darstellung der Studienorganisation um 1900 bei Lexis, S. 137–46; vgl. Reichel, S. 1005ff.

[18] Manegold, Universität; Braun, Methodenprobleme; König, Theorie; Zweckbronner und weitere dort angegebene Literatur.

strebten andere wie Franz Grashof eine möglichst weitgehende mathematische Formulierung des Maschinenbaus an. Die Praktiker betonten dagegen die Bedeutung von Erfahrung und Anschauung im Umgang mit Maschinen. Diese seien zwar letzten Endes nur in der industriellen Arbeit zu erwerben, aber zumindest könnten durch Übungen in den Maschinenlaboratorien der Hochschulen Grundlagen für die spätere Ingenieurarbeit geschaffen werden. In ihrem Unterricht folgten die Praktiker dem Grundsatz einer möglichst weitgehenden Annäherung an industrielle Arbeits- und Betriebsbedingungen. Der nach der Jahrhundertwende gefundene Kompromiß zwischen beiden Richtungen übernahm von den Theoretikern das Bestreben der mathematischen Formulierung und von den Praktikern das systematische Experiment und die industrielle Praxis als Meßlatte für die Angemessenheit der technikwissenschaftlichen Theorie wie der Ingenieurausbildung. Die Ingenieurwissenschaftler strebten nicht mehr nach Konsistenz und Kohärenz auf dem gesamten Gebiet des Maschinenwesens, sondern suchten nach Problemlösungen in Teilbereichen. Die Maschinenwissenschaft begann sich in eine Vielzahl von Spezialgebieten aufzulösen.

Von einem maschinentheoretischen Ansatz aus konnte man die Elektrotechnik als eine Verbindung von physikalischer Elektrizitätslehre und theoretischer Maschinenlehre begreifen. Das Bestreben einer solchen Lehre ging dahin, die elektrotechnischen Phänomene auf ihre physikalischen und maschinentechnischen Grundprinzipien zurückzuführen. Im Zentrum eines solchen Unterrichts standen die Vorlesungen mit Tafel und Kreide als wichtigsten Hilfsmitteln. Schaubilder und Demonstrationsmodelle dienten zusätzlich der Veranschaulichung. Die Laboratoriumsarbeiten fanden an nach pragmatischen und didaktischen Kriterien erstellten Versuchsaufbauten statt.

Eine an der elektro- und maschinentechnischen Praxis orientierte Ausbildung bemühte sich, den Verhältnissen in der Industrie möglichst nahezukommen und sie teilweise zu simulieren. Wenn man diese Ziele verfolgte, wuchs die Bedeutung der Übungen im Vergleich zu den Vorlesungen. In den Maschinenlaboratorien und Versuchsfeldern ließ man die Studenten an Maschinen und Anlagen arbeiten, wie sie auch in der Industrie gebräuchlich waren. Die Ergebnisse ihrer an Generatoren, Motoren, Straßenbahnwagen und Aufzügen durchgeführten Untersuchungen legten sie in Protokollen nieder. Einzelne Hochschulen besaßen eigene Kraftwerke, die den Elektrotechnikstudenten einen Einblick in die Betriebspraxis gestatteten. Auch wenn andere ihren Strom aus öffentlichen Elektrizitätswerken erhielten, stand im elektrotechnischen Institut doch meist eine Maschinenanlage mit Schaltwarte, welche die Simulation von Abnahmeversuchen und Betriebsbedingungen ermöglichte. Das Prinzip der Praxisnähe schlug sich im Verzicht nieder, die Laboratorien von Außeneinflüssen in Form von Maschinenerschütterungen, Erdströmen, magnetelektrischer

Induktion oder elektromagnetischen Feldern abzuschirmen. Die Studenten sollten vielmehr lernen, deren Wirkung bei Messungen abzuschätzen und zu berücksichtigen. Neben die Arbeiten in den Laboratorien traten Konstruktions-, Berechnungs- und Projektierungsübungen, bei denen die Studenten möglichst praxisnahe Aufgaben lösten bis hin zur Anfertigung von Werkstattzeichnungen. Den Umfang der Übungs- und Entwurfsarbeiten für Elektrotechniker verdeutlicht eine Aufstellung der um 1910 für das Examen einzureichenden Arbeiten.[19] Diese bestanden in Entwurfszeichnungen für einen Generator sowie einen Elektromotor für jeweils verschiedene Stromarten, eine elektrische Anlage, eine Kraftmaschine, eine größere Lasthebemaschine sowie die Übungsprotokolle aus dem elektrotechnischen wie aus dem Maschinenlaboratorium.

Indem die maschinentechnische Interpretation der Elektrotechnik gegenüber der physikalischen und die praxisorientierte gegenüber der theorieorientierten das Übergewicht gewann, verschoben sich auch die Gewichte in der Ausbildung. Die Übungen erhöhten ihren Stellenwert gegenüber den Vorlesungen, und dem anfangs allein dastehenden Praktikum im elektrotechnischen Laboratorium, das in die Elektrotechnik und ihre Grundbegriffe einführte, folgte um die Jahrhundertwende ein zweites Praktikum, in dem die Studenten an elektrischen Maschinen und Anlagen arbeiteten. Diese Gliederung des elektrotechnischen Praktikums läßt sich auch als eine Arbeitsteilung zwischen theoretischer und praktischer Elektrotechnik interpretieren und damit als ein Kompromiß zwischen beiden Ansätzen. Vermutungen, die theoretische Elektrotechnik werde eines Tages aus den Hochschulen verschwinden,[20] bewahrheiteten sich jedenfalls nicht. Stattdessen stellte die theoretische Elektrotechnik weiterhin ein einigendes Band zwischen den elektrotechnischen Teildisziplinen dar, das den zentrifugalen Kräften einer Spezialisierung entgegenwirkte.

In den drei Jahrzehnten zwischen 1882 und 1914 wetteiferten eine ganze Reihe von Konzeptionen für ein elektrotechnisches Studium. Um die wichtigsten noch einmal aufzuführen und mit den Namen der wichtigsten Protagonisten zu versehen:

Formal ging es vor allem um die Eigenständigkeit eines Elektrotechnikstudiums.

- Einflußreiche Fachvertreter wie Siemens, Slaby und Dietrich, aber auch der zuständige preußische Ministerialbeamte Wilhelm Wehrenpfennig sahen in der Elektrotechnik kein eigenständiges Studium, sondern nur eine Zusatzqualifikation vor allem für Maschinenbauer.

---

[19] Abhandlungen und Berichte, Bd. 4, S. 50.

[20] S. o. S. 84.

- Andere Fachvertreter wie Kittler und Kohlrausch setzten sich dagegen für ein selbständiges Studienfach Elektrotechnik ein.

Inhaltlich ging es um die Interpretation der Elektrotechnik zwischen Theorie und Praxis sowie zwischen Physik und Maschinenbau.

- Einen theoretischen, physikorientierten Ansatz führte Kohlrausch eine Zeitlang in Hannover ein.
- Slaby vertrat in Berlin ein theorieorientiertes Studium in enger Anlehnung an den Maschinenbau.
- Nach der Jahrhundertwende blieb in Berlin und an anderen Hochschulen die enge Anlehnung an den Maschinenbau bestehen, doch orientierten sich die Studieninhalte jetzt in stärkerem Maß an der industriellen Praxis.

Wenn sich diese formalen und materialen Interpretationen des Studiums der Elektrotechnik auch im Zeitverlauf ablösten, so kam es bei diesem Ablösungsprozeß doch an den einzelnen Hochschulen zu markanten Ungleichzeitigkeiten wie zu verschiedenartigen Kombinationen zwischen den genannten Konzeptionen.

Realitäten: Analyse der Studiengänge

Nur eine exakte quantitative Analyse der Studiengänge Elektrotechnik kann zeigen, inwieweit die konzeptionellen Vorstellungen der Professoren umgesetzt wurden und ob den konzeptionellen Auseinandersetzungen tatsächlich erhebliche Unterschiede bei den Studiengängen zugrundelagen. Natürlich ist dabei zu berücksichtigen, daß eine quantitative Auswertung der Studienpläne keine Aussagen über die Inhalte gerade der zentralen elektrotechnischen Vorlesungen und Übungen ergeben kann. Quantitative Auswertung und qualitative Interpretation müssen sich also ergänzen. Unsere historische Studiengangsanalyse schließt sich methodisch an Arbeiten des Vereins Deutscher Ingenieure (VDI) in den 1970er und 1980er Jahren an.[1] Aus den Untersuchungen des VDI übernimmt sie die Fächergruppen und die Zuordnung der einzelnen Veranstaltungen zu diesen Gruppen, wenn sie auch, die besonderen Fragestellungen dieser Arbeit im Auge behaltend, das Fach Elektrotechnik gesondert ausweist und weiter differenziert. Dagegen verzichtet unsere Arbeit auf die durch den VDI gewählte wenig genaue graphische Profildarstellung der Studiengänge zugunsten exakter Prozentangaben für die Fächergruppen.

Die Daten entstammen den Studienplänen für das Fach Elektrotechnik,

---

[1] Polke, S. 93f. u. Mai.

die in der Regel in die Vorlesungsverzeichnisse der Hochschulen eingebunden sind. Wir ordnen die angegebenen Veranstaltungen folgenden vier Fächergruppen zu:

- Mathematik und Naturwissenschaften. Dabei weisen wir die Physik extra aus, da die Mehrzahl der frühen Fachvertreter aus der Physik kam und sich die elektrotechnische Lehre aus der physikalischen Elektrizitätslehre entwickelte.
- Elektrotechnik.
- Sonstige Technikwissenschaften. Dabei handelt es sich fast ausschließlich um Maschinenbaufächer, so daß wir uns berechtigt fühlen, im Text für diese Gruppe auch das Kürzel Maschinenbau zu verwenden.
- Nichttechnische Fächer. Dazu gehören vor allem wirtschaftliche, aber auch rechtliche, sozialpolitische und geisteswissenschaftliche.

In einem zweiten Schritt differenzieren wir die elektrotechnischen Fächer in:

- Theoretische Elektrotechnik,
- Maschinenkonstruktion und
- Anlagenprojektion.

Diese Dreigliederung entspricht dem fachlichen Selbstverständnis der Elektrotechniker, das sich um die Jahrhundertwende herausbildete.[2] Auch zeitgenössische Abhandlungen über die elektrotechnischen Curricula verwandten schon diese Gliederung.[3] Uns erlaubt sie eine Beantwortung der Frage, ob und in welchem Umfang eine Verschiebung zwischen der Theoretischen Elektrotechnik und den beiden praktischen Fächern stattfand. Schließlich weisen wir bei der Elektrotechnik – und wegen der Fragestellungen dieser Arbeit: nur hier – die Übungsstunden gesondert aus.

So unproblematisch die Zuordnung der Veranstaltungen zu den vier Fächergruppen im allgemeinen ist, so schwierig erweist sich die der elektrotechnischen Vorlesungen und Übungen zu den drei Teildisziplinen. Von vornherein sei deshalb darauf hingewiesen, daß hier die sich ergebenden absoluten und relativen Zahlenwerte mit Vorsicht zu behandeln sind und nicht überinterpretiert werden dürfen. Immerhin geben sie einen ungefähren Eindruck von den Anteilen der drei Teildisziplinen am elektrotechnischen Curriculum. Und was für uns noch wichtiger ist: Da die Erhebungsprinzipien über den gesamten Untersuchungszeitraum beibehalten wurden, zeigen sie relativ zuverlässig Verschiebungstendenzen zwischen den drei Teilgebieten

---

[2] S. o. S. 115–18.

[3] GLA 448-2401, März 1912.

auf. Um die Vorgehensweise bei den Zuordnungen nachvollziehbar zu machen, einige Bemerkungen über Zweifelsfälle und die dabei getroffenen Entscheidungen: Der Theoretischen Elektrotechnik zugeschlagen wurden die allgemeinen Überblicks- und Einführungsvorlesungen, Veranstaltungen, die sich auf Stromarten, Wechsel- oder Gleichstrom, bezogen, die Meßtechnik und auch Vorlesungen zur Theorie elektrischer Maschinen, selbst wenn sie in der Regel nicht von dem Fachvertreter für Theoretische Elektrotechnik gehalten wurden. Wenn die Hochschule Elektrotechnik in mehreren Vorlesungsteilen, I und II oder I, II und III, anbot, ging die Hälfte der Stunden an die Theoretische Elektrotechnik, die andere Hälfte zu gleichen Teilen an die Maschinenkonstruktion und die Anlagenprojektion, wenn diese nicht eigene Überblicksvorlesungen besaßen; in diesem Fall erhielt die Theoretische Elektrotechnik die gesamte Stundenzahl. Ähnlich nahmen wir die Verteilung der Praktikumsstunden vor: Die Stunden des Anfängerpraktikums (I oder I und II) fielen an die Theoretische Elektrotechnik, die des Fortgeschrittenenpraktikums (II oder III) zu gleichen Teilen an die beiden anwendungsorientierten Fächer. Zur Theoretischen Elektrotechnik kamen alle schwachstromtechnischen Veranstaltungen, selbst wenn ihr Titel in Ausnahmefällen z.B. "Praktische Telegraphie" lautete. Diese Vorlesungen zur Telegrafie und Telefonie haben wir zudem extra ausgewiesen, so daß wir den Stellenwert der Nachrichtentechnik im Curriculum überprüfen können.

Die Zuordnung der elektrotechnischen Veranstaltungen zu den drei Teildisziplinen sehen wir als problematisch an, weil wir über die genauen Inhalte wenig wissen und auch die in manchen Vorlesungsverzeichnissen gegebenen Stichworthinweise nur wenig weiterhelfen. Auf jeden Fall glauben wir eine Vergleichbarkeit zwischen den Hochschulen und zwischen verschiedenen Studienjahren durch unsere eher formale Verteilung der Stunden besser gewährleistet, als wenn wir sie nach den Stichworten im Vorlesungsverzeichnis und nach unserer Einschätzung des Dozenten vorgenommen hätten. Es könnte sein, daß unsere Zuordnung zu einer Überrepräsentation der Theoretischen Elektrotechnik führt, so daß wir gut daran tun, unsere Auswertung auf die Verschiebungsrichtungen zwischen der Theoretischen Elektrotechnik und den praktischen Teilfächern und auf eine vergleichende Betrachtung der Hochschulen zu konzentrieren, ohne den absoluten Zahlenwerten allzu große Bedeutung zuzumessen.

Noch einige formale Bemerkungen zu unserer Studiengangsanalyse: Wir haben jeweils die ersten Studienpläne für Elektrotechnik ausgewertet, welche die Hochschulen verabschiedeten – ohne daß wir hier alle präsentieren –, und sind überdies seit 1885/86 in Fünfjahresschritten vorangegangen. In der Regel gehen die Studienpläne von einem vierjährigen Studium aus; Abweichungen geben wir an. Unsere Zahlen beziehen sich auf das gesamte Elektrotechnikstudium, das heißt, wir geben ein quantitatives Maß für das gesamte Wissen, das die Hochschulen den Studenten anboten. Die zeitliche Abfolge dieses Wissensangebots klammern wir aus. Im allgemeinen dominierten in den ersten beiden Studienjahren die mathematisch-naturwissenschaftlichen Fächer. Daneben begannen die Studenten "Sonstige Technikwissenschaften", das heißt vor allem Maschinenbau, zu hören – mit zunehmendem Umfang im zweiten und dritten Studienjahr. Elektrotechnik setzte im zweiten oder im dritten Studienjahr ein und vergrößerte seinen Anteil zum Studienende zu. Die wenigen nichttechnischen Fächer plazierten die einzelnen Hochschulen in unterschiedlichen Studienjahren.

Nur diejenigen Veranstaltungen finden in unsere Analyse Eingang, welche die Studienpläne ohne Einschränkung an erster Stelle nennen. Dabei kann es sich um Pflichtveranstaltungen handeln oder um in erster Linie empfohlene, je nachdem ob das Studium streng reglementiert war oder Wahlmöglichkeiten gestattete. Jedenfalls nehmen wir Veranstaltungen, die die Studienpläne den Studenten in zweiter Linie, als zusätzliche Wahlfächer, ans Herz legten, nicht auf. Da die Hochschulen den verpflichtenden oder empfehlenden Charakter ihrer Studienpläne manchmal mehrfach änderten, kann es bei den absoluten Stundenzahlen zu Brüchen kommen, was eine Interpretation von Entwicklungstendenzen einer Hochschule sowie einen Vergleich zwischen mehreren Hochschulen erschwert. Einen Ausgleich finden diese Brüche in der Angabe von prozentualen Anteilen der Fächergruppen und elektrotechnischen Teildisziplinen am Studiengang. Wir geben neben den Prozentangaben auch absolute Zahlen in Jahreswochenstunden. Die Angabe von absoluten Zahlen dient nicht nur der Nachprüfbarkeit unserer Analyse; sie eröffnet auch die Möglichkeit der Unterscheidung, ob Verschiebungen bei den Prozentsätzen durch Reduzierung der Stundenzahlen der einen Fächergruppe und Ausweitung der anderen zustandegekommen sind oder ohne Reduzierung durch Ausweitung der Gesamtstunden des Studiengangs Elektrotechnik. Einige Studienpläne beziehen sich auf Studienjahre, so daß sich die Jahreswochenstunden als empirische Erhebungseinheit anboten. Wenn Studienpläne keine Studienjahre, sondern Semester ausweisen, sind die Angaben auf ein Studienjahr umgerechnet. Dies erfolgt ohne eine Gewichtung von Sommer- oder Wintersemester, obgleich das Sommersemester kürzer dauerte. In den Studienplänen ist im allgemeinen die Zahl der Stunden genau angegeben. Wenn dies nicht der Fall war, wurde so vorgegangen: Vor- und Nachmittage wurden mit vier Stunden angesetzt; Laborarbeiten ohne zeitliche Angabe und Zuordnung zu einzelnen Wochentagen mit acht Stunden, und zwar nicht nur in der Elektrotechnik, sondern auch in anderen Fächern wie Chemie und Physik.

---

[4] Zum Anteil der Mathematik in Ingenieurstudiengängen allgemein vgl. Hensel u.a., S. 24f., 30 f. u. 251.

Tabelle 7
Anteil von Fächergruppen am Studiengang Elektrotechnik: Durchschnitt aller Hochschulen (in Prozent) (bei der Elektrotechnik Übungsstunden in Klammern)

Studienplan	1885/86	1890/91	1895/96	1900/01	1905/06	1910/11
Fächergruppen:						
Mathematik und Naturwissenschaften	32,5	31,7	21,6	20,2	20,9	19,2
[davon Physik]	[6,7]	[7,5]	[6,3]	[5,7]	[6,3]	[5,8]
Elektrotechnik	18,5 (12,3)	21,5 (14,5)	29,1 (16,7)	30,8 (18,6)	30,8 (18,6)	30,9 (18,8)
Sonstige Technikwissenschaften	47,5	46,4	47,4	47,0	43,5	47,1
Nichttechnische Fächer	1,5	0,4	1,9	2,0	4,7	2,7
Elektrotechnik:						
Theoretische Elektrotechnik	13,7 (8,8)	14,6 (8,9)	16,6 (8,3)	16,0 (7,7)	13,6 (6,9)	13,6 (7,4)
[davon Schwachstrom]	[0,7]	[0,5]	[1,1]	[0,7]	[0,5]	[0,6]
Maschinenkonstruktion	2,3 (1,8)	3,3 (2,8)	5,9 (4,8)	7,3 (6,2)	9,3 (7,0)	9,5 (6,7)
Anlagenprojektion	2,6 (1,8)	3,5 (2,9)	6,7 (3,6)	7,6 (4,7)	8,0 (4,7)	7,8 (4,7)
alle Fächer	100	100	100	100	100	100

Nun zu den Ergebnissen, und zwar zunächst zu den Verschiebungen zwischen den vier Fächergruppen (Tabelle 7): Von der Mitte der 1880er Jahre bis 1910/11 ging der Anteil der mathematisch- naturwissenschaftlichen Fächer am Elektrotechnikstudium von über 30 auf unter 20% zurück.[4] Dabei blieb der Anteil der Physik mit etwa 7% im großen und ganzen gleich. Wenn also in den 1880er Jahren einige Physiker und aus der Physik kommende Elektrotechniker den Anspruch erhoben, Elektrotechnik sei angewandte Physik, so schlug sich dies im Studium jedenfalls nicht in Gestalt von hohen Physikanteilen nieder. Im gleichen Umfang, wie Mathematik und Naturwissenschaften ihren Anteil verminderten, vergrößerten die elektrotechnischen Fächer den ihrigen, von unter 20 auf über 30%. Im gesamten Untersuchungszeitraum machten die Übungen etwa zwei Drittel der elektrotechnischen Veranstaltungen aus, die Vorlesungen etwa ein Drittel. Andere technische Studiengänge verdoppelten zwischen 1880 und der Jahrhundertwende ihren Übungsstundenanteil und erreichten damit erst die in der Elektrotechnik von vornherein vorhandenen Anteile.[5] Die elektrotechnischen Studiengänge besaßen also seit ihrer Einrichtung größere empirisch-experimentelle Anteile und wurden in dieser Hinsicht für andere Ingenieurstudiengänge zum Vorbild. Den größten Anteil mit gleichbleibend 46 bis 47% hatten am Elektrotechnikstudium die "Sonstigen Technikwissenschaften", das heißt vor allem: der Maschinenbau. Man kann deshalb durchaus den Studiengang Elektrotechnik als ein Kombinationsstudium von Maschinenbau und Elektrotechnik interpretieren. Der Anteil der nichttechnischen Fächer war immer gering. Nach der Jahrhundertwende wies er überproportionale Zahlen auf, als die Hochschulen aus berufspolitischen Gründen verstärkte Anstrengungen zugunsten dieser Fächer unternahmen.[6]

In mehrerlei Hinsicht bedarf dieser Überblick über die prozentualen Verschiebungen einer Ergänzung durch eine Betrachtung der absoluten Zahlen (Tabelle 8). Im Untersuchungszeitraum nahm der Gesamtumfang des Elektrotechnikstudiums um mehr als 30% zu. Der Zuwachs der elektrotechnischen Fächer im engeren Sinne, welche ihre Stundenzahl mehr als verdoppelten, erfolgte nicht nur auf Kosten der Mathematik

[5] Gispen, New Profession, S. 156. Die Angaben über die Relation von Vorlesungs- und Übungsstunden bei Lexis, S. 32 und Abhandlungen und Berichte, Bd. 4, Anlagen, S. 15 lassen sich nicht mit den unsrigen vergleichen, da sie sich im Unterschied zu unseren nicht nur auf die elektrotechnischen Veranstaltungen im engeren Sinne, sondern auf den gesamten Studiengang Elektrotechnik beziehen. Eine zeitgenössische Analyse (aus dem Jahre 1904) der Relation von Vorlesungen und Übungen an verschiedenen Hochschulen in ÖStA AVA MK F 1278, Elektrotechnik, Nr. 18881.

[6] Vgl. König, Ingenieure, S. 266ff.; Gispen, New Profession, passim.

Tabelle 8
Anzahl der Jahreswochenstunden des Studiengangs Elektrotechnik nach Fächergruppen: Durchschnittswerte für alle Hochschulen (bei der Elektrotechnik Übungsstunden in Klammern)

Studienplan	1885/86	1890/91	1895/96	1900/01	1905/06	1910/11
Fächergruppen:						
Mathematik und Naturwissenschaften	38,5	37,9	30,3	29,7	31,7	29,7
[davon Physik]	[8]	[9]	[8,8]	[8,3]	[9,6]	[8,9]
Elektrotechnik	22 (14,6)	25,7 (17,4)	40,7 (23,4)	45,3 (27,3)	46,8 (28,2)	47,7 (29,0)
Sonstige Technikwissenschaften	56,3	55,5	66,4	69,1	66,1	72,8
Nichttechnische Fächer	1,8	0,5	2,6	2,9	7,1	4,1
Elektrotechnik:						
Theoretische Elektrotechnik	16,2 (10,4)	17,5 (10,6)	23,2 (11,6)	23,5 (11,3)	20,6 (10,5)	21,0 (11,4)
[davon Schwachstrom]	[0,8]	[0,6]	[1,6]	[1,1]	[0,7]	[1,0]
Maschinenkonstruktion	2,7 (2,1)	3,9 (3,3)	8,2 (6,7)	10,7 (9,1)	14,1 (10,6)	14,6 (10,4)
Anlagenprojektion	3,1 (2,1)	4,2 (3,5)	9,4 (5,1)	11,1 (6,9)	12,1 (7,1)	12,0 (7,2)
alle Fächer	118,6	119,6	140,1	146,9	151,8	154,4

und der Naturwissenschaften, sondern auch durch eine Erhöhung der Gesamtstundenzahl und damit durch eine Verdichtung des Studiums. Der zeitliche Umfang der Maschinenbaufächer nahm um etwa 30% zu. Mathematik und Naturwissenschaften verloren dagegen mehr als 20% ihrer Stunden. Die angeführten Gewinne und Verluste spiegeln Veränderungen im Selbstverständnis der Elektrotechnik wider. Betrachteten viele die Elektrotechnik zunächst als angewandte Naturwissenschaft, so entwickelte sie sich im Laufe eines guten Jahrzehnts zu einem anwendungsorientierten Ingenieurfach.

Deutlich wird die zunehmende Praxisorientierung des elektrotechnischen Studiums bei einer differenzierten Betrachtung der elektrotechnischen Studienanteile. Die Anteile der Theoretischen Elektrotechnik blieben in etwa gleich. Für die Erhöhung der Anteile und des Stundenumfangs der Elektrotechnik sorgten die praxisorientierten Fächer Maschinenkonstruktion und Anlagenprojektion, deren Umfang sich mehr als vervierfachte. Zum überwiegenden Teil fand ihr Ausbau durch Übungen statt, im Konstruieren und Projektieren, in den elektrotechnischen Laboratorien und in den Versuchsfeldern. Schwachstromtechnische Veranstaltungen, das heißt Vorlesungen zur Telegrafie und Telefonie, spielten im Gesamtcurriculum nur eine ganz unbedeutende Rolle; ihr Anteil lag meist unter 1%. Wir sehen darin eine überzeugende Bestätigung dafür, daß wir uns in dieser Arbeit auf die Starkstromtechnik konzentriert und die Schwachstromtechnik nur am Rande behandelt haben.

Die Verschiebungen zwischen den Fächergruppen und innerhalb des elektrotechnischen Studienanteils spielten sich überwiegend in den 1890er Jahren ab, als zunehmend Professoren mit Industrieerfahrung an die Hochschulen kamen und das Studium praxisorientiert umgestalteten. Drei markante Phasen in der Entwicklung des Elektrotechnikstudiums lassen sich unterscheiden: Die meisten Hochschulen richteten in den 1880er Jahren elektrotechnische Studiengänge ein, wobei sie das Studium von vornherein als eine Kombination von Elektrotechnik und Maschinenbau konzipierten. Da die Zahl der elektrotechnischen Fachdozenten noch gering war und die Elektrotechnik auch kräftige Verbindungen zur Physik sowie zu anderen Naturwissenschaften und zur Mathematik besaß, übertraf der Anteil von Mathematik und Naturwissenschaften im Studiengang den der eigentlichen elektrotechnischen Fächer. In den 1890er Jahren entwickelte sich die Elektrotechnik mit großer Dynamik von einem theorieorientierten Studium zu einem praxisorientierten Ingenieurfach. Elektrotechnik und Maschinenbau weiteten ihre Stundenzahlen aus, bei der Mathematik und den Naturwissenschaften gingen sie zurück: Maschinenkonstruktion und Anlagenprojektion wuchsen überproportional gegenüber der Theoretischen Elektrotechnik. Um die Jahrhundertwende hatte sich an den meisten Hochschulen ein modernes elektrotechnisches Studium etabliert, das danach zwar noch mannigfaltige Veränderungen im Detail erfuhr, aber bis zum Ersten Weltkrieg keine grundlegende Umgestaltung mehr.

Cum grano salis treffen die genannten allgemeinen Tendenzen für alle Hochschulen zu, wenn einige auch in mehr oder minder großem Umfang von der durchschnittlichen Repräsentation der vier Fächergruppen und der drei elektrotechnischen Teildisziplinen abwichen. Betrachtet man diese Abweichungen genauer, dann kann man die Studiengänge der einzelnen Hochschulen als Individuen charakterisieren oder jedenfalls zu einigen deutlich voneinander geschiedenen Gruppen zusammenfassen. In einer Gruppe waren die mathematisch-naturwissenschaftlichen Fächer über- und die elektrotechnischen unterrepräsentiert. Am deutlichsten finden wir diese Ausprägung des Studiengangs Elektrotechnik in den 1880er und 1890er Jahren in Aachen, wo sie in abgeschwächter Form bis weit nach der Jahrhundertwende Bestand hatte (Tabelle 9 und 10). In den 1880er Jahren lag in Aachen der Anteil der Mathematik und der Naturwissenschaften mit einem Maximum von über 46% sowie der physikalischen Veranstaltungen mit mehr als 16% exorbitant hoch und übertraf auch in der Folgezeit den Durchschnitt. In der ohnehin schwach vertretenen Elektrotechnik besaßen die beiden praktischen Fächer in Relation zur Theoretischen Elektrotechnik unterdurchschnittliche Anteile. Diese extreme Position Aachens, die sich nicht zum Vorteil der Elektrotechnik auswirkte, resultierte daraus, daß das neue Fach personell und konzeptionell aus der Aachener Physik entstand und sich der Fachvertreter Otto Grotrian schwer tat, sich aus dieser Tradition zu lösen. Dann unterblieb bis zur Jahrhundertwende der personelle Ausbau der Elektrotechnik, was die Hochschule weiter ins Hintertreffen brachte.

In die gleiche Gruppe wie Aachen gehört auch Braunschweig, nur waren hier die Überrepräsentation der Mathematik und der Naturwissenschaften und die Unterrepräsentation der Elektrotechnik schwächer ausgeprägt (Tabellen 11 und 12). Mit der Berufung von Wilhelm Peukert im Jahre 1890 machte Braunschweig zwar einen kräftigen Sprung in Richtung einer intensiveren Pflege der elektrotechnischen Fächer, da aber ein weiterer personeller Ausbau bis 1914 nicht erfolgte, fiel die Hochschule nach der Jahrhundertwende wieder zurück. Schließlich kann man noch Karlsruhe bis zur Berufung von Engelbert Arnold 1894 und wahrscheinlich Dresden bis zur Berufung von Kübler und Görges 1900/01, wo aus jener Zeit allerdings keine Studienpläne vorliegen, dieser Gruppe zuordnen. Wir behandeln die beiden Hochschulen an anderer Stelle, da die genannten Professoren die Elektrotechnik nach ihrer Berufung völlig umgestalteten.

Einen ausgesprochenen Sonderfall stellte die Elektrotechnik in Hannover dar (Tabelle 13 und 14), der wir aufgrund einer qualitativen Auswertung der zeitgenössischen Diskussion eine besondere Theorieorientierung attestiert

Tabelle 9

TH Aachen: Anzahl der Jahreswochenstunden des Studiengangs Elektrotechnik nach Fächergruppen (bei der Elektrotechnik Übungsstunden in Klammern)

Studienplan	1883/84	1885/86	1890/91	1895/96	1900/01	1905/06	1910/11
Fächergruppen:							
Mathematik und Naturwissenschaften	45	49	49	33	33	48	28.5
[davon Physik]	[16]	[16]	[18]	[10]	[10]	[18]	[11]
Elektrotechnik	5 (0)	13,5 (8)	14,5 (8)	21 (14)	23 (10)	33,5 (18)	34,5 (19)
Sonstige Technikwissenschaften	44	60	46	62	65.5	77.5	93
Nichttechnische Fächer	3	4	0	0	0	21	5.5
Elektrotechnik:							
Theoretische Elektrotechnik	5 (0)	13,5 (8)	13,5 (8)	13,5 (8)	16,5 (8)	17,5 (8)	16,5 (8)
[davon Schwachstrom]	[1]	[1]	[1]	[1]	[1]	[1]	[1]
Maschinenkonstruktion	0 (0)	0 (0)	0,5 (0)	6,75 (6)	2 (2)	7,5 (6)	13 (10)
Anlagenprojektion	0 (0)	0 (0)	0,5 (0)	0,75 (0)	4,5 (0)	8,5 (4)	5 (1)
alle Fächer	97	126,5	109,5	116	121,5	180	161,5

Dauer des Studiengangs 1883/84, 1885/86 u. 1890/91 3 Jahre

Tabelle 10
TH Aachen: Anteil von Fächergruppen am Studiengang Elektrotechnik (in Prozent) (bei der Elektrotechnik Übungsstunden in Klammern)

Studienplan	1883/84	1885/86	1890/91	1895/96	1900/01	1905/06	1910/11
Fächergruppen:							
Mathematik und Naturwissenschaften	46,4	38,7	44,7	28,4	27,2	26,7	17,7
[davon Physik]	[16,5]	[12,6]	[16,4]	[8,6]	[8,2]	[10,0]	[6,8]
Elektrotechnik	5,2 (0)	10,7 (6,3)	13,2 (7,3)	18,1 (12,1)	18,9 (8,2)	18,6 (10)	21,4 (11,8)
Sonstige Technikwissenschaften	45,4	47,4	42,0	53,4	53,9	43,1	57,6
Nichttechnische Fächer	3,1	3,2	0	0	0	11,7	3,4
Elektrotechnik:							
Theoretische Elektrotechnik	5,2 (0)	10,7 (6,3)	12,3 (7,3)	11,6 (6,9)	13,6 (6,6)	9,7 (4,4)	10,2 (5,0)
[davon Schwachstrom]	[1,0]	[0,8]	[0,9]	[0,9]	[0,8]	[0,6]	[0,6]
Maschinenkonstruktion	0 (0)	0 (0)	0,5 (0)	5,8 (5,2)	1,6 (1,6)	4,2 (3,3)	8,0 (6,2)
Anlagenprojektion	0 (0)	0 (0)	0,5 (0)	0,6 (0)	3,7 (0)	4,7 (2,2)	8,0 (0,6)
alle Fächer	100	100	100	100	100	100	100

Tabelle 11

TH Braunschweig: Anzahl der Jahreswochenstunden des Studiengangs Elektrotechnik nach Fächergruppen (bei der Elektrotechnik Übungsstunden in Klammern)

Studienplan	1887/88 (3,5 Jahre)	1890/91 (3,5 Jahre)	1895/96 (3,5 Jahre)	1900/01 (3,5 Jahre)	1905/06 (3,5 Jahre)	1910/11 (3,5 Jahre)
Fächergruppen:						
Mathematik und Naturwissenschaften	35	31	35	34,5	38,5	37,5
[davon Physik]	[6]	[6]	[6]	[6]	[8]	[8]
Elektrotechnik	16 (10)	32,5 (20)	29,5 (20)	30,5 (20)	33 (20)	36,5 (17)
Sonstige Technikwissenschaften	50,5	50,5	59,5	65,5	56,5	60,5
Nichttechnische Fächer	0	0	0	0	1,5	2,5
Elektrotechnik:						
Theoretische Elektrotechnik	14 (10)	18,5 (8)	17,5 (8)	16,5 (6)	17,5 (6)	21 (6)
[davon Schwachstrom]	[0]	[0]	[0,5]	[0,5]	[1,5]	[3,5]
Maschinenkonstruktion	1 (0)	7 (6)	6 (6)	8 (8)	8 (8)	9,5 (6,5)
Anlagenprojektion	1 (0)	7 (6)	6 (6)	6 (6)	7,5 (6)	6 (4,5)
alle Fächer	101,5	114	124	130,5	129,5	137

Tabelle 12
TH Braunschweig: Anteil von Fächergruppen am Studiengang Elektrotechnik (in Prozent) (bei der Elektrotechnik Übungsstunden in Klammern)

Studienplan	1887/88	1890/91	1895/96	1900/01	1905/06	1910/11
Fächergruppen:						
Mathematik und Naturwissenschaften	34,5	27,2	28,2	26,4	29,7	27,4
[davon Physik]	[5,9]	[5,3]	[4,8]	[4,6]	[6,1]	[5,8]
Elektrotechnik	15,8 (9,9)	28,6 (17,6)	23,8 (16,1)	23,4 (15,3)	25,5 (15,4)	26,6 (12,4)
Sonstige Technikwissenschaften	49,8	44,3	48,0	50,2	43,6	44,2
Nichttechnische Fächer	0	0	0	0	1,2	1,8
Elektrotechnik:						
Theoretische Elektrotechnik	13,8 (9,9)	16,2 (7,0)	14,1 (6,5)	12,6 (4,6)	13,5 (4,6)	15,3 (4,4)
[davon Schwachstrom]	[0]	[0]	[0,4]	[0,4]	[1,6]	[2,6]
Maschinenkonstruktion	1,0 (0)	6,1 (5,3)	4,8 (4,8)	6,1 (6,1)	6,2 (6,2)	6,9 (4,7)
Anlagenprojektion	1,0 (0)	6,1 (5,3)	4,8 (4,8)	4,6 (4,6)	5,8 (4,6)	4,4 (3,3)
alle Fächer	100	100	100	100	100	100

Tabelle 13
TH Hannover: Anzahl der Jahreswochenstunden des Studiengangs Elektrotechnik nach Fächergruppen (bei der Elektrotechnik Übungsstunden in Klammern)

Studienplan	1886/87	1890/91	1895/96	1900/01	1905/06	1910/11
Fächergruppen:						
Mathematik und Naturwissenschaften	44,5	38	29	29,5	32,5	29
[davon Physik]	[4]	[4]	[9]	[9]	[15]	[9]
Elektrotechnik	42,5 (35)	47 (39)	56,5 (43)	60 (43,5)	74,5 (53)	73 (53)
Sonstige Technikwissenschaften	59,5	60	62	68	68	55,5
Nichttechnische Fächer	1	1	2	2	12	1
Elektrotechnik:						
Theoretische Elektrotechnik	27,5 (20)	30,5 (23)	36 (24,5)	37 (25,5)	43 (29)	38,5 (26,5)
[davon Schwachstrom]	[1]	[2]	[1,5]	[1]	[1]	[1]
Maschinenkonstruktion	7,5 (7,5)	7,5 (7,5)	9,25 (9,25)	9,5 (9)	14,75 (12)	16,25 (13,25)
Anlagenprojektion	7,5 (7,5)	9 (8,5)	11,25 (9,25)	13,5 (9)	16,75 (12)	18,25 (13,25)
alle Fächer	147,5	146	149,5	159,5	187	158,5

Tabelle 14
TH Hannover: Anteil von Fächergruppen am Studiengang Elektrotechnik (in Prozent) (bei der Elektrotechnik Übungsstunden in Klammern)

Studienplan	1886/87	1890/91	1895/96	1900/01	1905/06	1910/11
Fächergruppen:						
Mathematik und Naturwissenschaften	30,2	26,0	19,4	18,5	17,4	18,3
[davon Physik]	[2,7]	[2,7]	[6,0]	[5,6]	[8,0]	[5,7]
Elektrotechnik	28,8 (23,7)	32,2 (26,7)	37,8 (28,8)	37,6 (27,3)	39,8 (28,3)	46,1 (33,4)
Sonstige Technikwissenschaften	40,3	41,1	41,5	42,6	36,4	35,0
Nichttechnische Fächer	0,7	0,7	1,3	1,3	6,4	0,6
Elektrotechnik:						
Theoretische Elektrotechnik	18,6 (13,6)	20,9 (15,8)	24,1 (16,4)	23,2 (16,0)	23,0 (15,5)	24,3 (16,7)
[davon Schwachstrom]	[0,7]	[1,4]	[1,0]	[0,6]	[0,5]	[0,6]
Maschinenkonstruktion	5,1 (5,1)	5,1 (5,1)	6,2 (6,2)	6,0 (5,6)	7,9 (6,4)	10,3 (8,4)
Anlagenprojektion	5,1 (5,1)	6,2 (5,8)	7,5 (6,2)	8,5 (5,6)	9,0 (6,4)	11,5 (8,4)
alle Fächer	100	100	100	100	100	100

haben.[7] Diese Theorieorientierung zeigt sich jedoch nicht in der Vertretung der Mathematik und der Naturwissenschaften, die sogar leicht unter dem Durchschnitt lagen, sondern in der Relation zwischen Elektrotechnik und Maschinenbau. Die elektrotechnischen Veranstaltungen waren weit über-, die maschinenbaulichen weit unterrepräsentiert. Die Hannoveraner Studienpläne enthielten einen überdurchschnittlichen Anteil an Übungsstunden im elektrotechnischen Laboratorium, was an sich nicht für eine Theorieorientierung sprechen muß.[8] Nimmt man aber hinzu, was der Vertreter des Faches, Wilhelm Kohlrausch, über den Inhalt des Laboratoriumsunterrichts sagte, nämlich daß er mehr der Verdeutlichung der elektrotechnischen Prinzipien als der unmittelbaren Vorbereitung auf die elektrotechnische Berufspraxis dienen sollte, dann kommt das spezifische theoretische Profil der Hannoveraner Elektrotechnik schon eher zum Vorschein. In unserer Studiengangsanalyse schlägt sich dies nieder in einem Überwiegen der Theoretischen Elektrotechnik gegenüber den praxisorientierten Teilgebieten. Übte diese Konzeption der Hannoveraner Elektrotechnik bis Mitte der 1890er Jahre eine beträchtliche Anziehungskraft aus, so ging diese danach – und mit ihr die Zahl der Studenten – dramatisch zurück. Die industrielle Nachfrage nach den in Hannover zu erwerbenden elektrotechnischen Qualifikationen hielt sich offensichtlich sehr in Grenzen.

Das Gegenmodell zu Aachen und Braunschweig mit ihrer Betonung der Mathematik und Naturwissenschaften und zu Hannover mit der Betonung der theoretischen Elektrotechnik stellte Berlin dar (Tabellen 15 und 16). Nach der Berufung von Kübler und Görges um die Jahrhundertwende kam Dresden der Berliner Elektrotechnik nahe (Tabellen 17 und 18). In Berlin und Dresden enthielt der Studiengang Elektrotechnik weniger Mathematik und Naturwissenschaften sowie Elektrotechnik, dafür aber mehr Maschinenbau. Wir haben bereits für Berlin ausgeführt, daß alle maßgebenden Kräfte, insbesondere aber der aus dem Maschinenbau kommende Fachvertreter Adolf Slaby, in der Elektrotechnik eine Vertiefungsrichtung des Maschinenbaustudiums sahen.[9] Wenn Slabys 1904 berufener Kollege Walter Reichel, der sich mit Slaby heftige Auseinandersetzungen über eine Studienreform lieferte, ein ausgeglichenes Verhältnis zwischen elektro- und maschinentechnischen Veranstaltungen als ideal empfahl,[10] so traf dies jedenfalls für Berlin nicht zu.

---

[7] S. o. S. 144f.

[8] Vgl. zur hohen Zahl der Übungsstunden im Laboratorium in Hannover auch NHStA 146 A Acc 62/81 Nr 3, 6.12.1894 – Bericht Kohlrausch, S. 41 f. u. Anlage 11, B sowie 65/81 Nr 9, 17.2.1913 – MK an TH, S. 12.

[9] S. o. S. 145–47.

[10] Reichel, S. 1005 u. 1054f.

Tabelle 15
TH Hannover: Anzahl der Jahreswochenstunden des Studiengangs Elektrotechnik nach Fächergruppen (bei der Elektrotechnik Übungsstunden in Klammern)

Studienplan	1896/97	1900/01	1905/06	1910/11
Fächergruppen:				
Mathematik und Naturwissenschaften	26	28	28	28
[davon Physik]	[8]	[8]	[8]	[8]
Elektrotechnik	59 (12)	80 (39)	54,5 (31,5)	43 (25)
Sonstige Technikwissenschaften	94,5	112,5	92,5	100,5
Nichttechnische Fächer	6	6	10	10
Elektrotechnik:				
Theoretische Elektrotechnik	34,5 (10)	45 (16)	17 (7)	18 (9)
[davon Schwachstrom]	[2]	[2]	[0]	[0]
Maschinenkonstruktion	6,5 (2)	15 (12)	20 (16)	14 (10)
Anlagenprojektion	18 (0)	20 (11)	17,5 (8,5)	11 (6)
alle Fächer	185,5	226,5	185	181,5

Tabelle 16
TH Berlin: Anteil von Fächergruppen am Studiengang Elektrotechnik (in Prozent) (bei der Elektrotechnik Übungsstunden in Klammern)

Studienplan	1896/97	1900/01	1905/06	1910/11
Fächergruppen:				
Mathematik und Naturwissenschaften	14,0	12,4	15,1	15,4
[davon Physik]	[4,3]	[3,5]	[4,3]	[4,4]
Elektrotechnik	31,8 (6,5)	35,3 (17,2)	29,5 (17,0)	23,7 (13,8)
Sonstige Technikwissenschaften	50,9	49,7	50,0	55,4
Nichttechnische Fächer	3,2	2,6	5,4	5,5
Elektrotechnik:				
Theoretische Elektrotechnik	18,6 (5,4)	19,9 (7,1)	9,2 (3,8)	9,9 (5,0)
[davon Schwachstrom]	[1,1]	[0,9]	[0]	[0]
Maschinenkonstruktion	3,5 (1,1)	6,6 (5,3)	10,8 (8,6)	7,7 (5,5)
Anlagenprojektion	9,7 (0)	8,8 (4,9)	9,5 (4,6)	6,1 (3,3)
alle Fächer	100	100	100	100

Tabelle 17
TH Dresden: Anzahl der Jahreswochenstunden des Studiengangs Elektrotechnik nach Fächergruppen (bei der Elektrotechnik Übungsstunden in Klammern)

Studienplan	1901/02	1905/06	1910/11
Fächergruppen:			
Mathematik und Naturwissenschaften	29	25	29,5
[davon Physik]	[5]	[5]	[5]
Elektrotechnik	35 (23)	47 (23)	44,5 (26)
Sonstige Technikwissenschaften	79	77	81,5
Nichttechnische Fächer	3,5	6,5	6
Elektrotechnik:			
Theoretische Elektrotechnik	13,5 (8)	20 (8)	14 (6)
[davon Schwachstrom]	[1]	[1]	[1]
Maschinenkonstruktion	13,5 (11)	18,5 (12)	24 (16)
Anlagenprojektion	8 (4)	8,5 (3)	6,5 (4)
alle Fächer	146,5	155,5	161,5

Tabelle 18
TH Dresden: Anteil von Fächergruppen am Studiengang Elektrotechnik (in Prozent) (bei der Elektrotechnik Übungsstunden in Klammern)

Studienplan	1901/02	1905/06	1910/11
Fächergruppen:			
Mathematik und Naturwissenschaften	19,8	16,1	18,3
[davon Physik]	[3,4]	[3,2]	[3,1]
Elektrotechnik	23,9 (15,7)	30,2 (14,8)	27,6 (16,1)
Sonstige Technikwissenschaften	53,9	49,5	50,5
Nichttechnische Fächer	2,4	4,2	3,7
Elektrotechnik:			
Theoretische Elektrotechnik	9,2 (5,5)	12,9 (5,1)	8,7 (3,7)
[davon Schwachstrom]	[0,7]	[0,6]	[0,6]
Maschinenkonstruktion	9,2 (7,5)	11,9 (7,7)	14,9 (9,9)
Anlagenprojektion	5,5 (2,7)	5,5 (1,9)	4,0 (2,5)
alle Fächer	100	100	100

Wie der Berliner enthielt der Stuttgarter Studienplan unterdurchschnittliche Anteile an Mathematik und naturwissenschaftlichen Veranstaltungen (Tabellen 19 und 20). Davon profitierte jedoch nicht der Maschinenbau,

Tabelle 19
TH Stuttgart: Anzahl der Jahreswochenstunden des Studiengangs Elektrotechnik nach Fächergruppen (bei der Elektrotechnik Übungsstunden in Klammern)

Studienplan	1895/96	1900/01	1905/06	1910/11
Fächergruppen:				
Mathematik und Naturwissenschaften	19,5	17,5	15	16,5
[davon Physik]	[8]	[8]	[7,5]	[9]
Elektrotechnik	39,5 (25)	45,5 (30)	49,5 (29)	56 (33)
Sonstige Technikwissenschaften	70,5	65	70	61,5
Nichttechnische Fächer	5,5	5,5	5,5	5,5
Elektrotechnik:				
Theoretische Elektrotechnik	23 (11)	18 (10)	20 (9)	26 (15)
[davon Schwachstrom]	[1,5]	[1]	[1]	[1]
Maschinenkonstruktion	8,25 (7)	17 (14)	19 (15)	16 (12)
Anlagenprojektion	8,25 (7)	10,5 (6)	10,5 (5)	14 (6)
alle Fächer	135	133,5	140	139,5

Tabelle 20

TH Stuttgart: Anteil von Fächergruppen am Studiengang Elektrotechnik (in Prozent) (bei der Elektrotechnik Übungsstunden in Klammern)

Studienplan	1895/96	1900/01	1905/06	1910/11
Fächergruppen:				
Mathematik und Naturwissenschaften	14,4	13,1	10,7	11,8
[davon Physik]	[5,9]	[6,6]	[5,4]	[6,5]
Elektrotechnik	29,2 (18,5)	34,1 (22,5)	35,4 (20,7)	40,1 (23,7)
Sonstige Technikwissenschaften	52,2	48,7	50,0	44,1
Nichttechnische Fächer	4,1	4,1	3,9	3,9
Elektrotechnik:				
Theoretische Elektrotechnik	17,0 (8,1)	13,5 (7,5)	14,3 (6,4)	18,6 (10,8)
[davon Schwachstrom]	[1,1]	[0,7]	[0,7]	[0,7]
Maschinenkonstruktion	6,1 (5,2)	12,7 (10,5)	13,6 (10,7)	11,5 (8,6)
Anlagenprojektion	6,1 (5,2)	7,9 (4,5)	7,5 (3,6)	10,0 (4,3)
alle Fächer	100	100	100	100

sondern die Elektrotechnik. Das Verhältnis zwischen beiden Fächergruppen war 1910 fast ausgeglichen. Berücksichtigt man noch, daß Stuttgart innerhalb der Elektrotechnik früh die praktischen Fächer gegenüber den theoretischen ausbaute, dann kann man der Hochschule jedenfalls nach der Jahrhundertwende einen modernen, praxisorientierten Studiengang attestieren, wobei es ein Rätsel bleibt, warum die Stuttgarter Elektrotechnik so wenig Studenten anzog. Vielleicht lag es an einer im Vergleich zu anderen Hochschulen strengeren Handhabung der Aufnahmebestimmungen insbesondere gegenüber Ausländern, doch gibt die Stuttgarter hochschulgeschichtliche Literatur darüber keine Auskunft.

Am nächsten kamen dem rechnerischen Durchschnitt die drei nach der Jahrhundertwende in der Elektrotechnik führenden Hochschulen Darmstadt, Karlsruhe und München sowie die 1903 erfolgte Neugründung in Danzig. In der Danziger Elektrotechnik dominierten Konstruktion elektrischer Maschinen und Projektion elektrischer Anlagen in ungewöhnlichem Umfang über die theoretischen Veranstaltungen (Tabellen 21 und 22). Dies mag damit zusammenhängen, daß die Neugründung bei der Konzeption des elektrotechnischen Studiengangs weniger unter Traditionen litt, in welchen die Theorie einen höheren Stellenwert besaß, und von vornherein ein praxisorientiertes Berufsstudium einführte. Die andere Neugründung, Breslau, fällt durch einen hohen Maschinenbauanteil von fast 65% auf (Tabellen 23

Tabelle 21
TH Danzig: Anzahl der Jahreswochenstunden des Studiengangs Elektrotechnik nach Fächergruppen (bei der Elektrotechnik Übungsstunden in Klammern)

Studienplan	1905/06	1910/11
Fächergruppen:		
Matematik und Naturwissenschaften	29	29
[davon Physik]	[9,5]	[9,5]
Elektrotechnik	40,5 (28)	52,5 (34)
Sonstige Technikwissenschaften	53,5	81
Nichttechnische Fächer	2	2
Elektrotechnik:		
Theoretische Elektrotechnik	15,5 (11)	17 (11)
[davon Schwachstrom]	[0]	[1]
Maschinenkonstruktion	8,5 (6,5)	15 (10,5)
Anlagenprojektion	16,5 (10,5)	20,5 (12,5)
alle Fächer	125	164,5

Tabelle 22
TH Danzig: Anteil von Fächergruppen am Studiengang Elektrotechnik (in Prozent) (bei der Elektrotechnik Übungsstunden in Klammern)

Studienplan	1905/06	1910/11
Fächergruppen:		
Mathematik und Naturwissenschaften	23,2	17,6
[davon Physik]	[7,6]	[5,8]
Elektrotechnik	32,4 (22,4)	31,9 (20,7)
Sonstige Technikwissenschaften	42,8	49,2
Nichttechnische Fächer	1,6	1,2
Elektrotechnik:		
Theoretische Elektrotechnik	12,4 (8,8)	10,3 (6,7)
[davon Schwachstrom]	[0]	[0,6]
Maschinenkonstruktion	6,8 (5,2)	9,1 (6,4)
Anlagenprojektion	13,2 (8,4)	12,5 (7,6)
alle Fächer	100	100

Tabelle 23
TH Breslau: Anzahl der Jahreswochenstunden des Studiengangs Elektrotechnik nach Fächergruppen (bei der Elektrotechnik Übungsstunden in Klammern)

Studienplan	1910/11
Fächergruppen:	
Mathematik und Naturwissenschaften	30
[davon Physik]	[8]
Elektrotechnik	33 (22)
Sonstige Technikwissenschaften	116,5
Nichttechnische Fächer	0
Elektrotechnik:	
Theoretische Elektrotechnik	12 (8)
[davon Schwachstrom]	[0]
Maschinenkonstruktion	11 (7)
Anlagenprojektion	10 (7)
alle Fächer	179,5

Tabelle 24
TH Breslau: Anteil von Fächergruppen am Studiengang Elektrotechnik (in Prozent) (bei der Elektrotechnik Übungsstunden in Klammern)

Studienplan	1910/11
Fächergruppen:	
Mathematik und Naturwissenschaften	16,7
[davon Physik]	[4,5]
Elektrotechnik	18,4 (12,3)
Sonstige Technikwissenschaften	64,9
Nichttechnische Fächer	0
Elektrotechnik:	
Theoretische Elektrotechnik	6,7 (4,5)
[davon Schwachstrom]	[0]
Maschinenkonstruktion	6,1 (3,9)
Anlagenprojektion	5,6 (3,9)
alle Fächer	100

und 24). Dies sollte man jedoch nicht überbewerten, denn die Elektrotechnik befand sich an der Hochschule, die 1910 den Lehrbetrieb aufnahm, noch im Aufbaustadium.

Der Darmstädter Studienplan entsprach im großen und ganzen dem Durchschnitt (Tabellen 25 und 26). Seit Mitte der 1890er Jahre waren die elektrotechnischen Fächer etwas über- und der Maschinenbau etwas unterrepräsentiert. Wie Karlsruhe, München und Stuttgart – und entgegen dem Durchschnitt, der höhere Maschinenbauanteile aufwies – gelangte die Hochschule 1910/11 zu einem ausgeglichenen Verhältnis zwischen Elektrotechnik und Maschinenbau. Bis zur Berufung Arnolds 1894 lagen in Karlsruhe die elektrotechnischen Fächer erheblich unter dem Durchschnitt (Tabellen 27 und 28). Arnold änderte dies, indem er dem Studienplan weitere elektrotechnische Veranstaltungen hinzufügte, die Zahl der Pflichtstunden also erhöhte. Dies senkte den Maschinenbauanteil, während die Zahl der Maschinenbaustunden gleich blieb. Unter den Elektrotechnikstunden befand sich ein hoher Anteil theoretischer Vorträge, doch handelte es sich um eine andere Art von Theorie als in Hannover. Arnolds theoretische Vorlesungen bezogen sich auf die verschiedenen Arten elektrischer Maschinen, legten also eine Grundlage für die Konstruktionsübungen, während man in Hannover stärker die physikalische Elektrizitätslehre pflegte. In München fand der eigentliche Ausbau der Elektrotechnik um die

Tabelle 25
TH Darmstadt: Anzahl der Jahreswochenstunden des Studiengangs Elektrotechnik nach Fächergruppen (bei der Elektrotechnik Übungsstunden in Klammern)

Studienplan	1883/84	1885/86	1890/91	1895/96	1900/01	1905/06	1910/11
Fächergruppen:							
Mathematik und Naturwissenschaften	34,5	30,5	33	31,5	30	32	32
[davon Physik]	[11]	[7]	[9]	[9]	[9,5]	[9,5]	[9,5]
Elektrotechnik	24,5 (12)	26 (12)	22 (12)	50 (32)	44 (32)	50 (34,5)	59 (39,5)
Sonstige Technikwissenschaften	50	58,5	63,5	62,5	59,5	57	58
Nichttechnische Fächer	4	4	0	0	0	2	2
Elektrotechnik:							
Theoretische Elektrotechnik	16,5 (6)	15 (6)	13 (6)	27 (15)	17 (12)	19,5 (12)	31 (18,5)
[davon Schwachstrom]	[2]	[2]	[0]	[4]	[1]	[1]	[1]
Maschinenkonstruktion	3 (3)	4,5 (3)	4,5 (3)	10,5 (9,5)	13 (10)	16,5 (12,5)	14,75 (11,25)
Anlagenprojektion	5 (3)	6,5 (3)	4,5 (3)	12,5 (7,5)	14 (10)	14 (10)	13,25 (9,75)
alle Fächer	113	119	118,5	144	133,5	141	151

Tabelle 26
TH Damstadt: Anteil der Fächergruppen am Studiengang Elektrotechnik (in Prozent) (bei der Elektrotechnik Übungsstunden in Klammern)

Studienplan	1883/84	1885/86	1890/91	1895/96	1900/01	1905/06	1910/11
Fächergruppen:							
Mathematik und Naturwissenschaften	30,5	25,6	27,8	21,9	22,5	22,7	21,2
[davon Physik]	[9,7]	[5,9]	[7,6]	[6,2]	[7,1]	[6,7]	[6,3]
Elektrotechnik	21,7 (10,6)	21,8 (10,1)	18,6 (10,1)	34,7 (22,2)	33,0 (24,0)	35,5 (24,5)	39,1 (26,2)
Sonstige Technikwissenschaften	44,2	49,2	53,6	43,4	44,6	40,4	38,4
Nichttechnische Fächer	3,5	3,4	0	0	0	1,4	1,3
Elektrotechnik:							
Theoretische Elektrotechnik	14,6 (5,3)	12,6 (5,0)	11,0 (5,1)	18,7 (10,4)	12,7 (9,0)	13,8 (8,5)	20,5 (12,3)
[davon Schwachstrom]	[1,8]	[1,7]	[0]	[2,8]	[0,7]	[0,7]	[0,7]
Maschinenkonstruktion	2,7 (2,7)	3,8 (2,5)	3,8 (2,5)	7,3 (6,6)	9,7 (7,5)	11,7 (8,9)	9,8 (7,5)
Anlagenprojektion	4,4 (2,7)	5,5 (2,5)	3,8 (2,5)	8,7 (5,2)	10,5 (7,5)	9,9 (7,1)	8,8 (6,5)
alle Fächer	100	100	100	100	100	100	100

Tabelle 27

TH Karlsruhe: Anzahl der Jahreswochenstunden des Studiengangs Elektrotechnik nach Fächergruppen (bei der Elektrotechnik Übungsstunden in Klammern)

Studienplan	1885/86	1890/91	1895/96	1900/01	1905/06	1910/11
Fächergruppen:						
Mathematik und Naturwissenschaften	33,5	38,5	39	34,5	35,5	33
[davon Physik]	[7]	[8]	[11,5]	[10]	[11,5]	[12]
Elektrotechnik	12 (8)	12,5 (8)	44 (26,5)	53,5 (26)	46 (22,5)	53 (26)
Sonstige Technikwissenschaften	53	57,5	53	52	54,5	55
Nichttechnische Fächer	0	1,5	7,5	9	11	9,5
Elektrotechnik:						
Theoretische Elektrotechnik	11 (8)	12 (8)	22 (10)	31,5 (8)	20 (6)	23,5 (8)
[davon Schwachstrom]	[0]	[0]	[1]	[1]	[1]	[1]
Maschinenkonstruktion	0,5 (0)	0,25 (0)	11,25 (9,25)	8,5 (8)	15,5 (10)	14,5 (10)
Anlagenprojektion	0,5 (0)	0,25 (0)	10,75 (10,75)	13,5 (10)	10,5 (6,5)	15 (8)
alle Fächer	98,5	110	143,5	149	147	150,5

Tabelle 28
TH Karlsruhe: Anteil von Fächergruppen am Studiengang Elektrotechnik (in Prozent) (bei der Elektrotechnik Übungsstunden in Klammern)

Studienplan	1885/86	1890/91	1895/96	1900/01	1905/06	1910/11
Fächergruppen:						
Mathematik und Naturwissenschaften	34,0	35,0	27,2	23,1	24,1	21,9
[davon Physik]	[7,1]	[7,3]	[8,0]	[6,7]	[7,8]	[8,0]
Elektrotechnik	12,2 (8,1)	11,4 (8,1)	30,7 (18,5)	35,9 (17,4)	31,3 (15,3)	35,2 (17,3)
Sonstige Technikwissenschaften	53,8	52,3	36,9	34,9	37,1	36,5
Nichttechnische Fächer	0	1,4	5,2	6,0	7,5	6,3
Elektrotechnik:						
Theoretische Elektrotechnik	11,2 (8,1)	10,9 (7,3)	15,3 (7,0)	21,1 (5,4)	13,6 (4,1)	15,6 (5,3)
[davon Schwachstrom]	[0]	[0]	[0,7]	[0,7]	[0,7]	[0,7]
Maschinenkonstruktion	0,5 (0)	0,2 (0)	7,8 (6,4)	5,7 (5,4)	10,5 (6,8)	9,6 (6,6)
Anlagenprojektion	0,5 (0)	0,2 (0)	7,5 (5,1)	9,1 (6,7)	7,1 (4,4)	10,0 (5,3)
alle Fächer	100	100	100	100	100	100

Tabelle 29
TH München: Anzahl der Jahreswochenstunden des Studiengangs Elektrotechnik nach Fächergruppen (bei der Elektrotechnik Übungsstunden in Klammern)

Studienplan	1895/96	1900/01	1905/06	1910/11
Fächergruppen:				
Mathematik und Naturwissenschaften	29,5	31	33,5	33,5
[davon Physik]	[9]	[9]	[4]	[9]
Elektrotechnik	26,5 (15)	36,5 (22)	35 (23)	40 (24)
Sonstige Technikwissenschaften	67,5	54,5	54,5	37,5
Nichttechnische Fächer	0	0	0	2
Elektrotechnik:				
Theoretische Elektrotechnik	12 (6)	16,5 (8)	16 (9)	14 (9)
[davon Schwachstrom]	[1]	[1]	[1]	[0]
Maschinenkonstruktion	7 (5)	10 (8)	13 (8)	13 (8)
Anlagenprojektion	7,5 (4)	10 (6)	11 (6)	13 (7)
alle Fächer	123,5	122	128	113

Jahrhundertwende statt (Tabellen 29 und 30). Rein quantitativ, Inhalte und Qualität außer acht gelassen, besaßen bereits in der Zeit vorher unter den elektrotechnischen Veranstaltungen die praxisorientierten einen hohen Stellenwert, was die Hochschule in der Folgezeit beibehielt. Das ausgeglichene Verhältnis zwischen Elektrotechnik und Maschinenbau im Studienplan von 1910/11 erreichte die Hochschule vor allem durch die kräftige Reduzierung des Maschinenbaus. In München konnte man sich dies erlauben, weil man mit dem "Maschinen-Elektroingenieur" noch über einen Studiengang verfügte, der alle Pflichtstunden der Elektrotechnik wie des Maschinenbaus umfaßte.

Die Studienpläne 1910/11 der drei Hochschulen, deren Elektrotechnik nach der Jahrhundertwende, die Studentenzahlen und weitere Kriterien als Maßstab genommen, die der anderen überragte, nämlich Darmstadt, Karlsruhe und München,[11] wiesen deutliche Übereinstimmungen auf (Tabelle 31). Die mathematischen und naturwissenschaftlichen Fächer hielten einen Anteil

[11] S. u. S. 220ff.

Tabelle 30
TH München: Anteil von Fächergruppen am Studiengang Elektrotechnik (in Prozent) (bei der Elektrotechnik Übungsstunden in Klammern)

Studienplan	1895/96	1900/01	1905/06	1910/11
Fächergruppen:				
Mathematik und Naturwissenschaften	23,9	25,4	26,2	29,6
[davon Physik]	[7,3]	[7,4]	[3,1]	[8,0]
Elektrotechnik	21,5 (12,1)	29,9 (18,0)	31,2 (18)	35,4 (21,2)
Sonstige Technikwissenschaften	54,7	44,7	42,6	33,2
Nichttechnische Fächer	0	0	0	1,8
Elektrotechnik:				
Theoretische Elektrotechnik	9,7 (4,9)	13,5 (6,6)	12,5 (7,0)	12,4 (8,0)
[davon Schwachstrom]	[0,8]	[0,8]	[0,8]	[0]
Maschinenkonstruktion	5,7 (4,0)	8,2 (6,6)	10,2 (6,2)	11,5 (7,1)
Anlagenprojektion	6,1 (3,2)	8,2 (4,9)	8,6 (4,7)	11,5 (6,2)
alle Fächer	100	100	100	100

von etwas über 20%; mit 29,6% stellte München hier einen Ausreißer dar. An allen drei Hochschulen bestand ein Gleichgewicht zwischen elektro- und maschinentechnischen Fächern, die jeweils einen Anteil von 35 bis 40% am Studiengang Elektrotechnik besaßen. Der Anteil der Elektrotechnik lag damit über dem und der des Maschinenbaus unter dem Durchschnitt aller Hochschulen. Wir gehen wohl nicht fehl, wenn wir in dieser Verteilung das Profil eines modernen und erfolgreichen elektrotechnischen Studiengangs am Vorabend des Ersten Weltkrieges sehen. Damit soll weniger gesagt werden, daß dieses Studiengangsprofil entscheidend zum Erfolg der Elektrotechnik an den drei Hochschulen beigetragen habe, sondern eher, daß es sich aus dem starken Ausbau der Elektrotechnik an den genannten Hochschulen ergab.

Unsere Studiengangsanalyse knapp zusammenfassend, unterscheiden wir 5 Typen elektrotechnischer Studiengänge, und zwar nach den Abweichungen von dem von uns empirisch herausgearbeiteten "Durchschnittsstudiengang":

- Studiengänge mit einer Überrepräsentation der Mathematik und der Naturwissenschaften und einer Unterrepräsentation der Elektrotechnik, wobei zudem die Theoretische Elektrotechnik überwiegt; dies vor allem in Aachen und in geringerer Ausprägung in Braunschweig;
- den Hannoveraner Studiengang mit einem außergewöhnlich hohen Anteil der Elektrotechnik, welche allerdings sehr theorieorientiert gelehrt wird;
- Studiengänge mit einer Unterrepräsentation der Mathematik und Naturwissenschaften sowie der Elektrotechnik und einer Überrepräsentation des Maschinenbaus in Berlin und in Dresden nach der Jahrhundertwende;
- den Stuttgarter Studiengang mit einer Unterrepräsentation der Mathematik und Naturwissenschaften und einer Überrepräsentation der Elektrotechnik
- und schließlich die Studiengänge an den Hochburgen der Elektrotechnik nach der Jahrhundertwende: Darmstadt, Karlsruhe und München, die nahe dem Durchschnitt liegen, aber am Vorabend des Ersten Weltkrieges zu einem ausgeglichenen Verhältnis zwischen Elektrotechnik und Maschinenbau kommen und damit – gemessen am Durchschnitt – zu einer Überrepräsentation der Elektrotechnik und einer Unterrepräsentation des Maschinenbaus.

Studentenzahlen und Ausländeranteile

An den Polytechnika erreichten die Studentenzahlen 1876/77 ein Maximum.[1] Danach erlebten sie einen weitgehenden Einbruch. Bis zum Tiefpunkt 1883/84 gingen sie um etwa die Hälfte zurück, bei einigen Hochschulen erreichte der Rückgang 75%. Verantwortlich dafür war der konjunkturelle Niedergang der deutschen Wirtschaft in der sogenannten Gründerkrise, der die Erwartungen hinsichtlich der Berufsaussichten in der Industrie verdüsterte. Darüber hinaus veränderten sich die Rekrutierungsfelder für das Ingenieurstudium. Einige Länder schnitten den Zugang von den technischen Mittelschulen an die Technischen Hochschulen ab und verlangten höhere allgemeine Bildungsabschlüsse, womit sich die Zahl potentieller Studenten verkleinerte. Genau in diese Zeit der krisenhaften Reduzierung der Studentenzahlen fiel die Diskussion um eine akademische Institutionalisierung der Elektrotechnik. Mit der Einrichtung elektrotechnischer Professuren und Studiengänge verfolgten die Hochschulen auch das Ziel, eine größere Zahl von Studenten anzuziehen.

---

[1] Zur allgemeinen Frequenzentwicklung s. Lundgreen, Natur- und Technikwissenschaften.

Tabelle 31
Studienjahr 1910/11: Anteil von Fächergruppen am Studiengang Elektrotechnik nach Hochschulen (in Prozent) (in der Elektrotechnik Übungsstunden in Klammern)

Studienplan	Aachen	Berlin	Braunschweig	Breslau	Danzig
Fächergruppen:					
Mathematik und Naturwissenschaften	17,7	15,4	27,4	16,7	17,6
[davon Physik]	[6,8]	[4,4]	[5,8]	[4,5]	[5,8]
Elektrotechnik	21,4 (11,8)	23,7 (13,8)	26,6 (12,4)	18,4 (12,3)	31,9 (20,7)
Sonstige Technikwissenschaften	57,6	55,4	44,2	64,9	49,2
Nichttechnische Fächer	3,4	5,5	1,8	0	1,2
Elektrotechnik:					
Theoretische Elektrotechnik	10,2 (5,0)	9,9 (5,0)	15,3 (4,4)	6,7 (4,5)	10,3 (6,7)
[davon Schwachstrom]	[0,6]	[0]	[2,6]	[0]	[0,6]
Maschinenkonstruktion	8,0 (6,2)	7,7 (5,5)	6,9 (4,7)	6,1 (3,9)	9,1 (6,4)
Anlagenprojektion	3,1 (0,6)	6,1 (3,3)	4,4 (3,3)	5,6 (3,9)	12,5 (7,6)
alle Fächer	100	100	100	100	100

Tabelle 31
Fortsetzung

Studienplan	Darmstadt	Dresden	Hannover	Karlsruhe	München	Stuttgart
Fächergruppen:						
Mathematik und Naturwissenschaften	21,2	18,3	18,3	21,9	29,6	11,8
[davon Physik]	[6,3]	[3,1]	[5,7]	[8,0]	[8,0]	[6,5]
Elektrotechnik	39,1 (26,2)	27,6 (16,1)	46,1 (33,4)	35,2 (17,3)	35,4 (21,2)	40,1 (23,7)
Sonstige Technikwissenschaften	38,4	50,5	35,0	36,5	33,2	44,1
Nichttechnische Fächer	1,3	3,7	0,6	6,3	1,8	3,9
Elektrotechnik:						
Theoretische Elektrotechnik	20,5 (12,3)	8,7 (3,7)	24,3 (16,7)	15,6 (5,3)	12,4 (8,0)	18,6 (10,8)
[davon Schwachstrom]	[0,7]	[0,6]	[0,6]	[0,7]	[0]	[0,7]
Maschinenkonstruktion	9,8 (7,5)	14,9 (9,9)	10,3 (8,4)	9,6 (6,6)	11,5 (7,1)	11,5 (8,6)
Anlagenprojektion	8,8 (6,5)	4,0 (2,5)	11,5 (8,4)	10,0 (5,3)	11,5 (6,2)	10,0 (4,3)
alle Fächer	100	100	100	100	100	100

Tabelle 32
Gesamtfrequenz, Frequenz Elektrotechnik und Anteil Elektrotechnik an der Gesamtfrequenz der Technischen Hochschulen 1900–1915

Wintersemester	Gesamtfrequenz	Frequenz Elektrotechnik	Anteil Elektrotechnik
1900/01	12 480	2 162	17
1901/02	14 191	2 277	16
1902/03	14 378	2 072	14
1903/04	14 095	1 756	12
1904/05	14 220	1 451	10
1905/06	14 227	1 207	8
1906/07	13 301	1 161	9
1907/08	12 883	1 027	8
1908/09	12 753	963	8
1909/10	12 639	1 021	8
1910/11	12 732	1 064	8
1911/12	12 336	1 185	10
1912/13	12 116	1 270	10
1913/14	12 678	1 373	11
1914/15	10 294	630	6

Quelle
S. u. S. 191.

Zwischen 1883/84 und 1902/03 stiegen die Studentenzahlen wieder mehr oder weniger kontinuierlich an – bis auf etwa das Vierfache des Ausgangswertes. Im ersten Jahrzehnt dieses Zeitraums hielt sich das wirtschaftliche Wachstum zwar in Grenzen, doch begünstigten die damit einhergehenden deflationistischen Tendenzen eher die allgemeine wirtschaftliche Situation der Arbeitnehmer. Von der konjunkturellen Entwicklung gingen also keine negativen Einflüsse auf den Hochschulzugang aus. Die Ansprüche der Industrie, und zwar besonders die der neuen: Elektrotechnik und Chemie, an die Qualifikation der Mitarbeiter wuchsen. Schließlich dürfte sich das höhere Sozialprestige der Technischen Hochschulen günstig auf die Frequenz ausgewirkt haben. An diesem Frequenzanstieg besaß die Elektrotechnik einen Anteil, ohne daß dieser genau zu beziffern ist, da bis zur Jahrhundertwende keine Gesamtzahlen für die Elektrotechnikstudenten vorliegen.[2] Für einzelne Hochschulen, nämlich Darmstadt, Dresden, Karlsruhe und München, vorliegende Zahlenreihen (Hannover stellt eine Sonderentwicklung

[2] S. u. S. 190ff.

dar) deuten jedoch darauf hin, daß der Stellenwert der Elektrotechnik für den Frequenzanstieg bis zur Jahrhundertwende ständig zunahm.

Nach 1902/03 stagnierten die Gesamtstudentenzahlen auf hohem Niveau, welches 1906/07 eine Absenkung um etwa 10% erfuhr (Tabelle 32). Zum Übergang von starkem Wachstum zu Stagnation trugen zum einen die seit den 1890er Jahren artikulierten Befürchtungen bei, der Arbeitsmarkt werde die zunehmende Zahl der ausgebildeten Hochschulingenieure nicht mehr aufnehmen können. Zum anderen begannen einzelne Länder wie Preußen und einzelne Technische Hochschulen die Aufnahmebestimmungen gegenüber deutschen und ausländischen Studenten strenger zu handhaben.[3] Man insistierte jetzt auf der Reifeprüfung und ließ Schulabsolventen mit Primareife nicht mehr zum Studium zu. Ebenso wirkte sich die Konkurrenz der technischen Mittelschulen negativ auf den Hochschulzugang aus. Die Mittelschulabsolventen fanden genauso gut oder schlecht eine Anfangsstellung wie Hochschulabsolventen. Die Industrie stellte Akademiker nur ein, wenn sie deren spezifische Qualifikationen unbedingt benötigte.[4]

Stagnierte das Ingenieurstudium in seiner Gesamtheit, so brach das Studium der Elektrotechnik regelrecht ein. Bis zu einem Tiefpunkt 1908/09 verminderte sich die Zahl der Elektrotechnikstudenten um mehr als die Hälfte. Der Anteil der Elektrotechniker an der Gesamtzahl der Studenten ging von 17 auf 8% zurück. Überhaupt beruhten Stagnation und Rückgang des Ingenieurstudiums überwiegend auf der Elektrotechnik und in geringerem Umfang auf dem Maschinenbau, während andere Fächer ihre Studentenzahlen erhöhten.[5] Der Frequenzrückgang beim Elektrotechnikstudium erwuchs aus einer Krise der Elektroindustrie, in die diese in den Jahren 1901 und 1902 hineinschlitterte. In erster Linie handelte es sich dabei um eine typische Überproduktionskrise. Der Elektrifizierungsboom hatte in den 1890er Jahren eine Reihe neuer Firmen in den Markt gelockt, die sich mit den alten einen erbitterten Konkurrenzkampf mit Dumpingpreisen lieferten. Zum Zeitpunkt des Ausbruchs der Krise lagen die Preisangebote für Elektrizitätswerke und Elektrizitätsversorgungssysteme um etwa 20 bis 25% niedriger als Ende der 1890er Jahre. Von den in kleineren Städten errichteten Elektrizitätswerken arbeiteten einige nicht wirtschaftlich und belasteten die Bilanzen. Manche der Firmen hatten ihr Geschäft nicht solide finanziert. Die Vorfinanzierung der Elektrizitätswerke und Versorgungssysteme band große Kapitalmengen, die man mit Hilfe wenig solider Dividendengarantien angelockt hatte. Dazu

---

[3] S. z.B. Übersicht, S. 16.

[4] Vgl. HStA S E 14 Bü 1612, 6.12.1910 – MK an König.

[5] Vgl. Stiel, Entwicklung, S. 199f. u. Tafel 5; HA Darmstadt, 7.2.1914 – Rektor an MK.

kamen um die Jahrhundertwende überproportionale Anstiege der Lohn- und Rohstoffkosten. Die Krise ließ einige Firmen zusammenbrechen und leitete in der elektrotechnischen Industrie einen Konzentrationsprozeß ein, was die Nachfrage nach Elektrotechnikern dämpfte. Die psychologischen Auswirkungen der Krise reduzierten zusätzlich noch den Zugang zum Elektrotechnikstudium. In dem Maß, wie die elektrotechnische Konjunktur wieder anlief und die Erinnerungen an die Krise schwanden, erholten sich auch die Studentenzahlen. Zwischen 1909 und dem Kriegsausbruch stieg die Zahl der Elektrotechnikstudenten um etwa 40% und der Anteil der Elektrotechniker an den Gesamtstudenten von 8 auf 11%.

Aus unserer Skizze zur quantitativen Entwicklung des Ingenieurstudiums allgemein wie des Elektrotechnikstudiums speziell geht deutlich die Abhängigkeit der Frequenz von der allgemeinen Konjunktur wie auch von der elektrotechnischen Teilkonjunktur hervor. Schon die Zeitgenossen sahen diesen Zusammenhang.[6] Wirtschaftskonjunkturelle Veränderungen wirkten sich auf die Studentenzahlen phasenverschoben aus, weil in konjunkturellen Krisenzeiten die meisten Studenten ihre Ausbildung zu Ende führten, und in Zeiten günstiger Konjunktur die steigende Zahl der Anfänger erst einmal die höheren Semester erreichen und kumulieren mußte. Eine prosperierende Konjunktur sicherte und erhöhte die Einkommen und verbesserte damit die materiellen Rahmenbedingungen für eine Entscheidung für ein Studium. Hinzu kamen positive psychologische Wirkungen. Eine Entscheidung für ein Elektrotechnikstudium hing aber nicht nur von der Konjunktur und dem Arbeitsmarkt ab, sondern ebenso von den Erwartungen, wie sich diese weiter entwickeln würden. Die Studienanfänger reagierten sensibel auf wirtschaftliche Prognosen und damit verbundene Warnungen vor dem oder Aufforderungen zum Elektrotechnikstudium. Diese Warnungen oder Aufforderungen konnten leicht zu Selfdestroying-prophecies geraten: Die Prognose eines Ingenieurmangels konnte die Studentenzahlen ansteigen lassen und tatsächlich zu einem Ingenieurüberschuß führen; die Prognose eines Ingenieurüberschusses zu einem Sinken der Studentenzahlen und einem Ingenieurmangel. Beim Elektrotechnikstudium trat dieses Phänomen nach der Jahrhundertwende zumindest in der Form in Erscheinung, daß die Frequenzausschläge kräftiger verliefen als die Veränderungen des Arbeitsmarktes.

Der Arbeitsmarkt für Elektrotechniker unterschied sich von dem anderer Studienrichtungen mehr oder weniger dadurch, daß die weit überwiegende Mehrzahl der Absolventen in die Industrie ging. Er hing in besonders hohem

[6] Übersicht, S. 10; Romberg, Rektor der TH Berlin, in Hessische Volksblätter v. 11.2.1914; HA Darmstadt, 7.2.1914 – Rektor an MK; vgl. Borscheid, S. 166f. u. 172 sowie Laer, S. 12.

Maße von der Industriekonjunktur ab, da dämpfende Einflüsse durch den stabileren Arbeitsmarkt des öffentlichen Dienstes kaum zu Buche schlugen. Zwischen 1880 und 1914 lassen sich drei Phasen der Arbeitsmarktentwicklung für Elektrotechniker unterscheiden.[7] Entgegen mancher in der ersten Hälfte der 1880er Jahre gehegter Erwartungen gestaltete sich der Arbeitsmarkt bis zur Jahrhundertwende ausgesprochen günstig. In den Jahren 1901/02 verschlechterte die Krise der elektrotechnischen Industrie den Arbeitsmarkt dramatisch. Einige Jahre hatten Berufsanfänger Schwierigkeiten, eine Stelle zu finden, und im Beruf stehende Elektrotechniker mußten Gehaltseinbußen hinnehmen. Allerdings besserte sich die Arbeitsmarktlage wieder schnell, und seit etwa 1906 übertraf die Nachfrage wieder das Angebot.

An den deutschen Technischen Hochschulen lag der Anteil ausländischer Studierender in beträchtlicher Höhe. Dabei bestanden markante Unterschiede zwischen einzelnen Hochschulen. Statistische Angaben für den Zeitraum zwischen 1900 und 1907 lassen es in grober Näherung zu, die Hochschulen in vier Gruppen einzuteilen.[8] Einen Ausländeranteil um 10% besaßen Berlin, Hannover, Danzig und Stuttgart; Aachen und Braunschweig lagen bei 15%, München bei 20; und an der Spitze standen Dresden, Karlsruhe und Darmstadt mit 25% und mehr. Unter den ausländischen Studenten befanden sich besonders viele Russen und Polen, die an manchen Hochschulen über 80% der ausländischen Studentenschaft stellten, und unter diesen wiederum ein hoher Anteil jüdischer Studenten. Juden drängten an ausländische Hochschulen, weil sie an den Hochschulen des Zarenreichs beträchtlichen Beschränkungen und antisemitischen Ressentiments ausgesetzt waren. Seit der zweiten Hälfte der 1890er Jahre richteten sich gegen das Studium der Ausländer und Juden an den deutschen Technischen Hochschulen heftige chauvinistische und antisemitische Angriffe. Nationalistische Propagandisten warnten vor einer Überflutung der Technischen Hochschulen mit "Jünglingen aus Halb-Asien", und auch Wilhelm II. sprach sich 1906 für eine Abschiebung der russischen Studenten aus.[9] Weiter malten die Gegner des Ausländerstudiums die Gefahr an die Wand, daß die deutschen Technischen Hochschulen ausländische Volkswirtschaften durch die Ausbildung von Ingenieuren aufrüsteten, welche dann auf den Weltmärkten gegen die deutsche Exportwirtschaft mobilmachen würden. Jedoch wiesen die zunächst Betroffenen, die Industrieverbände und Ingenieurvereine, dieses Szenarium zurück. Sie erwarteten ganz im Gegenteil, daß die Bekanntschaft ausländischer

---

[7] S. ausführlicher u. S. 246–49.

[8] Stiel, Entwicklung, S. 214f.

[9] Späth, Zitat S. 201; vgl. zum Ausländerstudium außerdem Stiel, Entwicklung, S. 207; Report on the German Technical High Schools, S. 58.

technischer Führungskräfte mit deutscher Technik und Kultur den nationalen Export eher fördern werde.

Die Kultusministerien und die Technischen Hochschulen paßten sich jedenfalls der dominierenden ausländerfeindlichen Stimmung insoweit an, als sie punktuelle Maßnahmen gegen das Ausländerstudium ergriffen. Sie erhöhten die Studiengebühren für ausländische Studenten oder erlaubten ihnen eine Einschreibung erst nach Ablauf einer gewissen Frist. Man achtete streng auf die Einhaltung der Vorbildungsanforderungen und untersagte Ausländern die Hospitation. Preußen ging mit solchen Maßnahmen am weitesten. Es ließ zum Ingenieurstudium nur noch russische Studenten zu, welche bereits eine Zulassung für eine russische Technische Hochschule besaßen. De facto bedeutete dies eine weitgehende Ausgrenzung der aus Rußland kommenden jüdischen Studienaspiranten. An der mit der Germanisierung des Ostens betrauten TH Danzig ging man mit besonderer Strenge vor. Hier unterzog man jeden einzelnen ausländischen Studienanwärter einer sorgfältigen Überprüfung. Aller Maßnahmen zum Trotz stieg jedoch das Ausländerstudium in Deutschland weiter an. Die deutschen Technischen Hochschulen genossen einen hervorragenden Ruf, und die industrielle Entwicklung in Ost- und Südosteuropa wie in anderen Regionen ließ das Interesse an einem Ingenieurstudium wachsen. Höchstens kam es in

Tabelle 33
TH Karlsruhe: Anteil der Ausländer an den Studenten der Hochschule sowie an den Studenten der Elektrotechnik (in Prozent)

	Ausländeranteil	
Wintersemester	Elektrotechnik	Hochschule
1900/01	38	21
1901/02	44	23
1902/03	47	24
1903/04	48	25
1904/05	52	25
1905/06	57	29
1906/07	77	39
1907/08	74	39
1908/09	75	39
1909/10	71	40
Durchschnitt	58	30

Quelle
Badische Schulstatistik, S. 115.

Tabelle 34
TH Darmstadt: Anteil der Ausländer an den Studenten der Elektrotechnik (in Prozent)

Wintersemester	Ausländeranteil
1902/03	53
1903/04	57
1904/05	62
1905/06	65
1906/07	72
1907/08	70
1908/09	64
1909/10	65
1910/11	60
1911/12	62
1912/13	55
1913/14	42
Durchschnitt	61

Quelle
HA Darmstadt; 7.2.1914–Rektor an Min., Anlage.

Deutschland zu einer Verschiebung der Ausländeranteile zwischen den Ländern und Hochschulen mit einer restriktiveren und denen mit einer weniger rigiden Aufnahmepolitik. Besonders an den liberalen süd- und südwestdeutschen Hochschulen erhöhten sich die Ausländeranteile – so an der TH Karlsruhe im Zeitraum zwischen 1907/08 auf fast 40%.[10] In der Elektrotechnik lagen die Ausländeranteile noch beträchtlich höher (Tabellen 33 und 34).[11] Karlsruhe und Darmstadt, die einerseits einen hohen Ausländeranteil, andererseits eine renommierte Elektrotechnik besaßen, erreichten beide ein Maximum im Wintersemester 1906/07 – Karlsruhe mit 77 und Darmstadt mit 72%. Danach ging der Anteil der ausländischen Elektrotechnikstudenten zurück. Die absoluten Zahlen der ausländischen Elektrotechniker nahm ab, die der deutschen wieder zu. Wenn man berücksichtigt, daß an Hochschulen wie Karlsruhe und Darmstadt eine besonders große Zahl Elektrotechniker und überproportional viele Ausländer

[10] Badische Schulstatistik, S. 115; vgl. auch Verhandlungen der Zweiten Kammer der Landstände des Großherzogtums Hessen in den Jahren 1911/14. Protokolle Nr. 58, S. 1689.

[11] Vgl. über die Tabellen hinaus NHStA 146 A Acc 62/81 Nr 3, 6.12.1894 – Bericht Kohlrausch, S. 47; Personal-Verzeichnis TH Berlin; HA Darmstadt, 7.12.1914 – Rektor an MK, Anlage.

studierten, und zudem die wenigen Angaben über geringere Ausländerzahlen in elektrotechnischen Studiengängen anderer Technischer Hochschulen heranzieht, kann man zu der groben Schätzung kommen, daß es sich bei etwa der Hälfte der zwischen 1882 und 1914 in Deutschland studierenden Elektrotechniker um ausländische Studenten handelte. Diese Schätzung verweist auf das hohe Ansehen, das die deutsche akademische Elektrotechnik im Ausland genoß. Die Technischen Hochschulen profitierten zudem von einem Vorsprung, den sie durch die frühe Institutionalisierung der Elektrotechnik gewonnen hatten, und zwar nicht nur gegenüber den ost- und südosteuropäischen Staaten, sondern weltweit. Daß die Zahlen der aus Ost- und Südosteuropa kommenden Studenten so außerordentlich hoch waren, hing auch mit den intensiven geschäftlichen Beziehungen der elektrotechnischen Industrie zu diesen Regionen zusammen.

Die Vermutung liegt nahe, daß die an deutschen Technischen Hochschulen studierenden ausländischen Elektrotechniker nach der Rückkehr einen nennenswerten Beitrag zur Elektrifizierung ihrer Länder leisteten. Eine Einschätzung der Bedeutung dieser Form des Technologietransfers bedürfte genauer qualitativer Studien für die einzelnen Staaten. Immerhin erlaubt eine jüngere Arbeit über den elektrotechnischen Technologietransfer in das damals zum Zarenreich gehörende Finnland quantitative Aussagen über das Elektrotechnikstudium von Finnen an deutschen Technischen Hochschulen.[12] Von den erfaßten, vor dem Ersten Weltkrieg in den Beruf eintretenden finnischen Elektrotechnikern studierte die Mehrzahl im Ausland und von diesen wiederum mehr als zwei Drittel in Deutschland. Genauer: von 52 im Ausland studierenden Elektrotechnikern 36 in Deutschland, 5 in Schweden, je drei in Frankreich, der Schweiz und Österreich, einer in den USA und einer in Rußland. Die am häufigsten erwähnten deutschen Bildungsstätten waren Karlsruhe, Berlin – und Mittweida, ein Hinweis auf die nicht zu unterschätzende Rolle der technischen Mittelschulen. Ebenso führten die meisten Besichtigungsreisen, die finnische Elektrotechniker unternahmen, nach Deutschland. 1913 stammten drei Viertel der von Finnland importierten elektrotechnischen Produkte aus Deutschland – bei einem deutlichen Überwiegen der Importe gegenüber den im Land selbst hergestellten Gütern. Alle diese Angaben sprechen dafür, daß die deutschen Industriellen und Ingenieure recht hatten, wenn sie gegen eine blindwütige Ausländerfeindlichkeit auf mittel- und langfristige ökonomische Gewinne hinwiesen, die aus dem Studium von Ausländern an deutschen Technischen Hochschulen zu erwarten seien.

---

[12] Myllyntaus, bes. S. 299–301. Wir interpretieren hierbei die von Myllyntaus ausgewiesene Geburtskohorte 1858–1889 als Berufseintrittskohorte für unseren Untersuchungszeitraum 1882–1914.

Searching for Excellence – Vorreiter und Nachzügler, Gewinner und Verlierer im Institutionalisierungsprozeß

Schon die Zeitgenossen, aber auch Historiker haben eine Verbindung zwischen dem wirtschaftlichen Aufstieg Deutschlands in der Hochindustrialisierung und dem deutschen System der technisch-naturwissenschaftlichen Bildung hergestellt. Jüngere Arbeiten warnen dagegen eher vor einer Überschätzung des Faktors Bildung für das Wirtschaftswachstum.[1] Wesentlich vorsichtiger ist die Aussage, daß vom deutschen Bildungssystem im Unterschied zu dem anderer Länder keine restriktiven Wirkungen auf das Wirtschaftssystem ausgingen.[2] Wenn dies so ist, bleibt die Frage, worin die Industrie und Wirtschaft zumindest nicht hemmende Qualität des deutschen Bildungssystems bestand. Früher beantwortete man diese Frage in erster Linie durch Hinweis auf das hohe theoretische Niveau der Ausbildung von Naturwissenschaftlern und Ingenieuren auf Universitäten und Technischen Hochschulen. Für die technische Bildung wird neuerdings ein breiterer Erklärungshorizont angeboten. Dieser beschränkt sich nicht auf die Technischen Hochschulen, sondern erstreckt sich auch auf die technischen Mittelschulen und die Handwerker- und Facharbeiterausbildung. Durch die reich gegliederte vertikale Struktur der technischen Bildung stand der Industrie immer ein großes Angebot an technischen Fachkräften mit differenzierten Qualifikationen zur Verfügung, aus dem sie, den jeweiligen Anforderungen entsprechend, eine Auswahl treffen konnte. Und schließlich erwuchs aus dem deutschen Bildungsföderalismus eine breite horizontale Struktur technischer Bildung, bestehend aus zahlreichen, miteinander konkurrierenden technischen Schulen. In ihrer Gesamtheit bildeten diese eher über den Bedarf aus, was in Zeiten von Konjunkturtälern zu einem angespannten Ingenieurarbeitsmarkt führte, der Industrie aber immer genügend Ingenieure zuführte. Die Konkurrenz zwischen diesen technischen Schulen hob die Qualitität. Die Bildungsdiskussion orientierte sich immer an den Schulen, die den besten Ruf genossen bzw. deren Ausstattung als vorbildlich empfunden wurde. Indem sie auf konkurrierende Anstalten verwiesen,

---

[1] Lundgreen, Bildung.

[2] Hierzu und zum folgenden König, Technical Education.

Tabelle 35
Frequenz Elektrotechnik an den Technischen Hochschulen 1882–1915 (in absoluten Zahlen).

Wintersemester	Aachen	Berlin	Braunschweig	Breslau	Danzig	Darmstadt	Dresden	Hannover	Karlsruhe	München	Stuttgart	Gesamt
1882/83	–	–	–	–	–	4	–	–	–	–	–	
1883/84	–	–	–	–	–	21	–	–	–	–	–	
1884/85	–	–	–	–	–	25	–	–	–	–	–	
1885/86	–	–	–	–	–	28	–	–	–	–	–	
1886/87	–	–	–	–	–	42	–	–	–	–	–	
1887/88	–	–	–	–	–	42	–	32	–	–	–	
1888/89	–	–	–	–	–	66	–	49	–	–	–	
1889/90	–	–	–	–	–	76	–	50	–	–	–	
1890/91	–	–	–	–	–	93	–	72	–	–	–	
1891/92	23	–	–	–	–	138	4	107	–	–	–	
1892/93	28	–	–	–	–	166	29	164	–	–	–	
1893/94	42	–	–	–	–	208	43	195	–	–	–	
1894/95	44	–	–	–	–	257	44	178	–	–	–	
1895/96	49	–	–	–	–	310	42	202	60	–	–	
1896/97	50	–	–	–	–	425	65	224	88	87	–	
1897/98	55	–	–	–	–	538	65	231	120	125	–	
1898/99	65	–	–	–	–	579	77	245	157	205	–	
1899/1900	79	–	61	–	–	518	95	291	277	257	–	
1900/01	87	356	80	–	–	526	103	286	330	294	–	2162
1901/02	99	402	75	–	–	543	119	282	383	274	–	2277
1902/03	92	324	51	–	–	511	120	258	382	234	–	2072
1903/04	67	269	43	–	–	542	105	227	315	188	–	1756
1904/05	47	238	38	–	17	428	86	170	276	151	–	1451
1905/06	38	232	–	–	27	355	83	104	214	154	–	1207
1906/07	33	184	20	–	24	361	74	74	226	165	–	1161
1907/08	33	157	33	–	23	253	65	63	236	164	–	1027
1908/09	30	178	29	–	33	180	51	57	236	169	–	963
1909/10	32	180	32	–	27	184	57	52	222	207	28	1021
1910/11	32	198	30	8	–	207	57	61	216	229	26	1064

Tabelle 35
Fortsetzung

1911/12	42	209	22	20	27	196	74	74	215	264	42	1185
1912/13	42	253	25	22	34	174	78	96	198	304	44	1270
1913/14	47	261	29	44	37	178	86	122	183	327	59	1373
1914/15	35	87	21	38	35	41	89	32	111	83	58	630

Quellen

Aachen : HA Aachen 109, 182, 100, 184, 106; für das WS 1914/15 StAD, Min. f. Volksbildung, 15294.

Berlin : WS 1900/01-WS 1909/10 Programm TH Berlin; WS 1910/11 StAD, Min. f. Volksbildung, 15293; WS 1911/12-WS 1914/15 Personal-Verzeichnis TH Berlin.

Braunschweig: StAD, Min. f. Volksbildung, 15293 u. 15294 (Angaben für WS 1905/06 unleserlich).

Breslau : StAD, Min. f. Volksbildung, 15294.

Danzig : StAD, Min. f. Volksbildung, 15293 u. 15294 (Angabe für WS 1910/11 unleserlich); mit Ausnahme von WS 1905/06 Z. VDI 50 (1906), S. 468 u. WS 1906/07 Z. VDI 51 (1907), S. 276.

Darmtadt : WS 1882/83-WS 1906/07 Das Elektrotechnische Institut, S. 14f.; WS 1907/08-WS 1914/15 StAD, Min. f. Volksbildung, 15294.

Dresden : WS 1891/92-WS 1898/99 Bericht TH Dresden; WS 1899/1900-WS 1914/15 Personal-Verzeichnis TH Dresden.

Hannover : Studienjahr (!) 1887/88-Studienjahr 1893/94 NHStA 146 A Acc 62/81:3, 6.12.1894-Bericht Kohlrausch, Anlage 11 D; WS 1894/95-WS 1895/96 NHStA 146 A Acc 62/81:18; Studienjahr 1896/97-Studienjahr 1899/1900 u. WS 1900/01-WS 1914/15 NHStA 146 A Acc 62/81:19.

Karlsruhe : WS 1895/96-WS 1898/99 Badische Schulstatistik, S. 51 (Studierende ohne Hörer und Hospitanten); WS 1899/1900-WS 1914/15 StAD, Min. f. Volksbildung, 15293 u. 15294; mit Ausnahme von WS 1905/06 Z. VDI 50 (1906), S. 468 u. WS 1913/14 Z. VDI 58 (1914), S. 157.

München : WS 1896/97-WS 1913/14 Bay HStA MK 19660–19663 (für WS 1909/10-WS 1913/14 Elektroingenieure und Maschinen-Elektroingenieure zusammengefaßt); WS 1914/15 Z.VDI 59 (1915), S. 431.

Stuttgart : StAD, Min. f. Volksbildung, 15294.

suchten die Schulen die Regierungen und Landtage zu veranlassen, ihnen mehr finanzielle Mittel zur Verfügung zu stellen, damit sie die Qualität von Forschung und Lehre erhöhen konnten.

Im folgenden geht es uns um die Ergebnisse dieses Konkurrenzkampfes unter den Technischen Hochschulen im Fach Elektrotechnik. Wir stellen die Frage, welche Hochschulen zu welcher Zeit und aus welchen Gründen eine führende Position in der deutschen Elektrotechnik einnahmen – also, um einen Begriff aus der heutigen bildungspolitischen Diskussion aufzunehmen, Excellence erreichten. Gab es relativ stabile Qualitäts- und Bedeutungsunterschiede zwischen den einzelnen Hochschulen, oder kam es zu mehr oder weniger deutlichen Verschiebungen? Zur Beantwortung dieser Fragen untersuchen wir genauer vor allem drei Bereiche, die wir als Indikatoren von Qualität (Excellence) interpretieren:

1. die Zahl der Studenten und Absolventen,
2. die Zahl und die Qualität der Professoren und Dozenten und damit der Lehre sowie
3. die Ausstattung der Laboratorien und Versuchsfelder.

Die hier erstmals zusammengestellten Besuchszahlen des Fachs Elektrotechnik an den einzelnen Technischen Hochschulen entstammen unterschiedlichen Quellen, teils den Hochschulakten, teils den gedruckten Personal- oder Vorlesungsverzeichnissen (Tabelle 35). Sie umfassen die ordentlichen Studierenden, die Hörer und die Hospitanten, falls alle Gruppen ausgewiesen sind. Da die Hochschulen weder einheitliche Erhebungsmethoden anwandten noch die gleichen Definitionen für die genannten Hauptkategorien der Studenten benutzten, sind die Angaben nicht im strengen Sinn miteinander vergleichbar. Innerhalb einer Schwankungsbreite von 10 bis 20% dürften sie jedoch für eine vergleichende Betrachtung brauchbare Größenordnungen des Besuchs wiedergeben. Jedenfalls tauschten die Hochschulen im Kaiserreich und die Kultusministerien die Zahlen aus und stellten sie zu vergleichenden Statistiken zusammen.[3] Angaben für die einzelnen Hochschulen setzen zu unterschiedlichen Zeitpunkten ein, für Darmstadt seit dem Wintersemester 1882/83, für Stuttgart seit dem Wintersemester 1909/10. Diese Unterschiede rühren daher, daß die Hochschulen früher oder später einen Studiengang Elektrotechnik einrichteten oder sich zu diesem bekannten. Hochschulen, wie Stuttgart und Berlin, die besonders lange an der Konzeption der Elektrotechnik als einer Ergänzungsqualifikation für Maschinenbaustudenten festhielten, wiesen die Elektrotechnik erst ziemlich spät gesondert aus. Manche kleinere Hochschulen, wie Braunschweig,

[3] Z.B. StAD, Min. f. Volksbildung, 15 293 u. 15 294.

Tabelle 36
Anteil der einzelnen Technischen Hochschulen an der Gesamtfrequenz Elektrotechnik 1901–1915 (in Prozent)

Wintersemester	Aachen	Berlin	Braunschweig	Breslau	Danzig	Darmstadt	Dresden	Hannover	Karlsruhe	München	Stuttgart	Gesamt
1900/01	4	16	4	–	–	29	5	13	15	14	–	100 (100)
1901/02	4	17	3	–	–	28	5	12	17	12	–	100 (98)
1902/03	4	16	2	–	–	29	6	12	18	11	–	100 (98)
1903/04	4	15	2	–	–	31	6	13	18	11	–	100 (100)
1904/05	3	16	3	–	1	29	6	12	19	10	–	100 (99)
1905/06	3	19	–	–	2	29	7	9	18	13	–	100 (100)
1906/07	3	16	2	–	2	31	6	6	19	14	–	100 (99)
1907/08	3	15	3	–	2	25	6	6	23	16	–	100 (99)
1908/09	3	18	3	–	4	19	5	6	25	18	–	100 (101)
1909/10	3	18	3	–	3	18	6	5	22	20	3	100 (101)
1910/11	3	19	3	1	–	19	5	6	20	22	2	100 (100)
1911/12	4	18	2	2	2	17	6	6	13	22	4	100 (101)
1912/13	3	20	2	2	3	14	6	8	15	24	3	100 (101)
1913/14	3	19	2	3	3	13	6	9	13	24	4	100 (99)
1914/15	6	14	3	6	6	7	14	5	13	13	9	100 (101)

besaßen nur ein geringes Interesse, mit ihren niedrigen Studentenzahlen an die Öffentlichkeit zu gehen. Es spricht für sich, daß weder die Braunschweiger Hochschul- noch die Ministerialakten Angaben über den Besuch der Elektrotechnik enthielten, diese sich vielmehr in den Akten des Dresdener Kultusministeriums fanden, wo eine besonders agile statistische Abteilung wirkte. Gesamtzahlen für den Besuch der Elektrotechnik geben wir erst seit dem Wintersemester 1900/01, da erst seit dieser Zeit Angaben für Berlin, das eine beträchtliche Zahl Elektrotechnikstudenten besaß, vorliegen. Von den Hochschulen fehlt zu diesem Zeitpunkt nur noch Stuttgart mit einer recht kleinen Zahl von Elektrotechnikstudenten, die für das Gesamtbild keine große Bedeutung besitzt. Seit dem Wintersemester 1900/01 weisen wir deswegen auch Anteile der einzelnen Hochschulen an der Gesamtfrequenz Elektrotechnik aus (Tabelle 36).

Die Entwicklung der Besuchszahlen im Fach Elektrotechnik ergeben folgendes Bild (Schaubilder 2 und 3): In den ersten anderthalb Jahrzehnten der akademischen Institutionalisierung der Elektrotechnik, bis 1896/97, studierte die weit überwiegende Mehrzahl der Elektrotechniker an den beiden Hochschulen Darmstadt und Hannover. Dazu kommen vermutlich

Schaubild 1: Gesamtfrequenz und Frequenz Elektrotechnik an den Technischen Hochschulen 1900-1913

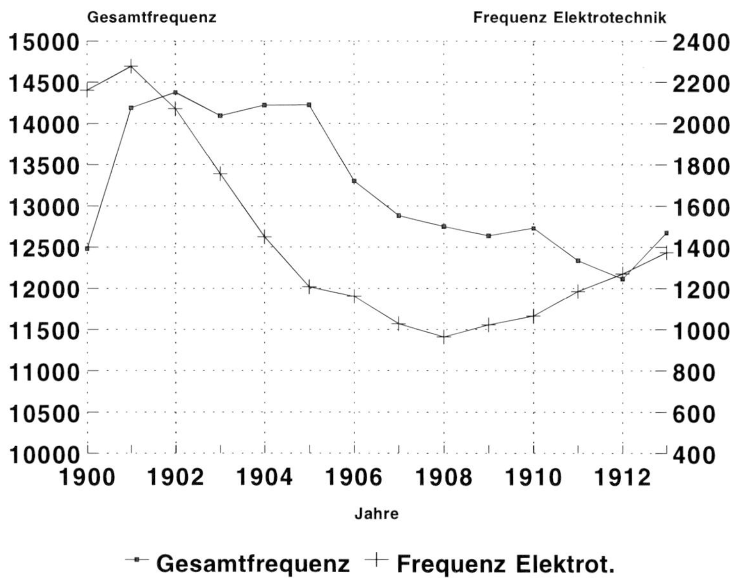

Schaubild 2: Frequenz Elektrotechnik an den Technischen Hochschulen 1882-1913

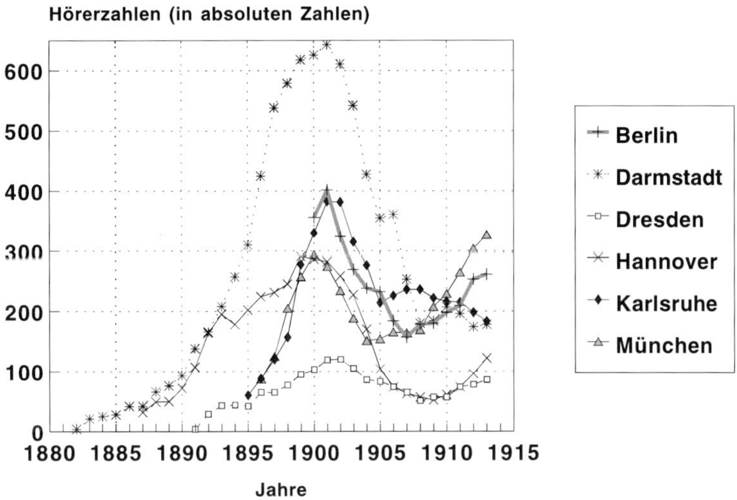

Schaubild 3: Frequenz Elektrotechnik an den Technischen Hochschulen 1882-1913

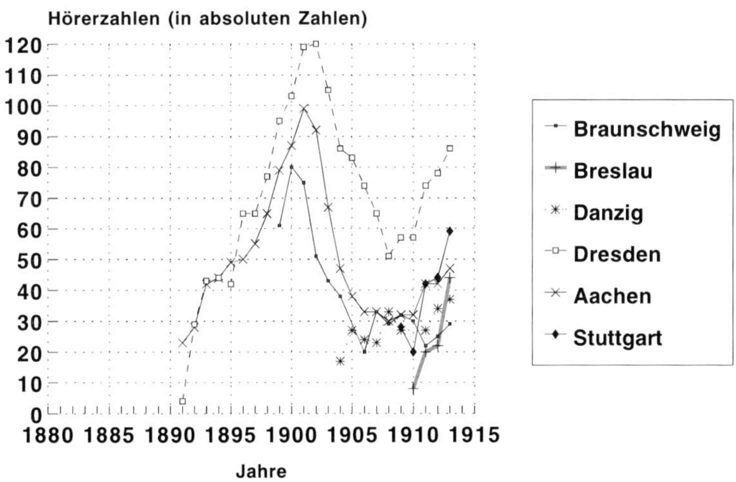

(in absoluten Zahlen)

noch beträchtliche Studentenzahlen in Berlin, die sich aber quellenmäßig nicht fassen lassen. Bis 1893/94 lagen Darmstadt und Hannover etwa gleichauf. Danach fiel Hannover zurück, die Studentenzahlen stagnierten oder erlebten nur noch leichte Zuwächse. Dagegen setzte sich in Darmstadt die Expansion ungebremst fort bis zu einem Maximum von nahezu 650 Studenten im Wintersemester 1901/02, einem Zeitpunkt, zu dem auch die Gesamtfrequenz ihr Maximum erreichte.

Die Zeit um und nach der Jahrhundertwende ist geprägt durch den Aufstieg von Karlsruhe und München, die sich zu Darmstadt, Hannover und Berlin gesellten. 1900/01 überholten Karlsruhe und München die TH Hannover. Karlsruhe wuchs zunächst schneller, überholte 1908/09 auch Darmstadt, ehe die Hochschule 1912/13, nach dem Tod von Engelbert Arnold, einen Einbruch erlitt. München erlebte seit 1909/10 einen kräftigen Aufschwung, wahrscheinlich mit der Berufung Leo Kadrnozkas und der Einführung des Studiengangs des Maschinen-Elektroingenieurs zusammenhängend, und setzte sich 1910/11 an die Spitze der deutschen Technischen Hochschulen. Darmstadt verlor nach Erreichen seines Maximums 1901/02 überproportional Studenten. Ebenso erging es Hannover, allerdings von einem wesentlich niedrigeren Niveau aus.

Schaubild 4:Anteil der einzelnen Technischen Hochschulen an der Gesamtfrequenz Elektrotechnik 1900-1913 (in Prozent)

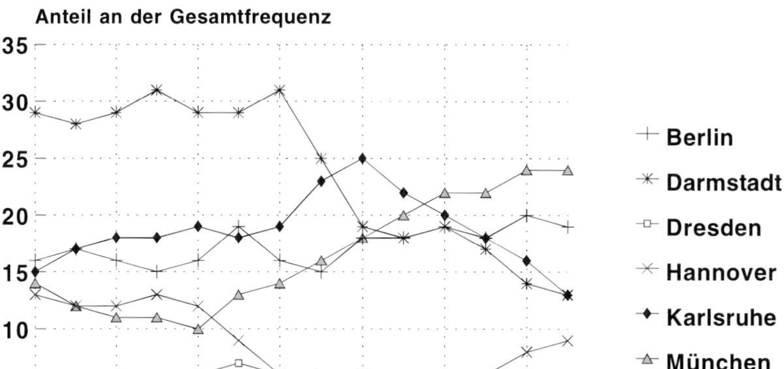

Schaubild 5: Anteil der einzelnen Technischen Hochschulen an der Gesamtfrequenz Elektrotechnik 1900-1913 (in Prozent)

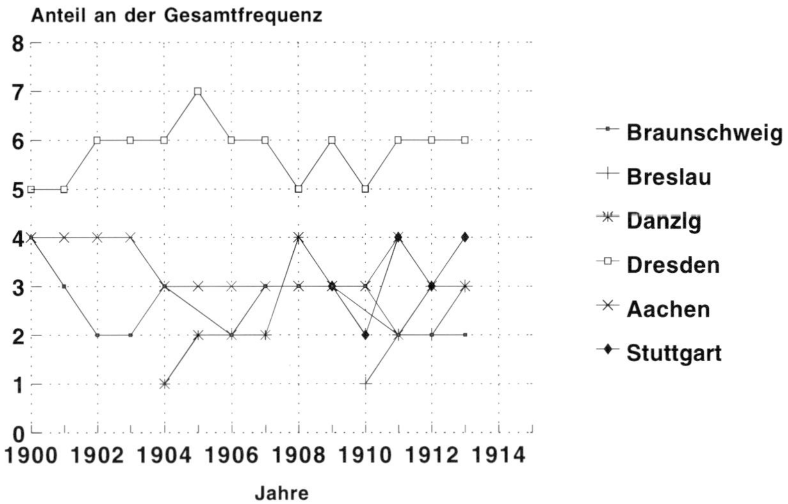

Für gravierende Verschiebungen in der Frequenzstatistik zeichneten vor allem die Hochschulen mit hohen Studentenzahlen, Darmstadt, Hannover, Berlin, Karlsruhe und München, verantwortlich (Schaubilder 4 und 5). An diesen fünf Hochschulen studierten mehr als 80% der Elektrotechniker. Über den Gesamtzeitraum betrachtet, standen die anderen Hochschulen, Aachen, Braunschweig, Breslau, Danzig, Dresden und Stuttgart, gegenüber den großen fünf weit zurück – jedenfalls auf die Studentenzahlen bezogen.

Eine Statistik der Diplom-Ingenieure in Deutschland gibt uns Gelegenheit, das aus den Frequenzzahlen gewonnene Bild zu überprüfen (Tabellen 37 und 38). Die Angaben enthalten die Elektrotechniker, die das Diplom nach der Einführung des akademischen Grades Diplom-Ingenieur in der Zeit nach der Jahrhundertwende erwarben, sowie diejenigen, die ihr Studium schon früher abgeschlossen hatten und sich dem Verfahren der Nachdiplomierung unterzogen. Da die Angaben für die Entwicklung einer aussagekräftigen Zeitreihe nicht ausreichen, haben wir sie für den gesamten Zeitraum zusammengefaßt. Danach erwarben vor dem Weltkrieg 18.384 Technikstudenten an deutschen Technischen Hochschulen den akademischen Grad eines Diplom-Ingenieurs, darunter 2094, das heißt 11%, Elektrotechniker. Die Zahl der von den einzelnen Hochschulen kommenden

Tabelle 37
Absolventen ais Diplom-Ingenieure (Elektrotechnik und alle Fachrichtungen) bis 1914

	Aachen			Berlin			Braunschweig			Breslau			Danzig			Darmstadt		
	I	II	III	I	II	III	I	II	III	I	II	III	I	II	III	I	II	III
Nachdiplomierung	41	4	10													99	38	38
1900	25	9	36															
1901	17	4	23													57	39	68
1902	27	8	30													96	36	38
1903	47	11	23													114	55	48
1904	63	8	13													177	83	47
1905	68	9	13													153	75	49
1906	80	7	9													148	61	41
1907	80	3	4													166	27	16
1908	64	2	3													419	88	21
1909	83	4	5													224	43	19
1910	81	4	5	293	18	6	51	7	14	–	–	–	43	–		88	16	18
1911	71	–		337	28	8	56	4	7	5	–		86	2	2	145	21	14
1912	82	6	7	344	18	5	55	7	13	12	–		77	–		157	30	19
1913	85	3	4	380	13	3	51	6	12	13	–		88	1	1	93	18	19
1914	95	2	2	385	12	3	188	k.A		19	–		130	1	1	179	19	11
Zusammen	1009	84	8	4234	301	7	651	28	13	51	–		359	4	1	2315	649	28

Tabelle 37
Fortsetzung

	Dresden			Hannover			Karlsruhe			München			Stuttgart			alle Hochschulen		
	I	II	III	I	II	III	I	II	III	I	II	III	I	II	III	I	II	III
Nachdiplomierung	356	19	5	97	29	30	22	1	5	443	56	13	8	–				
1900							19	5	26									
1901	58	1	2				46	14	30									
1902	51	4	1	60	25	42	45	11	24				4	–				
1903	58	7	12	82	22	27	52	8	15	163	20	12	10	–				
1904	81	9	11	102	34	33	104	32	31	197	21	11	11	1	9			
1905	148	12	1	215	31	14	133	27	20	233	24	10	9	1	11			
1906	126	3	2	227	35	15	187	48	26	306	20	7	22	3	14			
1907	102	6	6	178	25	14	291	54	19	351	23	7	18	3	17			
1908	117	4	3	166	10	6	177	13	7	323	22	7	37	5	14			
1909	114	5	4	170	14	8	102	7	7	249	15	6	114	4	4			
1910	105	11	10	120	7	6	138	23	17	281	22	8	85	4	5	1285	112	9
1911	102	10	10	125	3	2	116	10	9	363	29	8	119	4	4	1525	111	7
1912	126	5	4	150	7	5	128	27	21	226	24	11	109	6	6	1466	130	9
1913	110	4	4	117	7	6	143	17	12	281	28	10	107	6	6	1468	103	7
1914	k.A	k.A	–	138	10	7	k.A	k.A	–	309	30	10	92	1	1	1465	75	5
Zusammen	1654	100	6	1947	259	13	1703	297	17	3725	334	9	745	38	5	18384	2094	11

Tabelle 37
Fortsetzung

I alle Fachrichtungen (absolute Zahlen)
II Elektrotechnik (absolute Zahlen)
III Anteil der Elektrotechnik an der Gesamtzahl der Diplom-Ingenieure (in Prozent)

Quellen
Schwarz – für die Jahre bis 1909 einschließlich. Angaben, die sich nicht auf ein Kalenderjahr bezogen, wurden unter dem späteren Jahresteil aufgenommen: z.B. 1902/03 unter 1903.
Für die Jahre 1910–1914: Z.VDI 55 (1911), S. 196; 56 (1912), S. 276; 57 (1913), S. 396; 58 (1914), S. 156; 59 (1915), S. 432. Jahresangaben für Berlin, Braunschweig, Breslau und Danzig liegen zwar erst seit 1910 vor, und andere Hochschulen weisen Lücken für einige Jahre auf; doch gibt es für die Zeit davor Gesamtzahlen in: ETZ 34 (1913), S. 301, die in unsere Berechnungen der Gesamtzahlen übernommen wurden.

Tabelle 38
Absolventen als Diplom-Ingenieure (Elektrotechnik und alle Fachrichtungen) bis 1914

	Dipl.-Ing alle Fachrichtungen (absolute Zahlen)	Dipl.-Ing. Elektrotechnik (absolute Zahlen)	Anteil der Dipl.-Ing. Elektrotechnik an der Gesamtheit der Dipl.-Ing. der Hochschule	Anteil der Dipl.-Ing. Elektrotechnik an der Gesamtheit der Dipl.-Ing. Elektrotechnik aller Hochschulen
Aachen	1009	84	8%	4%
Berlin	4234	301	7%	14%
Braunschweig	651	28	3%	1%
Breslau	51	–	–	–
Danzig	359	4	1%	0%
Darmstadt	2315	649	28%	31%
Dresden	1645	100	6%	5%
Hannover	1947	259	13%	12%
Karlsruhe	1703	297	17%	14%
München	3725	334	9%	16%
Stuttgart	745	38	5%	2%
alle Hochschulen	18384	2094	11%	99%

Tabelle 39
Studienorte der Elektrotechniker (Nachrufauswertung ETZ)

Hochschulen	1882–1894	1895–1914
Aachen	1	1
Berlin	5	10
Braunschweig	2	4
Brünn	–	1
Darmstadt	21	12
Dresden	1	4
Hannover	7	14
Karlsruhe	1	7
München	3	8
Stuttgart	1	5
Wien	–	2
Zürich	1	1
Gesamt	43	69

Quelle
S.o.S

Diplom-Ingenieure der Elektrotechnik bestätigen die Ergebnisse der Frequenzuntersuchung. Auch hier liegen die großen Fünf an der Spitze: 31% der Diplom-Ingenieure erwarben ihren akademischen Grad in Darmstadt, 16% in München, je 14% in Berlin und Karlsruhe und 12% in Hannover. Mit Abstand folgten Dresden mit 5 und Aachen mit 4%. Von den fünf großen Hochschulen kamen 88% der Diplom-Ingenieure Elektrotechnik, von den sechs kleinen 12%.

Eine Korrelation der Absolventen- mit den Frequenzzahlen könnte einen Indikator für Studienerfolg ergeben. Da sich in dieser Zeit aber längst nicht alle erfolgreich Studierenden der Diplomprüfung unterzogen, auf welche die Industrie noch keinen großen Wert legte, und die Einflüsse, die die Studenten an den einzelnen Hochschulen veranlaßten oder sie davon abhielten, sich zur Prüfung zu melden, weitgehend unbekannt sind, ist für eine solche Interpretation Vorsicht anzuraten. Immerhin fällt auf, daß der Anteil der zum Diplom-Ingenieur geführten Elektrotechnikstudenten in Darmstadt stark über dem Durchschnitt aller Hochschulen, in Hannover leicht über dem Durchschnitt, in Berlin, Braunschweig und Karlsruhe dagegen unter dem Durchschnitt lag. Es muß Spezialstudien zu den einzelnen Hochschulen vorbehalten bleiben, diesen Befund zu interpretieren.

Eine weitere Möglichkeit zur Überprüfung dieser Ergebnisse bietet unsere Untersuchung der elektrotechnischen Elite in Deutschland vor dem Ersten Weltkrieg.[4] Tabelle 39 faßt die Hochschulen der studierten Elektrotechniker zusammen; bei Wechsel des Studienorts wurde mehrfach kodiert. Das Ergebnis ist eindeutig: Unter den Nennungen tauchen 88mal die fünf großen Hochschulen auf, 19mal die kleinen, dabei Danzig und Breslau überhaupt nicht. Da die Angaben bei weitem nicht vollständig sind, verbietet sich eine Interpretation auf der Ebene der einzelnen Hochschulen.

Die Frequenzzahlen und weitere Indizien weisen also darauf hin, daß sich für die Ausbildung der Elektrotechniker in der Zeit bis 1914 eine Zweiklassengesellschaft unter den deutschen Hochschulen herausbildete. Vor allem die fünf Hochschulen Darmstadt, Hannover, Berlin, Karlsruhe und München versorgten die elektrotechnische Praxis mit akademisch ausgebildeten Elektrotechnikern, während Dresden, Aachen, Braunschweig, Stuttgart, Danzig und Breslau eine wesentlich geringere Rolle spielten. Dies schließt selbstverständlich nicht aus, daß sie im lokalen und regionalen Bereich eine größere Bedeutung besaßen.

Allerdings bedarf die Frage einer kritischen Diskussion, ob die quantitative Dominanz einzelner Hochschulen als Ausweis von Qualität zu nehmen ist. Keinem Zweifel kann es unterliegen, daß die Hochschulen miteinander um Studenten konkurrierten und hohe Studentenzahlen als Erfolg interpretierten. Dieses Streben nach Quantität erfuhr mit den geradezu explodierenden Studentenzahlen in den 1890er Jahren eine Abschwächung, um mit ihrem Rückgang nach der Jahrhundertwende wieder aufzuleben. In den 1880er Jahren sicherten steigende Studentenzahlen den kleineren Hochschulen die Existenz; im gesamten Zeitraum verschafften sie den Hochschulen und Professoren Einnahmen durch Gebühren und Kollegiengelder und brachten zudem Geld in die Hochschulstadt. Die Hochschulen und die Ministerien beobachteten die eigenen und die Besuchszahlen der Konkurrenz mit großer Aufmerksamkeit.[5] Bei einem Rückgang der eigenen Frequenz mußten sie sich gegenüber den Landtagen rechtfertigen.[6] Zahlreiche Indizien sprechen auch dafür, daß Interessenten vor einer Entscheidung für einen Studienort oder einen Studienortwechsel die Hochschulen genau unter die Lupe nahmen. Dies konnte so weit gehen, daß ein Vater 1890 der TH Braunschweig drohte, sein Sohn werde die Hochschule verlassen, wenn

---

[4] S. u. S. 249–56.

[5] Belege hierfür die zahlreichen Anfragen zur Frequenz anderer Hochschulen, z.B. HA Aachen 106, 13.3.1914.

[6] So z.B. Kittler 1914 an der TH Darmstadt; HA Darmstadt, 17.4.1914.

[7] NStAW 12 A Neu Fb 5, 65–79, Bd 3, 137.

diese die Elektrotechnik nicht ausbaue.[7] Wie an einzelnen Hochschulen zu sehen, fand das Ausscheiden oder die Berufung eines Elektrotechnikprofessors oder der Bau eines neuen elektrotechnischen Instituts seinen Niederschlag in der Entwicklung der Besuchszahlen.

Dennoch ist die absolute Höhe der Frequenz als Qualitätsmerkmal zu relativieren. Einzelne Hochschulen und Hochschulorte waren beliebter als andere – teilweise unabhängig von der Qualität der dort gebotenen Lehre. So profitierte nach der Jahrhundertwende die Münchener Technische Hochschule in hohem Maß von der Attraktivität der Stadt. An manchen Hochschulen bestanden strengere, an anderen weniger strenge Aufnahmebestimmungen. Nach der Jahrhundertwende betraf dies besonders die Zulassung von Ausländern und die Aufnahme von Studenten, die kein Reifezeugnis, sondern nur Primareife vorzuweisen hatten. Wir kommen deshalb einer Interpretation der Frequenzzahlen im Fach Elektrotechnik als Qualitätsmerkmal für die einzelnen Hochschulen näher, wenn wir nicht die absoluten Zahlen betrachten, sondern sie in Beziehung zum Gesamtbesuch der Hochschulen setzen. Wir fragen also, welchen Anteil die Elektrotechnikstudenten an der Studentenschaft der einzelnen Hochschulen besaßen. Mit dieser Vorgehensweise eliminieren wir die beiden wichtigsten einen Qualitätsvergleich erschwerenden Einflußfaktoren: die Attraktivität des Hochschulorts und die unterschiedlichen Aufnahmebedingungen und deren mehr oder weniger rigide Anwendung. Es bedarf keiner weiteren Ausführung, daß wir auch damit kein exaktes Maß für die Qualität der Elektrotechnik an den einzelnen Hochschulen erhalten, aber doch ein gewichtiges Indiz. Der einzige grundsätzliche Einwand gegen unsere Vorgehensweise könnte lauten, daß die Studenten ihre Hochschulwahl nicht nach Kriterien der Qualität, sondern nach solchen der Bequemlichkeit trafen, also dort studierten, wo das Studium am leichtesten erschien. Für eine solche Vermutung spricht indessen nichts. Die Studenten zogen z.B. nicht die Hochschulen mit kürzeren Studienzeiten denen mit längeren vor. Wie noch zu zeigen sein wird, korreliert unsere Einstufung der Hochschulen nach der Frequenz mit anderen qualitativen Bewertungen. Ein hohes Ansehen des Studienorts und der akademischen Lehrer erwies sich in der Elektrotechnik für den Berufseintritt und in geringerem Maß für die weitere Karriere als so bedeutsam, daß die Mehrzahl der Studenten jedenfalls nicht nach bequemeren Wegen des Studiums suchte und ihre Entscheidung für einen Studienort nicht unter diesem Gesichtspunkt traf.

Um den Anteil der Elektrotechnikstudenten an den einzelnen Hochschulen zu berechnen, benötigen wir zunächst einmal Angaben zum Gesamtbesuch (Tabelle 40). Wegen der unterschiedlichen Erhebungskriterien und -methoden widersprechen sich die vorhandenen Statistiken, und die historische Forschung hat bislang wenig getan, um den daraus entstehenden

Tabelle 40
Frequenz der Technischen Hochschulen 1882–1915 (Stundenten und Hörer in absoluten Zahlen)

Wintersemester	Aachen	Berlin	Braunschweig	Breslau	Danzig	Darmstadt	Dresden	Hannover	Karlsruhe	München	Stuttgart	Gesamt
1882/83	144	880	165	–	–	157	449	297	301	777	521	3691
1883/84	168	903	179	–	–	156	408	304	303	723	533	3677
1884/85	160	887	172	–	–	161	428	367	294	698	513	3685
1885/86	177	1030	185	–	–	181	466	308	298	731	415	3791
1886/87	206	1104	194	–	–	193	441	306	356	686	421	3907
1887/88	195	1147	208	–	–	225	434	353	414	733	451	4160
1888/89	207	1292	213	–	–	257	393	426	490	804	433	4515
1889/90	218	1457	241	–	–	278	380	420	528	857	491	4670
1890/91	203	1640	273	–	–	318	412	506	587	891	503	5333
1891/92	223	1891	284	–	–	415	467	590	659	1012	664	6205
1892/93	246	2117	312	–	–	492	485	628	755	1147	562	6744
1893/94	295	2405	291	–	–	577	594	721	881	1327	733	7824
1894/95	305	2632	370	–	–	743	701	811	901	1423	755	8641
1895/96	353	2735	392	–	–	884	760	910	917	1567	836	9354
1896/97	363	2954	399	–	–	1186	853	928	996	1756	910	10345
1897/98	398	3207	390	–	–	1315	910	1060	1071	1928	947	11226
1898/99	481	3428	410	–	–	1460	1033	1197	1098	2128	976	12211
1899/1900	542	3804	485	–	–	1638	1106	1308	1364	2308	991	13546
1900/01	475	3529	457	–	–	1490	983	1210	1468	2298	570	12480
1901/02	575	3965	472	–	–	1544	1094	1318	1736	2569	918	14191
1902/03	683	3857	471	–	–	1521	1096	1432	1740	2630	948	14378
1903/04	659	3708	487	–	–	1564	1091	1393	1668	2556	969	14095
1904/05	780	3473	534	–	542	1525	1005	1309	1619	2500	933	14220
1905/06	751	3361	476	–	778	1586	1107	1209	1608	2451	900	14227

Tabelle 40
Fortsetzung

Wintersemester	Aachen	Berlin	Braunschweig	Breslau	Danzig	Darmstadt	Dresden	Hannover	Karlsruhe	München	Stuttgart	Gesamt
1906/07	711	2662	427	–	562	1904	1061	1073	1576	2425	900	13301
1907/08	675	2547	468	–	570	1659	1052	1037	1432	2549	894	12883
1908/09	664	2457	718	–	690	1326	1008	1015	1474	2511	890	12753
1909/10	687	2430	496	–	727	1407	1043	998	1348	2629	874	12639
1910/11	665	2450	430	80	704	1434	1137	984	1358	2690	800	12732
1911/12	704	2389	440	167	691	1341	1137	952	1190	2560	765	12336
1912/13	755	2294	446	234	690	1310	1169	997	1071	2385	765	12116
1913/14	806	2358	476	289	734	1300	1247	1051	1102	2504	811	12678
1914/15	677	2289	406	276	656	936	1164	1046	849	1278	717	10294

Quellen
WS 1882/83 – WS 1899/1900 Lexis, S. 45f.; WS 1900/01 – WS 1914/15 Preußische Statistik Bd. 167 (1901), S. 64–66, 193 (1903), S. 52f., 204 (1908), S. 68–73, 223 (1910), S. 76 u. 113, 236 (1913), S. 46–48 u. 76–79, Statistisches Jahrbuch für das Deutsche Reich Bd. 34 (1913), S. 294–98, 35 (1914), S. 316–20, 36 (1915), S. 312–16.

Tabelle 41
Anteil der Elektrotechnikstudenten an der Gesamtfrequenz der einzelnen Technischen Hochschulen (1882–1915) (in Prozent)

Wintersemester	Aachen	Berlin	Braunschweig	Breslau	Danzig	Darmstadt	Dresden	Hannover	Karlsruhe	München	Stuttgart	Gesamt
1882/83	–	–	–	–	–	3	–	–	–	–	–	
1883/84	–	–	–	–	–	13	–	–	–	–	–	
1884/85	–	–	–	–	–	16	–	–	–	–	–	
1885/86	–	–	–	–	–	15	–	–	–	–	–	
1886/87	–	–	–	–	–	22	–	–	–	–	–	
1887/88	–	–	–	–	–	19	–	9	–	–	–	
1888/89	–	–	–	–	–	26	–	12	–	–	–	
1889/90	–	–	–	–	–	27	–	12	–	–	–	
1890/91	–	–	–	–	–	29	–	14	–	–	–	
1891/92	10	–	–	–	–	33	1	18	–	–	–	
1892/93	11	–	–	–	–	34	6	26	–	–	–	
1893/94	14	–	–	–	–	36	7	27	–	–	–	
1894/95	14	–	–	–	–	35	6	22	–	–	–	
1895/96	14	–	–	–	–	35	6	22	7	–	–	
1896/97	14	–	–	–	–	36	8	24	9	5	–	
1897/98	14	–	–	–	–	41	7	22	11	6	–	
1898/99	14	–	–	–	–	40	7	20	14	10	–	
1899/1900	15	–	13	–	–	38	9	22	20	11	–	
1900/01	18	10	18	–	–	42	10	24	22	13	–	17
1901/02	17	10	16	–	–	42	11	21	22	11	–	16
1902/03	13	8	11	–	–	40	11	18	22	9	–	14
1903/04	10	7	9	–	–	35	10	16	19	7	–	12
1904/05	6	7	7	–	3	28	9	13	17	6	–	10
1905/06	5	7	–	–	3	22	7	9	13	6	–	8

Tabelle 41
Fortsetzung

Wintersemester	Aachen	Berlin	Braunschweig	Breslau	Danzig	Darmstadt	Dresden	Hannover	Karlsruhe	München	Stuttgart	Gesamt
1906/07	5	7	5	–	4	19	7	7	14	7	–	9
1907/08	5	6	7	–	4	15	6	6	16	6	–	8
1908/09	5	7	4	–	5	14	5	6	16	7	–	8
1909/10	5	7	4	–	4	14	6	5	15	8	3	8
1910/11	5	8	7	10	–	14	5	6	16	9	3	8
1911/12	6	9	5	12	4	15	7	8	18	10	5	10
1912/13	6	11	6	9	5	13	7	10	19	13	6	10
1913/14	6	11	6	15	5	14	7	12	17	13	7	11
1914/15	5	4	5	14	5	4	8	3	13	6	8	6

Quellen
s. Tabellen 35 und 40; eigene Berechnungen.

Wirrwarr aufzulösen, sondern hat ihn sogar noch vergrößert.[8] Für unsere Zwecke, bei denen es nicht auf die absoluten Werte, sondern auf die Vergleichbarkeit ankommt, haben wir uns bis Wintersemester 1899/1900 für die bei Lexis gegebenen Zahlen, ab Wintersemester 1900/01 für die Angaben der Preußischen Statistik entschieden. Damit stützen wir uns auf nur zwei Quellen, vermeiden also Einbußen hinsichtlich der Vergleichbarkeit durch die Benutzung zu vieler Quellen. Wir nehmen dabei in Kauf, daß die Zahlen bei Lexis tendenziell zu hoch und die der Preußischen Statistik tendenziell zu niedrig sind. Den Bruch haben wir zwischen 1899/1900 und 1900/01 gelegt, da wir erst für die spätere Zeit Gesamtzahlen für die Elektrotechnikstudenten berechnen können. Zu beachten ist, daß die Angaben für den Anteil der Elektrotechnikstudenten wegen des unumgänglichen Wechsels der statistischen Grundlage einen kleinen Sprung nach oben machen, der bei der Interpretation der Reihen für die einzelnen Hochschulen zu berücksichtigen, der vergleichenden Betrachtung aber nicht abträglich ist, da er bei allen Hochschulen auftritt.

Wir benutzen also den Anteil der Elektrotechnikstudenten an der Gesamtzahl der Studenten der einzelnen Hochschulen als ein Indikator für Qualität (Tabelle 41). Dabei lassen sich die Prozentsätze vor der Jahrhundertwende nur bedingt mit denen nach der Jahrhundertwende vergleichen. Während nach der Jahrhundertwende alle Hochschulen über eine ausgebaute Elektrotechnik mit praktisch erfahrenen Professoren verfügten, war dies in der Zeit davor nicht der Fall. Bis zur Jahrhundertwende konkurrierten also weniger Hochschulen miteinander als danach, so daß sich die Studenten auf die Hochschulen konzentrierten, die ein gut entwickeltes elektrotechnisches Angebot besaßen. Bei diesen Hochschulen müssen also die Anteile der Elektrotechnik vor 1900 höher liegen als danach.

Für die Zeit vor der Jahrhundertwende ergibt sich wie bei den absoluten Zahlen auch bei den relativen eine überragende Stellung von Darmstadt und Hannover (Schaubilder 6 und 7). Bereits 1886/87 studierte jeder fünfte Darmstädter Student Elektrotechnik; die Elektrotechnik leistete also einen erheblichen Beitrag zur Existenzsicherung der Hochschule. 1891/92 war es schon jeder dritte, und das Maximum war in den beiden Jahren nach der Jahrhundertwende erreicht, als 42% der Darmstädter Studenten sich für Elektrotechnik eingeschrieben hatten. Daß diese außergewöhnlich hohen Anteile danach zurückgingen, kann man wegen der zunehmenden Konkurrenz und wegen des Rückgangs der Elektrotechnikfrequenz insgesamt als normal betrachten. Bis zum Kriegsausbruch lag der Besuch der Elektrotech-

[8] Vgl. zu den Gründen für die Differenzen in der Statistik Stiel, Entwicklung, S. 194ff. So enthalten die Zahlen bei Hohorst/Kocka/Ritter, S. 161 nicht – wie angegeben – auch die Hörer und Gasthörer, sondern nur die ordentlichen Studierenden.

Schaubild 6: Anteil der Elektrotechnikstudenten an der Gesamtfrequenz der einzelnen Technischen Hochschulen 1882-1913

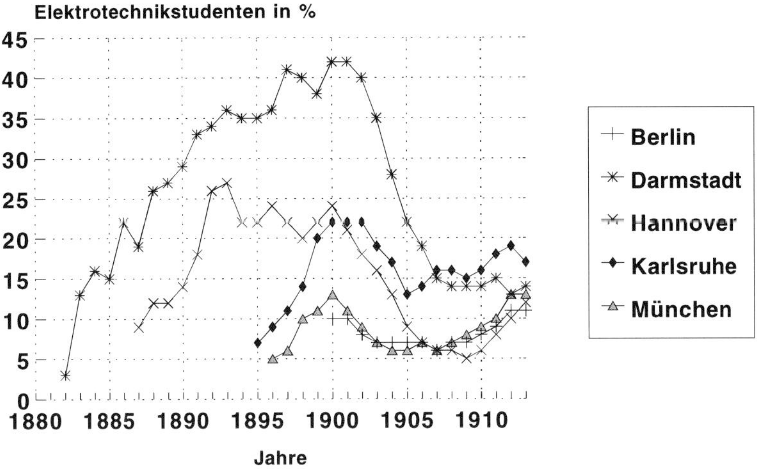

(in Prozent)

Schaubild 7: Anteil der Elektrotechnikstudenten an der Gesamtfrequenz der einzelnen Technischen Hochschulen 1882-1913

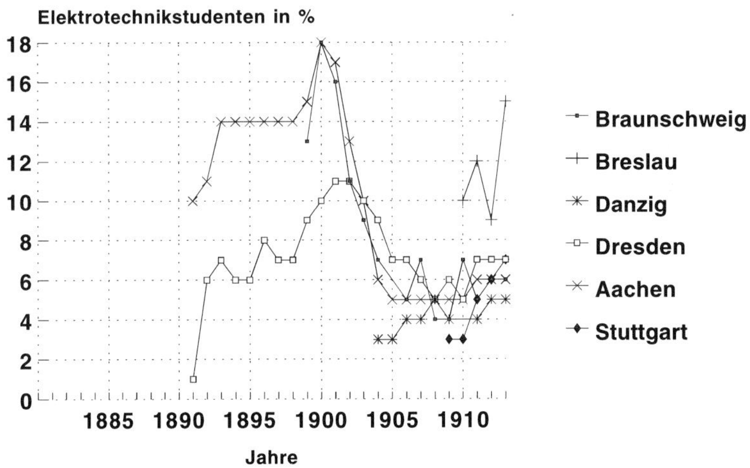

(in Prozent)

nik über dem Durchschnitt. Seine überragende Spitzenposition verlor Darmstadt jedoch. Andere Hochschulen rückten auf, und erstmals 1907/08 löste Karlsruhe Darmstadt an der Spitze ab, immer nach dem Kriterium des Anteils der Elektrotechnikstudenten an der Gesamtstudentenschaft der Hochschulen.

Bei den absoluten Studentenzahlen hielt Hannover als die zweite Hochburg der Elektrotechnik bis 1893/94 mit Darmstadt Schritt, von den relativen aus betrachtet, bestand schon in dieser Zeit ein beträchtlicher Abstand. Nach diesem Kriterium erreichte die Hannoveraner Elektrotechnik 1893/94 ihren Höhepunkt, danach stagnierte sie, und nach der Jahrhundertwende erlitt sie einen geradezu dramatischen Bedeutungsverlust, der die Hochschule, und zwar erstmals 1906/07, unter den Durchschnitt aller Hochschulen zurückfallen ließ. Kann man Hannover als den großen Verlierer in der Zeit nach der Jahrhundertwende bezeichnen, so Karlsruhe als den großen Gewinner. Seit der Berufung von Engelbert Arnold 1894 wuchs die Zahl der Elektrotechnikstudenten, und im gesamten Zeitraum, für den wir über Vergleichszahlen verfügen, lag der Elektrotechnikbesuch – wie sonst nur noch in Darmstadt – über dem Durchschnitt. 1907/08 erreichte Karlsruhe erstmals einen höheren Anteil an Elektrotechnikstudenten als der hessische Konkurrent. Als späte Gewinner kamen Breslau und München dazu, die seit 1910/11 über dem Durchschnitt lagen. Von den kleineren Hochschulen wiesen Aachen und Braunschweig um die Jahrhundertwende einen überdurchschnittlichen, danach, wie Danzig, Dresden und Stuttgart über den gesamten Zeitraum, einen unterdurchschnittlichen Besuch auf.

Insgesamt modifiziert die Betrachtung der Anteile der Elektrotechnik an der Gesamtfrequenz die aus den absoluten Zahlen gewonnenen Ergebnisse doch erheblich. Sie läßt Darmstadt vor der Jahrhundertwende noch deutlicher vor Hannover liegen und den Bedeutungsverlust Hannovers nach der Jahrhundertwende als noch dramatischer erscheinen. Sie identifiziert Karlsruhe als den großen Gewinner nach 1900. Sie verdeutlicht, daß in Berlin und München zwar eine große Zahl Elektrotechniker studierte, aber nur München nach 1910 überdurchschnittliche Anteile, gemessen an der Zahl aller Studenten der Hochschule, erreichte. Dagegen bildeten die anderen Hochschulen nicht nur wesentlich weniger Elektrotechnikstudenten aus, sondern darüber hinaus besaß an ihnen – mit Ausnahme von Breslau – die Elektrotechnik eine relativ geringe Bedeutung innerhalb der Hochschule.

Nach den absoluten und relativen Besuchszahlen wollen wir als zweites Kriterium für einen Vergleich zwischen den einzelnen Hochschulen die Zahl und die Qualität der Professoren und Dozenten diskutieren. Es bedarf keiner weiteren Begründung, daß ein reichhaltiges und niveauvolles Lehrangebot ein entscheidendes Qualitätskriterium in einer Zeit darstellt, in der sich die Hochschulen noch in erster Linie als Lehranstalten begriffen.

Das eigentliche Problem besteht in der Bestimmung der Qualität, aber auch der Quantität. Wenden wir uns zunächst der Frage der Zahl der Professoren und Dozenten zu. Sowohl die in der Literatur gegebenen[9] wie die in den Quellen enthaltenen[10] Zahlen und Zeitangaben für deren Geltung sind unvollständig und wenig hilfreich. Genaue Angaben wären nur über eine Auswertung der Personalverzeichnisse aller Hochschulen zu gewinnen. Obwohl uns diese vollständig vorlagen, haben wir darauf verzichtet, diesen Weg zu gehen, da wir die Aussagekraft einer rein quantitativen Betrachtung für zu gering halten. Manche Dozenten tauchen in den Verzeichnissen zwar als Fachvertreter Elektrotechnik auf, lehrten aber tatsächlich nur Gebiete der angewandten Physik und darunter auch physikalische Elektrizitätslehre. Generell gibt die Zahl der Dozenten keine Auskunft, ob die Hochschule tatsächlich alle wichtigen Teilgebiete der Elektrotechnik anbot.

Wir haben uns deshalb für eine Mischung zwischen quantitativer und qualitativer Betrachtung entschieden. Wir fragen zunächst, seit wann die Elektrotechnik an den einzelnen Hochschulen durch einen Professor oder Dozenten vertreten wurde, der sein gesamtes Lehrangebot auf Elektrotechnik ausrichtete – Elektrotechnik verstanden als eine Technikwissenschaft und nicht als Zweig der Physik. Mit der Zeit teilte sich dann die Elektrotechnik in die drei Teilgebiete theoretische Elektrotechnik, Maschinenkonstruktion und Anlagenprojektion auf.[11] Wir untersuchen, seit wann an den einzelnen Hochschulen drei Fachvertreter diese Gebiete lehrten, wobei wir zwischen einer Vertretung durch Dozenten und einer – quantitativ umfangreicheren – durch Professoren unterscheiden. Und schließlich berücksichtigen wir noch die Qualität der Professoren, wie sie sich vor allem aus der Sicht der Zeitgenossen ergab, und ihre Praxiserfahrung, nach Überzeugung der Elektrotechniker seit den 1890er Jahren eine unabdingbare Voraussetzung für eine Vertretung der Anwendungsfächer Maschinenkonstruktion und Anlagenprojektion.

Nach dem Institutionalisierungszeitpunkt der Elektrotechnik können wir zunächst drei Gruppen von Hochschulen unterscheiden:

- die Vorreiter im Institutionalisierungsprozeß, bei denen ein Dozent oder Professor seit der ersten Hälfte der 1880er Jahre seine Arbeitskraft weitgehend der Elektrotechnik widmete,
- die Nachzügler im Institutionalisierungsprozeß in den 1890er Jahren und

[9] Z.B. Klinkenberg, Tafelband, Tafel V; Lundgreen, Differentiation, S. 178 (Institutsgründungen nach Boeck).

[10] Z.B. Bay HStA MK 19 562, 20.12.1898; UABS A I:5, S. 12.

[11] S. o. S. 115–18.

– Danzig und Breslau als Neugründungen von Hochschulen nach der Jahrhundertwende.

Zu den Vorreitern gehörten Darmstadt mit der Berufung Kittlers (1882), Stuttgart mit der Umwandlung von Dietrichs Lehrauftrag in eine ordentliche Professur (1883), Aachen, Berlin und Hannover mit den später in etatmäßige Professuren umgewandelten Dozenturen von Grotrian (1883), Slaby (1883) und Kohlrausch (1884). Slaby lehrte anfangs noch Teilgebiete des Maschinenbaus, aus denen er sich aber mit der Zeit zurückzog. Als erste Hochschule erreichte Darmstadt die Vertretung der Hauptgebiete der Elektrotechnik durch drei Lehrkräfte, nämlich durch Kittler, Wirtz und Sengel seit 1896. Von diesen besaß nur Sengel in größerem Maße Industrieerfahrung, während Kittler seine umfangreichen Erfahrungen aus seinem privaten Ingenieurbüro[12] in die Anlagenprojektion einbrachte. Da sich Kittler nach der Jahrhundertwende mehr auf die theoretische Elektrotechnik konzentrierte und seine Arbeitskraft schwand, kann man zu dem Urteil gelangen, daß in Darmstadt in dieser Zeit die theoretische Elektrotechnik überproportional, die praktischen Fächer unterproportional vertreten waren. Stuttgart folgte Darmstadt mit drei Fachvertretern 1901. Mit Dietrich (bzw. seit 1912 Emde), Hermann und Veesenmeyer war ähnlich wie in Darmstadt die theoretische Elektrotechnik überrepräsentiert. Aachen besaß erst seit 1909 mit Grotrian, Rasch und Finzi drei Fachvertreter, welche die Elektrotechnik relativ gleichmäßig abdeckten, aber nicht zur ersten Garnitur gehörten. Berlin stellte einen Sonderfall dar. Seit der zweiten Hälfte der 1890er Jahre tauchten alle wichtigen Teilgebiete in der Lehre auf, vertreten allerdings durch Privatdozenten, die nur eine eingeschränkte Lehrverpflichtung besaßen. Es ist anzunehmen, daß Privatdozenten wie Kapp und Klingenberg hochwertige, praxisorientierte Veranstaltungen durchführten. Dagegen gehörten die etatmäßigen Professoren Slaby und Wedding zu den Theoretikern. Reichel und dessen Nachfolger Kloß schlossen die dadurch entstehende Lücke 1904 bzw. 1911. Die einzige Hochschule unter den Vorreitern im Institutionalisierungsprozeß, die keine Vertretung der Elektrotechnik durch drei Professoren oder Dozenten erreichte, war Hannover. Kohlrausch und Heim blieben auf sich allein gestellt. Obwohl Heim seit der zweiten Hälfte der 1890er Jahre auch Teile der praktischen Fächer abdeckte, blieben diese in Hannover unterbelichtet. Dazu trug auch bei, daß weder Kohlrausch noch Heim über umfangreiche Praxiserfahrung verfügten. Die Vermutung liegt nahe, daß diese Unterrepräsentation der praktischen Fächer entscheidend zum dramatischen Niedergang der Hannoveraner Elektrotechnik nach der Jahrhundertwende beitrug.

[12] S. u. S. 274–76.

Die Nachzügler im Institutionalisierungsprozeß verschoben aus finanziellen Gründen die Etablierung der Elektrotechnik bis in die 1890er Jahre, oder sie setzten zunächst aufs falsche Pferd, indem sie die Vertretung der Elektrotechnik der Physik überwiesen. Ein grundlegender Wandel datiert in Braunschweig mit der Berufung von Peukert (1890), in Karlsruhe mit der Arnolds (1894), in München durch Friese (1899) und in Dresden mit den Berufungen von Kübler und Görges (1900/1901). Unter Engelbert Arnold, einer Kapazität für elektrische Maschinen, welche die Hochschule für lange Zeit zum Zentrum des Elektromaschinenbaus machte, gelang Karlsruhe schnell der Anschluß an die führenden Technischen Hochschulen. Bereits seit dem Jahre 1896, zur gleichen Zeit wie in Darmstadt, vertraten drei Dozenten die Hauptgebiete der Elektrotechnik, Schleiermacher die theoretische Elektrotechnik, Arnold und der Privatdozent Rasch die praktischen Fächer. Kleine Defizite ergaben sich in Karlsruhe eventuell bei der Anlagenprojektion, die wechselnde Privatdozenten und Extraordinarien lasen. München folgte Karlsruhe 1900 mit Friese, Heinke und einem Privatdozenten für die elektrischen Anlagen nach. Seit 1909 vertraten drei hochangesehene, besonders qualifizierte ordentliche Professoren die drei Hauptgebiete: Heinke die theoretische Elektrotechnik, Ossanna den Elektromaschinenbau und Kadrnozka die Anlagenprojektion. Dresden berief 1900/1901 mit Kübler und Görges zwei qualifizierte Praktiker, die 1911 eingerichtete dritte Professur widmete die Hochschule der Schwachstromtechnik, eine Art Option auf sich abzeichnende Entwicklungstendenzen der Elektrotechnik. Von allen Hochschulen stand Braunschweig am schlechtesten da. Die Vertretung der gesamten Elektrotechnik ruhte auf den Schultern von Peukert, bis die Hochschule für die elektrischen Maschinen 1907 einen Lehrauftrag und 1914 eine Professur einrichtete, die der berufene Czeija aber bald wieder verließ.

Die Neugründungen Danzig (1904) und Breslau (1910) erhielten eine personell relativ gut ausgestattete Elektrotechnik, wenn man die anfänglich noch niedrigen Studentenzahlen in Rechnung stellt. Die schon zur Gründung vorhandenen etatmäßigen Professoren eingerechnet, lehrten in Danzig seit 1908 drei Dozenten, in Breslau seit 1910 zwei.

Ein Blick sei schließlich noch auf die Studienorte derjenigen Hochschullehrer geworfen, die das Fach Elektrotechnik studiert hatten (Tabelle 42). Dabei handelt es sich um die zweite Generation der Elektrotechnikprofessoren, die frühestens in den 1890er Jahren, meist aber erst nach der Jahrhundertwende einem Ruf folgten. Dahinter steht die Frage, ob sich Häufungen ergeben, das heißt sich einzelne Hochschulen geradezu als Professoren- und Dozentenschmieden erwiesen – eventuell ein weiterer Indikator für Qualität. Zunächst zeigt sich das zu erwartende Ergebnis, daß mit Berlin, München, Darmstadt, Karlsruhe und Hannover die fünf in der Besuchsfrequenz der

Tabelle 42
Hochschullehrer für Elektrotechnik 1882–1914. Studienorte derjenigen, die das Fach Elektrotechnik studiert haben (in absoluten Zahlen)

Aachen	–	Hannover	3
Berlin	12	Karlsruhe	4
Braunschweig	–	München	7
Breslau	–	Stuttgart	2
Danzig	–	Zürich	3
Darmstadt	6		
Dresden	2		
Graz	1		

Quelle
eigene Erhebungen

Elektrotechnik großen Hochschulen an der Spitze stehen. Eine Überraschung stellt Berlin dar, als Studienort von 12 Hochschullehrern der einzige Ausreißer. Bei der Interpretation dieses Befunds ist allerdings Vorsicht am Platz. Die Überrepräsentation von Berlin erklärt sich zwanglos aus zwei Faktoren, die mit der Qualität der Berliner Elektrotechnikausbildung nichts zu tun haben. Die Absolventen der Berliner Hochschule fanden leichter eine Stelle in der Berliner Elektroindustrie als die anderer Hochschulen. Und als die Technischen Hochschulen nach der Jahrhundertwende dazu übergingen, praktisch erfahrene Elektrotechniker aus der Industrie zu berufen – davon die überwiegende Mehrzahl aus dem Siemens-Konzern[13] –, erhielten überproportional viele Berliner Absolventen eine Hochschullehrerstelle. Schließlich rekrutierte das preußische Kultusministerium für die Neugründungen Danzig und Breslau die Hochschullehrer größtenteils aus Berlin.

In den 1880er Jahren rivalisierten die Hochschulen mit unterschiedlichen Konzeptionen für ein Studium der Elektrotechnik.[14] Uns scheint jedoch, daß weniger die Konzeptionen und deren Umsetzung über Erfolg oder Mißerfolg der jeweiligen Elektrotechnik entschieden. Dagegen spricht, daß sowohl Darmstadt mit seiner praxisorientierten Konzeption wie Hannover mit seiner theorieorientierten eine Vielzahl von Studenten anzogen und sich an der Spitze der deutschen Elektrotechnik etablierten. Entscheidend war eher, ob es den Hochschulen gelang, schnell ein umfängliches elektrotechnisches Lehrangebot zu erstellen, das es Studienaspiranten lohnend erscheinen ließ, sich für die Elektrotechnik einzuschreiben. In den 1890er Jahren und nach

[13] S. o. S. 132f.

[14] S. o. S. 141–50.

der Jahrhundertwende schwand der Glanz des Hannoveraner theorieorientierten Studiums. Weiterhin korrelierte jedoch der Umfang des elektrotechnischen Studienangebots mit dem Ansehen und der Zahl der Elektrotechnikstudenten der Hochschulen. Man wird es wohl kaum als Zufall bezeichnen können, daß das Verhältnis zwischen maschinenbaulichen Veranstaltungen und elektrotechnischen um 1910 gerade in den Hochburgen der Elektrotechnik, in Darmstadt, Karlsruhe und München, in etwa ausgeglichen war und damit der Anteil der Elektrotechnik im Studiengang über dem anderer Hochschulen lag. Das anfängliche elektrotechnische Lehrangebot wiederum resultierte aus der guten personellen Ausstattung der genannten Hochschulen.

Die Ausstattung der Laboratorien und Versuchsfelder, also der zentralen Einrichtungen für Lehre und Forschung, stellt unser drittes Kriterium für einen Qualitätsvergleich zwischen den einzelnen Technischen Hochschulen dar. Die Quellenlage läßt es nicht zu, dieses Kriterium der Ausstattung genau und vergleichend zu quantifizieren. Wir müssen uns deswegen darauf beschränken, einige allgemeine Entwicklungstendenzen aufzuzeigen und vorsichtige vergleichende Abschätzungen vorzunehmen. Wie schon die Zeitgenossen verwenden wir dabei zwei Hauptindikatoren: die Grundfläche der elektrotechnischen Institute und deren Bau- und Einrichtungskosten. Schließlich können wir auf einige Quellen zurückgreifen, welche bereits die elektrotechnischen Hochschulinstitute einer vergleichenden Betrachtung unterziehen.

Beim Aufbau der Elektrotechnik in den 1880er Jahren nutzten die Hochschulen vorhandene Räume, oder sie erstellten mit möglichst geringen Kosten Anbauten oder provisorische, barackenähnliche Neubauten. Da den letzten immer die Hunde beißen, ließen die zur Verfügung gestellten Räumlichkeiten häufig zu wünschen übrig. In den Akten finden sich zahlreiche Klagen, daß die Räume zu klein, dunkel, schlecht belüftet und feucht seien und der Übungsbetrieb unter dem Lärm oder den Erschütterungen benachbarter Maschinenanlagen leide. Für die innere Einrichtung mit Maschinen, Apparaten und Meßinstrumenten standen meist einige zehntausend Mark zur Verfügung, mit denen sich nur das Notwendigste anschaffen ließ. Die Mittelzuweisungen der Regierungen orientierten sich noch an jenen für die physikalischen Laboratorien, waren also mehr auf natur- denn auf technikwissenschaftliche Untersuchungen abgestellt. Indem sie den laufenden Etat ausweiteten und Sondermittel erlangten, vor allem aber mit Hilfe von Spenden aus der Industrie, gelang es den Fachvertretern mit der Zeit, die maschinentechnische Ausstattung der Laboratorien zu verbessern. Für die 1880er Jahre fehlen genaue Angaben, die einem Vergleich mehrerer Hochschulen zugrunde gelegt werden könnten. Eine der württembergischen Abgeordnetenkammer 1891 vorgelegte Zusammenstellung der Grundflä-

Tabelle 43
Gesamtgrundfläche elektrotechnischer Institute um 1890 (ausschließlich Hörsäle und Werkstätten) (in m²)

Zürich	1170	Hannover	347
Darmstadt	928	Braunschweig	276
München	631	Aachen	245
Berlin	558	Stuttgart	175
Wien	468		

Quelle
Verhandlungen der Württembergischen Kammer der Abgeordneten. Beil.-Bd. 2, 7. Abt., 26.2.1891, S. 5314.

chen der elektrotechnischen Institute (Tabelle 43) ermöglicht aber einen Größenvergleich zwischen den Hochschulen am Ende der Aufbauphase der Elektrotechnik.

Von den deutschen Hochschulen lag Darmstadt eindeutig an der Spitze, München und Berlin folgten mit Abstand, im hinteren Feld lagen Hannover, Braunschweig und Aachen, Stuttgart – die Zusammenstellung diente als Argument für einen Neubau – bildete das Schlußlicht. Karlsruhe und Dresden, wo die Verhältnisse in der Elektrotechnik ziemlich unbefriedigend waren, finden gar keine Erwähnung. Im Lichte anderer Quellen erscheinen die Angaben als realistisch, wenn auch bei München zu berücksichtigen ist, daß die Räumlichkeiten auch noch anderen Gebieten der "angewandten Physik" dienten.[15]

Auf den Anstieg der Studentenzahlen in den 1890er Jahren reagierten die meisten Hochschulen, indem sie für die Elektrotechnik Neubauten errichteten, für die Ausgaben von etwa einer halben Million Mark in Anschlag zu bringen waren.[16] Etwa die Hälfte verschlangen die Baukosten, die andere

[15] Vgl. vor allem für München: Verhandlungen der Kammer der Abgeordneten des bayerischen Landtages im Jahre 1895/96. Stenographische Berichte, Bd. 7. München 1896, S. 372 u. 376; für Berlin: StAD, Min. f. Volksbildung, 15 547:7, 26.2.1888 – Slaby an Rittershaus; Chronik TH Berlin, S. 190f.; für Braunschweig NStAW 12 A Neu Fb 5, 6579, Bd 3, fol 144; für Stuttgart: StAD, Min. f. Volksbildung, 15 547:7, 27.2.1888 – Bach an Rittershaus; für Dresden: StAD, Min. f. Volksbildung, 15 116, 188; NStAW 12 A Neu Fb 5, 6579, Bd 3, 147f.; außerdem die Angaben in unseren Kapiteln über die einzelnen Technischen Hochschulen.

[16] Vgl. Verhandlungen der Stände-Versammlung des Großherzogtums Baden in den Jahren 1895/96. 2. Kammer, 5. Beilagenheft, Bericht der Budget-Kommission. Karlsruhe 1896, S. 269–71.

Hälfte ging für die Inneneinrichtung drauf. Die Neubauten brachten die Grundfläche auf etwa 1500 bis 2000 m^2. Darmstadts Elektrotechnik bezog einen Neubau im Jahre 1892, Hannover und Stuttgart folgten 1895, die Berliner Elektrotechnik fand 1896 im Neubau der Hochschule ein komfortables Unterkommen,[17] das Jahr 1897 brachte in Aachen eine Verbesserung der prekären Raumsituation, und Karlsruhe schloß diese Periode mit dem Bezug eines Neubaus in den Jahren 1898/99 ab. Doch ließen die rapide steigenden Studentenzahlen die Neubauten, kaum daß sie fertiggestellt waren, schon wieder aus den Nähten platzen. Die Hochschulen konnten die Qualität ihrer Ausbildung nur halten, wenn es ihnen gelang, den Anstieg der Frequenzzahlen mit Investitionen zu begleiten. So gab Darmstadt zwischen 1892 und 1903 etwa 850.000 Mark aus, um das elektrotechnische Institut zu erweitern und die technische Einrichtung auf den neuesten Stand zu bringen.[18] 1898, drei Jahre nach dem Neubau, bezog man in Hannover zusätzlich einen kleinen Erweiterungsbau.[19] Andere Hochschulen mußten sich mit Provisorien behelfen. Die Investitionen in Neubauten und die weiteren Ausgaben für die Elektrotechnik lassen sich nicht so genau quantifizieren, daß sie sich für einen Vergleich eigneten. Hinweise enthalten Äußerungen von Zeitgenossen. Als 1896 ein hoher sächsischer Ministerialbeamter die Laboratorien deutscher und ausländischer Technischer Hochschulen besichtigte, lautete sein Ergebnis für die Elektrotechnik, daß Darmstadt von den Baulichkeiten her der erste Rang gebühre.[20] Bevor der Münchener Fachvertreter Robert M. Friese 1901 seinen Abschied von der Hochschule nahm, appellierte er an das Ministerium, mehr Geld für die Elektrotechnik bereitzustellen.[21] Er verglich die Jahresbudgets und die Maschinenleistung elektrotechnischer Institute und Laboratorien und gelangte zu dem Ergebnis, daß hierbei Darmstadt den ersten, Karlsruhe den zweiten Platz einnehme.

Hochschulen und Länder, die einen kontinuierlichen Ausbau der Elektrotechnik versäumt hatten und dies nach der Jahrhundertwende nachholen wollten, mußten tief in die Tasche greifen. Der 1905 in Dresden bezogene Neubau kostete schon über 800.000 Mark, und die vor dem Krieg nicht mehr realisierten Neubaupläne in Hannover peilten trotz der vorhandenen Substanz ähnliche Größenordnungen an. Die Hochschulen orientierten sich mit

[17] Vgl. GStA Merseburg, MK, Rep 76 Vb Sekt 4 Tit X Nr 20 Bd III Bl 61ff.

[18] Lexis, S. 284.

[19] Vgl. Kohlrausch, Entwicklung; NHStA 146 A Acc 62/81 Nr 3, 6.12.1894, Anlage 11.

[20] StAD, Min. f. Volksbildung, 15 902, 14–19.

[21] Bay HStA MK 19 618, 2.3.1901, Denkschrift Friese.

Tabelle 44
Grundfläche der Maschinenhallen elektrotechnischer Institute 1912 (in m^2)

Berlin	440	Karlsruhe	264
Dresden	350	Danzig	240
Wien	279	Breslau	180,5

Quelle
GStA Merseburg, MK, Rep 76 Vb Sekt 8 Tit XV Nr 3, 31.8.1912-Hilpert an MK.

ihren Wünschen jetzt an dem unter Carl Hochenegg gebauten und 1903 bezogenen Wiener elektrotechnischen Institut mit einer Nutzfläche von mehr als 6000 m^2.[22] Wie schnell die Ansprüche stiegen und sich veränderten zeigte sich aber auch in Wien, wo der 1905 berufene Vertreter für elektrische Maschinen, Carl Pichelmayer, vier Jahre später klagte, daß die maschinentechnische Ausstattung des Instituts seinen Forschungsinteressen nicht genüge. Die wissenschaftliche Entwicklung drängte immer mehr zu Experimenten mit Großmaschinen, und neuberufene Fachvertreter für elektrische Maschinen und Anlagen stellten entsprechende Ausstattungsforderungen. Auf diese Weise entstand an der TH Berlin unter Walter Reichel bis 1907 das elektrotechnische Versuchsfeld, das sich in Einrichtung und Anspruch deutlich von den alten elektrotechnischen Unterrichtslaboratorien absetzte.[23] Im Zusammenhang mit Neubauten ließen sich solche Ausstattungsinnovationen eher realisieren als in alten Institutsgebäuden. Für die bislang bei der Elektrotechnik führenden Hochschulen ergaben sich so neue Herausforderungen, wenn sie ihre Position bestätigen wollten. Ein 1912 von dem Dresdener Fachvertreter erstellter Vergleich der Maschinenhallen führt bezeichnenderweise vor allem Hochschulen auf, die sich in jüngerer Zeit Neubauten für die Elektrotechnik geleistet hatten (Tabelle 44).

Abschließend möchten wir den Einfluß des Faktors Zeit auf die Qualität der Elektrotechnik diskutieren. Begünstigte eine frühe Institutionalisierung die qualitative Entwicklung der Elektrotechnik, oder erschwerte sie im Gegenteil deren Anpassung an veränderte wissenschaftliche Inhalte sowie an Methoden und Zielsetzungen der Ausbildung? Zweifellos konnte ein früher Start bei der Institutionalisierung der Elektrotechnik manchen Hochschulen einen Vorsprung verschaffen. Dies zeigen die Beispiele Darmstadt und Hannover, welche in der Elektrotechnik zwei Jahrzehnte und mehr eine führende Rolle spielten. Der Vergleich mit anderen Vorreitern im

[22] Hochenegg; Hochenegg/Reithoffer, S. 482f.; ÖStA AVA MK F 1340 Nr 26 161.

[23] S. o. S. 39f.

Institutionalisierungsprozeß verdeutlicht aber, daß eine positive Entwicklung der Elektrotechnik ganz entscheidend von der Persönlichkeit des ersten Fachvertreters abhing. Die Lehrbegabung und das Organisationstalent von Kittler und Kohlrausch führten Darmstadt und Hannover an die Spitze; am weitesten blieb trotz ähnlicher Ausgangsbedingungen Aachen unter Grotrian dahinter zurück.

So wenig wie ein früher Start im Institutionalisierungsprozeß automatisch einen Vorsprung verschaffte, so wenig ließ sich ein Vorsprung stabilisieren, wenn die Hochschule nicht ständige Modernisierungsanstrengungen unternahm. Die schon in den 1890er Jahren in Hannover einsetzende Stagnation und der Niedergang der dortigen Elektrotechnik nach der Jahrhundertwende beruhten auf unterlassenen Modernisierungsmaßnahmen. Ein personeller Ausbau der Hannoveraner Elektrotechnik unterblieb, dem Studium fehlte die für die wichtigsten Berufsfelder erforderliche Praxisorientierung, und schließlich wurden die Übungs- und Experimentiereinrichtungen den wachsenden Ansprüchen nicht mehr gerecht.

Die Beispiele Karlsruhe und München stehen dafür, daß es auch Nachzüglern im Institutionalisierungsprozeß gelingen konnte, sich an die Spitze der Elektrotechnik zu arbeiten. In mancherlei Hinsicht bot eine spätere Institutionalisierung der Elektrotechnik auch Vorteile. Jetzt besaßen die Hochschulen die Möglichkeit, praxiserfahrene Fachvertreter zu berufen, die selbst Elektrotechnik oder Maschinenbau studiert hatten. Die Versuchseinrichtungen ließen sich von vornherein auf den neuesten Stand des Faches hin konzipieren. Je später allerdings die Institutionalisierung der Elektrotechnik erfolgte, desto schwieriger war es für die Hochschulen, sich gegenüber der bereits etablierten Konkurrenz durchzusetzen. Fanden die Vorreiter noch ein freies Feld vor, das sie beackern konnten, so mußten die Nachzügler ihre Wirkungsstätte den Konkurrenten abringen. Nach der Krise der elektrotechnischen Industrie 1901/02 bereitete dies besondere Schwierigkeiten, da die Studentenzahlen in der Elektrotechnik dramatisch zurückgingen. Fand Karlsruhe Mitte der 1890er Jahre noch hervorragende Ausgangsbedingungen für eine nachholende Institutionalisierung vor, so war die Ausgangslage für München und Dresden, die die Elektrotechnik erst um die Jahrhundertwende von den Fesseln der Physik befreiten, viel ungünstiger. Trotz hervorragender Lehrkräfte dauerte es in München ein Jahrzehnt, um der Elektrotechnik eine herausragende Position im Konzert der Technischen Hochschulen zu verschaffen. Mit ebenso angesehenen Fachvertretern, etwas geringerer Personalausstattung und hohen Investitionen in ein modernes elektrotechnisches Institut gelang es dagegen Dresden nicht mehr, eine Attraktion für Elektrotechnikstudenten zu werden.

Wenn der Institutionalisierungsprozeß eine ambivalente Rolle spielte, so begünstigte jedenfalls eine weitgehende Verselbständigung der Elektrotech-

Tabelle 45
Einstufung (Ranking) der Elektrotechnik an den Technischen Hochschulen, um 1890, 1900 und 1910

Rang	um 1890	um 1900	um 1910
1	Darmstadt	Darmstadt	Karlsruhe
2	Hannover	Karlsruhe	München
3	Berlin	Hannover	Darmstadt
4	Stuttgart	Berlin	Berlin
5	Aachen	München	Dresden
6	Braunschweig	Stuttgart	Hannover
7	München	Dresden	Stuttgart
8	Dresden	Aachen	Breslau
9	Karlsruhe	Braunschweig	Danzig
10			Aachen
11			Braunschweig

nik die qualitative Entwicklung des Faches.[24] Die beiden renommiertesten Hochschulen im Untersuchungszeitraum, Darmstadt und Karlsruhe, besaßen als einzige selbständige elektrotechnische Abteilungen. Es hemmte die Entwicklung der Elektrotechnik, wenn Hochschulen wie Karlsruhe, Dresden und München sie zunächst im Rahmen der Physik vertreten ließen; und es hemmte die Entwicklung des Studiums der Elektrotechnik, wenn das Fach lange Zeit wie in Berlin und Stuttgart nur als Zusatzqualifikation für Maschinenbauer betrachtet wurde. Eine ausschließlich der Elektrotechnik gewidmete Professur, ein selbständiger Studiengang Elektrotechnik oder gar eine eigenständige elektrotechnische Abteilung boten in jedem Fall bessere Möglichkeiten, um die Disziplin zu entwickeln und an die sich ändernden Anforderungen anzupassen.

Sozusagen als Zusammenfassung dieses Kapitels, das die Qualität der Elektrotechnik an den deutschen Technischen Hochschulen einer vergleichenden Betrachtung unterzieht, wollen wir die Hochschulen versuchsweise für verschiedene Zeitpunkte auf Ranglisten einstufen (Tabelle 45). In erster Linie dient diese Einstufung dem Ziel, die qualitative Entwicklung der einzelnen Hochschul-Elektrotechniken über die Zeitachse zu skizzieren und zu illustrieren. In die Einstufung gehen die Kriterien ein, die wir im Vorstehenden enwickelt haben: die Zahl der Studenten und Absolventen an den einzelnen Hochschulen, die Zahl und die Qualität der Professoren und

[24] Vgl. o. S. 111–14.

Dozenten und damit der Lehre sowie die Ausstattung der Laboratorien und Versuchsfelder. Dazu kommen weitere Kriterien aus der individuellen Geschichte der Hochschulen, wie z.B. Kooperation oder Differenzen unter den Dozenten, welche sich positiv oder negativ auf die Lehre auswirkten. Wiewohl wir uns bemüht haben, einzelne der genannten Faktoren zu quantifizieren, haben wir darauf verzichtet, den gesamten Komplex einer Quantifizierung z.B. in Form einer Nutzwertanalyse zu unterziehen, weil wir der Überzeugung sind, daß sich damit nur eine Scheinexaktheit erzielen ließe. Stattdessen stellen wir eine aus quantifizierten und qualitativen Kriterien gewonnene subjektive Einschätzung zur Diskussion und möchten von vornherein konzedieren, daß sich besonders im Mittelfeld unserer Rangliste Platzverschiebungen um ein oder maximal zwei Plätze unschwer begründen ließen.

Im folgenden wollen wir die Qualitätsentwicklung der Elektrotechnik an den einzelnen Hochschulen kurz skizzieren. Dabei geht es uns nicht darum, unsere Einstufung zu begründen; diese Begründung ist in der vorhergegangenen ausführlichen Diskussion der Qualitätskriterien enthalten. Vielmehr wollen wir die Stärken und Schwächen der Hochschulen anführen, die ihre qualitative Entwicklung positiv oder negativ beeinflußten.

Über mehr als zwei Jahrzehnte bildete Darmstadt die Hochburg der akademischen Elektrotechnik in Deutschland. Diese Einschätzung erfolgt nicht nur aus heutiger Sicht; auch die Zeitgenossen plazierten die Darmstädter Elektrotechnik oft genug an erster Stelle. Wenn sich Kittler 1896 rühmte, daß etwa 30% der deutschen Elektrotechniker seine Schüler seien,[25] so bestätigen dies unsere Frequenzstatistiken. Bei Einbeziehung der ausländischen Studenten dürften die Darmstädter Anteile noch höher gelegen haben. Mit Kittler gewann die Hochschule einen Fachvertreter, der sich mit großer Energie in die Elektrotechnik einarbeitete und sich als Handbuchverfasser und Elektrifizierungsberater schnell einen hervorragenden Namen machte. Die frühe und weitgehende Institutionalisierung schuf der Elektrotechnik in Darmstadt Entfaltungsspielräume und trug dazu bei, daß eine große Zahl in- und ausländischer Studenten nach Darmstadt strömte. Die hohen absoluten und relativen Studentenzahlen machten es Kittler leicht, öffentliche Gelder für den Ausbau der Elektrotechnik zu erlangen. Mit Karlsruhe zusammen erreichte Darmstadt als erste Hochschule eine Besetzung und Vertretung aller drei wichtigen Teilgebiete der Elektrotechnik, und auch bei der Ausstattung des Instituts und Laboratoriums hielt die Hochschule sich bis nach der Jahrhundertwende im Spitzenbereich auf. Den größten Vorsprung gegenüber den konkurrierenden Elektrotechniken errang die Darmstädter in

[25] StAD, Min. f. Volksbildung, 15 902, 19.

den 1890er Jahren, in einer Zeit, als die Elektroindustrie und die Elektrifizierung einen Boom erlebten.

Der relative Bedeutungsverlust Darmstadts nach der Jahrhundertwende mag zunächst normal erscheinen, hatten doch inzwischen alle Hochschulen elektrotechnische Institute aufgebaut und einige große Anstrengungen unternommen, um Anschluß zu gewinnen. Der Rückgang der Darmstädter Studentenzahlen nahm aber in den Jahren vor dem Krieg bedrohliche Formen an und bildet das wichtigste Indiz, daß die Hochschule gegenüber der Konkurrenz an Boden verlor. Gegenüber der Hochschule und dem Landtag mußte sich Kittler 1914 wegen des dramatischen Frequenzrückgangs rechtfertigen.[26] Kittler wies zutreffend darauf hin, daß Darmstadt inzwischen sein Monopol bei der Elektrotechnikerausbildung verloren habe. Er nannte die rückläufige Konjunktur in der Elektrotechnik, von der allerdings alle Hochschulen gleichermaßen betroffen waren. Schließlich führte er den Rückgang des Anteils ausländischer Studenten an.[27] Darmstadt hatte nicht nur 1911 seine Aufnahmebestimmungen für ausländische Studenten verschärft,[28] sondern deutsche Studenten und Abgeordnete der Zweiten Kammer hatten verbale Angriffe gegen Ausländer geführt. Kittler betonte, daß er diesen Tendenzen im akademischen Senat wie in der Ersten Kammer der Landstände entgegengetreten sei. Sicherlich trug der Rückgang der Zahl ausländischer Studenten zum Frequenzniedergang Darmstadts bei, doch reicht dieser Erklärungsfaktor nicht aus, wie der vergleichende Blick nach Karlsruhe und München zeigt, beides ebenfalls Hochschulen mit hohen Ausländeranteilen. Negativ wirkte sich in Darmstadt aus – von Kittler durchaus nicht verschwiegen –, daß sich der renommierte Gründer des Instituts in den 1890er Jahren überarbeitet hatte und nach der Jahrhundertwende seiner angegriffenen Gesundheit Tribut zollen mußte, in vielerlei Hinsicht also für das Institut ausfiel. Es kam hinzu, daß die Hochschule ihren Personalstand in den 1890er Jahren erreicht hatte, die damals Berufenen jetzt die Stellen blockierten, so daß neue renommierte Namen nicht für frischen Wind und zusätzliche Anziehungskraft sorgen konnten. Viel spricht dafür, daß die Hochschule nach der Jahrhundertwende von ihrer Tradition und ihrem Ruf zehrte, was den relativen Bedeutungsverlust verzögerte, aber nicht aufhielt.

Wenn auch mit Abstand zu Darmstadt machte sich die Hannoveraner Elektrotechnik in den 1890er Jahren einen Namen. Verantwortlich dafür dürften die Lehrbegabung Wilhelm Kohlrauschs und die entgegen dem Willen des preußischen Kultusministeriums erfolgte frühe Verselbständi-

---

[26] HA Darmstadt, 17.4.1914 – Denkschrift Kittler.

[27] S. o. S. 187.

[28] Stiel, Technische Hochschulen, S. 188.

gung des Faches gewesen sein. Schließlich entwickelte Kohlrausch mit einem theorieorientierten Elektrotechnikstudium ein zunächst recht attraktives Gegenmodell zu anderen Hochschulen. Ein relativer Bedeutungsverlust Hannovers zeichnete sich schon in den 1890er Jahren ab. Nach der Jahrhundertwende erlebte die Hannoveraner Elektrotechnik einen dramatischen Niedergang, und nach 1905/06 schied sie aus dem Kreis der bedeutenden Elektrotechniken in Deutschland aus. Dies lag zunächst daran, daß in Hannover ein personeller Ausbau der Elektrotechnik unterblieb. Die gesamte Last der Elektrotechnik ruhte nur auf zwei Hochschullehrern, die zudem über ausgesprochen wenig praktische Erfahrung verfügten. Zudem offenbarten sich seit den 1890er Jahren die Grenzen des Hannoveraner theorieorientierten Studienmodells. In Hannover enthielt das Elektrotechnikstudium überproportional viele Übungsstunden im Laboratorium, die aber mehr der Einführung in die physikalischen Grundlagen der Elektrotechnik und in die Meßtechnik dienten als der Arbeit an Maschinen und Anlagen. Damit verfehlte die Ausbildung die wichtigsten Berufsfelder für Elektrotechnikstudenten, nämlich die Projektion und das Betreiben elektrischer Anlagen wie den Elektromaschinenbau, was sich in Form eines Rückgangs der Besuchszahlen auswirkte. Es scheint möglich, daß das Hannoveraner Modell eine gute Vorbereitung für Positionen in der Industrie- und Hochschulforschung bot, also eine Nische besetzte, doch müßten dies erst Untersuchungen zu Karriereverläufen von Hannoveraner Elektrotechnikern erweisen.

Wie die anderen preußischen Hochschulen begann auch Berlin früh mit der Institutionalisierung der Elektrotechnik. Die Hochschule besaß – absolut gesehen – immer viele Elektrotechnikstudenten, doch lag deren Anteil an der gesamten Studentenschaft unter dem Durchschnitt aller deutschen Hochschulen. Nach der Jahrhundertwende verbesserte Berlin mit der Berufung neuer Professoren wie Reichel, Kloß und Orlich allmählich seine Position in der Konkurrenz der Hochschulen. Vermutlich hätte dies bei der Frequenz noch positivere Resultate gezeigt, hätte der Besuch der Berliner Hochschule nicht unter den Gründungen von Danzig und Breslau gelitten und hätte Preußen nicht früh Maßnahmen gegen das Ausländerstudium ergriffen.[29] Auf der anderen Seite besaß die Berliner Hochschule durch die Nähe zur Berliner Elektroindustrie ein so günstiges Umfeld wie keine andere in Deutschland. Aus den Reihen der Berliner Elektroindustrie kamen hochqualifizierte Privatdozenten, die das Lehrangebot anreicherten. Die Studenten konnten leichter Praktikantenplätze, die Absolventen leichter einen Karriereeinstieg finden. Teilweise mag es an Adolf Slaby, dem ersten

[29] Vgl. hierzu Stenographische Berichte, Bd. 517, 57. Sitzung v. 19.3.1908, Sp. 4210f.

Lehrstuhlinhaber, gelegen haben, daß diese günstigen Rahmenbedingungen nicht zu noch höheren Studentenzahlen führten. Slaby engagierte sich nicht nur neben der Elektrotechnik noch im Maschinenbau, er kam auch zahlreichen hochschulpolitischen und gesellschaftlichen Verpflichtungen nach, die ihn nicht seine ganze Kraft der Entwicklung der Elektrotechnik widmen ließen. In der Zeit nach der Jahrhundertwende stellte er ein gewichtiges Hemmnis für eine Modernisierung der Berliner Elektrotechnik dar. Er legte einer Differenzierung des Faches Hindernisse in den Weg, unterband Ansätze einer Studienreform und wandte sich gegen eine Emanzipation der Elektrotechnik vom Maschinenbau. Als nach 1905 Krankheiten seine Einflußnahmen reduzierten und als er 1912 dann endgültig in den Ruhestand ging, traf dies mit einem Anstieg der absoluten und relativen Studentenzahlen an der Berliner Hochschule zusammen.

Wie in Berlin hemmte es in Stuttgart die Entwicklung der Elektrotechnik, daß der früh berufene erste Fachvertreter Wilhelm Dietrich und die Stuttgarter Maschinenbauer lange Zeit an der Auffassung festhielten, daß Elektrotechnik kein eigenständiges Fach, sondern eine Zusatzqualifikation für Maschinenbauer sei. Wir besitzen erst spät Zahlen zur Elektrotechnikfrequenz in Stuttgart, doch gibt es keine Indizien, daß der durch diese Zahlen dokumentierte niedrige Besuch der Stuttgarter Elektrotechnik in der Zeit vorher höher lag. Zufriedenstellend läßt sich die relativ geringe Bedeutung der Stuttgarter Elektrotechnik nicht erklären. An sich besaß die Hochschule mit dem Bezug eines neuen Laboratoriums und Institutsgebäudes im Jahre 1895 und der 1901 erfolgten Vergrößerung des Lehrkörpers auf drei Professoren günstige Ausgangsvoraussetzungen, die sich aber nicht positiv in der Besuchsstatistik niederschlugen.

Wenn von den Vorreitern im Institutionalisierungsprozeß Darmstadt mit der Berufung Kittlers und Hannover mit der Kohlrauschs ein günstiges Los zogen, dann Aachen mit Otto Grotrian ein ungünstiges. Trotz der relativ schlechten personellen Besetzung erreichte die Aachener Elektrotechnik wenn auch keine hohen absoluten Frequenzzahlen, so doch einen erheblichen Anteil am Gesamtbesuch der Aachener Hochschule. Dazu dürfte beigetragen haben, daß die Hochschule früh einen eigenständigen elektrotechnischen Studiengang auswies und daß sie gegenüber anderen Hochschulen über Standortvorteile verfügte. Am Ort und in der Region gab es eine Reihe elektrotechnischer Firmen, und um die Jahrhundertwende begannen Unternehmen des rheinisch-westfälischen Berg- und Hüttenwesens ihre Anlagen zu elektrifizieren. Dennoch ging um diese Zeit die relative Bedeutung der Aachener Elektrotechnik zurück, da andere konkurrierende Hochschulen ihre Position in der Elektrotechnik ausbauten.

Obwohl wir erst zehn Jahre später über Zahlen verfügen, ist anzunehmen, daß die Braunschweiger Elektrotechnik nach der Berufung von Wilhelm

Peukert 1890 einen erheblichen Stellenwert innerhalb der Hochschule besaß. Da in der Folgezeit größere Investitionen unterblieben, konnte die Hochschule nach der Jahrhundertwende mit der Konkurrenz nicht mehr mithalten. Am Vorabend des Krieges verfügte die Elektrotechnik an der TH Braunschweig über die mit Abstand schlechteste personelle und apparative Ausstattung unter den deutschen Hochschulen. Die relativ hohe Zahl elektrotechnischer Promotionen in Braunschweig[30] legt Zeugnis davon ab, daß man in jener Zeit auch unter diesen Bedingungen wissenschaftlich arbeiten konnte.

Wie andere Hochschulen ließ die TH München die Elektrotechnik lange Zeit durch Vertreter anderer Fächer mitbesorgen. Die Berufung Robert M. Frieses 1899 stand für einen Sinneswandel und leitete einen kräftigen Aufschwung der Münchener Elektrotechnik ein. Dazu kam eine Erweiterung des Lehrkörpers und dessen Differenzierung nach den wichtigsten Teilgebieten des Faches. Mit der Berufung Leo Kadrnozkas 1909 waren die theoretische Elektrotechnik, die Maschinenkonstruktion und die Anlagenprojektion jeweils durch einen ordentlichen Professor vertreten, eine personelle Ausstattung, die keine andere Hochschule erreichte. Da auch noch der 1908 eingeführte Studiengang eines "Maschinen-Elektroingenieurs" einschlug, befand sich die Münchener Elektrotechnik auf dem besten Wege, als der Krieg die Entwicklung unterbrach.

Eine anderen Hochschulen gleichkommende Elektrotechnik etablierte Dresden erst mit den Berufungen von Kübler und Görges 1900/1901. Die 1911 geschaffene dritte elektrotechnische Professur widmete die Hochschule der Schwachstromtechnik, deren zunehmende Bedeutung sich abzeichnete. Wiewohl ein Aufschwung um die Jahrhundertwende nicht zu übersehen ist, blieben die Frequenzzahlen immer unterdurchschnittlich. Offensichtlich kamen die Berufungen der angesehenen Fachvertreter und der 1905 abgeschlossene Neubau des gut ausgestatteten Instituts zu spät, bzw. sie fielen in eine Zeit, als sich die Elektroindustrie in einer Krise befand, so daß sich der Besuch nicht mehr wesentlich steigern ließ.

Mit der Berufung Engelbert Arnolds 1894 und der Gründung einer selbständigen elektrotechnischen Abteilung im Jahr darauf machte die TH Karlsruhe einen radikalen Schnitt mit der Vergangenheit, als man glaubte, die Elektrotechnik als Appendix der Physik etablieren zu sollen. Arnold erweiterte die Karlsruher Elektrotechnik personell, setzte einen praxisorientierten Studienplan durch und ließ ein modernes elektrotechnisches Institut bauen. Innerhalb kurzer Zeit machte er Karlsruhe unter den deutschen Hochschulen zum Zentrum des Elektromaschinenbaus, eine Traditi-

---

[30] S. u. S. 262–64.

on, die nach seinem Tod 1911 Rudolf Richter fortsetzte. In der Maschinenkonstruktion lag das Karlsruher Studienangebot allein schon quantitativ über dem Durchschnitt. Die Etablierung der Karlsruher Elektrotechnik in der Mitte der 1890er Jahre fiel günstig in eine Zeit, als Elektroindustrie und Elektrifizierungsmaßnahmen boomten. Karlsruhe wurde zum großen Gewinner im Institutionalisierungsprozeß und zog an den anderen Hochschulen vorbei.

In der Zeit vor dem Ersten Weltkrieg waren die 1904 bzw. 1910 gegründeten Hochschulen in Danzig und Breslau noch zu jung und noch in ihrem Ausbau begriffen, als daß sie und ihre Elektrotechnik bereits ein markantes Profil hätten entwickeln können. Immerhin verfügten sie über moderne, gut ausgestattete Übungs- und Experimentiereinrichtungen. Danzig besaß mehr Dozenten, die Breslauer konnten mehr Praxiserfahrung in die Lehre einbringen. Die absoluten Besuchszahlen der beiden Hochschulen lagen in der Elektrotechnik auf dem gleichen Niveau, da die Danziger Gesamtfrequenz die Breslauer überstieg, war in Breslau der Anteil der Elektrotechnikstudenten höher.

Hochschule und Industrie – Science-based Industry oder Industry-based Science?

Es hat sich eingebürgert, die Elektrotechnik und andere Industrien wie die Chemie als "Science-based Industries", als auf Wissenschaft aufbauende Industrien, zu bezeichnen. Zwei Bedeutungen vor allem werden diesem Begriff unterlegt:[1] eine überproportionale Beschäftigung wissenschaftlich ausgebildeter Kräfte in diesen Industrien sowie die industrielle Anwendung von in der Hochschule (und in den Forschungseinrichtungen der Industrie selbst) gewonnenen Forschungsergebnissen. Wir bezeichnen diese beiden Formen der Übertragung von Wissen von der Hochschule in die Industrie als Transfer von Ausbildungs- und als Transfer von Forschungswissen.[2] Im folgenden werden wir uns mit diesen beiden Formen des Wissenstransfers und darüber hinaus mit dem gesamten Komplex der Austauschbeziehungen zwischen Industrie und Wissenschaft beschäftigen. Dabei zeigt sich, daß im Vordergrund der Austauschbeziehungen tatsächlich der Wissenstransfer und nicht anderes wie z.B. die Finanzierung von Wissenschaft durch die Wirtschaft stand. Es zeigt sich aber auch, daß in der Elektrotechnik die breiteren Ströme des Wissenstransfers von der Industrie in die Wissenschaft und nicht von der Wissenschaft in die Industrie verliefen. Dieses Ergebnis führt uns dazu, die Klassifizierung von Elektrotechnik als Science-based Industry abzulehnen und stattdessen von der Elektrotechnik an den Hochschulen als Industry-based Science zu sprechen. In der Mächtigkeit der Transferströme und ihrer Hauptrichtung unterscheidet sich die Elektrotechnik wesentlich von der Chemie, die am häufigsten mit dem Attribut science-based versehene Industrie. Wir gehen den Gründen für diese Unterschiede zwischen Elektrotechnik und Chemie nach und finden sie letztendlich im divergenten Charakter von Technik- und Naturwissenschaften.

In der Elektrotechnik arbeiteten überproportional viele akademisch ausgebildete Elektrotechniker, das heißt, der Transfer von Ausbildungswissen von der Hochschule in die Industrie war in der Elektrotechnik besonders ausgeprägt. Entgegen den in den 1880er Jahren gehegten Erwartungen herrschte in der Elektroindustrie in der Vorkriegszeit – mit einer Unterbre-

[1] Vgl. z.B. Lundgreen, Wissenschaft.

[2] S. u. S. 334–40.

chung zwischen 1901 und 1906 als Folge einer Konjunkturkrise – eine starke Nachfrage nach akademischen Elektrotechnikern, deren Zahl auf dem deutschen Arbeitsmarkt wir auf 2500 schätzen. Elektroingenieure besaßen in zahlreichen Branchen und in mehreren Funktionsbereichen eine erhebliche Bedeutung. Etwa die Hälfte von ihnen projektierte elektrische Anlagen, die weit überwiegende Mehrheit war im Zusammenhang mit der Elektrifizierung von Industrie, Verkehr und Dienstleistungen tätig. Dagegen stand – auch im Vergleich zu weiteren Arbeitsgebieten – Forschung und Entwicklung als Tätigkeitsfeld weit zurück. Den Bekundungen der Industrie zuwiderlaufend, kamen mit der Zeit immer mehr erfolgreiche technische Karrieristen von der Hochschule und immer weniger dienten sich in der Industrie von der Pike auf hoch. Ein akademisches Studium verbürgte jedoch keinen Karriereaufstieg. Die Industrie verlangte von den Akademikern darüber hinaus praktische Erfahrung; Bewährung in der Berufspraxis entschied letzten Endes über den beruflichen Werdegang. Es muß offen bleiben, inwiefern das aus den Hochschulen mitgebrachte elektrotechnische Wissen verantwortlich für die erfolgreicheren Karriereverläufe der Akademiker war. Auf jeden Fall stammte es indirekt aus der Industrie selbst: Nur Hochschullehrer mit umfangreicher Industrieerfahrung waren in der Lage, den Elektrotechnikstudenten das von der Industrie nachgefragte praxisrelevante Wissen zu vermitteln.

Unsere Schätzung geht dahin, daß etwa die Hälfte der in der Elektroindustrie beschäftigten Elektrotechniker von den Technischen Hochschulen kamen. Eine Nachrufanalyse zeigt, daß seit Mitte der 1890er Jahre die weit überwiegende Mehrheit der elektrotechnischen Industrieelite die Technische Hochschule besucht und Elektrotechnik oder Maschinenbau studiert hatte. Die Universität als Ausbildungsstätte und Facher wie Physik und andere Naturwissenschaften spielten dagegen so gut wie keine Rolle mehr. In der Gesamtbelegschaft der elektrotechnischen Firmen dürfte ihre quantitative Bedeutung noch geringer gewesen sein.

Der Transfer von Forschungswissen von der Hochschule in die Industrie hielt sich im Untersuchungszeitraum sehr in Grenzen, obwohl sich um die Jahrhundertwende die Verhältnisse zu bessern begannen. Die Ingenieure und die Hochschulen entdeckten und definierten um diese Zeit Forschung als zweite, gleichgewichtige Aufgabe neben der Lehre. Die aus der Industrie kommenden Professoren brachten eine höhere Kompetenz für praxisrelevante Forschungen mit, und sie bauten an den Hochschulen besser ausgestattete Forschungseinrichtungen auf. Die relativ niedrige Promotionsrate in der Elektrotechnik stellt einen Beleg dafür dar, daß dieser Umstrukturierungsprozeß vor dem Ersten Weltkrieg noch keine großen Erträge abwarf.

Viel intensiver als die Forschungskooperation zwischen Professoren und Industrie entwickelte sich die Tätigkeit der Hochschullehrer als Elektrifizierungsberater. In dieses Aufgabenfeld brachten die Professoren ihr technisches Systemwissen ein. Vor allem aber setzten sie bei Elektrifizierungsprojekten ihr soziales und wissenschaftliches Ansehen in eine Art Mittlerfunktion zwischen dem Anlagenhersteller und dem Kunden um. In den 1880er und 1890er Jahren stießen sie mit dieser Beratungs- und Vermittlungstätigkeit in eine Know-how-Lücke und füllten ein Funktionsdefizit aus. Als nach der Jahrhundertwende die Städte und die industriellen Anwender eigenes elektrotechnisches Wissen besaßen und Elektrotechniker als Beratende Ingenieure auf den Markt drängten, ging das Beratungsgeschäft der Professoren wieder zurück.

Der Elektrotechniker in der Industrie – Arbeitsmarkt und Berufsbild

Die Institutionalisierung der Elektrotechnik in der ersten Hälfte der 1880er Jahre fiel in eine Zeit, als sich die deutsche Industrie in einem Konjunkturtief befand. Der Ingenieurarbeitsmarkt litt erheblich unter der "Gründerkrise". Aus dieser Situation heraus beurteilten die meisten Zeitgenossen die beruflichen Aussichten der an den Hochschulen auszubildenden Elektrotechniker ausgesprochen skeptisch. Bislang hatten die elektrotechnischen Fabriken ihren noch recht begrenzten Bedarf an technischen Fach- und Führungskräften in erster Linie aus den Reihen der Facharbeiter oder aus dem Handwerk gedeckt.[1] Daneben arbeiteten in der Elektrotechnik einige wenige Physiker und Ingenieure. Für die entstehende Diskussion über die voraussichtliche Entwicklung der Nachfrage nach Elektrotechnikern gab Werner Siemens das Leitmotiv an, indem er ausführte, daß sich an den bestehenden Verhältnissen wohl nichts ändern werde:[2] Die elektrotechnische Industrie werde nur wenige akademisch ausgebildete Ingenieure benötigen, und in der Praxis erworbene elektrotechnische Qualifikationen seien als gleichwertig zu betrachten.

Andere griffen Siemens' Stellungnahme auf und unterstützten und ergänzten sie. Der Münchener Privatdozent und Unternehmer Max Thomas Edelmann prognostizierte 1885 in einem vor dem Polytechnischen Verein gehaltenen Vortrag, daß der industrielle Bedarf an Monteuren größer sein werde als der an Elektroingenieuren.[3] Am ausführlichsten beschäftigte sich in jener Zeit der Redakteur der Elektrotechnischen Zeitschrift, Richard

---

[1] Dettmar, S. 279.

[2] S. o. S. 93f.

[3] Centralblatt für Elektrotechnik 7 (1885), S. 191.

Rühlmann, mit den voraussichtlichen Berufsfeldern der Elektrotechnik.[4] Rühlmann glaubte, daß nur die größten elektrotechnischen Unternehmen "einen oder im günstigsten Falle einige wenige allseitig wissenschaftlich gebildete Ingenieure" einzustellen bereit seien. Eine nicht allzu große Zahl weiterer Elektrotechniker könnte in Kraftwerken Verwendung finden. Voraussetzung sei aber, daß diese "praktische Geschicklichkeit und geschäftliche Erfahrungen" mitbrächten. Die Aussichten für reine Theoretiker seien dagegen schlechter. Schließlich empfahl Rühlmann in Fortsetzung Siemensscher Empfehlungen angehenden Ingenieurstudenten, vor dem Studium praktisch zu arbeiten und Elektrotechnik nur als Zusatzqualifikation zu betrachten.

Tatsächlich gestalteten sich die beruflichen Aussichten für Elektrotechniker wesentlich günstiger, als diese dominierenden skeptischen Stimmen[5] erwarten ließen. Wenn man von einigen Jahren nach der Jahrhundertwende absieht, als die elektrotechnische Industrie eine Krise durchlief, herrschte immer eine erhebliche Nachfrage nach akademisch ausgebildeten Elektrotechnikern, die das von den Hochschulen kommende Angebot an Berufsanfängern übertraf. Die Frage stellt sich, in welche Berufsfelder die akademischen Elektrotechniker gingen, welchen Aufgaben sie dort nachgingen und welchen Anteil die einzelnen Berufsfelder am Arbeitsmarkt hatten. Die meisten Elektroingenieure dürften in der Elektroindustrie, in Elektrizitätsversorgungsunternehmen und in Verkehrsbetrieben der Städte gearbeitet haben, welche elektrische Straßenbahnlinien besaßen. Elektrotechnisch ausgebildete Ingenieure benötigten darüber hinaus alle Industriebetriebe, die in eigenen Elektrizitätswerken Licht- oder Kraftstrom erzeugten. Eine geringere Anzahl von Elektrotechnikern arbeitete an Hochschulen oder staatlich-öffentlichen Forschungseinrichtungen, wie der Physikalisch-Technischen Reichsanstalt. Insgesamt dürfte der Anteil der im öffentlichen Dienst

[4] ETZ (1886), S. 197–99. Der Beitrag trägt die Initialen R.R. Dabei kann es sich nur um Richard Rühlmann handeln, damals Redakteur der ETZ. Sonnemann, Wissenschaftlich-technischer Fortschritt, S. 69 verwechselt Richard Rühlmann mit Moritz Rühlmann, dem Hannoveraner Maschinenbauer. Richard Rühlmanns Aufsatz wurde übernommen unter dem Titel "Beruf und Ausbildung der Elektrotechniker" in: Badische Gewerbezeitung. Organ der Großherzogl. Landes-Gewerbehalle und der Badischen Gewerbevereine 28 (1886), S. 249–52. Die Verfasserschaft schreibt Körting, Geschichte, S. 46 fälschlich Heinrich Meidinger, dem Leiter der Karlsruher Gewerbehalle und Professor am Polytechnikum zu.

[5] Eine eher optimistische Einschätzung findet sich in Die elektrotechnische Revolution, S. 81–83. Zu berücksichtigen dabei ist aber, daß der Verfasser dieser anonymen Schrift generell zu einer euphorischen Betrachtung der Zukunft der Elektrotechnik neigte. Vgl. König, Friedrich Engels.

ein Unterkommen findenden Elektrotechniker sehr gering gewesen sein. Von den Angehörigen der von uns ausgewerteten elektrotechnischen Elite, die das Fach Elektrotechnik studiert hatten, waren etwa 75% in der Industrie, 25% im Staatsdienst tätig.[6] Unter den im Staatsdienst Beschäftigten befinden sich alle Professoren der Elektrotechnik. Klammert man sie aus, dann erkennt man, daß die Technischen Hochschulen ihre Elektrotechniker nahezu ausschließlich für die Privatindustrie ausbildeten. Zeitgenössische Schätzungen belaufen sich auf weit über 80%.[7] Einige Elektrotechniker mögen zur Post und Telegrafie sowie zur Eisenbahn gegangen sein. Einzelne Bemühungen, Elektroingenieure zu den Laufbahnen des technischen Staatsdienstes zuzulassen, scheiterten.[8] Stattdessen integrierte man elektrotechnische Veranstaltungen in die Curricula der Bauingenieure, die die weit überwiegende Mehrzahl der Staatstechniker stellten.

Eine ähnliche Vielfalt wie bei den Elektrotechniker beschäftigenden Branchen bestand hinsichtlich ihrer Funktionsbereiche in den Industriefirmen. Die Elektroindustrie als Beispiel genommen, arbeiteten sie in der Forschung und Entwicklung, in der Berechnung und Konstruktion, in der Fertigung, in Versuchs- und Prüffeldern, in der Anlagenprojektierung, der Montage, im Bau und in der Wartung elektrischer Anlagen sowie im Vertrieb. Im folgenden werden wir – in erster Linie gestützt auf Berichte der Zeitgenossen – die Tätigkeit der Elektrotechniker in diesen Funktionsbereichen skizzieren.

Die Zahl der in der Forschung und Entwicklung arbeitenden Elektrotechniker dürfte nicht sehr groß gewesen sein. Um die Jahrhundertwende hielt sich die Zahl der Forschungs- und Entwicklungsabteilungen noch in Grenzen und beschränkte sich auf die Großunternehmen. Während in der wenig ausgebauten, mehr grundlagenorientierten Forschung Physiker und Chemiker dominierten, dürften die Elektrotechniker eine größere Rolle bei der Entwicklung neuer Maschinen und Apparate gespielt haben. Georg Siemens, der nach der Jahrhundertwende bei der Firma Siemens eintrat, schildert die sich in dieser Zeit stellenden Aufgaben folgendermaßen:[9] Es ging um die Steigerung der Leistungen, Spannungen, Drehzahlen und die bessere Ausnutzung der Baustoffe. "Der Erfolg zeigte sich darin, daß eine Maschine

---

[6] S. u. S. 252ff.

[7] Reichel, S. 1004; NHStA 146A Acc 62/81 Nr 3, 6.12.1894 – Bericht Kohlrausch, S. 48f. Kohlrausch stellt fest, daß von 165 Hannoveraner Elektrotechnikabsolventen, von denen er Nachricht habe, 13 im Staatsdienst beschäftigt seien, 12 seien selbständig, 140 arbeiteten in der Industrie.

[8] Vgl. z.B. UA Dresden A 517, 2.12.1909 – MK an TH Dresden.

[9] Vgl. hierzu Georg Siemens, Geschichte, S. 295f.

für eine gegebene Leistung mit jedem neuen Modell kleiner, leichter und billiger wurde." Bei den Apparaten und Schaltanlagen bemühte man sich um leichtere Montage, bessere Übersichtlichkeit und höhere Betriebssicherheit. "Alles das legte nahe, die Eigenschaften der Baustoffe planmäßig zu studieren ... und womöglich neue Materialien für bestimmte Zwecke zu finden und den Anwendungsbereich bekannter auf bisher von anderen bestrittene Arbeitsgebiete auszudehnen." Schließlich entwickelten die Laboratorien noch neue Meßinstrumente.

Die elektrotechnischen Fabriken boten zwar standardisierte Ausführungen von Maschinen und Apparaten an, viele Bestellungen, und zwar besonders größerer Maschinen, erforderten aber die Berechnung und Konstruktion von Maschinenvarianten. Berechnung und Konstruktion elektrischer Maschinen fand in arbeitsteiliger Organisation statt.[10] Zuerst legte die Berechnungsabteilung, von den geforderten Leistungswerten ausgehend, die wichtigsten elektrischen Größen fest, wie Zahl, Querschnitt und Anordnung der Wicklungen sowie die Abmessungen des Eisenkörpers. Danach berechnete die Konstruktionsabteilung die mechanische Festigkeit der Maschine und erstellte die erforderlichen Werkstattzeichnungen. In der Berechnung arbeiteten vor allem Elektroingenieure, in der Konstruktion mehr Maschinenbauingenieure. Beide Abteilungen waren hierarchisch gegliedert. An der Spitze stand der Berechnungs- oder Konstruktionschef; zwischen ihm und den einfachen Berechnungs- oder Konstruktionsingenieuren konnte sich eine Ebene von Gruppenleitern befinden, die für einzelne Maschinentypen zuständig waren. Über die in diesen Abteilungen erforderlichen Kenntnisse bemerkte Walter Reichel, seines Fachs Professor für Maschinenkonstruktion an der TH Berlin: "Neben der in erster Linie notwendigen Beherrschung aller Vorgänge in den elektrischen Maschinen und Apparaten sowie der verwendeten Baustoffe zum Zwecke einer hochgetriebenen Ausnutzung derselben ist aber auch das Verständnis für die Art des Betriebes, für die Betriebsbedingungen, ferner die Kenntnis der Eigenheiten der zugehörigen Kraft- oder Arbeitsmaschinen, die Kenntnis in bezug auf technisch vollkommene wirtschaftliche Herstellung und den angemessenen Preis der Erzeugnisse für alle Ingenieure Erfordernis, d.h. ohne eine gewisse Beherrschung des allgemeinen Maschinenbaues ist der konstruierende Elektroingenieur nicht als ganz vollwertig anzusehen." Die Fülle der von Reichel ausgeführten Parameter weist darauf hin, daß es sich bei der Berechnung und Konstruktion um den technischen Kern der Fabrik handelte, in dem die vielfältigen technischen Funktionsanforderungen in eine technische Gestalt umgesetzt wurden.[11]

---

[10] Reichel, S. 1004; Georg Siemens, Geschichte, S. 294f.; Czwalina, S. 14f.

[11] Vgl. hierzu Niemitz, S. 201–06.

Die in der Konstruktion erstellten Werkstattzeichnungen gingen zur Arbeitsvorbereitung oder direkt in die Fertigung.[12] Während anfänglich die Meister und Facharbeiter selbständig die Zeichnungen in Maschinenteile und Maschinen umsetzten, schob sich nach der Jahrhundertwende die Arbeitsvorbereitung als Rationalisierungsabteilung zwischen Konstruktion und Fertigung.[13] Sie achtete darauf, daß die Konstruktionen fertigungsfreundlich waren und legte die in der Werkstatt durchzuführenden Arbeiten in allen Einzelheiten fest, einschließlich der zu benutzenden Maschinen und Werkzeuge. Diese Aufgaben erforderten ein hohes Maß an praktischer Erfahrung. Die eher theoretisch ausgerichteten akademischen Elektroingenieure dürften deshalb in der Arbeitsvorbereitung wenig vertreten gewesen sein, eher Maschinenbauer und unter diesen Mittelschulingenieure und Empiriker. Nach der Fertigstellung und vor der Auslieferung wurden die elektrischen Maschinen und Apparate einer Kontrolle im Prüf- oder Versuchsfeld unterzogen.[14] Mit ihrer meßtechnischen Ausbildung brachten die Elektrotechniker für diese Arbeiten gute Voraussetzungen mit.

Alle zeitgenössischen Beobachter stimmen darin überein, daß die meisten Elektrotechniker bei der Projektion elektrischer Anlagen tätig waren. Die Spannweite dieses Arbeitsgebiets reichte von einem Elektromotor in einem Handwerksbetrieb, der eine oder mehrere Arbeitsmaschinen antrieb, bis zu großen städtischen Elektrizitätswerken und Elektrizitätsverteilungssystemen. Die Pläne solcher Großanlagen erstellten die elektrotechnischen Fabriken im Rahmen des sogenannten "Unternehmergeschäfts," bei dem die Unternehmen die Anlage planten, bauten, finanzierten und manchmal auch betrieben. Sobald die Kommunen über elektrotechnisches Know-how verfügten, machten sie immer detailliertere Vorgaben oder nahmen einen Teil der Planungen in die eigenen Hände. Schließlich eröffnete die Anlagenprojektion ein weites Feld für selbständige Ingenieurbüros und Beratende Ingenieure, die eine vermittelnde Funktion zwischen den Kunden und den elektrotechnischen Fabriken ausübten.[15]

Auf instruktive Weise schildert Georg Siemens die bei der Projektierung städtischer Elektrizitätswerke anfallenden Tätigkeiten:[16] "Ein . . . Projekt begann mit Vorverhandlungen, bei denen die technischen und wirtschaftlichen Unterlagen zusammenzutragen waren. Für ein städtisches Elektrizi-

---

[12] Vgl. Reichel, S. 1004; Georg Siemens, Geschichte, S. 296.

[13] König, Konstruieren.

[14] Vgl. Reichel, S. 1004.

[15] S. u. S. 269–77. Schon früh wird auf dieses Berufsfeld hingewiesen: Z.VDI 25 (1881), S. 88ff.

[16] Georg Siemens, Geschichte, S. 292f.; vgl. Reichel, S. 1004 u. Stoecklin.

tätswerk etwa mußten Ermittlungen über den augenblicklichen und künftigen Bedarf an elektrischer Arbeit angestellt und an Hand von Stadtplänen die ungefähre räumliche Verteilung dieses Bedarfs abgeschätzt werden. Danach war das Leitungsnetz mit seinen Speisepunkten zu entwerfen, der Platz für das Kraftwerk zu bestimmen und erforderlichenfalls die Zweckmäßigkeit des Vorschlages durch Besichtigungen und Besprechungen an Ort und Stelle nachzuprüfen. Häufig wurde es nötig, mehrere Varianten auszuarbeiten, um lokalen Wünschen oder Einwendungen begegnen zu können. Die Einzelheiten des Kraftwerks: Gebäude, Kessel, Maschinen, Brennstoffanfuhr und –lagerung, Wasserversorgung, Schaltanlage, Reparatur- und Eichwerkstätten waren zu entwerfen. Wesentlicher Bestandteil des Entwurfs war eine Kostenberechnung im einzelnen, außerdem mußte das Gebot Angaben über technische Gewährleistungen, Betriebskosten, Zahlungsmodalitäten, Termine und Verzugsstrafen enthalten. Nun fand der erste Entwurf selten den Beifall des Interessenten, gewöhnlich wurde sich dieser erst an Hand des "Voranschlages" über seine besonderen Wünsche und Bedingungen klar und tastete sich durch einen Vergleich der verschiedenen Angebote der Wettbewerber in längeren, oft mit großer Zähigkeit geführten Verhandlungen zu seinem endgültigen Entschlusse durch. War endlich der Auftrag erteilt, so begann für die Lieferfirma die Bauausführung, also zunächst einmal die Durcharbeitung der zahlreichen Einzelheiten, die festzulegen vor der endgültigen Zuschlagserteilung zwecklos gewesen wäre, dann die Verhandlungen mit den Zulieferanten über Bauarbeiten, Dampfkessel, Antriebsmaschinen, Pumpen, Hebe- und Transporteinrichtungen, Ausrüstungsteile aller Art, die Festlegung der Einkaufsbedingungen diesen Lieferanten gegenüber mit Garantien und Zahlungsterminen und endlich dic Bauausführung selbst, die gewöhnlich durch ein örtliches Baubüro geleitet wurde. Daß die Abrechnung dem Auftraggeber und den Lieferanten gegenüber mit großer Sorgfalt vorgenommen werden mußte, wenn bei der Kompliziertheit und Vielgestaltigkeit der Anlage empfindliche Verluste vermieden werden sollten, leuchtet ein." Schließlich erwähnt Siemens noch den durch Nachbesserungen und Wartung entstehenden Arbeitsaufwand.

Sodann leiteten und überwachten Elektrotechniker den Betrieb von kommunalen und privaten Elektrizitätswerken und Kraftanlagen.[17] Da es sich hierbei meist um Routinearbeiten handelte, dürfte der Anteil der Akademiker am Personal gering gewesen sein. Zunächst taten sich die zumindest Einfluß nehmenden Städte schwer, Elektrotechniker in höchste Leitungsfunktionen zuzulassen. Zu sehr betrachteten sie die Aufgaben unter reinen Verwaltungsgesichtspunkten und orientierten sich an den Anforderungen

---

[17] Vgl. Reichel, S. 1004.

des technischen Staatsdienstes, in dem es kaum Elektrotechniker gab. So leitete das Berliner Elektrizitätswerk zunächst ein technisch wenig kompetenter Beamter aus der Postverwaltung.[18] Mit der Zeit und besonders nach der Jahrhundertwende drangen indessen immer mehr Ingenieure in die Spitzen der technischen Leistungsverwaltungen der Kommunen ein, und dies dürfte auch für die Elektrotechniker und die Elektrizitätswerke gelten. Selbst wenn sich das Elektrizitätswerk in privater Hand befand, benötigte die Kommune Elektrotechniker, um ihren privaten Gesprächspartnern bei Verhandlungen gleichwertiges Wissen entgegensetzen zu können. Die Stadt Berlin stellte den ersten Elektrotechniker im Jahre 1894 ein, 1913 standen 4 Elektrotechniker in städtischen Diensten.

Als letzte Funktionskategorie für Elektrotechniker bleibt der Vertrieb.[19] Zunächst bedienten sich die elektrotechnischen Firmen freier Vertreter, die Kontakte zu potentiellen Kunden zu knüpfen suchten. In späterer Zeit etablierten die Großunternehmen örtliche Büros, die nicht nur kaufmännische, sondern auch technische Aufgaben übernahmen. In launischer Zuspitzung bezeichnete der frühere Münchener Professor für Elektrotechnik und damalige Siemens-Manager Robert M. Friese die Vertriebsingenieure als "Schwätzer" und "Acquisiteure", deren Kompetenz in "Speisekarten, Sektmarken und verwandtschaftlichen Beziehungen" liege. Für das Geschäft seien sie am wichtigsten.[20] Gab dies erforderliche Qualifikationen wahrscheinlich angemessen wieder, so benötigten die Firmenrepräsentanten darüber hinaus doch auch gediegene Kenntnisse über die Produktpalette und Systemangebote ihres Unternehmens.

In allen Berufsfeldern und Funktionsbereichen konkurrierten die Elektrotechniker mit anderen Ausbildungsrichtungen, mit Physikern, Ingenieuren aus anderen Fachrichtungen wie insbesondere dem Maschinenbau, mit Mittelschulingenieuren sowie mit Empirikern, die sich ohne schulische technische Ausbildung in der Industrie hochgearbeitet hatten. Genaue Angaben über die Anteile dieser unterschiedlich qualifizierten Gruppen in der Industrie liegen nicht vor. In unserer Untersuchung der elektrotechnischen Elite in der Industrie vor 1914 befinden sich jedenfalls die Elektrotechniker an der Spitze.[21] Wegen des elitären Charakters der Gruppe und weil wir bei einem erheblichen Teil der Gruppenmitglieder über keine Angaben zum Studienfach verfügen, sollte diese Spitzenposition der aka-

[18] Riedler, Emil Rathenau, S. 49; Georg Siemens, Geschichte, S. 149f.; Matschoß/Schulz/Groß, S. 13.

[19] Georg Siemens, Geschichte, S. 294.

[20] GLA 448–2401, o.D. (etwa 1908) – Aufzeichnungen Lehmann, Äußerung Friese.

[21] S. u. S. 254.

demischen Elektrotechniker in aller Vorsicht nur dahingehend interpretiert werden, daß sie in den verschiedensten elektrotechnischen Funktionen in der Industrie eine erhebliche Bedeutung besaßen.

Was die relative Bedeutung der verschiedenen Funktionsbereiche der Elektrotechniker anbelangt, können wir uns auf eine Reihe zeitgenössischer Schätzungen stützen. In einer 1904 erschienenen Publikation meinte der Professor für Elektrotechnik an der Berliner Technischen Hochschule, Wilhelm Wedding, daß über die Hälfte der Elektrotechniker in der Projektierung elektrischer Anlagen, 20% in der Konstruktion elektrischer Maschinen und Apparate und der Rest als Laboratoriumsingenieure, Werkstatts-, Montage- und Betriebsleiter arbeiteten.[22] Der leitende Siemens-Mitarbeiter Robert M. Friese ordnete 25 bis 30% der Elektrotechniker den öffentlichen und industriellen Kraftanlagen zu, 20% der Leitungsberechnung von Elektrizitätsnetzen und Elektrizitätszentralen. 10% kontrollierten als Prüffeldingenieure die aus der Werkstatt kommenden Maschinen, und nur 5% seien im Dynamobau tätig.[23] Der Rest arbeite als Vertriebsingenieure. Walter Reichel, ehemaliger Professor an der TH Berlin und zum Zeitpunkt seiner Äußerung 1912 wieder bei Siemens, stellte zunächst fest, daß 80% aller Elektrotechniker im Starkstrombereich unterkämen.[24] Etwa 50% glaubte er in der Projektierung und im Vertrieb tätig, etwa 35% als "Werksingenieure" in der Berechnung und Konstruktion, in der Werkstatt, Selbstkostenberechnung, in Prüffeldern und in der Montage. Und etwa 15% bauten und betrieben elektrische Anlagen. Zum Schluß können wir noch eine Äußerung aus Karlsruhe aus dem Jahre 1921 anführen, daß 60% der dortigen Elektrotechnik-Absolventen auf dem Gebiet der elektrischen Anlagen tätig seien und die restlichen 40% sich auf Elektromaschinenbau, Prüffeld und andere Bereiche verteilten.[25]

Die Angaben sind nicht streng miteinander vergleichbar, da sie sich auf verschieden definierte Funktionsbereiche beziehen oder unterschiedliche Funktionsbereiche zusammenfassen. Vorsichtige Schlußfolgerungen lassen sich dennoch ziehen: Die weit überwiegende Zahl der Elektrotechniker arbeitete im Zusammenhang mit der Planung elektrischer Anlagen. Unter diesen dürften die mit der technischen Planung befaßten die mehr kaufmännisch arbeitenden überwogen haben. Dieses Übergewicht der Anlagenprojektion erklärt zum größeren Teil die völlige Fehleinschätzung des

---

[22] Lexis, S. 145.

[23] GLA 448–2401, o.D. (etwa 1908) – Aufzeichnungen Lehmann, Äußerung Friese.

[24] Reichel, S. 1004.

[25] GLA 448–2402, 28.7.1921.

Arbeitsmarktes durch Werner Siemens.[26] Siemens verstand sich als Fabrikant elektrotechnischer Produkte und sah offensichtlich den aus der Entstehung der Elektrizitätsnetze und dem scharfen Konkurrenzkampf der Firmen sich ergebenden Bedarf überhaupt nicht. Schon für die Berechnung und Konstruktion elektrischer Maschinen schwanken die Schätzungen zwischen 5% (Friese) und 20% (Wedding), so daß angeraten ist, hier Vorsicht walten zu lassen. Für die Funktionsbereiche außerhalb der Anlagenprojektion läßt sich höchstens sagen, daß Elektromaschinenbau, Prüffeld, Anlagenbau und Anlagenbetrieb eine größere Zahl von Elektrotechnikern aufnahmen. Forschung und Entwicklung sowie Fertigung dürften für den Arbeitsmarkt der Elektrotechniker dagegen einen geringeren Stellenwert besessen haben.

Schon während des Studiums konnten die Elektrotechnikstudenten Kontakte knüpfen, die ihrem späteren Berufseintritt dienten. Im Laufe seines um die Jahrhundertwende überall vorgeschriebenen praktischen Jahres lernte der angehende Elektrotechniker nicht nur die Arbeitswelt kennen, sondern auch Industrieangestellte, an die er sich später wenden konnte. Auf den zahlreichen von den elektrotechnischen Instituten durchgeführten Exkursionen in die Industrie und zu Elektrizitätswerken ließen sich zumindest Informationen über die verlangten Qualifikationsprofile erfragen. Wenn Doktoranden aus der Industrie kommende Fragestellungen bearbeiteten, besaßen sie die Chance, über ihre Dissertationen einen Einstieg in den Beruf zu finden. Allerdings waren in der Elektrotechnik diese Formen der Forschungskooperation in der Zeit vor dem Weltkrieg noch nicht allzu weit entwickelt.[27] Kontakte mit bereits im Beruf stehenden Absolventen pflegten an einzelnen Hochschulen gegründete Vereinigungen der Elektrotechnikstudenten. So berichtet Adolf Slaby 1888 von Beziehungen zwischen einem Berliner Praktikantenverein und den mittlerweile 30 in der Industrie arbeitenden Berliner Elektrotechnikern.[28] Schließlich gab es den formellen Weg über Stellenanzeigen[29] und den informellen über Bekannte und Verwandte. So fand 1895 der spätere utopische Schriftsteller Hans Dominik, nachdem er ein Maschinenbaustudium nach drei Semestern abgebrochen hatte, aufgrund persönlicher Beziehungen Anstellung im technischen Büro der AEG in Köln.[30]

---

[26] S. o. S. 93f.

[27] Vgl. u. S. 261ff.

[28] StAD, Min. f. Volksbildung, 15547:7, 26.2.1888 – Slaby an Rittershaus. Ein ähnlicher Verein bestand in der Zeit Frieses auch an der TH München.

[29] Laer.

[30] Dominik, S. 50.

Quantitative Aussagen über die Bedeutung von Stellenanzeigen und persönlichen Beziehungen beim Berufseintritt lassen sich nicht machen. Doch spricht einiges dafür, daß persönliche Beziehungen einen beträchtlichen Stellenwert besaßen. Besonders die Professoren halfen ihren Schülern, eine Anfangsstellung in der Industrie zu finden, wenn mit zunehmenden Studentenzahlen die Reichweite dieser Bemühungen auch nachgelassen haben dürfte. Belege gibt es selbst dafür, daß schon im Beruf stehende Elektrotechniker ihren ehemaligen Professor um Unterstützung baten, wenn sie einen Stellenwechsel planten.[31] Bei den Professoren liefen aus der Industrie Anfragen nach qualifizierten Elektrotechnikern ein, oder die Professoren empfahlen Absolventen und Assistenten an Unternehmen, zu denen sie gute Geschäftsbeziehungen unterhielten.[32] Wenn ehemalige Schüler in der Industrie leitende Stellen besetzten, erleichterte dies natürlich die Absolventenvermittlung der Professoren. In diesen Fällen konnten mehrere Generationen von Absolventen in ein Unternehmen gelangen, indem der Hochschullehrer einen seiner Schüler an eine Firma vermittelte, dieser dort in eine Führungsposition aufstieg, weitere Absolventen nach sich zog, diese wieder in Führungspositionen aufstiegen usw.

Im Falle der TH Darmstadt, des dortigen Lehrstuhlinhabers Erasmus Kittler und zweier Unternehmen läßt sich die Vermittlung mehrerer Absolventengenerationen im einzelnen zeigen. So gelangte Kittlers Assistent, Michael v. Dolivo-Dobrowolsky zur AEG, stieg dort auf und holte mit Jacobus W. Hissink, Karl Schmidt und Anton Weber drei Elektrotechniker in die Firma, die Karriere machten und es bis zum Generalbevollmächtigten und Vorstandsmitglied der AEG bzw. im Falle von Hissink zum Generaldirektor von Bergmann brachten.[33] Carl Roderbourg studierte bei Kittler Elektrotechnik und gelangte auf dessen Empfehlung 1888 zur Akkumulatorenfabrik Büsche & Müller nach Hagen.[34] Nach deren Umwandlung in die Accumulatoren-Fabrik Aktiengesellschaft stieg er bis 1898 zum Vorstandsmitglied auf und holte mit Ludwig Schröder einen Kittler-Schüler nach Hagen, der es ebenfalls zum Vorstandsmitglied brachte. Aus verschiedenen Gründen besaßen Kittler und die TH Darmstadt bei der Absolventenvermittlung eine günstige Position. Kittler pflegte umfangreiche Kontakte zu einer Reihe elektrotechnischer Firmen, und die Hochschule bildete nicht nur etwa ein Drittel der deutschen Elektrotechniker aus, sie begann auch als

---

[31] SAA 13/Lk 782, 29.11.1882 – Dietrich (Stuttgart) an Werner Siemens.

[32] Vgl. König, Hochschullehrer, S. 11 u. SAA 13 13/Lt 135, 29.4.1893.

[33] König, Michael von Dolivo-Dobrowolsky, S. 255f.; ETZ 61 (1940), S. 484, 62 (1941), S. 532 u. 912; vgl. König, Hochschullehrer, S. 11.

[34] 50 Jahre Accumulatoren-Fabrik, S. 37f. u. S. 64.

erste mit einem eigenständigen elektrotechnischen Studiengang, und die als erste in die Industrie eintretenden Absolventen besaßen natürlich eine günstigere Startposition für eine Karriere. Als einen Siemens-Mitarbeiter 1918 eine aus Darmstadt kommende Anfrage nach Freunden der Hochschule in leitenden Stellen erreichte, nannte dieser auf Anhieb 11 Namen, darunter 5 Oberingenieure und 4 Direktoren, und kündigte weitere an.[35]

Was bedeutete ein Studium der Elektrotechnik und ein Abschluß als Diplom-Ingenieur für die Karriere? 1907 in der Berliner Elektroindustrie durchgeführte Erhebungen sowie Aufstellungen für die Firma Siemens und das Jahr 1910 weisen darauf hin, daß – gemessen an den Gehältern – Akademiker bessere Karrierechancen besaßen als Ingenieure, die nicht studiert hatten.[36] Allerdings überschneiden sich beide Gruppen erheblich, so daß man keineswegs von scharf getrennten Karrieremustern sprechen kann. Zahlreiche Beispiele und unsere Eliteuntersuchung belegen, daß im gesamten Vorkriegszeitraum Mittelschulingenieure und Empiriker bis in höchste Firmenpositionen aufsteigen konnten, wenn auch die Aussichten dafür immer mehr abnahmen.[37] Ein Beispiel möge genügen:[38] Als selbständiger Vertreter leitete Karl Pfannkuch, der als Mechaniker angefangen hatte, das technische Büro der AEG in Köln. Mitte der 1890er Jahre betrug sein Jahresgehalt 40 bis 50.000 Mark, ein mehrfaches von dem, was ein Hochschullehrer verdiente. Als die AEG nach der Jahrhundertwende das System der selbständigen Vertretungen aufgab, wurde Pfannkuch Generaldirektor des Kölner elektrotechnischen Unternehmens Helios.

Bei Siemens kam ein größerer Teil der technischen Angestellten aus der Werkstatt.[39] Sie wechselten in die Arbeitsvorbereitung und stiegen zu Meistern, Zeichnern, Konstrukteuren und Betriebsassistenten auf. Nebenher besuchten sie Abendschulen und Fortbildungskurse. Georg Siemens bestreitet, daß die Industrie die Ausbildung von Hochschul- und Mittelschulingenieuren als Berechtigungskategorien anerkannte: ". . . Bei den Siemens-Firmen nahm man die brauchbaren Leute dort, wo man sie bekommen konnte, und ließ sie aufsteigen, wenn sie sich bewährten, ohne sich viel um Zeugnisse zu bekümmern, denen nur bei der Einstellung des Neulings ein

---

[35] SAA 11/Lb 809 – 7.5.1918; vgl. auch Namen und Zahl der Industrieingenieure, die 1907 zum Professorenjubiläum Kittlers kamen. König, Erasmus Kittler, S. XXIV u. XXXVf.

[36] Jaeckel, S. 68; Kocka, Unternehmensverwaltung, S. 574; vgl. Gispen, New Profession, S. 200f. u. Laer, S. 161–63.

[37] S. u. S. 254–56.

[38] Dominik, S. 52–54.

[39] Georg Siemens, Geschichte, S. 298f.; vgl. auch Görz/Weiher/Witzleben, S. 2f.

gewisser Wert beigemessen wurde. Leistete ein Mittelschultechniker nach entsprechender Einarbeitung dasselbe wie ein Hochschulingenieur, so schloß man daraus, daß er wohl die stärkere Persönlichkeit sein müsse, weil er den anderen eingeholt habe, und leistete er später mehr als dieser, so zögerte man nicht, ihn dem anderen vorzusetzen."

Es fällt schwer zu entscheiden, worauf der diesen Bekundungen entgegenstehende statistische Nachweis des erfolgreicheren Karriereverlaufs der Hochschüler zurückzuführen ist. Brachten sie einfach mehr Wissen mit? Oder spielte das mit dem Hochschulstudium verbundene Prestige eine Rolle? Kamen sie einfach aus besseren Familien und konnten deswegen angemessener auftreten und sich besser verkaufen? Gegen eine Bedeutung des mit dem Hochschulstudium verbundenen Prestiges spricht die überraschende statistische Feststellung, daß vor dem Abschluß abgegangene Elektrotechnikstudenten günstigere Karriereverläufe zeigen als Diplom-Ingenieure. Der die Erhebung 1907 durchführende Jaeckel erklärt dies damit, daß die Industrie jüngere und weniger anspruchsvolle Ingenieure vorzog. Alle gehandelten Interpretationen geben jedoch keine hinreichende Erklärung für die statistischen Ergebnisse und entwerfen kein konzises Bild des Einstellungsverhaltens der Industrie und der Karriereverläufe der Elektrotechniker. Es bleiben zahlreiche Widersprüche bestehen: Die Industrie legte auf praxisnahe Ausbildung Wert,[40] belohnte aber besonders die theoretisch höher qualifizierten Hochschüler. Dem steht übrigens nicht entgegen, daß die Hochschüler ohne Abschluß höhere Einkommen erhielten als die mit Abschluß, denn die theoretischen Fächer lagen vor allem in den ersten Studienjahren. Die Industrie sang das Hohelied des technischen Selfmademan, doch die Zahl der eine Karriere in Spitzenpositionen machenden Empiriker nahm immer mehr ab.

Ebenso wie das Einstellungsverhalten und die Beförderungspraxis in der Industrie keinen festen Regeln folgten, so auch nicht die individuellen Karrieren der Ingenieure. Viele verschafften sich ihr Wissen einerseits durch praktische Arbeit in der Industrie, andererseits durch unterschiedlich langes Studium, das nicht mit einem Examen enden mußte, durch Besuch von Abendschulen und Fortbildungskursen oder durch Selbststudium. Sie wechselten häufiger das Unternehmen und innerhalb des Unternehmens den Aufgabenbereich. Klassische Tätigkeitsbereiche für Berufsanfänger stellten für die Empiriker die Werkstatt, für die Akademiker das Zeichenbüro dar. Wenn sie sich bewährten, standen ihnen zahlreiche Aufstiegswege offen. Eine erfolgreiche Ingenieurkarriere konnte bis zur Leitung von Entwicklungs-,

[40] Zur aus der Industrie kommenden Kritik an der mangelnden Praxistauglichkeit der Hochschüler vgl. Gispen, New Profession, S. 226f.

Berechnungs-, Konstruktions- oder Projektierungsabteilungen führen. Wenn sie noch höhere Positionen erreichten, verminderte sich der technische Anteil ihrer Arbeit, und kaufmännische, verwaltende und repräsentative Aufgaben nahmen an Bedeutung zu.

Ein Beispiel für eine Ingenieurkarriere, die zumindest in Teilbereichen typisch ist, soll hier kurz geschildert werden, nämlich die von Hans Dominik, der später, in der Zwischenkriegszeit, als utopischer Schriftsteller Berühmtheit erlangte.[41] Nachdem er nach drei Semestern sein Maschinenbaustudium an der TH Berlin abgebrochen hatte, fand Dominik 1895 aufgrund persönlicher Beziehungen eine Anstellung beim technischen Büro der AEG in Köln. Zuerst kam er ins Zeichenbüro, eine traditionelle Einstiegsposition. Dort half er mit, aus Teilen von Plänen älterer elektrischer Anlagen neue Entwürfe zusammenzustellen und diese in ansehnliche Zeichnungen zu überführen. Elektrotechnisches Wissen eignete er sich während der Abendstunden im Selbststudium an. Nach einiger Zeit beförderte ihn das Unternehmen vom Zeichner zum Monteur. Die Anlagen, die er bislang zusammengestellt und abgezeichnet hatte, mußte er nun errichten. 1896 ging er für etwa ein Jahr wieder an die TH Berlin, um jetzt elektrotechnische Veranstaltungen zu hören. Eine USA-Reise schloß sich an, wobei er in einem Unternehmen eine Zeitlang mit Hilfe deutscher Lehrbücher elektrische Maschinen "konstruierte". 1898 nach Deutschland zurückgekehrt, wechselte er innerhalb von drei Jahren dreimal die Firma, von der Berliner Union zur elektrotechnischen Fabrik Singer, zum Bogenlampenhersteller Körting und Matthiesen und schließlich zu Siemens & Halske und arbeitete dabei als Konstrukteur wie als Projektingenieur. Wegen eines berufsbedingten Augenleidens trat er bei Siemens & Halske in die literarische Abteilung ein und entwarf dort Werbeschriften. Aus dieser Tätigkeit entwickelte er mit der Zeit seine zweite Existenz als Schriftsteller.

Die Quellen reichen nicht aus, um zu statistisch abgesicherten Aussagen zu den in den einzelnen Abteilungen dominierenden Ingenieurqualifikationen zu kommen. Doch ermöglichen einzelne biografische Berichte sowie Personalakten einzelner Abteilungen Einblicke in deren Qualifikationsstruktur. Georg Siemens, der Geschichtsschreiber des Unternehmens, arbeitete 1905 in der Konstruktionsabteilung für elektrische Bahnen.[42] Unter den Mitarbeitern war er der einzige studierte. Seine Kollegen kamen von den technischen Mittelschulen oder als Angelernte aus der Werkstatt. Siemens schildert die Zeichen- und Konstruktionsarbeiten als außerordentlich repetitiv, während er die in anderen Abteilungen stattfindenden Projektierungsarbeiten positi-

---

[41] Dominik, S. 50ff.

[42] Georg Siemens, Erziehendes Leben, S. 79ff.

ver beurteilt. Diese geringe Zahl von Diplom-Ingenieuren in der Konstruktion dürfte nicht der Normalfall gewesen sein.[43] Für viele Hochschulabsolventen bildete die Konstruktion die Anfangsstellung in der Industrie, ehe sie in andere Abteilungen wechselten. Siemens' Angaben zeichnen aber insofern ein richtiges Bild, als sie das Nebeneinander unterschiedlicher Qualifikationen im Zeichen- und Konstruktionsbüro verdeutlichen.

Das "Meßzimmer" von Felten & Guilleaume bildet ein Beispiel für den Tätigkeitsbereich der Prüffeldingenieure.[44] Felten & Guilleaume stellte Drähte und Drahtseile sowie elektrische Kabel und Leitungen für die Starkstrom- und Nachrichtentechnik her. Als Spezialfabrik konnte sich das Unternehmen auf diesem Gebiet durchaus mit der AEG und Siemens & Halske messen. Um die Jahrhundertwende beschäftigte Felten & Guilleaume über 5000 Mitarbeiter. Das Meßzimmer diente in erster Linie der Qualitätskontrolle, daneben aber auch der Entwicklung und Überprüfung neuartiger Kabel. Der erste Leiter des wahrscheinlich in den 1880er Jahren eingerichteten Meßzimmers, Johannes Hausmann,[45] hatte sich seine Kenntnisse empirisch durch Arbeit in englischen Kabelfabriken und bei englischen Kabelverlegungen angeeignet. Unter ihm trat 1886 der erste akademische Elektrotechniker, Oswald Gusinde,[46] promovierter Physiker und Kittler-Schüler, in das Meßzimmer ein, blieb aber nur etwa ein Jahr. Als zweiter studierter Ingenieur ist der Maschinenbauer Carl Gerber nachzuweisen, der, seit 1881 im Werk mit Kabelprüfungen beschäftigt, 1894 ins Meßzimmer überwechselte. Nach dem Tod von Hausmann 1900 übernahm er die Leitung, ehe ihn nach seinem Tod 1913 ebenfalls ein studierter Ingenieur ablöste. 1901/02 stellte Gerber zwei weitere studierte Ingenieure ein. Diesen gingen eine Anzahl von Meßgehilfen zur Hand, 1914 waren es zehn, wahrscheinlich angelernte Kräfte. Neben dem Meßzimmer entstand 1900 eine elektrotechnische Versuchsanstalt. Als Hauptträger der dort durchgeführten "Entwurfs- und Forschungsarbeiten" wird ein Ingenieur Eduard Waskowsky[47] bezeichnet, bis sich dieser 1902 als Beratender Ingenieur selbständig machte. Waskowsky war Mittelschulingenieur und hatte seine praktischen elektrotechnischen Kenntnisse als Bauleiter des Budapester Elektrizitätswerks und im Ingenieurbüro Oskar v. Millers in München erworben. Ohne diese

---

[43] Vgl. König, Konstruieren.

[44] Felten & Guilleaume Energietechnik AG, Köln, Archiv A/II/6–1/3 "Frühere Leiter und Mitarbeiter der Elektrotechnischen Versuchsanstalt und des Messzimmers" (1940); vgl. Schulz, S. 130–32.

[45] ETZ (1900), S. 1004.

[46] ETZ (1896), S. 792,

[47] ETZ 55 (1934), S. 754.

wenigen Angaben überinterpretieren zu wollen, so zeichnet sich doch die Tendenz ab, daß nach der Jahrhundertwende immer mehr akademische Ingenieure in die Prüf- und Versuchsfelder eindrangen und Positionen der dort vorher tätigen Empiriker und Mittelschulingenieure übernahmen.

Im Siemens-Archiv haben sich die Lebensläufe von 5 Mitte der 1880er Jahre im Dynamoversuchssaal von Siemens & Halske beschäftigten Diätare erhalten.[48] Als Diätare bezeichnete man Angestellte mit einem zeitlich befristeten Vertrag, die nach einigen Monaten oder Jahren und bei Bewährung gute Aussichten besaßen, eine unbefristete Anstellung zu erhalten.[49] Im Vergleich zu den fest Angestellten verpflichtete sich das Unternehmen ihnen gegenüber zu geringeren finanziellen und sozialen Leistungen. Von den 1883/84 im Durchschnitt 29 Jahre alten Diätaren hatten vier das Polytechnikum, zwei die technische Mittelschule besucht (d.h. einer beide Schulformen). Unter den Studienfächern – die Angaben sind nicht ganz klar – scheint der Maschinenbau dominiert zu haben. Zwischen zwei und acht Jahre hatten sie praktisch im Maschinenbau gearbeitet, einige kamen aus anderen Positionen von Siemens & Halske. Kein einziger kam direkt von der Hochschule oder Mittelschule. Im Versuchssaal wurden elektrische Maschinen überprüft, und zwar sowohl bewährte als auch neue Konstruktionen. Es fällt auf, daß sich unter den eingestellten Diätaren keine Empiriker befanden, aber auch keine Ingenieure ohne praktische Erfahrung. An der Hoch- oder Mittelschule erworbene Kenntnisse, aber auch Industrieerfahrung scheint man als unumgängliche qualifikatorische Voraussetzungen für die Tätigkeit des Versuchs- und Prüffeldingenieurs bei Siemens & Halske betrachtet zu haben. Die meisten dürften um diese Zeit Maschinenbauer gewesen sein; Elektrotechniker waren 1883/84 so gut wie noch nicht auf dem Markt.

Abschließend sei ein Blick auf die Forschungs- und Entwicklungslaboratorien bei Siemens geworfen.[50] In Berlin unterhielt Werner Siemens ein Privatlaboratorium sowie ein zentrales Firmenlaboratorium, das sich nach seinem Tod aufspaltete. Zwischen 1885 und 1895 verlagerten sich die Forschungs- und Entwicklungsarbeiten auf die einzelnen Werke. So unterhielt das Charlottenburger Werk seit 1892 ein Laboratorium für die physikalischen Grundlagen der Starkstromtechnik und das Glühlampenwerk etwa seit Mitte der 1890er Jahre eine eigene Versuchseinrichtung. Zunächst

---

[48] SAA 13/Lk 784: Lebensläufe v. Hermann Rudolf Keßler, Karl Knauth, H. Stöphasius, Adalbert Planck u. Theodor Paul Stort.

[49] Georg Siemens, Geschichte, S. 297; Kocka, Unternehmensverwaltung, S. 255 u. 305f.

[50] Trendelenburg; Schultrich; Erker.

bestand das Personal der Laboratorien aus einem oder jedenfalls nur wenigen Wissenschaftlern mit einer Reihe von Hilfskräften. Später entwickelten sie sich zu funktional und hierarchisch differenzierten Forschergruppen. So arbeiteten 1913 im Laboratorium des Glühlampenwerks 7 Akademiker, 6 Techniker sowie Hilfspersonal, insgesamt 25 Personen.[51] Das eigentliche Wachstum der Laboratorien mit Mitarbeiterzahlen von hundert und einigen hundert fällt erst in die Zwischenkriegszeit. Bei den namentlich bekannten Mitarbeitern der Laboratorien insbesondere der Leitungsebene handelte es sich nahezu ausschließlich um Physiker und Chemiker. Ingenieure dürften sich insgesamt in der Minderheit befunden haben und waren wohl vor allem auf der zweiten oder dritten Ebene tätig. Es sieht so aus, daß die Ingenieure und auch die Elektrotechniker für Arbeiten in der Grundlagen- und angewandten Forschung von der Hochschule ungünstigere Voraussetzungen mitbrachten als die Naturwissenschaftler. Außer acht lassen sollte man jedoch nicht, daß die Forschungsabteilungen klein waren und weit weniger Personen beschäftigten als die Konstruktions- und Versuchsabteilungen, in denen die Ingenieure dominierten. Und der Großteil der technischen Innovationen, die dem Unternehmen das Geld brachten, kam aus diesem Bereich und nicht aus der Forschung.

Bevor wir die Entwicklung des Arbeitsmarktes für Elektrotechniker behandeln, wollen wir eine vorsichtige Schätzung über dessen Größe wagen. Unsere Frage ist, wie viele Elektrotechniker von den Technischen Hochschulen abgingen und auf dem deutschen Arbeitsmarkt, vor allem in der Industrie und in wesentlich geringerem Umfang im öffentlichen Dienst, eine Stelle suchten. Da diese Schätzung mit nur wenigen harten Basiszahlen arbeitet und sich auf mehrere problematische Annahmen stützt, dürfte der Fehlerbereich bei plus/minus 20% liegen. Wir legen die Schätzungen und die zu ihr hinführenden Berechnungen und Überlegungen vor, um sie einer kritischen Überprüfung und Verbesserung zu stellen. Schließlich wäre es prinzipiell möglich, von anderen Ansätzen und Daten her, z.B. von einzelnen Unternehmen oder von der Mitgliedschaft elektrotechnischer Vereine und anderer Ingenieurverbände aus, zu weiteren Schätzungen zu gelangen und sie mit unserer, von der Hochschulausbildung ausgehenden Schätzung, zu vergleichen.

Von den zwischen 1900 und 1914 aus den deutschen Technischen Hochschulen hervorgehenden 18.384 Diplom-Ingenieuren waren 2094, d.h. 11%, Elektrotechniker.[52] Nun wissen wir, daß viele, die Elektrotechnik studierten, nicht die Diplomprüfung ablegten, sondern nach kürzerem oder längerem

---

[51] Trendelenburg, S. 36f.

[52] S. o. S. 198–200.

Studium in die Industrie gingen, wo man dem Diplom noch keine entscheidende Bedeutung beimaß. Zu einer Schätzung der Zahl dieser akademischen nichtdiplomierten Elektrotechniker gelangen wir von den Frequenzzahlen aus. In der Addition ergeben diese für den Zeitraum 1900 bis 1914 19.989 Elektrotechnikstudenten.[53] Dies ist eine statistische Größe, die sich auf die Studienjahre bezieht, Studenten, welche mehrere Jahre an der Hochschule waren, also mehrfach zählt. Wir teilen sie durch die als durchschnittlich angenommene Zahl von vier Studienjahren und gelangen zu etwa 5000 Elektrotechnikstudenten. Die etwa 2000 die Diplomprüfung ablegenden abgezogen, bleiben 3000. Ein Teil dieser 3000 wechselte das Fach oder brach das Studium ab und ging in fachfremde Berufe. Wir setzen diesen Teil mit 50% an und kommen damit auf etwa 1500 akademische Elektrotechniker, die ihr Studium nicht mit dem Diplom abschlossen. Die sich ergebende Relation von 4 Diplom-Ingenieuren auf 3 nichtdiplomierte Elektrotechniker entspricht ziemlich genau der, die Jaeckel bei seiner statistischen Untersuchung der Angestellten in der Berliner Elektroindustrie feststellt.[54] Da Jaeckel erstens nicht nur Elektroingenieure und zweitens auch Ingenieure erfaßt, die vor der Jahrhundertwende studiert haben, sind allerdings seine Angaben mit unseren nur sehr bedingt vergleichbar. Wir können die Jaeckelschen Angaben aber getrost als Indiz dafür nehmen, daß wir mit unserer Schätzung der nichtdiplomierten Elektrotechniker nicht ganz daneben liegen.

Bislang haben wir nur die nach der Jahrhundertwende in den Beruf eintretenden Elektrotechniker berücksichtigt. Eine Untersuchung der Aachener Elektrotechnik, die sich unter den Technischen Hochschulen im Mittelfeld bewegte und für die wir ausreichende Angaben besitzen, zeigt uns, daß etwa 30% der Aachener Elektrotechniker vor der Jahrhundertwende, 70% danach studierten. Dieses Verhältnis zu den 2000 diplomierten und 1500 nicht-diplomierten Elektrotechnikern in Beziehung gesetzt, führt uns zu einer Schätzung von 1500 Elektrotechnikern, die die Hochschule vor 1900 besuchten. Alle bisher diskutierten drei Gruppen zusammengenommen ergibt 5000 Elektrotechniker. An anderer Stelle haben wir bereits Zahlen und Argumente dafür präsentiert, daß sich unter den in Deutschland Elektrotechnik Studierenden etwa 50% Ausländer befanden. Angenommen, daß diese einen ähnlichen Studienerfolg erreichten wie die deutschen und die Zahl der in Deutschland arbeitenden Ausländer durch im Ausland arbeitende Deutsche ausgeglichen wurde, heißt das, daß zwischen 1883 und 1914 etwa 2500 Elektrotechniker auf den deutschen Arbeitsmarkt drängten (Tabelle 46).

Führt man sich die Äußerungen von Werner Siemens aus den 1880er

---

[53] S. o. S. 190f.

[54] Jaeckel, S. 36.

Tabelle 46
Schätzung der Zahl der an den deutschen Technischen Hochschulen ausgebildeten Elektrotechniker

Elektrotechniker vor 1900	1500
Diplom-Ingenieure nach 1900	2000
Nicht-Diplomierte nach 1900	1500
davon:	
Deutsche	2500
Ausländer	2500
Gesamt	5000

Jahren vor Augen, daß es in der Industrie nur ganz wenige Arbeitsplätze für Elektrotechniker geben werde, dann liegt es nahe zu fragen, ob diese 2500 Elektrotechniker in Deutschland überhaupt Arbeit fanden. Die Ergebnisse der Untersuchung vorwegnehmend, teilen wir den Arbeitsmarkt für Elektrotechniker zwischen 1882 und 1914 in drei Phasen ein:[55]

- eine günstige Arbeitsmarktsituation zwischen 1882 und 1901, bei der die Nachfrage das Angebot übertraf,
- eine angespannte Arbeitsmarktlage, ausgelöst durch die Krise der elektrotechnischen Industrie in den Jahren 1901/02, wobei der angespannte Arbeitsmarkt bis etwa 1906 dauerte, und
- eine Erholung des Arbeitsmarktes nach 1906, die wieder zu einem Nachfrageüberschuß führte.

Diese Einschätzung resultiert in erster Linie aus qualitativen Aussagen der Zeitgenossen, die schon deswegen Vertrauen verdienen, weil sie alle in die gleiche Richtung weisen. Dazu kommen einige quantitative Indizien, die das dargelegte Bild stützen. Differenzierte Ergebnisse zu den Arbeitsmarktschwankungen ließen sich möglicherweise gewinnen, wenn man eine längere Zeitreihe zum Verhältnis von Stellenangeboten und Stellengesuchen durch Auswertung einer repräsentativen elektrotechnischen Zeitschrift aufstellte.

Entgegen den pessimistischen und skeptischen Erwartungen in der ersten Hälfte der 1880er Jahre und die wenigen optimistischen Prognosen übertreffend, entwickelte sich der Arbeitsmarkt für die Elektrotechniker bis zur

[55] Vgl. Laer; Gispen, New Profession, S. 198f.

Jahrhundertwende außerordentlich günstig. Die Technischen Hochschulen bildeten in den 1880er Jahren nur relativ wenige Elektrotechniker aus, ehe die Frequenz in den 1890er Jahren geradezu explodierte. Mit dem Wachstum und dem Nachholbedarf der elektrotechnischen Industrie und der verschiedenen Anwendungsbereiche der Elektrizität konnte die Zunahme der ausgebildeten Elektrotechniker zunächst kaum Schritt halten. Die Teilkonjunktur in der Elektrotechnik fiel zusammen mit einer allgemeinen Vollbeschäftigung.[56] Ihren Höhepunkt erreichte die elektrotechnische Konjunktur vor der Jahrhundertwende, als 1899 die Fertigstellung öffentlicher Elektrizitätswerke ein Maximum erreichte.[57] Um 1890 stellten die Elektrotechniker fest, daß sich die pessimistischen Erwartungen der vergangenen Jahre als gegenstandslos erwiesen hätten. Während der alternde Werner v. Siemens auf der Frankfurter elektrotechnischen Ausstellung 1891 starrsinnig an seiner Meinung festhielt, für die von der Hochschule kommenden Elektrotechniker seien keine Stellen vorhanden, gab der Hannoveraner Fachvertreter Wilhelm Kohlrausch Entwarnung.[58] Während der 1890er Jahre konstatierten die Elektrotechnikprofessoren übereinstimmend, daß es ihren Absolventen keine Schwierigkeiten bereite, eine Stellung zu finden.[59] Die elektrotechnischen Institute hatten dagegen große Schwierigkeiten, ihre Assistentenstellen zu besetzen, weil die Industrie wesentlich höhere Löhne zahlte.[60] Im bayerischen Landtag war 1896 die Rede davon, wie schwierig es sei, für den Staatsdienst Ingenieure mit elektrotechnischen Kenntnissen zu gewinnen.[61] Um die höheren Löhne in der Industrie auszugleichen, stellte man Überlegungen für eine Verbesserung der Beförderungsmöglichkeiten von Ingenieuren im öffentlichen Dienst an.

Um 1900 erfuhr die Phase der Hochkonjunktur ein abruptes Ende, und die Wachstumsraten gingen zurück.[62] In der Elektrotechnik war der Einbruch deutlich tiefer und dauerte die Erholung länger. In den Jahren 1901/02 schlitterte die Elektroindustrie in eine Überproduktionskrise, die durch unsolide Finanzierungspraktiken verschärft wurde. Es kam zu Firmen-

---

[56] Faust, S. 24.

[57] Büggeln, S. 28f.

[58] Z.VDI 35 (1891), S. 1083.

[59] NHSt 146 A Acc 62/81 Nr 3, 6.12.1894, S. 47f. (Kohlrausch); GLA 235–4152, 30.12.1899 u. 23.3.1899 (Arnold).

[60] Wie Anm. 59 (Arnold); Bay HStA Mk 19 569, 13.8.1887 u. 8.3.1890 – TH an MK.

[61] Verhandlungen der Kammer der Abgeordneten des bayerischen Landtages im Jahre 1895/96. Stenographische Berichte, Bd. 7. München 1896, S. 144f.

[62] Vgl. Borscheid, S. 167; Faust, S. 24.

zusammenbrüchen und zu Fusionen. Die Großunternehmen entließen etwa ein Viertel der Belegschaft.[63] Die Krise schlug natürlich auf den Arbeitsmarkt[64] für Elektrotechniker voll durch. Schon gegen Ende des Jahres 1900 berichtete ein Elektrotechnikprofessor, daß es zur Zeit keine Schwierigkeiten bereite, Assistenten zu gewinnen, da die Aussichten in der Industrie sich ungünstig entwickelten.[65] Im Annoncenteil der Elektrotechnischen Zeitschrift übertrafen in den Krisenjahren 1900 bis 1902 die Stellengesuche die der -angebote um das zwei- bis dreifache.[66] Zwischen 1900 und 1906 stagnierten die Gehälter der Elektrotechniker,[67] und das durchschnittliche Gehaltsniveau lag so niedrig, daß es nicht ausreichte, um eine Familie zu gründen und zu unterhalten.[68] Angaben über eine größere Zahl von arbeitslosen Elektrotechnikern liegen nicht vor, doch dürfte es zumindest den aus der Hochschule entlassenen Schwierigkeiten bereitet haben, eine Anfangsstellung zu finden.

Etwa 1906 kehrten sich die Verhältnisse wieder um.[69] Die Konjunktur hatte sich erholt, und die Krise und die Warnungen vor dem Studium hatten zu einem deutlichen Rückgang der Studentenzahlen geführt. Der Frequenzeinbruch des Ingenieurstudiums beruhte zum überwiegenden Teil auf dem Rückgang bei der Elektrotechnik und zu einem kleineren Teil beim Maschinenbau, während die anderen Fächer kaum beteiligt waren.[70] Die gegenläufige Entwicklung von Angebot und Nachfrage ließ in den Jahren vor dem Krieg wieder einen Mangel an Elektrotechnikern entstehen. Seit 1906 finden sich an den Technischen Hochschulen erneut Klagen über Probleme bei der Besetzung von Assistenten- und Dozentenstellen.[71] Die Professoren teilten den Ministerien mit, daß sich die Anfragen aus der Industrie häuften und nicht mehr befriedigt werden könnten.[72] 1909 präzisierte der Danziger

---

[63] Loewe, S. 136.

[64] Allgemein zum Arbeitsmarkt für Ingenieure: Gispen, New Profession, S. 224ff.; vgl. auch Dominik, S. 109ff.

[65] StAD, Min. f. Volksbildung, 15 646, 12. Sitzung der mechanischen Abteilung v. 6.10.1900; vgl. UA Dresden A 367/2 (Sitzung v. 6.10.1900).

[66] Loewe, S. 137.

[67] Czwalina, S. 60 u. 78; vgl. Die wirtschaftliche Lage, S. 929f.

[68] Jeackel, S. 141.

[69] Gispen, New Profession, S. 224ff.; Bericht Dresden 1907/08, S. 15.

[70] S. o. S. 182–85.

[71] GLA 235–4152, 29.12.1906 (Arnold); GStA Merseburg, MK, Rep 76 Vb Sekt 10 Tit III Nr 10, 9.5.1908 – Rößler an MK, Anlagen; StAD, Min. f. Volksbildung, 186, 20.12.1912 – Görges an MK.

Elektrotechniker, Gustav Rößler, daß sich die Nachfrage vor allem auf Berechnungsingenieure beziehe. 1911 machte er die Mitteilung, daß mittlerweile jeder Absolvent sofort eine Stellung erhalten könne, ohne daß ihn der akademische Lehrer durch eine Empfehlung unterstütze. Rößler verwies auf die letzte Nummer der Elektrotechnischen Zeitschrift, die 12 Stellengesuche, aber 95 Stellenangebote für Elektrotechniker enthalten habe.

Die Technische Hochschule als Ausbildungsstätte der elektrotechnischen Elite

Massendaten über Elektrotechniker stehen in Form von Nachrufen in den elektrotechnischen Zeitschriften zur Verfügung.[1] Für eine Nachrufauswertung wurde die 1880 gegründete Elektrotechnische Zeitschrift (ETZ) ausgewählt, die bis zur Gegenwart erscheint. Die ETZ ist nicht nur die bekannteste und größte deutschsprachige elektrotechnische Zeitschrift; als Organ des Elektrotechnischen Vereins (ETV) und später des Verbands Deutscher Elektrotechniker (VDE) gibt der Inhalt zumindest tendenziell die Auffassungen der Gemeinschaft der deutschen Elektrotechniker wider.

Unsere Nachrufanalyse erfolgte nicht unter der Zielsetzung, eine "kollektive Biographie"[2] der Elektrotechniker zu verfassen. Vielmehr stand sie ganz im Dienste der wissenschaftsgeschichtlichen Fragestellungen dieser Arbeit, konzentrierte sich also auf die Beziehungen zwischen Ausbildungssystem und Beschäftigungssystem in der deutschen Elektrotechnik. Um diese Beziehungen an ihrer Nahtstelle zu packen, wurden die Nachrufe zu Berufseintrittskohorten zusammengefaßt. Unter Kohorte versteht man in der empirischen Sozialforschung ein Aggregat von Individuen, die ein bestimmtes Ereignis im gleichen Zeitraum erfahren.[3] Dieses Ereignis stellt bei unserer Untersuchung der Abschluß der Ausbildung und der Eintritt ins Berufsleben dar.

---

[72] GStA Merseburg, MK, Rep 76 Vb Sekt 10 Tit I Nr 4 Bd I Bl 313, 30.7.1909 u. 27.3.1911 (hieraus das Zitat) – Rößler an MK; Sekt 12 Tit XV Nr 6, 15.5.1914 – Kohlrausch an MK.

[1] Trotz intensiver Bemühungen gelang es dem Verfasser nicht, in der elektrotechnischen Industrie oder in öffentlichen Elektrizitätswerken einen ausreichenden Bestand von Personalakten aus dem Untersuchungszeitraum ausfindig zu machen.

[2] Vgl. zu den methodischen Problemen "kollektiver Biographien" z.B. Schröder, Probleme u. Schröder, Lebenslauf; zu den Problemen von Ingenieurnachrufen Gispen, Selbstverständnis.

[3] Zur Kohortenanalyse s. z.B. Glenn.

Aus den Fragestellungen unserer Arbeit ergeben sich eine Reihe von Kriterien, nach denen die Auswahl unter den Nachrufen der ETZ erfolgte. Da unsere Arbeit mit dem Ersten Weltkrieg abschließt, wurden nur die Personen aufgenommen – übrigens nicht weiter verwunderlich: ausschließlich Männer –, die vor Kriegsausbruch in den Beruf eintraten. Obwohl die eigentliche akademische Elektrotechnik ihre Anfänge zu Beginn der 1880er Jahre besitzt, wurden aus Vergleichsgründen auch alle diejenigen erfaßt, deren Berufseintritt in die Zeit davor fällt. Da sich unsere Untersuchung auf die deutsche Elektrotechnik konzentriert, wurden alle Ausländer ausgeklammert, mit Ausnahme derjenigen, die in Österreich oder in der Schweiz studiert oder gearbeitet hatten. Einerseits geht aus den Nachrufen nicht in allen Fällen die Nationalität hervor, andererseits gab es zwischen den genannten deutschsprachigen Ländern auf dem Gebiet der Elektrotechnik einen intensiven personellen Austausch. Ausgeklammert wurden auch Nicht-Techniker und Nicht-Naturwissenschaftler, derer die ETZ in einem Nachruf gedachte, wie z.B. Bismarck. Doch verfuhr unsere Auswahl bei der Bildung der Gruppe der elektrotechnischen Elite eher großzügig. Auch die zahlreichen in der Zeit vor 1880 gewürdigten höheren Postbeamten und Manager aus der Industrie oder aus der öffentlichen Verwaltung, die selbst keine technische Ausbildung besaßen, aber für technische Fragen zuständig waren, fanden Aufnahme.

Die Nachrufe in der ETZ besitzen einen ganz unterschiedlichen Umfang, der von einigen Zeilen bis zu mehreren Seiten reicht. In unsere Untersuchung wurden von vornherein nur umfangreichere Nachrufe aufgenommen, die Angaben über die Art der Ausbildung des Betreffenden enthalten. Aus dieser Auswahl ergeben sich zwei systematische Verschiebungen, deren man sich bewußt sein muß. Einerseits verstärkt sie den elitären Charakter des Samples, da natürlich die bekannteren Elektrotechniker umfangreichere Nachrufe erhielten als die weniger bekannten. Und andererseits wirkt diese Auswahl in Richtung einer Erhöhung des Qualifikationsniveaus des Samples. Während normalerweise ein Studium des Verstorbenen an einer Universität oder an einer Technischen Hochschule Erwähnung findet, verschweigt es der Nachruf häufiger, wenn der Verstorbene "nur" eine technische Mittelschule besuchte oder sich im Beruf hochdiente, sofern dieses "sich von der Pike hochdienen" nicht wieder zu einem besonderen Qualifikationsmerkmal hochstilisiert wird. Wenn die Nachrufe – was häufiger der Fall ist – kein genaues Datum für den Berufseintritt nennen, nehmen wir die Zuordnung zu den Berufseintrittskohorten vor, indem wir den Zeitpunkt nach dem Geburtsjahr und einer durchschnittlichen Zeit für Schul- und Hochschulbesuch sowie Militärdienst, welcher meistens Erwähnung findet, schätzen. Da die Kohorten mehrere Jahre umfassen und sich überlange und besonders kurze

Ausbildungszeiten ausgleichen dürften, sind durch unsere Vorgehensweise keine großen systematischen Verschiebungen zu erwarten.

Die erhobenen Variablen beziehen sich einerseits auf die Ausbildung, andererseits auf den Beruf. Im Zentrum der Ausbildungsuntersuchung steht die Frage nach der Art der Ausbildungsstätte: Universität, Technische Hochschule, technische Mittelschule oder Praxis. Die Bezeichnung technische Mittelschule faßt die vielfältigen technischen Schulen zusammen, die keinen Hochschulrang besaßen, aber deren Niveau über dem der Handwerkerfortbildungs- und Werkmeisterschulen lag.[4] Der Begriff Praxis bezieht sich auf die Ingenieure, die sich in der Industrie oder im Staatsdienst hochdienten, ohne eine Technische Hoch- oder Mittelschule besucht zu haben. Ergänzend wurden die Studienfächer erhoben, unterschieden in Elektrotechnik, Maschinenbau sowie naturwissenschaftliche Fächer und Mathematik. Nur das Hauptstudium wurde aufgenommen, nicht ein abgebrochenes oder ein Ergänzungsstudium eines zweiten Faches. Vermittelt der Nachruf den Eindruck eines gleichgewichtigen Studiums zweier Fächer, so fanden beide Aufnahme.

Das Beschäftigungssystem ist durch die Angaben repräsentiert, ob der Nachrufinhaber überwiegend im Staatsdienst oder in der Industrie gearbeitet hat. In aller Regel warf die Zuordnung zu einer der beiden Gruppen keine Probleme auf, was darauf hinweist, daß diese beiden Beschäftigungsfelder weitgehend getrennt waren. Die Leiter von Elektrizitätswerken wurden in die Industriegruppe aufgenommen, unabhängig von den Besitzverhältnissen der Elektrizitätswerke, die in den überwiegenden Fällen aus dem Nachruf nicht hervorgehen. Dies erscheint deswegen gerechtfertigt, weil nahezu alle Leiter von Elektrizitätswerken auch in der Industrie gearbeitet hatten und häufig aus der Firma kamen, die das Werk gebaut hatte.

Nun zu den Ergebnissen der Nachrufanalyse. Das Sample besteht aus 433 Nachrufen; der früheste Nachruf stammt aus dem Jahr 1883, der späteste aus dem Jahr 1975. Bei diesen 433 Personen handelt es sich um die Elite der deutschen bzw. deutschsprachigen Elektrotechnik, die vor dem Ersten Weltkrieg in den Beruf eintrat. Eine qualitative Analyse zeigt, daß die ETZ in erster Linie Verdienste um die elektrotechnische Forschung und Entwicklung durch einen Nachruf würdigte. Danach folgen die Inhaber leitender Stellen in der Industrie und im öffentlichen Dienst. Dieser elitäre Charakter des Nachruf-Samples wird dadurch gemildert, daß die ETZ auch die die Arbeitsausschüsse des ETV und des VDE ehrenamtlich leitenden Ingenieure mit einem Nachruf würdigte, welche häufig dem mittleren Management entstammten. Man charakterisiert das Nachruf-Sample deswegen am besten

---

[4] Vgl. hierzu Grüner.

als breite Elite der deutschsprachigen Elektrotechnik, die Vertreter des Top-Managements wie des mittleren Managements umfaßt.

Für den Zeitraum von 1875 bis 1914 werden die Nachrufe in durch das Datum des Berufseintritts gebildete 8 Fünfjahres-Kohorten eingeordnet. Zu Vergleichszwecken umfaßt eine weitere Gruppe die Nachrufe der Elektrotechniker, die 1874 und früher in den Beruf eintraten, also vor der unseren Forschungsgegenstand bildenden Zeit der industriellen Starkstromtechnik und der akademischen Ausbildung von Elektroingenieuren. Ein Vergleich der Kohortengrößen mit den Studentenzahlen des Fachs Elektrotechnik für die Zeit nach der Jahrhundertwende[5] zeigt, daß sich diese in etwa entsprechen. Die im übrigen auch schlechter dokumentierten Studentenzahlen vor der Jahrhundertwende sind weniger aussagekräftig, da sich das Elektrotechnikstudium noch in der Phase der Herausbildung befand und die Elektrotechniker zu größeren Teilen andere Ausbildungsrichtungen absolvierten. Die Korrelation zwischen Studenten- und Nachrufzahlen weist auf eine relative Konstanz des Nachrufgebarens der Redaktion der ETZ hin – zumindest in quantitativer Hinsicht. Eine zeitweise Einstellung der Rubrik "Persönliches", welche auch die Nachrufe enthält, in der zweiten Hälfte der 1960er Jahre hat unser Sample nicht mehr wesentlich getroffen. Zusammenfassend ist anzunehmen, daß das Niveau der Nachrufebene in etwa gleich geblieben ist, das heißt, daß sich die einzelnen Berufseintrittskohorten nicht hinsichtlich ihres elitären Niveaus unterscheiden.

Von den 433 Nachrufen gehören 298 dem Berufsfeld Industrie, 135 dem Berufsfeld Staatsdienst an (Tabellen 47 und 48). Nur im Zeitraum vor 1875 übertrifft die Zahl der in den Staatsdienst eintretenden die der Industrie-Elektrotechniker, in der Zeit nach 1880 sind etwa vier Fünftel in der Industrie tätig. Dies entspricht der um 1880 stattfindenden völligen Verschiebung innerhalb der Elektrotechnik: vom Schwachstrom zum Starkstrom, von der staatlichen Telegrafie zum industriellen Bau von elektrischen Maschinen und Elektrizitätsverteilungssystemen. Während noch 1880 die überwiegende Mehrheit der Mitglieder der elektrotechnischen Vereine Telegrafenbeamte war, gerieten diese in der Folgezeit in eine Minderheitsposition.

Die im Staatsdienst Tätigen, die die ETZ mit einem Nachruf bedachte, setzen sich aus drei großen Gruppen zusammen (Tabelle 49): den Telegrafenbeamten, die relativ zu den anderen beiden an Bedeutung verlieren, den Universitätsprofessoren, Hochschul- und Mittelschullehrern sowie den in Forschungsinstituten wie der Physikalisch-Technischen Reichsanstalt Beschäftigten. Daß die Elektrotechnikprofessoren in der ETZ einen Nachruf erhielten, war eine Selbstverständlichkeit. Darüber hinaus ehrte die ETZ noch zahlreiche Physikprofessoren, der Universitäten wie der Technischen

---

[5] S. o. S. 190f.

Tabelle 47
Nachrufauswertung ETZ: Ausbildung und Studium von Berufseintrittskohorten – Staatsdienst (absolute Zahlen)

	1874 u. früher	1875–1879	1880–1884	1885–1889	1890–1894	1895–1899	1900–1904	1905–1909	1910–1914	Gesamt
Nachrufe insgesamt	71	19	37	51	73	59	65	38	20	433
davon Staatsdienst	40	5	12	14	16	13	20	10	5	135
Ausbildungsstätten:										
Praxis	5	–	2	1	3	1	–	–	–	12
Technische Mittelschule	–	–	–	–	–	–	–	–	–	–
Technische Hochschule	8	1	4	3	8	9	12	6	4	55
Universität	25	4	8	10	6	4	10	6	1	74
keine Angaben	3	–	–	–	–	–	–	–	1	4
Studienfächer:										
Elektrotechnik	–	–	–	1	3	5	10	4	2	25
Maschinenbau	2	–	–	–	1	3	2	2	–	10
Naturwissenschaft, Mathematik	25	5	8	10	6	4	10	5	1	74
keine Angaben, Sonstiges	8	–	3	2	4	2	3	1	2	25

Tabelle 48
Nachrufauswertung ETZ: Ausbildung und Studium von Berufseintrittskohorten – Industrie (absolute Zahlen)

	1874 und früher	1875–1879	1880–1884	1885–1889	1890–1894	1895–1899	1900–1904	1905–1909	1910–1914	Gesamt
Nachrufe insgesamt	71	19	37	51	73	59	65	38	20	433
davon Industrie	31	14	25	37	57	46	45	28	15	298
Ausbildungsstätten:										
Praxis	14	4	3	6	5	2	–	1	–	35
Technische Mittelschule	1	–	–	1	6	5	5	3	1	22
Technische Hochschule	10	9	16	19	43	39	40	23	10	209
Universität	4	1	6	13	8	1	4	1	3	41
keine Angaben	2	–	–	1	–	–	–	–	1	4
Studienfächer:										
Elektrotechnik	–	–	8	7	19	15	19	6	3	77
Maschinenbau	3	3	1	5	10	8	6	4	3	43
Naturwissenschaft, Mathematik	4	2	7	14	9	–	3	2	3	44
keine Angaben, Sonstiges	8	5	7	9	18	18	23	14	5	107

Tabelle 49
Nachrufauswertung ETZ: Ausbildungsstätten der bis 1914 in den Beruf Eintretenden (in absoluten Zahlen und Prozent)

	Industrie		Staatsdienst	
Praxis	35	11%	12	8%
Technische Mittelschule	22	7%	–	–
Technische Hochschule	209	67%	55	40%
Universität	41	13%	74	51%
keine Angaben	4	1%	4	3%
Gesamt	311	100% (99)	145	100% (102)

Hochschulen. Beim Ausbildungsweg der in den Staatsdienst eintretenden elektrotechnischen Elite fällt auf, daß die technischen Mittelschulen überhaupt nicht vertreten sind, die sich in der Praxis hochdienenden Empiriker in geringem Umfang nur vor der Jahrhundertwende. Bei dieser letzteren Gruppe handelt es sich um Telegrafen- und sonstige Postbeamte, die die günstigen Aufstiegsmöglichkeiten in ihren Behörden nutzten. Bei denjenigen, die einen Studienabschluß vorweisen können, diese stellen eine große Mehrheit dar, dominiert die Universität eindeutig bis 1889, danach gewinnt die Technische Hochschule ein leichtes Übergewicht. Ein ähnliches Bild ergibt sich in der Verschiebung von den naturwissenschaftlich-mathematischen Fächern zu den technischen, das heißt zu Elektrotechnik und Maschinenbau.

Ganz anders das Bild für die Industrie (Tabelle 50). Der starke Anteil der Empiriker vor 1880 geht kontinuierlich zurück, um nach der Jahrhundertwende fast ganz zu verschwinden. Der Anteil der technischen Mittelschüler wächst mit einem Maximum um die Jahrhundertwende. Die ohnehin dominierenden technischen Hochschüler weiten ihren Anteil kontinuierlich aus und stellen nach 1895 81% des Samples. Und die Universitätsabsolventen verlieren im gleichen Zeitraum deutlich an Boden. Das Ergebnis ist eindeutig: Während die elektrotechnische Elite im Staatsdienst teils von den Universitäten, teils von den Technischen Hochschulen kam, entstammte die elektrotechnische Elite der Industrie zum ganz überwiegenden Teil den Technischen Hochschulen, die Universitäten, die technischen Mittelschulen und die praktische Ausbildung in der Industrie teilten sich den Rest.

Eine Kreuzkorrelation zwischen Ausbildungsstätten und Studienfächern bringt das wenig überraschende Ergebnis, daß die technischen Hochschüler

Tabelle 50
Nachrufauswertung ETZ: Ausbildung und Berufseintrittskohorten – Industrie (absolute Zahlen und Prozent)

	vor 1879		1880–1894		1895–1914	
Praxis	18	40%	14	11%	3	2%
Technische Mittelschule	1	2%	7	6%	14	10%
Technische Hochschule	19	42%	78	61%	112	81%
Universität	5	11%	27	21%	9	6%
keine Angaben	2	4%	1	1%	1	1%
Gesamt	45	100% (99)	127	100%	139	100%

in der Regel Elektrotechnik oder Maschinenbau, die Universitätsabsolventen Physik oder ein anderes naturwissenschaftliches Fach bzw. Mathematik studiert hatten. Einer Diskussion bedarf noch die relativ große Zahl von Angehörigen der industriellen elektrotechnischen Elite, die studiert hatten, aber deren Nachrufe keine Angaben über das Studienfach enthalten. Dies mag einerseits daran liegen, daß Nachrufe meist unter Zeitdruck entstehen und entsprechende Recherchen nicht durchgeführt werden. Zum anderen mag sich darin die geringe Bedeutung spiegeln, die man in der Industrie – im Unterschied zum Staatsdienst – der formalen Ausbildung und der Art des Studiums beimaß – nach erfolgreicher Karriere fragte niemand mehr nach der Ausbildung. Am meisten spricht noch dafür, daß der größte Teil derjenigen, über deren Studium keine Angaben vorliegen, die Standardfächer der elektrotechnischen Elite studierten, nämlich in erster Linie Elektrotechnik und in zweiter Maschinenbau, und daß die Nachrufverfasser diese Normalität keiner Erwähnung Wert fanden.

Die Professoren und die elektrotechnische Praxis

Die in den 1820er und 1830er Jahren gegründeten Gewerbeschulen und Polytechnischen Schulen sollten die Industrialisierung in Deutschland voranbringen. Man erwartete, daß die Absolventen ihre an den Schulen erworbenen technischen und naturwissenschaftlichen Kenntnisse in Gewerbe und Industrie hineintragen und damit den Industrialisierungsprozeß beschleunigen oder gar in Gang setzen würden. Neben dieser indirekten Gewerbeförderung durch Bildung bemühten sich die technischen Schulen auch um einen unmittelbaren Wissenstransfer durch Publikationen, Veranstaltungen und Ausstellungen von Maschinen.

Die Erfolge dieser Bemühungen blieben jedoch zunächst begrenzt. Wenn man von einigen Ausnahmen wie dem Berliner Gewerbeinstitut absieht, ging die Mehrzahl der Absolventen nicht in die jungen Industrien, sondern in den Staatsdienst oder in den Handel. Wenn auch einzelne der Dozenten mit Firmen des Maschinenbaus oder der chemischen Technologie kooperierten, verstanden sich doch die meisten als Lehrer im engeren Sinne des Wortes: Sie füllten ihre umfänglichen Unterrichtsaufgaben aus; Gewerbe und technische Praxis blieben ihnen fremde Welten.

Dies änderte sich seit den 1870er Jahren mit dem Industrialisierungsschub, den Deutschland nach der Reichsgründung erlebte. Die Nachfrage der Industrie nach Absolventen der Technischen Hochschule wuchs, und die Professoren sahen es zunehmend als ihre Aufgabe an, sich über die technisch-industriellen Fortschritte auf dem laufenden zu halten, ja darüber hinaus, mit der Industrie zu kooperieren und technisches Wissen zu produzieren, das Anwendungsrelevanz besaß. Als der Verein Deutscher Ingenieure, dessen bildungspolitische Stellungnahmen die Entwicklung der Technischen Hochschulen seit den 1860er Jahren wesentlich beeinflußten, sich 1895 in den "Aachener Beschlüssen" für die Einrichtung von Maschinenlaboratorien an den Technischen Hochschulen aussprach, wies er diesen neben der Lehre auch die Aufgabe zu, "zur Ermittlung fehlender und zur Aufklärung zweifelhafter Grundlagen auf den Lehrgebieten des Ingenieurwesens" beizutragen.[1] Nach der Jahrhundertwende, als die Technischen Hochschulen das Promotionsrecht errungen hatten, sahen die Professoren im allgemeinen (angewandte) Forschung und Lehre als gleichwichtige Aufgaben an und hatten damit den Jahrzehnte dauernden Internalisierungsprozeß dieses zentralen Elements des Humboldtschen Universitätsideals abgeschlossen. In den Akten finden sich jetzt zunehmend Klagen – auch von Seiten der Fachvertreter für Elektrotechnik –, daß die übermäßige Lehrbelastung sie von Forschungsarbeiten abhalte. In diesem Sinne äußerte sich auch im Jahre 1904 der an die gerade eröffnete TH Danzig berufene Gustav Rößler, wobei er auf den Zweck der Technischen Hochschule verwies, "Pionierarbeit für die Technik zu tun."[2] Forschungsarbeiten und – so fügte er hinzu – öffentliche Fachvorträge seien "für den Ruf des Instituts von wesentlichem Wert."

Die Rezeption der Forschungsaufgabe durch die Hochschulprofessoren hieß jedoch nicht, daß Staat und Gesellschaft diese Umorientierung unein-

---

[1] Zitiert nach Manegold, Technik, S. 68.

[2] GStA Merseburg MK Rep 76 Vb Sekt 10 Tit III Nr 10; 29.7.1904 – Rößler an Min.

geschränkt billigten und unterstützten. In einem von dem Berliner Universitätsprofessor Conrad Bornhak, einem der führenden preußischen Staatsrechtler, 1901 über die Rechtsverhältnisse der preußischen Hochschullehrer verfaßten Werk hieß es über die Technischen Hochschulen und die dort Lehrenden:[3] "Die Technik setzt ihrerseits die Wissenschaft voraus, ist aber selbst nicht solche, sondern Kunst in Anwendung auf die Bedürfnisse des praktischen Lebens. Die Technik wird also durch die verfassungsgemäße Freiheit der Wissenschaft nicht mitgedeckt." Mag man diese Stellungnahme noch als die eines Universitätsprofessors abtun, dem es darum ging, die herausgehobene Stellung der Universitäten gegen den Gleichberechtigungsanspruch der Technischen Hochschulen zu verteidigen, so nahm doch auch die Ministerialbürokratie gegenüber der Betonung der Forschung und Entwicklung an den von ihr weiterhin als Unterrichtsanstalten bezeichneten Technischen Hochschulen eine ambivalente Haltung ein und akzeptierte sie nur zögernd. So war es eher ungewöhnlich, daß der preußische Ministerialdezernent für die Technischen Hochschulen dem Maschinenbauer Alois Riedler bei dessen Berufung an die TH Berlin 1888 zusagte, er könne nebenbei an der Hochschule ein privates Ingenieurbüro betreiben.[4] Riedler nutzte dieses Recht so weidlich aus, daß es darüber sogar zu umfangreichen Erörterungen im Preußischen Abgeordnetenhaus kam. Als Hochschulen und Regierung seit den 1890er Jahren zunehmend Elektrotechniker aus der Industrie zu berufen suchten, konnten sie diesen eine Hochschulstelle und das damit im Vergleich zur Industrie niedrigere Gehalt nur dadurch schmackhaft machen, indem sie auf die Möglichkeit von Nebentätigkeiten verwiesen. Dieser allmähliche Gesinnungswandel verhinderte jedoch nicht, daß es zu häufigen Auseinandersetzungen zwischen der Ministerialbürokratie und den Professoren um die Erfüllung der Lehr- und Dienstverpflichtungen sowie um die Benutzung von Hochschuleinrichtungen für Nebentätigkeiten kam. So trug die sächsische Hochschulverwaltung mit den Dresdener Elektrotechnikprofessoren Kübler und Görges eine Kontroverse um die Benutzung von Hochschulräumen für private Forschungsarbeiten und für die von Kübler redigierte Zeitschrift "Elektrische Bahnen und Betriebe" aus.[5] Dabei ging es nicht nur um eine Kostenerstattung. Die Verwaltungsbehörde meldete darüber hinaus grundsätzliche Zweifel an, ob – wie die Professoren argumentierten – solche Beziehungen zur industriellen Praxis notwendig seien, um sie technisch auf dem laufenden zu halten.

---

[3] Zitiert nach Schröder, Lehrkörperstruktur, S. 79.

[4] Riedler, Schnellbetrieb, S. VI f.

[5] Ley, S. 48; zur Tätigkeit von Professoren als Gutachter für die Kälteindustrie vgl. Dienel, Professoren.

Die Institutionalisierung der Elektrotechnik an den Technischen Hochschulen seit den 1880er Jahren fand also in einem Zeitraum statt, in dem sich die Technischen Hochschulen zu Lehr- *und* Forschungsstätten entwikkelten. Forschung – das hieß im Selbstverständnis der Technischen Hochschulen angewandte, praxisorientierte Forschung und technische Entwicklung. Für solche Arbeiten bildete eine Kooperation mit der industriellen Praxis eine unumgängliche Notwendigkeit. Im Folgenden wird zu zeigen sein, auf welche Art und Weise sich diese Kooperationen zwischen institutionalisierter Wissenschaft und elektrotechnischer Praxis vollzogen.

Forschung und Entwicklung

Ob die Technischen Hochschulen zu Partnern von Industriefirmen bei der technischen Entwicklung wurden, hing vor allem von zwei Faktoren ab: der Kompetenz der Professoren sowie der Ausrüstung der Technischen Hochschulen mit Versuchseinrichtungen. Bis in die 1890er Jahre hinein kamen die Elektrotechnikprofessoren vorwiegend aus der Physik und besaßen keinerlei Industrieerfahrung. Für den zentralen Bereich der elektrotechnischen Entwicklung, der überhaupt zur akademischen Institutionalisierung geführt hatte: den Bau elektrischer Maschinen und Anlagen, brachten sie damit nur unzureichende Voraussetzungen mit.[6] Die Konzeption und Konstruktion verbesserter elektrischer Maschinen und Anlagen beruhte vorwiegend auf praktischen Erfahrungen, welche damals nur in der Industrie selbst zu erwerben waren. Als Entwicklungspartner fielen die Professoren damit für die Industrie – jedenfalls in diesem Bereich – aus. Am ehesten konnten sie noch ihre in den physikalischen Labors erprobten Fähigkeiten, elektrotechnische Parameter zu messen, in Kooperationen mit der Praxis einbringen. So verdiente sich der erste Lehrstuhlinhaber für Elektrotechnik, Erasmus Kittler, seine ersten elektrotechnischen Meriten durch die Organisation und Durchführung der Messungen an den Maschinen und Apparaten, die auf der internationalen elektrotechnischen Ausstellung in München 1882 gezeigt wurden.

Günstigere Voraussetzungen für Kooperationen mit der Industrie ergaben sich, als die Technischen Hochschulen, in den 1890er Jahren beginnend, studierte Elektrotechniker und Maschinenbauer als Professoren beriefen. Als sich nach der Jahrhundertwende die akademische Elektrotechnik in theoretische Elektrotechnik, Maschinenkonstruktion und Anlagenbau auszudifferenzieren begann, konnten im allgemeinen nur Kandidaten auf eine

---

[6] Vgl. zur Kompetenz der Elektrotechnikprofessoren Schmitz, S. 177–88.

Berufung für die beiden letzteren Fachgebiete hoffen, die auf eine mehrjährige Industrieerfahrung verweisen konnten; auf die Lehrstühle für theoretische Elektrotechnik wurden weiterhin auch Physiker ohne Industrieerfahrung berufen. Damit stand einer Kooperation zwischen Industrie und Hochschule jedenfalls nicht mehr die unzureichende Kompetenz der Professoren im Wege.

In einer empirischen Technikwissenschaft wie der jungen Elektrotechnik waren Experimentiereinrichtungen vonnöten, um neues Wissen zu schaffen. Von Anfang an ließen die an der Gründung elektrotechnischer Lehrstühle Beteiligten denn auch nicht den geringsten Zweifel daran, daß die Professuren mit Laboratorien zu verbinden seien. Dabei lag es nahe, auf die chemischen und physikalischen Labors der Universitäten zu verweisen, verstand man doch die Elektrotechnik als eine Art praktische Ausformung der physikalischen Elektrizitätslehre und orientierte sich der Wissenschaftsbegriff der Technischen Hochschulen ohnehin am universitären Vorbild. Wenn die Laboratorien auch häufig genug mit unzureichenden Mitteln in wenig geeigneten Räumlichkeiten eingerichtet wurden, erhielt doch mit der Elektrotechnik erstmals ein technisches Fachgebiet aus prinzipiellen Erwägungen heraus Experimentiereinrichtungen. Als 15 Jahre später im Maschinenbau die Gründung von Laboratorien anstand, verwies man auf den Vorgang und das Vorbild der Elektrotechnik.

Die elektrotechnischen Laboratorien sollten in allererster Linie der Lehre dienen. In den Übungsstunden führten die Studenten einfache Versuche an speziellen Übungsaufbauten durch, gewannen damit praktische Anschauungen von den Prinzipien der Elektrizitätslehre und lernten, elektrische Messungen vorzunehmen. Den überwiegenden Teil der Einrichtung bildeten Versuchs- und Meßapparate, die wenigen elektrischen Maschinen dienten primär als Strom- und Kraftlieferanten und als Anschauungsobjekte, weniger als Versuchsträger. Da die Studentenzahlen in der Elektrotechnik bis zur Jahrhundertwende überaus stark anstiegen, waren die Laboratorien im allgemeinen überbesetzt, wenn nicht Neubauten jedenfalls für einige Jahre die Verhältnisse verbesserten.

All dies stellten nicht gerade günstige Bedingungen für Forschungs- und Entwicklungsarbeiten der Professoren dar. Durch Erweiterungen der maschinentechnischen Ausrüstung und als die Frequenzzahlen nach der Jahrhundertwende zurückgingen, änderte sich dies zum Positiven. Um und nach 1900 errichtete Neubauten elektrotechnischer Institute unterschieden sich schon durch die Räumlichkeiten von den alten Übungslaboratorien. Während diese aus zahlreichen kleineren Räumen oder Verschlägen bestanden, in denen Studentengruppen ihre Versuche und Messungen durchführten, besaßen die Neubauten zusätzlich geräumige Maschinenhallen, in denen Maschinenanordnungen variiert und erprobt werden konnten. Häufig unterschied schon die Bezeichnung Versuchsfeld diese neuen der Lehre wie der Forschung und Entwicklung dienenden Einrichtungen von den alten Unterrichtslaboratorien. In Berlin zum Beispiel richtete erstmals der neuberufene Walter Reichel ein elektrotechnisches Versuchsfeld ein, das 1906 seine Arbeiten aufnahm. Während beim weiterbestehenden elektrotechnischen Laboratorium nur von Aufgaben der Lehre die Rede war, gab man als Zweck des Versuchsfelds an: "Unterricht und Forschungsarbeiten auf dem Gebiete des Elektromaschinenbaues".[7] Kompetente Professoren mit Praxiserfahrung wie Reichel konnten in ihren gut ausgestatteten Instituten und Versuchsfeldern Forschungsarbeiten im Auftrag der Industrie durchführen, ohne daß solche Arbeiten in der Vorkriegszeit sehr häufig waren, und sie konnten, und zwar meistens durch Dissertationen, elektrotechnische Probleme systematisch erforschen, ohne daß dies unbedingt mit einer unmittelbaren Verwertungsabsicht verbunden war.

Ein mögliches Maß für die Forschungsintensität der einzelnen Fächer und Hochschulen stellt die Zahl der Promotionen dar. Die Technischen Hochschulen, die das Promotionsrecht um die Jahrhundertwende gegen den entschiedenen Widerstand der Universitäten errungen hatten, bemühten sich bei den Promotionen um hohe qualitative Standards, da sie sich – wohl zu Recht – unter mißgünstiger Beobachtung fühlten. Von den Dissertationen verlangte man die Präsentation neuen Wissens, das zumindest teilweise aus experimentellen Untersuchungen stammte. Eine Statistik in der Elektrotechnischen Zeitschrift ermöglicht es, die Promotionsquoten verschiedener Fachrichtungen miteinander zu vergleichen (Tabelle 51).

Unter Promotionsquote verstehen wir dabei den auf die Diplomprüfungen bezogenen Prozentsatz der Doktorpromotionen oder anders ausgedrückt: den Anteil der Diplom-Ingenieure, die noch eine Dissertation anfertigten. Die Statistik deckt nicht den gesamten Zeitraum ab, sondern nur die Jahre 1902/03 bis 1910/11. Doch wurde auf den Versuch verzichtet, sie mit Hilfe anderer Quellen für den gesamten Zeitraum 1900 bis 1914 zu ergänzen, da es uns nicht auf die absoluten Zahlen und eine eventuelle Verfeinerung der Prozentangaben ankommt, sondern auf einen Vergleich zwischen den Fächern und da bei der ETZ-Statistik eine relativ einheitliche Erhebungsgrundlage anzunehmen ist, die wir nicht zerstören wollten. Das erste hervorzuhebende Ergebnis lautet, daß die Promotionsquote in der Elektrotechnik nicht wesentlich höher lag als in anderen vergleichbaren technischen Fächern. Die niedrigste Promotionsquote wiesen mit 4% die Bautechnik und mit 5% die Architektur auf. Im eher vergleichbaren Maschinenbau betrug sie 6%, im Schiffs- und Schiffsmaschinenbau 7%, in der Elektrotechnik 9%.

---

[7] Programm TH Berlin 1911/12, S. 143.

Tabelle 51
Diplomprüfungen und Doktorpromotionen an den deutschen Technischen Hochschulen 1902/03–1910/11

Fächergruppen	Diplom-prüfungen	Doktor-promotionen	Promotionsquote (Prozentsatz der Doktorpromotionen auf die Diplom-prüfungen bezogen)
Architektur	1979	93	5
Bauingenieurwesen	2663	99	4
Vermessungsingenieurwesen	391	–	–
Maschineningenieurwesen	3764	242	6
Elektrotechnik	1491	130	9
Verwaltungs- bzw. Fabrik-ingenieurwesen	62	–	–
Schiffs- und Schiffs-maschinenbau	321	21	7
Chemie und Hüttenkunde	1678	663	40
Allgemeine Wissenschaften	11	40	(364)
Gesamt	12360	1288	11

Quelle
ETZ 34 (1913), S. 301

Ein gravierender Unterschied bestand gegenüber der Chemie und der Hüttenkunde, die auf 40% kamen. Dabei ist noch anzunehmen, daß das Hüttenwesen die Quote der Chemie drückte. Diese Ergebnisse sprechen gegen eine hohe Forschungsintensität der Elektrotechnik und für gravierende Unterschiede zwischen Elektrotechnik und Chemie.

Eine weitere Erhebung geht der Frage nach, wie groß die Zahl der elektrotechnischen Promotionen an den einzelnen Hochschulen war und ob sich daraus Schlüsse ziehen lassen, welche Faktoren Forschungstätigkeit über Dissertationen begünstigten oder behinderten (Tabelle 52). Wir stellen dabei zwei Erhebungen nebeneinander, die auf unterschiedlichen Quellen und Methoden beruhen und denn auch beträchtliche Unterschiede aufweisen. Die eine stammt aus der Elektrotechnischen Zeitschrift, wobei die zugrundeliegenden Quellen unklar bleiben, und wurde von uns durch Angaben aus der Zeitschrift des VDI bis 1914 fortgeschrieben. Die andere beruht auf Walthers Bibliographie der an den deutschen Technischen Hochschulen angefertigten Dissertationen und ebenfalls unserer Fortschreibung durch die

Tabelle 52
Zahl der elektrotechnischen Dissertationen an den Technischen Hochschulen 1900–1914

	Walther und Z.VDI	ETZ und Z.VDI
Aachen	7	5
Berlin	22	17
Braunschweig	10	13
Breslau	2	2
Danzig	8	3
Darmstadt	18	19
Dresden	7	5
Hannover	18	47
Karlsruhe	27	21
München	21	27
Stuttgart	1	2
Gesamt	141	161

Quellen
Walther, Bibliographie; ETZ (1913), S. 301; Z.VDI 55 (1911), S. 196, 56 (1912), S. 276, 57 (1913), S. 396, 58 (1914), S. 156, 59 (1915), S. 432.

Angaben aus der Zeitschrift des VDI. Walther hat die Dissertationen nach ihrem Thema den Fächergruppen zugeordnet. Wir haben das Kapitel Elektrotechnik ausgewertet. Dagegen verzichteten wir darauf, die auf die Kapitel Elektrische Bahnen und Elektrizitätswerke zielenden Verweise aufzulösen und auszuwerten, da die fachliche Zuordnung dieser Arbeiten fraglich bleibt und ihre geringe Zahl das Bild nicht wesentlich verändern könnte. Während Walther die Arbeiten nach dem Thema zuordnet, steht zu vermuten, daß die Elektrotechnische Zeitschrift mehr formal nach der Abteilung, dem Institut oder dem betreuenden Doktorvater vorgegangen ist. Aus diesen unterschiedlichen Erhebungsmethoden dürften sich die Unterschiede bei den Ergebnissen erklären. Die größten Unterschiede weisen die Angaben für Hannover auf. Wahrscheinlich ist dies darauf zurückzuführen, daß die Elektrotechnische Zeitschrift entweder die gesamten an der Hannoveraner Abteilung für technische Chemie und Elektrotechnik angefertigten Dissertationen mitgezählt hat oder zumindest die elektrochemischen Arbeiten.

Wenn man die problematischen Angaben in der Elektrotechnischen Zeitschrift ausklammert, dann weisen die Ergebnisse beider Statistiken in eine Richtung. Die von den Studentenzahlen in der Elektrotechnik her fünf großen Technischen Hochschulen, Karlsruhe, Berlin, München, Darmstadt und Hannover, stehen auch bei der Zahl der Promotionen vorne. Von den kleineren fällt Braunschweig positiv aus dem Rahmen, eine Hochschule, der wir die personell und materiell schlechteste Ausstattung unter den deutschen Technischen Hochschulen bescheinigt haben.[8] Die qualitativen Quellen deuten darauf hin, daß große Studentenzahlen die Dissertationsmöglichkeiten an elektrotechnischen Instituten durchaus einschränken konnten. Nach der Jahrhundertwende teilten jedenfalls der Hannoveraner Fachvertreter Kohlrausch wie der Berliner Slaby dem Kultusministerium mit, daß sie wegen Platzmangel keine Doktoranden annehmen könnten.[9] Ein Nachruf auf den Braunschweiger Peukert nennt dagegen ausdrücklich die große Zahl der dort durchgeführten Forschungsarbeiten und bringt dies in Zusammenhang mit den kleinen Studentenzahlen und den in Braunschweig möglichen engen Kontakten zwischen dem Professor und den Studenten.[10] Sicher bedeutete die schlechte maschinentechnische Ausstattung der Braunschweiger Elektrotechnik eine Einschränkung, aber damit konnte man durch eine entsprechende Wahl der Fragestellungen zurechtkommen. Die Praxisrelevanz solcher Arbeiten dürfte allerdings begrenzt gewesen sein.

Für konkrete Entwicklungsarbeiten an elektrischen Maschinen und Anlagen besaßen die elektrotechnischen Firmen bessere Einrichtungen und Bedingungen als die Hochschulen. Jedoch konnte trotzdem für junge Unternehmen, deren Know-how noch nicht sehr entwickelt war, eine Zusammenarbeit mit praxiserfahrenen Professoren von Interesse sein. Der Hochschullehrer leitete dabei Arbeiten an, die in den Labors, Entwicklungsabteilungen, Konstruktionsbüros und Werkstätten der Firmen durchgeführt wurden. So ging der Stuttgarter Elektrotechniker Wilhelm Dietrich 1885/86 für ein knappes Jahr in die Elektrotechnische Fabrik Cannstatt, die mit technischen Schwierigkeiten zu kämpfen hatte.[11] Nach seiner Rückkehr an die Technische Hochschule leitete er die in Cannstatt durchgeführten Arbeiten noch eine Zeitlang. Leo Finzi, 1909 an der TH Aachen zum Dozenten ernannt, setzte seine unter anderem bei der AEG und den Deutschen Elektrizitätswerken Aachen sowie als Betriebsingenieur der Isarwerke München erworbenen elektrotechnischen Kenntnisse als Berater der Elektrotechni-

[8] S. o. S. 224f.

[9] GStA Merseburg, MK, Rep 76 Vb Sekt 4 Tit X Nr 54, 22.8.1900 – Kohlrausch an MK; Nr 20 Bd II Bl 271f. – Bericht Slaby aus dem Jahre 1901; Kohlrausch, Entwicklung, S. 329.

[10] ETZ (1932), S. 470.

[11] Hentschel, S. 79–82. Was Hentschel (Anm. 4) über Dietrichs Stelle am Stuttgarter Polytechnikum schreibt, ist falsch. S. o. S. 21–23.

schen Fabrik Rheydt ein.[12] Die umfangreichste Tätigkeit dieser Art scheint Engelbert Arnold, 1894 an die TH Karlsruhe berufen, eine Koryphäe für den Bau elektrischer Maschinen, entfaltet zu haben. Arnold hatte seine ersten Industrieerfahrungen bei Lahmeyer gesammelt und dann als Oberingenieur bei der Maschinenfabrik Oerlikon gearbeitet, damals einer der führenden Elektromaschinenhersteller. Im Nebenamt leitete Arnold in den Jahren 1897 und 1898 das Konstruktionsbüro für elektrische Maschinen bei der Karlsruher Gesellschaft für elektrische Energie und bezog dafür eine Vergütung, die in etwa seiner Professorenbesoldung entsprach.[13] Ähnliche Tätigkeiten – wenn auch sicher in geringerem zeitlichem Umfang – soll Arnold auch für Lahmeyer, Helios, Kummer, eine russische und eine belgische Firma ausgeübt haben.

Nicht etwa ein im Rahmen ihrer Hochschultätigkeit entwickeltes Wissen befähigte Dietrich, Finzi und Arnold zu ihrer Teilnahme an elektrotechnischen Entwicklungsarbeiten in der Industrie, sondern sie brachten in diese Zusammenarbeit Erfahrungen ein, die sie in vorhergegangenen Industriestellungen gesammelt hatten. Nicht wegen, sondern trotz ihrer Hochschultätigkeit sahen die Firmen in ihnen interessante Kooperationspartner. Nur Hochschullehrer kamen dafür in Frage, die auf umfangreiche Praxiserfahrung zurückblicken konnten, wobei die Ansprüche der Firmen in dem Maße stiegen, in dem sie eigenes elektrotechnisches Wissen aufbauten. Leider geben die Quellen keine detaillierte Auskunft, in welcher Art und Weise sich diese wohl nur auf wenige Fälle beschränkte intensive Kooperation bei der Entwicklung elektrotechnischer Komponenten vollzog. Etwas besser dokumentiert ist die Mitarbeit von Erasmus Kittler bei den Chemischen Werken Griesheim bei der Entwicklung der Chlor-Alkali-Elektrolyse,[14] also auf einem zwischen Chemie und Elektrotechnik befindlichen Gebiet.

Seit den 1870er Jahren verdrängte das 1861 von dem Belgier Ernest Solvay entwickelte Ammoniak-Verfahren für die Produktion von Soda das bislang praktizierte Leblanc-Verfahren. Im Unterschied zum Solvay-Ver-

---

[12] GStA Merseburg MK Rep 76 Vb Sekt 6 Tit III Nr 14 Bd I Bl 39ff., 52f., 69ff. sowie Nr 9 Bd I Bl 250ff., 271ff., 280ff. u. 317f.

[13] Badische Landeszeitung Nr. 564, Abendblatt v. 2.12.1901.

[14] Zur Chlor-Alkali-Elektrolyse s. folgende Literatur: Arndt, S. 106–08; Rüsberg, S. 52; Raschen/Hoffmann, S. 27ff.; Raschen; Pistor, S. 33f. u. 159; Haber, S. 79ff.; Borscheid, S. 177f.; Osteroth, S. 121–27; König, Massenproduktion, S. 363–65; Quellen, die Hinweise auf Kittlers Tätigkeit geben: Hoechst AG, Abt. Firmengeschichte, Aufsichtsratsprotokoll v. 1. März 1888; HA Darmstadt, Kopiebuch Kittler, etwa 20 Briefkopien, besonders S. 43, 89 u. 23.5.89 (zum Kopiebuch Kittlers vgl. König, Hochschullehrer).

fahren fiel beim Leblanc-Prozeß Chlorwasserstoff an, den man weiter zu Bleichpulver umwandelte. Durch die Verdrängung des Leblanc-Verfahrens wurde Chlor knapper und teurer. Die sich öffnende Marktlücke peilte die am Main gelegene Chemische Fabrik Griesheim mit ihren Entwicklungsarbeiten zur Chlor-Alkali-Elektrolyse in den 1880er Jahren an. Als Sodaproduzent war Griesheim selbst von der Leblanc-Krise betroffen und verlor überdies in dieser Zeit einen Teil seiner Schwefelsäurekunden. Das entscheidende Problem des Verfahrens bestand in der Konstruktion der Elektrolysebehälter, in denen man Kaliumchloridlösung zu Chlor sowie Wasserstoff und Kalilauge zersetzte. Das Chlor verarbeitete man weiter zu Bleichpulver, die Kalilauge zu Schmierseifen und den Wasserstoff verwandte man später vor allem zum autogenen Schweißen. Damit die entstehenden Stoffe nicht miteinander reagierten, entwickelten die Griesheimer Mitarbeiter ein aus einem speziellen Zement bestehendes Diaphragma für die Elektrolysebehälter, eine Trennwand, die den Ionentransport ermöglichte, die entstehenden Stoffe aber voneinander trennte.

Für die industrielle Umsetzung des Verfahrens benötigte man weiter Generatoren mit bislang nicht gebräuchlichen Stromstärken. Die Griesheimer Entwicklungsarbeiten erfolgten unter dem Vorstandsmitglied und technischen Leiter der Fabrik Ignatz Stroof, der am Polytechnikum Karlsruhe und an der Universität Gießen Maschinenbau und Chemie studiert hatte. Um sich eine Wissensbasis für die elektrotechnischen Probleme des Verfahrens zu schaffen, belegte Stroof an der TH Darmstadt bei Erasmus Kittler Veranstaltungen. Aus diesem Kontakt erwuchs die spätere geschäftliche Verbindung. Für die Versuchsarbeiten verwandte Griesheim Generatoren, zunächst von Siemens & Halske, dann von Schuckert, wie sie damals in der galvanotechnischen Industrie eingesetzt wurden. Für die in Griesheim geplante industrielle Anlage reichte die Leistung dieser Maschinen aber bei weitem nicht aus. Die von Schuckert entwickelte erste Maschine erzeugte eine Leistung von 1000 Ampère und 60 Volt. 1889/90 nahm man in Griesheim die industrielle Chlorproduktion auf. Auf der Grundlage des Griesheimer Verfahrens errichteten in den 1890er Jahren mehrere Unternehmen Produktionsanlagen auf den Braunkohlefeldern bei Bitterfeld und legten damit den Grundstein für die mitteldeutsche Chemieindustrie.

Welche Rolle spielte nun Erasmus Kittler bei der Griesheimer Verfahrens- und der Schuckertschen Maschinenentwicklung? Wiewohl die für die Beantwortung dieser Frage zur Verfügung stehenden Quellen nur spärlich fließen, spricht doch alles dafür, daß er zwischen Griesheim und Schuckert eine Art Vermittler spielte. Weder gibt es Hinweise darauf, daß er für die Verfahrensentwicklung einen nennenswerten Beitrag leistete, noch dürfte ihn seine elektrotechnische Kompetenz befähigt haben, den Schuckertschen Ingenieuren Konstruktionsvorschläge für die Generatoren zu unterbreiten.

Wofür also eine solche Mittlerrolle? Die für die Maschinenentwicklung wichtigen Angaben hätten sich die Schuckertschen Ingenieure auch unmittelbar in Griesheim verschaffen können. Der entscheidende Grund, daß Griesheim über Kittler mit Schuckert verhandelte, lag darin, daß die Firma auf strikte Geheimhaltung angewiesen war. So wenig Personen wie möglich sollten einen Einblick in die laufenden Arbeiten erhalten. Gerade das für die industrielle Anwendung entscheidende Verfahren der Herstellung der Diaphragmen erwies sich als nicht patentfähig,[15] so daß für die Firma alles darauf ankam, sich durch Geheimhaltung einen Entwicklungs- und Produktionsvorsprung zu verschaffen, um sich die am Markt zu erzielenden hohen Anfangsgewinne zu sichern. Kittler schien Stroof Gewähr für die erforderliche Verschwiegenheit zu bieten. Und er verfügte als Elektrochemiker – Kittler hatte über elektrochemische Themen promoviert und sich habilitiert – und Elektrotechniker über genau die notwendigen Kenntnisse, um den Beteiligten die Schnittstellenprobleme zwischen dem elektrotechnischen und dem elektrochemischen Teil der Anlage zu vermitteln. Hinzu kam, daß er als von beiden Seiten anerkannter "ehrlicher Makler" darüber wachen konnte, daß die technischen und die preislichen Absprachen von vornherein so geregelt wurden, daß spätere Auseinandersetzungen nach Möglichkeit unterblieben. Damit übte Kittler bei der Entwicklung der Chlor-Alkali-Elektrolyse eine Funktion als Berater und Vermittler aus, die der bei Elektrifizierungsprojekten entsprach, worauf später noch ausführlicher einzugehen sein wird.

Mit der Chemie zusammen wird die Elektrotechnik in der Literatur üblicherweise als Standardbeispiel für die in der zweiten Hälfte des 19. Jahrhunderts aufkommenden "Science-based Industries", die wissenschaftsgestützten Industrien, genannt. Ein Element dieser Wissenschaftsbasierung – so die These – bestehe darin, daß an Hochschulen gewonnene Forschungsergebnisse in die Industrie überführt und dort in Produktion umgesetzt würden. In der Chemie läßt sich dieses Muster tatsächlich feststellen, wenn die Umsetzung von Forschung in Produktion auch komplexer ist und größerer Anstrengungen bedarf, als manche Darstellungen es erwarten lassen.[16] Die Forschungsbeziehungen zwischen Hochschulchemie und chemischer Industrie entfalteten sich in vielfältigen Formen. Chemieunternehmen kauften patentierte und nicht-patentierte Forschungsergebnisse von Hochschulchemikern auf, vergaben an diese Forschungsaufträge, finanzierten zum Beispiel Dissertationen, und entsandten eigene Mitarbeiter eine Zeitlang an

---

[15] Raschen, S. 58.

[16] Zum Verhältnis von Wissenschaft und Industrie in der Chemie eine Zusammenfassung bei König, Massenproduktion, S. 402–07.

Hochschullaboratorien. Besonders florierten diese Kooperationsformen in der Zeit, als die Chemiefirmen noch keine eigenen Forschungskapazitäten aufgebaut hatten, ohne daß sie in der Zeit danach zum Stillstand kamen.

Wir haben im Vorhergehenden gezeigt, und werden dies später noch ausführlicher begründen, daß Forschungskooperationen dieser Art in der Elektrotechnik eher selten stattfanden und die Historiker irren, die die Elektrotechnik in dieser Hinsicht mit der Chemie gleichsetzen.[17] Der Unterschied resultiert größtenteils daraus, daß es den in der chemischen Verfahrensentwicklung üblichen Weg vom Labor in die Fabrik – oder, um es verkürzt auszudrücken: vom Reagenzglas in den Reaktions-Großbehälter – in der Elektrotechnik nicht gab. In der Starkstromtechnik jedenfalls, bei der Entwicklung elektrischer Maschinen und Anlagen, ließen sich in unserem Untersuchungszeitraum praxisrelevante Forschungsergebnisse nicht an Maschinenmodellen und Funktionsprinzipien verdeutlichenden Versuchsapparaturen gewinnen, sondern nur an Maschinen und Anlagen, wie sie in der Praxis Verwendung fanden. Und selbst, als sich die elektrotechnischen Hochschulinstitute um die Jahrhundertwende solche Versuchseinrichtungen schufen, reichten diese nicht an die der Industrie heran. Teilweise behalfen sich die Hochschul-Elektrotechniker damit, daß sie Untersuchungen in der Industrie oder in Elektrizitätswerken durchführten, wobei sie allerdings auf deren Wohlwollen und Unterstützung angewiesen waren. Je nach den intendierten Verwendungszwecken gab es bei der Entwicklung elektrischer Maschinen und Anlagen so viele Parameter zu beachten, daß empirische Vorgehensweisen größere Erfolgsaussichten besaßen als theoretische und damit die akademische Elektrotechnik ihre Stärke nur begrenzt ausspielen konnte.

Etwas anders lagen die Verhältnisse auf den damals aktuellen Gebieten der Nachrichtentechnik, der Telefonie und der drahtlosen Telegrafie. Hier harrten noch zahlreiche grundlegende theoretische Fragen einer Lösung und versprachen einen unmittelbaren Anwendungsbezug. In der Laborphase war der erforderliche experimentelle Aufwand geringer als in der Starkstromtechnik. Und beim Staat bestand von vornherein eine größere Bereitschaft, nachrichtentechnische Forschungen zu unterstützen, da deren Ergebnisse verkehrs- wie machtpolitische Relevanz besaßen. In diesem Bereich kam es denn auch zur Zusammenarbeit zwischen Hochschullehrern und der Industrie, wie bei der drahtlosen Telegrafie zwischen Adolf Slaby und der AEG sowie Ferdinand Braun und Siemens & Halske, welche in unserer Arbeit, die sich auf die industriell viel wichtigere Starkstromtechnik konzentriert, nicht behandelt wird.

---

[17] So z.B. Borscheid, S. 210.

Elektrifizierungsberatung

Die Elektrifizierung der Städte begann gegen Ende der 1870er Jahre mit der Beleuchtung von Straßen und Plätzen mit Bogenlampen. Als Thomas Alva Edison Anfang der 1880er Jahre sein elektrisches Beleuchtungssystem mit Glühlampen fertigstellte, eröffnete er damit auch die Möglichkeit, das Innere von Gebäuden zu beleuchten. Man installierte elektrisches Licht in Fabriken, Verwaltungsgebäuden, Gaststätten, Geschäften, Theatern und in den Wohnhäusern Begüterter, überall da, wo man wegen der Vorteile des elektrischen Lichts und dem mit seiner Verwendung verbundenen Prestige die hohen Kosten in Kauf nahm. Jede dieser Gebäude- oder Blockbeleuchtungen benötigte ein eigenes kleines Kraftwerk. Wollte man größere Areale mit Strom versorgen, mußte man den elektrischen Strom über öffentlichen Grund und Boden leiten. Seit Mitte der 1880er Jahre entstanden in den Städten öffentliche Elektrizitätswerke. Der einsetzende Elektrifizierungsboom fand einen Höhepunkt zwar schon gegen Ende des Jahrhunderts, aber noch vor Kriegsausbruch übertraf die Leistung der Gebäude und Gebäudeensembles versorgenden Kraftwerke die der öffentlichen. Diente die Elektrizitätsversorgung zunächst vorwiegend der Beleuchtung, so gewann seit den 1890er Jahren motorische Energie, zunächst für Straßenbahnen und dann für die Industrie, an Bedeutung.

Eine Stromversorgung in einem Gebäude, einer Industrieanlage, einem Stadtteil, einer Stadt oder einer Region bildet ein komplexes technisches System, bestehend aus Kraftmaschinen, elektrischen Maschinen, Schalt-, Regel- und Kontrolleinrichtungen, elektrischen Leitungen, Lampen, Motoren und anderen Komponenten. Für die Systemwahl und die Wahl der einzelnen Komponenten gibt es eine Fülle von Möglichkeiten. In der Frühzeit der Elektrifizierung verfügten allein die Hersteller elektrischer Maschinen und Anlagen über die für die Projektierung und Errichtung solcher Systeme erforderlichen Kenntnisse. Die Kunden waren weitgehend ihrer Expertise ausgeliefert. Es liegt auf der Hand, daß sie nach unabhängigen Experten Ausschau hielten, die die Angebote der Hersteller vergleichend beurteilen und sie bei ihren Elektrifizierungsprojekten beraten konnten. Sie fanden solche Elektrifizierungsberater in selbständigen Beratenden Ingenieuren, in durch den Staat eingerichteten Beratungsstellen – und in den neu berufenen Professoren und Dozenten für Elektrotechnik.

In welchem Umfang sich die Hochschullehrer in dieses bald immense Dimensionen annehmende Beratungs- und Projektierungsgeschäft stürzten, hing von ihrer Kompetenz, ihrer Bereitschaft und Fähigkeit, sich fehlende Kompetenz zu erwerben, ihrer Lehrbelastung und ihrem Arbeitsvermögen ab. Einige Hochschullehrer engagierten sich in weit über hundert Projekten, andere nur in wenigen; doch völlig konnte und wollte sich wohl keiner den an ihn herangetragenen Anfragen entziehen. Die Honorare für Projektausarbeitungen und Gutachten bedeuteten für manche ein gutes Zubrot, bei anderen übertrafen sie das Professorengehalt bei weitem. Doch wäre es verfehlt, allein die materielle Seite der professoralen Nebentätigkeiten zu betonen. In ihrem Selbstverständnis marschierten die Professoren mit ihren elektrotechnischen Arbeiten an der Spitze des technischen Fortschritts und der industriellen Entwicklung und schufen eine Grundlage für den Wohlstand breiter Bevölkerungskreise. Und in weniger idealistischer Überhöhung: Ihre Nebentätigkeiten verschafften ihnen unmittelbare Informationen über die Entwicklung der elektrotechnischen Praxis und sorgten somit für eine ständige Aktualisierung ihres Wissens. Die elektrischen Anlagen, an deren Errichtung sie mitgewirkt hatten, dienten auf Exkursionen ihren Studenten als Anschauungsobjekte. Und die gewonnenen Industriekontakte ermöglichten oder erleichterten es ihnen, den frischgebackenen Ingenieurabsolventen einen ersten Arbeitsplatz zu vermitteln.

Bei der Tätigkeit von Hochschullehrern bei Elektrifizierungsvorhaben lassen sich zwei Typen unterscheiden: Die Professoren konnten Projekte selbständig ausarbeiten, von verschiedenen Firmen die Anlagenkomponenten kaufen und die Errichtung und Inbetriebnahme der Anlage überwachen. Solche Projektausarbeitungen kamen vor allem bei privaten Eigenanlagen in Frage. Dagegen überstieg die Elektrifizierung einer Stadt meist die Arbeitskapazität eines einzelnen Hochschullehrers, selbst wenn dieser einen oder mehrere private Assistenten für solche Arbeiten beschäftigte. Bei städtischen Elektrifizierungsvorhaben wirkten Professoren in erster Linie als Gutachter mit. Sie überprüften – oder entwarfen auch – die Ausschreibungsbedingungen für das Projekt und begutachteten die von den Firmen eingereichten Angebote.

Mit solchen gutachtlichen Tätigkeiten füllten die Professoren Kompetenzdefizite der Stadtverwaltungen auf einem besonders schwierigen Feld aus. Bei den in städtischen Diensten stehenden Ingenieuren handelte es sich vor allem um Bautechniker, maschinentechnische Kompetenz war weniger verbreitet, und elektrotechnisch ausgebildete Ingenieure standen erst in den 1890er Jahren in nennenswerter Zahl zur Verfügung. Manche Städte stellten Elektrotechniker oder Maschinentechniker mit elektrotechnischer Kompetenz erst ein, als das Entscheidungsverfahren für die Elektrifizierung in vollem Gange war,[18] andere warteten gar bis zum Bau des Elektrizitätswerks. Selbst wenn die Stadt einen Elektrotechniker besaß – nicht selten ein Berufsanfänger –, so verfügte dieser im allgemeinen über weniger Erfahrung als die Hochschullehrer, die bereits andere Projektierungen und Begutachtungen durchgeführt hatten. Und schließlich besaß das Votum eines

[18] So z.B. Mannheim 1896 (Schott, S. 261) und Karlsruhe 1894 (s. u. S. 272f.).

Hochschulprofessors vor den städtischen Gremien mehr Gewicht als das eines städtischen Angestellten.

Die Begutachtung konkurrierender Angebote stellte alles andere als ein einfaches Geschäft dar. Meist waren die Angebote zu unterschiedlich, als daß man sie hätte ohne weiteres vergleichen können. Dies lag daran, daß die städtischen Ausschreibungen zu unspezifisch waren oder daß die Firmen Teile der Ausschreibungen ignorierten. Bei der rapiden technischen Entwicklung glich kaum ein Elektrizitätswerk dem anderen und führten negative Erfahrungen, die man bei einem Werk gemacht hatte, zu Modifikationen beim Bau des nächsten. Ein Anbieter konnte also leicht zur Auffassung gelangen, einzelne Elemente der Ausschreibung seien eigentlich schon durch die technische Entwicklung überholt, und diese ignorieren. Besonders problematisch war die Situation in der zweiten Hälfte der 1880er und Anfang der 1890er Jahre, als mit Gleich-, Wechsel- und Drehstrom verschiedene Stromsysteme miteinander konkurrierten, die je spezifische Vor- und Nachteile aufwiesen und bei denen einzelne Komponenten sich noch in der Entwicklung befanden. Den Gutachtern fiel nicht nur die Aufgabe zu, die Eignung der verschiedenen Systeme für die jeweiligen lokalen Verhältnisse abzuwägen, sondern auch die Brauchbarkeit neuer, unerprobter Komponenten und das Entwicklungspotential noch nicht zur Verfügung stehender Techniken abzuschätzen. In dieser Situation mußte es zu langwierigen und aufreibenden Auseinandersetzungen zwischen verschiedenen Gutachtern und Anbietern kommen. In den 1890er Jahren kehrte wieder mehr Ruhe ein, als sich die Fronten der Technikentwicklung begradigten und mit motorischen Umformern eine Technik zur Verfügung stand, die es erlaubte, mehrere Stromarten zu einem auf die jeweiligen Anforderungen abgestellten Mischsystem zu kombinieren. Weiterhin blieb es jedoch dabei, daß die Gutachten zwar einzelne Rechenoperationen beinhalteten, in ihrer Gesamtheit aber eine vorsichtige qualitative Abwägung darstellten, in die technische und wirtschaftliche Projektionen, politische Wertentscheidungen und individuelle Berufserfahrungen eingingen.

Der Gutachter befand sich immer in einer prekären Situation: zwischen den konkurrierenden Anbietern, den häufig heterogenen Kräften der städtischen Verwaltung sowie seinen Gutachterkollegen. Gutachtete er mehrmals zugunsten einer Firma, so stand er in der Gefahr, daß man seine Unabhängigkeit in Zweifel zog. Gutachtete er wiederholt gegen eine Firma, so drohte ihm von dieser ein Boykott in der Form, daß sie ihm wichtige fachliche Informationen vorenthielt, die er für seine Tätigkeit als Hochschullehrer brauchte. Und schließlich konnten gutachterliche Differenzen mit Kollegen in langjährigen oder gar lebenslänglichen Zerwürfnissen enden. Eine knappe Skizze der in Karlsruhe geführten Diskussion um die Elektrifizierung der Stadt unter besonderer Berücksichtigung der Rolle der

Hochschullehrer ist geeignet, Licht auf die bei solchen Projekten auftretenden Kompetenzprobleme und Interessenkonflikte zu werfen.[19]

Im Jahre 1891 schrieb Karlsruhe erstmals das Projekt eines städtischen Elektrizitätswerks aus. Die sieben eingereichten Angebote der großen deutschen elektrotechnischen Firmen gab die Stadt zur Begutachtung an die städtische Baukommission, die sich durch einige Fachleute verstärkte, darunter die beiden Fachvertreter für Elektrotechnik an der Technischen Hochschule, Heinrich Meidinger und Otto Lehmann. Lehmann, eigentlich experimenteller Physiker und an der industriellen Elektrotechnik herzlich wenig interessiert,[20] blieb nichts anderes übrig, als – wie er später schrieb[21] – "um der Ehre der Hochschule willen" die freie Zeit eines Jahres zu opfern und ein Gutachten zu erstellen. Der – so Lehmanns Selbstbeurteilung – der Technik fernstehende Experte[22] stellte zunächst zu Recht fest, daß die Angebote eigentlich unvergleichbar seien. Dies lag an der sehr allgemein gehaltenen Ausschreibung, die nicht viel mehr als den Wunsch nach einem Elektrizitätswerk enthielt. Von vornherein legte denn auch Lehmann sein Gutachten nicht als eine Entscheidungsgrundlage an. Vielmehr griff er aus den einzelnen Angeboten die Faktoren heraus, die seines Erachtens für eine vergleichende Rechnung unbedingt nötig seien. Bei den Angeboten, die unvollständige Angaben in seinem Sinne enthielten, das hieß letzten Endes bei allen, setzte er fiktive Zahlen ein. Seine Vorstellungen gingen dahin, die Grundlagen für eine neue Ausschreibung zu schaffen und die Anbieter durch Mitteilung seiner fiktiven Zahlen zur Korrektur und zur Einreichung vollständiger Angaben zu zwingen. Wenn auch bezweifelt werden kann, ob Lehmanns Streben nach mathematischer Vergleichbarkeit zu realisieren und der Problematik adäquat war, so hatte er, ein im Grunde Fachfremder, sich der gestellten Aufgabe doch mit Geschick und Intelligenz entledigt. Im folgenden spielte sein Gutachten dann keine Rolle mehr.

1894 beschloß die Stadt, mit dem Privatdozenten an der TH Karlsruhe, Gustav Rasch, einen städtischen Elektrotechniker anzustellen. Rasch gehör-

---

[19] Das folgende nach Stadtarchiv Karlsruhe D 98/Schne: Die Errichtung einer elektrischen Zentral-Anlage für Abgabe von Licht und Kraft in Karlsruhe. Vortrag an den Stadtrat von Oberbürgermeister Schnetzler. (Karlsruhe 1897); 8/StS 17 Nr 53, Denkschrift v. 28.3.1899; H-Reg Abt A Nr 458–61; GStA Merseburg MK Rep 76 Vb Sekt 6 Tit III Nr 9 Bd I Bl 172ff.; Badische Landeszeitung Nr. 564, Abendblatt v. 2.12.1901.

[20] S. o. S. 52.

[21] GLA 448–2401; 29.2.1912 – Lehmann an Min.; vgl. auch Lehmann, Geschichte, S. 81.

[22] Schnetzler (s. Anm. 19), S. 4.

te zu den ersten Elektrotechnikstudenten Kittlers, hatte zwei Jahre bei Lahmeyer in Aachen und drei Jahre im städtischen Elektrizitätswerk Gera gearbeitet, brachte also alles mit, was man benötigte, um das Elektrifizierungsprojekt voranzutreiben. Die Karlsruher besichtigten schon bestehende städtische Elektrizitätswerke und führten eine Fragebogenaktion durch, um in Karlsruhe die Nachfrage nach Elektrizität abzuschätzen. 1896 arbeiteten Rasch, ein Kollege aus der Karlsruher Bauverwaltung und der Leiter des Bremer Elektrizitätswerks ein neues Gutachten aus, in dem sie sich für ein durch die Stadt in Eigenregie betriebenes Kraftwerk und das Gleichstromsystem aussprachen. Eine Änderung erfuhren die Pläne im nächsten Jahr, als man beschloß, den zu errichtenden Rheinhafen in das System einzubeziehen, wofür ein Drehstrom-Gleichstromsystem am geeignetsten erschien. Im Unterschied zu 1891 erließ die Stadt diesmal eine sehr detaillierte Ausschreibung.

Der Zuschlag ging aus strukturpolitischen Gründen an die eigens für diesen Zweck gegründete Karlsruher Gesellschaft für elektrische Energie als Generalunternehmerin, die das Elektrizitätssystem dann in den Jahren 1901 und 1902 auch errichtete. Die für unseren Zusammenhang relevante Delikatesse dieser Geschichte liegt nun in der Rolle des 1894 an die Technische Hochschule berufenen Engelbert Arnold, des ersten richtigen Elektrotechnikers auf dem Karlsruher Lehrstuhl. Arnold gehörte einerseits der städtischen Sachverständigenkommission an, begutachtete die eingereichten Angebote und wirkte an der Entscheidung mit, andererseits fungierte er in den Jahren 1897 und 1898 als gut dotierter technischer Beirat ebendieser Gesellschaft für elektrische Energie und übte eine Art Oberleitung über deren Konstruktionsbüro für elektrische Maschinen aus. Diese Interessenverquickung gelangte ans Licht der Öffentlichkeit durch einen 1901 zwischen Arnold und Rasch ausgetragenen Beleidigungsprozeß. Arnold hatte Rasch den Vorwurf eines ungenügend ausgearbeiteten Vorprojekts gemacht, was dieser zurückwies. Die Angriffe konterte er, indem er seinerseits die geschäftliche Verbindung zwischen Arnold und dem Karlsruher Unternehmen aufdeckte. Das Verfahren endete mit einem Vergleich: Arnold zog seine Vorwürfe gegen Rasch, die sich tatsächlich als unhaltbar erwiesen hatten, zurück, und Rasch erklärte, daß er Arnolds Integrität nicht habe in Zweifel ziehen wollen. Arnold hatte geltend gemacht, daß er zu dem Zeitpunkt, als er sein Gutachten und sein Votum zur Karlsruher Elektrifizierung abgab, nicht mehr in den Diensten der Gesellschaft stand.

Verdeutlicht diese Episode Funktions- und Interessenverknüpfungen von Hochschullehrern, so zeigt sie auch, als wie selbstverständlich ihre Mitwirkung bei Elektrifizierungsvorhaben der Hochschulstadt angesehen wurde, und dies selbst dann, wenn, wie im Falle von Otto Lehmann, die Bereitschaft des Betreffenden relativ klein war. Daß die Stadt auf den Elektrotechniker ihrer Hochschule zurückgriff, lag – nicht nur im wörtlichen Sinn – nahe, hatten doch die Regierungen die elektrotechnischen Lehrstühle auch mit dem Argument eingerichtet, auf diese Art und Weise die Elektrifizierung der Stadt, der Region und des Landes zu befördern. Wenn der Hochschullehrer daran interessiert war, konnte er aufgrund seiner Autorität leicht entscheidenden Einfluß auf das Projekt gewinnen. Lokales politisches Engagement des Hochschullehrers, wie bei Wilhelm Dietrich als Mitglied des Stuttgarter Gemeinderats zwischen 1906 und 1912,[23] verstärkte noch die Einflußmöglichkeiten. Im folgenden wird die treibende Rolle Erasmus Kittlers kurz skizziert, die zu einer überaus frühen Elektrifizierung der Stadt Darmstadt führte.[24]

Kittlers 1882 erfolgte Berufung auf den ersten elektrotechnischen Lehrstuhl in Deutschland an der TH Darmstadt, bei dem es sich um einen städtischen Stiftungslehrstuhl handelte, und seine auch an die Öffentlichkeit sich wendenden elektrotechnischen Veranstaltungen setzten in Darmstadt früh eine Elektrifizierungsdiskussion in Gang. 1885 gab die Stadt einen Prüfungsauftrag, der in eine Begutachtung unter Federführung Kittlers mündete. Das 1887 vorliegende detaillierte Gutachten widmete sich vor allem der Frage, ob die Errichtung einer städtischen Elektrizitätszentrale das ebenfalls in städtischem Besitz befindliche Gaswerk schädigen könne. Kittler setzte die Stadt unter einen gewissen Handlungsdruck, indem er die großherzogliche Entscheidung erreichte, das Hoftheater auf elektrische Beleuchtung umzustellen. Wenn die Stadt ihre Pläne hinausschob, bestand also die Gefahr, das Theater als einen der wichtigsten Kunden zu verlieren. Diese Gefahr vor Augen beschloß die Stadt das Elektrizitätsversorgungssystem und betraute Kittler mit der Projektierung und Oberleitung. Das von Siemens & Halske gebaute System, das 1888 seinen Betrieb aufnahm, war für die damalige Zeit hochmodern. Es handelte sich um ein Gleichstrom-Dreileiter-System; die Dampfmaschinen des Kraftwerks trieben Innenpolmaschinen als neuen Generatortyp an. Damit besaß die nicht sehr gewerbereiche, kleine Residenzstadt zu einem außerordentlich frühen Zeitpunkt ein öffentliches Elektrizitätswerk, zweifellos unter wesentlichem Einfluß Kittlers und der "von ihm verkörperten fachlichen Autorität und charismatischen Modernität".[25] Manche größeren Industriestädte folgten erst mehr als ein Jahrzehnt später.

Wir besitzen keinen qualitativen oder quantitativen Überblick zur Mitwirkung einzelner oder der Gesamtheit der Hochschullehrer an Elektrifi-

---

23 UA Stuttgart AA 398; Bader, Elektrotechnik, S. 330; Leiner, S. 200ff.

24 König, Erasmus Kittler, S. XXXVI f.; Schott.

25 Schott, S. 280.

zierungsprojekten. Doch ermöglicht ein glücklicher Quellenfund einen Einblick in die Tätigkeit Erasmus Kittlers, sicher einer der profiliertesten und am meisten beschäftigten Elektrifizierungsberater unter den Professoren, im Zeitraum 1888/89.[26] In der quellenmäßig dokumentierten Zeit eines guten halben Jahres befaßte sich Kittler in mehr oder minder ausgedehnter Weise mit 34 Elektrifizierungsprojekten. Dabei handelte es sich in zwölf Fällen um städtische Elektrifizierungszentralen, in 9 um sonstige kommunale Projekte und in 13 Fällen um gewerblich-industrielle. Bei zwei Zentralstationen und 14 Einzelanlagen leitete er die Projektierung und den Bau, bei 4 Zentralstationen und 2 Einzelanlagen wirkte er als Gutachter mit. Auch in den Fällen, bei denen er die Projektleitung innehatte, holte er von verschiedenen Firmen Angebote ein. Kittler bewertete die Angebote in eher zurückhaltender Weise, die letzte Entscheidung blieb jedenfalls immer beim Kunden. Offensichtlich bemühte sich Kittler auf diese Art und Weise oder auch, indem er den Kunden aufforderte, sich von vornherein auf einen Lieferanten festzulegen, seine guten Beziehungen zu elektrotechnischen Firmen nicht zu belasten, was aber jedenfalls im Falle von Siemens & Halske nicht gelang.

Auf die Planerstellung und die Auswahl des Anlagenbauers folgte die Abfassung eines Vertrages zwischen Auftraggeber und Auftragnehmer. Eine elektrotechnische Firma trat in den Vertrag als Generalunternehmer ein. Der Generalunternehmer verantwortete also auch die nicht von ihm gelieferten Anlagenkomponenten und sicherte sich wiederum gegenüber den Zulieferern vertraglich ab, welche aber nicht von ihm, sondern von den Kunden ausgewählt wurden. Im Vertrag wurden festgeschrieben: der Umfang der Leistungen und Lieferungen, der Fertigstellungstermin und die Höhe der Konventionalstrafe für Überschreitungen, die Zahlungsbedingungen, die Abnahmebestimmungen und die Garantiezeit. Kittler wirkte als Mittelinstanz zwischen Kunden und Anlagenersteller; die gesamte Kommunikation lief über ihn. Die Überwachungen der Lieferungen, der Montage und der Betriebsproben verlangten seine häufige Anwesenheit beim Kunden. Die Abnahme der Anlage und die Rechnungsprüfung schlossen die Projektarbeiten ab, wenn Kittler auch später noch bei Reklamationen vor und nach Ablauf der Garantiezeit tätig wurde.

Kittler beschäftigte für solche Arbeiten auch Privatassistenten.[27] Doch trotz dieser Unterstützung dürften die bei großen städtischen Elektrifizierungsprojekten anfallenden Arbeiten zu umfangreich gewesen sein, als daß sie

---

[26] Das folgende als Zusammenfassung der ausführlichen Darstellung bei König, Hochschullehrer.

[27] So z.B. 1891 den späteren Lehrstuhlinhaber an der TH München Robert M. Friese. SAA 13/Lt 135 (Lebenslauf).

von einem Hochschullehrer in diesem Stil hätten bewältigt werden können. Hier traten die Hochschullehrer mehr als Mitglieder von Sachverständigenkommissionen und als Gutachter in Erscheinung. Die Leitungs- und Überwachungsarbeiten vor Ort übernahmen die mit der Durchführung betrauten Firmen und die städtischen Bauverwaltungen, in die spätestens jetzt auch Elektrotechniker eintraten. Als Sachverständige und Gutachter konnten die Professoren aber durchaus einen maßgeblichen Einfluß bei einem Elektrifizierungsprojekt ausüben. So wirkte Kittler, ohne daß die Art seiner Tätigkeit im einzelnen bekannt ist, noch bei der Errichtung der Elektrizitätswerke und Elektrizitätsversorgungssysteme in Bonn, Düsseldorf, Budapest, Danzig, Mainz, Straßburg, Worms, Offenbach, Rheinau und Stettin sowie des Überlandwerks Oberhessen mit.

Die Momentaufnahme der Projektierungsarbeit Kittlers aus dem Jahre 1888/89 und der sicher nicht vollständige Überblick über seine Tätigkeit als Sachverständiger und Gutachter mag wenigstens einen Eindruck von den Größenordnungen der Nebentätigkeiten eines besonders aktiven Hochschullehrers für Elektrotechnik vermitteln. Dazu kamen weitere Engagements: als Mitglied von Firmengremien, wie Kittler als Aufsichtsrat des Elektrizitätswerks Rheinhessen und Arnold als technischer Beirat der Karlsruher Gesellschaft für elektrische Energie, oder als Gutachter und Schiedsrichter bei Patentstreitigkeiten und sonstigen Auseinandersetzungen, wie Kittler in einem Streit zwischen der ungarischen Firma Ganz und ihrem deutschen Lizenznehmer Helios.[28] Auf diese Weise entstand ein Interessen- und Beziehungsgeflecht zwischen Professoren und Industrieunternehmen, das beide Seiten für ihre jeweiligen Zwecke nutzen konnten.

Nach der Jahrhundertwende tauchen vereinzelt Klagen von Hochschullehrern auf, daß das Beratungsgeschäft schwieriger geworden oder ganz eingeschlafen sei.[29] Befanden sich die Professoren in den 1880er Jahren noch allein auf weiter Flur, so hatte sich inzwischen die selbst großgezogene Konkurrenz in Gestalt ihrer Absolventen zu ihnen gesellt. In den Spalten der Elektrotechnischen Zeitschrift und anderer Fachorgane boten zunehmend Beratende Ingenieure, d.h. freiberuflich tätige Elektrotechniker, ihre Dienste an.[30] Dazu kam der konjunkturelle Einbruch in den Jahren 1901/02, der die

---

[28] König, Hochschullehrer, S. 10; vgl. auch zur Gutachtertätigkeit verschiedener Professoren für die Accumulatoren-Fabrik AG in Hagen: 50 Jahre Accumulatoren-Fabrik, S. 140f., und zur Kältetechnik: Dienel, Professoren.

[29] So Kohlrausch am 24.6.1902: GStA Merseburg MK Rep 76 Vb Sekt 12 Tit III Nr 5 Bd III Bl 181f.; und Reichel 1906: Ebenda Sekt 4 Tit III Nr 8 Bd IX Bl 35f.

[30] Zu den Beratenden Ingenieuren als Elektrifizierungsberater vgl. Voigt, S. 98f. u. Schmitz.

Firmen zumindest vorübergehend veranlaßte, selbst für die Kunden detailliert ausgearbeitete Projektangebote zu erstellen. Die städtische Verwaltung hatte mittlerweile eigene elektrotechnische Kompetenz aufgebaut und ihre Abhängigkeit von Gutachten Externer verringert. Die im Dienst der Städte stehenden technischen Angestellten scheuten sich auch nicht, die Auffassungen und Gutachten der Professoren einer kritischen Bewertung zu unterziehen.[31] Der Eindruck drängt sich auf, daß jedenfalls in diesem Bereich der Umfang der Beziehungen zwischen Professoren und Industrie eher ab- als zunahm. In den 1880er und 1890er Jahren hatten die Professoren wichtige Anstöße für die Elektrifizierung gegeben; nun hatte diese eine Eigendynamik gewonnen und lief auch ohne sie.

Elektrotechnische Firmen als Wissenschaftssponsoren

Die Industrie unterstützte elektrotechnischen Unterricht und Forschung an den Technischen Hochschulen in mehrerlei Hinsicht. Sie stellte für die Elektrotechnikstudenten Praktikantenplätze zur Verfügung. Sie öffnete ihre Tore anläßlich von den Professoren organisierter Exkursionen. Beides vermittelte den Studenten Einblicke in die elektrotechnische Praxis, was um so nötiger war, als die Studienanfänger zunehmend direkt von den allgemeinbildenden Schulen kamen und keine beruflichen Erfahrungen mehr mitbrachten. Als die Hochschullaboratorien noch im Aufbau begriffen waren, erlaubten einige elektrotechnische Firmen den Professoren, in den Unternehmen Demonstrationsversuche vor den Studenten vorzunehmen. So arbeitete Slaby in Berlin mit seinen Studenten bei Siemens & Halske und Schwartzkopff und Dietrich in Stuttgart bei der Elektrotechnischen Fabrik Cannstatt.

Die gedruckten Jahresberichte mancher Hochschulen enthalten lange Listen von Maschinen und Apparaten, welche die Firmen den elektrotechnischen Instituten zum Geschenk machten. Den Instituten waren diese Gaben hochwillkommen, entlasteten sie doch den eigenen, der rapiden Entwicklung der Elektrotechnik immer hinterherlaufenden Etat und ersparten sie ihnen langwierige bürokratische Antragsverfahren beim Ministerium. In einigen Ländern mußte das Ministerium solchen Geschenken zustimmen, was es im

---

[31] Dies deutete sich schon in den Auseinandersetzungen zwischen Rasch und Arnold an (s. o. S. 272f.); als Beispiel hierzu s. das Gutachten Kittlers zu einem regionalen Elektrizitätsversorgungssystem um Karlsruhe vom 17.12.1913, das Gegengutachten der Direktion der städtischen Gas-, Wasser- und Elektrizitätswerke vom 30.1.1914 und die Antwort Kittlers vom 19.2.1914. Stadtarchiv Karlsruhe Abt. 1/H-Reg Nr. 439.

allgemeinen ohne weiteres tat.[1] Andere industrielle Fördermaßnahmen lagen darin, daß die Unternehmen den Hochschulen bei Anschaffungen einen besonders günstigen Preis machten oder ihnen Maschinen leihweise und unentgeltlich überließen. Doch möge man den Umfang dieses Sponsoring nicht überschätzen. Kurz vor der Jahrhundertwende machte man in Berlin, wo die Möglichkeiten, Spenden einzuwerben, sicher besonders günstig waren, die Rechnung auf, daß seit der Gründung des Instituts die Industrie Schenkungen im Wert von 75.000 Mark gemacht habe, bei einem Gesamtwert der elektrotechnischen Einrichtungen von 400.000 Mark.[2] Der Staat trug also den Löwenanteil der Kosten, die Industrie leistete ein beträchtliches, aber nicht lebensnotwendiges Zubrot.

Der Vorgang an der TH Berlin zeigt im übrigen auch, daß man sich an der Hochschule und im Kultusministerium Gedanken über Gegengaben machte. Für Johannes Einbeck von der Akkumulatorenfabrik Hagen, die am meisten gestiftet hatte, und für Emil Rathenau von der AEG bemühte man sich um eine Ordensverleihung. In einigen Fällen ist bekannt, daß Universitäten und Technische Hochschulen sich für erwiesene Dienste mit einer Ehrenpromotion bedankten; in der Elektrotechnik sind wir auf einen solchen Fall nicht gestoßen. Damit wird die Frage nach hinter den Sachspenden stehenden Motiven aufgeworfen. Was erhofften sich die elektrotechnischen Firmen, wenn sie der Hochschule eine Maschine oder Meßinstrumente vermachten? Viel spricht dafür, daß sie entweder einem Hochschullehrer, der einen guten Namen besaß oder aus dem eigenen Unternehmen kam, einen Gefallen erweisen wollten oder jedenfalls nur sehr mittelbare Erwartungen hegten. Prinzipiell besaßen sie ein Interesse an einem qualitativ hochwertigen elektrotechnischen Unterricht und gut ausgebildeten Elektrotechnikern. Höchstens konnten sie noch spekulieren, daß die Ausbildung an ihren Maschinen den einen oder anderen Elektrotechniker veranlassen mochte, das gleiche Fabrikat in eine Anlage einzubauen. Der mit Schenkungen betriebene Aufwand für das Unternehmen hielt sich in Grenzen. Häufig gab man die Maschinen und Apparate ab, die im eigenen Unternehmen ausgedient hatten. Eine über diese allgemeinen Interessen hinausgehende Motivlage ist eher unwahrscheinlich. Weder nahm die Industrie auf Berufungen Einfluß, noch auf die Lehre, selbst wenn einzelne Industrielle, wie Werner Siemens, die Möglichkeit dazu besaßen.[3]

Außer Sachspenden flossen an die elektrotechnischen Institute aus der Industrie auch Gelder. Nach der Jahrhundertwende veranstaltete der Verein

[1] S. z.B. StAD, Min. f. Volksbildung, 15 646.

[2] GStA Merseburg, MK, Rep 76 Vb Sekt 4 Tit X Nr 20 Bd III Bl 61ff.

[3] S. o. S. 90–92.

Deutscher Ingenieure für Dresden eine Sammlung, die aber nur 30.000 Mark einbrachte.[4] Dabei kam es noch zu Differenzen zwischen dem Institut und dem Kultusministerium, das dem Institut zunächst nur die Zinsen zur Verfügung stellen wollte. Die 1910 gegründete Stuttgarter Robert Bosch-Stiftung besaß ein Stiftungskapital von 1 Million Mark.[5] Aus diesem Kapital gingen auch Gelder in einer Höhe an das elektrotechnische Institut der TH Stuttgart, welche die staatlichen des laufenden Etats übertraf. Nicht zu vergessen ist dabei, daß die in den Baulichkeiten und Einrichtungen des Instituts sowie den Personalstellen gebundenen staatlichen Mittel wesentlich höher lagen.

So ergibt sich auch hier und insgesamt das Bild, daß bei der Elektrotechnik wie in anderen Fächern der Staat die Hochschulwissenschaft finanzierte und die Industrie allenfalls eine Ergänzung oder Anschubfinanzierung für bestimmte Vorhaben leistete. Diese Erfahrungen mußte auch der einflußreiche Göttinger Mathematiker Felix Klein machen, als er in den 1890er Jahren die Einrichtung technisch-wissenschaftlicher Institute an den Universitäten propagierte.[6] Die von Klein um Unterstützung angegangene Industrie verhielt sich sehr reserviert und verwies auf ihre eigenen Forschungsanstrengungen. In reduzierter Form verwirklichte Klein seine Pläne an der Universität Göttingen durch die Gründung von "angewandten Instituten". Aber auch in diesem kleineren Rahmen reichten die von Klein akquirierten Industriegelder nur als Anschubfinanzierung aus, erst die Mittelzusagen des Staats sicherten das Unternehmen.

Elektrotechnik: Eine Industriewissenschaft

Das Verhältnis zwischen Wissenschaft auf der einen Seite sowie Technik und Industrie auf der anderen hat in der Literatur zahlreiche theoretische und historische Reflexionen erfahren. Unter theoretischen Gesichtspunkten geht es dabei um die Unterscheidung und die Zusammenhänge zwischen Erkennen und Erfinden sowie Theorie und Empirie. Es geht um die Frage, inwieweit die Wissenschaft Lösungen für technisch-industrielle Aufgaben finde, die Technik andererseits der Wissenschaft Probleme und gleichzeitig die wissenschaftlichen Instrumente zur Verfügung stelle, um zu Antworten zu kommen. Und es geht darum, ob Technik und Industrie einen Prozeß der Verwissenschaftlichung erführen. Historische Untersuchungen widmen sich

---

[4] Ley, S. 48.

[5] Allmendinger, S. 226ff.; Bach, S. 448.

[6] Manegold, Universität, S. 85ff.

den wechselseitigen Beziehungen und Bedingungsverhältnissen in verschiedenen Epochen. Für die Industrielle Revolution in Großbritannien hat sich die Auffassung durchgesetzt, daß das institutionalisierte System der Wissenschaften keine wesentliche oder gar entscheidende Rolle spielte. Dies heißt nicht, daß die Erfinder und Innovatoren nicht über systematisches und auch theoretisches Wissen verfügten – oder genauer: sich dieses ad hoc aneigneten, wenn sie es für ihre technisch-industriellen Problemlösungen benötigten. Im sich außerhalb des Wissenschaftssystems abspielenden innovatorischen Geschehen dominierten jedoch eindeutig das Empirische und die in jahrelanger Berufspraxis gewonnene Erfahrung.

Eine weitgehende Übereinstimmung besteht in der Literatur auch darin, daß in der zweiten Hälfte des 19. Jahrhunderts, das heißt in der zweiten oder dritten Industrialisierungsphase, ein neuer Typus von Industrie aufkam, der in engeren Beziehungen zum Wissenschaftssystem stand. Solche Industrien, zu denen man insbesondere die chemische und elektrotechnische Industrie zählt, aber auch die optische und kältetechnische, bezeichnete man als "Science-based Industries", ins Deutsche als "wissenschaftsbasierte", "wissenschaftsbegründete" oder "wissenschaftsorientierte Industrien" übertragen.[1] Wiewohl diese Begriffe in der Literatur kaum eine Explizierung erfahren, geht aus den Kontexten doch eine dominierende Bedeutung hervor: Gemeint ist, daß von der Wissenschaft ausgehend zur Industrie ein umfänglicher Wissenstransfer erfolgte. Für diesen Wissensfluß stehen auch die Begriffe vertikaler Technologietransfer oder vertikaler Wissenschaftstransfer. Der postulierte Transfer von Wissen konnte sich auf verschiedenen Wegen abspielen. Die Studenten erwarben während ihres Studiums der Elektrotechnik oder anderer Fächer "Ausbildungswissen" und brachten es in ihren Berufsfeldern zum Einsatz, dies das markanteste und in der Literatur am häufigsten genannte Phänomen des Wissenstransfers. Der zweite Weg des Wissenstransfers bestand im Transfer von "Forschungswissen".[2] Dabei gelangten an den Hochschulen produzierte Forschungsergebnisse in die Industrie, über Lizenznahmen oder über Personen, die die Forschungsergebnisse in der Industrie praktisch umsetzten. Diese beiden genannten Wege setzen in der Regel voraus, daß bereits eine akademische Wissenschaft, die sich mit den industriellen Produkten und Verfahren beschäftigt, existiert, wie die sich in den 1880er Jahren an den Technischen Hochschulen herausbildende Elektrotechnik.

---

[1] Vgl. z.B. Burchardt, S. 772; Borscheid, S. 172 u. 210; Noble, S. 3ff.; Chant, S. 320f.; Wetzel, S. 96; Erker, S. 73f.; Hermann, S. 216; Botsch/Hermann; Weingart, Wissenschaftssoziologie und Technik, S. 7; Kreibich, S. 174ff.; Hunt, S. 354; Rammert; Hounshell/Smith, S. 1f.; Travis, Rainbow Makers.

[2] Zu den Begriffen Ausbildungswissen und Forschungswissen, s. u. S. 334–40.

Eine dritte Form des dem Begriff Science-based Industries zugrundeliegenden Wissenstransfers besteht darin, daß Wissenschaftler Prinziplösungen entwickeln, wie Michael Faraday 1831 eine Versuchsanordnung, mit der sich das Prinzip der magnetelektrischen Induktion erweisen ließ, aus denen technische Geräte und Verfahren und letztendlich ganze Industrien entstehen, bei unserem Beispiel: Generatoren und die elektrotechnische Industrie. Streng genommen hat diese Form des Wissenstransfers mit unserem Thema, der akademischen Elektrotechnik, nichts zu tun, da es sich um elektrophysikalische Versuche und nicht um aus der institutionalisierten wissenschaftlichen Elektrotechnik kommende Forschungsergebnisse handelte. Davon abgesehen, bleibt zu diskutieren, ob diese Form des Wissenstransfers den Begriff Science-based Industries rechtfertigt. Kritische Einwände laufen erstens darauf hinaus, daß in der auf die Prinziplösung folgenden Zeit kein kontinuierlicher Wissenstransfer aus dem Wissenschaftssystem in die sich entwickelnde Industrie stattfand, sondern sich die technische Weiterentwicklung elektrischer Maschinen bis in die 1890er Jahre hinein mit Hilfe traditioneller empirischer Vorgehensweisen und nach den Prinzipien von Versuch und Irrtum abspielte. Wissenschaftliche Erklärungen elektrischer Maschinen hinkten deren empirischer Entwicklung hinterher und waren darüber hinaus in den Teilen falsch, denen man Hinweise für die konstruktive Ausführung hätte entnehmen können. Wir werden darauf zurückkommen.[3] Zum anderen ist zu fragen, ob es sich bei solchen Prinziplösungen wie Faradays magnetelektrischer Induktion überhaupt um wissenschaftliche Erkenntnisse im eigentlichen Sinne handelte oder um die zufällige Beobachtung von beim Experimentieren auftretender Phänomene, in der gleichen Art, wie sie mindestens genauso häufig beim außerwissenschaftlichen Umgang mit Technik vorkommen. Der Unterschied läge dann einzig darin, ob solche Beobachtungen im Sozialsystem Wissenschaft oder im Sozialsystem Industrie stattfinden und ob sie als Grundlage für theoretische Reflexionen oder für empirisch-technische Entwicklungsarbeiten dienen. Da diese Fragen außerhalb des unmittelbaren Interesses unserer Untersuchung liegen, sollen sie uns nicht weiter beschäftigen.

Schließlich und viertens wird unter "Science-based Industry" verstanden, daß sich Industriefirmen Forschungsabteilungen angliederten, deren Ergebnisse Eingang in die Produkt- und Verfahrensentwicklung fanden.[4] Ansätze dafür gab es in der elektrotechnischen Industrie seit ihrer Gründung. Man

[3] S. u. S. 314 u. passim.

[4] Zur Entwicklung der (elektrotechnischen) Industrieforschung s. Birr; Rae; Reich; Wise; Erker; König, Massenproduktion, S. 409–13; kritische Überlegungen zur Funktion der Laboratorien bei Fox/Guagnini.

denke an die Forschungsarbeiten von Werner Siemens, für die er sich ein Privatlaboratorium einrichtete. Eine festere institutionelle Form erhielten solche industriellen Forschungsaktivitäten um die Jahrhundertwende, und zwar vor allem in den USA, wo Unternehmen wie General Electric und AT&T relativ unabhängige Forschungsabteilungen ins Leben riefen. Der eigentliche Ausbau dieser zunächst nur kleinen Abteilungen fiel in die Zwischenkriegszeit. Da wir uns in unserer Arbeit auf die Beziehungen zwischen Hochschulwissenschaft und Industrie konzentrieren, liegt diese Interpretationsvariante von Science-based Industry außerhalb unseres Untersuchungsbereichs. Einige kritische Bemerkungen und Fragen seien aber erlaubt, ob allein die zunehmende Bedeutung der Industrieforschung es nahelegt, von Science-based Industry zu sprechen. Es fällt leicht, eine Reihe von Beispielen zu nennen, daß Forschungsergebnisse, das heißt in den Forschungsabteilungen generiertes Wissen, in die Produktion überführt wurden. Vernachlässigt wird dagegen meistens, daß der Wissenstransfer im Unternehmen nicht als Einbahnstraße von der Forschung in andere Abteilungen verlief. Umgekehrt profitierte die Foschung nämlich von Wissen, das aus anderen Abteilungen stammte, aus der Konstruktion, der Fertigung, der Montage, der Wartung und dem Kundendienst. Außerdem fanden technische Innovationen in den elektrotechnischen Firmen statt, ohne daß die Forschungsabteilungen daran einen Anteil hatten. Solange die relative Bedeutung dieser Orte der Wissensgenerierung sowie die Wissensflüsse zwischen den Abteilungen und deren Veränderungen über die Zeitachse keine genaue Untersuchung erfahren haben, ist Skepsis angebracht, ob die Forschungsabteilung tatsächlich das innovatorische Zentrum des Unternehmens darstellte, wie es der Begriff Science-based Industry suggeriert. Wir vertreten stattdessen und mindestens für unseren Untersuchungszeitraum die These, daß technische Innovationen in einem komplexen Prozeß aus dem Unternehmen in seiner Gesamtheit erwuchsen.

Einige Schwächen des Begriffs Science-based Industry und seines Gebrauchs in der Literatur sind deutlich geworden. Er kann vieles heißen, und seine Verwendung ist keineswegs eindeutig. Es bleibt im unklaren, ob Science, ob Wissenschaft sozial oder kognitiv verstanden wird; ist damit das aus Universitäten, Hochschulen und sonstigen Forschungsstätten bestehende Sozialsystem Wissenschaft gemeint oder das durch theoretische Aussagen und empirische Überprüfungen gesicherte Wissen, unabhängig vom Ort seiner Erzeugung. Werden unter Science nur die Natur- oder auch die Ingenieurwissenschaften, die im allgemeinen in viel engerem Zusammenhang zur Technikentwicklung stehen, verstanden? Schließlich suggeriert der Begriff Science-based Industry eine Einbahnstraße. Er suggeriert, der Wissenstransfer sei ausschließlich oder vorwiegend von der Wissenschaft in die Industrie verlaufen, nicht oder weniger in umgekehrter Richtung. Im folgenden stellen wir dieses in der Literatur auch auf die Elektrotechnik bezogene traditionelle Verständnis von Wissenstransfer radikal in Frage: Wir betonen nicht nur, daß der Transfer in beide Richtungen verlief und man besser von zunehmenden Austauschbeziehungen zwischen Wissenschaft und Industrie sprechen sollte. Wir zeigen darüber hinaus, daß – jedenfalls in unserem Untersuchungszeitraum – das zu transferierende Wissen in erster Linie in der Industrie und weniger in der Wissenschaft erzeugt wurde. Oder anders gesagt: Die Wissenschaft profitierte in höherem Maß von der Industrie als die Industrie von der Wissenschaft. Als Konsequenz plädieren wir dafür, für die Elektrotechnik den unscharfen und den tatsächlichen Verlauf des Wissenstransfers umkehrenden Begriff der Science-based Industry aufzugeben. Stattdessen sprechen wir, den Begriff vom Kopf auf die Füße stellend, von der akademischen Elektrotechnik als Industry-based Science, als Industriewissenschaft.

Wenn wir im folgenden die Elektrotechnik als Industry-based Science, als Industriewissenschaft entwickeln und diskutieren, so beziehen wir uns auf die an den Technischen Hochschulen institutionalisierte akademische Disziplin Elektrotechnik, also auf das Sozialsystem Wissenschaft und dessen Beziehungen zur Industrie. Unseren Ausgangspunkt finden wir in den beiden wichtigsten Formen des Wissenstransfers von der Hochschule in die Industrie: im Transfer von Ausbildungswissen durch die in den Beruf eintretenden Absolventen sowie im Transfer von an den Hochschulen erzeugtem Forschungswissen. Wir haben im vorstehenden gezeigt, daß die Hochschulen eine beträchtliche Anzahl von Elektroingenieuren in die Industrie entließen, die elektrotechnische Forschung an den Hochschulen dagegen noch nicht sehr ausgeprägt war. Die Bedeutung des transferierten Ausbildungswissens übertraf also die des Forschungswissens. Dies entsprach sowohl dem Selbstverständnis der Hochschulen wie ihrem politisch-öffentlichen Auftrag. Die Technischen Hochschulen verstanden sich noch in erster Linie als Ausbildungsstätten und begannen erst um die Jahrhundertwende, Forschung als gleichberechtigte Aufgabe zu entdecken und zu definieren. Und nach Meinung der Öffentlichkeit und der Politiker sollten die Hochschulen in erster Linie qualifizierte Ingenieure produzieren und damit einen indirekten Beitrag zur wirtschaftlichen Prosperität leisten. Bezeichnend ist, daß einige der für die Technischen Hochschulen zuständigen Kultusministerien in ihrer längeren, genaueren Bezeichnung das Wort Unterricht führten, aber keine Begriffe wie Wissenschaft oder Forschung.

Von den akademischen Elektrotechnikern in Deutschland, deren Zahl wir in unserem Untersuchungszeitraum auf 2500 geschätzt haben, gingen nahezu alle in die Industrie.[5] Dort stellten sie – zusammen mit den Maschinenbauern – das größte Kontingent unter den Fach- und Führungskräften. Wenn die Technische Hochschule – und nicht die Universität – den weit überwiegenden Teil der elektrotechnischen Elite ausbildete,[6] so in noch größerem Maß die auf den mittleren Unternehmensebenen tätigen Ingenieure. Der Anteil der Akademiker sowohl an der Gesamtbelegschaft wie an den Ingenieuren lag in der elektrotechnischen Industrie höher als in klassischen Industriezweigen wie dem Maschinenbau und dem Hüttenwesen.[7] Es kann keinem Zweifel unterliegen, daß die akademischen Elektrotechniker in ihrem Studium erworbenes Fachwissen in ihren Beruf einbrachten und anwandten, selbst wenn sie sich darüber hinaus noch vieles in der beruflichen Praxis aneignen mußten. Woher – so ist zu fragen – stammte dieses Wissen, das zahlreiche Industrie- und Wissenschaftshistoriker veranlaßte, von Science-based Industry zu sprechen? Die überraschende Antwort lautet, daß es zum größten Teil aus der Industrie selbst stammte, wo es die Professoren erwarben, die es später an die Studenten weitergaben.

Die meisten der in den 1880er Jahren berufenen ersten Elektrotechniker besaßen keinerlei Industrieerfahrung. Die Majorität hatte an den Universitäten Physik, eine Minderheit an einem Polytechnikum Maschinenbau studiert. Von einer Assistentur oder Dozentur wechselten sie auf elektrotechnische Lehrstühle, ohne jemals in der Elektroindustrie gearbeitet zu haben. Wie sehr sie dies als Mangel empfanden, zeigt ihr Bemühen, sich Kenntnisse über elektrische Maschinen und Anlagen in einigen Wochen in der Industrie anzueignen. Dietrich, Kittler und Slaby, die Fachvertreter aus Stuttgart, Darmstadt und Berlin, sowie der für Hannover im Gespräch befindliche Richard Rühlmann verbrachten eine gewisse Zeit bei Siemens & Halske in Berlin.[8] Der nach Wien berufene v. Waltenhofen besorgte seinen Assistenten Peukert und Zickler ein Reisestipendium, damit sie praktische Erfahrungen in der Industrie sammeln konnten. Weitere Bildungs- und Weiterbildungsmöglichkeiten boten Besichtigungen von Fabriken und elektrischen Anlagen und das Studium der elektrotechnischen Literatur, die – jedenfalls soweit sie sich auf elektrische Maschinen und Anlagen bezog – größtenteils Praktiker zu Verfassern hatte. Mit welchem Erfolg den Professoren dieser Wissenserwerb gelang, hing von ihrer individuellen Lernfähigkeit ab. Am günstigsten schnitten noch jene ab, die wie Erasmus Kittler in Darmstadt als Elektrifizierungsberater ständigen Kontakt mit der elektrotechnischen Praxis suchten und fanden. Daß dieses Unternehmen des Wissens-

---

[5] S. o. S. 231 u. 245ff.

[6] S. o. S. 254–56.

[7] S. o. S. 227ff.

[8] Meyer, S. 89, vgl. auch S. 208.

erwerbs in der und durch die Praxis an Grenzen stieß, geht daraus hervor, daß die ersten Fachvertreter für Elektrotechnik später, als Kollegen mit Industrieerfahrung an ihre Seite traten, sich auf die theoretische Elektrotechnik konzentrierten, die eine Art Einführung für die Maschinenkonstruktion und den Anlagenbau bildete. Wenn man dem Dresdener Johannes Görges folgt, bildeten die Technischen Hochschulen erst seit Ende der 1880er Jahre richtige Elektrotechniker aus, da die Hochschullehrer "selbst erst lernen und Erfahrungen sammeln" mußten.[9] Die Industrie blieb gegenüber den relativ wenigen von den Hochschulen kommenden Elektrotechnikern noch reserviert. Sie mißtraute dem theoretischen Wissen und gab sich überzeugt, ein richtiger Elektrotechniker werde man erst durch praktische Arbeit.[10]

Noch deutlicher zeigte sich seit den 1890er Jahren die Bedeutung des in der elektrotechnischen Praxis erworbenen Wissens der Professoren. Die Hochschulen sahen jetzt das Wohl und Wehe ihrer Elektrotechnik mit der Berufung eines Industrieerfahrung besitzenden Elektrotechnikers verbunden. Hochschulen, denen dies gelang, wie Karlsruhe und München, erlebten einen rapiden Aufschwung, andere dagegen stagnierten oder fielen zurück. Wenn ein Hochschullehrer der ersten Stunde, Otto Grotrian in Aachen, dem Ministerium gegenüber konzedierte, er sei nicht in der Lage, das Entwerfen elektrischer Anlagen zu lehren, spricht dies eine deutliche Sprache. Die durchschnittliche Zeit, die Hochschullehrer vor ihrer Berufung in der Industrie zugebracht hatten, stieg von 0,6 Jahren (Berufungs-Kohorte 1882–1891) über 4,6 (1892–1901) auf 7,8 Jahre (1902–1914) an.[11] Bei den Ordinarien lag der Wert etwa 70% höher als bei den Extraordinarien und Dozenten. Das heißt nichts weniger, als daß in erster Linie die längere Industrietätigkeit die eine akademische Position anstrebenden Elektrotechniker für die höchste Ebene, das Ordinariat, qualifizierte. Kurzum: Der zentrale Teil des an die Studenten weitergegebenen Wissens stammte aus der Industrie. Sicher systematisierten die Professoren das aus der Industrie mitgebrachte Wissen und reicherten es durch eigene an der Hochschule durchgeführte Forschungen an. Aber es geht kein Weg daran vorbei, daß es offensichtlich ausgeschlossen oder doch zumindest ein Unternehmen mit zweifelhaftem Erfolg war, sich das für ein Lehramt notwendige elektrotechnische Wissen ausschließlich auf der Hochschule verschaffen zu wollen.

Der entscheidende Wissenstransfer erfolgte also in der Elektrotechnik von der Industrie in die Hochschule über die Berufung praxiserfahrener Profes-

---

[9] Bericht Dresden 1914/15, S. 13f.

[10] S. o. S. 92–96 u. 144f.; vgl. SAA 5/Lh 594, 2.3.1884 – Georg Siemens an Hermann Görz.

[11] S. o. S. 132.

soren. Wie stand es mit dem umgekehrten Weg? Gingen Elektrotechnikprofessoren wieder in die Industrie zurück, mit der Mitgift ihres an der Hochschule systematisierten und angereicherten Wissens? Die Antworten auf diese Frage sind negativ. Der Karriereweg der Professoren verlief als Einbahnstraße von der Industrie zur Hochschule, den Rückweg traten nur ganz wenige an, die – um im Bild zu bleiben – sich verfahren hatten. Robert M. Friese verließ die TH München und Walter Reichel die TH Berlin nach relativ kurzer Zeit, weil ihnen Auseinandersetzungen mit Kollegen und bürokratische Probleme die Freude am Lehramt verdorben hatten oder sie mit ihrem Gehalt und der Ausstattung ihres Instituts nicht zufrieden waren.[12] Während ihrer kurzen Tätigkeit als Hochschullehrer hatten sie mit dem Aufbau ihres Instituts zu tun, neues Forschungswissen konnten sie nur begrenzt produzieren.

Der Wissenstransfer von der Hochschule in die Industrie erfolgte also nicht über einen Wechsel von Professoren in die Industrie, sondern über die in den Beruf eintretenden Absolventen, bei einer geschätzten Zahl von nahezu 2500 Elektrotechnikern ein sicher nicht unerheblicher Faktor. Die Analyse der Wissenstransferflüsse legt es nahe, die Hochschule dabei weniger als Generator von Wissen denn als Multiplikator einzuschätzen. Die Professoren brachten den Kern ihres elektrotechnischen Wissens aus der Industrie mit, systematisierten und ergänzten es und gaben es in didaktisch aufbereiteter Form an die Studenten weiter, die es in vervielfachten Ausführungen in die Industrie zurücktrugen. Abgesehen von der Lehre besaßen die Studenten noch durch ihre Praktika und auf Exkursionen die Möglichkeit, sich in der Industrie vorhandenes elektrotechnisches Wissen anzueignen. Über das rein Kognitive hinaus erwarben die Studenten an den Hochschulen noch weitere Qualifikationen, die sie für die Industrie interessant machten. Dazu gehörten Sekundärtugenden[13] wie Fleiß, Disziplin und Ordnungssinn. Besonders die Laboratoriumsordnungen der Institute regelten bis ins einzelne das soziale Verhalten einerseits und den Umgang mit elektrischen Geräten und Anlagen andererseits.[14] Für Fehlverhalten stellten sie ein abgestuftes Strafinventar bereit. Bis zu einem gewissen Grad gewöhnte die Laboratoriumsarbeit die Studenten an industrielle Arbeitsverhältnisse und Hierarchien. Das akademische Studium und der dort gepflegte Ton förderten schließlich Verhaltensformen, die im Umgang mit unterstellten Mitarbeitern

---

[12] S. o. S. 37–41 u. 65–69.

[13] Die Verwendung des Begriffs Sekundärtugenden in der Ingenieurausbildung habe ich von Dienel, Hochschule, übernommen.

[14] Vgl. z.B. GLA 235–4152 "Laboratoriums-Ordnung des elektrotechnischen Instituts der Grossherzogl. technischen Hochschule in Karlsruhe" vom Oktober 1899.

oder mit Kunden anzuwenden waren. Schon das akademische Studium und erst recht ein akademischer Grad verbürgten die fachliche Kompetenz und die soziale Stellung des Industrieingenieurs, eine besonders für Ingenieure, die im Vertrieb arbeiteten, nicht zu unterschätzende Qualifikation.

Nicht nur beim Ausbildungswissen, sondern auch beim Forschungswissen gab die Industrie der Hochschule mehr, als sie von dieser erhielt. Das in der Industrie erzeugte Forschungswissen war – implizit oder explizit – in den elektrischen Maschinen, Apparaten, Anlagen und Verfahren inkorporiert, mit denen sich die Professoren und die Studenten praktisch und theoretisch beschäftigten.[15] Über längere Zeit dominierten in den Periodika, die die elektrotechnischen Artefakte und Phänomene beschrieben, erklärten, systematisierten und auf allgemeine Prinzipien zurückführten, praktisch tätige Ingenieure als Autoren. Dagegen stand das an den Hochschulen erzeugte Forschungswissen qualitativ und quantitativ zurück. Vor der Jahrhundertwende besaßen die Professoren wegen ihrer fehlenden oder geringen Industriepraxis nur eine unzureichende Kompetenz, um große Forschungen auf dem Gebiet der elektrischen Maschinen und Anlagen durchzuführen. Die apparative Ausstattung der Institute reichte für praxisrelevante Forschungsarbeiten nicht aus. Dann litt die Elektrotechnik unter der Last außerordentlich hoher Studentenzahlen. Alle diese ungünstigen Bedingungen besserten sich um und nach der Jahrhundertwende sukzessive. Die Hochschulen beriefen nahezu ausschließlich Elektrotechniker, die längere Zeit in der Industrie zugebracht hatten. Sie erweiterten die elektrophysikalischen Unterrichtslaboratorien zu mit Maschinen und kleineren elektrischen Anlagen ausgerüsteten Lehr- und Forschungsstätten. Und sie profitierten vom dramatischen Rückgang der Studentenzahlen. Die Intensivierung der Hochschulforschung benötigte jedoch Zeit. Die relativ niedrige Promotionsrate in der Elektrotechnik, die nur einige Prozentpunkte über dem Maschinenbau, aber erheblich unter der Chemie lag,[16] spricht nicht dafür, daß die Forschung an den elektrotechnischen Instituten eine erhebliche Bedeutung für die Industrie gewann. Weiterhin vertraute die Industrie in erster Linie auf ihre eigenen Forschungs- und Entwicklungskapazitäten.

Wenn wir den Begriff Science-based Industry problematisieren und stattdessen die akademische Elektrotechnik als Industriewissenschaft, als Industry-based Science charakterisieren, dann liegt dieser Umkehrung eine Analyse des Richtungsverlaufs der Wissensströme zwischen Industrie und Wissenschaft zugrunde. Kognitiv befand sich die wissenschaftliche Disziplin Elektrotechnik in einer erheblichen Abhängigkeit von der Elektroindustrie. Anders sah dies – manchen Unkenrufen über kapitalistische Wissenschaft zum

---

[15] S. u. S. 297ff.

[16] S. o. S. 262.

Trotz – in finanzieller Hinsicht aus. Die Industrie gab zwar erhebliche Sachspenden und einige direkte finanzielle Zuschüsse an die elektrotechnischen Institute, doch machte dies immer nur einen Bruchteil der Gesamtaufwendungen aus, welche überwiegend der Staat trug.[17] Die Industrie unterstützte grundsätzlich die akademische Institutionalisierung der Elektrotechnik, nahm aber in Einzelfragen nur geringen Einfluß.[18] Dem stand schon die Überzeugung in der elektrotechnischen Industrie entgegen, daß man in der Forschung ohnehin nicht und auch nicht unbedingt in der Ausbildung auf die Hochschulen angewiesen war.

Chemie und chemische Industrie – Parallelen zur Elektrotechnik?

Mit der elektrotechnischen zusammen wird die chemische Industrie in der Literatur üblicherweise als Standardbeispiel für die in der zweiten Hälfte des 19. Jahrhunderts aufkommenden "Science-based Industries" genannt.[1] Nachdem wir die geringe Tragfähigkeit dieses Begriffes für die Elektrotechnik erwiesen haben, soll ein kurzer Blick auf die chemische Industrie Hinweise gewinnen, ob er hier eher am Platze ist und ob sich grundsätzliche Unterschiede zwischen Elektrotechnik und Chemie hinsichtlich des Verhältnisses von Wissenschaft und Industrie erkennen lassen. Ebenso wie bei der Elektrotechnik werden in der Literatur auch für die Chemie die Kriterien, die zu ihrer Klassifikation als Science-based Industry führen, selten explizit bestimmt. Wie bei der Elektrotechnik lassen sich aber auch bei der Chemie zwei Faktoren herausarbeiten, die der Benennung der Chemie als Science-based Industry implizit zugrundeliegen: der Transfer von Forschungsergebnissen aus der Wissenschaft in die Industrie und die Beschäftigung von wissenschaftlich ausgebildetem Personal in Industriebetrieben, Transferströme, die wir als Forschungswissen und Ausbildungswissen bezeichnen. Jonathan Liebenau nennt in seiner Untersuchung zur Entstehung der amerikanischen pharmazeutischen Industrie noch die Benutzung wissenschaftlicher Terminologie in der Werbung,[2] ein Phänomen, das in der Elektrotechnik keine ausgeprägte Parallele findet.

---

[17] S. o. S. 277–79.

[18] S. o. S. 278; ÖStA AVA MK F 1248 fol 120–27, 2.5.1883 – Eingabe des Niederösterreichischen Gewerbe-Vereins in Wien.

[1] Vgl. an jüngeren Arbeiten z.B. Beer; Borscheid; Liebenau; Hack, S. 330–64; Wetzel; Hounshell/Smith; Travis, Rainbow Makers; eine kritische, differenzierte Stellung habe ich bereits früher skizziert: König, Massenproduktion, S. 402–08.

[2] Liebenau, S. 79ff.

Beginnen wir mit dem Transfer von Personen, dem Ausbildungswissen. Am weitesten geht hier Peter Borscheid, der die Entstehung der chemischen Industrie unmittelbar mit der Ausbildung von Chemikern in Zusammenhang bringt. Seine These, die er vor allem auf seinen Untersuchungsgegenstand, das Land Baden, bezieht: Ein Überangebot an ausgebildeten Chemikern, die in den traditionellen staatlich-öffentlichen Beschäftigungsfeldern kein Unterkommen fanden, habe zur Entstehung der chemischen Industrie geführt. Diese These hat inzwischen eine kritische Relativierung erfahren. Einerseits entstanden auch chemische Unternehmen, wie z.B. Bayer, und wuchsen zu beträchtlicher Größe, ohne daß dabei akademisch ausgebildete Chemiker eine Rolle spielten.[3] Andererseits sagt es wenig zugunsten der Chemie als Science-based Industry aus, wenn Chemiker bei der Gründung von Chemiefirmen mitwirkten, solange nicht gezeigt werden kann, daß sie dabei das an der Hochschule erworbene chemische Wissen einsetzten. Gerade hier bestehen jedoch erhebliche Zweifel. Eine neuere Untersuchung hat sogar plausibel gemacht, daß Henry Perkin, der Entdecker des ersten Teerfarbstoffs, sein Verfahren nur dadurch erfolgreich industriell umsetzen konnte, daß er sich von der erlernten chemisch-wissenschaftlichen Methodologie löste und sich der traditionellen britischen handwerklich-empirischen chemischen Technologie anvertraute.[4] So spricht beim derzeitigen Stand der Diskussion alles dafür, daß für die Gründung der Farbstoffchemie nach der Jahrhundertmitte akademisch ausgebildete Chemiker weder eine hinreichende noch eine notwendige Bedingung darstellten.

In der zweiten Hälfte des 19. Jahrhunderts nahm die chemische Industrie jedenfalls zunehmend akademisch ausgebildete Chemiker auf. Um 1880 verstärkte sich diese Tendenz, und die Funktion der Industriechemiker veränderte sich. Vor 1880 hatten die Chemiker vor allem die Qualität der in den Prozessen eingesetzten chemischen Stoffe, von der der Prozeßverlauf abhing, sowie der Endprodukte zu überprüfen. Um 1880 kamen neue Aufgaben hinzu. Das 1877 in Kraft getretene deutsche Patentgesetz schützte in der chemischen Industrie nicht die Stoffe, sondern die zu ihnen führenden Verfahren. Jetzt bemühten sich die Unternehmen, das zu einem Stoff führende wirtschaftliche Verfahren patentrechtlich abzusichern sowie der Konkurrenz mögliche andere Wege zum gleichen Ziel durch Sperrpatente zu verbauen. Die Konkurrenz wiederum suchte bei erfolgreichen Stoffen fieberhaft nach neuen, offenen und möglicherweise wirtschaftlicheren Herstellungsverfahren. Der Konkurrenzkampf spielte sich jetzt vorwiegend über neue Stoffe und Verfahren ab und nicht mehr über die Wirtschaftlichkeit der

---

[3] Meyer-Thurow.

[4] Travis, Perkin's Mauve.

Produktion und die Erschließung und Durchdringung des Marktes. All dies steigerte die industrielle Nachfrage nach akademisch gebildeten Chemikern, die aus ihren Arbeiten in den Hochschullaboratorien umfangreiches Wissen für die Stoff- und Verfahrensentwicklung mitbrachten. Dennoch arbeitete nur eine Minderheit der von den Hochschulen kommenden Chemiker in den Forschungslabors der Industrie. Die meisten waren in der Produktion tätig, wo sie Aufgaben übernahmen, die vorher in den Händen der Meister lagen.[5] Wir besitzen zwar Informationen über die Tatsache dieses Verdrängungsprozesses, nicht dagegen über die Neuerungen, die die Akademiker in die Produktion einführten.

Bei der Einstellung von Hochschulabsolventen ging es den Betrieben weniger um spezialistisches Wissen, das diese bei ihren Diplom- oder Doktorarbeiten erworben hatten, sondern mehr um Wissen und Kompetenz diffuser Art. Die akademischen Chemiker brachten ein umfangreiches Repertoir an handwerklich-methodischem Umgang mit Stoffen und Verfahren mit sich, sie waren in methodisch-systematischen Vorgehensweisen geschult und besaßen eine allgemeine Problemlösungskompetenz. Nicht außer acht gelassen werden darf, daß man ihnen wegen ihrer Herkunft und akademischen Ausbildung auch soziale Kompetenz zurechnete und daß das Sozialprestige eines akademischen Grades im Innen- wie im Außenbereich des Unternehmens ebenfalls willkommen war. Die absoluten Zahlen der Chemiker in der Industrie dürften in den gleichen Größenordnungen gelegen haben wie die der industriellen Elektrotechniker.[6] Allerdings arbeiteten die meisten Elektrotechniker tatsächlich in der elektrotechnischen Industrie oder in Zusammenhängen der Elektrifizierung, während mehr Chemiker in staatlich-öffentlichen Einrichtungen und anderen Industriebereichen tätig waren als in der chemischen Industrie selbst. Zudem differierten die Aufgabenbereiche in der Industrie. Die Mehrzahl der Chemiker arbeitete in der Produktion und in der Forschung und Entwicklung, die meisten Elektrotechniker in der Berechnung, Konstruktion und im Prüffeld sowie bei der Projektierung und im Vertrieb. Wie in der Elektrotechnik vermittelten die Chemieprofessoren ihre Schüler an die Unternehmen, mit denen sie zusammenarbeiteten. So kamen z.B. zahlreiche Schüler Adolf v. Baeyers zur BASF.

Wie bei der Elektrotechnik haben wir bei der Chemie einen Wissenstransfer von der Hochschule zur Industrie über die Einstellung akademisch ausgebildeten Personals konstatiert. Nach den Quellen dieses Wissens fra-

---

[5] Wetzel, S. 216–21; Homburg.

[6] Vgl. für die Elektrotechniker unsere Schätzungen o. S. 244–46 und für die Chemiker als Momentaufnahme die von Wetzel, S. 135 gegebenen Zahlen.

gend, landeten wir bei der Elektrotechnik jedoch wieder bei der Industrie, da die in den wichtigen Fächern qualifizierten Professoren aus der Industrie kamen und von dort den Kernbereich ihres Wissens mitbrachten. Leider liegen ähnliche exakte Analysen der Professorenkarrieren, wie wir sie für die Elektrotechnik erarbeitet haben, für die Chemie nicht vor. Die mehr narrativen Darstellungen vermitteln aber den Eindruck, daß zwar manche Hochschullehrer der Chemie Industrieerfahrung besaßen, weiterhin aber die reine Hochschulkarriere dominierte.[7] Diese Differenz zur Elektrotechnik stellt ein Argument dafür dar, daß in der Chemie tatsächlich ein umfangreicher Transfer kognitiven Wissens von der Hochschule zur Industrie stattfand, in der Elektrotechnik dagegen die Hochschule eher ein Umschlagplatz des Wissens darstellte, auf dem dieses eine Vermehrung erfuhr. Das Wissen kam über Berufungen aus der Industrie, wurde an den Hochschulen an die Elektrotechnikstudenten weitergegeben und floß derart in vermehrter Form wieder in die Industrie zurück.

Während Elektrotechnikprofessoren so gut wie nicht in die Industrie zurückgingen, sah dies bei den Chemikern günstiger aus. Bei der Mehrzahl der in die Industrie eintretenden Chemieprofessoren handelte es sich um Extraordinarien und Titularprofessoren. Auf die Ordinarien übte eine Industriestellung trotz der gebotenen attraktiven Gehälter einen geringeren Reiz aus: Sie hätten ihre unabhängige Stellung mit einer abhängigen vertauscht, und Geld konnten sie auch über vertragliche Bindungen an einzelne Firmen verdienen. Die Privatdozentur erfüllte in der Chemie und in der Elektrotechnik ganz unterschiedliche Funktionen. Die Privatdozenten in der Elektrotechnik hatten – soweit sie nicht gleichzeitig Hochschulassistenten waren – eine Stellung in der Praxis inne und lasen aus Interesse oder weil sie vage Aussichten auf eine Professur aufrechterhalten wollten. In der Chemie dagegen entsprachen sie dem üblichen Muster der Privatdozentur in Deutschland: Sie lebten – wenn vorhanden – von ihrem Vermögen oder durchlebten eine Hungerexistenz, beide Gruppen sehnsüchtig auf einen Ruf hoffend. Da lag es nahe, eine angebotene Position in der Industrie anzunehmen, um die Existenz zu sichern oder wenn die Hoffnungen auf eine Professur schwanden.

Mit der Erwähnung der akademischen Lehrer haben wir uns, vom Ausbildungswissen ausgehend, bereits dem Transfer von Forschungswissen von der Hochschule in die Industrie genähert. In der Zeit, als die Chemieunternehmen noch über keine Forschungslaboratorien verfügten, aber auch noch später, erwarben sie von den Leitern der chemischen Hochschulinstitute Verfahren, die zu Stoffen führten, für die man sich Chancen auf dem Markt

---

[7] Z.B. Wetzel, S. 176–94 u. 325f.

ausrechnete. Die Synthesen der wichtigsten Naturfarbstoffe kamen alle aus den Hochschulen: Dies galt für die Synthese des Krappfarbstoffs Alizarin durch die Baeyer-Schüler Carl Graebe und Carl Liebermann 1868/69 ebenso wie für die Indigosynthese durch Adolf v. Baeyer 1880 und die schließlich den wirtschaftlichen Durchbruch schaffenden Verfahren von Karl Heumann zu Beginn der 1890er Jahre. Häufig entsandten die Hochschullehrer Mitarbeiter in die Industrie, um die Laborsynthesen zu wirtschaftlichen großtechnischen Herstellungsprozessen auszuarbeiten. Dies dauerte manchmal Monate, manchmal auch Jahre und Jahrzehnte. Der Stellenwert der Industrielaboratorien in diesem Entwicklungsprozeß nahm mit der Zeit zu, wenn die Unternehmen auch weiterhin von den Hochschulen kommenden Rat in Anspruch nahmen. Die Forschungslabors der Industrie erwiesen sich als besonders erfolgreich bei der Aufgabe, Produkte und Verfahren zur Reife zu entwickeln und gegen Umgehungsversuche patentrechtlich abzusichern; sie zeigten ihre Stärke bei der systematischen Durchdringung bekannter Forschungsfelder. Bei der Erschließung von Neuland brillierten mehr die Hochschulinstitute. Industrie- und Hochschulforschung ergänzten sich so in idealer Weise. Wenn auch die relative Bedeutung der Industrieforschung wuchs, so kann es keinem Zweifel unterliegen, daß ein umfänglicher Transfer von Forschungswissen von der Hochschule in die Industrie stattfand, der in der Elektrotechnik keine Parallele besaß.

Zwischen Hochschule und Industrie entwickelte sich ein Netz formeller und informeller Kooperationsformen in- und außerhalb der Forschung. Die Chemiefirmen bemühten sich, Professoren vertraglich an sich zu binden und sich damit den ersten Zugang zu ihren Forschungsergebnissen und denen ihrer Schüler zu verschaffen. Sie vergaben an Hochschullehrer Forschungsaufträge. Im Rahmen eines Vertrags mit der BASF entwickelte z.B. Fritz Haber an der TH Karlsruhe seine Laborlösung der Ammoniaksynthese. Die Unternehmen stellten den Hochschulinstituten umsonst Stoffe hoher Reinheit zur Verfügung. In einigen Fällen leisteten sie einen Beitrag zur Grundfinanzierung von Laboreinrichtungen. Professoren wirkten als Gutachter in Patentprozessen mit. Sie attestierten den Produkten in Gutachten bestimmte Wirkungen. Und sie folgten einem Ruf in Aufsichtsräte von Chemiefirmen. Gerade solche Kooperationsformen gab es in der Elektrotechnik auch, in der Forschung jedoch war die Zusammenarbeit deutlich schwächer. Aus der chemischen Industrie kamen Anregungen für Dissertationsthemen, und Firmen zeigten sich auch zur Finanzierung einer Dissertation bereit, wenn diese Hoffnungen auf eine praktische Umsetzung erweckte. Bei Forschung und Entwicklung in der Elektrotechnik konnten die Hochschulen der Industrie nicht das Wasser reichen, in der Chemie dagegen konnten sich beide Forschungspotentiale sehen lassen und ergänzten sich in mancherlei Hinsicht. Schon die unterschiedlichen Promotionsquoten in der Chemie und in der Elektrotechnik an den Technischen Hochschulen dokumentierten diesen Unterschied: In der Chemie (und im Hüttenwesen) promovierten 40% der Absolventen, in der Elektrotechnik nur 9%.[8]

Während wir die Charakterisierung der Elektrotechnik als Science-based Industry in Frage gestellt haben, kann man für die Chemie durchaus zu einem bestätigenden Votum kommen. Legt man das von uns gewählte zentrale Kriterium zugrunde, die Bilanz des in beide Richtungen verlaufenden Wissenstransfers, so unterliegt es keinem Zweifel, daß in der Chemie ein erheblicher Transfer von Ausbildungs- und Forschungswissen von der Hochschule in die Industrie stattfand. Ein qualitativer und quantitativer Vergleich mit dem die umgekehrte Richtung nehmenden Transfer, wie wir ihn für die Elektrotechnik vorgenommen haben, ist für die Chemie beim derzeitigen Forschungsstand nicht möglich. Wem dies genügt, der mag die chemische Industrie als Science-based Industry bezeichnen. Damit ist allerdings noch nichts darüber ausgesagt, ob – wie manche Autoren leichtfertig voraussetzen – Wissenschaft und Bildung als die entscheidenden Faktoren für den Aufstieg der deutschen Chemieindustrie namhaft zu machen sind. Dies erforderte eine vorsichtige Abwägung gegenüber anderen Einflußgrößen wirtschaftlicher Art, wie die im Fall der Chemie zur Wirkung gelangenden Vorteile des im Industrialisierungsprozeß später kommenden Landes, oder rechtlicher Art, wie den Auswirkungen des deutschen Patentrechts von 1877.

Bedürfen die Beziehungen zwischen Wissenschaft und Industrie in der Chemie noch weiterer Analysen, so glauben wir, deutlich gemacht zu haben, daß sich eine Zusammenführung von Elektrotechnik und Chemie unter der Bezeichnung Science-based Industries verbietet. Im folgenden werden wir versuchsweise diskutieren, worin in unserem Untersuchungszeitraum die gravierenden Unterschiede bei den Wissensflüssen zwischen Wissenschaft und Industrie begründet sind. Vordergründig ist darauf hinzuweisen, daß die zeitlichen Sequenzen zwischen der Entwicklung des Wissenschafts- sowie des Industriesystems bei der Elektrotechnik und bei der Chemie unterschiedlich verliefen. Die Chemie hatte an den Hochschulen bereits einen festen Ort gefunden, ehe in den 1860er Jahren die Gründungswelle der in unserem Zusammenhang wichtigen Teerfarbenindustrie einsetzte. Die Hochschulen verfügten also schon über relativ gut ausgebaute chemische Laboratorien in einer Zeit, als die chemischen Betriebe noch überdimensionierten Kochküchen glichen. Dagegen gab es in der Elektrotechnik in der ersten Hälfte der 1880er Jahre, als die ersten elektrotechnischen Hochschulinstitute entstanden, schon eine entwickelte elektrotechnische Industrie. Manche Firmen besaßen Laboreinrichtungen, doch sollte man deren Bedeutung in

---

[8] S. o. S. 262.

dieser und auch in späterer Zeit nicht überschätzen, denn in der Technik erwachsen Innovationen aus dem gesamten Unternehmen und nicht aus einzelnen Abteilungen.

Diese vordergründige Betrachtung der unterschiedlichen zeitlichen Sequenz läßt sich durch eine hintergründige vertiefen: Die Chemie als Naturwissenschaft nahm ihren Ausgang von der Analyse und der Veränderung von Naturstoffen und schritt zur Schaffung von Synthetischem fort. Dabei setzte sie das gesamte Wissen ein, das sie im Umgang mit Naturstoffen erworben hatte. Erst der Übergang zum Forschungsfeld des Synthetischen machte die chemische Wissenschaft zum gefragten Partner der Industrie, und es begann die Periode der fruchtbaren Wechselbeziehungen. Dagegen beschäftigen sich Technikwissenschaften ausschließlich und von vornherein mit Künstlichem, wenn sie auch im Künstlichen die waltenden Naturgesetze mit berücksichtigen. Technikwissenschaften können also erst entstehen, wenn das Künstliche, das heißt die Technik als ihr Forschungsgegenstand, durch innovatorische Arbeit, sei sie nun mehr handwerklich-empirischer oder mehr intellektuell-theoretischer Art, ausgebildet ist und über industrielle Produktion Verbreitung gefunden hat. Technik und Industrie gehen den Technikwissenschaften voran. Neue Technikwissenschaften benötigen zunächst eine geraume Zeit, um sich das in der Industrie implizit oder explizit vorhandene und in die Maschinen und Verfahren inkorporierte Wissen anzueignen. Unter dieser Perspektive ergibt sich, daß Technikwissenschaften immer Industry-based Sciences, immer Industriewissenschaften darstellen.

Beim Voranschreiten zur Synthese setzte die chemische Wissenschaft das gesamte handwerklich-experimentelle Wissen ein, das sie bei ihren analytischen Arbeiten erworben hatte. Mit der um 1860 aufgestellten Strukturtheorie, die Zusammenhänge zwischen den Eigenschaften eines Stoffes und der Architektur des Moleküls herstellt, stand ein theoretisches Instrument zur Verfügung, um durch systematische Variation ganze Spektren von Molekülstrukturen zu erkunden. Die aus den Hochschullaboratorien kommenden Stoffe waren Endprodukte, wenn man vielleicht auch noch ihre Eigenschaften genauer untersuchen mußte. Die für die Laborsynthesen angewandten Verfahren gaben zumindest das Grundgerüst für die Bemühungen ab, sie in wirtschaftliche industrielle Herstellungsverfahren zu überführen. Dabei ging es darum, teure durch billige Einsatzstoffe zu ersetzen, den Energiebedarf und die Zahl der Reaktionsstufen zu vermindern und die Ausbeute zu erhöhen. Es führte also ein Weg vom Reagenzglas im Labor zum Stahlbehälter in der Industrie, wenn dieser auch manchmal steinig und zeitaufwendig war.

Ganz anders sah dies in der Elektrotechnik aus. Nur selten führte der Weg zu einer neuen Maschine über ein Maschinenmodell. Bei den im Innovationsprozeß entstehenden Prototypen handelte es sich um Annäherungen an die spätere Verwendungsform mit entsprechenden Materialien und entsprechendem konstruktivem Aufbau, welche meist nur kleiner dimensioniert waren. Diese Prototypen besaßen aber noch längst keine Marktreife. In mühsamen Entwicklungsarbeiten galt es, aus dem funktionsfähigen Prototypen eine wirtschaftlich konkurrenzfähige Maschine zu machen. In diesen Entwicklungsprozeß flossen kumulierte Erfahrungen aus allen Abteilungen des Unternehmens ein. Wegen der Vielzahl der zu berücksichtigenden Parameter – Standfestigkeit, Fertigungs-, Montage-, Wartungs- und Reparaturfreundlichkeit, niedrige Material- und Energiekosten, Übersichtlichkeit, aber auch Kompaktheit, um nur einige zu nennen – erwiesen sich im Konstruktions- und Entwicklungsprozeß häufig empirische, erfahrungsorientierte Vorgehensweisen als erfolgreicher als theoretische. All das verschaffte dem Unternehmen Vorteile im Vergleich zu den Hochschullaboratorien. Erst mit der Jahrhundertwende beginnend, verfügten die elektrotechnischen Institute überhaupt über mit Großmaschinen und elektrischen Anlagen ausgestattete Versuchseinrichtungen, wenn diese sich auch mit jenen der Industrie nicht messen konnten. Die in einem Industrieunternehmen gesammelte Erfahrung konnte ein Hochschulinstitut ohnehin nicht erreichen. Es war also gar nicht daran zu denken, daß ein Hochschulinstitut der Industrie ein fertiges Produkt offerierte – analog dem stofflichen Produkt in der Chemie. Im günstigsten Fall kamen von der Hochschule Detailverbesserungen oder aus theoretischen Überlegungen erwachsene neue Konstruktionsprinzipien, die aber noch in einem langwierigen Prozeß technisch umzusetzen waren und die ihre technische Brauchbarkeit im Lichte eines umfangreichen Anforderungskatalogs unter Beweis stellen mußten. Dazu kam, daß die technischen Anforderungen komplexer und härter waren als die chemischen. In der Elektrotechnik ging es letzten Endes immer um die technisch-wirtschaftliche Überlegenheit neuer Konstruktionen. In der Farbstoffchemie als dem zentralen Bereich der Science-based Industry Chemie ging es zwar auch um technisch-wirtschaftliche Parameter wie die Färbeeigenschaften der Stoffe und deren Lichtechtheit, zusätzlich kam aber die Mode ins Spiel. Die Anforderungen der Kleidungsmode und der Drang zu modischer Variation eröffnete dem Neuen in der Farbstoffchemie einen wesentlich breiteren Zugang zum Markt als die in der Elektrotechnik dominierenden Kriterien technisch-wirtschaftlicher Effizienz. Wenn man will, kann man es als eine Paradoxie begreifen, daß ein emotional-affektiver Faktor wie die Mode die Bedeutung der Wissenschaft förderte.

Das aus der wissenschaftlichen Chemie an die Industrie herangetragene Angebot unterschied sich also grundsätzlich von dem der Elektrotechnik: hier das stoffliche Endprodukt und ein prinzipiell gangbares, wenn auch auszuarbeitendes Herstellungsverfahren, dort Vorschläge für Verbesserungen im Detail oder neue Konstruktionsprinzipien, deren technische Brauchbarkeit in Frage stand. Aus dieser unterschiedlichen Ausgangssituation ergaben sich unterschiedliche Kooperationssituationen. In der Chemie kooperierte eine starke Wissenschaft mit einer starken Industrie, in der Elektrotechnik eine schwache Wissenschaft mit einer starken Industrie. Schon in den wissenschaftlichen Publikationsorganen beider Fachrichtungen machten sich diese Unterschiede bemerkbar: In den chemischen Fachzeitschriften publizierten vor allem die Hochschulwissenschaftler, die Industrieforscher – im übrigen auch durch Geheimhaltungsvorschriften gebremst – kaum; in den elektrotechnischen Zeitschriften kamen Publikationen zumindest gleichgewichtig aus beiden Lagern.

Verwissenschaftlichung der Elektrotechnik – Grundzüge und Fallbeispiele

Um die Frage nach einer Verwissenschaftlichung der Elektrotechnik zu beantworten bedarf es zunächst einer Begriffsklärung. Während wir "Wissenschaftsbasierung" und "Science-based Industry" vor allem sozial verstanden haben, interpretieren wir "Verwissenschaftlichung der Technik" in erster Linie kognitiv, das heißt wir fragen nach dem Stellenwert des technikwissenschaftlichen Wissens im Innovationsprozeß. Von Verwissenschaftlichung der Technik wollen wir dabei nur sprechen, wenn antizipative Theorie im Erfindungs-, Entwicklungs- und Konstruktionsprozeß dominiert.

Im folgenden prüfen wir, ob in unserem Untersuchungszeitraum eine solche Verwissenschaftlichung der Elektrotechnik stattfand. Wir gehen dieser Frage allgemein sowie in Fallbeispielen zur Konstruktion elektrischer Maschinen, und zwar dem Asynchronmotor, den Magnetkreisberechnungen, den Ankerwicklungen, der Kommutierung sowie der Erwärmung und Kühlung nach. Unser hier vorweggenommenes Ergebnis lautet, daß man für die Elektrotechnik durchaus von einer Verwissenschaftlichung sprechen kann, diese aber später einsetzte und sich langsamer abspielte, als gemeinhin in der Literatur angenommen wird. Der Verwissenschaftlichungsprozeß der Elektrotechnik lief im 19. Jahrhundert langsam an, erfuhr seit den 1890er Jahren eine enorme Beschleunigung und ist bis zur Gegenwart nicht abgeschlossen. In der elektrotechnischen Entwicklung dominierten zuerst Empirie und Praxis, ehe Theorie und Wissenschaft eine vorherrschende Bedeutung gewannen. Mit dieser Abfolge unterscheidet sich die Elektrotechnik nicht von anderen technischen Teilgebieten wie dem Maschinenbau; die in der Literatur behauptete Sonderrolle der Elektrotechnik findet in unserer Untersuchung keine Bestätigung.

Die wissenschaftliche Elektrotechnik entwarf zur Beschreibung und Erklärung elektrotechnischer Maschinen, Apparate und Prozesse technikwissenschaftliche Modelle. In diese Modelle flossen naturwissenschaftliche Gesetzesaussagen ein, Ergebnisse technikwissenschaftlicher Versuche, aber auch kumuliertes praktisches Erfahrungswissen. Mit der Verbesserung der Abbildungsqualität der Modelle wurden sie zunehmend in der elektrotechnischen Praxis zur Vorausberechnung von Variantenkonstruktionen sowie bei Entwicklungsarbeiten eingesetzt. Damit leistete die Verwissenschaftlichung der Elektrotechnik einen nicht unerheblichen – wenn auch nicht unbedingt den zentralen – Beitrag zum elektrotechnischen Fortschritt.

Was heißt "Verwissenschaftlichung der Technik?"

Zum Verhältnis von Wissenschaft und Technik gibt es in der Literatur eine Fülle unterschiedlicher und einander teilweise widersprechender Aussagen. Wenn man Peter Weingart folgt, kann man vier Hauptaussagen unterscheiden:[1]

1. "Technik und Wissenschaft sind unabhängig voneinander, weil prinzipiell unterschieden." Die Vertreter dieser These verweisen u.a. auf die verschiedenen Ziele und Normen von Wissenschaft und Technik.
2. "Technik und Wissenschaft sind in zufälliger Weise interdependent, die Richtung des Einflusses wechselt." Hierzu gehört z.B., daß die Wissenschaft Prinziplösungen entwickelt, auf denen technische Innovationen aufbauen, oder in umgekehrter Richtung, daß die Technik wissenschaftliche Instrumente bereitstellt, mit deren Hilfe wissenschaftliche Erkenntnisse gewonnen werden. Weingart ergänzend, sei darauf hingewiesen, daß es natürlich auch Autoren gibt, die nicht auf zufälligen, sondern auf systematischen Zusammenhängen beruhende Wechselwirkungsmodelle entwickeln.[2]
3. "Das Verhältnis von Wissenschaft und Technik hat sich dahingehend historisch gewandelt, daß die zunächst bestehende Unabhängigkeit und die spätere Führungsrolle der Technik gegenüber der Wissenschaft durch die "Verwissenschaftlichung der Technik" abgelöst werden. Wir werden auf diese These noch ausführlicher eingehen.
4. "Technik und Wissenschaft befinden sich in einem systematischen Abhängigkeitsverhältnis, es gibt eine "Verwissenschaftlichung der Technik" und eine gleichzeitige "Technisierung der Wissenschaft"."

Weingarts Aufzählung von Aussagen über die Beziehungen zwischen Wissenschaft und Technik ist weder erschöpfend noch sehr systematisch. So wirft sie einerseits zeitvariante und zeitinvariante Aussagen, andererseits synchronische und diachronische zusammen. Für unsere Zwecke liegen ihre größten Schwächen darin, daß sie keine Unterscheidung zwischen Natur- und Technikwissenschaften trifft und innerhalb dieser beiden Wissenschaften erzeugtes Wissen nicht differenziert beschreibt. Da es uns nur darauf

---

[1] Weingart, Wissenschaftssoziologie und Technik, S. 9ff.; vgl. auch Kaiser.

[2] Z.B. Layton.

ankam, einen flüchtigen Blick in die Diskussion über das Verhältnis von Wissenschaft und Technik zu werfen, in deren Zusammenhang auch unsere Überlegungen stehen, mag es damit sein Bewenden haben.

Uns geht es in diesem Kapitel um die These und das Phänomen einer "Verwissenschaftlichung der Elektrotechnik". Auch unter diesem Begriff wird, analog zu "Science-based Industry" und wie wir an anderer Stelle ausgeführt haben,[3] ganz Unterschiedliches verstanden. Noch einmal in kurzer Zusammenfassung:

– die technische Ausarbeitung durch die Naturwissenschaften gefundener Prinziplösungen in der Industrie,
– der Transfer von Forschungsergebnissen aus der Hochschule in die Industrie,
– die Einstellung von an Hochschulen ausgebildetem wissenschaftlichem Personal in der Industrie und
– die Umsetzung von aus industriellen Forschungslaboratorien kommendem Wissen in Produktion.

Diese Verständnisvarianten von "Verwissenschaftlichung" fußen vor allem auf sozialen Differenzierungen von Wissenschaft, indem sie Disziplinen und Organisationen benennen, in und zwischen denen sich die Wissenserzeugung und der Wissenstransfer abspielen. Das Wissen selbst, die kognitiven Inhalte, werden nur angedeutet; wir dagegen rücken sie in diesem Kapitel in den Mittelpunkt.

Für die Fragestellungen dieses Kapitels benötigen wir eine systematische Differenzierung technischen und technikwissenschaftlichen Wissens, wenn wir die Schwächen anderer Arbeiten vermeiden wollen, die von Verwissenschaftlichung sprechen, aber die Art der kognitiven Veränderungen im dunkeln lassen. Wir lehnen uns dabei an Günter Ropohl an, der seine Typisierung technischen Wissens im Zusammenhang mit der Technikverwendung entwickelt; doch kann sie ohne große Probleme auch auf die Herstellung von Technik, um die es uns in erster Linie geht, übertragen werden.[4] Im übrigen weist Ropohl darauf hin, daß sich die sogenannte Verwissenschaftlichung der Technik nahezu ausschließlich auf die Entstehungszusammenhänge der Technik bezieht, während sie im Rahmen technischer Verwendungszusammenhänge kaum zu bemerken ist.[5] Daraus läßt

---

[3] S. o. S. 280–83.

[4] Ropohl, Systemtheorie, S. 210–18; eine differenziertere, aber auch vordergründigere Systematik technischen Wissens gibt Vincenti, S. 3–15 u. 200–57; vgl. auch Carlson, S. 344–50.

[5] Ropohl, Systemtheorie, S. 218 u. 231.

sich eine eher negative Antwort auf die Frage ableiten, ob eine moderne Technikgeschichte, die Entstehung und Verwendung von Technik gleichermaßen und gleichgewichtig behandelt, "Verwissenschaftlichung der Technik" zu einer zentralen Kategorie für die technische Entwicklung im 19. und 20. Jahrhundert machen sollte. Wiewohl wir Ropohls Skepsis voll teilen, spielt diese Frage in unserem Zusammenhang keine Rolle, da wir uns auf das Verhältnis von Technikwissenschaft und Technik – oder genauer: den Stellenwert der wissenschaftlichen Elektrotechnik für die Produktion – konzentrieren.

Zurück zum technischen und technikwissenschaftlichen Wissen. Wir unterscheiden im folgenden:

1. technisches Können. Schon der Begriff kennzeichnet die Außenseiterposition dieses Bereichs in unserem Wissensspektrum: Können wird von Wissen abgesetzt. Wir nehmen das technische Können trotzdem hier auf, erstens weil es eine informationelle Basis besitzt und zweitens weil wir damit Randbereiche des Wissens kennzeichnen. Mit technischem Können ist gemeint, daß technische Handlungen beherrscht werden, ohne daß Klarheit über die Zwecke dieser Handlungen besteht. Wenn ein Elektromonteur die räumliche Lage einer von ihm durchgeführten Läufer- oder Ständerwicklung mit "Das macht man eben so!" oder durch Verweis auf den Wicklungsplan erläutert, dann ist dies genau das, was wir als technisches Können bezeichnen.
2. technisches Regelwissen. Dabei bezieht sich strukturales Regelwissen auf den Aufbau der Produkte, funktionales Regelwissen auf Input-Output-Relationen des Produkts oder seiner Teile. Technisches Regelwissen zeichnet sich dadurch aus, daß es zumeist ad hoc erworben wurde, daß es sich auf ein bestimmtes Produkt oder eine abgegrenzte Gruppe von Produkten bezieht und seine Übertragung darüber hinaus Probleme bereitet und daß es zu seiner Fixierung meist längere Zeiträume benötigt. Wenn wir im folgenden auch von kumulierter Erfahrung und bewährten Konstruktionen sprechen, dann beziehen sich diese Begriffe auf technisches Regelwissen.
3. technikwissenschaftliches Gesetzeswissen. Dieses ist gekennzeichnet durch theoretisch systematisierte und empirisch geprüfte Gesetzesaussagen. Die Aussagen können sich beziehen auf:
   3.1. in technischen Produkten zum Ausdruck kommende naturale Effekte. Um diese zu beschreiben und zu erklären, greifen die Technikwissenschaften auf Gesetzesaussagen der Naturwissenschaften zurück. Dies ist der Bereich, in dem sich Technik- und Naturwissenschaften überschneiden und nur aufgrund ihrer unterschiedlichen Zielsetzungen zu trennen sind.

3.2. Technikwissenschaftliche Gesetzesaussagen können sich schließlich beziehen auf strukturale und funktionale Merkmale der Produkte und deren Zusammenhang. Dies ist der eigentliche Kern der Technikwissenschaften.

Empirie und Theorie oder zumindest vortheoretische Vorstellungen spielen in allen Wissensarten eine Rolle. Wegen des Übergewichts der Theorie im technikwissenschaftlichen Gesetzeswissen und dem Übergewicht der Empirie im technischen Können und technischen Regelwissen sprechen wir beim ersteren auch verkürzt von Theorie und beim letzteren verkürzt von Empirie.

Dem folgenden vorgreifend noch einige Bemerkungen über Rolle und Funktion der skizzierten Wissensarten im Innovationsprozeß. Die von den Technikwissenschaften entwickelten Beschreibungs- und Erklärungsmodelle zur Struktur und Funktion von Produkten enthalten – so die These – immer sowohl technisches Regelwissen wie technikwissenschaftliches Gesetzeswissen. Technisches Regelwissen geht in Form empirischer Koeffizienten, die experimenteller Untersuchungen entstammen oder auch kumulierter Erfahrung, in die technikwissenschaftlichen Modelle ein, ohne daß zu diesen Koeffizienten bereits gesetzliche Aussagen gemacht werden können. Die Bestrebung der Technikwissenschaften ist es, den Umfang des in den Modellen enthaltenen technischen Regelwissens zu reduzieren und den Umfang des in den Modellen enthaltenen Gesetzeswissens zu vergrößern. Den Maßstab für die Güte der technikwissenschaftlichen Modelle bildet die technische Praxis, das heißt, es geht darum, ob Produkte, die unter Heranziehung technikwissenschaftlicher Modelle erstellt werden, sich in der Praxis besser bewähren als andere, die allein aus technischem (Regel-)Wissen und Können erwachsen. Konkreter noch zeigt sich die Güte technikwissenschaftlicher Modelle bei der Vorausberechnung technischer Produkte. Wenn auf der Basis technikwissenschaftlicher Modelle vorausberechnete Produkte sich in der Praxis besser bewähren als aus technischem Wissen und Können erwachsene, dann wollen wir in dieser Arbeit von Verwissenschaftlichung sprechen.

Diese erste Variante des Begriffs Verwissenschaftlichung bezieht sich auf die Verbesserung vorhandener Produkte, d.h. auf Verbesserungsinnovationen. Darauf aufbauend kann nach der Bedeutung der einzelnen Wissensarten bei grundlegenden technischen Neuerungen, bei Innovationen im weiteren Sinn des Wortes gefragt werden. Die Antwort lautet in knappster Form: Innovationen können aus allen Arten des technischen Wissens erwachsen, aus technischem Können, aus technischem Regelwissen und aus technikwissenschaftlichem Gesetzeswissen, und zwar sowohl aus Wissen über Struktur und Funktion der Produkte wie aus Wissen über in der Technik zum

Ausdruck kommende naturale Effekte. Wollte man eine Zuordnung technischer Innovationen zu diesen Wissensarten vornehmen, dann liegt das Problem darin, daß bei Innovationen alle Wissensarten in unterschiedlicher Gewichtung zusammenwirken und nur mit erheblichem analytischem Aufwand getrennt werden können. Nur in Ausnahmefällen ergibt sich eine deutliche Dominanz einer Wissensart – wir werden dies später an Beispielen aufzeigen. Zwei Indizien nennen wir für die Beantwortung der Frage, ob sich die Waagschalen, die den Stellenwert der Wissensarten bei technischen Innovationen angeben, mehr in die Richtung des technischen Könnens und Regelwissens oder mehr in Richtung des technikwissenschaftlichen Gesetzeswissens neigen: Das erste Indiz bildet das relative Gewicht von Theorie und Empirie bei technischen Erfindungen und Entwicklungen. Dabei kommt es unseres Erachtens nicht auf den sozialen Ort der Innovationstätigkeit an; das heißt: Empirische Vorgehensweisen können sowohl bei isoliert arbeitenden Tüftlern wie in der Industrie oder auch im Sozialsystem Wissenschaft dominieren. Das zweite Indiz liegt im antizipativen oder retrospektiven Einsatz von Theorie. Die Frage ist, ob technische Neuerungen aus theoretischen Überlegungen heraus erwachsen oder ob im Nachhinein gegebene theoretische Erklärungen sich auf technische Neuerungen beziehen. Wir schlagen vor, von "Verwissenschaftlichung der Technik" nur zu sprechen, wenn antizipative Theorie im Erfindungs- und Entwicklungsprozeß dominiert. Damit haben wir den in der Literatur üblicherweise ganz unscharf benutzten Begriff Verwissenschaftlichung der Technik in seiner kognitiven Bedeutung genau gefaßt: bei Verbesserungsinnovationen als Vorausberechnung technischer Produkte auf der Basis technikwissenschaftlicher Modelle und bei Innovationen als Dominanz antizipativer Theorie im Erfindungs- und Entwicklungsprozeß.

Ein Blick in die vor der Jahrhundertwende stattfindende Diskussion über das Verhältnis von Theorie und Praxis in der Elektrotechnik soll den heuristischen Wert unserer Differenzierung der Wissensarten und die Notwendigkeit illustrieren, den Begriff der Verwissenschaftlichung der Technik präzise zu fassen. Als man in Braunschweig 1883 über die Institutionalisierung der Elektrotechnik nachdachte, sprach sich die vor allem aus Naturwissenschaftlern bestehende Kommission für ein deutliches Übergewicht der Theorie gegenüber der Praxis in der Lehre aus, "da beinahe alle neueren practischen Fortschritte auf Grund theoretischer Grundlagen gemacht werden."[6] In der Rede, mit der er 1892 das Rektorat an der TH Hannover antrat, schlug der elektrotechnische Fachvertreter Wilhelm Kohlrausch in die gleiche Kerbe:[7] "Die Bedingungen für die Entwickelung der Elektrotechnik

[6] ÖStA AVA MK F 1248 fol 48f., 25.5.1883 – Kommissionsbericht TH Braunschweig.

[7] Uebergabe, S. 11.

waren besonders insofern äusserst günstig, als fast alle physikalischen Gesetze auf Grund deren die Praxis zu arbeiten und zu konstruieren hatte, bereits genau bekannt waren . . . Alle Zweige der elektrotechnischen Praxis fanden einen nach allen Regeln der Kunst wissenschaftlich beackerten Boden vor, auf dem sie sofort wurzeln und üppig gedeihen konnten." Behaupten beide Aussagen gleichermaßen eine Dominanz der Theorie in der Elektrotechnik, so kann man voller Verwunderung feststellen, daß der nämliche Wilhelm Kohlrausch in etwa zur gleichen Zeit, auf der Frankfurter elektrotechnischen Ausstellung 1891, in ähnlicher Apodiktik das genaue Gegenteil zum Ausdruck brachte:[8] "Die Theorie folge erfahrungsgemäß der Praxis, sie lehre verstehen, was jene neues schaffe."

Der offensichtliche Widerspruch in den zitierten Aussagen über das Theorie-Praxis-Verhältnis in der Elektrotechnik läßt sich aufheben, wenn man unterstellt, daß ihnen verschiedene Verständnisse des Begriffs Theorie zugrundelagen: Theorie bezog sich einerseits auf durch die Physik entdeckte naturale Effekte, die Ingenieure und Mechaniker in technische Entwicklungen umsetzten; das markanteste Beispiel stellt die Entdeckung der magnetelektrischen Induktion durch Michael Faraday und die Entwicklung von Generatoren dar. Theorie konnte sich aber auch beziehen auf Aussagen über strukturale und funktionale Merkmale der Produkte und deren Zusammenhänge. Über Generatoren wurden solche Aussagen erst gemacht, nachdem diese gebaut worden waren, die Praxis ging also der Theorie voraus. Dieses zeitliche Folgeverhältnis ist nicht etwa trivial, denn Technik kann auch erst aufgrund von theoretischen Aussagen über ihre Struktur und Funktion entwickelt werden. Beide Aussagentypen: über in technischen Produkten zum Ausdruck kommende naturale Effekte einerseits und über strukturale und funktionale Merkmale der Produkte und deren Zusammenhänge andererseits haben wir als Elemente technikwissenschaftlichen Gesetzeswissens identifiziert.

Auslegung elektrischer Maschinen: Von der Empirie zur Theorie

In mehrfacher Einsicht bildeten die elektrischen Maschinen ein Schlüsselproblem für die Entwicklung der Starkstromtechnik. Erst mit Generatoren ließen sich konstante starke Ströme erzeugen, wie man sie für die Beleuchtung von Straßen und Plätzen mit Hilfe von Bogenlampen und in der galvanotechnischen Industrie benötigte. Nach 1880 schuf das Glühlicht eine Nachfrage, die die Errichtung von Elektrizitätsnetzen als lohnend erschei-

[8] Z.VDI 35 (1891), S. 1083; vgl. Sonnemann, Wissenschaftlich-technischer Fortschritt, S. 66.

nen ließ. In den 1890er Jahren stieg durch die schnelle Elektrifizierung der Straßenbahnen und die allmähliche Verbreitung des elektrischen Antriebs von Arbeitsmaschinen auch die Nachfrage nach Elektromotoren steil an. Für die in Konkurrenz zu den Gleichstromnetzen tretenden Wechselstromnetze und die zunehmend errichteten Fernleitungen elektrischer Energie benötigte man Transformatoren zur Auf- oder Abspannung. Für die die größten Marktanteile erzielenden Mischsysteme, die den Verbrauchern verschiedene Stromarten unterschiedlicher Spannung zur Verfügung stellten, waren zahlreiche motorische Umformer erforderlich. Elektrische Maschinen, das heißt Generatoren, Motoren, Umformer und Transformatoren, besaßen seit den 1880er Jahren die größten Umsatzanteile unter den Produktgruppen der elektrotechnischen Industrie und erreichten die größten Zuwächse. Dies bedeutete, daß von der wirtschaftlichen Seite aus dauernd ein beträchtlicher Druck auf die Entwicklung und Verbesserung elektrischer Maschinen ausging. Jede technische Veränderung, die zu einer Leistungserhöhung oder besseren Ausnutzung des Materials führte, wirkte sich wegen der hohen Stückpreise und der hohen Stückzahlen erheblich auf der Kostenseite aus.

1831 entdeckte Michael Faraday die magnetelektrische Induktion und damit das Grundprinzip für einen Generator. Nur wenig später bauten Mechaniker und naturwissenschaftliche Experimentatoren Generatoren, die das Rotationsprinzip ausnutzten, bei denen also entweder der Magnet oder der Anker durch eine Handkurbel in eine kreisförmige Bewegung versetzt wurde. Vom Prinzip her stellten die für die Galvanisierungsanstalten oder für Leuchttürme gebauten dampfmaschinengetriebenen und schwergewichtigen Großgeneratoren Vergrößerungen der Experimentiermaschinen dar, wenn sich auch die konstruktiven Probleme verschoben. Die größten Schwierigkeiten bereitete die mechanische Auslegung der Maschinen, die den entstehenden Belastungen gewachsen sein mußten. Hierbei wie auch bei der räumlichen Anordnung und Dimensionierung der magnetischen und elektrischen Teile erwiesen sich die Orientierung an bewährten Konstruktionen und die Methode von Versuch und Irrtum als erfolgversprechendste Vorgehensweisen. Zwar erlebten um 1840 Theorien über die magnetelektrischen Erscheinungen in Generatoren und Motoren eine Konjunktur, aber diese kamen – aus der Ex-post-Perspektive geurteilt – den Verhältnissen in keiner Weise nahe und brachten deshalb den praktischen Elektrotechnikern keinerlei Nutzen.[1]

[1] Alles was im folgenden über die Berechnung elektrischer Maschinen gesagt wird, stützt sich – sofern nicht anders angegeben – auf Schubert, Genese, eine Kurzfassung in Buchheim/Sonnemann, S. 303ff., sowie auf Jordan; vgl. auch Dettmar, S. 51ff. Zur geringen Praxistauglichkeit der frühen Theorien elektrischer Maschinen Lindner, Elektromagnetismus.

Wie in der Technik allgemein bestand bei elektrischen Maschinen die konstruktive Aufgabe darin, von den Funktionsanforderungen zur Gestalt zu kommen und dabei die geforderten Wirkungen mit einem möglichst geringen Aufwand zu erzielen. Die konstruktive Gesamtaufgabe läßt sich bei elektrischen Maschinen unterteilen in elektrische Berechnung, mechanische Berechnung und konstruktive Formgebung, wobei diese Teilaufgaben miteinander zusammenhängen. Uns interessiert in diesem Kapitel vor allem die elektrische Berechnung, für die ein theoretisches Defizit bestand und für die man nicht wie bei den mechanischen Problemen auf bewährte maschinentechnische Konstruktionen aus anderen Maschinengruppen zurückgreifen konnte. Aus den geforderten Maschineneigenschaften ergeben sich elektrische Nennwerte, wie die Spannung und die Stromstärke. Bei der elektrischen Berechnung geht es darum, aus diesen Nennwerten die Hauptabmessungen der aktiven elektromagnetischen Bauteile, wie Ankerdurchmesser und Ankerlänge, zu bestimmen. Dem folgenden vorgreifend, unterscheiden wir bei der Maschinenberechnung

- eine Zeit des Probierens, die bis in die 1880er Jahre hinein dauerte,
- eine Zeit der empirischen Berechnungsformeln in den 1880er Jahren und
- eine Zeit der theoretischen Durchdringung, die um 1890 ein setzte.

Wir haben schon erwähnt, daß sich bis in die 1880er Jahre hinein die Entwicklung elektrischer Maschinen an bewährten Konstruktionen orientierte und nach der Methode von Versuch und Irrtum abspielte. Die daraus gewonnenen Erfahrungen drückte man in einfachen Faustformeln aus, die sich nicht auf die Maschine als Ganzes, sondern auf Beziehungen zwischen ihren einzelnen Elementen bezogen. So lernte man, daß es günstig war, den Luftspalt zwischen Ständer und Läufer so klein zu machen, wie es die vom Material, der Dimensionierung und den Drehzahlen abhängige Wellendurchbiegung erlaubte. Die bei Holmes gefertigten Großgeneratoren besaßen ein bestimmtes Gewichtsverhältnis der Permanentmagneten zum Ankereisen. Wenn man neue Maschinenformen konstruierte oder bei bewährten Konstruktionen zu neuen Dimensionen überging, war man nicht in der Lage, die erzielten Wirkungen im Vorhinein zu berechnen. Nach vorläufiger Fertigstellung der Maschine konnte man das Beleuchtungssystem entweder durch Anpassung der Verbrauchs- oder durch Veränderung der Maschinenseite ins Gleichgewicht bringen. So verminderte oder vermehrte man auf der Verbrauchsseite die Zahl der betriebenen Lampen oder veränderte bei Bogenlampen den Abstand zwischen den Kohleelektroden. Auf der Maschinenseite konnte man das Eisen reduzieren, den Luftspalt, die Ankerwicklung oder die Drehzahl verändern, indem man die Riemenscheibe kleiner oder größer dimensionierte. Es gehörte durchaus zum Üblichen, zunächst mit einer Probewicklung zu arbeiten und die endgültige Wicklung nach Versuchen mit der Maschine aufzubringen. Wenn man mit der Zeit auch immer mehr Zusammenhänge durchschaute, so blieb doch selbst bis in die 1880er Jahre hinein ein Vorstoß in neue Größenordnungen des Generatorenbaus ein risikoreiches Unternehmen. Wie sehr man dieses Risiko scheute und stattdessen auf bewährte Konstruktionen vertraute, zeigt eine Episode bei Siemens & Halske aus dem Jahre 1883.[2] Siemens baute in diesem Jahr eine elektrische Beleuchtungsanlage für den Straßburger Bahnhof mit 60 Bogen- und 1200 Glühlampen sowie 26 kleineren Generatoren. Vorschläge, durch den Bau eines neuen Großgenerators zu Kosteneinsparungen zu kommen, wies der Chefkonstrukteur der Firma, Friedrich v. Hefner-Alteneck mit dem Argument zurück, daß der Bau einer neuen Maschine Glückssache sei, während die Verwendung der bewährten Type wenigstens Funktionsfähigkeit gewährleiste. Noch 1886 faßte der damalige Assistent an der TH Darmstadt Michael v. Dolivo-Dobrowolski vor Elektrotechnikstudenten sein Wissen über die Konstruktion elektrischer Maschinen wie folgt zusammen:[3] "Man entwirft nach dem Gefühl und an Hand ausgeführter Maschinen das Eisengestell des Ankers und der Magnete, berechnet dann, wieviel Drähte des für die gewünschte Stromstärke und -dichte erforderlichen Querschnittes auf den glatten Ring- oder Trommelanker aufgebracht werden können, wobei auf isolierende Dorne oder Mitnehmer zu achten ist. Daraus ergibt sich dann die Zahl der Kommutatorlamellen. Der so bewickelte Anker wird in das mit Hilfsspulen ausgerüstete Magnetgestell eingelegt und auf die gewünschte Tourenzahl gebracht. Man kann dann messen, wieviel Ampèrewindungen die Hilfsspulen verbrauchen und kann daraus leicht die erforderliche Nebenschluß- oder Hauptschlußwicklung der endgültigen Magnetspulen berechnen." Konstruktion elektrischer Maschinen: in dieser Zeit also eine Mischung von Erfahrung, Probieren und Berechnung simpler geometrischer und elektrischer Parameter.

Die geschilderte Straßburger Episode fällt in eine Zeit, als man bei Siemens & Halske dazu überging, elektrische Maschinen zu berechnen.[4] Solche Berechnungsformeln gab es schon seit der Jahrhundertmitte, doch führten sie entweder nicht zu brauchbaren Maschinen, oder sie vollzogen nur vorhandene, bewährte Konstruktionen rechnerisch nach, besaßen also einen außerordentlich eingeschränkten Geltungsbereich. Bei Siemens legte man den Maschinenberechnungen vor allem Formeln zugrunde, die von dem bereits 1873 in das Unternehmen eingetretenen Oskar Frölich stammten.[5]

[2] Görges, Rückblick, S. 90.

[3] Zitiert nach Feldmann, S. 754; vgl. auch Meyer, S. 208 u. Voigt, S. 1ff.

[4] Meyer, S. 78ff.

[5] Vgl. auch Müller, Produktivkräfte, S. 323.

Frölich gehörte zu den ersten in der deutschen elektrotechnischen Industrieforschung beschäftigten Physikern. Seine Berechnungsanleitungen beruhten einerseits auf der Fernwirkungstheorie, die als punktförmig gedachten magnetischen Polen Wirkungen zuschrieb, die sich mit dem Quadrat ihres Abstandes vermindern. Andererseits lagen ihnen umfangreiche Messungen an Maschinen zugrunde. So stellte Frölich z.B. 1881 eine Formel für den Zusammenhang zwischen dem erregenden Strom und dem wirksamen Magnetismus bei Gleichstrommaschinen auf. Trotz der falschen theoretischen Grundlage gaben die Frölichschen Formeln bestimmte Verhältnisse bei einer Reihe bewährter Konstruktionen angemessen wider, weil er sie in Übereinstimmung mit den Meßergebnissen gebracht hatte. Für die Vorausberechnung neuer, abweichender Bauformen erwiesen sie sich aber als ungeeignet, nicht zuletzt weil sie die Geometrie des Eisenkörpers, wie sich bald herausstellte: einen Parameter von zentraler Bedeutung, ausklammerten. Zu Beginn der akademischen Institutionalisierung der Elektrotechnik, in den Jahren 1882/83, lehrten eine Reihe Fachvertreter die Theorie und Berechnung elektrischer Maschinen nach Frölich – als zweitwichtigster Referenzautor taucht der englische Elektrotechniker Silvanus P. Thompson auf.[6] Als seit Mitte der 1880er Jahre Berechnungsformeln angeboten wurden, die die Autoren teilweise auf der Basis der Maxwellschen Feldtheorie entwickelt hatten, verschwanden die Frölich-Formeln nicht gleich von der Bildfläche. Werner Siemens, der sich zu dieser Zeit allerdings wohl kaum mehr auf der Höhe des elektrotechnischen Wissens befand, bezeichnete noch 1888 das Standardwerk von Frölich über elektrische Maschinen als das "umfassendste und zuverlässigste".[7] Frölich selbst gab erst um die Mitte der 1890er Jahre seine theoretischen Vorstellungen und die auf ihnen beruhenden Berechnungen auf.

Als ein Schlüsselproblem für die Vorausberechnung elektrischer Maschinen erwies sich die Kenntnis des magnetischen Feldes. Im Unterschied zu den Fernwirkungstheoretikern, die an Punkten ansetzende Kraftwirkungen betrachteten, ging Faraday von räumlichen Vorstellungen aus, denen er durch seine Kraftlinien einen anschaulichen Ausdruck verlieh. Faraday behauptete nicht nur bereits eine Geschlossenheit der magnetischen Kraftlinien, er stellte auch einen Zusammenhang zwischen der Induktion und dem Schneiden der Kraftlinien her. In seiner Theorie des elektromagnetischen Feldes arbeitete James Clerk Maxwell 1864/65 die qualitativen Vorstellungen Faradays weiter aus und gab ihnen, vor allem in seinen Gleichungssystemen, einen mathematischen Ausdruck. Selbst nachdem seine Lehre

[6] ÖStA AVA MK F 1248 fol 36ff., 22.6.1883 – Reisebericht v. Waltenhofen.

[7] Matschoß, Werner Siemens, Bd. 2, S. 919f., Brief v. 21.3.1888.

1873 im "Treatise on electricity and magnetism" eine geschlossene Darstellung erreicht hatte, fand sie weder in der Physik noch in der Technik die gebührende Beachtung.[8] In der Physik änderte sich dies erst mit dem experimentellen Nachweis der elektromagnetischen Wellen durch Heinrich Hertz 1887/88.

Für die Berechnung elektrischer Maschinen reichten die Maxwellschen Gleichungen bei weitem nicht aus, da die ihnen zugrundeliegenden vereinfachenden Annahmen den Verhältnissen in elektrischen Maschinen nicht entsprachen. So bezog sich die Durchflutungsgleichung auf die Wirkung des magnetischen Flusses unabhängig von der Geometrie und dem Material der beteiligten Körper, während es bei elektrischen Maschinen auf die räumliche Anordnung und Lage von Wicklung und Eisenkörper und die Magnetisierungseigenschaften des verwendeten Eisens ankam. Die ersten, die, auf der Faraday-Maxwellschen Feldtheorie aufbauend, brauchbare Berechnungsformeln für diese komplexen Bedingungen entwickelten, waren in den Jahren 1885/86 in England John Hopkinson und Gisbert Kapp, Elektroingenieure, die außer über theoretische Kenntnisse über umfangreiche praktische Erfahrungen verfügten.[9] In die Formeln von John Hopkinson zur abschnittsweisen Magnetkreisberechnung gingen u.a. die von ihm empirisch ermittelten Magnetisierungskurven für verschiedene Eisensorten ein. Die von Gisbert Kapp aufgestellten Berechnungsformeln waren den Hopkinsonschen analog, wenn auch praktisch etwas weniger zweckmäßig und theoretisch weniger befriedigend. In den Formeln war die Maxwellsche Basis kaum noch zu erkennen, was ihnen Kritik von einigen Seiten eintrug und Bemühungen veranlaßte, sich stärker an Maxwell anlehnende Formeln zu finden, welche sich aber wegen ihrer geringeren Praxistauglichkeit nicht durchsetzten. Tatsächlich fand die Maxwellsche Feldtheorie erst einige Jahre nach der Jahrhundertwende Eingang in den elektrotechnischen Hochschulunterricht.

Es dauerte unterschiedlich lange, bis sich die Hopkinsonschen und Kappschen Berechnungsmethoden in der elektrotechnischen Industrie durchsetzten. In der Elektrotechnischen Fabrik Cannstatt berechnete man elektrische Maschinen, wohl von dem Stuttgarter Lehrstuhlinhaber Wilhelm Dietrich veranlaßt, schon 1886 nach Kapp;[10] Lahmeyer folgte 1887/88.[11] Michael v.

---

[8] Vgl. z.B. Zenneck, S. 133f. u. Hunt.

[9] Kline, Science, S. 303f., vgl. als Urteile von Zeitgenossen: GLA 235–4117, 31.5.1894, Anlage u. Görges, zitiert in Schultrich, S. 15f.

[10] SAA 12/Lh 583, Erinnerungen Oelschläger v. 14.10.1927.

[11] Schubert, Genese, S. 101f.; ETZ (1887), S. 427.

Dolivo-Dobrowolsky von der AEG empfahl Hopkinson im Jahre 1890, da er mit ihm ausgezeichnete Erfahrungen gemacht habe. Man kann davon ausgehen, daß die Kapp-Hopkinsonschen Magnetkreisberechnungen in den frühen 1890er Jahren allgemeine Anwendung fanden und zu einer erheblichen Verbesserung der Gleichstrommaschinen führten. Die Maschinen mit ungünstigen Eisengeometrien verschwanden von der Bildfläche, und es gelang, die Ummagnetisierungsverluste zu reduzieren und die Dimensionierung auf die unterschiedlichen verwendeten Eisenqualitäten abzustimmen.

Mit den Kapp-Hopkinsonschen Magnetkreisberechnungen begann die theoretische Durchdringung elektrischer Maschinen und deren Umsetzung in Berechnungsformeln, die zu besseren Konstruktionen führten als allein die kumulierte Erfahrung, das Kriterium, das wir unserer Verwendung des Begriffs "Verwissenschaftlichung der Technik" zugrundegelegt haben. Der Magnetkreis stellt jedoch nur ein Problem bei der Vorausberechnung elektrischer Maschinen dar, und die anfänglich zur Verfügung stehenden Formeln vernachlässigten eine Reihe von Nebenerscheinungen wie die Streuung. Trotzdem kam man im Laufe der 1890er Jahre zu brauchbaren Entwurfsgleichungen, die sich auf die wichtigsten Parameter bezogen. Daneben und ergänzend blieben bis nach der Jahrhundertwende eine Fülle unterschiedlicher, recht roher Faustformeln in Gebrauch. Die Entwurfsgleichungen bezogen sich auf die wichtigsten Zusammenhänge einer quasi idealisierten Maschine. Aus den zahlreichen Bauformen ergaben sich darüber hinaus eine Fülle von Detailfragen, die man erst im Laufe des 20. Jahrhunderts theoretisch beantwortete oder bei denen erst die leistungsfähigen elektronischen Rechner der jüngsten Vergangenheit eine Berechnung ermöglichten. Manche in der Praxis auftretenden Probleme beseitigte man einfach empirisch: Als eine größere Gleichstrommaschine mit Nutenanker – so berichtet der Siemenssche Montageleiter –[12] heulende Geräusche von sich gab, gewöhnte man es ihr ab, indem man einfach die Spitzen der Magnetpole abschrägte.

Der in den 1880er Jahren erfolgende Übergang beim Bau elektrischer Maschinen vom Probieren über halbempirische Berechnungsformeln zur beginnenden theoretischen Durchdringung schlug sich auch in den elektrotechnischen Lehrbüchern nieder, wie sie im Hochschulunterricht zum Einsatz kamen. Alle Lehrbücher enthielten einen ausführlichen theoretischen Teil, in dem Grundbegriffe und -formeln der Elektrizitätslehre entwickelt wurden. Mit den elektrischen Maschinen befaßten sich die Lehrbücher der 1880er Jahre noch zu größeren Teilen ikonografisch und verbal-deskriptiv. Kunstvolle Holzschnitte vermittelten einen Eindruck von der äußeren Gestalt, und der dazugehörige Text erläuterte Funktion und Gestalt der Maschinenteile und beurteilte die Bewährung der Maschinen im praktischen Betrieb.

---

[12] Meyer, S. 162.

Die in manchen Lehrbüchern für elektrische Maschinen gegebenen Formeln waren höchst problematisch. Entweder waren sie zweifelhaft, oder für die Aufgabe der Vorausberechnung irrelevant, oder sie drückten, zahlreiche empirisch ermittelte Konstanten enthaltend, einfach Erfahrungswissen aus, das aber nur einen auf eine Reihe von Maschinen begrenzten Gültigkeitsbereich besaß. Die 1890er Jahre kann man als eine Übergangszeit bezeichnen, in der die Lehrbücher mehr und mehr für die Konstruktion elektrischer Maschinen wichtige Einzelprobleme erfaßten und in theoretischer Form darstellten. Nach der Jahrhundertwende begann vor allem der Karlsruher Ordinarius Engelbert Arnold das gesamte Gebiet in seinen auf die einzelnen Maschinenarten bezogenen Büchern systematisch und praxisorientiert, das heißt in für Konstruktions- und Berechnungsaufgaben relevanter Form, zusammenzufassen. In der Theorie bestehende Lücken füllte Arnold durch die Wiedergabe experimenteller Ergebnisse oder in der Praxis bewährter Regeln.

Bezog sich das bislang Gesagte eher allgemein auf die wissenschaftliche Durchdringung der Gleichstrommaschine, so sollen im folgenden einige Beispiele für Einzelfragen der Starkstromtechnik gegeben werden. Wir beginnen mit den Ankerwicklungen. Die in den 1870er Jahren entwickelten wichtigsten Ankerformen, Ringanker, Flachringanker und Trommelanker, besaßen aufgrund ihrer Lage im Magnetfeld eine unterschiedliche elektromagnetische Wirksamkeit. Der vorteilhafteste Typ, der von dem Siemens-Ingenieur Friedrich v. Hefner-Alteneck gefundene Trommelanker, warf sowohl was die Wicklungsanordnung anbelangt wie auch bezüglich der mechanischen Festigkeit die größten Probleme auf. Die seit 1887 in Lehrbüchern gegebenen Wicklungsschemata vollzogen praktisch bewährte und empirisch entwickelte Lösungen nach. Dies war in den durch Engelbert Arnold seit 1891 veröffentlichten Arbeiten, zunächst für Gleichstrom-, später auch für Wechselstrommaschinen, anders. Arnolds allgemeine Theorie der Ankerwicklungen wies über die bekannten Lösungen hinaus und führte auch zu neuen Wicklungen. In der Industrie wurden diese Arbeiten Arnolds aber nur zögerlich rezipiert, da er sich einer anspruchsvollen Formelsprache bediente; die Benutzung tabellarischer Hilfsmittel für die Wicklungskonzeption erfreute sich größerer Beliebtheit. Arnolds erste Publikationen zur Wicklungstheorie entstanden, noch bevor er die Elektrotechnikprofessur an der Karlsruher Technischen Hochschule antrat. Damals arbeitete Arnold in der elektrotechnischen Praxis, lehrte aber auch am Polytechnikum in Riga und fühlte sich durch seine Lehrtätigkeit veranlaßt, sein Wissen und seine Gedanken über die Wicklungen zu systematisieren. In diesem Ausschnitt aus der Vita Arnolds kommt schon die fruchtbare Wechselwirkung zum Ausdruck, die sich zwischen Theorie und Empirie, zwischen Hochschule und Industrie entwickelte: Zu dieser Zeit konnte nur ein in der industriellen

Praxis tätiger Ingenieur das für eine praxistaugliche Theorie erforderliche empirische Wissen erwerben, und aus den Erfordernissen der Lehre ergab sich eine Tendenz zur Theoretisierung und Systematisierung.

Gleichstrommaschinen besitzen auf der Welle angebrachte Kontaktbürsten, mit deren Hilfe Wechsel- in Gleichstrom umgeformt wird. Bei der Kommutierung entstehen an den ablaufenden Bürstenkanten leicht Funken, die – wie wir heute wissen – von übergroßen Stromdichten herrühren. Während man zunächst dem Bürstenfeuer keine große Bedeutung beimaß, ja es sogar als Zeichen begrüßte, daß die Maschine ihre Funktion erfüllte, erkannte man in den 1880er Jahren die technische Aufgabe, zu einer funkenfreien Stromwendung ohne Verschiebung der Bürsten zu kommen und damit Verluste, Abnützung und zusätzlichen apparativen Aufwand zu vermeiden. Zu ersten Verbesserungen der Kommutierung kam man auf empirischem Weg. In den 1890er Jahren ging man von Metall- zu Kohlebürsten über. Man benutzte lamellierte Bürsten, veränderte ihre Winkelstellung und setzte Petroleum zur Kontaktschmierung ein. Mit den sich nach der Jahrhundertwende durchsetzenden Wechsel- und Drehstromkommutatormaschinen wuchs die technisch-wirtschaftliche Bedeutung der Kommutierung. Gleichzeitig ergaben sich wegen der auftretenden Ankerreaktanzspannungen zusätzliche technische Schwierigkeiten, auf die man mit der Verwendung relativ großer Bürsten reagierte. Zu grundlegenden elektrischen Lösungen gelangte man aber erst nach 1905, als man mit Hilfe von Wendepolen und Kompensationswicklungen das Problem der Stromdichten unmittelbar anging.

Rückblickend charakterisierte 1913 ein Elektroingenieur den bei der funkenfreien Kommutierung beschrittenen Weg so:[13] "Gegenüber derart schwierigen Problemen kann man zwei Standpunkte einnehmen, den des analysierenden Naturforschers und praktischen Physikers, der mit den gebräuchlichen Methoden der Mathematik die vorliegenden Erscheinungen quantitativ zu berechnen sucht, oder den aktiveren des bauenden Ingenieurs, der sich vornimmt, das Problem überhaupt zu beseitigen, indem er die betreffende Wirkung, in unserem Fall die Funken am Kommutator, einfach unterdrückt . . . . Es ist wohl selbstverständlich, daß die Mittel, um das Problem in diesem, wirklichen, Sinne zu beherrschen, indem man es vernichtet, auch nicht ohne eine vorherige tiefe Durchdringung derselben gefunden werden können. Allein diese Durchdringung ist von anderer Art, sie ist weniger an Mathematik gebunden, und vielleicht sind viele von uns Ingenieuren in dem Sinne durch geringere mathematische Geduld und Schulung begünstigt, daß uns dieser Mangel den Vorzug einer tieferen physikalischen Erfassung mancher Erscheinung verschafft."

---

[13] Zitiert nach Schubert, Genese, S. 315.

In dieser Stellungnahme kommt zum Ausdruck, daß die von Arnold und vielen anderen nach der Jahrhundertwende entwickelten kommutierungstheoretischen Ansätze zwar zu konstruktiven Empfehlungen, aber nicht zu Berechnungsformeln führten. Bei verwickelten Verhältnissen ermöglichten erst Computer in der jüngeren Zeit Berechnungen auf der Basis einer in den 1920er Jahren verfeinerten Kommutierungstheorie. Ebenso besaßen auch die seit der Jahrhundertwende formulierten Kontakttheorien mehr beschreibenden Charakter und basierten weitgehend auf experimentell ermittelten Ergebnissen. Im Falle der Kommutierung zeigte es sich, daß theoretische Überlegungen nicht unbedingt zu Berechnungsformeln, sondern auch zu qualitativen Aussagen und daraus abgeleiteten Konstruktionsregeln führen konnten. Und bei manchen Kontaktproblemen halfen nur Probieren oder systematische Versuchsreihen weiter.

Die bei elektrischen Maschinen auftretenden Verluste, und zwar besonders die Wärmeverluste, zogen früh die Aufmerksamkeit auf sich. Zum einen bedrohte die Überhitzung der elektrischen Maschinen deren Funktionieren und erforderte Gegenmaßnahmen durch Luft-, Wasser- oder sogar Eiskühlung; zum anderen erkannte man bald die wirtschaftliche Bedeutung der Verluste. Zwar gelang es schon in den 1870er Jahren, Wärmeverluste im Anker (Eisenverluste) durch die Verwendung von Drähten und Blechen anstelle massiven Eisens zu reduzieren, aber vereinzelt bis in die 1890er Jahre hinein gemachte Vorschläge für eisenlose Maschinen dokumentieren, daß der Charakter der Probleme lange Zeit nicht erkannt wurde. Aus heutiger Sicht kann man die für Verlustrechnungen relevanten Faktoren differenziert so darstellen: Da sind zunächst mechanische Reibungsverluste, wie sie z.B. an den Bürsten auftreten. In den 1890er Jahren gelangte man hier zu aus Versuchsergebnissen entwickelten empirischen Formeln, wobei eine geeignete Meßtechnik das Hauptproblem bildete. Die wichtigeren Wärmeverluste kann man aufteilen in Verluste in den Wicklungen, die keine theoretischen Probleme boten, und Verluste im Magnetkreis, bestehend aus Hystereseverlusten, das heißt Verlusten durch Änderung des magnetischen Zustands, sowie Wirbelstromverlusten. Auf der Basis von seit Mitte der 1880er Jahre durchgeführten Arbeiten schuf vor allem Charles Proteus Steinmetz[14] bei General Electric um 1890 die theoretischen Grundlagen für Verlustrechnungen. Damit zusammenhängende Ergebnisse und Überlegungen führten zu einer günstigeren Dimensionierung der Bleche und leiteten die Suche nach vorteilhaften legierten Blechen an. Im Unterschied zur Erwärmung dominierten im Untersuchungszeitraum bei der Kühlung mehr empirische Vorgehensweisen. Zwar gewann man auch hier rechnerisch oder

---

[14] Vgl. Schubert, Steinmetz; Kline, Steinmetz.

experimentell zahlreiche Einzelergebnisse, aber für das Gesamtproblem lernte man doch mehr durch praktisch ausgeführte Konstruktionen, das heißt also aus der Kumulation von Erfahrung.

Unsere Beispiele haben gezeigt, daß sich alles in allem genommen in unserem Untersuchungszeitraum eine Tendenz von der Empirie zur Theorie oder anders ausgedrückt: vom technischen Regelwissen zum technikwissenschaftlichen Gesetzeswissen feststellen läßt. Diese Entwicklung reicht jedoch weit über den hier behandelten Zeitraum hinaus und hat auch in der Gegenwart noch keinen Abschluß gefunden. In der Zeit vor dem Ersten Weltkrieg behielten in großem Umfang auch empirische Vorgehensweisen Geltung. Man lernte aus bewährten Konstruktionen, das heißt aus der kumulierten Erfahrung, ohne daß man sich immer über die natur- oder technikwissenschaftlichen Grundlagen erfolgreicher Konstruktionen im klaren war. Bewährte Konstruktionen verbesserte man durch Probieren oder in systematischerer Form mit Hilfe experimenteller Untersuchungsreihen. Die Tendenz von der Empirie zur Theorie zeigte sich in der theoretischen Durchdringung von immer mehr Teilbereichen elektrischer Maschinen, wenn auch nicht der elektrischen Maschine in ihrer Gesamtheit. Technikwissenschaftliche Gesetzesaussagen und Modelle gingen in Vorausberechnungen und Konstruktionsregeln ein, welche wiederum zu einer Verbesserung der am Markt vorhandenen Maschinen führten. In diesem Sinn kann man durchaus von einer Verwissenschaftlichung der Elektrotechnik sprechen, wenn auch kaum von einer Wissenschaftsbasierung, denn im allgemeinen ging die Empirie der Theorie voraus. Im folgenden wollen wir anhand eines gut untersuchten Fallbeispiels, des Asynchronmotors, dem keinem festem Schema folgenden Zusammenspiel von Theorie und Empirie in ihren verschiedenen Formen folgen.

Fallbeispiel: Die Entwicklung des Asynchronmotors

Der Asynchronmotor[1] entstand aus Versuchen, den durch einen kommutatorlosen Generator entstehenden Wechselstrom zum Betreiben eines Motors zu verwenden. Dabei erzeugt man mit Hilfe von zwei oder mehr phasenverschobener Ströme ein im Kreis umlaufendes Magnetfeld, ein sogenanntes Drehfeld, das den Läufer in Bewegung versetzt. Beim Asynchronmotor – deshalb die Bezeichnung – bleibt die Drehzahl des Läufers etwas hinter der Drehzahl des Drehfelds zurück, der sogenannte Schlupf. Der Schlupf, das heißt die Relativbewegung zwischen Drehfeld und Läufer, liegt der

---

[1] Das folgende Kapitel stützt sich in erster Linie auf Kline, Science; vgl. außerdem Schubert, Genese, S. 128.

andauernden Wirkung der Induktion und damit der Aufrechterhaltung der Bewegung zugrunde.

Den dem Asynchronmotor zugrundeliegenden Effekt hatte man schon in den 1820er Jahren entdeckt. Experimentatoren fanden heraus, daß sie eine Kupferscheibe in Rotation versetzen konnten, wenn sie über dieser einen Hufeisenmagneten drehten, bei Stillstand aber keine Wirkungen zwischen beiden festzustellen waren. Sie erklärten den Effekt mit temporären magnetischen Wirkungen zwischen Scheibe und Magnet. Dagegen wies schon Michael Faraday 1831 darauf hin, daß für die Bewegung im Kupfer induzierte Ströme verantwortlich waren, denen man in der Elektrotechnik in späterer Zeit die Bezeichnung Wirbelströme gab. Um 1880 stellte man fest, daß sich ein rotierendes Magnetfeld, ein Drehfeld, auch mit Hilfe der Elektrizität erzeugen ließ. Wahrscheinlich kannten Galileo Ferraris und Nikola Tesla, die man mit gutem Recht als Erfinder des Asynchronmotors nennen kann, die letztgenannten Untersuchungen nicht. Bei der Erklärung seines 1885 gebauten Experimentalmotors ging Ferraris von den richtigen Überlegungen Faradays aus, entwickelte dann aber eine – wie sich später herausstellte – falsche mathematische Theorie, die zu dem Ergebnis kam, daß der maximale Wirkungsgrad des Motors bei 50% liege, dieser also wirtschaftlich ohne Bedeutung sei. Unabhängig von Ferraris baute der kroatisch-amerikanische Erfinder Nikola Tesla 1888 einen Asynchronmotor mit Kurzschlußläufer, dessen gemessener Wirkungsgrad von über 60% die Ferrarisschen Wirkungsgradprojektionen falsifizierte. Im Gegensatz zu Ferraris ging Tesla von falschen theoretischen Vorstellungen zur Funktionsweise des Motors aus, nämlich von Magnetwirkungen. Aus der falschen Theorie leitete er sogar konstruktive Gestaltungselemente seines Motors ab, welche sich aber zufälligerweise günstig, nämlich entgegengesetzt zu Teslas Erwartungen, auswirkten. In Kooperation mit der Firma Westinghouse bemühte sich Tesla, seinen funktionsfähigen Motor als Straßenbahnmotor marktreif zu machen, erlitt aber Schiffbruch. Westinghouse gab die auch nach dem Ausscheiden Teslas fortgeführten Innovationsbemühungen dann im Jahre 1890 auf und übernahm später bei der AEG und bei der Maschinenfabrik Oerlikon entwickelte Bauformen. Die Erfindungsgeschichte des Asynchronmotors zeigt, daß – wie so oft in der Geschichte der Technik – die Funktionsfähigkeit der Erfindung in keinem direkten Zusammenhang mit der Richtigkeit oder Falschheit der zugrundeliegenden theoretischen Vorstellungen stand. In vergleichender Betrachtung kamen die theoretischen Vorstellungen Ferraris' den tatsächlichen Verhältnissen näher als die Teslas; trotzdem gelangte Tesla zu einem funktionsfähigen, wenn auch nicht marktfähigen Motor, während sich Ferraris mit einem Maschinenmodell begnügte.

Der konstruktive Durchbruch bei Asynchronmotoren gelang Michael v.

Dolivo-Dobrowolsky bei der AEG in Berlin. Dolivos 1888 fertiggestellter kleiner Versuchsmotor wies ein besseres Anlaufverhalten und ein höheres Drehmoment auf als der Teslasche. Verantwortlich dafür waren verschiedene Faktoren. Bei Dolivos Käfigläufer lagen die kurzgeschlossenen Kupferleiter in Schlitzen nahe der Oberfläche. Im Unterschied zu dem Teslaschen besaß der Motor keine ausgeprägten Pole und deswegen eine günstigere magnetische Durchflutung und eine geringere Streuung. Der Luftspalt ließ sich besonders eng ausführen. Das günstige Anlaufverhalten ergab sich aus dem hohen Widerstand der klein dimensionierten Kupferleiter. Als sich diese Bauweise bei größeren Motoren nicht bewährte, entwickelte Dolivo die "Schleifringläuferbauweise", das heißt einen Motor mit zuschaltbaren, veränderlichen Anlaßwiderständen. Als günstig erwies sich bei den AEG-Motoren auch, daß sie für eine niedrigere Frequenz konstruiert waren als die Teslaschen. Teslas Motor war ein Zweiphasenmotor, Dolivo arbeitete mit drei Phasen. Entgegen den Auffassungen der Zeitgenossen spielte dieser Unterschied für die Überlegenheit der AEG-Motoren jedoch eine geringere Rolle. Bei der Frankfurter elektrotechnischen Ausstellung 1891 stellten Dolivo-Dobrowolsky und die AEG zusammen mit ihren Partnern, der Schweizer Maschinenfabrik Oerlikon und deren technischem Direktor Charles E. L. Brown, verbesserte elektrische Maschinen verschiedener Größe vor, die enormes Aufsehen erregten. Sie bildeten die Grundlage für die internationale Verbreitung der Dreiphasenmaschinen in den folgenden Jahren.

Dolivo-Dobrowolsky brachte in seine Motorenentwicklung umfangreiche Erfahrungen mit Gleichstrommaschinen ein. Er ging jedoch weder formalmathematisch vor, noch mit einer umfassenden Theorie an die Probleme heran, sondern operierte mit einem Set qualitativer Vorstellungen, die sich auf die Geometrie der Bauteile, das magnetische Feld und die wichtigsten elektrischen Parameter bezogen. Diese Vorstellungen und die daraus abgeleiteten Konstruktionsprinzipien überprüfte er durch Versuche. Aus qualitativen Vorstellungen und Versuch und Irrtum entstanden so sowohl neue Bauformen wie Verbesserungen im Detail. Noch 1917 bekannte sich Dolivo zur Ansicht, "daß, mindestens bei Pionierarbeit, plastische, körperliche Vorstellung mehr Wirkungsgrad aufweist, als lange Formeln und Gleichungen, welche erst im späteren Entwicklungsgange einsetzen sollten."[2]

Beim Asynchronmotor spielte sich die weitere Entwicklung jedenfalls nach dem von Dolivo empfohlenen Schema ab. Die theoretischen Überlegungen vollzogen zunächst die überwiegend empirisch gewonnenen Ergebnisse nach. Ihren Ausgangspunkt nahmen sie 1891 von durch Maxwell 1865 aufgestellten Formeln für Induktionsspulen. Allerdings waren die von den Theoretikern abgeleiteten wenigen konstruktiven Empfehlungen schon längst

---

[2] Dolivo-Dobrowolsky, S. 342.

in den vorhandenen Motoren realisiert. Weitergehende Konstruktionshinweise waren diesen Ansätzen zunächst nicht zu entnehmen. Das Problem lag darin, daß sich Maxwells Formeln auf eine Spule bezogen, wenn man so will: eine Spule mit Luftkern, beim Induktionsmotor jedoch der Kern aus Eisen bestand und die sich aus Material und Geometrie ergebenden Eisenverluste und Streuung die Eigenschaften des Motors wesentlich bestimmten. In der Folge bemühten sich andere Theoretiker, diese Defizite durch Anreicherung der Formeln mit empirisch ermittelten Koeffizienten auszugleichen. Einen anderen Weg gingen Gisbert Kapp und Charles Proteus Steinmetz 1894, beides theoretisch beschlagene und praktisch erfahrene Ingenieure, indem sie Elemente der für Gleichstrommaschinen entwickelten Magnetkreistheorien mit Elementen ihrer Transformatorentheorien zusammenführten. Auch ihre theoretischen Aussagen zum Induktionsmotor beruhten auf feldtheoretischen und Maxwellschen Grundlagen, welche aber nur noch schwer zu erkennen waren. Steinmetz brachte dies heftige Kritik des amerikanisch-serbischen Mathematikers Michael Pupin ein, derselbe, der sich später im Zusammenhang mit der Einführung von Induktionsspulen in die Telefon-Übertragungstechnik einen Namen machte. Pupin empfahl lange Jahre hartnäckig einen theoretischen Ansatz, der unmittelbarer an Maxwell ansetzte, sich aber für die konstruktive Aufgabe nicht bewährte und deswegen von den Elektrotechnikern ignoriert wurde.

Welche Theorien und daraus abgeleitete Berechnungsmethoden die Elektrotechniker rezipierten, hing von der Abbildungsqualität der Theorien ab, aber auch von Faktoren wie der Angemessenheit des mathematischen Apparats und Anschaulichkeit. Besonderer Beliebtheit erfreuten sich grafische Methoden wie das 1894 durch den Beratenden Ingenieur und Kittler-Schüler Alexander Heyland entwickelte Kreisdiagramm. Mit dem Heylandkreis ließen sich aus der unter vereinfachenden Annahmen gewonnenen Ortskurve des Ankerstroms Drehmoment, Leistungen und Wirkungsgrad des Asynchronmotors ermitteln. Während der Heylandkreis zunächst der Beurteilung fertiger Motoren im Prüffeld diente, kam man bald zu verfeinerten Methoden, die eine Vorausberechnung ermöglichten. Seit etwa 1896 lassen sich Bespiele anführen, daß aus Theorien des Asynchronmotors neue verbesserte Konstruktionsformen abgeleitet wurden, eine wesentliche Etappe auf dem langen Weg der Verwissenschaftlichung des Asynchronmotorenbaus.

Verwissenschaftlichung der Elektrotechnik: Ein Resümee

Den Begriff der Verwissenschaftlichung der Elektrotechnik haben wir bestimmt als Dominanz antizipativer Theorie in erfolgreichen Erfindungs-,

Entwicklungs- und Konstruktionsprozessen.[1] Aus den gegebenen Beispielen ist deutlich geworden, daß es sich bei der Verwissenschaftlichung der Elektrotechnik in diesem Sinne[2] um einen lang andauernden Prozeß handelte, der im 19. Jahrhundert langsam anlief, um 1890 eine enorme Beschleunigung erlebte und noch in der Gegenwart andauert. Im Unterschied zum Begriff der "Wissenschaftsbasierung" von Industrie (Science-based Industry), bei dem wir Wissen und Wissenschaft in erster Linie sozial bestimmt haben,[3] interpretieren wir den Begriff der "Verwissenschaftlichung" vor allem kognitiv, das heißt als theoretische Aussagen über technische Sachverhalte. Um möglichen Einwänden vorzubeugen, weisen wir vorsorglich darauf hin, daß es sich bei der Trennung von Sozialem und Kognitivem in der Wissenschaft um eine analytische, aus heuristischen Gründen vorgenommene Unterscheidung handelt und wir später gerade die Interdependenzen zwischen beidem betonen werden.[4]

Im Zusammenhang mit der Diskussion um eine Wissenschaftsbasierung oder Verwissenschaftlichung der Elektrotechnik ist häufig gesagt worden, daß die Wissenschaft, und zwar vor allem die Physik, Prinziplösungen hervorgebracht habe, die elektrotechnische Entwicklungen begründeten.[5] Als Beispiele werden die Entdeckung der magnetelektrischen Induktion durch Michael Faraday 1831 oder der elektromagnetischen Wellen durch Heinrich Hertz 1887/88 genannt. So fruchtbar wir auch den Begriff der Prinziplösungen für eine Diskussion des Verhältnisses von Wissenschaft und Technik halten, erhebliche Zweifel müssen wir anmelden, ob er und die genannten Beispiele unter unseren kognitiven Begriff einer Verwissenschaftlichung der Elektrotechnik fallen. Präzise lautet die zu beantwortende Frage, ob der kognitive Gehalt der Faradayschen oder der Hertzschen Theorie in Technik überführt wurde oder aber ihre Versuchsanordnungen, womit man die bei den Versuchen erkannten naturalen Effekte nutzte. Dies hieße nämlich, daß in diesen Fällen Technik aus Technik erwuchs, nämlich Generatoren und die drahtlose Telegrafie mit ihren kommerziellen Potenzen aus der physikalischen Experimentiertechnik – und nicht aus dem kognitiv-

---

[1] S. o. S. 298–303; vgl. hierzu auch Ropohl, Flexible Fertigungssysteme, S. 41–48.

[2] Vgl. auch die recht allgemeinen und widersprüchlichen Ausführungen zur Verwissenschaftlichung der Elektrotechnik bei Schreier, Vorgeschichte; Schreier, Herausbildung; Buchheim; Müller, Produktivkräfte, S. 319ff.

[3] S. o. S. 280–83.

[4] S. u. S. 337ff.

[5] Soweit ich es sehen kann, stammt der Begriff der "Prinziplösungen" von Gisela Buchheim. Vgl. z.B. Buchheim. S. o. S. 281; zu den Intentionen Faradays und seiner Rezeption s. Gooding.

theoretischen Kern der Wissenschaft. Die Ausarbeitung der technischen Prinziplösungen zu einer kommerziell erfolgreichen Technik warf dann eine Fülle von Problemen auf, bei der Funktechnik z.B. die Überwindung großer Entfernungen, für deren Lösung die Wissenschaft zunächst kaum Hilfestellungen bot.[6] Um die Aussage noch einmal zuzuspitzen: Bei den genannten Beispielen kann man zwar den Standpunkt vertreten, daß Technik aus Wissenschaft hervorging, aber, wie wir verdeutlicht haben, nicht etwa aus dem wissenschaftlichen Wissen, sondern aus Wissenschaft als sozialem System. Es bereitet keinerlei Schwierigkeiten sich vorzustellen, daß die der Technikentwicklung zugrundeliegenden naturalen Effekte auch in anderen sozialen Zusammenhängen hätten entdeckt werden können als bei physikalischen Experimenten. Der Weg vom Sozialsystem Wissenschaft zur Technikentwicklung ist also in diesen Fällen eher historisch kontingent und hängt mit der qualitativen Expansion der Wissenschaft im 18. und 19. Jahrhundert zusammen; eine grundlegende Verschiebung der kognitiven Beziehungen zwischen Wissenschaft und Technik liegt ihm nicht zugrunde.[7]

Faraday und Hertz ging es nicht um Aussagen über Technik, sondern sie benutzten Experimentiertechnik, um zu theoretischen Aussagen über die vom Menschen gestaltete und ungestaltete Natur zu kommen. Dies sah bei den theoretischen Überlegungen Galileo Ferraris' und Nikola Teslas zum Asynchronmotor in der zweiten Hälfte der 1880er Jahre anders aus. Deren Ziel bestand darin, einen vorhandenen bzw. von ihnen entworfenen Motorentyp theoretisch zu erklären sowie ihn auf der Basis dieser Theorien zu verbessern bzw. als kommerziell unbrauchbar zu verwerfen. Unsere Fallstudie hat gezeigt, daß Erfolg oder Mißerfolg der Entwicklungsarbeiten am Asynchronmotor in keinem logischen Zusammenhang mit der Qualität der Theorie standen: Aus der schlechteren Theorie konnte ein besserer Motor erwachsen, die bessere Theorie konnte weitere Entwicklungsarbeiten hemmen. Nicht von der Theorie hingen relativer Erfolg oder Mißerfolg der technischen Entwicklungsarbeiten ab, sondern von anderen Faktoren, wie den unterschiedlichen Zielsetzungen der Erfinder und ihrer Kooperation mit der Elektroindustrie und erfahrenen Ingenieuren. Dies lag daran, daß die Theorien die Technik nur wenig angemessen abbildeten. Wie auch in anderen Bereichen der Elektrotechnik erwiesen sich auch bei der Entwicklung des Asynchronmotors empirische Vorgehensweisen in der Regel als erfolgreicher als theoretische.

Bis mindestens in die 1880er Jahre dominierten in der Elektrotechnik empirische Vorgehensweisen, die, auf der kumulierten Erfahrung der Ver-

---

[6] Das Thema der Zusammenhänge von Wissenschaft und Technik bei der drahtlosen Telegrafie vertieft sowohl empirisch wie theoretisch Aitken.

[7] Vgl. hierzu Toulmin, S. 364–78.

gangenheit aufbauend, sich der Methode von Versuch und Irrtum bedienten sowie mehr oder weniger systematisch durchgeführter experimenteller Untersuchungsreihen. Empirische Technikentwicklung ging der theoretischen Durchdringung voraus. Um neben den Asynchronmotoren wenigstens ein weiteres Beispiel zu nennen: In den 1880er Jahren war man nicht in der Lage, bei der Planung von Elektrizitätsnetzen den Spannungsabfall in den einzelnen Netzteilen zu messen und die Kabel entsprechend zu dimensionieren.[8] Man behalf sich damit, daß man im Tischformat von Batterien gespeiste Netzmodelle baute und die Meßergebnisse auf größere Verhältnisse zu übertragen suchte. Seit den 1890er Jahren ergänzten zunächst und ersetzten schließlich Berechnungsmethoden die Messung an Modellen. Mit dieser anfänglichen Dominanz der Empirie unterschied sich die Elektrotechnik in keiner Weise von anderen Technikbereichen. Vorstellungen eines auf der Empirie erwachsenen Maschinenbaus und einer aus der Theorie kommenden Elektrotechnik gehen in die Irre. Wie in anderen Technikbereichen erfuhr seit den 1890er Jahren das Verhältnis von Theorie und Empirie auch in der Elektrotechnik einen Wandel. Der Zeitabstand zwischen empirisch entwickelten erfolgreichen Konstruktionen und ihrer theoretischen Durchdringung verringerte sich. Elaborierte technikwissenschaftliche Theorien mit hoher Abbildungsqualität leiteten technische Verbesserungsinnovationen an oder führten gar zu grundlegend neuen technischen Lösungen. Diesen hier nur knapp zusammengefaßten Prozeß haben wir als Verwissenschaftlichung der Elektrotechnik bezeichnet.

In der Zeit vor dem Ersten Weltkrieg stellte es durchaus noch eine Ausnahme dar, daß technikwissenschaftliche Theorien zu grundlegenden neuen technischen Lösungen führten. Ein Beispiel hierfür bildet die Verwendung von Induktionsspulen zur Vergrößerung der Reichweite von Telefonleitungen.[9] Die begrenzte Reichweite der Telefonkommunikation, die man nicht wie die digitalen telegrafischen Signale auf einfache Weise verstärken konnte, bildete das Schlüsselproblem für den Ausbau der Telefonverbindungen zu einem regionalen oder gar nationalen Kommunikationsnetz. Schon 1893 wies der englische Physiker Oliver Heaviside aufgrund theoretischer Überlegungen auf die mögliche Verminderung der Dämpfung in elektrischen Leitungen durch eine Erhöhung der Induktivität hin. Die konstruktive Aufgabe bestand darin, die Bauweise der dafür in Vorschlag gebrachten Induktionsspulen und den Abstand festzulegen, in denen sie anzubringen waren. Unabhängig voneinander fanden George A. Campbell, ein Forschungsingenieur bei Bell, und Michael I. Pupin, Mathematikprofessor

[8] Buchheim/Sonnemann, S. 313; Matschoß, Geschichtliche Entwicklung, S. 19; Matschoß, Werner Siemens, S. 118.

[9] Das Fallbeispiel nach Brittain.

an der Columbia University, eine Lösung. Beide Arbeiten fußten auf theoretischen Überlegungen, die profunde Kenntnisse der Maxwellschen Theorie voraussetzten. Mit Hilfe der Induktionsspulen konnte man die Reichweite des Telefons verdoppeln und den Leitungsdurchmesser bestehender Strekken reduzieren, was zu Einsparungen von vielen Millionen führte.

Ob in der Technikentwicklung Empirie oder ob Theorie dominierte, die Elektrotechniker benötigten Meßmethoden, um Leistungssteigerungen und deren Umfang überhaupt feststellen zu können. Zunächst interessierten vor allem die zentralen elektrischen Leistungsparameter, Stromstärke und Spannung. Anfangs stand wegen der Bedeutung der Elektrochemie, der Batterietechnik und des Bogenlichts die Stromstärke im Mittelpunkt, mit dem Aufkommen des Glühlichts widmete man auch der Spannung größere Aufmerksamkeit. Beim Betreiben der frühen Beleuchtungsnetze vertraute man auf ganz grobe Schätzungen, die Spannung bestimmte man nach der Helligkeit der Glühbirnen, die Leistung nach der Zahl der betreibbaren Birnen – die Bezeichnung von Generatoren als 20- oder 60-Lichter-Maschine weist noch längere Zeit auf diesen Zusammenhang hin. Für komplexere Anwendungen und für wissenschaftliche Zwecke reichte diese Form der Messung natürlich nicht aus. Die Industrie entwickelte Meßinstrumente, die nicht nur für physikalische Laboratorien und die dort verwandten niedrigen Spannungen geeignet waren, sondern auch für die Maschinentechnik. Schon die elektrotechnische Ausstellung in München 1882 erregte Aufsehen dadurch, daß man sich bemühte, die elektrischen Kennwerte der ausgestellten Maschinen exakt zu messen und zu verzeichnen.[10] Mit dem Bedeutungszuwachs und der theoretischen Durchdringung elektrischer Maschinen nahmen die Anforderungen zu. Für die Ermittlung von Drehzahlen und Drehmomenten entwickelte man Meßmethoden an laufenden Maschinen. Seit den 1880er Jahren, als man die Bedeutung des Magnetfelds erkannte, arbeitete man an magnetischen Meßverfahren. Um die Jahrhundertwende standen Methoden der Feldkurvenermittlung zur Verfügung. Die Expansion der Elektrotechnik und ihre Verwissenschaftlichung gingen einher mit der Erstellung eines umfangreichen Instrumentariums an Meßinstrumenten und Meßmethoden.

Eine Verwissenschaftlichung der Elektrotechnik verlangte technikwissenschaftliche Modelle von hoher Abbildungsqualität, das heißt Aussagensysteme über Maschinen und Apparate und über die in diesen ablaufenden Prozesse, die technische Verbesserungen anleiten konnten. In solche technikwissenschaftliche Modelle ging und geht immer auf unterschiedliche Art und Weise erworbenes Wissen ein. Dazu gehörten aus den Naturwissen-

---

[10] König, Erasmus Kittler, S. XXVIII f.

schaften kommende theoretische Aussagen, wie als prominentes Beispiel die Maxwellsche Feldtheorie. Im allgemeinen bedürfen jedoch naturwissenschaftliche Theorieelemente in technikwissenschaftlichen Modellen einer Transformation, da sie sich auf einfache oder vereinfachte Phänomene bezogen, in der Technik dagegen komplexe Verhältnisse vorherrschen.

Als zweites enthielten technikwissenschaftliche Modelle experimentelle Ergebnisse. Das systematische technikwissenschaftliche Experiment lieferte einerseits empirische Koeffizienten, mit denen aus einer unvollständigen theoretischen Durchdringung resultierende Lücken in technikwissenschaftlichen Aussagensystemen geschlossen wurden. Vor allem aber wurden in technikwissenschaftlichen Experimenten empirische Grundlagen für technikwissenschaftliche Gesetzesaussagen über strukturale und funktionale Merkmale der Produkte und deren Zusammenhang geschaffen. Das technikwissenschaftliche Experimentieren vereinigte Elemente aus der empirischen industriellen Technik wie aus der naturwissenschaftlichen Experimentaltechnik. In den 1880er und 1890er Jahren unterschieden sich die elektrotechnischen Laboratorien nur wenig von den sich mit der Elektrizität beschäftigenden physikalischen. Im Zentrum ihrer Arbeiten stand die Gewinnung von elektrotechnischen Grundkenntnissen und meßtechnischer Fähigkeiten an speziellen, nach didaktischen Kriterien geschaffenen Versuchsaufbauten. Erst nach der Jahrhundertwende kamen in den erweiterten elektrotechnischen Versuchsfeldern in größerem Umfang Arbeiten an elektrischen Maschinen und Anlagen hinzu, wie sie die elektrotechnische Praxis verwendete.

Die Leiter und Mitarbeiter der elektrotechnischen Versuchsfelder bemühten sich, praxisnahe Bedingungen zu simulieren. Die an den elektrotechnischen Hochschulinstituten gewonnenen Ergebnisse konnten im Untersuchungszeitraum das als drittes Element in die technikwissenschaftlichen Modelle Eingang findende praktische Erfahrungswissen allerdings nur zu einem kleinen Teil ersetzen. Die Kapazitäten der Institute waren einfach zu gering, vergleicht man sie mit der elektrotechnischen Industrie und den verschiedenen Anwendungsfeldern der Elektrotechnik. Von diesen Bedingungen abgesehen, läßt sich praktisches Erfahrungswissen wohl prinzipiell nicht vollständig durch technikwissenschaftliches Experimentieren substituieren, da sich Langzeiterfahrungen mit technischen Systemen nur begrenzt simulieren lassen und die Betriebsbedingungen in der technischen Praxis zu unterschiedlich sind, um nur zwei Gründe zu nennen. In großem Umfang floß in die technikwissenschaftlichen Modelle implizites oder explizit in Regeln gefaßtes Erfahrungswissen ein. Die seit den 1890er Jahren erfolgte Berufung praktisch erfahrener Ingenieure an die Hochschulen stellt ein Indiz für die Unverzichtbarkeit dieses Erfahrungswissens dar.

Naturwissenschaftliche Gesetzesaussagen, Ergebnisse technikwissenschaftlicher Experimente und praktisches Erfahrungswissen verarbeiteten die Technikwissenschaftler zu technikwissenschaftlichen Modellen. Einzige Beurteilungsinstanz für die Abbildungsqualität dieser Modelle war die elektrotechnische Praxis. Nur Modelle, die sich in der Praxis bewährten und als Grundlage für Maschinenberechnungen sowie für Verbesserungs- und Basisinnovationen dienten, fanden auf längere Zeit Eingang in die Fachwelt. Außer der Abbildungsqualität richtete die Praxis noch zusätzliche Forderungen an technikwissenschaftliche Modelle, wie Handhabbarkeit und Angemessenheit des mathematischen Apparats. Häufig erleichterten Tabellen und zeichnerische Darstellungen die Handhabbarkeit. Meist wurden die Aussagen der technikwissenschaftlichen Modelle vollständig oder teilweise in Formeln gekleidet. Es ist durchaus möglich, den Grad der Mathematisierung der technikwissenschaftlichen Aussagen als Indiz für den theoretischen Leistungsstand der Elektrotechnik zu werten. Allerdings stellte sich dabei in besonderem Maße die Frage der Angemessenheit. Lassen wir hierzu den Dresdener Fachvertreter, Johannes Görges, zu Wort kommen, einen der theoretisch beschlagensten Elektrotechniker:[11] ". . . . Freilich gibt es gute und schlechte Formeln. Der alte Borsig hatte so unrecht nicht, wenn er die Formeln mit dem Zollstock maß. Man kann in eine Formel sehr viel Ballast hineinpacken, ähnlich wie man einen Gedanken in einem einzigen ungeschickten schwülstigen Satze oder in mehreren kurzen klaren ausdrücken kann. . . . . Die mathematischen Mittel müssen der Aufgabe angepaßt werden, verwickelte Formeln mit langen Integralen sind ein Unfug, wenn die Grundlagen ganz unsicher sind."

Haben wir in diesem Kapitel die These von einer Verwissenschaftlichung der Elektrotechnik präzisiert, überprüft und für die Zeit seit den 1890er Jahren zustimmend übernommen, so gilt es doch abschließend dem möglichen Mißverständnis entgegenzutreten, der elektrotechnische Fortschritt seit dieser Zeit sei ausschließlich oder überwiegend auf diese Verwissenschaftlichung zurückzuführen. In größtem Umfang trugen zum elektrotechnischen Fortschritt auch Faktoren bei, die wenig oder nichts mit theoretischen Überlegungen und mathematischen Berechnungsmethoden zu tun hatten. Dazu gehört die sorgfältige Fertigung elektrischer Maschinen durch qualifizierte Facharbeiter, welche z.B. bei der Wicklung Isolationsfehler und Unwuchten vermieden. Und dazu gehören Probleme, bei deren Lösung weiterhin Empirie und Erfahrung dominierten, wie Kühlung und Belüftung elektrischer Maschinen und die Verwendung besserer Isolationsmaterialien.

---

[11] Zitiert nach Schubert, Genese, S. 380; eine der unseren ähnliche Aufzählung von Elementen der elektrotechnischen Modellbildung bei Kline, Steinmetz, S. 21.

Rückblickend urteilt Gisbert Kapp, einer der führenden theoretischen Köpfe in der Elektrotechnik, über die Entwicklung von Drehstromtransformatoren.[12] "Eventually we discovered what things were of real importance, i.e. strong mechanical construction, interleaved joints, alloyed iron, subdivision of the winding, good insulation and efficient cooling. The highly mathematical investigation as to the best shape and proportions of transformers undertaken by many theorists have not proved of much practical value."

Schließlich dürfen bei der Betrachtung von Theorie und Empirie bei der Produktion von Elektrotechnik nicht die von der Nachfrageseite auf die Technikentwicklung wirkenden Einflüsse vergessen werden. Nach Auffassung des Berliner Professors für elektrische Maschinen Walter Reichel bestimmte der "Bedarf" den Entwicklungsstand der Elektrotechnik.[13] Eine neuere quantitative Auswertung von in der Elektrotechnischen Zeitschrift erschienenen wissenschaftlichen Arbeiten hat gezeigt, daß diese zwei deutliche Maxima aufwiesen.[14] Das erste Maximum fällt in die Zeit nach 1890, als die Elektrifizierung einen markanten Aufschwung erlebte, und das zweite in die Jahre nach der Jahrhundertwende, als die elektrotechnische Industrie in eine Krise geriet und die Firmen ums Überleben kämpften. Nicht nur zwischen Nachfrage und elektrotechnischer Produktion, sondern auch zwischen Nachfrage und elektrotechnischer Forschung bestanden enge, wenn auch sicher sehr komplexe Wechselbeziehungen. Wir haben diesem Buch ein Engels-Zitat vorangestellt: "Hat die Gesellschaft ein technisches Bedürfnis, so hilft das der Wissenschaft mehr voran als zehn Universitäten."[15] Mit diesem Zitat wollen wir entgegen gängiger Vorstellungen einer Verwissenschaftlichung der Technik und einer Science-based Industry darauf aufmerksam machen, daß das soziale und kognitive System Wissenschaft in der Elektrotechnik in größerem Umfang von der Gesellschaft und der Industrie profitierte als umgekehrt.[16]

---

[12] Journal for the Institution of Electrical Engineers 60 (1922), S. 473f.

[13] Reichel, S. 921.

[14] Schubert, Genese, S. 378, vgl. auch S. 373f. Zu den ökonomischen Antrieben technikwissenschaftlicher Untersuchungen vgl. auch Hughes, Science-Technology Interaction.

[15] Marx-Engels-Werke Bd. 39, S. 205.

[16] Vgl. o. S. 279–88.

Statt einer Zusammenfassung: Prolegomena zu einer historischen Theorie der Technikwissenschaften

Die Begriffszusammensetzung Technik-Wissenschaften trägt mit ihren beiden Bestandteilen bereits die Inhalte mit sich, die wir hier mit dem Begriffspaar Theorie und Praxis interpretieren wollen: Technik als eine Form gesellschaftlicher Praxis der Weltgestaltung und Wissenschaft als die theoretische, handlungsleitende Reflexion über diese Welt. In schöner Unbestimmtheit wird das Begriffspaar Theorie und Praxis in der marxistischen Theorie als dialektische Einheit von Gegensätzen verwandt. Wir hoffen, über diese Unbestimmtheiten hinauszukommen, lehnen uns aber nicht ungern an ein semantisches Element der marxistischen Verwendung an, da auch wir für die Technikwissenschaften die Wechselwirkungen zwischen Theorie und Praxis betonen wollen. Darüber hinaus klingt mit diesen Begriffen aber auch eine unter Ingenieuren verbreitete Sprachverwendung an, die den Begriff Praxis mit der Industrie identifiziert und den der Theorie mit den an Hochschulen und Universitäten institutionalisierten Technikwissenschaften. Damit ist das Spannungsfeld, auf dem sich dieser Beitrag bewegen wird, mit vorläufig hinreichender Ungenauigkeit beschrieben, das Spannungsfeld zwischen technikwissenschaftlicher Theorie und praktischer Technik sowie zwischen Kognitivem und Institutionellem.

Im folgenden werden wir dieses Feld in drei Etappen genauer abstecken: Zuerst versuchen wir die Technikwissenschaften zu bestimmen, indem wir nach deren Gegenstand, Methoden und Zielen in Abgrenzung zu den Naturwissenschaften fragen. Bei den Gegenständen der beiden Wissenschaftsgruppen geht es um eine differenzierte Darlegung der Unterschiede und Zusammenhänge zwischen Natur und Technik. Das zentrale Ziel der Technikwissenschaften sehen wir in der Beschreibung und Erklärung von Struktur und Funktion vorhandener sowie möglicher Technik. In beide Aufgabenbereiche fließen gesellschaftliche Ziele und Normen ein. In Verfolgung ihrer Ziele produzieren die Technikwissenschaften Forschungswissen wie auch Ausbildungswissen, welches in Zusammenhang mit dem Forschungswissen steht, aber mit diesem nicht deckungsgleich ist. Darüber hinaus werden die Technikwissenschaften nicht nur durch kognitive, sondern auch durch soziale Ziele, wie Selbsterhaltung und Erweiterung ihrer institutionellen Grundlagen, angeleitet. Die Technikwissenschaften erstellen zur Beschreibung und Erklärung komplexer technischer Ganzheiten mit Hilfe einer Vielzahl von Methoden Modelle, deren Abbildungsqualität durch die technische Praxis beurteilt wird.

Zweitens untersuchen wir am Beispiel der Technikwissenschaften die dem Begriff der wissenschaftlichen Disziplin innewohnenden Möglichkeiten, die theoretische Trennung zwischen kognitiver und sozialer Betrachtung einer Wissenschaft zu überwinden. Eine technikwissenschaftliche Disziplin bestimmen wir als eine auf verschiedene Art und Weise institutionalisierte wissenschaftliche Kommunikationsgemeinschaft, die einen Gegenstandsbereich der Technik mit Hilfe von Methoden unter Anleitung durch von außen gesetzter Ziele untersucht. Nach ihren Fragestellungen und ihrer Genese unterscheiden wir drei Hauptgruppen von Technikdisziplinen: technikorientierte, naturwissenschaftsorientierte und berufsorientierte Technikwissenschaften. Technikwissenschaftliche Disziplinen umfassen nicht nur den Bereich der institutionalisierten Wissenschaft, sondern erstrecken sich auch weit in die industrielle Praxis; in den Grenzzonen kommt es zu ständigen Verschiebungen; eine präzise Abgrenzung ist kaum möglich.

Drittens fragen wir, inwieweit eine historische Theorie der Technikwissenschaften auf wissenschaftstheoretische und wissenschaftssoziologische Ansätze zurückgreifen bzw. selbst Anregungen für eine Umorientierung dieser Wissenschaftswissenschaften geben kann. Die Wissenschaftstheorie hat sich bislang ganz auf die Naturwissenschaften konzentriert und nicht mit den Technikwissenschaften befaßt. Eine Ausnahme bildet die Starnberger finalisierungstheoretische Gruppe, welche allerdings die Spezifika von Technikwissenschaften verkannt hat, weil sie ausschließlich die von den Naturwissenschaften auf die Technikwissenschaften wirkenden Einflüsse, aber nicht die von der technischen Praxis ausgehenden betrachtet hat. Für eine historische Theorie der Technikwissenschaften werden vor allem zwei Forderungen begründet: Erstens sollte die Beschränkung der (naturwissenschaftlichen) Wissenschaftstheorie auf das Kognitive vermieden werden; besonders für die Technikwissenschaften verstellt sie entscheidende Erkenntnismöglichkeiten. Zweitens ist eine "zweite historische Wende" der Wissenschaftstheorie erforderlich. Mit ihrer "ersten" historischen Wende hat die Wissenschaftstheorie die Wissenschaftsgeschichte als kritische Instanz zur Beurteilung von Aussagen zur Theoriendynamik zugelassen. In einer zweiten historischen Wende wäre die zeitinvariante Behandlung des Wissenschaftsbegriffs aufzugeben und sollten stattdessen die historischen Veränderungen des Wissenschaftsverständnisses und der Ziele wissenschaftlichen Handelns in die theoretischen Überlegungen einbezogen werden. Abschließend zeigen wir durch eine Erweiterung von Larry Laudans Interpretation von Wissenschaft als Problemlösungsprozeß, daß es in der Wissenschaftstheorie Potenzen gibt, die für eine historische Theorie der Technikwissenschaften fruchtbar gemacht werden können.

Technikwissenschaften und Naturwissenschaften – Gegenstände, Methoden, Ziele

Dieses Kapitel zielt auf eine genauere Bestimmung der Technikwissenschaften.[1] Dabei nähern wir uns den Technikwissenschaften über einen Umweg, nämlich über eine Diskussion der Beziehungen zwischen Naturwissenschaft und Technik. Während Wissenschaftstheorie und Wissenschaftssoziologie die Technikwissenschaften bislang nahezu völlig aus ihrem Blickfeld ausgeblendet haben – eine Ausnahme bildet eine Reihe marxistisch orientierter Arbeiten – und auch die wissenschaftshistorische Behandlung der Technikwissenschaften noch in den Anfängen steckt, ist das Verhältnis zwischen Naturwissenschaft und Technik Gegenstand zahlreicher Untersuchungen aus verschiedenen Disziplinen geworden. Die Ergebnisse dieser Arbeiten, die sich vor allem auf das 19. und 20. Jahrhundert beziehen, sind außerordentlich heterogen. Peter Weingart hat vier verschiedene Positionen herausgearbeitet:[2]

- Unter Hinweis auf die unterschiedlichen Funktionen, Ziele und Normen von Wissenschaft und Technik gehen einige Autoren von der prinzipiellen Unabhängigkeit beider aus.
- Andere vertreten die Auffassung, daß, von Zufällen abhängig, Wissenschaft und Technik sich gegenseitig beeinflussen, wobei der Einfluß manchmal mehr in die eine, manchmal mehr in die andere Richtung weist.
- Wieder andere sprechen von einer "Verwissenschaftlichung der Technik" und verbinden damit die Vorstellungen einer Hierarchie, in der die Wissenschaft oben, die Technik unten steht, im Extremfall in der Auffassung von Technik als angewandter Naturwissenschaft, und einer historisch unumkehrbaren Entwicklungstendenz.
- Und eine vierte Gruppe schließlich sieht zwischen Wissenschaft und Technik zunehmende Wechselbeziehungen, was symmetrisch als "Verwissenschaftlichung der Technik" und "Technisierung der Wissenschaft" ausgedrückt werden kann.

In den hier gewählten Formulierungen sind diese Positionen nicht prinzipiell unvereinbar. Im folgenden wird eine mehr historische Beschreibung gewählt, die Ansätze aus den skizzierten vier Positionen aufgreift bei einer gewissen Präferenz für die vierte und deren empirische Basis eine Analyse der "ersten verwissenschaftlichten Industrien" des 19. Jahrhunderts, der

---

[1] Die besten Arbeiten hierfür kommen aus der ehemaligen DDR: Wendt; Banse/Wendt.

[2] Weingart, Wissenschaftssoziologie und Technik, S. 9ff. Vgl. o. S. 298f.

Chemie und der Elektrotechnik, bildet.[3] Zunächst ist davon auszugehen, daß Wissenschaft und Technik unterschiedliche Ziele verfolgen. Dem Wissenschaftler geht es primär darum, Einsichten in die unbelebte und belebte Welt zu gewinnen, während der Techniker gegenständliche Mittel ersinnt und realisiert, die diese Welt gestalten und verändern. Weitgehende Übereinstimmung besteht unter Historikern darüber, daß empirisch und theoretisch gewonnene abstrakte wissenschaftliche Erkenntnisse im 19. und 20. Jahrhundert zunehmend Eingang in die Technik fanden und die Art der technischen Problemlösung veränderten. Konkret kann man diese "Verwissenschaftlichung der Technik" an zwei Erscheinungen festmachen: Immer mehr Naturwissenschaftler und wissenschaftlich ausgebildete Ingenieure gingen in die Industrie, wo sie ihre an den Hochschulen erworbenen Kenntnisse und Problemlösungsfähigkeiten einsetzten, um neue Produkte zu schaffen oder die Produktion umzugestalten. Dabei handelte es sich aber häufig um eine diffuse Form des Wissenschaftstransfers; das heißt: Der Zusammenhang zwischen dem erworbenen Wissen und den technischen Ergebnissen der Arbeit in der Industrie war eher indirekt. Der zweite wichtige Typ des Wissenschaftstransfers bestand in der direkten Übertragung der an wissenschaftlichen Institutionen gewonnenen Erkenntnisse in die industrielle Produktion. Das Wissen konnte von den Hochschulen kommen, aber auch von den um die Jahrhundertwende an Bedeutung gewinnenden industriellen Forschungseinrichtungen.

Beide Arten des Wissenschaftstransfers zwischen Hochschule und Industrie liefen jedoch nicht in einer Einbahnstraße ab. Auch der umgekehrte Weg, von der Industrie in die Hochschule, wurde beschritten. Besonders in den technikwissenschaftlichen Fächern, aber auch in einigen naturwissenschaftlichen, rekrutierten die Hochschulen ihre Professoren in größerem Umfang aus der Industrie, wo diese sich vor allem empirische Kenntnisse im Umgang mit stofflichen Produkten angeeignet hatten, die an der Hochschule kaum zu erwerben waren. Und die Industrietechniker fanden nur zu oft auf empirischem Weg Lösungen für Probleme, an denen sich die Hochschulwissenschaft die Zähne ausgebissen hatte. Die Lösungen und mit ihnen verbundene Hypothesen stellten dann die Wissenschaft vor die Aufgabe, sie zu überprüfen und in übergreifende theoretische Gebäude einzuordnen. Das Bild von rapide zunehmenden Wechselwirkungen zwischen Wissenschaft, Technik und Industrie entspricht den hier nur knapp skizzierten qualitativen und quantitativen Veränderungen besser als der eine Einbahnstraße suggerierende Begriff einer auf Wissenschaft beruhenden Industrie, der "Science-based Industry".

---

[3] Das folgende nach König, Massenproduktion, S. 402f.

Diese hier gegebene Beschreibung verbindet kognitive und soziale Elemente der Wechselbeziehungen zwischen Wissenschaft und Technik miteinander. Versucht man den kognitiven Beitrag der Naturwissenschaft und der industriellen Praxis im technischen Innovationsprozeß zu beschreiben, so gelangt man ebenfalls zu viel komplexeren Modellen, als die gängigen Klischees von einer "Verwissenschaftlichung der Technik" oder gar von "Technik als angewandter Naturwissenschaft" glauben machen könnten.[4] Häufig spielte sich das Wechselverhältnis nach folgendem Schema ab: Naturwissenschaftler gelangten durch Zufall, durch systematisches Experimentieren oder aufgrund theoretischer Überlegungen zu Ergebnissen, aus denen sich Prinziplösungen für technische Probleme ableiten ließen. Die Ausarbeitung der Prinziplösungen zu technisch funktionsfähigen und wirtschaftlich brauchbaren Maschinen und Verfahren erfolgte dann in einem langwierigen und aufwendigen Prozeß durch praktisch oder theoretisch ausgebildete Techniker in der Industrie, wobei empirische Vorgehensweisen dominierten und theoretische Überlegungen ganz in den Hintergrund traten. Man entwickelte ein Know-how, das ausreichte, um Maschinen und Anlagen zu bauen und zu betreiben, ohne deren Wirkprinzipien in allen Einzelheiten verstehen und erklären zu können. Mit ihrer Technikentwicklung stellte die technisch-industrielle Praxis den Natur- und Technikwissenschaften wieder eine Fülle theoretischer Probleme, die diese allmählich lösten, ohne damit immer einen konkreten Beitrag für die Verbesserung der Technik zu leisten. In dieses Schema lassen sich die Entwicklung elektrischer Maschinen, der drahtlosen Telegrafie oder auch die Herstellung von Teerfarben einordnen.

Man könnte diesen hier schon stark generalisierten Prozeß auch mit den der Militärgeschichte entlehnten Begriffen der Vorhut, Hauptstreitmacht und Nachhut veranschaulichen. Die Naturwissenschaft bildet im Innovationsprozeß die Vorhut, indem aus ihren Forschungen Ergebnisse resultieren, die als Prinziplösungen für Technikentwicklung zu benutzen sind. Die Hauptstreitmacht, die Industrie, schafft den Durchbruch, indem sie auf vorwiegend empirischem Weg aus den Prinziplösungen marktfähige Techniken entwickelt. Und die Wissenschaft sichert als Nachhut langfristig diesen Durchbruch ab, indem sie die Wirkprinzipien, auf denen diese Technik beruht, theoretisch durchdringt. Neben diesem Verlaufstypus der Entstehung "verwissenschaftlichter Technik" kennen wir natürlich noch andere, bei denen keine naturwissenschaftlichen Prinziplösungen der Technikentwicklung vorausgehen, die Technik also unmittelbar aus empirischen Trial-and-Error-Prozessen hervorgeht, oder theoretische naturwissenschaft-

---

[4] Das folgende nach König, Massenproduktion, S. 413.

liche Erkenntnisse ohne große technische Innovationsarbeiten unmittelbar in die Produktion umgesetzt werden.

Ein sehr allgemeines Modell der Beziehungen zwischen Naturwissenschaften und Technik, das sowohl für die Beschreibung von Strukturen wie von Verläufen geeignet ist, entwickelt Stephen Toulmin in "Human Understanding".[5] In der Technik sieht Toulmin ein rationales Unternehmen, das sich im Unterschied zu den Naturwissenschaften nicht um Erklärung bemüht, weswegen er die Technik als nicht-wissenschaftliche Disziplin bezeichnet. Wissenschaft und Technik beeinflussen sich wechselseitig, indem sie Anregungen für die Arbeiten des jeweils anderen hervorbringen. Bei diesen Anregungen kann es sich um empirische oder theoretische naturwissenschaftliche Ergebnisse oder um technische Instrumente oder um in der Technik beobachtete Phänomene handeln. Im Sinne des Toulminschen Evolutionsmodells der Wissenschaft stellen diese Anregungen Varianten dar. Ob diese aufgegriffen werden, entscheidet die jeweils andere Disziplin nach ihren eigenen Selektionskriterien. Toulmin kommt zu dem Ergebnis, daß sich Naturwissenschaften und Technik unabhängig voneinander entwickeln und daß ihre Beziehungen einerseits symmetrisch, andererseits indirekt sind.

Während Toulmin solcherart der Technik einen kleinen Exkurs widmet, spart er bei seinen Betrachtungen wie die meisten Wissenschaftstheoretiker die Technikwissenschaften vollkommen aus. Unsere Rezeption und Reflexion von Aussagen zum Verhältnis von Wissenschaft und Technik hat jedoch mittlerweile im Sinne von Toulmin genügend Varianten erbracht, daß wir uns jetzt den Technikwissenschaften unmittelbarer nähern. Wir tun dies auf eine eher konventionelle Weise, indem wir, übliche Strategien der Untersuchung von Wissenschaften verfolgend, nach dem Gegenstand, den Zielen, den Methoden und den Inhalten der Technikwissenschaften fragen, und dies teilweise in Abgrenzung und im Vergleich zu den Naturwissenschaften. Die Naturwissenschaften werden vergleichend herangezogen, weil sich die Technikwissenschaften in ihrer historischen Entwicklung in großem Umfang an den Naturwissenschaften orientiert haben und weil kulturtheoretische Betrachtungen – man denke an C. P. Snows zwei Kulturen – häufig Technik und Naturwissenschaften als Einheit oder doch zumindest als eng verwandte Zweiheit ansehen.

Die Gegenstandsbereiche der Natur- und Technikwissenschaften scheinen sich eindeutig aus den Begriffen zu ergeben: einerseits die vom Menschen als Kulturwesen relativ unberührte belebte und unbelebte Natur, andererseits die vom Menschen künstlich geschaffene gegenständliche

[5] Toulmin, S. 364–78.

Technik; der alte Begriff für Technik, "Kunst", drückt genau diesen Gegensatz aus. Bei genauerer Betrachtung tauchen aber bald Schwierigkeiten bei dieser scharfen Unterscheidung auf; mindestens vier Einwände und Relativierungen könnten vorgetragen werden.

- Wissenschaften, die ihrer historischen Herkunft und ihrem Selbstverständnis nach Naturwissenschaften sind, beschäftigen sich auch mit Künstlichem, so wie die Chemie in erster Linie mit Synthesen, mit künstlichen Stoffen arbeitet. Dies hat einige Techniktheoretiker dazu gebracht, die Chemie als Technikwissenschaft zu reklamieren.[6] Andererseits könnte man aber auch die Frage stellen, ob die chemischen Synthesen durch den eingangs benutzten Begriff der Gegenstände nicht ausgeschlossen werden. Jedenfalls zeigt dieser Einwand, daß systematische und historische Bestimmungen des Gegenstands der Technikwissenschaften zu unterschiedlichen Ergebnissen führen können.
- Der zweite Einwand könnte darauf hinweisen, daß technische Gegenstände durchaus mit naturwissenschaftlichen Methoden analysiert werden können. Letzten Endes sind nahezu alle "exakten" naturwissenschaftlichen Untersuchungen darauf angewiesen, die Natur mit Hilfe der Technik zu "befragen" und die gemessenen technischen Parameter auf ihren naturgesetzlichen Aussagegehalt hin zu interpretieren. Technik ist also in diesem Fall nicht Untersuchungsgegenstand, sondern Mittel zum Zweck. Besitzt aber die Technik in einem naturwissenschaftlichen Untersuchungszusammenhang keinen Instrumentalcharakter, dann wird sie jedenfalls nur aspekthaft, das heißt in ihrer naturalen Dimension betrachtet. Eine Entsprechung auf der Seite der Technik findet ein solches Vorgehen in der "Bionik", die Elemente der belebten Natur wie technische Objekte untersucht, mit dem Ziel, daraus Hinweise für die Technikentwicklung zu gewinnen.
- Damit ist auch schon der dritte Einwand angesprochen, der die methodischen Gemeinsamkeiten zwischen Natur- und Technikwissenschaften betont, indem er als Gegenstand der Naturwissenschaften die vom Menschen ungestaltete Natur, als Gegenstand der Technikwissenschaften die vom Menschen gestaltete Natur benennt. Mit dieser Benennung werden die naturale Dimension und die naturgesetzlichen Restriktionen, denen die Technik unterliegt, hervorgehoben, die in der Technik materialisierten menschlichen Ziel- und Wertsysteme dagegen in den Hintergrund gestellt. Wie problematisch eine solche Schwerpunktsetzung bei der Bestimmung von Technik ist, kann zumindest angedeutet werden durch das gegenteilige Extrem: Man könnte Parallelen zwischen dem literarischen

[6] So z.B. Rumpf, S. 5f.

und dem technischen Schaffen und damit zwischen Geistes- und Technikwissenschaften betonen, indem man einseitig technische Produkte als Träger von Informationen, quasi als Texte, interpretiert, die Auskunft über die Wünsche, die Mentalitäten oder den Bildungshintergrund ihrer Schöpfer geben. Wenn wir uns auch diese aus didaktischen Gründen entwickelte Antithese zum Verständnis von Technik als gestalteter Natur nicht zu eigen machen, so meinen wir doch, daß die naturale Dimension der Technik, die Entwicklung der Technik als "Herrschaft über die Natur" in Zukunft zurücktreten wird gegenüber dem Bemühen, Technik an wechselnde soziale und ökonomische Zielsetzungen anzupassen.

– Während der dritte Einwand die naturale und naturgesetzliche Dimension der Technik betont, könnte der vierte kritisch fragen, wo und in welchem Umfang es die vom Menschen als Kulturwesen unbeeinflußte Natur eigentlich noch gibt, also von der anderen Seite her unsere Grenzziehung in Frage stellen, nämlich durch die Behauptung, Naturwissenschaft werde im Zusammenhang mit der globalen Technisierung zwangsläufig zur Technikwissenschaft. Nun kann es keinem Zweifel unterliegen, daß die vom Menschen unbeeinflußte Natur immer mehr an Raum verliert, immer mehr in Residuen abgedrängt wird – wir haben deshalb auch wohlweislich von relativ unberührter Natur gesprochen. Ganz gleich, wie man diese Entwicklung auch beurteilen mag, mit der Beeinflussung des Strahlungshaushalts der Erde ist der Mensch zum globalen Gestalter der Natur geworden, und unterliegt – in einer weiter gefaßten Bedeutung des Begriffs Technik – die Natur einer zunehmenden Technisierung. Wenn eine solcherart verstandene Technisierung der Natur auch nicht durch die von uns eingeführte Bedeutung des Begriffs Technik gedeckt wird, also kaum in der Lage ist, unsere Gegenüberstellung von Natur- und Technikwissenschaften aus den Angeln zu heben, so macht dieser vierte Einwand doch deutlich, daß naturwissenschaftliche Arbeiten – ähnlich wie technikwissenschaftliche – zunehmend vor der Aufgabe stehen, die Folgen menschlicher Handlungen für ihren Untersuchungsgegenstand zu antizipieren und daraus Handlungsempfehlungen abzuleiten.

So haben die diskutierten Einwände gegen unsere Kontrastierung des Gegenstandsbereichs der Natur- und der Technikwissenschaften Überschneidungen und Gemeinsamkeiten, aber auch Unterschiede zu Tage gefördert und uns gezwungen, die verwendeten Begriffe zu erläutern und zu präzisieren, sie letzten Endes aber bestätigt. Abschließend soll ein weiterer Unterschied herausgearbeitet werden, der für die Technikwissenschaften wichtige Konsequenzen beinhaltet. Die Gegenstandsbereiche beider Wissenschaftsgruppen unterliegen historischen Veränderungen, wenn auch ganz unterschiedlicher Art. Die Natur verändert ihr Gesicht und ihre Struktur einerseits aufgrund der ihr innewohnenden Dynamik: Arten sterben aus und entstehen, Vulkane erheben sich, andererseits aufgrund anthropogener Einflüsse: klein- und großräumige klimatische Veränderungen, Ausbreitung bestimmter und Zurückdrängung anderer Pflanzenarten; aber man wird wohl kaum von einem quantitativen Wachstum oder einer qualitativen Vermehrung der Natur sprechen wollen, ganz im Gegenteil: Das massenhafte Artensterben und die erwähnte "Technisierung der Natur" legen es nahe, von einem Schrumpfen des Gegenstandsbereichs der Naturwissenschaften auszugehen. Die konstatierbare Zunahme der Zahl naturwissenschaftlicher Disziplinen und Forschungseinrichtungen stellt kein Argument gegen das behauptete Schrumpfen dar, sondern erklärt sich allein durch eine innerwissenschaftliche Generierung neuer Fragen und Probleme, die an den Untersuchungsgegenstand herangetragen werden.

Dagegen wachsen die Technikwissenschaften nicht allein wie die Naturwissenschaften aufgrund einer Differenzierung der innerwissenschaftlichen Fragestellungen, sondern ebenso als Folge der dauernden Vergrößerung ihres Untersuchungsgegenstandes, der Technik. Wissenschaftliche Disziplinen wie Elektrotechnik, Verfahrenstechnik, Verbrennungsmaschinen, Kerntechnik und viele andere mehr konnten natürlich erst entstehen, als sich ihr Gegenstandsbereich in der industriellen Praxis herausgebildet hatte, eine Entwicklung, für die kein Ende in Sicht und ein solches auch nur schwer vorstellbar ist. Zwar verlieren auch technikwissenschaftliche Disziplinen an Bedeutung oder gehen ein, wie Dampfmaschinenbau und Luftschiffahrt, aber dies kompensiert den Zuwachs nicht im geringsten, da der technische Fortschritt nicht zuletzt eine kumulative Tendenz aufweist. Für eine theoretische Untersuchung der Technikwissenschaften hat dieses Phänomen zwei wichtige Konsequenzen, die später wieder aufzunehmen sind. Zunächst trägt es eine Tendenz zur Desintegration in die Technikwissenschaften hinein. Zwar werden die sogenannten technischen Grundlagendisziplinen wie technische Mechanik, Strömungslehre, Thermodynamik und Werkstoffkunde auf den Gegenstand der neuen Technikdisziplin angewandt und binden ihn damit in die Familie der Technikwissenschaften ein, aber es bleiben disziplinspezifische Fragen, für die keine erprobten Paradigmen, im engeren und weiteren Sinne Kuhns, zur Verfügung stehen, zumal die Technikwissenschaften über kein gemeinsames tragfähiges theoretisches und methodisches Dach, über keine Metawissenschaft Technikwissenschaft verfügen. Des weiteren – die zweite Konsequenz – muß man sich noch einmal klarmachen, daß die ständige Erweiterung des Gegenstandes der Technikwissenschaften nicht in ihnen selbst erfolgt, sondern von außen, aus der industriellen Praxis, an sie herangetragen wird. Die Technikwissenschaften besitzen höchstens die Möglichkeit, eine wissenschaftliche Behandlung bestimmter technischer Gegenstände abzulehnen. Akzeptieren sie die

Zuweisung eines Gegenstands, dann sind in diesen bereits Ziele und Werte inkorporiert, die außerhalb des Wissenschaftssystems implizit oder explizit formuliert worden sind.

Nachdem wir uns so des Gegenstands technikwissenschaftlicher Arbeit vergewissert haben, kommen wir nun zu den Zielen der Technikwissenschaften. Wie in anderen Wissenschaften geht es in den Technikwissenschaften primär um Erkenntnis, um die Produktion gesicherten Wissens über ihren Erkenntnisgegenstand, die Technik. Während die Technik technische Gegenstände und Verfahren erzeugt, bemühen sich die Technikwissenschaften um eine Beschreibung und Erklärung von Struktur und Funktion technischer Gegenstände. Dabei kann es sich um vorhandene, durch die Technik geschaffene handeln oder um die Struktur und Funktion nicht-vorhandener, das heißt möglicher, technischer Gegenstände.[7] Hans Rumpf hat dies letztere so ausgedrückt, daß sich die Technikwissenschaften im Unterschied zur Technik nicht mit dem Machen, sondern mit dem Machbaren beschäftigen. Natürlich kommt es auch vor, daß Technikwissenschaftler an Technikentwicklungen beteiligt sind, in der von uns benutzten Begrifflichkeit würde dies bedeuten, daß sie sich als Techniker betätigen und in diese Arbeit technikwissenschaftliches Wissen mit einbringen. Die Beschäftigung der Technikwissenschaftler mit dem technisch Möglichen kann auf einem traditionellen Gebiet der Technik so aussehen, daß sie die dort schon in großem Umfang vorhandene Technik empirisch und theoretisch in einem solchen Umfang erfassen, daß das gesamte Feld, einschließlich der noch vorhandenen Lücken, erschlossen ist. Dagegen muß auf einem neuen, praktisch noch kaum erschlossenen Feld weit stärker mit hypothetischen Konstruktionen gearbeitet werden.

Für unser derzeitiges Thema, die Ziele technikwissenschaftlicher Arbeit, ist es wichtig, daß es sich bei der Produktion gesicherten Wissens über vorhandene oder mögliche Technik um ein Formalziel handelt, das inhaltlich noch nicht bestimmt ist, also noch weiterer Bestimmung bedarf. Struktur und Funktion der Technik liegen nämlich nicht fest, sondern hängen von den technischen und den "nicht-technischen" Zielen ab, die der Technik explizit und implizit vorgegeben werden. Je nachdem, ob man einen Verbrennungsmotor für ein Automobil auf die Ziele große Elastizität, Drehfreudigkeit, Verbrauchsminderung oder geringen Schadstoffausstoß hin entwickelt, gelangt man zu unterschiedlichen Motorenformen. Noch radikalere Konsequenzen hat es, wenn man die Systemgrenze der Betrachtung erweitert und nach technischen und organisatorischen Lösungen fragt, um das gesell-

[7] Diese Unterscheidung trifft auch Müller, Arbeitsmethoden, S. 8, wenn er auch eine andere Terminologie benutzt.

schaftliche Ziel: hohe Mobilität zu erreichen, also das gesamte Verkehrsspektrum einbezieht. Das bedeutet, daß sich die Technikwissenschaften der Zielbestimmungen der Technik vergewissern müssen, um Beurteilungskriterien für Struktur- und Funktionsuntersuchungen zu gewinnen. Im Falle der Untersuchung vorhandener Technik handelt es sich um ein Rekonstruktionsproblem, da Ziele, Normen und Werte bereits in die Technik "eingeschrieben" sind. Für unseren Zusammenhang ist es wichtig, daß diese "Einschreibung" bereits außerhalb der Wissenschaften in der gesellschaftlichen Praxis erfolgt ist. Der Technikwissenschaftler kann – und wird dies in der Regel auch – diese Zielsetzungen übernehmen. Er kann sich aber auch von ihnen distanzieren und seinen Arbeiten andere Ziele und Werte zugrundelegen, wobei diese normalerweise bereits in der Gesellschaft vorgebildet sind. Dabei gerät er automatisch in den zweiten technikwissenschaftlichen Aufgabenbereich hinein, die Produktion von Wissen über nicht-vorhandene, über mögliche Technik. Wenn sich technikwissenschaftliche Untersuchungen von vornherein auf diesen Aufgabenbereich konzentrieren, müssen sie entweder aus entwickelten Technikfeldern Ziele und Werte in ihr neues Untersuchungsgebiet transferieren oder diese aus der gesellschaftlichen Technikdiskussion übernehmen.

Hatten wir bislang die Bestimmung von Technikwissenschaften durch das didaktische Hilfsmittel einer Abgrenzung von den Naturwissenschaften unterstützt, so sehen wir jetzt, daß die Technikwissenschaften durchaus auch Gemeinsamkeiten mit den Sozialwissenschaften aufweisen. Zunächst untersuchen die Technikwissenschaften mit der vorhandenen Technik Ergebnisse sozialen Handelns, wenn auch in aller Regel eingegrenzt auf die technische Struktur und Funktion. Dies wiederum erfordert einen Rückgriff auf Ziele, die auch als technische Ziele aus sozialen abgeleitet sind. Und schließlich erkunden die Technikwissenschaften Möglichkeitsräume für neue technische Gegenstände, was ebenfalls die Rezeption sozialer Ziele, Normen, Werte und Bedürfnisse voraussetzt. Daß diese Rückkoppelung der Technikwissenschaften an gesellschaftliche Ziel- und Wertsysteme meist relativ "geräuschlos" erfolgt, so daß man davon wenig bemerkt, hängt damit zusammen, daß die in den gesellschaftlichen Bezugssystemen der Technikwissenschaften, in der Industrie oder auch in der Technologiepolitik, vorhandenen Ziel- und Wertsysteme nicht diskutiert und in Frage gestellt, sondern als selbstverständlich, als quasi natürlich übernommen werden. Doch gibt es eine Reihe von Anzeichen dafür, daß sich dies im Zusammenhang mit der Ziel- und Wertkrise, in der sich die Technik und allgemein unsere technische Wohlstandsgesellschaft befindet, zu ändern beginnt.

Die Produktion gesicherten Forschungswissens über die Technik, das Formalziel der Technikwissenschaften, das wir nur durch Rückgriff auf den außerwissenschaftlichen Bereich inhaltlich füllen konnten, stellt aber nicht das einzige Ziel der Technikwissenschaften dar. Unsere einleitend am Beispiel der Chemie und der Elektrotechnik geführte Diskussion zum Verhältnis von Wissenschaft, Technik und Industrie in den Jahrzehnten um 1900 hat gezeigt, daß der Transfer von Wissen von der Wissenschaft in Technik und Industrie vor allem über die Universitäts- und Hochschulausbildung und die in die Industrie eintretenden Absolventen erfolgte und weniger auf dem direkten Weg, den wir heute mit den Begriffen Wissenschafts- und Technologietransfer kennzeichnen. Ausbildung ist also ein weiteres Ziel der Technikwissenschaften, bis in die 1870er Jahre des 19. Jahrhunderts vor allem für den Staatsdienst, danach zunehmend auf die Industrie ausgerichtet.[8]

Nun könnte man gegen unsere Einführung der Ausbildung als eigenständiges Ziel der Technikwissenschaften einwenden, daß durch die Lehre nur Teile des in den Technikwissenschaften produzierten Forschungswissens weitergegeben würden. Dieser Einwand behauptet also eine Kongruenz von technikwissenschaftlichem Forschungswissen und technikwissenschaftlichem Ausbildungswissen und sieht in dem zweiten nur eine Teilmenge des ersten. Unseres Erachtens entstammt dieser Einwand der deutschen neuhumanistischen geisteswissenschaftlichen Tradition, die Erziehung und Ausbildung mit dem Begriff der "Bildung" zusammenfaßt und durch Aufbereitung von Wissenschaft zu erreichen behauptet. An das in den Geisteswissenschaften entstandene Postulat, Bildung durch Wissenschaft zu vermitteln, schlossen sich später auch andere Wissenschaften, wie die Mathematik und die Naturwissenschaften, an, indem sie ihren eigenen Bildungswert betonten.[9]

Die Auslagerung geisteswissenschaftlicher Forschung aus den Universitäten an Akademien und Forschungsinstitute und die perennierenden Diskussionen um die Stärkung der Forschungsaufgabe der Universität wie um eine Differenzierung von Studiengängen in forschungs- und ausbildungsorientierte zeigen jedenfalls, daß auch in den Geisteswissenschaften das Konzept der Bildung durch Wissenschaft nicht mehr selbstverständlich ist. In den Natur- und Technikwissenschaften sind die Bereiche der Ausbildung und Forschung längst organisatorisch und inhaltlich getrennt und weisen nur mit den Diplom- und Doktorarbeiten noch wichtigere Überschneidungsbereiche auf. All dies läßt vermuten, daß das Ausbildungswissen in den Technikwissenschaften eine spezifische Form von Wissen darstellt, wenn dieses auch mit dem Forschungswissen in vielerlei Hinsicht verbunden ist. Der Begriff der "Forschung" betont die Neuheit wissenschaftlicher Erkenntnisse, zunächst einmal unabhängig davon, welchen Stellenwert sie im ko-

---

[8] Vgl. König, Stand und die dort angegebene Literatur. Zu den Begriffen "Forschung" und "Wissenschaft" Diemer.

[9] König, Bildung.

gnitiven Gesamtsystem der Wissenschaft besitzen und wie sie sich dort einordnen lassen. Wissenschaftliche "Bildung" und "Ausbildung" beziehen sich dagegen auf eben dieses Gesamtsystem, auf die Summe des Wissens, wobei der Begriff "Ausbildung" noch die Anforderungen der Berufsfelder als Relevanzkriterium für das Wissen ins Spiel bringt.

Die Geschichte der Technikwissenschaften und der Ingenieurausbildung zeigt, daß es sich bei dem Ausbildungswissen durchaus nicht immer sowohl vom Niveau wie von der zeitlichen Abfolge her um eine Art nachgeordnetes Wissen handelt. An den Polytechnischen Schulen und Technischen Hochschulen im 19. Jahrhundert ging in vielen Bereichen die über die Zusammenstellung kumulierter praktischer Erfahrungen erfolgte Produktion von Ausbildungswissen der von Forschungswissen voran. Für die Erzeugung von Forschungswissen waren die Technikwissenschaften damals weder materiell noch methodisch gerüstet. Bis zur Gegenwart entstehen manche technikwissenschaftlichen Disziplinen nicht über die Forschung, sondern über die Ausbildung, wie das Wirtschaftsingenieurwesen oder die Umwelttechnik. Und schließlich zwingen häufig erst die Ausbildungserfordernisse die Technikwissenschaften dazu, Forschungsergebnisse zu systematisieren und zu theoretisieren, womit die Ausbildungsziele wieder auf die Produktion von Forschungswissen rückwirken. Die innere Dynamik des Wissenschaftsbetriebs und die Außeneinflüsse können zu einer Verbindung von Forschungs- und Ausbildungswissen führen, zu einem Auseinanderklaffen, sie können beide Wissensformen sich gleichgewichtig entwickeln lassen oder einer der beiden eine Leitfunktion zuweisen. Diese Zusammenhänge zwischen Ausbildung und Forschung in den Technikwissenschaften sind bislang viel zu wenig untersucht, als daß sich schon stärker generalisierte Aussagen machen ließen.

Ein zweiter Einwand könnte lauten, daß Ausbildung und Ausbildungswissen nicht zur Wissenschaft gehören. Dieser Einwand identifiziert Wissenschaft mit den Ergebnissen von Forschungshandeln und sieht in Wissenschaft und Ausbildung (oder auch Forschung und Lehre) zwei verschiedene, wenn auch miteinander zusammenhängende Aufgaben der Hochschulen und Universitäten. Tatsächlich ist hier unsere Allgemeinsprache, auf die sich der Historiker zu berufen pflegt, nicht eindeutig. Manchmal wird unter dem Begriff Wissenschaft nur die Forschung, manchmal aber auch die Gesamtheit der im Hochschulsystem erbrachten Arbeiten unter Einschluß der Ausbildung und der institutionellen Einrichtungen verstanden. Mag diesem Einwand also für die Gegenwart durchaus eine gewisse Plausibilität zukommen, so wird er schlicht unhistorisch, wenn er auf das 19. Jahrhundert oder noch weiter zurück liegende Zeiten gemünzt wird. Wenn im 19. Jahrhundert von Wissenschaft die Rede ist, dann bezieht sich dies in viel höherem Maß auf Ausbildung als auf Forschung, und dies sowohl in den Technikwissenschaften wie darüber hinaus. Diese ausbildungszentrierte Bestimmung der Aufgaben der Wissenschaft entsprach sowohl der Auffassung des Staates wie dem Selbstverständnis der Wissenschaftler. Als im Laufe des 19. Jahrhunderts die Universitäten und die Technischen Hochschulen zunehmend ihre Forschungsaufgabe in den Vordergrund stellten, stieß dies lange Zeit auf hinhaltenden Widerstand von Seiten staatlicher Behörden, bei den Technischen Hochschulen sogar bis ins 20. Jahrhundert hinein. Als äußeres Zeichen für diese Ausbildungsorientierung des Wissenschaftsbegriffs im 19. Jahrhundert mag gelten, daß die Ministerien, die die Universitäten und Hochschulen verwalteten, diese Aufgabe im allgemeinen durch die Bezeichnung Unterrichtsministerium zusammenfaßten.

Bisher wurde die Ausbildung in den technikwissenschaftlichen Disziplinen ausschließlich unter kognitiven Aspekten betrachtet. Darüber hinaus vermittelt die Ausbildung aber auch noch soziale Kompetenzen, die – wie uns hochschulgeschichtliche Quellen deutlich vor Augen führen – von der Industrie hoch bewertet wurden: Ordnung und Disziplin erlernte der angehende Ingenieur oder Chemiker in den Praktika, das heißt in den Hochschullaboratorien, wobei ihn umfangreiche schriftliche Laborordnungen anleiteten. Als akademische Bildung noch ein Privileg höherer oder gehobener Schichten war, gingen die Industriefirmen davon aus, daß die Universitäts- und Hochschulabsolventen Grundlagen des gewünschten sozialen Verhaltens bereits aus ihren Familien mitbrachten und diese bei im Auftrag des Unternehmens stattfindenden Außenkontakten sowie im Umgang mit Untergebenen nutzen konnten. Diese Vermutung sozialer Kompetenz war – jedenfalls vor der Jahrhundertwende – bei der Einstellung von Ingenieuren ebenso wichtig wie die kognitiver Kompetenz. Auch dies hatten Hochschulgremien zu beachten, wenn sie Entscheidungen über Studienordnungen und Aufnahmebedingungen trafen.

Das Formalziel technikwissenschaftliche Ausbildung wird zwar in erster Linie durch die Hochschulen konkretisiert, doch besitzen daneben noch die Politik und die Industrie einen größeren Einfluß. Vereinfacht läßt sich der zwischen Hochschule und Industrie ablaufende Aushandlungsprozeß wie folgt beschreiben: Die Hochschulen tendieren zwar dazu, das in ihnen erarbeitete Forschungswissen als bestgeeignetes Ausbildungswissen zu definieren, geraten damit aber schon allein wegen der Quantität und Unstrukturiertheit dieses Wissens in Schwierigkeiten. Die Überfrachtung der Ingenieurstudiengänge, die im Grunde seit Beginn der akademischen Ingenieurausbildung im 19. Jahrhundert festgestellt wird, ist ein Ergebnis dieses Bestrebens. In unserem Zusammenhang ist hervorzuheben, daß die vor allem in der Industrie in den technischen Gegenständen inkorporierten

Ziele und Werte über die Produktion gesicherten Wissens über diese Technik in den Technikwissenschaften in die Ingenieurcurricula gelangen. Die in die industrielle Praxis eintretenden Hochschulabsolventen ermöglichen der Industrie quasi eine Kontrolle, ob die Technikwissenschaften die in der Industrie herrschenden Ziele und Werte rezipiert und perpetuiert haben.

Es wäre allerdings falsch, die von der Industrie an die Hochschulen herangetragenen Forderungen auf Praxisrelevanz der Ingenieurausbildung ausschließlich oder auch nur größtenteils auf diese Ziel- und Wertvermittlung zu beziehen. Gemeint ist, daß der eintretende Jungingenieur in der Lage sein soll, so schnell wie möglich selbständige Teilarbeiten zu verrichten. Inzwischen hat man erkannt, daß eine weitgehende Erfüllung dieser Forderung an der Differenzierung und Verbreiterung der technischen Praxis wie der Technikwissenschaften scheitert und auf Kosten der technischen Grundausbildung gehen würde. Jetzt betont die Industrie wieder mehr die Bedeutung des Grundlagenwissens und stellt sich von vornherein darauf ein, die Ingenieuranfänger gezielt auf die Branchen- und betrieblichen Anforderungen vorzubereiten. All dies zeigt, daß in praxisorientierten Wissenschaften wie den Technikwissenschaften, aber auch der Medizin und den Rechtswissenschaften, die Art des Ausbildungswissens und damit auch deren Rückbindung an das Forschungswissen zu einem gewissen Teil außerwissenschaftlichen Beurteilungsinstanzen unterliegt.[10] Um dies noch einmal zusammenzufassen: In den Technikwissenschaften ist das Ausbildungswissen auf doppelte Art und Weise an die industrielle Praxis rückgebunden, erstens über das dem Ausbildungswissen teilweise zugrundeliegende Forschungswissen, das sich auf vorhandene und mögliche technische Gegenstände bezieht, in die in der industriellen Praxis Ziele und Werte inkorporiert worden sind, und zweitens über die unmittelbare kritische Beurteilung der Praxisrelevanz des Ausbildungswissens durch die Industrie.

Heutzutage gewinnt man den Eindruck, daß bei dem skizzierten Aushandlungsprozeß zur Festlegung der Inhalte des Ausbildungswissens keine großen Differenzen zwischen Hochschule und industrieller Praxis zu bewältigen sind. Beide Seiten haben zu weitgehende einseitige Forderungen zurückgenommen, eine Angleichung, die von den auf verschiedenen Ebenen ablaufenden Kooperationen zwischen akademischen Technikwissenschaften und industrieller Praxis begünstigt worden ist. Daß dies nicht selbstverständlich ist, zeigen die heftigen Auseinandersetzungen um das Ingenieurstudium Ende des 19. Jahrhunderts, als diese Kooperationsformen noch nicht ausgebildet waren.[11] Nicht zuletzt um ihr Sozialprestige zu erhöhen

---

[10] Dies hat z.B. Stichweh, S. 84 nicht erkannt.

[11] Vgl. König, Theorie und die dort angegebene Literatur.

orientierten sich die Technischen Hochschulen in einem solchen Umfang am Leitbild der Universitäten und richteten ihre Forschung und Lehre an den Naturwissenschaften und der Mathematik aus, daß die industrielle Praxis dagegen Front machte und grundsätzlich die praktische Brauchbarkeit der Hochschulingenieure in Zweifel zog. Diese Kritik hatte tiefgreifende Folgen. Sie führte nicht nur zu Reformen in der akademischen Ingenieurausbildung, sondern auch zu einer Gründungswelle technischer Mittelschulen und damit zur Institutionalisierung eines zweiten Zweiges der Ingenieurausbildung, der bis zur Gegenwart in Form der Fachhochschulen Bestand hat und ein Spezifikum des deutschen Systems der Ingenieurausbildung darstellt. Und schließlich trug die Kritik dazu bei, daß sich die Technikwissenschaften methodisch von der Mathematik und den Naturwissenschaften emanzipierten und ein eigenständiges Methodenspektrum entwickelten. Dieses Beispiel weist darauf hin, daß Forschungswissen und Ausbildungswissen miteinander gekoppelt sein können und Forschungswissen durchaus über Ausbildungswissen umstrukturiert werden kann und nicht nur umgekehrt, wie das Konzept "Bildung durch Wissenschaft" der neuhumanistischen Universität impliziert.

In den bisherigen Ausführungen haben wir die Wissensproduktion als das normalerweise genannte Ziel von Wissenschaft in die Produktion von Forschungswissen und die von Ausbildungswissen differenziert und für die Technikwissenschaften gezeigt, daß es sich dabei um Formalziele handelt, die nur unter Rückgriff auf die nicht-wissenschaftliche Praxis, hier vor allem die Industrie, konkretisiert werden können. Nun wollen wir dem möglicherweise entstandenen Eindruck entgegenwirken, als gehe es in der Wissenschaft immer um kognitive Ziele. Zu den obersten Zielen der Wissenschaft gehört die Selbsterhaltung und – soweit möglich – die Erweiterung ihrer institutionellen Grundlagen. Besonders ältere Wissenschaftszweige können in die Situation geraten, daß ihre Existenz in Frage gestellt ist und es für sie um Sein oder Nichtsein geht. Dagegen sind neuere Wissenschaftszweige fast immer expansiv.

Zwar wird die Existenzsicherung oder die Expansion in erster Linie mit dem Mittel der Wissensproduktion betrieben, aber der Begriff Mittel weist schon darauf hin, daß die Kriterien, an welcher Stelle des wissenschaftlichen Problemfelds und darüber hinaus was für ein Wissen erzeugt wird, von der spezifischen Situation der jungen, reifen oder auch absterbenden Wissenschaft im Gesamtsystem der Wissenschaften sowie von den Umweltbedingungen abhängt. Legt die Situation die Produktion von Forschungswissen nahe, dann kommt es häufig zur Bildung einer wissenschaftlichen Schule, die sich über dieses Forschungswissen definiert und eine gewisse Dauerhaftigkeit der zentralen Fragestellungen garantiert. Erscheint dagegen die Produktion von Ausbildungswissen günstiger, dann geht es vor allem darum,

Studiengänge und -abschlüsse einzurichten, die von Teilen der außerwissenschaftlichen Praxis als Normalzugang anerkannt werden.

Auf einer höheren institutionellen Hierarchieebene trägt nicht die Wissensproduktion zur Existenzsicherung wissenschaftlicher Disziplinen bei, sondern die Einrichtung wissenschaftlicher Disziplinen dient als Mittel zur Existenzsicherung von Hochschulen, welche wiederum institutionell die Existenz des Systems der Wissenschaft garantieren. So sollte in den 1880er Jahren die Institutionalisierung der Elektrotechnik nicht zuletzt das Fortbestehen oder auch die Konkurrenzfähigkeit kleinerer Technischer Hochschulen sichern. Diese Institutionalisierung erfolgte, obwohl in den zentralen Bereichen der damaligen Elektrotechnik keine Theorien zur Verfügung standen, die als Kern einer innerwissenschaftlich orientierten Disziplinbildung hätten dienen können. Solche theoriebezogenen Überlegungen spielten auch bei der Institutionalisierung nicht die geringste Rolle, sondern es ging schlicht darum, Studenten anzulocken und diese so auszubilden, daß sie in der industriellen Praxis Anstellung fanden.

Ein weiteres Beispiel dafür, daß die Wissensproduktion zum nachgeordneten Ziel werden kann, kann man in der Gründung mancher Großforschungseinrichtungen entdecken. Sein oder Nichtsein solcher Großforschungseinrichtungen kann von dem Vorhandensein eines Großgeräts abhängen, wie die politische Auseinandersetzung der jüngsten Vergangenheit um das Berliner Hahn-Meitner-Institut und seinen Forschungsreaktor deutlich gemacht hat. Schon aus den Stellungnahmen der an der Gründung des Hahn-Meitner-Instituts beteiligten Wissenschaftler gewinnt man den Eindruck, daß der Reaktor als zentrales Forschungsinstrument und die damit verbundenen forschungspolitischen und forschungsorganisatorischen Möglichkeiten sich als Ziele des Handelns quasi verselbständigten und eine Konkretisierung der Forschungsstrategien und -vorhaben kaum für nötig erachtet wurde; es genügte die Gewißheit, daß Forschungswissen, welcher Art auch immer, erzeugt werden könne, wenn es nur erst gelinge, sich eine instrumentelle Basis zu sichern.[12]

Diese Diskussion nicht-kognitiver Ziele in den Wissenschaften, die auch wesentlich erweitert werden könnte, hat zweierlei gezeigt. Einerseits hat sie neben der Wissensproduktion als zentrales Ziel der Wissenschaften weitere Ziele namhaft gemacht. Und andererseits hat sie auf Wechselbeziehungen zwischen kognitiven und nicht-kognitiven Zielen der Wissenschaft hingewiesen und auf hierarchische Abhängigkeitsverhältnisse, bei denen die kognitiven Ziele durchaus nachgeordnet sein können. Damit soll – im Vorgriff

---

[12] Dieser Aussage liegen mündliche Mitteilungen von Herrn Burghard Weiss (TU Berlin) zugrunde, der eine ausführliche Arbeit über das Hahn-Meitner-Institut für den Druck vorbereitet.

auf noch zu diskutierende wissenschaftstheoretische Modelle – darauf aufmerksam gemacht werden, daß es nicht genügt, mit der Wissensproduktion ein Formalziel der Wissenschaft zu benennen, sondern daß für einzelne Wissenschaften und wissenschaftliche Problemstellungen zeitspezifische Zielsysteme herausgearbeitet werden müssen, unter deren Einfluß wissenschaftliche Aussagen entstehen.

Wenden wir uns nun, nach der Betrachtung des Gegenstands und der Ziele der Technikwissenschaften, und zwar wieder in partiellem Vergleich zu den Naturwissenschaften, den ingenieurwissenschaftlichen Methoden zu. Die Objekte technikwissenschaftlicher Arbeit, die vorhandenen und die möglichen technischen Produkte und Verfahren, zeichnen sich durch hohe Komplexität aus. Sie bestehen häufig aus hunderten, manchmal aus tausenden von zusammenwirkenden Teilen, aus verschiedenartigen Materialien und sind für unterschiedliche Einsatzfelder und Einsatzzwecke konstruiert. In sie sind eine Vielzahl von technischen Zielen, wie Effizienz, Effektivität, Handhabbarkeit, Reparaturfreundlichkeit, und zahlreiche außertechnische Ziele, wie Sicherheit, Umweltfreundlichkeit und Sparsamkeit, inkorporiert, die häufig miteinander konfligieren. Wird auch die nicht-technische Umgebung der technischen Gegenstände in die technikwissenschaftliche Betrachtung mit einbezogen, geht es also um Mensch-Maschine-Systeme oder um soziotechnische Systeme, dann wird der Gegenstand noch komplexer und die wissenschaftliche Aufgabe noch komplizierter.

Mit Aussicht auf Erfolg lassen sich solche technikwissenschaftlichen Aufgaben nur angehen, wenn man die technische Wirklichkeit modellhaft reduziert sowie die in diesen Modellen als relevant zusammengefaßten Faktoren isoliert und in ihrem Zusammenspiel untersucht. Um die Frage zu beantworten, welche Faktoren für die Modellbildung relevant sind, muß der Technikwissenschaftler meist auf seine Erfahrung und die anderer zurückgreifen, welche zum Teil in den Technikwissenschaften, zum Teil aber auch in der industriellen Praxis gewonnen wurden. Vom letztgenannten abgesehen, weisen technikwissenschaftliche Vorgehensweisen durchaus Ähnlichkeiten mit naturwissenschaftlichen auf, die ihnen zugrundeliegenden Strategien unterscheiden sich aber diametral. Während in den Naturwissenschaften die analytische Zerlegung des Untersuchungsobjekts und die Isolation der wirkenden Einflüsse so weit wie möglich getrieben wird und ihr Ziel in sich trägt, nämlich Naturgesetzlichkeiten zu erkennen, ist dieses Vorgehen in den Technikwissenschaften ein notwendiges Übel und muß ständig durch Blicke auf das Ganze in seinen systemischen Zusammenhängen daraufhin überprüft werden, ob ein Weiterführen der Untersuchung unter modelltheoretischen Gesichtspunkten noch ökonomisch ist oder – genauer gefaßt – ob nicht der Reduktionsgrad des zugrundeliegenden technikwissenschaftlichen Modells eine Verfeinerung der Untersuchung verbietet.[13] Um den Unterschied zwischen natur- und technikwissenschaftlichem Vorgehen noch auf andere Weise zu verdeutlichen: Während man sich bei naturwissenschaftlichen Versuchsaufbauten darum bemüht, Störgrößen auszuschalten, kann es bei technikwissenschaftlichen durchaus angeraten sein, sie als typische Nutzungsbedingungen beizubehalten. Stark vereinfacht könnte man aus dem Gesagten das Ergebnis ziehen: Während das Ziel der Naturwissenschaften darin besteht, dem naturalen Geschehen zugrundeliegende möglichst allgemeine Gesetze zu finden und zu formulieren, stehen am Ende technikwissenschaftlicher Arbeiten Aussagen über das Verhalten technischer Gegenstände, die immer einen eingeschränkten Geltungsbereich aufweisen und den Charakter von Wenn-dann-Aussagen besitzen.

In unserer knappen Skizzierung technikwissenschaftlichen Vorgehens sind bereits einige der Elemente aufgetaucht, die bei der Bildung technikwissenschaftlicher Modelle eine Rolle spielen: Naturgesetze, technische Regeln, kumulierte Erfahrung, Experimente, Mathematisierung. In der Methodengeschichte der Technikwissenschaften, die Anfang des 20. Jahrhunderts zu auch heute noch gültigen Grundsätzen gelangt sind, haben diese Elemente eine wechselnde Rolle gespielt, mal standen die einen mehr im Vordergrund, mal die anderen, mal wurden sie gegeneinander ausgespielt, mal bemühte man sich um Synthesen. Als die Technikwissenschaften in der zweiten Hälfte des 19. Jahrhunderts ihre Akademisierung anstrebten, sahen sie in einer weitgehenden methodischen Anlehnung an die Naturwissenschaften und die Mathematik als etablierte Universitätsdisziplinen ein probates Mittel, um dieses soziale Ziel zu erreichen. Die Vorstellungen gingen so weit, technische Regeln und technikwissenschaftliche Modelle, nach Möglichkeit in weitgehend mathematisierter Form, unmittelbar aus naturwissenschaftlichen Ergebnissen abzuleiten. Die Abbildungsqualität der Modelle trat im Vergleich zur Strenge ihrer formalen Struktur und ihrer Rechenbarkeit in den Hintergrund. Wenn auch die konstruktiven Fächer diese Extreme der theoretischen Maschinenlehre nicht mitmachten und in ihre Lehre immer auch die in der industriellen Praxis kumulierten technischen Erfahrungen mit einbezogen, so reichte diese "Übertheoretisierung der Technikwissenschaften" doch aus, um massive Proteste aus der Industrie und einen "Methodenstreit"[14] innerhalb der Ingenieurwissenschaften zu veranlassen, an dessen Ende eine Synthese von Theorie und Erfahrung stand, allerdings auch eine weitere Differenzierung und Spezialisierung der Technikwissenschaften.

Ermöglicht wurde diese Synthese nicht zuletzt dadurch, daß um die Jahrhundertwende mit der Einrichtung von Maschinenbaulaboratorien und

---

[13] Vgl. hierzu Arageorgis/Ballas.

[14] Braun, Methodenprobleme.

Versuchsfeldern an den Technischen Hochschulen den Technikwissenschaften die Möglichkeit geschaffen wurde, durch Experimente an auch in der industriellen Praxis verwendeten Maschinen eigene theoriegeleitete "Erfahrungen" zu generieren und diese in die Konstruktion technikwissenschaftlicher Modelle und Regeln mit einzubringen. Dies hieß jedoch nicht, daß die in der industriellen Praxis kumulierte Erfahrung in der technikwissenschaftlichen Arbeit keine Rolle mehr spielte. Wir haben schon darauf hingewiesen, daß die Hypothesen oder die prototheoretischen Modellvorstellungen, die technikwissenschaftlichem Experimentieren zugrundeliegen, zu großen Teilen von in der industriellen Praxis gewonnenen Erfahrungen gespeist werden. Und schließlich lassen sich nicht alle Bedingungen, denen die Technik in der Praxis unterliegt, experimentell simulieren. Hierzu zählen Langzeitwirkungen, die schon allein aus ökonomischen Gründen nicht in den Labors erzeugt werden können. Und hierzu zählt die Vielzahl unterschiedlicher Rahmenbedingungen, welche die unter wie auch immer definierten Standardbedingungen gewonnenen technikwissenschaftlichen Ergebnisse relativieren und ihren Anwendungsbereich festlegen.

Um eine möglichst hohe Abbildungsqualität ihrer Modelle zu erreichen, arbeiten die Technikwissenschaftler mit einer Vielzahl von Methoden unterschiedlicher wissenschaftlicher und praktischer Herkunft, die problembezogen miteinander kombiniert werden. Methodenvielfalt und ad hoc durchgeführte Methodenkombination zeichnen die Technikwissenschaften aus. Um dies an einem Beispiel zu zeigen:[15] Gegen Ende der 1880er Jahre gaben immer mehr Städte Elektrizitätsversorgungssysteme in Auftrag, wobei diese den Anforderungen verschiedener Verbrauchergruppen dienen sollten. Für die Konzeption der Leitungs- und Kabelnetze baute man maßstabsgetreue Modelle, an denen man eine Reihe von Meßwerten unter unterschiedlichen Betriebsbedingungen gewann. Mit Hilfe grafischer Verfahren, mit symbolischen Methoden und mit Determinantenrechnungen gelangte man dann zu Ergebnissen für die Dimensionierung des zu bauenden Netzes, die man natürlich noch einmal einer Kritik aufgrund der an älteren Anlagen gemachten Erfahrungen unterwarf.

Technikwissenschaftliche Modelle als Abbildungen technischer Wirklichkeit und Möglichkeit stehen am Ende technikwissenschaftlicher Arbeiten. Es liegt auf der Hand, daß Urteile über die Problemlösungs- und Abbildungsqualität der technikwissenschaftlichen Modelle nur durch Inbeziehungsetzen zur technischen Praxis getroffen werden können. Kompetent hierfür sind nun nicht nur die Technikwissenschaftler, die in aller Regel selbst eine gewisse Zeit in der industriellen Praxis verbracht haben, sondern auch Ingenieure, die in der industriellen Praxis tätig sind. An dieser

---

[15] Buchheim/Sonnemann, S. 313.

Stelle genügt es festzuhalten, daß der Gegenstand und die Ziele der Technikwissenschaften sich so auswirken, daß die Instanz, welche die technikwissenschaftlichen Ergebnisse beurteilt, weit über die institutionalisierte Technikwissenschaft im engeren Sinne hinausragt. Die Technikwissenschaften selbst räumen ganz selbstverständlich ein, daß die industrielle Praxis eine kritische Instanz für ihre Arbeiten darstellt, und richten ihr Handeln entsprechend aus.

Wir sind hier auf diese Frage kurz eingegangen, weil diese Verbindung zwischen akademischer Technikwissenschaft und industrieller Praxis auch methodische Konsequenzen besitzt. Die Anerkennung der industriellen Praxis durch die Technikwissenschaften als Zielgruppe wie als kritische Instanz führt zu methodischen Forderungen wie Handlichkeit und Faßbarkeit der Ergebnisse.[16] Diese allgemeineren methodischen Forderungen konkretisieren sich zum Beispiel in der vorzugsweisen Benutzung grafischer und tabellarischer Darstellungsformen. Oder sie legen eine Reduzierung des mathematischen Apparats nahe; die methodische Forderung nach Handlichkeit steht vor der Forderung nach Exaktheit, was schon deswegen leichtfällt, weil technikwissenschaftliche Ergebnisse immer Näherungen darstellen. Nachdem wir schon bei der Betrachtung des Gegenstands und der Ziele der Technikwissenschaften gesehen haben, daß diese nur unter Bezug auf die technische Praxis, das heißt vor allem die industrielle Technik, zu bestimmen sind, haben wir auch bei den technikwissenschaftlichen Methoden festgestellt, daß diese wesentlich durch die industrielle Praxis beeinflußt werden.

Die technikwissenschaftliche Disziplin als kognitive und soziale Einheit

Bei unserer ausführlichen Bestimmung der Technikwissenschaften sind wir sowohl auf Kognitives als auch auf Soziales eingegangen. Dies ergab sich nicht aus der Verfolgung einer bestimmten Analysestrategie, sondern ganz zwanglos aus dem Anspruch, Spezifika der Technikwissenschaften zu beschreiben und zu erklären. So hat sich gezeigt, daß spezifische Ausformungen des Methodenwissens, des Ausbildungswissens und des Forschungswissens nur zu erklären sind, wenn man darauf eingeht, von wo dieses Wissen stammt bzw. für wen es produziert worden ist. Und umgekehrt kann der Einfluß sozialer Gruppen wie der Technikwissenschaftler, der Industrieingenieure oder der Technik- und Wissenschaftspolitiker auf das System der Technikwissenschaften nur dann konkret bestimmt werden, wenn man darauf

[16] Vgl. hierzu Laitko, Geschichte, S. 16.

eingeht, welches Wissen und welche hinter diesem Wissen stehenden Ziele und Werte in die Wissenschaft eingebracht werden. Damit ist ausreichend angedeutet, auf welche Erklärungspotenzen man Verzicht leistet, wenn man wie die ältere Wissenschaftstheorie nur das Kognitive oder wie die ältere Wissenschaftssoziologie nur das Soziale innerhalb der Wissenschaften in den Blick nimmt.

Als Begriff, der geeignet ist, das Kognitive und das Soziale in den Wissenschaften zu integrieren, wollen wir den Begriff der Disziplin verwenden.[17] Dieser zugunsten anderer Begriffe der Wissenschaftsorganisation wie Forschungsgruppe oder Problemgemeinschaft in der neueren Literatur etwas in den Hintergrund getretene Begriff[18] scheint uns besonders gut geeignet zu sein, die verschiedenen Formen des Wissens, wie Forschungs- und Ausbildungswissen, die darin konkretisierten Ziele, Wissensproduktion und Selbstreproduktion der Wissenschaft, sowie nicht zuletzt die Institutionalisierung des Wissens und der Wissenschaft zusammenzufassen. In wissenschaftstheoretischen Übersichtsartikeln taucht der Disziplinbegriff meistens nicht einmal auf. Von wissenschaftssoziologischer Seite wird er im allgemeinen auf die soziale Institutionalisierung von Wissenschaft eingeschränkt, während die Wissensinhalte selbst ausgeklammert werden. Wir schließen diese Wissensinhalte mit ein, verwenden Disziplinen also auch in dem Sinn des alten deutschen Begriffs Wissensgebiet.[19] Doch sollte man dem in diesem Begriff enthaltenen Bild entgegenwirken, als entstünde ein Wissensgebiet einfach durch die kumulative Anhäufung von Wissen auf einem bestimmten Territorium. Wissenschaft entsteht nicht durch die Kumulation von thematisch bestimmtem Wissen, sondern erst durch organisierte, normen- und regelgeleitete Überprüfung neuen Wissens und durch institutionalisierte Bewahrung des Wissens, das diese Überprüfung übersteht. Somit verbindet allein schon der Begriff Wissenschaft das Kognitive und das Soziale.

Der Begriff Disziplin besitzt eine Reihe von Konnotationen, die unserer Explikation des Wissenschaftsbegriffs entsprechen. So verwendet man den Begriff der Disziplin zur Kennzeichnung eines normen- und regelgeleiteten Systems menschlicher Tätigkeit, wie bei Disziplinen im Sport.[20] Personen, die sich in einer Disziplin betätigen – dies kann auch unfreiwillig sein –,

---

[17] Vgl. hierzu Guntau/Laitko, Entstehung u. Laitko, Disziplingenese. Wir verwenden den Disziplinbegriff etwa so wie Kuhn, Struktur, S. 188ff. in revidierter Form den Begriff der Scientific Community.

[18] Z.B. bei Krohn/Küppers, bes. S. 26f.

[19] Guntau/Laitko, Entstehung, S. 22.

[20] Laitko, Disziplingenese, S. 26.

unterwerfen sich bestimmten Regeln, wie die Begriffe militärische Disziplin oder Trainingsdisziplin beispielhaft ausdrücken. Für den von uns verwendeten erweiterten Wissensbegriff, der nicht nur das Forschungswissen, sondern auch das Ausbildungswissen enthält, ist der Disziplinbegriff deswegen günstig, weil er mit discipulus, Schüler, auch auf die Ausbildungsaufgabe der Disziplinen und auf ihre Reproduktionsmechanismen hinweist. Das in den Disziplinen gelehrte "diszipliniert" den Schüler, das heißt, es formt sein Denken und Handeln auf eine spezifische Art und Weise, es vermittelt ihm nicht nur Wissen, sondern auch Normen für die Beurteilung dieses Wissens und für den Umgang mit ihm.[21] Auch hier zeigt sich also die enge Verschränkung von Kognitivem und Sozialem in der wissenschaftlichen Disziplin.

Für die Technikwissenschaften wollen wir nun nach den Möglichkeiten der Bestimmung von Disziplinen und ihrer Begrenzungen fragen, wobei wir versuchsweise, traditionellen Analysemustern folgend, Kognitives und Soziales getrennt behandeln. Wissenschaftshistoriker haben mit zahlreichen Beispielen die Behauptung zurückgewiesen, Disziplinen bildeten sich quasi um eine gemeinsam akzeptierte theoretische Grundlage herum.[22] Diese Auffassung unterstützende Beispiele wie die relativistische Physik seien eher als Ausnahmen zu betrachten. Über die geringe empirische Stützung dieser Auffassung hinaus ist sogar darauf hingewiesen worden, daß auch theoretische Divergenzen einen wesentlichen Beitrag zur Disziplinbildung leisten könnnen, wie im Fall der Psychologie, und daß es auch bei reifen Disziplinen fraglich sei, ob sich diese auf eine gemeinsame theoretische Grundlage stützen. Dagegen sehen Martin Guntau und Hubert Laitko das "kognitive Minimum" einer Disziplin in der Gemeinsamkeit der Problembeschreibung, was eine gemeinsame Sprache, zum Beispiel Meßverfahren als Beobachtungssprache, voraussetzt.

Unsere Kenntnisse von Disziplinbildungsprozessen in den Technikwissenschaften unterstützen die These, daß sich Disziplinbildung quasi im vortheoretischen Raum oder – um es genauer zu sagen – jedenfalls nicht unter dem Einfluß allgemein anerkannter Theorien vollzieht. Allerdings können solche Theorien dann bei der Konsolidierung einer Disziplin eine wichtige Rolle spielen, wie in der Elektrotechnik die in technikwissenschaftlich brauchbare Formen übersetzte Faraday-Maxwellsche Feldtheorie oder die Prandtlsche Grenzflächentheorie in der technischen Strömungslehre. Der von Guntau und Laitko verwendete unscharfe Begriff der Problembeschreibung als "kognitives Minimum" einer Disziplin kann, unsere für die

[21] Guntau/Laitko, Ursprung, S. 12; Guntau/Laitko, Entstehung, S. 20.

[22] Guntau/Laitko, Entstehung, S. 28 u. 66ff.

Herausforderung der Spezifika von Technikwissenschaften benutzten Begriffe aufgreifend, für die Technikwissenschaften so konkretisiert werden, daß die potentiellen Angehörigen der neuen Disziplin einen bestimmten Gegenstandsbereich der Technik mit Hilfe bestimmter Methoden unter Anleitung durch bestimmte Ziele untersuchen. Dies schließt nicht aus, daß es zu differenten Bestimmungen des Gegenstands, der Methoden oder der Ziele kommt. Wichtig ist nur, daß diese Konflikte unter den Beteiligten argumentativ ausgetragen werden, womit die Disziplin zunächst einmal als Kommunikationsgemeinschaft erfaßt wird, was zu ihrer sozialen Betrachtung überleitet.

Liegen die ersten Anfänge einer Disziplin auch in einer wissenschaftlichen Kommunikationsgemeinschaft, so kann die Disziplin nur Kraft und Dauer gewinnen, wenn sie ihre Reproduktion sichert, vor allem durch die Ausbildung wissenschaftlichen Nachwuchses, und sich weiter erfolgreich institutionalisiert, durch die Gründung von Zeitschriften und wissenschaftlichen Gesellschaften, durch die Einrichtung von Lehrstühlen, Instituten, Studiengängen, um hier nur einiges zu nennen. Dabei unterscheiden sich die Technikwissenschaften und auch andere "praxisorientierte Wissenschaften" wie die Medizin und die Rechtswissenschaften, aber auch die Theologie, von den meisten Natur- und Geisteswissenschaften durch den Umfang und die Rekrutierung ihrer Wissenschaftlergemeinschaft und damit durch die soziale Abgrenzung der Disziplin. Während sich in Disziplinen wie der Physik oder der Geschichte Berufslaufbahnen außerhalb der Wissenschaft relativ spät herausbilden, findet die Institutionalisierung "praxisorientierter Disziplinen" nicht zuletzt im Zusammenhang mit der Diskussion von potentiellen Berufslaufbahnen für die Absolventen statt. In den Technikwissenschaften trifft dies jedenfalls für die Disziplinen zu, die ihren Gegenstand in Teilbereichen der Technik wie Maschinenbau, Elektrotechnik oder Landmaschinentechnik finden. Diese technikwissenschaftlichen Disziplinen produzieren keinen wissenschaftlichen Nachwuchs im üblichen Sinne, sondern sie produzieren Absolventen für ein staatliches oder industrielles Berufsfeld, aus dem sie dann wieder ihre Wissenschaftler rekrutieren, eine Schleife, die für einen regen Austausch mit dem sorgt, was gemeinhin als außerwissenschaftlicher Bereich oder Umgebung der Wissenschaft bezeichnet wird.

Die außerwissenschaftliche Praxis spielt – wie wir gesehen haben – in den Technikwissenschaften in mehrfacher Hinsicht eine wichtige Rolle, auch bei der Entstehung technikwissenschaftlicher Disziplinen. Während sich diese in der Frühzeit der Institutionalisierung der Technikwissenschaften durch die Verwissenschaftlichung technischer Praxis herausbildeten, so fanden disziplinäre Neubildungen in den Technikwissenschaften seit der Mitte des 19. Jahrhunderts zunehmend unter dem Einfluß schon vorhandener Disziplinen statt.[23] Das Wissenschaftssystem begann sich selbst zu reproduzieren. Für diese Differenzierung des Systems der Technikwissenschaften lassen sich zwei typische Formen unterscheiden:

1. Eine technikwissenschaftliche Disziplin verselbständigt sich durch Abspaltung von ihrer Mutterdisziplin, wie z.B. die Nachrichtentechnik von der Elektrotechnik.
2. Eine technikwissenschaftliche Disziplin entsteht aus zwei oder auch mehreren Mutterdisziplinen, wie die Elektrotechnik aus der Physik und dem Maschinenbau oder die Informatik aus der Elektrotechnik und der Mathematik. Dabei werden jedoch nie einfach kognitive oder soziale Elemente aus den Mutterdisziplinen addiert, sondern die Verselbständigung geht mit der Ausbildung eigenständiger Formen einher.

Die Technikwissenschaften, die wir bislang als Beispiele genannt haben, beziehen sich auf Teile der technischen Praxis, wie Nachrichtentechnik, Elektrotechnik, Informatik oder auch Dampfmaschinenbau, Flugzeugbau usw. Wir nennen sie deshalb technikorientierte Technikwissenschaften. Andere Disziplinen setzen vor allem in den Naturwissenschaften entstandenes Wissen für die Technik um, wie technische Mechanik, Strömungslehre, Thermodynamik und Werkstoffkunde; wir sprechen deshalb von naturwissenschaftsorientierten Technikwissenschaften. Und eine dritte Gruppe konzentriert sich berufsbezogen auf einzelne nicht-naturwissenschaftliche Aspekte der Technik, wie Verwaltungsingenieur- oder Wirtschaftsingenieurwesen oder Umwelttechnik; wir sprechen von berufsorientierten Technikwissenschaften.

Eine weitere Besonderheit der Technikwissenschaften mag Zweifel wekken, ob die üblichen sozialen bzw. institutionellen Separierungen von wissenschaftlich und außerwissenschaftlich den Technikwissenschaften gerecht werden. Analysiert man nämlich Zeitschriften, die in der Ingenieurwelt als wissenschaftliche angesehen werden, dann stellt man fest, daß die Beiträge sowohl von an den Hochschulen und Universitäten beschäftigten Ingenieuren wie von Industrieingenieuren stammen. Das bedeutet, daß die Grenzen der technikwissenschaftlichen Disziplinen nicht mit den institutionellen Grenzen im engeren Sinne übereinstimmen. Darüber hinaus kann man davon ausgehen, daß die Gruppe der wissenschaftlich arbeitenden Industrieingenieure keine hohe Konstanz aufweist, sondern daß hier im Gegenteil eine hohe Fluktuation stattfindet, die in erster Linie von den wechselnden beruflichen Funktionen der Gruppenmitglieder abhängt. Ein äußeres Zei-

[23] Vgl. hierzu Laitko, Disziplingenese, S. 30ff. Gegen Stichweh, S. 40 u. passim betonen wir, daß auch im 19./20. Jahrhundert der außerwissenschaftliche Bereich im Disziplinbildungsprozeß eine wichtige Rolle spielte.

chen für diese Überschneidung zwischen Theorie und Praxis mag man darin sehen, daß sich die Wissenschaften wie die Industriebereiche und ihre Angehörigen schlicht als Maschinenbau und Elektrotechnik bzw. Maschinenbauer und Elektrotechniker bezeichnen. Zusammenfassend kann man sagen, daß eine soziale Grenzbestimmung der technikwissenschaftlichen Disziplinen höchstens ungenau festzulegende Grenzräume identifizieren kann, die zudem noch ständiger Veränderung unterliegen. Rufen wir uns jetzt in Erinnerung, daß auch eine kognitive Bestimmung der Technikwissenschaften nur durch Rückgriff auf die industrielle Praxis gelungen ist, dann beginnen wir zu verstehen, daß jene die wissenschaftliche Untersuchung der Wissenschaften, in welcher disziplinären Form auch immer, bestimmende Entgegensetzung von Externem und Internem wie die von Kognitivem und Sozialem für eine Betrachtung der Technikwissenschaften wenig Sinn macht, ja sogar den Zugang zu dieser Disziplingruppe gründlich verstellt.

Die Geschichte der Technikwissenschaften und die historische Wende der Wissenschaftstheorie

Die bisherigen Untersuchungsschritte kann man als Prolegomena für eine Theorie der Technikwissenschaften interpretieren. Wir haben untersucht, wie sich die Inhalte der Technikwissenschaften aus ihrem Gegenstand, ihren Zielen und ihren Methoden ergeben. Danach haben wir uns bemüht, technikwissenschaftliche Disziplinen wissenschaftssoziologisch zu bestimmen. Abschließend werden wir jetzt fragen, inwieweit wissenschaftstheoretische Ansätze der letzten drei Jahrzehnte in der Lage sind, eine Theorie der Technikwissenschaften zu befruchten. Und wir fragen weiter, inwieweit eine theoretische Betrachtung der Technikwissenschaften Anregungen für eine Weiterentwicklung der Wissenschaftstheorie vermitteln kann.

Diese beiden Fragen könnten von vornherein mit dem Argument abgewiesen werden, daß es den Denktraditionen, die sich selbst als "Philosophy of Science" bzw. "Wissenschaftstheorie" bezeichnen, um die Naturwissenschaften und dabei vor allem die "exakten Naturwissenschaften" mit dem Musterbeispiel der Physik gehe und daß eine Überprüfung ihrer Ergebnisse an den Technikwissenschaften oder an anderen Wissenschaften unzulässig sei. Diese behauptete Selbstbeschränkung trifft jedoch gerade für neuere Arbeiten der Wissenschaftstheorie, wie z.B. die von Stephen Toulmin oder Larry Laudan, nicht zu. Toulmin bezeichnet alle Disziplinen als wissenschaftlich, die sich um Erklärung bemühen.[24] Und Laudan hält sein in

[24] Toulmin, S. 364.

"Progress and its Problems" gegebenes Modell für anwendbar auf die gesamte Ideengeschichte ("History of Ideas"), das heißt für alle Wissenschaften, wie seine häufigen Beispiele aus nicht-naturwissenschaftlichen Disziplinen, wie Soziologie, Psychologie und Wirtschaftswissenschaft, belegen.[25] Und selbst Imre Lakatos, der seine theoretischen Vorstellungen an der Methodologie der Mathematik entwickelt hat und in seiner Methodologie der wissenschaftlichen Forschungsprogramme fast nur Beispiele aus der Physik, vorzugsweise der kosmischen Physik, benutzt, verläßt diese Beschränkung in einem bemerkenswerten Quantensprung, indem er seine eigene Methodologie und andere wissenschaftstheoretischen Modelle einer Kritik durch eben dieselbe Methodologie der wissenschaftlichen Forschungsprogramme unterwirft.[26]

Im Gegensatz dazu insistiert Thomas S. Kuhn darauf, daß seine Theorie wissenschaftlicher Revolutionen ausschließlich für die Naturwissenschaften gelte.[27] Dabei mag es wie Ironie anmuten, daß, im Gegensatz zu den Intentionen seines Verfassers, das Kuhnsche Modell eine exzessive Anwendung zur Beschreibung des Wandels zahlreicher wissenschaftlicher Disziplinen gefunden hat und darüber hinaus zur Beschreibung und Erklärung technischen Wandels.[28] Im allgemeinen – so das Fazit dieser kursorischen Überprüfung – haben also die Wissenschaftstheoretiker für unsere Rundschau in ihren Arbeiten keine Schranken errichtet. Im Gegenteil: Wissenschaftstheoretische Arbeiten kranken unseres Erachtens an der Unbestimmtheit ihres Untersuchungsgegenstands. Ihnen wäre anzuraten, genau anzugeben, für welche Wissenschaften sie Geltung beanspruchen und ihre Beispiele dann auch nur aus diesen Bereichen zu wählen: für die Naturwissenschaften, die Geistes- oder Sozialwissenschaften oder für alle oder Teile der Wissenschaftsgruppe, die wir mit dem Begriff der "praxisorientierten Wissenschaften" bezeichnet haben, die Technikwissenschaften oder die Medizin, die Rechtswissenschaft, die Agrar- oder die ökologischen Wissenschaften.

Nun gehen wissenschaftstheoretische Arbeiten in aller Regel nicht auf die Technikwissenschaften ein. Eine Ausnahme bildet die von der Starnberger Forschungsgruppe erarbeitete Finalisierungstheorie, in der Technikwissenschaften im allgemeinen als finalisierte Wissenschaften, also als Ergebnis des Finalisierungsprozesses, beschrieben werden.[29] In teilweiser Übernah-

---

[25] Laudan, Progress, S. 189ff.

[26] Lakatos, S. 129ff.

[27] Kuhn, Struktur, S. 213f.; Kuhn, Entstehung, S. 37f.

[28] Constant.

[29] Boehme u.a., S. 65 u. 367ff.

me Kuhnscher Begriffe stellen die Starnberger ein Dreiphasenmodell der Entwicklung einer Disziplin vor, der "speziellen Wissenschaftsdynamik". In der ersten, der "explorativen Phase", wird die Wissenschaft nicht durch anerkannte Theorien bestimmt, sondern durch eine Vielzahl heterogener empirischer und theoretischer Ansätze. In der zweiten, der "paradigmatischen Phase", entwickelt sich die Wissenschaft weitgehend autonom bis zu ihrer "theoretischen Reife". In der dritten Phase, der "postparadigmatischen Phase", wird die Wissenschaft finalisiert, das heißt sie arbeitet nach von außen gesetzten Zwecken. Zum Beispiel steht die in der paradigmatischen Phase der Chemie sich herausbildende Liebigsche Agrikulturchemie ganz unter der sozialen Zweckbestimmung, daß die Landwirtschaft auf Dauer hohe Erträge erzielen solle. Zur Erreichung dieses Ziels entstehen in der finalisierten Wissenschaft "Anwendungsgrundlagentheorien", zu denen nach den Starnbergern auch die meisten Techniktheorien gehören. Wenn sich Wissenschaften, bevor sie "theoretische Reife" erlangt haben, also in der "explorativen Phase", auf Anwendung hin orientieren, dann sprechen die Starnberger von Funktionalisierung anstelle von Finalisierung. Solche Funktionalisierungsstrategien identifizieren sie z.B. in der Medizin, also in einer der Wissenschaften, die wir als praxisorientiert bezeichnet haben. In der Krebsforschung gehören dazu epidemiologische Studien oder in der Krebstherapie die Kombination von "Stahl, Strahl und Droge" im Trial-and-Error-Verfahren. Generell behaupten die Starnberger die Überlegenheit der Theoriebildung gegenüber funktionalistischer Forschung, dies mit dem Argument, daß Theoriebildung eine Übertragbarkeit bei Veränderungen der Rahmenbedingungen erlaube.

Überprüfen wir die Finalisierungstheorie anhand der von uns herausgearbeiteten Überlegungen für eine Theorie der Technikwissenschaften, dann ergeben sich vor allem drei Differenzen und notwendige Differenzierungen. Wie die Starnberger die Wissenschaft in ihrer "postparadigmatischen Phase" durch externe Zwecke bestimmt sehen, haben wir festgestellt, daß den Technikwissenschaften die Ziele von außen, vor allem von der industriellen Praxis, vermittelt werden, darüber hinaus aber auch gezeigt, daß sowohl der Gegenstand wie methodische Elemente der Technikwissenschaften ihre Bestimmung von dort erfahren. Damit geraten wir in Gegensatz zu den Starnbergern, die Techniktheorien überwiegend aus den Naturwissenschaften ableiten. Demgegenüber vertreten wir die Auffassung, daß in Techniktheorien ganz unterschiedliche kognitive und methodische Elemente zusammengeführt werden: in der industriellen Praxis kumulierte Erfahrung, technikwissenschaftliche Experimente an Modellen wie an in der Industrie verwendeten Maschinen, Erkenntnisse aus den Naturwissenschaften, mathematische Beschreibungsmethoden usw. Bei den Starnbergern selbst scheinen sich leise Zweifel an ihrem stromlinienförmigen Modell erhoben zu haben, das den Weg von der theoretisch reifen naturwissenschaftlichen Grundlagenforschung zum Technologischen als dem höchsten Stadium der Wissenschaft[30] zeichnet, wenn diese Zweifel auch gut versteckt sind und in keinerlei Lösungsvorschläge münden. So wird an einer Stelle eingeräumt, daß man die Agrikulturchemie nicht nur als finalisierte Chemie, sondern auch als eine Paradigmatisierung der traditionellen Landbaukunde, das heißt eines empirisch-explorativ verfahrenden Forschungsfeldes, begreifen könne.[31] Wenn diese Alternativen für eine theoretische Einordnung der Agrikulturchemie aber – wie die Starnberger schreiben – nur eine Sache des Blickwinkels wären, dann bliebe allerdings das Zusammenspiel zwischen Naturwissenschaft, Technikwissenschaft und Technik – wie es an anderer Stelle heißt[32] – ein Forschungsdesiderat, zumindest tragen die Starnberger nichts zu seiner Befriedigung bei. Für die Zeit, die sie durch die "Verwissenschaftlichung von Technologie" charakterisiert sehen, das heißt für das späte 19. und das 20. Jahrhundert, gehen die Starnberger von einer Dominanz der Finalisierungsstruktur in den Technikwissenschaften aus, sehen daneben aber auch – sie nennen die Beispiele der Informations- und der Systemtheorie – die unmittelbare Theoretisierung der technischen Zusammenhänge.[33] Unabhängig davon, ob man diese Behauptungen und die Beispiele für überzeugend hält, scheint uns eine solche Entweder-oder-Klassifikation das Spezifische an Technikwissenschaften und technikwissenschaftlichen Theorien völlig zu verfehlen, nämlich deren Stellung und Vermittlung zwischen Theorie und Praxis, deren Grundzüge wir skizziert haben.

Wir bestreiten – hinsichtlich der Brauchbarkeit für die Technikwissenschaften – auch die von den Starnbergern vorgenommene Entgegensetzung von vortheoretischer Funktionalisierung von Wissenschaft und theoretischer Finalisierung und die These, die zweite Form sei prinzipiell die überlegenere Strategie. Die Geschichte der Technikwissenschaften zeigt, daß diese meistens institutionalisiert werden, ehe sie über ausgearbeitete, allgemein anerkannte und in ihrer Problemlösungsfähigkeit bewährte Theorien verfügen. Und trotzdem erfüllen sie zumindest teilweise die ihnen im Institutionalisierungsprozeß aufgetragenen Zwecke, wobei diese aber vielfältiger und differenzierter sind, als die Theorieorientierung der Starnberger ihnen zu erkennen erlaubt. Eine funktionalistisch, empirisch-explorativ verfahrende Technikwissenschaft ist nicht etwa im Sinne der Starnberger

[30] Boehme u.a., S. 403.

[31] Boehme u.a., S. 234.

[32] Boehme u.a., S. 115f.

[33] Boehme u.a., S. 367ff.

eine schlechtere Strategie der Wissenschaftsentwicklung, sondern ein kürzer oder länger dauerndes Durchgangsstadium einer Technikwissenschaft, bevor sie stärker theoretisiert wird, wobei sich diese Theoretisierung aber auf andere Art und Weise abspielt, als es das Finalisierungskonzept suggeriert.

Die Starnberger haben der traditionellen Wissenschaftstheorie den Vorwurf gemacht, sie verfolge ein reduktionistisches Programm, indem sie von vornherein ausschließlich die "reinen" Wissenschaften betrachte.[34] Wenn wir diesen Vorwurf für den Zeitpunkt, zu dem er gemacht worden ist, auch für berechtigt halten, so können wir den Finalisierungstheoretikern vom Blickpunkt der Technikwissenschaften aus doch unsererseits den Vorwurf nicht ersparen, einen viel schwerwiegenderen Reduktionismus vertreten zu haben. Handelt es sich bei dem "wissenschaftstheoretischen Reduktionismus" nämlich um einen Reduktionismus in der Beschränkung des Untersuchungsgegenstands, so handelt es sich bei dem "finalisierungstheoretischen Reduktionismus" um einen Reduktionismus in der Erklärungsperspektive, indem die Entstehung von technikwissenschaftlichen Theorien und darüber hinaus von technikwissenschaftlichen Disziplinen und der technischen Praxis ausschließlich von den Naturwissenschaften her betrachtet und erklärt wird. Es wirkt schon fast wie eine Satire, daß eine Gruppe, die mit dem Ziel angetreten ist, die Abhängigkeit des Theoriengehalts von äußeren Faktoren nachzuweisen, die starke Externalismusthese, oder zumindest die Abhängigkeit der Entwicklungsrichtung der Wissenschaft von äußeren Faktoren, die schwache Externalismusthese, technikwissenschaftliche Theorien und Disziplinen rein von den Naturwissenschaften her betrachtet und den auf der Hand liegenden Einfluß der technischen Praxis vollständig ignoriert.

In dieser Auseinandersetzung mit den Finalisierungstheoretikern konnten wir nicht umhin, die Begriffe Internalismus und Externalismus zu benutzen, die lange Zeit die Wissenschaftstheorie und Wissenschaftsforschung bestimmt haben und teilweise noch heute beeinflussen. Zum Teil war die in diesen Diskussionen feststellbare Verwirrung darauf zurückzuführen, daß sich diese Begriffe auf das Kognitive oder auf das Soziale beziehen lassen bzw. auf noch spezifischere Erkenntnisperspektiven. So denkt man in der Wissenschaftstheorie bei den Begriffen intern und extern meist an das wissenschaftliche und außerwissenschaftliche Wissen, in der Wissenschaftssoziologie an die Wissenschaftlergemeinschaft und an außerhalb dieser liegende Institutionen.

Für die Technikwissenschaften haben wir gezeigt, daß die jeweiligen Bereiche, wie auch immer man sie begrifflich faßt, eng miteinander ver-

---

[34] Boehme u.a., S. 66.

schränkt sind. Das Kognitive läßt sich nur unter Bezugnahme auf Soziales bestimmen und erklären und das Soziale nur unter Bezug auf Kognitives. Und versucht man die Kommunikationsgemeinschaft zu identifizieren, die sich um eine wissenschaftliche Durchdringung der Technik bemüht, so findet man zwischen denen, die sich in erster Linie als Wissenschaftler sehen – in der Sprache der Techniker häufig als Theoretiker bezeichnet – und denen, die sich in erster Linie als Industrieingenieure fühlen – und sich auch gern als Praktiker bezeichnen –, ein ausgedehntes Grenzrevier, über das eine ständige personelle Fluktuation stattfindet. Ganz abgesehen davon, daß in der Brust zahlreicher Ingenieure sowohl die Seele des Praktikers wie die des Theoretikers wohnt. Wir sind der Auffassung, daß unsere Skizzierung der Technikwissenschaften geeignet ist, die häufig dichotomische Entgegensetzung von intern und extern zu überwinden, halten sie aber in erster Linie für übertragbar auf praxisorientierte Wissenschaften, wie die Medizin, die Rechts- oder die Agrarwissenschaften, erheben also nicht den Anspruch, daß sie in allen Wissenschaften, insbesondere nicht den Naturwissenschaften, ohne größere Modifikationen anwendbar sei.

Aus unseren Überlegungen zu den Technikwissenschaften und aus der aufgezeigten engen Verschränkung von Internem und Externem, Kognitivem und Sozialem lassen sich konkrete Hinweise für die Behandlung dieses Komplexes für andere Wissenschaften bzw. allgemein für die Wissenschaft gewinnen. Wolfgang Krohn und Günter Küppers vermeiden zwar bewußt die genannten dichotomischen Entgegensetzungen, dies aber um den Preis, daß die Zusammenhänge zwischen Wissen und sozialer Organisation von Wissen sowie zwischen Wissen und Gesellschaft weitgehend im dunkeln bleiben und die einzelnen Bereiche wie getrennte Welten nebeneinander gestellt werden.[35] Analog zu unserer Darstellung betonen Krohn und Küppers die soziale Konstruktion von Rationalität und die Zielvielfalt in den Wissenschaften. Der letzteren Aussage entgegenlaufend, stellen sie aber ganz die Produktion von Forschungswissen in den Mittelpunkt ihrer Arbeit und behandeln alle anderen Ziele als instrumentell und dem Hauptziel untergeordnet. Unabhängig davon, ob man diesem Ansatz für die Gegenwart der Wissenschaft zustimmt, für eine historische Untersuchung von Wissenschaften, wie den Technikwissenschaften im 19. Jahrhundert, bei denen die Produktion von Ausbildungswissen eine zentrale Rolle spielte, ist er wenig geeignet.

Des weiteren weckt die enge Verschränkung von Kognitivem und Sozialem in den Technikwissenschaften auch über diesen Disziplinbereich hinausreichende Zweifel, ob eine Hierarchisierung in der Form, daß das

---

[35] Krohn/Küppers.

prinzipielle Primat des Kognitiven oder Sozialen behauptet wird, sich heuristisch als tragfähig erweisen kann. So insistiert z.B. Imre Lakatos darauf, daß die interne Wissenschaftsgeschichte primär, die externe sekundär sei, wobei intern für ihn allerdings die eingeschränkte Bedeutung: methodologisch begründbar besitzt.[36] Lakatos begründet seine Hierarchisierung damit, daß die Fragestellungen der externen Wissenschaftsgeschichte sich aus der internen ergäben. Externe Faktoren entschieden über Sekundäres, das heißt – so Lakatos –, welche Forschungsprogramme wo und wann sowie in welcher Geschwindigkeit eine Konjunktur oder einen Niedergang erlebten. Wie sehr diese Hierarchisierung in Primäres und Sekundäres von Lakatos' Erkenntnisinteresse abhängt, zeigt sich, wenn man nach extremen Ausprägungen externer Einflüsse auf die Wissenschaft fragt. Im Grunde hat Lakatos die Richtigkeit der "schwachen Externalismusthese" eingeräumt, die besagt, daß die Entwicklungsrichtung der Wissenschaft, wenn auch nicht der Theoriengehalt, von externen Einflüssen abhänge. Auf den Extremfall bezogen, heißt dies, daß externe Einflüsse darüber entscheiden, welche Gegenstandsbereiche und welche Fragestellungen in einer historischen Zeit wissenschaftlich untersucht werden, oder anders gesprochen: ob es auf einen Gegenstandsbereich bezogen überhaupt zur Formulierung von Theorien kommt oder nicht. Die Frage der Existenz oder Nichtexistenz von Theorien kann man wohl nur als sekundär qualifizieren, wenn einen die historische Zeitstruktur von Wissenschaft nicht interessiert.

Die mit Thomas S. Kuhns "Struktur wissenschaftlicher Revolutionen" einsetzende "historische Wende" der Wissenschaftstheorie und Wissenschaftsforschung zeichnet sich dadurch aus, daß sie die historische Entwicklung der Wissenschaften nicht als Steinbruch für Beispiele benutzt, wobei diese Beispiele dann – wie bei Popper – im Lichte einer Historiographie der Wissenschaften wie Karikaturen anmuten, sondern daß mit dieser Wende der Anspruch erhoben wird, Modelle wissenschaftlichen Wandels zu entwickeln, die anhand der tatsächlichen historischen Entwicklung der Wissenschaften kritisch überprüft werden können. Sogar Imre Lakatos unterwirft seine Methodologie wissenschaftlicher Forschungsprogramme und deren Konkretisierung in Form "rationaler Rekonstruktionen" der Wissenschaftsgeschichte der Überprüfung durch das tatsächliche wissenschaftliche Geschehen, besteht aber – zu Recht – darauf, daß für eine solche Überprüfung Gegenbeispiele, das heißt die Aufweisung von Anomalien, nicht hinreichend seien, sondern daß eine besser mit den Fakten übereinstimmende Theorie geboten werden müsse. Thomas S. Kuhn hat also unrecht, wenn er Lakatos vorwirft, er benutze die Wissenschaftsgeschichte nur als Beispiel-

---

[36] Lakatos, S. 120ff.

sammlung für seine Theorie.[37] Mit größerem Recht kann man dagegen unseres Erachtens Lakatos vorwerfen, daß er Wissenschaft mit dem methodologisch Begründbaren identifiziert und hierbei von einer historischen Invarianz von Wissenschaft ausgeht.

In ihrer historischen Wende hat die Wissenschaftstheorie einen ersten Schritt getan, indem sie die Wissenschaftsgeschichte als kritische Instanz zur Beurteilung ihrer Aussagen zur Theoriendynamik zugelassen hat, einen zweiten Schritt aber unterlassen, indem sie historische Veränderungen des Wissenschaftsbegriffs und der Ziele wissenschaftlichen Handelns weitgehend ignoriert und stattdessen unser heutiges Verständnis von Wissenschaft in die Vergangenheit zurückprojiziert hat. Die Konsequenzen einer damit von uns geforderten "zweiten historischen Wende" der Wissenschaftstheorie und Wissenschaftsforschung können hier nur knapp skizziert werden. Wissenschaftstheorie und Wissenschaftssoziologie haben sich bislang auf das konzentriert, was wir Forschungswissen genannt haben: die experimentelle Überprüfung von Hypothesen, die theoretische Erklärung von Phänomenen, die Beseitigung von Anomalien, all dies unter dem Gesichtspunkt der Produktion neuen gesicherten Wissens.[38] Dagegen haben wir am Beispiel der Technikwissenschaften gezeigt – und dies gilt gleichermaßen für andere praxisorientierte Wissenschaften –, welche Bedeutung das Ausbildungsziel, die Produktion von Ausbildungswissen, für das Selbstverständnis von Wissenschaft und ihre kognitive und soziale Konkretisierung besitzt. Geht man z.B. bei den Technischen Hochschulen und den Universitäten weiter ins 19. Jahrhundert zurück, dann definieren sich diese in weit stärkerem Maße durch Ausbildung als durch Forschung.[39] Und wir haben eine Reihe von Indizien genannt, daß das Ausbildungswissen nicht durch Ableitung aus Forschungswissen entsteht, sondern einerseits mehrere Wurzeln besitzt und andererseits auch die Erzeugung von Forschungswissen anleiten kann.

---

[37] In diesem Punkt stimmen wir Lakatos, S. 205f. zu.

[38] Auch bei der neuen wissenschaftssoziologischen Arbeit von Krohn und Küppers wird die Erzeugung von Forschungswissen durch Forschungshandeln apriorisch in das Zentrum ihrer Untersuchung und damit in das Zentrum von Wissenschaft gesetzt. Wie dann noch behauptet werden kann, der Gegenstandsbereich von Wissenschaft ergebe sich über eine "Theorie selbstorganisierter Systeme" von sich aus (S. 17ff.), bleibt unerfindlich – unabhängig von der theoretischen Tragfähigkeit des Selbstorganisationskonzepts.

[39] Z.B. konzentriert sich Weingart, Wissenschaftssoziologie, Bd. 2, S. 26ff. ganz auf die Etablierung kognitiver Innovationen und erwähnt die Einrichtung von Studiengängen ausschließlich unter dem Aspekt, daß diese der Sicherung wissenschaftlicher Theorien durch die Produktion wissenschaftlichen Nachwuchses dienten.

"Das Wort Wissenschaft ist von einer trügerischen Allgemeinheit."[40] Diese Feststellung von Robert K. Merton könnte als Leitmotiv für die geforderte "zweite historische Wende" der Wissenschaftsforschung dienen und auf die Aufgabe hinweisen, historische Veränderungen des Wissenschaftsbegriffs und die Vielfalt der die Wissenschaft anleitenden Ziele herauszuarbeiten sowie historische Zielsysteme und Zielhierarchien zu rekonstruieren. Die Produktion gesicherten Wissens, von Wissenschaftstheorie und Wissenschaftssoziologie als oberstes Ziel des Unternehmens Wissenschaft bezeichnet, bedarf einer genaueren raumzeitlichen Bestimmung und Konkretisierung, indem sie in umfassenderen Sinn-, Ziel- und Mittelsystemen verortet wird. So kann das Formalziel Produktion gesicherten Wissens im Dienste einer Legitimierung von Religionssystemen und Ideologien stehen oder einer wie auch immer methodologisch begründeten Suche nach Wahrheit. Es kann sozialen Zielen wie der Erhaltung oder dem Ausbau wissenschaftlicher Disziplinen untergeordnet sein oder dem Prestige- und Anerkennungsstreben von Wissenschaftlern und Forschergruppen. Es kann sich in der Produktion unterschiedlicher Formen von Wissen konkretisieren: Orientierungs- und Handlungswissen oder Forschungs- und Ausbildungswissen, worauf wir unsere Untersuchung der Technikwissenschaften konzentriert haben. Und es kann – Stephen Toulmin hat in "Foresight and Understanding" darauf hingewiesen – in unterschiedlichen Aussageformen aufbereitet werden: Prognosen, Klassifikationen, Diagnosen usw.

Wir wollen abschließend und auf die Technikwissenschaften uns beziehend zeigen, daß ein solchermaßen differenzierter und historisierter Wissenschaftsbegriff durchaus in erweiterte wissenschaftstheoretische Modelle eingebracht werden kann. Hierfür wählen wir das von Larry Laudan in "Progress and its Problems" ausgearbeitete Modell wissenschaftlichen Fortschritts. Laudan selbst betont den historischen Wandel, dem die Werte, Ziele und Methoden der Wissenschaft unterworfen sind und deutet Erweiterungsmöglichkeiten seines Modells in Richtung nicht-kognitiver Systeme an,[41] so daß wir darin bestätigt werden, auch die von uns skizzierten nicht-kognitiven Ziele von Wissenschaft darin unterzubringen.

Laudan verzichtet darauf, das Unternehmen Wissenschaft an die Leitidee der Wahrheitssuche zu binden, und versucht stattdessen, Rationalität und Fortschritt der Wissenschaft mit Hilfe des Begriffs des Problemlösungsvermögens (problem solving effectiveness) zu rekonstruieren. Dabei geht es Laudan ausschließlich um kognitive Probleme, wir erweitern diesen Ansatz – von Laudan selbst ermutigt –, indem wir ihn auf alle Arten von in der

---

[40] Merton, S. 87.

[41] Laudan, Science, S. 138f.

Wissenschaft auftauchenden Problemen, kognitiven oder sozialen, beziehen. Laudan unterscheidet zwischen empirischen Problemen und konzeptionellen. Empirische Probleme, das heißt in erster Linie zu erklärende Beobachtungen, werden zwar unter theoretischen Gesichtspunkten konstituiert, aber so behandelt, als seien es Probleme der realen Welt. Zu den konzeptionellen Problemen gehören nicht-empirische Vorstellungen, wie z.B. Newtons Konzept des absoluten Raumes, die als inkonsistent, zirkulär, tautologisch, metaphysisch, methodologischen Normen oder dominierenden Weltbildern widersprechend angegriffen werden können. Das Problemlösungsvermögen von Theorien ergibt sich nun daraus, inwieweit sie geeignet sind, empirische und konzeptionelle Probleme zu lösen. Dieses Problemlösungsvermögen wird durch die Wissenschaftlergemeinschaft festgestellt, wobei Laudan diese Feststellung durch eine Art Gewichtung und Auszählung der Problemlösungen objektivieren will. Das Problemlösen erfolgt in Gruppierungen innerhalb der Wissenschaftsgemeinschaft, die gemeinsame methodische und theoretische Strategien verfolgen, welche Laudan als Forschungstraditionen bezeichnet. Je nach Erfolg oder Mißerfolg der Problemlösungsstrategie gewinnen oder verlieren Forschungstraditionen an Bedeutung.

Für die Technikwissenschaften können wir zunächst Laudans kognitive Ausfüllung seines Modells übernehmen. So interpretieren wir alle technischen Ziele und Werte, die von außen an die Technikwissenschaft herangetragen werden, als konzeptionelle Probleme. Ändert sich das in einer Gesellschaft dominierende technische Ziel- und Wertsystem, treten z.B. in der Energieversorgung die Ziele Wirtschaftlichkeit und Versorgungssicherheit gegenüber dem Ziel Minimierung von Schadstoffemissionen in den Hintergrund, so wird damit das Problemlösungsvermögen von existierenden Forschungstraditionen der Kraftwerkstechnik empfindlich reduziert. Die Veränderung im konzeptionellen Bereich erzwingt Anpassungsleistungen, die darin bestehen können, daß Rauchgasentschwefelungs- und -entstickungsanlagen in die technikwissenschaftlichen Modelle von Kraftwerken integriert und in ihren Auswirkungen auf technische und wirtschaftliche Parameter untersucht werden. Technischer Zielwandel kann aber auch dazu führen, daß sich konkurrierende Forschungstraditionen, z.B. um die Konzepte zentraler oder dezentraler Energieversorgung herum, herausbilden.

Ähnliche konzeptionelle Probleme können im Zusammenhang mit neuen Anforderungen an die Ingenieurausbildung entstehen. Als großbetriebliche Entwicklung und zunehmender nationaler und internationaler Konkurrenzkampf gegen Ende des 19. Jahrhunderts Kostengesichtspunkten in der Industrie größere Bedeutung einräumten, lösten die Technikwissenschaften die damit auf sie zukommenden konzeptionellen Probleme, indem sie in der Ingenieurausbildung zusätzliche wirtschaftliche Kenntnisse vermittelten.

Das Problemlösungskonzept reicht jedoch über das Forschungs- und das Ausbildungswissen hinaus. Als die Technischen Hochschulen in der zweiten Hälfte des 19. Jahrhunderts sich bemühten, ihre gesellschaftliche Anerkennung durch eine Anlehnung an das Forschungsideal der Universitäten sowie an Mathematik und Naturwissenschaften zu erhöhen, erreichten sie zwar dieses Ziel, das Promotionsrecht war ein äußeres Zeichen für diesen Erfolg, aber auf Kosten anderer konzeptioneller Vorgaben, wie der Abbildungsqualität der technikwissenschaftlichen Modelle und der praktischen Brauchbarkeit der Ingenieurabsolventen. Dieser Verlust an Problemlösungsvermögen der Forschungstradition "Theoretisierung der Technikwissenschaften" ließ diese schnell an Einfluß verlieren und führte zur Etablierung und Durchsetzung anderer "Forschungstraditionen", wobei wir diese, da wir das Laudansche Konzept erweitert haben, besser als "Problemlösungstraditionen" bezeichnen. "Soziale Problemlösungstraditionen" können sich auch im Zusammenhang mit der Verselbständigung von technikwissenschaftlichen Disziplinen oder dem Aufbau und dem Ausbau von Forschungseinrichtungen bilden.

Das Laudansche Modell des wissenschaftlichen Fortschritts erweist sich also in erweiterter Form auch für die Technikwissenschaften als geeignet. Allerdings läßt die kognitive und soziale Erweiterung des Modells die Zweifel wachsen, die ohnehin schon gelten, ob das Problemlösungsvermögen von Theorien, Forschungs- oder Problemlösungstraditionen – wie Laudan glaubt – gemessen werden kann. In noch größerem Maß als Laudan verweisen wir deswegen auf die Wissenschaftlergemeinschaft und die durch diese gebildete wissenschaftliche Disziplin als die Instanzen, die über die Frage des Problemlösungsvermögens Urteile abgeben. Wir haben allerdings darauf aufmerksam gemacht, daß die Wissenschaftlergemeinschaft in den Technikwissenschaften weit in die industrielle Praxis hineinragt und auf mannigfaltige Weise mit dieser rückgekoppelt ist. Die Urteile dieser Wissenschaftlergemeinschaft zum Problemlösungsvermögen sind subjektiv und fehlbar. Dies ändert nichts daran, daß man das Unternehmen Wissenschaft als rationalen Prozeß verstehen kann, macht aber die Redeweise vom wissenschaftlichen Fortschritt suspekt.

Verzeichnis der Abbildungen

Verzeichnis der Tabellen

19: TH Stuttgart: Anzahl der Jahreswochenstunden des Studiengangs Elektrotechnik nach Fächergruppen (bei der Elektrotechnik Übungsstunden in Klammern)
20: TH Stuttgart: Anteil von Fächergruppen am Studiengang Elektrotechnik (in Prozent) (bei der Elektrotechnik Übungsstunden in Klammern)
21: TH Danzig: Anzahl der Jahreswochenstunden des Studiengangs Elektrotechnik nach Fächergruppen (bei der Elektrotechnik Übungsstunden in Klammern)
22: TH Danzig: Anteil von Fächergruppen am Studiengang Elektrotechnik (in Prozent) (bei der Elektrotechnik Übungsstunden in Klammern)
23: TH Breslau: Anzahl der Jahreswochenstunden des Studiengangs Elektrotechnik nach Fächergruppen (bei der Elektrotechnik Übungsstunden in Klammern)
24: TH Breslau: Anteil von Fächergruppen am Studiengang Elektrotechnik (in Prozent) (bei der Elektrotechnik Übungsstunden in Klammern)
25: TH Darmstadt: Anzahl der Jahreswochenstunden des Studiengangs Elektrotechnik nach Fächergruppen (bei der Elektrotechnik Übungsstunden in Klammern)
26: TH Darmstadt: Anteil der Fächergruppen am Studiengang Elektrotechnik (in Prozent) (bei der Elektrotechnik Übungsstunden in Klammern)
27: TH Karlsruhe: Anzahl der Jahreswochenstunden des Studiengangs Elektrotechnik nach Fächergruppen (bei der Elektrotechnik Übungsstunden in Klammern)
28: TH Karlsruhe: Anteil von Fächergruppen am Studiengang Elektrotechnik (in Prozent) (bei der Elektrotechnik Übungsstunden in Klammern)
29: TH München: Anzahl der Jahreswochenstunden des Studiengangs Elektrotechnik nach Fächergruppen (bei der Elektrotechnik Übungsstunden in Klammern)
30: TH München: Anteil von Fächergruppen am Studiengang Elektrotechnik (in Prozent) (bei der Elektrotechnik Übungsstunden in Klammern)
31: Studienjahr 1910/11: Anteil von Fächergruppen am Studiengang Elektrotechnik nach Hochschulen (in Prozent) (in der Elektrotechnik Übungsstunden in Klammern)
32: Gesamtfrequenz, Frequenz Elektrotechnik und Anteil Elektrotechnik an der Gesamtfrequenz der Technischen Hochschulen 1900–1915
33: TH Karlsruhe: Anteil der Ausländer an den Studenten der Hochschule sowie an den Studenten der Elektrotechnik (in Prozent)
34: TH Darmstadt: Anteil der Ausländer an den Studenten der Elektrotechnik (in Prozent)
35: Frequenz Elektrotechnik an den Technischen Hochschulen 1882–1915 (in absoluten Zahlen)
36: Anteil der einzelnen Technischen Hochschulen an der Gesamtfrequenz Elektrotechnik 1901–1915 (in Prozent)
37: Absolventen als Diplom-Ingenieure (Elektrotechnik und alle Fachrichtungen) bis 1914: absolute Zahlen für die einzelnen Jahre
38: Absolventen als Diplom-Ingenieure (Elektrotechnik und alle Fachrichtungen) bis 1914: kumulierte absolute Zahlen
39: Studienorte der Elektrotechniker (Nachrufauswertung ETZ)

Verzeichnis der zitierten Archive und benutzten Abkürzungen

Bayerisches Hauptstaatsarchiv, München	BayHStA
Deutsches Museum, Archiv des Polytechnischen Vereins, München	DM
Felten & Guilleaume Energietechnik AG, Archiv, Köln	
Geheimes Staatsarchiv im Zentralen Staatsarchiv der DDR, Merseburg	GStA Merseburg
Generallandesarchiv Karlsruhe	GLA
Hauptstaatsarchiv Stuttgart	HStA S
Hochschularchiv Aachen	HA Aachen
Hochschularchiv Darmstadt	HA Darmstadt
Hoechst AG, Abt. Firmengeschichte, Frankfurt	
Niedersächsisches Hauptstaatsarchiv, Hannover	NHStA
Niedersächsisches Staatsarchiv, Wolfenbüttel	NStAW
Österreichisches Staatsarchiv, Allgemeines Verwaltungs-Archiv, Wien	ÖStA AVA
Siemens-Archiv, München	SAA (= Siemens-Archiv-Akte)
Staatsarchiv Dresden	StAD
Staatsarchiv Darmstadt	StA Darmstadt
Stadtarchiv Karlsruhe	
Technische Universität München, Archiv	TU München
Universitätsarchiv Braunschweig	UABS
Universitätsarchiv Dresden	UA Dresden
Universitätsarchiv Stuttgart	UA Stuttgart
Universitätsarchiv Technische Universität Wien	UA Wien
Elektrotechnische Zeitschrift	ETZ
Verein Deutscher Ingenieure	VDI
Zeitschrift des Vereines Deutscher Ingenieure	Z.VDI

Verzeichnis der zitierten Literatur

Abhandlungen und Berichte über technisches Schulwesen. Hrsg. v. Deutschen Ausschuß für technisches Schulwesen. 6 Bde., Berlin 1910–1915.

Hugh G. J. Aitken: Syntony and Spark – The Origins of Radio (Science, Culture, and Society: A Wiley-Interscience Series). New York, London, Sydney, Toronto 1976.

Helmuth Albrecht: Technische Bildung zwischen Wissenschaft und Praxis. Die Technische Hochschule Braunschweig 1862–1914 (Veröffentlichungen der Technischen Universität Carolo-Wilhelmina zu Braunschweig 1). Braunschweig 1987.

Claus-Michael Allmendinger: Struktur, Aufgabe und Bedeutung der Stiftungen von Robert Bosch und seiner Firma. Ein Beitrag zur Geschichte des Stiftungswesens in Württemberg von 1900 bis 1964. Diss. Mannheim 1977.

Aristidis Arageorgis u. Aristides Baltas: Demarcating Technology from Science: Problems and Problem Solving in Technology. Zeitschrift für allgemeine Wissenschaftstheorie 20 (1989), S. 212–28.

K. Arndt: Die Chlorkaliumelektrolyse. Kali. Zeitschrift für Gewinnung, Verarbeitung und Verwertung der Kalisalze 8 (1914), S. 101–15.

Engelbert Arnold: Abteilung für Elektrotechnik einschließlich des Neubaues für das elektrotechnische Institut. In: Die Grossherzogliche Technische Hochschule Karlsruhe. Festschrift zur Einweihung der Neubauten im Mai 1899. Karlsruhe 1899, S. 42–56.

Engelbert Arnold: Die Entwicklung der Elektrotechnik in Deutschland. ETZ (1899), S. 388–90.

Engelbert Arnold: Das Elektrotechnische Institut der Grossherzoglichen Technischen Hochschule zu Karlsruhe. Beschreibung des Baues und der inneren Einrichtungen. Berlin, München 1899.

Engelbert Arnold: Forschen, Erfinden und Gestalten. Festrede gehalten von dem Rektor des Jahres 1906/07. In: Feierlicher Akt des Rektorats-Wechsels an der Grossh. Technischen Hochschule "Fridericiana" am 21. November 1906. Karlsruhe 1906, S. 14–32.

Carl v. Bach: Technische Hochschule Stuttgart. In: V. Bruns (Hrsg.): Württemberg unter der Regierung König Wilhelms II. Stuttgart 1916, S. 439–54.

Wilhelm Bader: Die Elektrotechnik an der Technischen Hochschule. In: Johannes H. Voigt (Hrsg.): Festschrift zum 150jährigen Bestehen der Universität Stuttgart. Beiträge zur Geschichte der Universität. Stuttgart 1979, S. 330–55.

Wilhelm Bader: 100 Jahre Elektrotechnik in Stuttgart. Wechselwirkungen. Aus Lehre und Forschung der Universität Stuttgart (1982), S. 9–13.

Badische Schulstatistik. Die Hochschulen. Bearbeitet im Ministerium des Kultus und Unterrichts. Karlsruhe 1912.

Gerhard Banse u. Helge Wendt (Hrsg.): Erkenntnismethoden in den Technikwissenschaften. Eine methodologische Analyse und philosophische Diskussion der Erkenntnisprozesse in den Technikwissenschaften. Berlin 1986.

Heinrich Barkhausen: Die Entwicklung der Schwachstromtechnik. In: 125 Jahre Technische Hochschule Dresden. Festschrift. Hrsg. im Karl-Marx-Jahr 1953. Dresden 1953, S. 151–54.

John Joseph Beer: The Emergence of the German Dye Industry (Illinois Studies in the Social Sciences 44). Urbana, Ill. 1959.

Beiträge und Dokumente zur Geschichte der Technischen Hochschule Danzig 1904–1945. Zum 75. Gründungstag hrsg. v. der Gesellschaft der Freunde der Technischen Hochschule Danzig. Hannover 1979.

Bericht über die Königliche Technische Hochschule zu *Berlin* für das Rektoratsjahr vom . . . 1910/11–1914/15. Berlin 1912–1915.

Bericht über die Königl. *Sächs. Technische Hochschule* auf das Jahr . . . Dresden . . .

Bericht über die Königl. Polytechnische Schule zu *München* für das Studienjahr . . . München . . .

Kendall A. Birr : Science in American Industry. In: David D. van Tassel u. Michael G. Hall (Hrsg.): Science and Society in the United States (The Dorsey Series in American History). Homewood, Ill. 1966, S. 35–80.

Gernot Böhme u.a.: Die gesellschaftliche Orientierung des wissenschaftlichen Fortschritts (Starnberger Studien 1). Frankfurt 1978.

Peter Borscheid: Naturwissenschaft, Staat und Industrie in Baden (1848–1914) (Industrielle Welt. Schriftenreihe des Arbeitskreises für moderne Sozialgeschichte 17). Stuttgart 1976.

Walter Botsch u. Armin Hermann: Naturwissenschaft und Technik in den letzten hundert Jahren. In: Armin Hermann u. Charlotte Schönbeck (Hrsg.): Technik und Wissenschaft (Technik und Kultur 3). Düsseldorf 1991, S. 346–74.

Ferdinand Braun: Über physikalische Forschungsart. Rede zur Feier des Geburtages Sr. Majestät des Kaisers am 27. Januar 1899 in der Aula der Kaiser-Wilhelms-Universität Straßburg. Straßburg 1899.

Ferdinand Braun: Ueber Ziel und Methode des elektrotechnischen Unterrichts. Karlsruher Zeitung Nr. 100 v. 28.4.1883.

Hans-Joachim Braun: Methodenprobleme der Ingenieurwissenschaft, 1850 bis 1900. Technikgeschichte 44 (1977), S. 1–18.

Werner Brendler u. Wolfgang Mosch: Experimentelle Elektrotechnik an der Technischen Universität Dresden seit der Errichtung des ersten elektrotechnischen Lehrstuhls. Wissenschaftliche Zeitschrift der Technischen Universität Dresden 27 (1978), S. 131–42.

James E. Brittain: The Introduction of the Loading Coil: George A. Campbell and Michael I. Pupin. Technology and Culture 11 (1970), S. 36–57.

Gisela Buchheim: Probleme der Herausbildung der Elektrotechnik als wissenschaftliche Disziplin. Wissenschaftliche Zeitschrift der Technischen Universität Dresden 28 (1979), S. 1001–03.

Gisela Buchheim u. Rolf Sonnemann (Hrsg.): Geschichte der Technikwissenschaften. Leipzig 1990.

Heinrich Büggeln: Die Entwicklung der öffentlichen Elektrizitätswirtschaft in Deutschland. Stuttgart 1930.

Lothar Burchardt: Wissenschaft und Wirtschaftswachstum: Industrielle Einflußnahmen auf die Wissenschaftspolitik im Wilhelminischen Deutschland. In: Ulrich Engelhardt, Volker Sellin u. Horst Stuke (Hrsg.): Soziale Bewegung und poli-

tische Verfassung. Beiträge zur Geschichte der modernen Welt. Festschrift Werner Conze (Industrielle Welt. Schriftenreihe des Arbeitskreises für moderne Sozialgeschichte). Stuttgart 1976, S. 770–97.
W. Bernard Carlson: Innovation as a Social Process: Elihu Thomson and the Rise of General Electric, 1870–1900 (Studies in Economic History and Policy. The United States in the Twentieth Century). Cambridge u.a. 1991.
Colin Chant (Hrsg.): Science, Technology, and Everyday Life 1870–1950. London, New York 1989.
Chronik der Königlichen Technischen Hochschule zu Berlin 1799–1899. Berlin 1899.
Edward W. Constant II: The Origins of the Turbojet Revolution (Johns Hopkins Studies in the History of Technology). Baltimore, London 1980.
Richard Czwalina: Die wirtschaftliche und soziale Lage der technischen Privatangestellten in der deutschen Elektroindustrie. Diss. Aachen. Berlin 1914.
Georg Dettmar: Die Entwicklung der Starkstromtechnik in Deutschland. Bd. 1 bis 1890. Berlin 1940.
Alwin Diemer (Hrsg.): Konzeption und Begriff der Forschung in den Wissenschaften des 19. Jahrhunderts. Referate und Diskussionen des 10. wissenschaftstheoretischen Kolloquiums 1975 (Studien zur Wissenschaftstheorie 12. Forschungsunternehmen der Fritz Thyssen Stiftung, Arbeitskreis "Wissenschaftstheorie"). Meisenheim am Glan 1978.
Hans-Liudger Dienel: Hochschule und Industrie. Wechselwirkungen zwischen technischer Thermodynamik und industrieller Kältetechnik in Deutschland und den Vereinigten Staaten 1870–1930. Diss. Universität München 1992.
Hans-Liudger Dienel: Professoren als Gutachter für die Kälteindustrie 1870–1930. Ein Beitrag zum Verhältnis von Hochschule und Industrie in Deutschland. Berichte zur Wissenschaftsgeschichte 16 (1993), S. 165–82.
Wilhelm Dietrich: Das Elektrotechnische Institut der Technischen Hochschule Stuttgart. Z. VDI 41 (1897), S. 873–78.
Michael v. Dolivo-Dobrowolsky: Aus der Geschichte des Drehstromes. ETZ 38 (1917), s. 341–44, 354–57, 366–69, 376f. u. 499f.
Hans Dominik: Vom Schraubstock zum Schreibtisch. Lebenserinnerungen. Berlin 1942.
Das *Elektrotechnische Institut* der Großherzoglich Technischen Hochschule Darmstadt. Zur Feier seines 25jährigen Bestehens. Darmstadt 1907.
Die *elektrotechnische Revolution*. Populärwissenschaftlich dargestellt und mit erläuternden Illustrationen versehen von einem Fachmanne. München ^{3}1883.
Paul Erker: Die Verwissenschaftlichung der Industrie. Zur Geschichte der Industrieforschung in den europäischen und amerikanischen Elektrokonzernen 1890–1930. Zeitschrift für Unternehmensgeschichte 35 (1990), S. 73–94.
Anselm Faust: Arbeitsmarktpolitik im deutschen Kaiserreich. Arbeitsvermittlung, Arbeitsbeschaffung und Arbeitslosenunterstützung 1890–1918 (Vierteljahrschrift für Sozial- und Wirtschaftsgeschichte. Beihefte 79). Stuttgart 1986.
Feier zur Einweihung des Neubaus für Elektrotechnik und Bergbau der Königlichen Technischen Hochschule zu Aachen in Gegenwart . . . des . . . Ministers . . . Dr. Bosse am 15. Mai 1897. Eine Gedenkschrift für die Festteilnehmer. Aachen 1897.

Die *feierliche Übergabe* des Rektorats an der Großh. Technischen Hochschule zu Darmstadt für das Studienjahr 1915/16 am 15. November 1915. Darmstadt 1916.

C. Feldmann: Aus Kittlers erster Zeit. ETZ 49 (1928), S. 753–55.

Festgabe zum Jubiläum der vierzigjährigen Regierung seiner Königlichen Hoheit des Großherzogs Friedrich von Baden. In Ehrfurcht dargebracht von der Technischen Hochschule in Karlsruhe. Karlsruhe 1892.

Karl T. Fischer u. Siegmund Günther: Max Thomas Edelmann. In: Königliche Technische Hochschule zu München. Bericht über das Studienjahr 1912–1913. München 1914, Anhang.

Robert Fox u. Anna Guagnini: Life in the Slow Lane: Research and Electrical Engineering in Britain, France, and Italy, ca. 1900. In: P. Kroes u. M. Bakker (Hrsg.): Technological Development and Science in the Industrial Age. Dordrecht 1992, S. 133–53.

50 Jahre Accumulatoren-Fabrik Aktiengesellschaft 1888–1938. Berlin u.a. 1938.

50 Jahre AEG. Als Manuskript gedruckt. Berlin 1956.

Paul Gast (Hrsg.): Die Technische Hochschule zu Aachen 1870–1920. Eine Gedenkschrift. Im Auftrage von Rektor und Senat hrsg. Aachen (1921).

Geschäftsübersicht des Preußischen Hauses der Abgeordneten. Berlin . . .

Kees Gispen: New Profession, Old Order. Engineers and German Society, 1815–1914. Cambridge u.a. 1989.

Cornelius W. R. Gispen: Selbstverständnis und Professionalisierung deutscher Ingenieure. Eine Analyse der Nachrufe. Technikgeschichte 50 (1983), S. 34–61.

Norvald D. Glenn: Cohort Analysis (Quantitative Applications in the Social Sciences). Beverly Hills, London 1977.

Johannes Görges: Abschiedsvorlesung von Geh. Hofrat Prof. Dr.-Ing. E.h. Görges gehalten am 7. März 1930 im Elektrotechnischen Institut der Technischen Hochschule Dresden. In: Verbands-Mitteilungen des Dresdner Elektrotechnischen Vereins (1930), H. 6, S. 51–53 u. H. 7, S. 59–62.

Johannes Görges: Rückblick auf die Entwicklung der Starkstromtechnik. Festvortrag bei der Feier des vierzigjährigen Bestehens des Dresdner Elektrotechnischen Vereins am 21. Mai 1932. Verbandsmitteilungen des Dresdner Elektrotechnischen Vereins 27 (1932), H. 16, S. 90–93 u. H. 17, S. 96f.

G. Görz , S. v. Weiher u. W. D. v. Witzleben: Hermann Görz 1861–1930. Eine Erinnerungsschrift anläßlich seines 100. Geburtstages am 31. Januar 1961 (Ms.). München 1961.

Werner Goldschmit: Heinrich Meidinger – Hochschullehrer, Erfinder und Gewerbeförderer. Fridericiana 28 (1981), S. 3–25.

David Gooding: 'Magnetic Curves' and the Magnetic Field: Experimentation and Representation in the History of a Theory. In: David Gooding, Trevor Pinch u. Simon Schaffer (Hrsg.): The Uses of Experiment: Studies in the Natural Sciences. Cambridge u.a. 1989, S. 183–223.

Gustav Grüner: Die Entwicklung der höheren technischen Fachschulen im deutschen Sprachgebiet. Ein Beitrag zur historischen und zur angewandten Berufspädagogik. Habilitationsschrift TH Darmstadt. Braunschweig 1967.

Martin Guntau u. Hubert Laitko: Entstehung und Wesen wissenschaftlicher Disziplinen. In: Martin Guntau u. Hubert Laitko (Hrsg.): Der Ursprung der modernen Wissenschaften. Studien zur Entstehung wissenschaftlicher Disziplinen. Berlin 1987, S. 17–89.

Martin Guntau u. Hubert Laitko (Hrsg.): Der Ursprung der modernen Wissenschaften. Studien zur Entstehung wissenschaftlicher Disziplinen. Berlin 1987.

L. F. Haber: The Chemical Industry 1900–1930. International Growth and Technological Change. Oxford 1971.

Lothar u. Irmgard Hack: Die Wirklichkeit, die Wissen schafft. Zum wechselseitigen Begründungsverhältnis von "Verwissenschaftlichung der Industrie" und "Industrialisierung der Wissenschaft" (Campus Forschung 431). Frankfurt, New York 1985.

K. v. Haushofer: Rückblicke auf die Entwicklung der K. bayer. technischen Hochschule in den ersten 25 Jahren ihres Bestehens. Festrede gehalten zur Eröffnungs-Feier des Studienjahres am 18. November 1893. München 1894.

Frank Haverkamp: Staatliche Gewerbeförderung im Großherzogtum Baden unter besonderer Berücksichtigung der Entwicklung des gewerblichen Bildungswesens im 19. Jahrhundert (Forschungen zur oberrheinischen Landesgeschichte 29). Freiburg, München 1979.

Susann Hensel, Karl-Norbert Ihmig u. Michael Otte: Mathematik und Technik im 19. Jahrhundert in Deutschland. Soziale Auseinandersetzung und philosophische Problematik (Studien zur Wissenschafts-, Sozial- und Bildungsgeschichte der Mathematik 6). Göttingen 1989.

Volker Hentschel: Wirtschaftsgeschichte der Maschinenfabrik Esslingen AG 1846–1918. Eine historisch-betriebswirtschaftliche Analyse (Industrielle Welt. Schriftenreihe des Arbeitskreises für moderne Sozialgeschichte 22). Stuttgart 1977.

Armin Hermann: Was wollen die Naturwissenschaften? In: Armin Hermann u. Charlotte Schönbeck (Hrsg.): Technik und Wissenschaft (Technik und Kultur 3). Düsseldorf 1991, S. 211–19.

Heinrich Hertz: Erinnerungen, Briefe, Tagebücher. Zusammengestellt von Johanna Hertz. Zweite, erweiterte Auflage, hrsg. v. Mathilde Hertz und Charles Susskind. Weinheim, San Francisco 1977.

Gg. Hilpert: Das Elektrotechnische Institut der Kgl. Technischen Hochschule Breslau. Elektrische Kraftbetriebe und Bahnen (1911), Heft 15 u. 16 (Sonderdruck).

Karl Hochenegg: Das Elektrotechnische Institut der K.K. Technischen Hochschule in Wien. Erbaut und eingerichtet nach den von dem Architekten Christian Ulrich und dem Institutsvorstande Karl Hochenegg gemeinsam ausgearbeiteten Entwürfen und Plänen. Beschreibung des Baues und der inneren Einrichtung. Wien 1904.

Karl Hochenegg u. Max Reithoffer: Die Lehrkanzeln der Elektrotechnik und das elektrotechnische Institut. In: Die K.K. Technische Hochschule in Wien 1815–1915. Gedenkschrift hrsg. v. Professorenkollegium. Redigiert v. Joseph Neuwirth. Wien 1915, S. 478–87.

Gerd Hohorst, Jürgen Kocka u. Gerhard A. Ritter: Materialien zur Statistik des Kaiserreichs 1870–1914 (Sozialgeschichtliches Arbeitsbuch 1. Statistische Arbeitsbücher zur neueren deutschen Geschichte). München [2]1978.

Ernst Homburg: The Emergence of Research Laboratories in the Dyestuff Industry, 1870–1900. British Journal for the History of Science 25 (1992), S. 91–111.

David A. Hounshell u. John Kenly Smith, Jr.: Science and Corporate Strategy: Du Pont R & D, 1902–1980. Cambridge 1988.

Thomas P. Hughes: Networks of Power. Electrification in Western Society 1880–1930. Baltimore, London 1983.

Thomas Parke Hughes: The Science-Technology Interaction: The Case of High-Voltage Power Transmission Systems. Technology and Culture 17 (1976), S. 646–62.

Bruce J. Hunt: "Practice vs. Theory": The British Electrical Debate, 1888–1891. Isis 74 (1983), S. 341–55.

Reinhold Jaeckel: Statistik über die Lage der technischen Privatbeamten in Gross-Berlin. Im Auftrage des Bureaus für Sozialpolitik bearbeitet. Jena 1908.

Jahres-Bericht des Königlichen Polytechnikums zu Stuttgart für das Studienjahr . . . Stuttgart . . .

D. W. Jordan: The Magnetic Circuit Model, 1850–1890: The Resisted Flow Image in Magnetostatics. The British Journal for the History of Science 23 (1990), S. 131–73.

Wolfdietrich Jost: Gewerbliche Schulen und politische Macht. Zur Entwicklung des gewerblichen Schulwesens in Preußen in der Zeit von 1850–1880 (Berufliche Bildung und Berufsbildungspolitik 10). Weinheim, Basel 1982.

Walter Kaiser: Probleme der Wechselwirkung von Wissenschaft und Technik (29. Symposium der Gesellschaft für Wissenschaftsgeschichte an der RWTH Aachen, 28. bis 30. Mai 1992). Bemerkungen zur Fragestellung und zu den Ergebnissen der Tagung. Berichte zur Wissenschaftsgeschichte 16 (1993), S. 121–28.

Manfred Kasserra: Die Elektrotechnischen Fachverbände. Entstehung und Entwicklung bis zum Jahre 1933. Diss. Erlangen-Nürnberg 1967.

Werner Klaus: Die Technische Hochschule Dresden in der ersten Phase imperialistischer Entwicklung in Deutschland (1900–18). 2 Bde., Diss. Dresden 1968.

Werner Klaus: Zu den Ursachen für die Herausbildung, Entwicklung und Auflösung der Institute und deren Vorläufer als Organisationsformen für Forschung und Lehre an den Universitäten und Hochschulen. Wissenschaftliche Zeitschrift der Technischen Universität Dresden 28 (1979), S. 1015–17.

Ronald Kline: Science and Engineering Theory in the Invention and Development of the Induction Motor, 1880–1900. Technology and Culture 28 (1987), S. 283–313.

Ronald Kline: Steinmetz: Engineer and Socialist (Johns Hopkins Studies in the History of Technology). Baltimore, London 1992.

Hans Martin Klinkenberg (Hrsg.): Rheinisch-Westfälische Technische Hochschule Aachen 1870/1970. 2 Bde., Stuttgart 1970.

Peter M. Knoll: Otto Lehmann, der Entdecker der flüssigen Kristalle. Fridericiana 29 (1981), S. 43–61.

Peter M. Knoll u. Hans Kelker: Otto Lehmann. Erforscher der flüssigen Kristalle. Eine Biographie mit Briefen an Otto Lehmann. Ettlingen, Frankfurt 1988.

Jürgen Kocka: Siemens und der aufhaltsame Aufstieg der AEG. Tradition. Zeitschrift für Firmengeschichte und Unternehmerbiographie 17 (1972), S. 125–42.

Jürgen Kocka: Unternehmensverwaltung und Angestelltenschaft am Beispiel Siemens 1847–1914. Zum Verhältnis von Kapitalismus und Bürokratie in der deutschen Industrialisierung (Industrielle Welt. Schriftenreihe des Arbeitskreises für moderne Sozialgeschichte 11). Stuttgart 1969.

Wolfgang König: Michael von Dolivo-Dobrowolsksy. In: Wilhelm Treue u. Wolfgang König (Hrsg.): Techniker (Berlinische Lebensbilder 6. Einzelveröffentlichungen der Historischen Kommission zu Berlin 60). Berlin 1990, S. 249–65.

Wolfgang König: Elektrotechnik. Entstehung einer wissenschaftlichen Disziplin. Berichte zur Wissenschaftsgeschichte 10 (1987), S. 83–93.

Wolfgang König: Erasmus Kittler und die Frühzeit der Elektrotechnik. Einleitung zu: Erasmus Kittler: Handbuch der Elektrotechnik in zwei Bänden. Stuttgart 1886–90 (Reprint Düsseldorf 1986), S. XV-XLII.

Wolfgang König: Friedrich Engels und "Die elektrotechnische Revolution". Technikutopie und Technikeuphorie im Sozialismus in den 1880er Jahren. Technikgeschichte 56 (1989), S. 9–37.

Wolfgang König: Hochschullehrer und Elektrifizierungsberater. Erasmus Kittler, das "Darmstädter Modell" und die frühe Elektrifizierung im Spiegel seiner Briefe aus den Jahren 1888/89. Technikgeschichte 54 (1987), S. 1–14.

Wolfgang König: Die Ingenieure und der VDI als Großverein in der wilhelminischen Gesellschaft 1900 bis 1918. In: Karl-Heinz Ludwig u. Wolfgang König (Hrsg.): Technik, Ingenieure und Gesellschaft. Geschichte des Vereins Deutscher Ingenieure 1856–1981. Düsseldorf 1981, S. 235–87.

Wolfgang König: Konstruieren und Fertigen im deutschen Maschinenbau unter dem Einfluß der Rationalisierungsbewegung. Ergebnisse und Thesen für eine Neuinterpretation des "Taylorismus". Technikgeschichte 56 (1989), S. 183–204.

Wolfgang König: Massenproduktion und Technikkonsum. Entwicklungslinien und Triebkräfte der Technik zwischen 1880 und 1914 (Propyläen Technikgeschichte 4.2). Berlin 1990.

Wolfgang König: Retrospective Technology Assessment – Technikbewertung im Rückblick. Technikgeschichte 51 (1984), S. 247–62.

Wolfgang König: Spezialisierung und Bildungsanspruch. Zur Geschichte der Technischen Hochschulen im 19. und 20. Jahrhundert. Berichte zur Wissenschaftsgeschichte 11 (1988), S. 219–25.

Wolfgang König: Stand und Aufgaben der Forschung zur Geschichte der deutschen Polytechnischen Schulen und Technischen Hochschulen im 19. Jahrhundert. Technikgeschichte 48 (1981), S. 47–67.

Wolfgang König: Technical Education and Industrial Performance in Germany: A Triumph of Heterogeneity. In: Robert Fox u. Anna Guagnini (Hrsg.): Education, Technology and Industrial Performance in Europe, 1850–1939. Cambridge 1993, S. 65–87.

Wolfgang König: Theorie und Praxis des Konstruierens bis zum Ersten Weltkrieg. Anlage zum Arbeitsbericht des Teilprojekts Konstruktionsentwicklung der DFG-Forschergruppe Konstruktionshandeln. Ms. Berlin 1988 (erscheint als Buch 1996).

Wolfgang König: Wissenschaft und Praxis. Schlüsselkategorien für die Entwicklung des deutschen technischen Ausbildungssystems. Mitteilungen der Technischen Universität Carolo-Wilhelmina zu Braunschweig 20 (1985), Heft 2, S. 30–36.

Wolfgang König u. Hartmut Petzold: Elektrotechnik. In: Tilmann Buddensieg, Kurt Düwell u. Klaus-Jürgen Sembach (Hrsg.): Wissenschaften in Berlin. 3 Bde., Bd. 2: Disziplinen. Berlin 1987, S. 173–77.

Johannes Körting: Geschichte der Gewerbeförderung in Baden bis 1933. Karlsruhe 1965.

Johannes Körting: Heinrich Meidinger als akademischer Lehrer und Forscher. Fridericiana 28 (1981), S. 26–36.

W. Kohlrausch: Das elektrotechnische Institut der Königlichen Technischen Hochschule zu Hannover. ETZ (1886), S. 390–94.

W. Kohlrausch: Die Entwicklung der Elektrotechnik als Lehrfach. In: 100 Jahre Technische Hochschule Hannover. Festschrift zur Hundertjahrfeier am 15. Juni 1931. Hannover 1931, S. 323–30.

Max Krause: Erinnerungen an Adolf Slaby. Sonntagsbeilage zur Vossischen Zeitung v. 18.5.1913, S. 153f.

Rolf Kreibich: Die Wissenschaftsgesellschaft. Von Galilei zur High-Tech-Revolution. Frankfurt am Main 1986.

Wolfgang Krohn u. Günter Küppers: Die Selbstorganisation der Wissenschaft (suhrkamp taschenbuch wissenschaft 776). Frankfurt am Main 1989.

Thomas S. Kuhn: Die Entstehung des Neuen. Studien zur Struktur der Wissenschaftsgeschichte. Hrsg. v. Lorenz Krüger (suhrkamp taschenbuch wissenschaft 236). Frankfurt am Main 1977.

Thomas S. Kuhn: Die Struktur wissenschaftlicher Revolutionen. Frankfurt am Main ^{2}1976.

Friedrich Kurylo: Ferdinand Braun: Leben und Wirken des Erfinders der Braunschen Röhre, Nobelpreisträger 1909. München 1965.

Friedrich Kurylo u. Charles Susskind: Ferdinand Braun. A Life of the Nobel Prizewinner and Inventor of the Cathode-Ray Oscilloscope. Cambridge, Mass., London 1981.

Hermann v. Laer: Der Arbeitsmarkt für Techniker in Deutschland: Von der industriellen Revolution bis zum 1. Weltkrieg. In: Toni Pierenkemper u. Richard Tilly (Hrsg.): Historische Arbeitsmarktforschung. Entstehung, Entwicklung und Probleme der Vermarktung von Arbeitskraft. Göttingen 1982, S. 152–75.

Hubert Laitko: Disziplingenese als sozialer Prozeß. Jahrbuch für Soziologie und Sozialpolitik (1989), S. 21–45.

Hubert Laitko: Geschichte der Technikwissenschaften – ihr Eigenwert und ihre Bedeutung für die allgemeine Geschichte der Wissenschaft. Dresdner Beiträge zur Geschichte der Technikwissenschaften 18 (1989), S. 3–47.

Imre Lakatos: Die Methodologie der wissenschaftlichen Forschungsprogramme (Philosophische Schriften 1). Braunschweig, Wiesbaden 1982.

Larry Laudan: Progress and its Problems. Towards a Theory of Scientific Growth. Berkeley u.a. 1977.

Larry Laudan: Science and Values. The Aims of Science and their Role in Scientific Debate (Pittsburgh Series in Philosophy and History of Science). Berkeley u.a. 1984.

Edwin T. Layton, Jr.: Through the Looking Glass; or, News from Lake Mirror Image. In: Stephen H. Cutcliffe u. Robert C. Post (Hrsg.): In Context. History and the History of Technology. Essays in Honor of Melvin Kranzberg (Research in Technology Studies 1). London, Toronto 1989, S. 29–41.

Otto Lehmann: Geschichte des Physikalischen Instituts der Technischen Hochschule Karlsruhe. Festgabe der Fridericiana zur 83. Versammlung Deutscher Naturforscher und Ärzte. Karlsruhe i.B. 1911.

Otto Lehmann: Physik und Politik. Festrede bei dem feierlichen Akte des Rektorats-Wechsels an der Grossh. Technischen Hochschule zu Karlsruhe am 27. Oktober 1900 gehalten von dem Rektor des Jahres 1900/1901. Karlsruhe 1901.

Wolfgang Leiner: Anfänge und Grundlagen der Elektrizitätsversorgung in Württemberg. Diss. Stuttgart 1977.

W. Lexis (Hrsg.): Das Unterrichtswesen im Deutschen Reich. Aus Anlaß der Weltausstellung in St. Louis unter Mitwirkung zahlreicher Fachmänner hrsg. Bd. 4.1: Die Technischen Hochschulen im Deutschen Reich. Berlin 1904.

Hermann Ley: Beitrag zur Geschichte der Technischen Hochschule Dresden. In: 125 Jahre Technische Hochschule Dresden. Festschrift hrsg. im Karl-Marx-Jahr 1953. Dresden 1953, S. 13–76.

Jonathan Liebenau: Medical Science and Medical Industry. The Formation of the American Pharmaceutical Industry (Studies in Business History). Basingstoke, London 1987.

Helmut Lindner: Elektromagnetismus als Triebkraft im zweiten Drittel des 19. Jahrhunderts dargestellt am Beispiel der Arbeiten von Moritz Hermann Jacobi (1801–1874) und Johann Philipp Wagner (1799–1879). Diss. Berlin 1986.

Helmut Lindner: Georg Klingenberg. In: Wilhelm Treue u. Wolfgang König (Hrsg.): Techniker (Berlinische Lebensbilder 6. Einzelveröffentlichungen der Historischen Kommission zu Berlin 60). Berlin 1990, S. 267–78.

Helmut Lindner: Strom. Erzeugung, Verteilung und Anwendung der Elektrizität (Kulturgeschichte der Naturwissenschaften und der Technik). München, Reinbek bei Hamburg 1985.

Josef Loewe: Die elektrotechnische Industrie. In: Die Störungen im deutschen Wirtschaftsleben während der Jahre 1900 ff. (Schriften des Vereins für Socialpolitik 107). Leipzig 1903, S. 75–155.

Peter Lundgreen: Bildung und Wirtschaftswachstum im Industrialisierungsprozeß des 19. Jahrhunderts. Methodische Ansätze, empirische Studien und internationale Vergleiche (Historische und pädagogische Studien 5). Berlin 1973.

Peter Lundgreen: Differentiation in German Higher Education. In: Konrad Jarausch (Hrsg.): The Transformation of Higher Learning 1860–1930. Expansion, Diversification, Social Opening and Professionalization in England, Germany, Russia and the United States (Historisch-Sozialwissenschaftliche Forschungen. Quantitative sozialwissenschaftliche Analysen von historischen und prozeß-produzierten Daten 13). Stuttgart 1982, S. 149–79.

Peter Lundgreen: Natur- und Technikwissenschaften an deutschen Hochschulen, 1870–1970: Einige quantitative Entwicklungen. In: Reinhard Rürup (Hrsg.): Wissenschaft und Gesellschaft. Beiträge zur Geschichte der Technischen Universität Berlin 1879–1979. Im Auftrag des Präsidenten der Technischen Universität Berlin. Bd. 1, Heidelberg, New York 1979, S. 209–30.

Peter Lundgreen: The Organization of Science and Technology in France: a German Perspective. In: Robert Fox u. George Weisz (Hrsg.): The Organization of Science and Technology in France 1808–1914. Cambridge u.a. 1980, S. 311–33.

Peter Lundgreen: Wissenschaft und Wirtschaft. Methodische Ansätze und empirische Ergebnisse (unter besonderer Berücksichtigung Deutschlands im 19. Jahrhundert). Technikgeschichte 44 (1977), S. 302–14.

Manfred Mai: Technische Inhalte sollten das Studium prägen. VDI-Nachrichten Nr. 47 v. 19.11.1982, S. 25.

Karl-Heinz Manegold: Adolf Slaby. In: Wilhelm Treue u. Wolfgang König (Hrsg.): Techniker (Berlinische Lebensbilder 6. Einzelveröffentlichungen der Historischen Kommission zu Berlin 60). Berlin 1990, S. 309–24.

Karl-Heinz Manegold: Technik, Staat und Wirtschaft. Zur Vorgeschichte und Geschichte der Technischen Hochschule Hannover im 19. Jahrhundert. In: Universität Hannover 1831–1981. Festschrift zum 150 jährigen Bestehen der Universität Hannover. Stuttgart u.a. 1981, S. 35–73.

Karl-Heinz Manegold: Universität, Technische Hochschule und Industrie. Ein Beitrag zur Emanzipation der Technik im 19. Jahrhundert unter besonderer Berücksichtigung der Bestrebungen Felix Kleins (Schriften zur Wirtschafts- und Sozialgeschichte 16). Berlin 1970.

Conrad Matschoß: Die geschichtliche Entwicklung der Allgemeinen Electricitäts-Gesellschaft in den ersten 25 Jahren ihres Bestehens. Beiträge zur Geschichte der Technik und Industrie 1 (1909), S. 53–72.

Conrad Matschoß (Hrsg.): Männer der Technik. Ein biographisches Handbuch. Berlin 1925 (Reprint Düsseldorf 1985).

Conrad Matschoß (Hrsg.): Werner Siemens. Ein kurzgefaßtes Lebensbild nebst einer Auswahl seiner Briefe. Aus Anlaß der 100. Wiederkehr seines Geburtstages. 2 Bde., Berlin 1916.

C. Matschoß, E. Schulz u. A. Th. Groß (Bearb.): 50 Jahre Berliner Elektrizitätswerke 1884–1934 (Veröffentlichungen der Bewag II, 14). Im Auftrag der Berliner Städtische Elektrizitätswerke Akt.-Ges. bearbeitet. Berlin (1934).

Robert K. Merton: Entwicklung und Wandel von Forschungsinteressen. Aufsätze zur Wissenschaftssoziologie (Wissenschaftsforschung). Frankfurt am Main 1985.

Hermann Meyer: Fünfzig Jahre bei Siemens. Erinnerungsblätter aus der Jugendzeit der Elektrotechnik. Berlin 21927.

Georg Meyer-Thurow: The Industrialization of Invention. A Case Study From the German Chemical Industry. Isis 73 (1982), S. 363–81.

Oskar v. Miller: Nach eigenen Aufzeichnungen, Reden und Briefen. Bearb. v. Walther v. Miller. München 1932.

Otto Mohr: Die Bedeutung von Werner von Siemens für Lehre und Forschung. In: 150. Geburtstag von Werner von Siemens. 100 Jahre dynamoelektrisches Prinzip. Hrsg. v. der Siemens Aktiengesellschaft Berlin, München. München 1966, S. 39–45.

Hans-Heinrich Müller (Hrsg.): Produktivkräfte in Deutschland 1870 bis 1917/18 (Geschichte der Produktivkräfte in Deutschland von 1800 bis 1945, Bd. 2). Berlin 1985.

Johannes Müller: Arbeitsmethoden der Technikwissenschaften. Systematik, Heuristik, Kreativität. Berlin u.a. 1990.

Timo Myllyntaus: The Transfer of Electrical Technology to Finland, 1870–1930. Technology and Culture 32 (1991), S. 293–317.

Hans-Ulrich Niemitz: Dampfturbinenkonstruktion bei der Brown Boveri AG & Cie nach dem Zweiten Weltkrieg. Diss. TU Berlin 1992.

David F. Noble: America by Design. Science, Technology, and the Rise of Corporate Capitalism. Oxford u.a. 1977.

Rolf Oberliesen: Information, Daten und Signale. Geschichte technischer Informationsverarbeitung (Kulturgeschichte der Naturwissenschaften und der Technik). Reinbek bei Hamburg 1982.

Offizieller Bericht über die Internationale Elektrotechnische Ausstellung in *Frankfurt am Main* 1891. Hrsg. vom Vorstand der Ausstellung. Bd. 1: Allgemeiner Bericht. Frankfurt am Main 1893.

Offizieller Bericht über die im Königlichen Glaspalaste zu *München* 1882 unter dem Protektorate Sr. Majestät des Königs Ludwig II. von Bayern stattgehabte Internationale Elektrizitäts-Ausstellung verbunden mit elektrotechnischen Versuchen. Bearb. u. hrsg. von der Prüfungs-Commission. München 1883.

Dieter Osteroth: Soda, Teer und Schwefelsäure. Der Weg zur Großchemie (Kulturgeschichte der Naturwissenschaften und der Technik). Reinbek bei Hamburg 1985.

Personal-Verzeichnis der Königlichen Technischen Hochschule zu *Berlin* fürs Sommer-Halbjahr . . . Berlin . . .

Hans-Peter von Peschke: Elektroindustrie und Staatsverwaltung am Beispiel Siemens 1847–1914 (Europäische Hochschulschriften. Reihe III: Geschichte und ihre Hilfswissenschaften 154). Frankfurt am Main, Bern 1981.

Hans Pieper: Werner von Siemens und die elektrotechnische Fachliteratur bis 1872 (Teil 1) und 1873–1892 (Teil 2). Technikgeschichte 34 (1967), S. 323–49 u. 41 (1974), S. 265–314.

Gustav Pistor: Hundert Jahre Griesheim 1856–1956. Ein Beitrag zur Geschichte der chemischen Industrie. Tegernsee/Obb. 1958.

Martin Polke: Die Bedeutung des Qualifikationsprofils des Ingenieurs für die Gestaltung der Studiengänge in der Ingenieuraus- und -weiterbildung. In: Die Anforderungen des Berufs und die Ansprüche der Gesellschaft an den Ingenieur. Analytische und pragmatische Aspekte zur Ingenieurausbildung. Hrsg. v. Deutschen Verband Technisch-Wissenschaftlicher Vereine (DVT). Düsseldorf 1974, S. 82–106.

Programm der Königlichen Technischen Hochschule zu *Aachen* für das Studienjahr . . . Aachen . . .

Programm für das Studienjahr . . . Königlich Technische Hochschule zu *Berlin*. Berlin . . .

Programm der Technischen Hochschule zu *Braunschweig* für das Studienjahr . . . Braunschweig . . .

Programm der Grossherzoglich Hessischen Technischen Hochschule zu *Darmstadt* für das Studienjahr . . . Darmstadt . . .

Programm der Königlichen Polytechnischen Schule zu *Hannover* für das Jahr ... Hannover . . .

Programm der Grossherzoglich badischen Polytechnischen Schule (Technischen Hochschule) zu *Karlsruhe* für das Studienjahr . . . Karlsruhe . . .

Programm der Königl. Bayerischen Technischen Hochschule zu *München* für das Jahr . . . (München . . .).

John Rae: The Application of Science to Industry. In: Alexandra Oleson u. John Voss (Hrsg.): The Organization of Knowledge in Modern America, 1860–1920. Baltimore, London 1979, S. 249–68.

Werner Rammert: Soziale Dynamik der technischen Entwicklung. Theoretisch-analytische Überlegungen zu einer Soziologie der Technik am Beispiel der "science-based industry" (Beiträge zur sozialwissenschaftlichen Forschung 41). Opladen 1983.

Hermann Raschen: Ignatz Stroof. Beiträge zur Geschichte der Technik und Industrie 29 (1940), S. 53–64.

Hermann Raschen u. Peter Hoffmann: 75 Jahre Chemische Fabrik Griesheim-Elektron 1863–1938. (Griesheim 1938).

Leonhard S. Reich: The Making of American Industrial Research. Science and Business at GE and Bell, 1876–1926 (Studies in Economic History and Policy. The United States in the Twentieth Century). Cambridge u.a. 1985.
W. Reichel: Über die Ausbildung der Elektroingenieure. ETZ 33 (1912), S. 1003–06, 1027–30, 1054–55.
W. Reichel u. M. Gerstmeyer: Das Elektrotechnische Versuchsfeld der Technischen Hochschule zu Berlin. Z. VDI 51 (1910), S. 2129–35 u. 2172–76.
Report on the German Technical High Schools (Diplomatic and Consular Reports. Germany). Presented to both Houses of Parliament by Command of His Majesty, May, 1903. London 1903.
Report on Technical Instruction in Germany: Special Schools and Courses for Mechanical Engineering and Electro-Technics. Presented to both Houses of Parliament by Command of His Majesty, January, 1904 (Diplomatic and Consular Reports 601. Germany). London 1904.
Alois Riedler: Emil Rathenau und das Werden der Großwirtschaft. Berlin 1916.
Alois Riedler: Schnellbetrieb. Erhöhung der Geschwindigkeit & Wirtschaftlichkeit der Maschinenbetriebe. Berlin 1899.
Alois Riedler: Wirklichkeitsblinde in Wissenschaft und Technik. Berlin 1919.
Reinhard Riese: Die Hochschule auf dem Wege zum wissenschaftlichen Großbetrieb. Die Universität Heidelberg und das badische Hochschulwesen 1860–1914 (Industrielle Welt. Schriftenreihe des Arbeitskreises für moderne Sozialgeschichte 19). Stuttgart 1977.
G. Rößler: Das Elektrotechnische Institut der Technischen Hochschule in Danzig-Langfuhr. ETZ (1909), S. 1113–16, 1146–50 u. 1206–10.
G. Rößler: Die Technische Hochschule zu Danzig. Nach Einzelberichten bearbeitet. Z. VDI 54 (1910), S. 1061–73.
Günter Ropohl: Flexible Fertigungssysteme. Zur Automatisierung der Serienfertigung. Mainz 1971.
Günter Ropohl: Eine Systemtheorie der Technik. Zur Grundlegung der allgemeinen Technologie. München, Wien 1979.
F. Rüsberg: Fünfzig Jahre Kali-Chemie Aktiengesellschaft. Zugleich ein Beitrag zu der Geschichte der chemischen Industrie und der Kali-Industrie Deutschlands insbesondere der Anfänge der Soda-Industrie. Darmstadt 1949.
Hans Rumpf: Gedanken zur Wissenschaftstheorie der Technik-Wissenschaften. VDI-Z 111 (1969), S. 2–10.
H. Schellen: Die magnet- und dynamo-elektrischen Maschinen, ihre Entwicklung, Construction und praktische Anwendung. Köln 1879.
Karl Schmidt: Nachruf Robert M. Friese. Wissenschaftliche Veröffentlichungen aus dem Siemens-Konzern 4,2 (1925), S. 1–8.
Hermann Schmitz: Aus 40 Jahren Technik und Wirtschaft. Selbsterlebtes. Ernst und Humor. Paderborn ^{2}1936.
Lars Ulrich Scholl: Ingenieure in der Frühindustrialisierung. Staatliche und private Techniker im Königreich Hannover und an der Ruhr (1815–1873) (Studien zu Naturwissenschaft, Technik und Wirtschaft im Neunzehnten Jahrhundert 10. Forschungsunternehmen "Neunzehntes Jahrhundert" der Fritz Thyssen Stiftung). Göttingen 1978.
Dieter Schott: Zweierlei Elektrifizierung. Die Kosten demonstrativer Modernität und die Vorteile des Nachzüglertums am Beispiel der Elektrifizierung von Darmstadt und Mannheim.

Archiv für hessische Geschichte und Altertumskunde N. F. 49 (1991), S. 237–89.

Wolfgang Schreier: Zur Herausarbeitung der Elektrotechnik – ein Beitrag über Wechselwirkungen zwischen Elektrizitätslehre und elektrotechnischer Produktion zwischen 1800 und 1890. NTM. Schriftenreihe für Geschichte der Naturwissenschaften, Technik und Medizin 14 (1977), Nr. 2, S. 73–83.

Wolfgang Schreier: Zur Vorgeschichte und Herausbildung der wissenschaftlichen Elektrotechnik. Rostocker Wissenschaftshistorische Manuskripte 2 (1978), S. 31–36.

Wilhelm H. Schröder (Hrsg.): Lebenslauf und Gesellschaft. Zum Einsatz von kollektiven Biographien in der historischen Sozialforschung (Historisch-Sozialwissenschaftliche Forschungen. Quantitative sozialwissenschaftliche Analysen von historischen und prozeß-produzierten Daten 18). Stuttgart 1985.

Wilhelm Heinz Schröder: Die Lehrkörperstruktur der Technischen Hochschule Berlin 1879–1945. In: Reinhard Rürup (Hrsg.): Wissenschaft und Gesellschaft. Beiträge zur Geschichte der Technischen Universität Berlin 1879–1979. Im Auftrag des Präsidenten der Technischen Universität Berlin hrsg. Bd. 1, Berlin u.a. 1979, S. 51–114.

Wilhelm H. Schröder: Probleme und Methoden der quantitativen Analyse von kollektiven Biographien. Das Beispiel der sozialdemokratischen Reichstagskandidaten (1898–1912). In: Heinrich Best u. Reinhard Mann (Hrsg.): Quantitative Methoden in der historisch-sozialwissenschaftlichen Forschung (Historisch-Sozialwissenschaftliche Forschungen. Quantitative sozialwissenschaftliche Analysen von historischen und prozeß-produzierten Daten 3). Stuttgart 1977, S. 88–125.

Peter Schubert: Zur Genese von Theorie und Berechnung elektromagnetischer Energiewandler als Leitdisziplin bei der Herausbildung der Elektrotechnik als technikwissenschaftliche Disziplin. Diss. TU Dresden 1984.

Peter Schubert: Johannes (Hans) Friedrich Heinrich Görges (1859 bis 1946). Konstrukteur und Hochschullehrer auf dem Gebiet der Starkstromtechnik. In: Gisela Buchheim u. Rolf Sonnemann (Hrsg.): Lebensbilder von Ingenieurwissenschaftlern. Eine Sammlung von Biographien aus zwei Jahrhunderten. Leipzig 1989, S. 172–82.

Peter Schubert: Karl August (Charles Proteus) Rudolf Steinmetz (1865 bis 1923). Starkstromtechniker bei General Eletric. In: Gisela Buchheim u. Rolf Sonnemann (Hrsg.): Lebensbilder von Ingenieurwissenschaftlern. Eine Sammlung von Biographien aus zwei Jahrhunderten. Leipzig 1989, S. 163–71.

Helga Schultrich: Die Herausbildung des Industriephysikers im kapitalistischen Deutschland, dargestellt am Beispiel des Siemens- und des Zeiss-Konzerns. Diss. TU Dresden 1982.

Helga Schultrich u. Peter Tietz: Wilhelm Hallwachs in seiner Zeit. Wissenschaftliche Zeitschrift der Technischen Universität Dresden 33 (1984), Heft 2, S. 7–11.

Günther Schulz: Die Arbeiter und Angestellten bei Felten & Guilleaume. Sozialgeschichtliche Untersuchung eines Kölner Industrieunternehmens im 19. und beginnenden 20. Jahrhundert (Zeitschrift für Unternehmensgeschichte. Beiheft 13). Wiesbaden 1979.

60 Jahre Lehrstühle der Elektrotechnik an deutschen technischen Hochschulen. Siemens-Mitteilungen Nr. 221 (1942), S. 34.

Rita Seidel (Schriftleitung): Festschrift zum 150jährigen Bestehen der Universität Hannover. Bd. 2: Catalogus Professorum 1831–1981. Hrsg. im Auftrag des Präsidenten. Stuttgart u.a. 1981.
Rita Seidel: Von der elektrischen Telegraphie zur Elektrotechnik. Zur Genese einer wissenschaftlichen Disziplin. Hannover als Beispiel. Uni Hannover. Zeitschrift der Universität Hannover 11 (1984), Heft 1, S. 39–47.
H. Sequenz: Beiträge zur Entwicklung der Starkstromtechnik. In: H. Sequenz (Hrsg.): 150 Jahre Technische Hochschule Wien 1815–1965. 2 Bde., Bd. 1, Wien 1965, S. 382–94.
Georg Siemens: Erziehendes Leben. Erfahrungen und Betrachtungen. Urach 1947.
Georg Siemens: Geschichte des Hauses Siemens. Bd. 1: 1847–1903. München 1947.
Werner v. Siemens: Lebenserinnerungen. München [16]1956 (zuerst 1892).
Günter Sodan (Hrsg.): Die Technische Fachhochschule Berlin im Spektrum Berliner Bildungsgeschichte. Berlin 1988.
Rolf Sonnemann: Wissenschaftlich-technischer Fortschritt, Ingenieurausbildung und Monopolinteresse im Spiegel der Elektrotechnischen Zeitschrift (1880–1900). NTM. Schriftenreihe zur Geschichte der Naturwissenschaften, Technik und Medizin 11 (1974), Heft 1, S. 63–71.
Rolf Sonnemann u.a.: Geschichte der Technischen Universität Dresden 1828–1978. Berlin 1978.
Manfred Späth: Die Technische Hochschule Berlin-Charlottenburg und die internationale Diskussion des technischen Hochschulwesens 1900–1914. In: Reinhard Rürup (Hrsg.): Wissenschaft und Gesellschaft. Beiträge zur Geschichte der Technischen Universität Berlin 1879–1979. Im Auftrag des Präsidenten der Technischen Universität Berlin hrsg. Bd. 1, Berlin u.a. 1979, S. 189–209.
Stenographische Berichte über die Verhandlungen der . . . beiden Häuser des Landtages. Haus der Abgeordneten. Berlin . . .
Rudolf Stichweh: Zur Entstehung des modernen Systems wissenschaftlicher Disziplinen. Physik in Deutschland 1740–1890. Frankfurt am Main 1984.
Wilhelm Stiel: Die Entwicklung der Besuchsfrequenz der preußischen Technischen Hochschulen in den Jahren 1900 bis 1907. In: Jahrbuch 1907 für die soziale Bewegung der Industriebeamten. Hrsg. vom Vorstand des Bundes der technisch-industriellen Beamten. Berlin 1908.
Wilhelm Stiel: Technische Hochschulen. Jahrbuch der Angestelltenbewegung (1913), S. 187–214.
Friedrich Stier: Engelbert Arnold. In: Die Technische Hochschule Fridericiana Karlsruhe. Festschrift zur 125–Jahrfeier. Karlsruhe 1950, S. 13–16.
A. Stoecklin: Erinnerungen aus meiner Praxis in einem Elektrizitätswerk zu Anfang dieses Jahrhunderts. Schweizerische Technische Zeitschrift 38 (1944), S. 499–502.
Lothar Suhling: Die Entwicklung des Ingenieurstudiums in Dortmund – von der technischen Fachschule zur Fachhochschule. In: Fachhochschule Dortmund. 90 Jahre praxisbezogenes Studium in Dortmund 1890–1980. Dortmund 1980, S. 9–131.
Technische Hochschule in Breslau. Festschrift zur Eröffnung 1. Oktober 1910. Breslau 1910.

Edmund Neville Todd: Technology and Interest Group Politics: Eletrification of the Ruhr, 1886–1930. Ph.D. Diss. University of Pennsylvania 1984.

Stephen Toulmin: Human Understanding. Bd. 1, Oxford 1972.

Anthony S. Travis: Perkin's Mauve: Ancestor of the Organic Chemical Industry. Technology and Culture 31 (1990), S. 51–82.

Anthony S. Travis: The Rainbow Makers: The Origins of the Synthetic Dyestuffs Industry in Western Europe. Bethlehem, Pa. 1993.

Ferdinand Trendelenburg: Aus der Geschichte der Forschung im Hause Siemens (Technikgeschichte in Einzeldarstellungen 31). Düsseldorf 1975.

D. G. Tucker: Gisbert Kapp, 1852–1922. Birmingham 1973.

Die Uebergabe des Rektorates (der Königlichen Technischen Hochschule zu Hannover) am 1. Juli 1892. Hannover 1892.

Übersicht über die Entwicklung der Königlichen Technischen Hochschule zu Hannover in den Jahren 1881 bis 1906. Hannover (1906).

E. Veesenmeyer: Geschichte der Technischen Hochschule. In: 100 Jahre Technische Hochschule Stuttgart. Zur Jubiläumsfeier 15.-18. Mai 1929. Stuttgart 1929, S. 7–21.

Verhandlungen der Stände-Versammlung des Großherzogthums Baden in den Jahren . . . Protokolle der Ersten Kammer. Karlsruhe . . .

Verhandlungen der zweiten Kammer der Landstände des Großherzogthums *Hessen* in den Jahren . . . Darmstadt . . .

Verhandlungen der *Württembergischen Kammer* der Abgeordneten . . . Stuttgart . . .

Verwaltungsbericht der Großherzoglichen Bürgermeisterei der Haupt- und Residenzstadt Darmstadt für das Etatsjahr 1881/82 (1882/83). Darmstadt 1883 (1884).

Erwin Viefhaus: Hochschule – Staat – Gesellschaft. Zur Entstehung und Entwicklung der Technischen Hochschule Darmstadt im 19. und 20. Jahrhundert. In: 100 Jahre Technische Hochschule Darmstadt. Hrsg. v. Helmut Böhme. Jahrbuch 1976/77. Darmstadt 1977, S. 57–111 u. Jahrbuch 1978/79, Darmstadt 1979, S. 35–102.

Walter G. Vincenti: What Engineers Know and How They Know It. Analytical Studies from Aeronautical History (Johns Hopkins Studies in the History of Technology). Baltimore, London 1990.

Karl Vogt: Übersicht zur historischen Entwicklung der Technischen Universität Dresden, besonders des Fachgebietes der energetischen Elektrotechnik. Elektrie 33 (1979), S. 77–81.

Karl Vogt u. Peter Schubert: 100 Jahre Lehre und Forschung über elektrische Maschinen an der Technischen Universität Dresden im Blickwinkel der technischen und gesellschaftlichen Entwicklung. Wissenschaftliche Zeitschrift der Technischen Universität Dresden 32 (1983), Heft 6, S. 181–87.

Heinrich Voigt: Nachdenkliches und Heiteres aus den ersten Jahrzehnten der Elektrotechnik. Leipzig 1925.

Carl Walther: Bibliographie der an den deutschen Technischen Hochschulen erschienenen Doktor-Ingenieur-Dissertationen in sachlicher Anordnung. 1900 bis 1910. Berlin 1913.

Wolfhard Weber: Mittlere technische Bildung im deutschen Kaiserreich. Berichte zur Wissenschaftsgeschichte 16 (1993), S. 151–63.

W. Wedding: Die Elektrotechnik. In: W. Lexis (Hrsg.): Das Unterrichtswesen im Deutschen Reich. Aus Anlaß der Weltausstellung in St. Louis unter Mitwirkung zahlreicher Fachmänner hrsg. Bd. 4.1: Die Technischen Hochschulen im Deutschen Reich. Berlin 1904, S. 137–46.

W. Wedding: Das elektrotechnische Laboratorium der Technischen Hochschule. In: Ingenieurwerke in und bei Berlin. Festschrift zum 50jährigen Bestehen des Vereines Deutscher Ingenieure. Gewidmet vom Berliner Bezirksverein Deutscher Ingenieure. Berlin 1906, S. 89–92.

Sigfrid v. Weiher: Berlins Weg zur Elektropolis. Technik- und Industriegeschichte an der Spree. Berlin, München 1974.

Sigfrid v. Weiher: Werner Siemens zur Frage des technischen Schulwesens. Siemens-Zeitschrift 30 (1956), S. 603f.

Karl Ludwig Weiner: Otto Lehmann 1855–1922. In: Hugo Freund u. Alexander Berg (Hrsg.): Geschichte der Mikroskopie. Leben und Werk großer Forscher (Angewandte Naturwissenschaften und Technik 3). Frankfurt am Main 1966, S. 261–71.

Peter Weingart (Hrsg.): Wissenschaftssoziologie. Bd. 2. Frankfurt am Main 1974.

Peter Weingart: Wissenschaftssoziologie und Technik. Die soziologische Analyse wissenschaftlicher und technischer Handlungsorientierung. In: Peter Lundgreen (Hrsg.): Zum Verhältnis von Wissenschaft und Technik. Erkenntnisziele und Erzeugungsregeln akademischen und technischen Wissens. Vortragstexte einer Tagung (Report Wissenschaftsforschung 7). Bielefeld 1981, S. 6–31.

Helge Wendt: Natur und Technik – Theorie und Strategie. Erkannte Naturgesetze und Prinzipien ihrer bewußten Ausnutzung (Wissenschaft und Gesellschaft 9). Berlin 1976.

Walter Wetzel: Naturwissenschaften und chemische Industrie in Deutschland. Voraussetzungen und Mechanismen ihres Aufstiegs im 19. Jahrhundert (Frankfurter Historische Abhandlungen 32). Stuttgart 1991.

Die *wirtschaftliche Lage* der technischen Beamten in der Maschinen- und elektrotechnischen Industrie. Reichs-Arbeitsblatt 6 (1908), S. 929–31.

George Wise: A New Role of Professional Scientists in Industry: Industrial Research at General Electric, 1900–1916. Technology and Culture 21 (1980), S. 408–29.

E. Wist: Hofrat o.Prof. Dr.tech.e.h. Carl Hochenegg: In: Technische Hochschule in Wien. Bericht über die feierliche Inauguration des am 10. Dezember 1942 ernannten Rector Magnificus . . . Heinrich Sequenz . . . am 16. Jänner 1943. Wien 1943.

Christa Wolf unter Mitwirkung von Marianne Viefhaus: Verzeichnis der Hochschullehrer der TH Darmstadt. Höhere Gewerbeschule – Technische Schule – Polytechnische Schule – Technische Hochschule. Teil 1: Kurzbiographien 1836–1945 (Darmstädter Hochschulschriften 3). Darmstadt 1977.

Jonathan Zenneck: Erinnerungen eines Physikers. München 1961.

Gerhard Zweckbronner: Ingenieurausbildung im Königreich Württemberg. Vorgeschichte, Einrichtung und Ausbau der Technischen Hochschule Stuttgart und ihrer Ingenieurwissenschaften bis 1900. Eine Verknüpfung von Institutions- und Disziplingeschichte (Technik + Arbeit. Schriften des Landesmuseums für Technik und Arbeit in Mannheim 2). Stuttgart 1987.

Hochschulregister

Personenregister